Y/338.

(Édition de Brossette.)

Ye

1496

OEUVRES
EN VERS
DE Mʳ.
BOILEAU
DESPREAUX.

PHILIPPE D'ORLEANS PETIT FILS DE FRANCE REGENT DU ROYAUME

J.B. Santerre pinxit.   Fr. Chereau sculpsit.

Icy loin de briguer un éloge flateur
PHILIPPE ami du vrai, qu'il cherche, qu'il desire
D'Un critique ingenu se rend le protecteur.
Un Prince sans defauts ne craint point la satyre.

OEUVRES
DE Mr.
BOILEAU DESPREAUX.
AVEC DES
ÉCLAIRCISSEMENS
HISTORIQUES,
Donnez par Lui-même.

TOME PREMIER.

A GENEVE,
Chez FABRI & BARRILLOT.

M. DCC. XVI.

A
SON ALTESSE
ROYALE
Monseigneur, Duc
D'ORLEANS
Petit Fils de France
REGENT DU ROYAUME.

onseigneur,

L'inscription qu'on lit ici, au bas du

EPITRE.

Portrait de VOTRE ALTESSE ROYALE, remplissant seule la matiere d'une ample Epitre dédicatoire, nous croyons devoir nous en tenir à la vive & juste idée qu'elle donne du Heros à qui nous venons rendre nos hommages. Elle le peint, en quatre vers, beaucoup mieux que nous ne pourrions faire, en un Discours fort étendu. Par là, MONSEIGNEUR, nous évitons deux écueils également dangereux : l'un la témerité d'oser entreprendre un éloge entierement au dessus de nos forces ; l'autre, le hazard de deplaire à un Prince, dont le souverain plaisir est de ne rien faire que de loüable, sans vouloir être loüé. Le desir de procurer le bien public est aujourd'hui l'unique ocupation de VOTRE ALTESSE ROYALE. Comptant l'amour des Lettres parmi les soins

EPITRE.

principaux de la Régence, Elle a bien voulu nous permettre de lui dédier les Oeuvres nouvellement imprimées & commentées, d'un Auteur univerſellement eſtimé. De nôtre côté nous avons fait tous nos efforts, pour embellir cette Edition, perſuadez qu'elle ſeroit reçue dans le Royaume, avec d'autant plus d'agrément, qu'elle y ſeroit introduite ſous l'autorité d'un Prince, qui en eſt les délices; & que chaque particulier ſe feroit un honneur de ſuivre le goût de VOTRE ALTESSE ROYALE, dont on ſait que le diſcernement eſt exquis. Le Commentaire que nous produiſons, & qu'on peut regarder comme une explication dictée par le Poëte au Commentateur ſon intime ami, rendra deſormais plus utile une lecture qui ne contribue pas moins à rectifier les mœurs qu'à polir l'eſprit. Cette utilité, MONSEIGNEUR,

EPITRE.

sera due à la Protection que *VOTRE ALTESSE ROYALE* a eu la bonté de nous acorder, & qui nous met en état de Lui presenter ce monument éternel de la vénération profonde avec laquelle nous sommes,

MONSEIGNEUR,

DE *VOTRE ALTESSE ROYALE,*

Les très-humbles & très-obéïssans serviteurs,
FABRI & BARRILLOT.

AVERTISSEMENT
DE
L'EDITEUR.

EN publiant un Commentaire sur les Oeuvres de Monsieur Boileau-Despréaux, j'ai eu dessein de donner une édition du Texte, plus parfaite que toutes celles qui ont paru. Pour la rendre telle, j'ai rassemblé avec soin tout ce qui est sorti de la plume de cet illustre Ecrivain. Je donne des Pièces entieres qui n'avoient pas encore vû le jour; je conserve les endroits qu'il avoit retranchés de quelques éditions: enfin, jusqu'aux moindres fragmens, tout se trouve ici, revû plus exactement que jamais.

J'ajoûte des Eclaircissemens historiques au Texte de l'Auteur; & je n'impose point quand j'anonce dans mon titre, qu'ils m'ont été donnez par l'Auteur luimême: car je n'avance presque rien qui ne soit tiré, ou des conversations que j'ai euës avec lui, ou des lettres qu'il m'a écrites. La haute idée que j'avois de ses Ouvrages, m'aiant fait souhaiter de le connoître, je ne trouvai en lui ni cette fausse modestie, ni cette vaine ostentation, si ordinaires aux personnes qui ont acquis une réputation éclatante: &, bien different de ces Auteurs renommés qui perdent à être vûs de près, il me parut encore plus grand dans sa Conversation que dans ses Ecrits.

 Cette premiere entrevûë donna naissance à un commerce intime qui a duré plus de douze années. La grande inégalité de son âge & du mien, ne l'empêcha point de prendre confiance en moi : il m'ouvrit entierement son cœur ; & quand je donne ce Commentaire, je ne fais proprement que rendre au Public le dépôt que cet illustre Ami m'avoit confié.

 S'il eut la complaisance de m'apprendre toutes les particularitez de ses Ouvrages, je puis dire que de mon côté je ne négligeai rien de ce qui pouvoit me donner d'ailleurs une connoissance exacte de certains faits, qu'il touche légerement, & dont il m'avoüoit qu'il ne savoit pas trop bien le détail. Mes recherches ne lui déplaisoient pas ; de sorte qu'un jour, comme je lui rendois compte de mes découvertes : *A l'air dont vous y allez,* me dit-il, *vous saurez mieux vôtre Boileau que moi-même.*

 Ce n'est donc pas ici un tissu de conjectures, hazardées par un Commentateur qui devine : c'est le simple récit d'un Historien qui raconte, fidellement, & souvent dans les mêmes termes, ce qu'il a apris de la bouche de l'Auteur original. En un mot, c'est l'Histoire secrette des Ouvrages de Mr. Despréaux. Mais c'est aussi, en quelque façon, l'Histoire de son Siécle. Car comme il y a eu peu d'Ecrivains de ce tems-là qu'il n'ait nommez, en bien ou en mal; peu d'évenemens de quelque importance, qu'il n'ait indiqués; mon

Commentaire embrasse le détail de ces diverses matieres. Ainsi, l'on y trouvera quantité d'anecdotes litteraires & historiques, peut-être assez curieuses d'elles-mêmes pour attacher les Lecteurs, & pour supléer à ces graces interessantes que je serois peu capable de répandre sur mon Ouvrage.

Bien loin de m'abandonner à cette aveugle prévention tant reprochée aux Commentateurs, j'ai raporté assez exactement les critiques qu'on a faites de mon Auteur, pour peu qu'elles m'aient paru sensées. J'ai crû, qu'à l'égard de mes Lecteurs, je devois moins me regarder comme l'Ami de sa Personne, que comme l'Interprète & l'Historien de ses Ecrits.

En parlant des personnes qui y sont nommées, je me suis attaché particulierement à faire connoître celles qui sont plus obscures, & dont les noms seroient peut-être ignorés sans les Satires de nôtre Auteur. Dans le tems auquel il les publia, telle Personne étoit fort connuë à la Cour ou à la Ville, qui ne l'est plus maintenant : comme l'*Angéli*, le *Savoiard*, & un tas de mauvais Ecrivains qui sont nommés dans les Satires. Tel Evenement faisoit alors l'entretien de tout Paris, qui peu de tems après fut entierement oublié : comme le Siége soûtenu par les Augustins, dont il est fait mention dans le premier Chant du Lutrin. Voilà principalement quels sont les sujets abandonnés à la prévoiance d'un Commentateur contemporain, dont la fonction est de fixer de bonne heure la connoissance des choses qui vrai-semblablement ne passeroient pas jusqu'à la posterité.

AVERTISSEMENT

Cette réflexion s'adresse sur tout à ceux qui seroient tentés de rejetter quelques-unes de mes Remarques, parce qu'elles leur paroitroient moins importantes que la plûpart de celles qui entrent dans ce Commentaire. J'ai eu dessein d'écrire pour tout le monde ; pour les Etrangers aussi bien que pour les François ; pour la Posterité encore plus que pour nôtre Siécle. Dans cette vuë, ne devois-je pas expliquer ce qui regarde nos usages, nos modes & nos coûtumes ? Un François qui lira aujourd'hui mon Commentaire, ne sentira pas le besoin de cette explication ; mais nos Neveux sans doute m'en sauront gré : & les Notes qui peuvent maintenant paroître inutiles, ou qui semblent n'avoir été écrites que pour la simple curiosité, deviendront toûjours plus nécessaires, à mesure que l'on s'éloignera du Païs & du Siécle où nous vivons.

Quelle satisfaction & quel avantage ne seroit-ce pas pour nous, si les Anciens avoient laissé des Eclaircissemens de cette sorte, sur Horace, sur Perse, sur Juvenal ! S'ils nous avoient instruits sur une infinité de faits, d'usages, de portraits, d'allusions, que nous ignorons aujourd'hui, que l'on ignorera toûjours, & dont néanmoins l'explication donneroit un grand jour à ces Auteurs ! Au défaut de ces connoissances, les Commentateurs qui sont venus après, ont été obligés de se renfermer dans la critique des mots, critique sèche, rebutante, peu utile; & quand ils ont tenté d'éclaircir les endroits obscurs, à peine ont-ils pû s'élever au dessus des doutes & des conjectures.

L'obs-

DE L'EDITEUR.

L'obscurité que l'éloignement des tems ne manque jamais de jetter sur les ouvrages de mœurs & de caractères, ressemble à la poussiére qui s'attache aux tableaux, & qui en ternit les couleurs, sans les détruire entierement. Un œil habile peut quelquefois percer à travers ce voile, & découvrir les beautés cachées de la peinture: il en voit l'ordonnance & le dessein, quoique le coloris en paroisse presque effacé. Un Commentateur tâche, pour ainsi dire, d'enlever la poussiere qui couvroit son Auteur, & de faire revivre les couleurs du tableau. Mais celui qui prépare un Commentaire sous les yeux de l'Auteur même, & de concert avec lui, prévient toute obscurité, & conserve jusques aux moindres traits, ces traits délicats & presque imperceptibles qui l'effacent si aisément, & qu'il est impossible de rappeller quand une fois ils sont effacez.

J'ai donc quelque sujet d'esperer que ce Commentaire sera utile & agréable au Public: On peut dire de ce genre d'ouvrage, ce qu'un Ancien a dit de l'Histoire, qu'*elle plait, de quelque maniere qu'elle soit écrite* *. La peinture qu'elle fait des vertus & des vices, des guerres, des changemens d'Etats, des révolutions mémorables, lui donne ce privilége. On ne verra ici que très-peu de ces faits éclatans, mais on y trouvera des particularités secrettes, souvent plus interessantes par leur singularité & par leur nouveauté. C'est double satisfaction, quand, à la connoissance generale des faits, on ajoûte celle des motifs & des causes qui les ont produits. Un Lecteur

(b)

* *Historia quoquomodo scripta delectat.* Plin. L. 5. Ep. 8.

AVERTISSEMENT

s'applaudit de devenir en quelque maniere, le Confident d'un Ecrivain célèbre, & d'être admis dans le secret de ses pensées. Il entre dans cette espèce de confidence, un air de mistère qui flatte également la curiosité & l'amour propre.

Mes Notes sont distinguées par les titres de *Changemens*, *Remarques*, & *Imitations*.

Dans le premier ordre de Notes, j'ai raporté les *Changemens* que l'Auteur a faits dans les diverses éditions de ses Ouvrages, & quand je l'ai crû nécessaire, j'ai expliqué les raisons qui l'ont obligé à faire ces Changemens. Il ne se contentoit pas de dire bien : il vouloit que l'on ne pût pas dire mieux. Souvent il a changé des endroits qui auroient passé pour achevés, s'il n'en avoit pas fait apercevoir les défauts, ou la foiblesse, par ses corrections. Rien peut-être ne pouvoit mieux faire connoitre son génie, que de rapprocher ainsi ses differentes manieres de penser & de s'exprimer sur un même sujet, quoique moins heureuses les unes que les autres. C'est, si j'ose user de ce terme, la succession généalogique de ses pensées. On y voit, par des exemples fréquens & bien marqués, les accroissemens de l'esprit humain, & les progrès d'une critique aussi sévère qu'éclairée. Qu'y a-t-il d'ailleurs de plus propre à former le gout, que la comparaison qui se peut faire à tout moment, des endroits changés de mal en bien, ou de bien en mieux ?

Les *Remarques* suivent les Changemens, & font l'essentiel de mon Commentaire. Elles contiennent l'explication de tous les faits qui ont raport aux Ouvrages de

DE L'EDITEUR.

l'Auteur, & dont la connoissance est nécessaire pour la parfaite intelligence du Texte. Une matiere si abondante & si riche n'avoit pas besoin d'ornemens étrangers. Aussi n'ai-je rien tant recherché qu'un stile simple, tourné uniquement au profit des Lecteurs, & débarrassé de toutes ces vaines superfluïtés qui, au lieu d'éclaircir le Texte, ne font que dégouter de la Critique.

Enfin, après les Remarques viennent les *Imitations*, c'est-à-dire, les passages que Mr. Despréaux a imités des Anciens. Bien loin qu'il eût honte d'avouer ces ingénieux larcins, il les proposoit, par forme de défi, à ses Adversaires qui s'avisoient de les lui reprocher : & c'est lui qui m'a indiqué, dans la lecture suivie de tous ses Ouvrages, les sources les plus détournées où il avoit puisé. Aussi n'imitoit-il pas d'une maniere servile. Les Poëtes médiocres ne font que raporter des passages, sans y rien mettre du leur que la simple traduction, n'aïant ni assez d'adresse ni assez de feu pour fondre la matiere, selon la pensée d'un de nos meilleurs Ecrivains *, ils se contentent de la soûder grossierement, & la soûdure paroit. On distingue l'Or des Anciens, du Cuivre des Modernes. Mr. Despréaux au contraire s'aproprioit les pensées des bons Auteurs, il s'en rendoit, pour ainsi dire, le maître, & ne manquoit jamais de les embellir en les emploiant. On ne doit pas cependant mettre sur son compte tous les passages que j'ai raportés : car il y en a plusieurs qu'il n'a jamais vûs, ou qu'il n'a vûs qu'après-coup. Mais je ne laisse pas de les citer, parce qu'il est toûjours

---
* *D'Ablancourt, Lett. I. à Patru.*

agréable de voir comment deux esprits se rencontrent, & les differens tours qu'ils donnent à la même pensée.

C'est l'envie d'être clair, qui m'a assujetti à l'ordre que je viens d'expliquer touchant le partage de mes Notes; & il m'a paru qu'en prenant sur moi le soin de faire cette distribution, j'épargnois de la fatigue à mes Lecteurs. Car les uns peut-être ne s'embarrasseront pas des Imitations, d'autres mépriseront les Changemens, la plûpart s'en tiendront aux Remarques historiques. Si j'avois tout confondu, il auroit fallu lire tout, pour trouver ce qu'on cherchoit : au lieu que de la maniere dont les choses sont disposées, chacun peut en un coup d'œil choisir ce qui est de son goût, & laisser le reste.

Je finis par une réflexion importante, & peut-être la plus nécessaire de toutes, puis qu'elle contient l'Apologie de mon Commentaire. Quoi-que j'y fasse mention d'une infinité de personnes, on ne doit pas craindre d'y trouver de ces verités offensantes, ni de ces faits purement injurieux, qui ne servent qu'à flater la malignité, & qui déshonorent encore plus celui qui les publie, que ceux contre qui ils sont publiez. Il est de la prudence d'un Ecrivain qui met au jour des faits cachés & des personalités, de distinguer ce que le Public doit savoir, d'avec ce qu'il est bon qu'il ignore. Suivant cette régle, je n'ai pas dit toutes les verités; mais tout ce que j'ai dit est véritable, ou du moins je l'ai reçu comme tel. Enfin, je me suis défendu séverement tout ce qui n'auroit pû m'acquerir la gloire de Commentateur exact, qu'aux dépens de la probité & de la religion.

PRÉFACE DE L'AUTEUR.

Comme c'est ici vrai-semblablement la derniere Edition de mes Ouvrages que je reverrai, & qu'il n'y a pas d'apparence, qu'âgé comme je suis, (1) de plus de soixante & trois ans, & accablé de beaucoup d'infirmitez, ma course puisse être encore fort longue, le Public trouvera bon que je prenne congé de lui dans les formes, & que je le remercie de la bonté qu'il a euë d'acheter tant de fois des Ouvrages si peu dignes de son admiration. Je ne saurois attribuer un si heureux succès qu'au soin que j'ai pris de me conformer toûjours à ses sentimens, & d'attraper, autant qu'il m'a été possible, son goût en

REMARQUES.

(1) *De plus de soixante & trois ans.*] C'est-à-dire, *de plus de soixante & quatre ans :* car Mr. Despréux étant né le 1. de Novembre, 1636. il couroit sa 65. année en 1701. quand il composa cette Préface. Le Roi lui aiant demandé un jour, en quel tems il étoit né, Mr. Despréaux lui répondit, que le tems de sa naissance étoit la circonstance la plus glorieuse de sa vie: *Je suis venu au monde*, dit-il, *une année avant Vôtre Majesté, pour annoncer les merveilles de son Règne.* Le Roi fut touché de cette réponse, & les Courtisans ne manquérent pas d'y applaudir. Mr. Despréaux, qui ne fit peut-être pas alors réflexion sur l'année de sa naissance, s'est crû depuis engagé d'honneur à soûtenir un mot qu'il avoit dit en présence de toute la Cour, & qui avoit si bien réüssi. C'est ce qui l'a obligé, toutes les fois qu'il a eu occasion de parler de sa naissance, de la mettre en 1637., & c'est ce qui a causé l'erreur sur les dattes de tous ses Ouvrages, dans la liste qu'on en avoit donnée au commencement de l'Edition postume de 1713. après la Préface. Voiez ci-après la Remarque sur l'Epigramme 55. page 481.

PREFACE

toutes choses. C'est effectivement à quoi il me semble que les Ecrivains ne sauroient trop s'étudier. Un Ouvrage a beau être aprouvé d'un petit nombre de Connoisseurs, s'il n'est plein d'un certain agrément & d'un certain sel, propre à piquer le goût general des Hommes, il ne passera jamais pour un bon Ouvrage; & il faudra à la fin que les Connoisseurs eux mêmes avoüent qu'ils se sont trompez, en lui donnant leur approbation. Que si on me demande ce que c'est que cet agrément & ce sel, je répondrai que c'est un je ne sai quoi qu'on peut beaucoup mieux sentir que dire. A mon avis néanmoins, il consiste principalement à ne jamais présenter au Lecteur que des pensées vraies & des expressions justes. L'Esprit de l'Homme est naturellement plein d'un nombre infini d'idées confuses du Vrai, que souvent il n'entrevoit qu'à demi; & rien ne lui est plus agréable que lors qu'on lui offre quelcune de ces idées bien éclaircie, & mise dans un beau jour. Qu'est-ce qu'une pensée neuve, brillante, extraordinaire? Ce n'est point, comme se le persuadent les Ignorans, une pensée que personne n'a jamais euë, ni dû avoir. C'est au contraire une pensée qui a dû venir à tout le monde, & que quelcun s'avise le premier d'exprimer. Un bon mot n'est bon mot qu'en ce qu'il dit une chose que chacun pensoit, & qu'il la dit d'une maniere vive, fine & nouvelle. Considerons, par exemple, cette replique si fameuse de Loüis Douziéme à ceux de ses Ministres qui lui conseillerent de faire punir plusieurs personnes, qui sous le regne précedent, & lors qu'il n'étoit encore que Duc d'Orleans, avoient pris à tâche de le desservir. Un Roi de

France, *leur répondit-il*, ne vange point les injures d'un Duc d'Orléans. D'où vient que ce mot frappe d'abord ? N'est-il pas aisé de voir que c'est parce qu'il présente aux yeux une vérité que tout le monde sent, & qu'il dit mieux que tous les plus beaux discours de Morale, Qu'un grand Prince, lors qu'il est une fois sur le Trône, ne doit plus agir par des mouvemens particuliers, ni avoir d'autre vûë que la gloire & le bien général de son Etat ? Veut-on voir au contraire combien une pensée fausse est froide & puerile ? Je ne saurois raporter un éxemple qui le fasse mieux sentir, que deux Vers du Poëte Théophile, dans sa Tragedie intitulée, Pyrame & Thisbé; lorsque cette malheureuse Amante aïant ramassé le poignard encore tout sanglant dont Pyrame s'étoit tué, elle querelle ainsi ce poignard,

Ah ! voici le poignard, qui du sang de son Maître
S'est souïllé lâchement. Il en rougit, le Traître.

Toutes les glaces du Nord ensemble ne sont pas, à mon sens, plus froides que cette pensée. Quelle extravagance, bon Dieu ! de vouloir que la rougeur du sang, dont est teint le poignard d'un Homme qui vient de s'en tuer lui-même, soit un effet de la honte qu'a ce poignard de l'avoir tué ? Voici encore une pensée qui n'est pas moins fausse, ni par conséquent moins froide. Elle est de Benserade, dans ses Métamorphoses en Rondeaux, où parlant du Déluge envoié par les Dieux, pour châtier l'insolence de l'Homme, il s'exprime ainsi

Dieu lava bien la tête à son Image.

Peut-on, à propos d'une auſſi grande choſe que le Déluge, dire rien de plus petit, ni de plus ridicule que ce quolibet, dont la penſée eſt d'autant plus fauſſe en toutes manieres, que le Dieu dont il s'agit en cet endroit, c'eſt Jupiter, qui n'a jamais paſſé chez les Païens pour avoir fait l'Homme à ſon image: l'Homme dans la Fable étant, comme tout le monde ſait, l'ouvrage de Prométhée.

Puis qu'une penſée n'eſt belle qu'en ce qu'elle eſt vraie; & que l'effet infaillible du Vrai, quand il eſt bien énoncé, c'eſt de fraper les Hommes; il s'enſuit que ce qui ne frape point les Hommes, n'eſt ni beau ni vrai, ou qu'il eſt mal énoncé: & que par conſéquent un Ouvrage qui n'eſt point goûté du Public, eſt un très-méchant Ouvrage. Le gros des Hommes peut bien, durant quelque tems, prendre le faux pour le vrai, & admirer de méchantes choſes: mais il n'eſt pas poſſible qu'à la longue une bonne choſe ne lui plaiſe; & je défie tous les Auteurs les plus mécontens du Public, de me citer un bon Livre que le Public ait jamais rebuté: à moins qu'ils ne mettent en ce rang leurs Ecrits, de la bonté deſquels eux ſeuls ſont perſuadez. J'avouë néanmoins, & on ne le ſauroit nier, que quelquefois, lors que d'excellens Ouvrages viennent à paroître, la Cabale & l'Envie trouvent moien de les rabaiſſer, (2) & d'en rendre en apparence le ſuccès douteux:
mais

REMARQUES.

(2) *Et d'en rendre ...... le ſuccès douteux.*] Mr. Deſpréaux citoit pour exemples, *l'Ecole des Femmes* de Moliere, & la *Phédre* de Mr. Racine.

mais cela ne dure guères; & il en arrive des ces Ouvrages comme d'un morceau de bois qu'on enfonce dans l'eau avec la main : il demeure au fond tant qu'on l'y retient, mais bien-tôt la main venant à se lasser, il se relève & gagne le dessus. Je pourrois dire un nombre infini de pareilles choses sur ce sujet, & ce seroit la matiere d'un gros Livre : mais en voilà assez, ce me semble, pour marquer au Public ma reconnoissance, & la bonne idée que j'ai de son goût & de ses jugemens.

Parlons maintenant (3) de mon Edition nouvelle. C'est la plus correcte qui ait encore paru ; & non seulement je l'ai revuë avec beaucoup de soin, mais j'y ai retouché de nouveau plusieurs endroits de mes Ouvrages. Car je ne suis point de ces Auteurs fuians la peine, qui ne se croient plus obligez de rien raccommoder à leurs Ecrits, dès qu'ils les ont une fois donnez au Public. Ils alleguent pour excuser leur paresse, qu'ils auroient peur, en les trop remaniant, de les affoiblir, & de leur ôter cet air libre & facile, qui fait, disent-ils, un des plus grands charmes du discours : mais leur excuse, à mon avis, est très-mauvaise. Ce sont les Ouvrages faits à la hâte, &, comme on dit, au courant de la plume, qui sont ordinairement secs, durs, & forcez. Un Ouvrage ne doit point paroître trop travaillé; mais il ne sauroit être trop travaillé ; & c'est souvent

REMARQUES.

(3) *De mon Edition nouvelle.*] Celle de 1701. pour laquelle cette Préface fut faite.

PREFACE

le travail même, qui en le polissant lui donne cette facilité tant vantée qui charme le Lecteur. Il y a bien de la différence entre des Vers faciles, & des Vers facilement faits. Les Ecrits de Virgile, quoi qu'extraordinairement travaillez, sont bien plus naturels que ceux de Lucain, qui écrivoit, dit-on, avec une rapidité prodigieuse. C'est ordinairement la peine que s'est donnée un Auteur à limer & à perfectionner ses Ecrits, qui fait que le Lecteur n'a point de peine en les lisant. Voiture, qui paroit si aisé, travailloit extrèmement ses Ouvrages. On ne voit que des gens qui font aisément des choses médiocres ; mais des gens qui en fassent, même difficilement, de fort bonnes, on en trouve très-peu.

Je n'ai donc point de regret d'avoir encore employé quelques-unes de mes veilles à rectifier mes Ecrits dans cette nouvelle Edition, qui est, pour ainsi dire, mon Edition favorite. Aussi ai-je mis mon nom, que je m'étois abstenu de mettre à toutes les autres. J'en avois ainsi usé par pure modestie : mais aujourd'hui que mes Ouvrages sont entre les mains de tout le monde, il m'a paru que cette modestie pourroit avoir quelque chose d'affecté. D'ailleurs, j'ai été bien aise, en le mettant à la tête de mon Livre, de faire voir par là quels sont précisément les Ouvrages que j'avouë, & d'arrêter, s'il est possible, le cours d'un nombre infini de méchantes Piéces, qu'on répand par tout sous mon nom, & principalement dans les Provinces & dans les Païs étrangers. J'ai même, pour mieux prévenir cet inconvénient, fait mettre au

DE L'AUTEUR.

commencement de ce volume, (4) *une liste éxacte & détaillée de tous mes Ecrits; & on la trouvera immédiatement après cette Préface. Voilà de quoi il est bon que le Lecteur soit instruit.*

Il ne reste plus présentement qu'à lui dire quels sont les Ouvrages dont j'ai augmenté ce volume. Le plus considerable est une onziéme Satire, que j'ai tout récemment composée, & qu'on trouvera à la suite des dix précedentes. Elle est adressée à Monsieur de Valincour, mon illustre Associé à l'Histoire. J'y traite du vrai & du faux Honneur, & je l'ai composée avec le même soin que tous mes autres Ecrits. Je ne saurois pourtant dire si elle est bonne ou mauvaise : car je ne l'ai encore communiquée qu'à deux ou trois de mes plus intimes Amis, à qui même je n'ai fait que la réciter fort vite, dans la peur qu'il ne lui arrivât ce qui est arrivé à quelques autres de mes Piéces, que j'ai vû devenir publiques avant même que je les eusse mises sur le papier : plusieurs personnes, à qui je les avois dites plus d'une fois, les aiant retenuës par cœur, & en aiant donné des copies. C'est donc au Public à m'apprendre ce que je dois penser de cet Ouvrage, ainsi que de plusieurs autres petites Piéces de Poësie qu'on trouvera dans cette nouvelle édition, & qu'on y a mélées parmi les Epigrammes qui y étoient déja. Ce sont toutes bagatelles, que j'ai la plûpart composées dans ma plus ten-

REMARQUES.

(4). *Une liste . . . . . de tous mes Ecrits.*] Elle étoit differente de celle qui depuis a été mise dans l'Edition de 1713. & dont on a parlé dans la Remarque I. sur cette Préface.

PREFACE

dre jeuneſſe; mais que j'ai un peu rajuſtées, pour les rendre plus ſupportables au Lecteur. J'y ai fait auſſi ajoûter deux nouvelles Lettres, l'une que j'écris à Monſieur Perrault, & où je badine avec lui ſur nôtre démêlé Poëtique, preſque auſſi-tôt éteint qu'allumé. L'autre eſt un Remercîment à M. le Comte d'Ericeyra, au ſujet de la Traduction de mon Art Poëtique faite par lui en Vers Portugais, qu'il a eu la bonté de m'envoier de Lisbone, avec une Lettre & des Vers François de ſa compoſition, où il me donne des loüanges très-délicates, & auſquelles il ne manque que d'être appliquées à un meilleur ſujet. J'aurois bien voulu pouvoir m'acquitter de la parole que je lui donne à la fin de ce Remerciment, de faire imprimer cette excellente Traduction à la ſuite de mes Poëſies; mais malheureuſement (5) un de mes Amis, à qui je l'avois prêtée, m'en a égaré le premier Chant; & j'ai eu la mauvaiſe honte de n'oſer récrire à Lisbone pour en avoir une autre copie. Ce ſont-là à peu près tous les Ouvrages de ma façon, bons ou méchans, dont on trouvera ici mon Livre augmenté. Mais une choſe qui ſera ſûrement agréable au Public, c'eſt le préſent que je lui fais dans ce même Livre, de la Lettre que le célebre Monſieur Arnauld a écrite à Monſieur Perrault à propos de ma dixiéme Satire, & où, comme je l'ai dit dans l'Epître à mes Vers, il fait en quelque

REMARQUES.

(5) *Un de mes Amis.*] Mr. l'Abbé Regnier-Deſmarais, Sécretaire de l'Acadîmie Françoiſe.

forte mon apologie. Je ne doute point que beaucoup de gens ne m'accufent de témerité, d'avoir ofé affocier à mes Ecrits les Ouvrages d'un fi excellent Homme; & j'avouë que leur accufation eft bien fondée. Mais le moien de réfifter à la tentation de montrer à toute la Terre, comme je le montre en effet par l'impreßion de cette Lettre, que ce grand Perfonnage me faifoit l'honneur de m'eftimer, & avoit la bonté meas effe aliquid putare nugas?

Au refte, comme malgré une apologie fi authentique, & malgré les bonnes raifons que j'ai vingt fois alleguées en Vers & en Profe, il y a encore des gens qui traitent de médifances les railleries que j'ai faites de quantité d'Auteurs modernes, & qui publient qu'en attaquant les défauts de ces Auteurs, je n'ai pas rendu juftice à leurs bonnes qualitez; je veux bien, pour les convaincre du contraire, répeter encore ici les mêmes paroles que j'ai dites fur cela dans la Préface (6) de mes deux Editions précedentes. Les voici. Il eft bon que le Lecteur foit averti d'une chofe; c'eft qu'en attaquant dans mes Ouvrages les défauts de plufieurs Ecrivains de nôtre fiecle, je n'ai pas prétendu pour cela ôter à ces Ecrivains le mérite & les bonnes qualitez qu'ils peuvent avoir d'ailleurs. Je n'ai pas prétendu, dis-je, nier que Chapelain, par exemple, quoique Poëte fort dur, n'ait fait autrefois, je ne fçai comment, une affez

REMARQUES.

(6). *De mes deux Editions précedentes.*] De 1683. & 1694.

xxii PREFACE DE L'AUTEUR.
belle Ode; & qu'il n'y ait beaucoup d'esprit dans les Ouvrages de Monsieur Quinaut, quoique si éloigné de la perfection de Virgile. J'ajoûterai même sur ce dernier, que dans le tems où j'écrivis contre lui, nous étions tous deux fort jeunes, & qu'il n'avoit pas fait alors beaucoup d'Ouvrages, qui lui ont dans la suite acquis une juste réputation. Je veux bien aussi avoüer qu'il y a du génie dans les Ecrits de Saint Amand, de Brébeuf, de Scuderi, de Cotin même, & de plusieurs autres que j'ai critiquez. En un mot, avec la même sincerité que j'ai raillé de ce qu'ils ont de blâmable; je suis prêt à convenir de ce qu'ils peuvent avoir d'excellent. Voilà, ce me semble, leur rendre justice, & faire bien voir que ce n'est point un esprit d'envie & de médisance qui m'a fait écrire contre eux.

Après cela, si on m'accuse encore de médisance, je ne sçai point de Lecteur qui n'en doive aussi être accusé; puis qu'il n'y en a point qui ne dise librement son avis des Ecrits qu'on fait imprimer; & qui ne se croie en plein droit de le faire, du consentement même de ceux qui les mettent au jour. En effet, qu'est-ce que mettre un Ouvrage au jour? N'est-ce pas en quelque sorte dire au Public, Jugez-moi? Pourquoi donc trouver mauvais qu'on nous juge? Mais j'ai mis tout ce raisonnement en rimes dans ma neuviéme Satire, & il suffit d'y renvoier mes Censeurs.

ÉLOGE
DE
Mʀ. DESPRÉAUX,

Tiré du Discours que Monsieur DE VALINCOUR, Secretaire du Cabinet du Roi, Chancelier de l'Academie, prononça à la reception de Monsieur l'Abbé D'ESTRÉES, à present Archevêque de Cambray, &c.

JE ne crains point ici, Messieurs, que l'amitié me rende suspect sur le sujet de Monsieur Despréaux. Elle me fourniroit plûtôt des larmes hors de saison, que des loüanges exagerées. Ami dès mon enfance, & ami intime de deux des plus grands Personnages, qui jamais aient été parmi vous, je les ai perdus tous deux * dans un petit nombre d'années. Vos suffrages m'ont élevé à la place du premier, que j'aurois voulu ne voir jamais vacante. Par quelle fatalité faut-il que je sois encore destiné à recevoir aujourd'hui en vôtre nom l'Homme illustre qui va remplir la place de l'autre; & que dans deux occasions, où ma douleur ne demandoit que le silence & la solitude, pour pleurer des Amis d'un si rare mérite, je me sois trouvé engagé à paroître devant vous pour faire leur éloge!

Mais quel éloge puis-je faire ici de Monsieur Despréaux, que vous n'aïez déja prévenu? J'ose attester, Messieurs, le jugement que tant de fois vous en avez porté vous-mêmes. J'atteste celui de tous les Peuples de l'Europe, qui font de ses Vers l'objet de leur admiration. Ils les savent par cœur; ils les traduisent en leur Langue; ils apprennent la nôtre pour les mieux goûter, & pour en mieux sentir toutes les beautez. Approbation universel-

* *Mr. Racine, mort en 1699. Mr. Despréaux, mort en 1711.*

le, qui est le plus grand éloge que les hommes puissent donner à un Ecrivain; & en même tems la marque la plus certaine de la perfection d'un Ouvrage.

Par quel heureux secret peut-on acquerir cette approbation si généralement recherchée, & si rarement obtenuë? Monsieur Despréaux nous l'a appris lui-même; c'est par l'amour du Vrai.

En effet, ce n'est que dans le Vrai seulement que tous les hommes se réünissent. Differens d'ailleurs dans leurs mœurs, dans leurs préjugez, dans leur maniére de penser, d'écrire, & de juger de ceux qui écrivent, dès que le Vrai paroît clairement à leurs yeux, il enleve toûjours leur consentement & leur admiration.

Comme il ne se trouve que dans la Nature, ou pour mieux dire, comme il n'est autre chose que la Nature même, Monsieur Despréaux en avoit fait sa principale étude. Il avoit puisé dans son sein ces graces qu'elle seule peut donner, que l'Art emploie toûjours avec succès, & que jamais il ne sauroit contrefaire. Il y avoit contemplé à loisir ces grands modéles de beauté & de perfection, qu'on ne peut voir qu'en elle; mais qu'elle ne laisse voir qu'à ses Favoris. Il l'admiroit sur tout dans les Ouvrages d'Homere, où elle s'est conservée avec toute la simplicité, & pour ainsi dire, avec toute l'innocence des premiers tems; & où elle est d'autant plus belle, qu'elle affecte moins de le paroître.

Il ne s'agit point ici de renouveller la fameuse guerre des Anciens & des Modernes, où Monsieur Despréaux combattit avec tant de succès en faveur de ce grand Poëte.

Il faut esperer que ceux qui se sont fait une fausse gloire de resister aux traits du défenseur d'Homere, se feront honneur de ceder aux graces d'une nouvelle Traduction *, qui le faisant connoître à ceux même à qui sa Langue est inconnuë, fait mieux son éloge que tout ce qu'on pourroit écrire pour sa défense. Chef d'œuvre véritablement digne d'être loué dans le Sanctuaire des Muses, & honoré de l'aprobation de ceux qui y sont assis.

Mais, c'est en vain qu'un Auteur choisit le Vrai pour modèle. Il est toûjours sujet à s'égarer, s'il ne prend aussi la raison pour guide.

Monsieur Despréaux ne la perdit jamais de vûë: & lors que pour la venger de tant de mauvais Livres, où elle étoit cruellement

---

* *Traduction de Madame Dacier.*

maltraitée, il entreprit de faire des Satires, elle lui apprit à éviter les excès de ceux qui en avoient fait avant lui.

Juvenal, & quelquefois Horace même, (avoüons-le de bonne foi) avoient attaqué les vices de leur tems avec des armes qui faisoient rougir la Vertu.

Regnier, peut-être en cela seul, fidèle disciple de ces dangereux Maîtres, devoit à cette honteuse licence une partie de sa reputation; & il sembloit alors que l'obscenité fût un sel absolument necessaire à la Satire; comme on s'est imaginé depuis, que l'amour devoit être le fondement, & pour ainsi dire, l'ame de toutes les Piéces de Théatre.

Monsieur Despréaux sut mépriser de si mauvais exemples dans les mêmes Ouvrages qu'il admiroit d'ailleurs. Il osa le premier faire voir au hommes une Satire sage & modeste. Il ne l'orna que de ces graces austères, qui sont celles de la Vertu même; & travaillant sans cesse à rendre sa vie encore plus pure que ses Ecrits, il fit voir que l'amour du Vrai, conduit par la raison, ne fait pas moins l'Homme de bien que l'excellent Poëte.

Incapable de déguisement dans ses mœurs, comme d'affectation dans ses Ouvrages, il s'est toûjours nommé tel qu'il étoit; aimant mieux, disoit-il, laisser voir de véritables défauts, que de les couvrir par de fausses vertus.

Tout ce qui choquoit la Raison ou la Vérité, excitoit en lui un chagrin, dont il n'étoit pas maître, & auquel peut-être sommes-nous redevables de ses plus ingenieuses compositions. Mais en attaquant les defauts des Ecrivains, il a toûjours épargné leurs personnes.

Il croioit qu'il est permis à tout homme, qui sait parler ou écrire, de censurer publiquement un mauvais Livre, que son Auteur n'a pas craint de rendre public; mais il ne regardoit qu'avec horreur ces dangereux ennemis du Genre humain, qui sans respect ni pour l'amitié, ni pour la Vérité même, déchirent indifferemment tout ce qui s'offre à l'imagination de ces sortes de gens, & qui du fond des tenebres, qui les derobent à la rigueur des Loix, se font un jeu cruel de publier les fautes les plus cachées, & de noircir les actions les plus innocentes.

Ces sentimens de probité & d'humanité n'étoient pas dans Monsieur Despréaux des vertus purement civiles. Ils avoient leur principe dans un amour sincère pour la Religion, qui paroissoit dans toutes ſes actions, & dans toutes ſes paroles; mais qui prenoit encore de nouvelles forces, comme il arrive à tous les hommes, dans les occaſions où ils ſe trouvoient conformes à ſon humeur & à ſon genie.

C'eſt ce qui l'animoit ſi vivement contre un certain Genre de Poëſie, où la Religion lui paroiſſoit particulierement offenſée.

Quoi, diſoit-il à ſes Amis, des maximes qui feroient horreur dans le langage ordinaire, ſe produiſent impunément dès qu'elles ſont miſes en Vers! Elles montent ſur le Theatre à la faveur de la Muſique, & y parlent plus haut que nos Loix. C'eſt peu d'y étaler ces Exemples qui inſtruiſent à pecher, & qui ont été déteſtez par les Payens même. On en fait aujourd'hui des conſeils, & même des préceptes; & loin de ſonger à rendre utiles les divertiſſemens publics, on affecte de les rendre criminels. Voilà de-quoi il étoit continuellement occupé, & dont il eût voulu pouvoir faire l'unique objet de toutes ſes Satires.

Heureux d'avoir pû d'une même main imprimer un opprobre éternel à des Ouvrages ſi contraires aux bonnes mœurs; & donner à la Vertu, en la perſonne de nôtre auguſte Monarque, des loüanges qui ne périront jamais.

TABLE

Des Pièces contenuës en ce Premier Tome.

Les Pièces ajoûtées en cette Edition, sont désignées par une Etoile *.

SATIRES.

Discours au Roi.	Page 1
Satire I.	9
Satire II.	21
Satire III.	27
Satire IV.	44
Satire V.	53
Satire VI.	62
Satire VII.	69
Satire VIII.	75
Satire IX.	93
Avertissement sur la Satire X.	111
Satire X.	112
Satire XI.	147
* Discours sur la Satire suivante.	158
* Satire XII.	162

EPITRES.

Epître I. au Roi.	181
Epître II. à M. l'Abbé Des Roches.	193
Epître III. à M. Arnauld.	197
Epître IV. au Roi.	203
Epître V. à M. de Guillergues.	216
Epître VI. à M. de Lamoignon.	225
Epître VII. à M. Racine.	235
Epître VIII. au Roi.	244
Epître IX. à M. de Seignelai.	250
Préface sur les trois Epîtres suivantes.	259
Epître X. à ses Vers.	262
Epître XI. à son Jardinier.	270
Epître XII. sur l'Amour de Dieu.	277

ART POËTIQUE.

Chant I.	289
Chant II.	304
Chant III.	315
Chant IV.	338

LUTRIN.

Avis au Lecteur.	355
Chant I.	358
Chant II.	371
Chant III.	380
Chant IV.	387
Chant V.	398
Chant VI.	410

ODES.

Discours sur l'Ode.	419
Ode sur la prise de Namur.	422
Ode contre les Anglois.	431
Stances à M. Moliere.	433

SONNETS.

*Sonnet, sur la mort d'une Parente.	434
Autre Sonnet sur le même sujet.	435

EPIGRAMMES.

I. A un Medecin.	436
II. A M. Racine.	437
III. Contre Saint-Sorlin.	439
IV. A Mrs. Pradon & Bonnecorse.	440

V.	Contre l'Abbé Cotin.	440	XXXIX.	Vers sur Homere. 466
VI.	Contre le même.	441	XL.	Pour le Buste du Roi. 467
VII.	Contre un Athée.	442	XLI.	Pour le Portrait de M. le Duc du Maine. 468
VIII.	Vers en stile de Chapelain.	443		
* IX.	Epitaphe.	ibid.	XLII.	Pour Mademoiselle de Lamoignon. 469
X.	A Climène.	444		
XI.	Imitation de Martial.	ibid.	XLIII.	Sur le Portrait du P. Bourdaloue. 470
XII.	Sur la Harangue d'un Magistrat.	445		
			XLIV.	Pour le Portrait de Tavernier. 471
* XIII.	Sur l'Agésilas de M. Corneille.	ibid.		
			XLV.	Pour le Portrait du Pere de l'Auteur. 472
* XIV.	Sur l'Attila du même Auteur.	ibid.		
			XLVI.	Epitaphe de la Mere de l'Auteur. 473
XV.	Sur le Poëte Santeul.	446		
XVI.	A la Fontaine de Bourbon.	447	* XLVII.	Sur son Frere aîné. 474
			XLVIII.	Pour le Portrait de M. De La Bruiere. ibid.
XVII.	L'Amateur d'Horloges.	448		
XVIII.	Sur des Vers contre Homere.	449	* XLIX.	Epitaphe de M. Arnauld. 475
			L.	Pour le Portrait de M. Hamon. 476
* XIX.	Sur le même sujet.	450		
* XX.	Sur le même sujet.	ibid.	LI.	Pour le Portrait de M. Racine. 477
XXI.	A M. Perraut sur le même sujet.	451		
			LII.	Pour le Portrait de l'Auteur. 478
XXII.	Sur le même sujet.	ibid.		
XXIII.	Au même.	452	LIII.	Réponse aux Vers du Portrait. 479
XXIV.	Au même.	453		
XXV.	Parodie burlesque.	454	* LIV.	Pour un autre Portrait du même. 480
XXVI.	Sur la réconciliation de l'Auteur avec M. Perraut.	455		
			LV.	Sur une méchante gravûre. 481
*XXVII.	Aux Journalistes de Trevoux.	456		
			LVI.	Sur le Buste de l'Auteur. 482
*XXVIII.	Réponse.	457		
*XXIX.	Replique.	ibid.	Avertissement sur le Prologue suivant. 483
XXX.	Sur le Livre des Flagellans.	458	Prologue d'Opera. 486
XXXI.	Fable d'Esope.	459	POESIES LATINES.
XXXII.	Le Débiteur reconoissant.	460	* Epigramma, in novum Causidicum. 489
XXXIII.	Enigme.	ibid.	* Alterum, in Marullum. 490
XXXIV.	Vers pour un Roman allégorique.	461	* Satira. 491
			POESIES
XXXV.	Sur un Portrait de Rocinante.	462	Ausquelles l'Auteur a eu part.
XXXVI.	Vers à mettre en chant.	463	* Parodie du Cid, contre Chapelain. 493
XXXVII.	Chanson à boire.	464	* Métamorphose de la Perruque de Chapelain en Comète. 505
XXXVIII.	Chanson faite à Baville.	465	

DISCOURS AU ROI.

Eune & vaillant Heros, dont la haute sagesse
N'est point le fruit tardif d'une lente vieillesse,
Et qui seul, sans Ministre, à l'éxemple des Dieux,
Soutiens tout par Toi-même, & vois tout par tes yeux,

REMARQUES.

Quoique cette Piéce soit placée avant toutes les autres, elle n'a pourtant pas été faite la premiére. L'Auteur la composa au commencement de l'année 1665. & il avoit déja fait cinq Satires. La même année ce *Discours* fut inseré dans un Recueil de Poësies, avant que l'Auteur eût eu le tems de le corriger. Il le fit imprimer lui-même, l'année suivante, 1666. avec les sept premiéres Satires.

Regnier a mis à la tête des siennes, une Epître en vers adressée à Henri IV. sous le même titre de *Discours au Roi*.

Vers 3. *Et qui seul, sans Ministre*, &c.] Après la mort du Cardinal Mazarin, arrivée en 1661. le Roi, âgé seulement de vingt-deux ans & demi, ne voulut plus avoir de Premier Ministre, & commença à gouverner par lui-même.

IMITATIONS.

Vers 4. *Soutiens tout par Toi-même*, &c.] Horace, L. 2. Ep. 1.
  Cùm tot sustineas & tanta negotia solus.
On peut observer ici, & dans la plûpart des endroits que nôtre Auteur a imitez des Anciens, qu'il enchérit sur l'Original, soit en rectifiant la pensée, soit en la plaçant plus à propos qu'elle n'étoit; tantôt en lui donnant plus de force par des expressions plus vives & plus énergiques, tantôt en y ajoûtant des images nouvelles qui l'embellissent. Il disoit quelquefois, en parlant de ces sortes d'imitations : *Cela ne s'appèle pas imiter; c'est joûter contre son Original.*

Tom. I. A

DISCOURS AU ROI.

5 GRAND ROI; si jusqu'ici, par un trait de prudence,
J'ai demeuré pour Toi dans un humble silence,
Ce n'est pas que mon cœur vainement suspendu
Balance pour t'offrir un encens qui t'est dû.
Mais je sçai peu loüer, & ma Muse tremblante
10 Fuit d'un si grand fardeau la charge trop pesante,
Et dans ce haut éclat où Tu te viens offrir,
Touchant à tes lauriers, craindroit de les flétrir.
Ainsi, sans m'aveugler d'une vaine manie,
Je mesure mon vol à mon foible génie:
15 Plus sage en mon respect, que ces hardis Mortels
Qui d'un indigne encens profanent tes autels;
Qui dans ce champ d'honneur, où le gain les ameine,
Osent chanter ton nom sans force & sans haleine;
Et qui vont tous les jours, d'une importune voix,
20 T'ennuyer du récit de tes propres exploits.

CHANGEMENS.

Vers 11. *Et dans ce haut éclat* &c.] Ce vers & le suivant étoient de cette manière dans les premières éditions:

Et ma plume mal propre à peindre des Guerriers,
Craindroit, en les touchant de flétrir tes lauriers.

L'Auteur les changea ainsi dans l'édition de 1674.

Et de si hauts exploits mal-propre à discourir,
Touchant à Tes lauriers craindroit de les flétrir.

Enfin dans les éditions suivantes, il corrigea encore le premier de ces deux vers, comme il est ici:

Et dans ce haut éclat où Tu te viens offrir, &c.

Vers 13. *Ainsi, sans m'aveugler.*] Dans les premières éditions il y avoit: *Ainsi, sans me flater.*

REMARQUES.

Vers 6. *J'ai demeuré pour Toi dans un humble silence.*] Ce vers fait connoître que l'Auteur avoit composé d'autres Ouvrages avant celui-ci.

Vers 10. *Fuit d'un si grand fardeau la charge trop pesante.*] Quelques-Critiques ont condamné ce vers, prétendant que l'on ne peut pas dire, *la charge d'un fardeau.* Cependant, on dit fort bien, *le poids d'un fardeau; ce fardeau est d'un poids trop grand.* Ces expressions n'ont rien d'irrégulier; & Malherbe en a employé une toute semblable à celle de nôtre Auteur.

Mais si la pesanteur d'une charge si grande
Résiste à mon audace. Sonnet à la Princesse de Conti.

DISCOURS AU ROI.

    L'Un en stile pompeux habillant une Eglogue,
De ses rares vertus Te fait un long prologue,
Et mêle, en se vantant soi-même à tout propos,
Les loüanges d'un Fat à celles d'un Heros.
25   L'Autre envain se lassant à polir une rime,
Et reprenant vingt fois le rabot & la lime,
Grand & nouvel effort d'un esprit sans pareil!
Dans la fin d'un Sonnet Te compare au Soleil.
    Sur le haut Hélicon leur veine méprisée,
30 Fut toûjours des neuf Sœurs la fable & la risée.
Calliope jamais ne daigna leur parler,
Et Pégase pour eux refuse de voler.
Cependant à les voir enflez de tant d'audace,
Te promettre en leur nom les faveurs du Parnasse,
35 On diroit, qu'ils ont seuls l'oreille d'Apollon,
Qu'ils disposent de tout dans le sacré Vallon.
C'est à leurs doctes mains, si l'on veut les en croire,
Que Phébus a commis tout le soin de ta gloire:
Et ton nom, du Midi jusqu'à l'Ourse vanté,
40 Ne devra qu'à leurs vers son immortalité.
Mais plûtôt sans ce nom, dont la vive lumiere
Donne un lustre éclatant à leur veine grossiere,
Ils verroient leurs écrits, honte de l'Univers,
Pourrir dans la poussiére à la merci des vers.
45 A l'ombre de ton nom ils trouvent leur asile;
Comme on voit dans les champs un arbrisseau débile,

REMARQUES.

Vers 21. *L'Un en stile pompeux habillant une Eglogue.*] Charpentier avoit publié en 1663. un Dialogue en vers fort pompeux, intitulé : *Loüis, Eglogue Roiale.* Cette Piéce étoit un composé ridicule des louanges du Roi, & de celles de l'Auteur.

Vers 25. *L'Autre en vain se lassant.*] C'est Chapelain, qui avoit fait un Sonnet, à la fin duquel il comparoit le Roi au Soleil.

Qui, sans l'heureux appui qui le tient attaché,
Languiroit tristement sur la terre couché.

 Ce n'est pas que ma plume injuste & téméraire,
50 Veüille blâmer en eux le dessein de te plaire :
Et parmi tant d'Auteurs, je veux bien l'avoüer,
Apollon en connoit qui te peuvent loüer.
Oui, je sçai qu'entre ceux qui t'adressent leurs veilles,
Parmi les Pelletiers on compte des Corneilles.
55 Mais je ne puis souffrir, qu'un Esprit de travers,
Qui pour rimer des mots pense faire des vers,
Se donne en te loüant une gêne inutile.
Pour chanter un Auguste, il faut être un Virgile.
Et j'approuve les soins du Monarque guerrier,
60 Qui ne pouvoit souffrir qu'un Artisan grossier
Entreprît de tracer, d'une main criminelle,
Un portrait réservé pour le pinceau d'Apelle.
 Moi donc, qui connois peu Phébus & ses douceurs,
Qui suis nouveau sevré sur le mont des neuf Sœurs :

REMARQUES.

Vers 54. *Parmi les Pelletiers*] Pierre Du Pelletier, Parisien, étoit un misérable Rimeur, dont la principale occupation étoit de composer des Sonnets à la loüange de toutes sortes de gens. Dès qu'il savoit qu'on imprimoit un Livre, il ne manquoit pas d'aller porter un Sonnet à l'Auteur, pour avoir un exemplaire de l'ouvrage. Il gagnoit sa vie à aller en ville enseigner la Langue Françoise aux Etrangers. ——— *On compte des Corneilles.*] Pierre Corneille, un de nos plus grands Poëtes, est mis en opposition avec Pelletier. Quoique le grand Corneille doive principalement sa réputation aux excellentes Tragédies qu'il a faites, il est connu aussi par de très-beaux Poëmes qu'il a composés à la loüange du Roi ; c'est à quoi on fait allusion en cet endroit.

Vers 59. *Et j'approuve les soins du Monarque guerrier.*] Aléxandre le Grand n'avoit permis qu'à *Apelle* de le peindre, à Lysippe de faire son image en bronze, & à Pyrgotèle de la graver sur des pierres précieuses : il étoit défendu à tout autre de faire le portrait ou l'éffigie d'Aléxandre. *Plin.* 37. *nat. hist.* 1. L'Empereur Auguste fit avertir les Magistrats de ne pas souffrir que son nom fût avili, en le faisant servir de matière aux disputes pour les prix de prose & de vers. *Suet.* c. 89.

IMITATIONS.

Vers 60. *Qui ne pouvoit souffrir* &c.] Horace 2. Ep. 1. v. 239.
 Edicto vetuit, ne quis se, præter Apellem,
 Pingeret ; aut alius Lysippo duceret æra
 Fortis Alexandri vultum simulantia.

DISCOURS AU ROI.

65 Attendant que pour Toi l'âge ait mûri ma Muſe,
Sur de moindres ſujets je l'éxerce & l'amuſe :
Et tandis que ton bras, des peuples redouté,
Va, la foudre à la main, rétablir l'équité,
Et retient les Méchans par la peur des ſupplices :
70 Moi, la plume à la main, je gourmande les vices ;
Et gardant pour moi-même une juſte rigueur,
Je confie au papier les ſecrets de mon cœur.
Ainſi, dès qu'une fois ma verve ſe réveille,
Comme on voit au printems la diligente abeille,
75 Qui du butin des fleurs va compoſer ſon miel,
Des ſottiſes du tems je compoſe mon fiel.
Je vais de toutes parts où me guide ma veine,
Sans tenir en marchant une route certaine,
Et, ſans gêner ma plume en ce libre métier,
80 Je la laiſſe au hazard courir ſur le papier.
 Le mal eſt, qu'en rimant, ma Muſe un peu légere
Nomme tout par ſon nom, & ne ſçauroit rien taire.

CHANGEMENS.

Vers 75. *Qui du butin des fleurs va compoſer ſon miel.*] C'eſt ainſi que l'Auteur a corrigé dans l'édition de 1674. Dans les precedentes éditions on liſoit : *Qui des fleurs qu'elle pille en compoſe ſon miel.*

REMARQUES.

Vers 67. *Et tandis que ton bras .... Va la foudre à la main.*] Le *Bras* eſt employé ici pour la Perſonne même : la Partie pour le Tout. Ainſi, c'eſt mal-à-propos que l'on a condamné cette expreſſion. *Mais il faut être Poëte*, diſoit l'Auteur, *& ſentir les beautés de la Poëſie, pour juſtifier cette faute, qui n'en eſt pas une.* Il la juſtifioit par ce beau vers de M. Racine, dans la dernière Scène de Mithridate : *Et mes derniers regards ont vû fuir les Romains. Mes regards ont vû,* eſt la même choſe que, *le bras qui va la foudre à la main.*

Vers 82. *Nomme tout par ſon nom.*] L'Auteur fait alluſion à cet endroit de la Satire I.

 Je ne puis rien nommer ſi ce n'eſt par ſon nom.

IMITATIONS.

Vers 72. *Je confie au papier &c.*] Horace, parlant du Poëte Lucilius :
 Ille, velut fidis arcana ſodalibus, olim
 Credebat libris. L. 2. Sat. 1. v. 30.

6 DISCOURS AU ROI.

C'est là ce qui fait peur aux Esprits de ce tems,
Qui tout blancs au dehors, sont tout noirs au dedans.
85 Ils tremblent qu'un Censeur, que sa verve encourage,
Ne vienne en ses écrits démasquer leur visage,
Et foüillant dans leurs mœurs en toute liberté,
N'aille du fond du Puits tirer la Vérité.
Tous ces gens éperdus au seul nom de Satire,
90 Font d'abord le procès à quiconque ose rire.
Ce sont eux que l'on voit, d'un discours insensé,
Publier dans Paris que tout est renversé,
Au moindre bruit qui court, qu'un Auteur les menace
De joüer des Bigots la trompeuse grimace.
95 Pour eux un tel ouvrage est un monstre odieux;
C'est offenser les loix, c'est s'attaquer aux Cieux.
Mais bien que d'un faux zele ils masquent leur foiblesse,
Chacun voit qu'en effet la Verité les blesse.
Envain d'un lâche orgueil leur esprit revêtu
100 Se couvre du manteau d'une austere vertu:
Leur cœur qui se connoit, & qui fuit la lumiere,
S'il se mocque de Dieu, craint Tartuffe & Moliere.
Mais pourquoi sur ce point sans raison m'écarter?
GRAND ROI, c'est mon défaut, je ne sçaurois flatter.
105 Je ne sçai point au Ciel placer un Ridicule,
D'un Nain faire un Atlas, ou d'un Lâche un Hercule,
Et sans cesse en esclave à la suite des Grands,
A des Dieux sans vertu prodiguer mon encens.

REMARQUES.

Vers 88. *N'aille du fond du Puits tirer la Vérité.*] Démocrite disoit que la Vérité étoit au fond d'un Puits, & que personne ne l'en avoit encore pû tirer.

Vers 93. ——— *Qu'un Auteur les menace*, &c.] En 1664. Moliére composa son Tartufe; mais la Cabale des faux Dévots porta le Roi à défendre la représentation de cette Comédie: & cette défense subsista jusqu'en l'année 1669.

DISCOURS AU ROI.

On ne me verra point d'une veine forcée,
110 Même pour te loüer, déguiser ma pensée:
Et quelque grand que soit ton pouvoir souverain,
Si mon cœur en ces vers ne parloit par ma main,
Il n'est espoir de biens, ni raison, ni maxime,
Qui pût en ta faveur m'arracher une rime.
115 Mais lorsque je te voi, d'une si noble ardeur,
T'appliquer sans relâche aux soins de ta grandeur,
Faire honte à ces Rois que le travail étonne,
Et qui sont accablez du faix de leur Couronne.
Quand je voi ta sagesse, en ses justes projets,
120 D'une heureuse abondance enrichir tes sujets;
Fouler aux pieds l'orgueil & du Tage & du Tibre;
Nous faire de la mer une campagne libre;
Et tes braves Guerriers secondant ton grand cœur,
Rendre à l'Aigle éperdu sa premiere vigueur:
125 La France sous tes loix maîtriser la Fortune;
Et nos vaisseaux domtant l'un & l'autre Neptune,
Nous aller chercher l'or, malgré l'onde & le vent,
Aux lieux où le Soleil le forme en se levant.
Alors, sans consulter si Phébus l'en avouë,
130 Ma Muse toute en feu me prévient & te louë.
Mais bien-tôt la Raison arrivant au secours,
Vient d'un si beau projet interrompre le cours,

REMARQUES.

Vers 121. *Fouler aux pieds l'orgueil & du Tage & du Tibre.*] Le Roi se fit faire satisfaction des deux insultes faites à ses Ambassadeurs: à Londres, par l'Ambassadeur d'Espagne, en 1661. & à Rome, par les Corses de la Garde du Pape, en 1662.

Vers 122. *Nous faire de la mer une campagne libre.*] La mer fut purgée de Pirates par la victoire remportée en 1665. sur les Corsaires de Thunis & d'Alger, aux Côtes d'Afrique.

Vers 124. *Rendre à l'Aigle éperdu* &c.] En 1664. les Troupes que le Roi envoya au secours de l'Empereur, défirent les Turcs sur les bords du Raab.

Vers 128. *Aux lieux où le Soleil le forme en se levant.*] En l'année 1665. le Roi établit la Compagnie des Indes Orientales, à laquelle Sa Majesté accorda de grands priviléges, fournit des sommes considerables, & prêta des vaisseaux pour le premier embarquement.

Où le Soleil le forme &c.] Dans l'édition de 1674. on avoit mis: *Où le Soleil se forme en se levant.* Cette faute d'impression est remarquable.

8 DISCOURS AU ROI.

Et me fait concevoir, quelque ardeur qui m'emporte,
Que je n'ai ni le ton, ni la voix assez forte.
135 Aussi-tôt je m'effraye, & mon esprit troublé
Laisse là le fardeau dont il est accablé :
Et sans passer plus loin, finissant mon ouvrage,
Comme un Pilote en mer, qu'épouvante l'orage,
Dès que le bord paroît, sans songer où je suis,
140 Je me sauve à la nage, & j'aborde où je puis.

IMITATIONS.

Vers 138. *Comme un Pilote en mer*, &c.] Le Bembe a dit dans une Lettre à Hercule Strozzi : *Equidem in his concludendis Elegis, feci idem quod Nautæ solent, qui tempestate coacti, non eum portum capiunt quem petunt, sed ad illum qui proximus est, deferuntur.* P. Bembus, Epist. L. 3.

SATIRE I.

DAMON ce grand Auteur, dont la Muse fertile
Amusa si long-tems & la Cour & la Ville:
Mais qui n'étant vétu que de simple bureau,
Passe l'été sans linge, & l'hiver sans manteau:

REMARQUES.

CEtte Satire a été commencée vers l'année 1660., & c'est le premier ouvrage considérable que nôtre Auteur ait composé. Il y décrit la retraite & les plaintes d'un Poëte, qui ne pouvant plus vivre à Paris, va chercher ailleurs une destinée plus heureuse.

C'est une imitation de la troisiéme Satire de Juvénal, dans laquelle est aussi décrite la retraite d'un Philosophe qui abandonne le séjour de Rome, à cause des vices affreux qui y regnoient. Juvénal y décrit encore les embarras de la méme ville ; &, à son exemple, Mr. Despreaux, dans cette premiere Satire, avoit fait la description des embarras de Paris ; mais il s'aperçut que cette description étoit comme hors d'œuvre, & qu'elle faisoit un double sujet. C'est ce qui l'obligea à l'en détacher, & il en fit une Satire particuliere, qui est la sixiéme.

Il ne faisoit pas grand cas de cette Piéce. A peine avoit-il pû se résoudre à la lire à quelques amis particuliers ; lors qu'un jour l'Abbé Furetiere, qui avoit été reçu depuis peu à l'Académie Françoise, rendit une visite au Frere † de Mr. Despreaux, qui étoit son Ami, & son Confrère. Comme Mr. Boileau l'Académicien étoit sorti, Furetiere s'arrêta avec Mr. Despreaux, & lût cette Satire. Il en fut fort content ; & quoi qu'elle fût assez éloignée de la perfection à laquelle l'Auteur l'a portée depuis, il convint de bonne foi qu'elle valoit beaucoup mieux que toutes celles qu'il avoit faites lui-méme *. Il encouragea ce jeune Poëte à continuer ; & lui demanda méme une copie de la nouvelle Satire, qui devint bientôt publique par les autres copies qu'on en fit. Cette Satire étoit alors dans un état bien different de celui auquel l'Auteur la mit avant que de la faire imprimer : car, de 212. vers qu'elle contenoit, il n'en a conservé qu'environ soixante. Tout le reste a été ou supprimé ou changé.

VERS 1. *Damon, ce grand Auteur, &c.*] DAmon : François Cassandre, Auteur celebre de ce tems-là. Il étoit savant en Grec & en Latin, & faisoit assez bien des vers François ; mais son

† *Gilles Boileau.*

* *Il y a 5. Satires de Furetiere imprimées.*

humeur bourruë & farouche, qui le rendoit incapable de toute société, lui fit perdre tous les avantages que la fortune pût lui présenter : de sorte qu'il vécut d'une maniere très-obscure & très-miserable. „Il mourut tel qu'il avoit vécu; „c'est-à-dire, très-misanthrope, & non seule„ment haïssant les hommes, mais aiant méme „assez de peine à se réconcilier avec Dieu, à qui, „disoit-il en mourant, il n'avoit aucune obliga„tion *. Le Confesseur qui l'assistoit à la mort, voulant l'exciter à l'amour de Dieu, par le souvenir des graces que Dieu lui avoit faites : *Ah ! oui*, dit Cassandre, d'un ton chagrin & ironique, *je lui ai de grandes obligations ; il m'a fait jouer ici bas un joli personage*. Et comme son Confesseur insistoit à lui faire reconnoitre les graces du Seigneur : *Vous savez*, dit-il, en redoublant l'amertume de ses reproches, & montrant le grabat sur lequel il étoit couché : *Vous savez comme il m'a fait vivre, voyez comme il me fait mourir*.

Cassandre a traduit en François les derniers volumes de l'Histoire de Mr. de Thou, que Du Ryer avoit laissez à traduire. Il a fait aussi *les Paralleles historiques*, & la traduction de la *Rhétorique d'Aristote*. Cette traduction est fort estimée ; & Mr. Despreaux, pour engager le Libraire à faire quelque gratification à l'Auteur, en parla très-avantageusement à la fin de la Préface sur le Sublime de Longin, dans l'édition de 1675.

Vers 4. *Passe l'été sans linge, & l'hiver sans manteau.*] Quoi-que Cassandre, sous le nom de *Damon*, soit le heros de cette Satire, l'Auteur n'a pas laissé de charger ce caractère de plusieurs traits qu'il a empruntez d'autres Originaux. Ainsi c'est Tristan-l'Hermite qu'il avoit en vûë dans ce vers, & non pas Cassandre ; car celui-ci portoit un manteau en tout tems ; & l'autre n'en avoit point du tout : témoin cette Epigramme de Mr. De Montmor, Maitre des Requêtes :

Elie, ainsi qu'il est écrit,
De son Manteau comme de son Esprit
Récompensa son Serviteur fidéle.
Tristan eût suivi ce modéle.
Mais Tristan, qu'on mit au tombeau

* *Lettre de Mr. Despreaux, dont l'Original est entre les mains de l'Auteur de ces Notes.*

SATIRE I.

5 Et de qui le corps sec, & la mine affamée,
N'en font pas mieux refaits pour tant de renommée :
Las de perdre en rimant & sa peine & son bien,
D'emprunter en tous lieux, & de ne gagner rien,
Sans habits, sans argent, ne sachant plus que faire,
10 Vient de s'enfuir chargé de sa seule misere;
Et bien loin des Sergens, des Clercs, & du Palais,
Va chercher un repos qu'il ne trouva jamais :
Sans attendre qu'ici la Justice ennemie
L'enferme en un cachot le reste de sa vie;
15 Ou que d'un bonnet vert le salutaire affront
Flétrisse les lauriers qui lui couvrent le front.
Mais le jour qu'il partit, plus défait & plus blême
Que n'est un Pénitent sur la fin d'un Carême,
La colere dans l'ame, & le feu dans les yeux,
20 Il distila sa rage en ces tristes adieux.
Puisqu'en ce lieu, jadis aux Muses si commode,
Le merite & l'esprit ne sont plus à la mode,

CHANGEMENS.

Vers 10. *Vient de s'enfuir.*] Dans les premieres éditions il y avoit : *S'en est enfui.*

REMARQUES.

Plus pauvre que n'est un Prophète,
En laissant à Quinaut son esprit de Poëte,
Ne put lui laisser un Manteau.

Vers 15. *Ou que d'un bonnet vert le salutaire affront.*] Ce vers exprime figurément la *Cession de biens* ; c'est-à-dire, l'abandonnement que fait un débiteur, de tous ses biens à ses créanciers, pour éviter la prison, ou pour en sortir. Le benefice de la Cession avoit été introduit chez les Romains par une Loi particuliere*, pour tempérer la rigueur de la Loi des douze Tables, qui rendoit les créanciers maitres de la liberté, & de la vie même de leurs débiteurs. Les Cessions de biens devinrent si fréquentes, que l'on crût devoir en arrêter la trop grande facilité par la crainte de la honte publique ; & l'on s'avisa en quelques endroits d'Italie d'obliger tout Cessionaire de biens de porter un bonnet ou chapeau orengé ; & à Rome, un bonnet vert : pour marquer, dit Pasquier†, que celui qui fait Cession de biens est devenu pauvre par sa folie. Cette peine ne s'est introduite en France que depuis la fin du seizieme Siécle, suivant les Arrêts raportez par nos Jurisconsultes ; mais elle est comme abolie depuis quelque tems parmi nous.

* *La Loi Julia.*

† *Recherches, liv. 4. c. 10.*

IMITATIONS.

Vers 21. *Puisqu'en ce lieu jadis aux Muses si commode.*] C'est ici particulierement que commence l'imitation de Juvénal, Sat. 3. v. 21.

— *quando artibus, inquit, honestis*
Nullus in Urbe locus, nulla emolumenta laborum ; &c.]

SATIRE I.

Qu'un Poëte, dit-il, s'y voit maudit de Dieu,
Et qu'ici la Vertu n'a plus ni feu ni lieu;
25 Allons du moins chercher quelque antre ou quelque roche,
D'où jamais ni l'Huiſſier, ni le Sergent n'aproche;
Et ſans laſſer le Ciel par des vœux impuiſſans,
Mettons-nous à l'abri des injures du tems.
Tandis que libre encor, malgré les deſtinées,
30 Mon corps n'eſt point courbé ſous le faix des années;
Qu'on ne voit point mes pas ſous l'âge chanceler,
Et qu'il reſte à la Parque encor dequoi filer.
C'eſt là dans mon malheur le ſeul conſeil à ſuivre.
Que George vive ici, puiſque George y fait vivre,
35 Qu'un million comptant, par ſes fourbes acquis,
De Clerc, jadis Laquais, a fait Comte & Marquis.
Que Jacquin vive ici, dont l'adreſſe funeſte
A plus cauſé de maux que la guerre & la peſte,
Qui de ſes revenus écrits par alphabet,
40 Peut fournir aiſément un Calepin complet.
Qu'il regne dans ces lieux; il a droit de s'y plaire.
Mais moi, vivre à Paris: Eh, qu'y voudrois-je faire?
Je ne ſai ni tromper, ni feindre, ni mentir,
Et quand je le pourrois je n'y puis conſentir.

REMARQUES.

Vers 34. *Que George vive ici*, &c.] Vers 37. *Que Jaquin* &c.] Sous ces noms-là l'Auteur déſigne les Partiſans en général.

Vers 40. ――――― *Un Calepin complet.*] Le Dictionaire de Calepin eſt en deux gros volumes.

IMITATIONS.

Vers 29. *Tandis que libre encor* &c.] Juvénal au même endroit:
   Dùm nova canities, dùm prima & recta ſenectus,
   Dùm ſupereſt Lacheſi quod torqueat, & pedibus me
   Porto meis; nullo dexiram ſubeunte bacillo.
Vers 34. *Que George vive ici.*] Juvénal au même endroit:
   ―――――― Vivant Arturius illic,
   Et Catulus: maneant qui nigrum in candida vertunt.
Vers 42. *Mais moi, vivre à Paris:* &c.] Juvénal, là-même, v. 41.
   Quid Romæ faciam? mentiri neſcio.

SATIRE I.

45 Je ne fai point en lâche effuïer les outrages
D'un Faquin orgueilleux qui vous tient à fes gages,
De mes Sonnets flateurs laffer tout l'Univers,
Et vendre au plus offrant mon encens & mes vers.
Pour un fi bas emploi ma Mufe eft trop altiére.
50 Je fuis ruftique & fier, & j'ai l'ame groffiére.
Je ne puis rien nommer, fi ce n'eft par fon nom.
J'appèle un chat un chat, & Rolet un fripon.
De fervir un Amant, je n'en ai pas l'adreffe.
J'ignore ce grand art qui gagne une maîtreffe,

REMARQUES.

Vers 47. *De mes Sonnets flateurs.*] Allufion aux Sonnets que Pelletier faifoit à la loüange de toutes fortes de gens. *Voiez* la Remarque fur le vers 54. du Difcours au Roi.

Vers 50. *Je fuis ruftique & fier, &c.*] Caractère du Sieur Caffandre, qui étoit farouche & groffier jufqu'à la rufticité.

Vers 51. *Je ne puis rien nommer fi ce n'eft par fon nom.*] L'Auteur fait allufion à la belle réponfe que Philippe Roi de Macedoine fit à Lafténe Olinthien, qui s'étoit retiré à la Cour de ce Prince, après lui avoir vendu par trahifon la ville d'Olinthe fa patrie. Lafténe alla fe plaindre à Philippe, de quelques Courtifans Macedoniens qui l'avoient apelé *Traitre*; & demanda Juftice de cette injure. Ce Roi lui répondit froidement: *Les Macedoniens font fi groffiers, qu'ils ne favent nommer les chofes que par leur nom.* Plut. dans les Apopht. des Rois & des Capitaines.

Vers 52. *J'appèle un chat, un chat, &c.*] Ce vers a paffé en proverbe parmi nous, à caufe de fa fimplicité, & le fens naïf qu'il renferme. Les Grecs avoient auffi un proverbe, dont le fens répond à celui-ci: Τὰ σῦκα σῦκα, τὴν σκάφην σκάφην λέγων. *Il appèle les figues des figues, & un bateau il l'appèle un bateau.* Erafme, dans fes Adages, Chil. 2. Cent. 3. n. 5. Rabelais a eû ce proverbe en vûë quand il a dit: *Nous fommes fimples gens, puis qu'il plaît à Dieu; & appelons les figues figues: &c. L. 4. 54.*

Vers 52. ———— *Et Rolet un fripon.*] Charles Rolet, Procureur au Parlement, étoit fort décrié, & on l'appeloit communément au Palais, *l'ame damnée.* Mr. le Premier Préfident de Lamoignon emploïoit le nom de *Rolet,* pour fignifier un Fripon infigne: *C'eft un Rolet,* difoit-il ordinairement. On peut voir le caractère de ce Procureur, fous le nom de *Vollichon,* dans le Roman bourgeois de Furetiere, pages 30. & 34. Il avoit été fouvent noté en juftice; mais enfin aiant été convaincu d'avoir fait revivre une obligation de cinq-cens livres, dont il avoit déja reçu le païement; Il fut condamné par Arrêt, au banniffement pour neuf ans, en 4000. livres de réparation civile, en diverfes amendes, & aux dépens. La minute & la groffe de cette obligation furent déclarées nulles, & il fut ordonné qu'elles feroient lacérées par le Greffier en la préfence de Rolet. Cet Arrêt eft du 12. Août 1681. Rolet fut enfuite déchargé de la peine du banniffement, & obtint une place de Garde au Château de Vincennes, où il mourut. Dans la feconde Edition des Satires, l'Auteur mit cette note à côté du nom de Rolet: *Hôtelier du Païs Blaifois;* afin de dépaïfer les Lecteurs: mais par malheur il fe trouva en ce païs-là un Hôtelier de même nom, qui lui en fit faire de grandes plaintes. Dans une premiere Edition qui fut faite en 1665. à Rouen, fans la participation de l'Auteur, on avoit mis un autre nom que celui de Rolet.

IMITATIONS.

Vers 45. *Je ne fai point en lâche &c.*] Térence dans l'Eunuque:
At ego infelix, neque ridiculus effe, neque plagas pati, Poffum. Act. 2. fc. 3. v. 14.

SATIRE I.

55 Et je suis à Paris, triste, pauvre & reclus,
Ainsi qu'un corps sans ame, ou devenu perclus.
  Mais, pourquoi, dira-t-on, cette vertu sauvage,
Qui court à l'hôpital, & n'est plus en usage ?
La Richesse permet une juste fierté.
60 Mais il faut être souple avec la Pauvreté.
C'est par là qu'un Auteur, que presse l'indigence,
Peut des astres malins corriger l'influence,
Et que le sort burlesque, en ce siecle de fer,
D'un Pédant, quand il veut, fait faire un Duc & Pair.
65 Ainsi de la Vertu, la Fortune se joüe.
Tel aujourd'hui triomphe au plus haut de sa roüe,

REMARQUES.

Vers 63. ———— *En ce siecle de fer.*] M. L. D. D. M....... condamnoit hautement les Satires de nôtre Auteur, & sur tout ces deux vers, qu'il disoit être extrêmement injurieux à la personne du Roi, à cause de ces mots : *en ce siecle de fer.* Mais cette accusation ne rendit point le Poëte coupable aux yeux de Sa Majesté.

Vers 64. *D'un Pédant, ... fait faire un Duc & Pair.*] En 1655. L'Abbé de la Riviere, Loüis Barbier, fut fait Evêque de Langres, Duc & Pair de France. Il avoit été Régent au Collége du Plessis, & ensuite Aumônier de M. Habert, Evêque de Cahors, Premier Aumônier de Gaston Duc d'Orleans, qui le mit auprès de ce Prince. L'Abbé de la Riviere entra si habilement dans toutes les inclinations de son Maitre, qu'il devint lui-même le maitre absolu de son cœur & de son esprit ; mais il ne se servit de la confiance du Prince, que pour la trahir, en découvrant tous ses secrets au Cardinal Mazarin. Pour récompense il obtint successivement plusieurs Abbaïes, & enfin l'Evêché de Langres. Il mourut à Paris, en 1670. Il avoit été nommé au Cardinalat.

Vers 65. *Ainsi de la vertu.*] Avant ce vers il y en avoit vingt-quatre autres, que l'Auteur retrancha dans l'édition de 1674. ne les trouvant pas dignes du reste. Les voici :

Je sai bien que souvent, un cœur lâche & servile
A trouvé chez les Grands un esclavage utile :
Et qu'un Riche pourroit, dans la suite du tems,
D'un flateur affamé païer les soins ardens.
Mais avant que pour vous il parle, ou qu'il agisse,
Il faut de ses forfaits devenir le Complice ;
Et sachant de sa vie & l'horreur, & le cours,
Le tenir en état de vous craindre toûjours :
De trembler qu'à toute heure, un remors légitime
Ne vous force à le perdre, en découvrant son crime.
Car n'en attendez rien, si son esprit discret
Ne vous a confié qu'un honnête secret.
Pour de si hauts projets je me sens trop timide ;
L'inceste me fait peur, & je hais l'homicide :
L'adultière & le vol allarment mes esprits.
Je ne veux point d'un bien qu'on achete à ce prix.
                                          Non,

IMITATIONS.

Vers 56. *Ainsi qu'un corps sans ame, ou devenu perclus.*] Juvénal, dans la même Satire troisieme.
———— *Tamquam*
Maneus, & Extinctæ corpus non utile dextræ.
Vers 63. *Et que le sort burlesque &c.*] Juvénal Sat. 3. v. 197.
Si Fortuna volet, fies de Rhetore Consul :
Si volet hæc eadem, fies de Consule Rhetor.
Pline le Jeune a dit à peu près la même chose : *Quos tibi, Fortuna, ludos facis ? facis enim ex Professoribus Senatores, ex Senatoribus Professores.*

14 SATIRE I.

Qu'on verroit, de couleurs bizarrement orné,
Conduire le carrosse où l'on le voit traîné,
Si dans les droits du Roi sa funeste science
70 Par deux ou trois avis n'eût ravagé la France.
Je sai qu'un juste effroi l'éloignant de ces lieux,
L'a fait pour quelques mois disparoître à nos yeux :
Mais en vain pour un tems une taxe l'éxile :
On le verra bien-tôt pompeux en cette Ville,
75 Marcher encor chargé des dépoüilles d'autrui,
Et joüir du Ciel même irrité contre lui.
Tandis que Colletet, crotté jusqu'à l'échine,
S'en va chercher son pain de cuisine en cuisine :

REMARQUES.

Non, non, c'est vainement qu'au mépris du Parnasse,
J'irois de porte en porte étaler ma disgrace.
Il n'est plus d'honnête homme, & Diogène en vain,
Iroit, pour en chercher, la lanterne à la main.
Le chemin aujourd'hui par où chacun s'élève,
Fut le chemin jadis qui menoit à la Grève :
Et Montéron ne doit qu'à ses crimes divers,
Ses superbes lambris, ses Jardins toûjours verts.
Ainsi de la Vertu &c.

Montéron, dans le penultiéme vers, est un fameux Partisan, dont le nom étoit tout au long dans la premiére composition de cette Satire. Il avoit fait bâtir dans la Rue St. Augustin, près de la porte de Richelieu, une belle maison, qui est à présent l'hôtel de Gramont.

Vers 77. *Tandis que Colletet.*] Il y avoit ainsi dans la premiere édition ; mais depuis, à la priere de Mr. Ogier, ami de Colletet, on mit Pelletier pour Colletet. Jamais personne ne fut moins Parasite, dit Richelet*, que le bon homme du Pelletier : hors qu'il alloit montrer en ville, c'étoit un véritable Reclus. C'est pourquoi l'Auteur ingenieux † de la guerre des Auteurs, a fait parler ainsi du Pelletier, dans un Sonnet.

On me traite de Parasite,
Moi, qui plus reclus qu'un Hermite,
Ne mangeai jamais chez autrui.
O fatalité sans seconde !
Faut-il qu'on déchire aujourd'hui,
Celui qui loüa tout le monde ?

Ce n'est que dans les dernieres éditions des Satires, que Mr. Despréaux a remis le nom de Colletet ; & c'est François Colletet, fils de Guillaume, qu'il a voulu désigner. Ils ont été Poëtes tous les deux. Guillaume Colletet étoit mort dès l'année 1659. & sa place à l'Academie Françoise avoit été remplie par Gilles Boileau, frere de nôtre Auteur.

* *Traité de la versification Françoise, pag. 146.*

† *Guéret, Avocat, qui a fait aussi le Parnasse réformé.*

IMITATIONS.

Vers 76. *Et joüir du Ciel même irrité contre lui.*] Juvénal, Sat. I, v. 47.
—————— *Damnatus inani*
Judicio (quid enim salvis infamia nummis?)
Exul ab octavâ Marius bibit, & fruitur Dis Iratis.
Dans Sénèque, Junon parle ainsi d'Hercule :
—————— *Superat & crescit malis,*
Irâque nostrâ fruitur.

SATIRE I.

Savant en ce métier si cher aux beaux Esprits,
80 Dont Monmaur autrefois fit leçon dans Paris.
  Il est vrai que du Roi la bonté secourable
  Jette enfin sur la Muse un regard favorable,
  Et réparant du Sort l'aveuglement fatal,
  Va tirer desormais Phébus de l'hôpital.
85 On doit tout esperer d'un Monarque si juste.
  Mais sans un Mécénas, à quoi sert un Auguste ?
  Et fait comme je suis, au siécle d'aujourd'hui,
  Qui voudra s'abbaisser à me servir d'appui ?
  Et puis, comment percer cette foule effroïable
90 De Rimeurs affamez dont le nombre l'accable,
  Qui, dès que sa main s'ouvre, y courent les premiers,
  Et ravissent un bien qu'on devoit aux derniers ?
  Comme on voit les Frêlons, troupe lâche & stérile,
  Aller piller le miel que l'Abeille distile.

REMARQUES.

Vers 80. *Dont Monmaur autrefois fit leçon dans Paris.*] Monmaur, étoit un Professeur en Grec, fameux Parasite, qui alloit chercher sa vie de table en table ; & qui, après avoir bien bû, & bien mangé, se mettoit à médire des Savans, tant vivans que morts. Tous les beaux Esprits de son tems se déchaînèrent contre lui, à l'envi les uns des autres : & c'est l'Abbé Ménage qui fut l'Auteur de cette célèbre conspiration. En 1636. il écrivit en Latin la vie de *Monmaur*, sous le nom de *Gargilius Mamurra* : à la fin de cette Piéce Satirique, il exhorta tous les Savans à prendre les armes contre cet Ennemi commun ; & l'on peut dire que *Monmaur* fut accablé des traits de leurs Satires. Dans la même Piéce, Ménage lui donne le surnom de Parasite-Pédant, *Parasito-pædagogus* : Il feint même que *Monmaur* donnoit des leçons sur le métier de Parasite, & lui attribuë plusieurs écrits imaginaires sur ce sujet. C'est à quoi Mr. Despreaux fait allusion : *Savant en ce métier..... Dont Monmaur autrefois fit leçon dans Paris.*

Pierre Monmaur logeoit au Collége des Cholets, sur la Montagne de Ste Geneviéve. Il étoit né dans la Province de la Marche, & avoit été Avocat : Ensuite il eut une Chaire de Professeur Roïal en Langue Grecque au Collége de Cambrai ; C'est pourquoi on le surnommoit *Monmaur le Grec*. Il appliquoit tout son esprit à faire des allusions ou jeux-de-mots sur les noms propres : ces allusions étoient toujours tirées du Grec ou du Latin ; & on les appela des *Monmaurismes*, du nom de leur Inventeur.

Vers 81. ———— *Du Roi la bonté secourable.*] En ce tems-là le Roi, à la sollicitation de Mr. Colbert, donna plusieurs pensions aux Gens de Lettres dans le Roïaume, & dans les Païs étrangers. Ces gratifications commencèrent en 1663.

Vers 94. *Aller piller le miel que l'Abeille distile.*] Après ce vers, il y en avoit huit qui sont remarquables : cependant l'Auteur les a suprimez dans l'édition de 1674. & dans toutes celles qui ont été faites depuis.

Enfin je ne saurois, pour faire un juste gain,
Aller bas & rampant fléchir sous Chapelain.
Cependant, pour flater ce Rimeur sutilaire,
Le frere, en un besoin, va renier son frere ;
Et Phebus en personne, y faisant la leçon,
Gagneroit moins ici, qu'au mêtier de maçon :
Ou pour être couché sur la liste nouvelle,
S'en iroit chez Bilaine admirer la Pucelle.

Cessons donc d'aspirer &c.

Quand

SATIRE I.

95 Cessons donc d'aspirer à ce prix tant vanté,
Que donne la faveur à l'importunité.
Saint-Amand n'eut du Ciel que sa veine en partage :
L'habit, qu'il eut sur lui, fut son seul heritage :
Un lit & deux placets composoient tout son bien ;
100 Ou, pour en mieux parler, Saint-Amand n'avoit rien.
Mais quoi, las de traîner une vie importune,
Il engagea ce rien pour chercher la Fortune,
Et tout chargé de vers qu'il devoit mettre au jour,
Conduit d'un vain espoir, il parut à la Cour.
105 Qu'arriva-t-il enfin de sa Muse abusée ?
Il en revint couvert de honte & de risée ;
Et la Fiévre au retour terminant son destin,
Fit par avance en lui ce qu'auroit fait la Faim.

REMARQUES.

Quand le Roi eut résolu de faire des gratifications aux Gens de Lettres, Mr. Colbert chargea Chapelain, de faire la liste de ceux que leur mérite rendoit dignes des bienfaits de Sa Majesté. Cette commission fit beaucoup d'honneur à Chapelain, & lui attira les respects interessez d'une infinité d'Auteurs de toute Espece, qui briguoient sa faveur, en donnant des louanges à son Poëme de la Pucelle d'Orléans : C'est pourquoi il est ici appelé, *Rimeur tutélaire*.

Mr. Despreaux étoit brouillé avec son aîné Gilles Boileau, l'Académicien ; La cause de cette brouillerie est expliquée dans cette Epigramme de Liniere :

Vous demandez pour quelle affaire
Boileau le Rentier aujourd'hui
En veut à Despreaux son frere,
C'est qu'il fait des vers mieux que lui.

Gilles Boileau faisoit sa Cour à Chapelain aux dépens de son Cadet, & c'est à quoi se rapporte le quatriéme vers : *Le frere en un besoin va renier son frere*. Dans la suite notre Auteur voulut effacer jusqu'aux moindres vestiges de ce démêlé : & c'est la principale raison pour laquelle il a retranché ces huit vers.

Dans la premiére édition, l'Auteur n'avoit désigné Chapelain que par la premiere lettre de son nom à la fin du second vers. Dans les éditions suivantes il mit, *Pucelain*.

Vers 97. *Saint-Amand n'eut du Ciel &c.*] Marc Antoine Gérard de Saint-Amand, né à Rouen, fils d'un Gentilhomme Verrier. Il étoit de l'Académie Françoise, & mourut en 1660. ou 1661. On a plusieurs Ouvrages de lui, où il y a beaucoup de génie. Il ne savoit pas le Latin, & étoit fort pauvre.

Vers 103. *Et tout chargé de vers.*] Il avoit fait entre autres, un Poëme *de la Lune*, dans lequel il loüoit le Roi, surtout de savoir bien nager ; car le Roi, dans sa jeunesse, étant à Saint Germain, s'exerçoit quelquefois à nager dans la Seine. Le Roi ne put souffrir la lecture du Poëme de Saint-Amand ; & l'Auteur ne survécut pas long-tems à cet affront.

IMITATIONS.

Vers 97. *Saint-Amand n'eut du Ciel.*] Juvénal, Sat. 3. v. 208.
Nil habuit Codrus, quis enim negat ? & tamen illud
Perdidit infelix totum nihil.

SATIRE I.

Un Poëte à la Cour fut jadis à la mode:
110 Mais des Fous aujourd'hui c'est le plus incommode:
Et l'Esprit le plus beau, l'Auteur le plus poli,
N'y parviendra jamais au fort de l'Angéli.
  Faut-il donc desormais joüer un nouveau rôle?
Dois-je, las d'Apollon, recourir à Bartole,
115 Et feüilletant Loüet allongé par Brodeau,
D'une robbe à longs plis balayer le Barreau?
Mais à ce seul penser je sens que je m'égare.
Moi? que j'aille crier dans ce païs barbare,
Où l'on voit tous les jours l'Innocence aux abois
120 Errer dans les détours d'un Dédale de lois,
Et dans l'amas confus des chicanes énormes,
Ce qui fut blanc au fond rendu noir par les formes;
Où Patru gagne moins qu'Huot & le Mazier,

REMARQUES.

Vers 112. *N'y parviendra jamais au fort de l'Angéli.*] L'Angéli étoit un fou, qui avoit suivi en Flandres Mr. le Prince de Condé, en qualité de valet d'écurie. Ce Prince l'aiant ramené en France, le donna au Roi. L'Angéli, quoique fou, avoit de l'esprit. Il trouva le secret de plaire aux uns, & de se faire craindre des autres, & tous lui donnoient de l'argent; de sorte qu'il amassa environ vint-cinq mille écus. Mais ses railleries piquantes le firent enfin chasser de la Cour. On raconte que Marigni étant un jour au dîner du Roi, dit à quelcun, en voiant l'Angéli, qui faisoit rire le Roi par ses folies: *De tous nous autres fous qui avons suivi M. le Prince, il n'y a que l'Angéli qui ait fait fortune.*

Vers 114. *Dois-je, las d'Apollon, recourir à Bartole?*] C'est-à-dire, dois-je quitter la Poësie pour la Jurisprudence? Bartole étoit un célèbre Jurisconsulte d'Italie, qui a fait d'amples Commentaires sur le Droit. Nôtre Auteur se désigne ici lui-même. Il avoit été reçû Avocat au Parlement, le 4. de Décembre 1656. étant âgé de 20. ans, & il suivit le Barreau pendant quelque tems; mais il préfera les douceurs de la Poësie, au tumulte des affaires; & les occupations que sa réputation naissante lui donna, achevèrent de l'arracher à la Jurisprudence.

Vers 115. *Et feüilletant Loüet allongé par Brodeau.*] George Loüet, Conseiller au Parlement de Paris, a fait un recueil d'Arrêts, qui est fort estimé; & Julien Brodeau Avocat au même Parlement, y a ajoûté un savant Commentaire.

Vers 123. *Où Patru gagne moins qu'Huot, & le Mazier.*] Olivier Patru, Avocat au Parlement, & l'un des Quarante de l'Academie Françoise, étoit de Paris, fils d'un Procureur de la Cour. Il nâquit en 1604. L'amour qu'il avoit pour les Belles-Lettres, ruina sa fortune, comme il en convenoit lui-même*, & fut cause qu'il ne s'attacha pas assez à sa profession, quoi qu'il fût très-habile Avocat. Ses Plaidoiez impri-

* Lettre à Mr. de Montauzier.

IMITATIONS.

Vers 122. *Ce qui fut blanc au fond, rendu noir par les formes.*] C'est une maniere de proverbe. *Candida de nigris, & de candentibus atra.* - Ovid. Metam. 11. v. 316., & Juvénal, Sat. 3. en ces mots que notre Auteur a eus en vûë:

———— *Mantant qui nigrum in candida vertunt.*

Tom. I.   C

18 SATIRE I.

Et dont les Cicerons se font chez Pé-Fournier?
125 Avant qu'un tel dessein m'entre dans la pensée,
On pourra voir la Seine à la Saint Jean glacée,
Arnauld à Charenton devenir Huguenot,
Saint-Sorlin Jansénifte, & Saint-Pavin bigot.
Quittons donc pour jamais une Ville importune,
130 Où l'Honneur a toûjours guerre avec la Fortune:
Où le Vice orgueilleux s'érige en Souverain,
Et va la mitre en tête & la crosse à la main:

CHANGEMENS.

Vers 127. *Arnauld à Charenton &c.*] Au lieu de ce vers, & de celui qui suit, il y avoit dans la premiere composition, avant l'Impression:
*Le Pape devenir un zelé Huguenot,
Sainte Beuve Jésuite, & Saint Pavin dévot.*
Mr. de Sainte Beuve étoit un célebre Docteur de Sorbonne.

REMARQUES.

primez sont des preuves immortelles de son esprit, & de son éloquence. Nous aurons occasion de parler de lui dans la suite.

Huot, & le Mazier: Ces deux Avocats étoient d'un mérite fort médiocre; mais ils ne laissoient pas d'être fort emploiez; parce qu'ils se chargeoient de toutes sortes de causes, bonnes & mauvaises, & les défendoient avec beaucoup de bruit.

Vers 124. *Et dont les Cicerons se font chez Pé-Fournier?*] Pierre Fournier, Procureur au Parlement, signoit *P. Fournier*, pour se distinguer de quelques-uns de ses confrères qui portoient aussi le nom de *Fournier*: C'est pourquoi on l'appelloit ordinairement Pé-Fournier. Tous les Procureurs, qui ont des confrères de même nom qu'eux, se distinguent ainsi par la premiere lettre de leur nom de Batême. Dans la Comèdie Italienne d'*Arlequin Procureur*, Arlequin, pour imiter ce vers, se nommoit Pé-Arlequin.

Vers 127. *Arnauld à Charenton devenir Huguenot.*] Messire Antoine Arnauld, Docteur de Sorbonne. Les Ouvrages que ce savant Docteur a publiez contre les Calvinistes, prouvent assez combien il étoit éloigné d'embrasser leurs sentimens.

Vers 128. *Saint-Sorlin Jansénifte.*] Jean Desmarets de Saint Sorlin, après avoir cessé d'écrire pour le théatre, publia un écrit en 1665. contre les Religieuses de Port Roial, qui étoient accusées de Jansénisme.

Vers 128. —— *Et Saint Pavin bigot.*] Sanguin de St. Pavin, étoit un fameux Libertin, disciple de Théophile, aussi bien que des Barreaux, Bardouville, & quelques autres. Saint Pavin a fait lui-même la peinture de ses sentimens, & de ses mœurs, dans les vers suivans: *   * Por-
Je n'ai l'esprit embarrassé   trait de
De l'avenir ni du passé.   S. Pavin,
Ce qu'on dit de moi peu me choque,   fait par
De force choses je me moque;   lui-mê-
Et sans contraindre mes desirs,   me.
Je me donne entier aux plaisirs,
Le jeu, l'amour, la bonne chère, &c
Cependant, St. Pavin ne pût souffrir que l'on eût mis sa conversion au rang des impossibilitez morales. On verra ci-après, dans les Remarques sur les Epigrammes, ce qu'il fit pour s'en vanger, & ce que lui repliqua notre Auteur. Adrien de Valois s'est trompé † en disant que St. Pavin   † *Vale-*
s'étoit converti, à cause d'une voix terrible qu'il *siana p.*
ouït au moment de la mort de Théophile, qui   *32.*
mourut en 1626.

Gui Patin nous aprend la mort de St. Pavin, dans une Lettre du 11. d'Avril 1670., & il ajoute, que le Curé de St. Nicolas l'obligea d'emploier en legs pieux le bien qui lui restoit.

Vers 132. *Et va la mitre en tête, & la crosse à la main.*] Après ce vers il y en avoit quatre autres que l'Auteur a supprimés depuis l'édition de 1674.
*Où l'argent seul tient lieu d'esprit & de noblesse:
Où la Vertu se pèze au poids de la Richesse:
Où l'on emporte à peine, à suivre les neuf Sœurs,
Un laurier chimérique, & de maigres honneurs.*

SATIRE I.

Où la Sience triste, affreuse, délaissée,
Est par tout des bons lieux comme infame chassée;
135 Où le seul art en vogue est l'art de bien voler:
Où tout me choque: enfin, où... Je n'ose parler.
Et quel Homme si froid ne seroit plein de bile
A l'aspect odieux des mœurs de cette Ville?
Qui pourroit les souffrir? & qui, pour les blâmer,
140 Malgré Muse & Phébus n'apprendroit à rimer?
Non, non; sur ce sujet pour écrire avec grace,
Il ne faut point monter au sommet du Parnasse,
Et sans aller rêver dans le double Vallon,
La colère suffit, & vaut un Apollon.
145 Tout beau, dira quelqu'un, vous entrez en furie.
A quoi bon ces grands mots? Doucement, je vous prie:
Ou bien montez en Chaire, & là, comme un Docteur,
Allez de vos sermons endormir l'Auditeur.
C'est là que bien ou mal on a droit de tout dire.
150 Ainsi parle un Esprit qu'irrite la Satire,

CHANGEMENS.

Vers 145. *Tout beau, dira quelqu'un.*] Dans les premieres éditions il y avoit:
Mais quoi, dira quelqu'un.

REMARQUES.

Vers 136. *Où tout me choque: Enfin, où.... Je n'ose parler.*] Dans les premieres éditions, la ponctuation du dernier hémistiche étoit ainsi: *Enfin, où je n'ose parler.* M. Racine conseilla à l'Auteur de marquer une suspension après la particule *où*.... ce qui rend le sens bien plus fort, & l'expression plus vive.

IMITATIONS.

Vers 133. *Où la Sience triste, &c.*] Ces deux vers sont imitez de Regnier, Satire 3.
Si la Sience pauvre, affreuse, & méprisée,
Sert au Peuple de fable, aux plus grands de risée.
Vers 144. *La colère suffit, & vaut un Apollon.*] Juvénal, on ce vers célèbre, Sat. 1. v. 79.
Si natura negat, facit indignatio versum.
Regnier l'avoit ainsi traduit, Satire 2.
Puis souvent la colère engendre de bons vers.
Mais on voit combien l'expression de Mr. Despréaux est plus noble & plus animée.

SATIRE I.

Qui contre ses defauts croit être en sureté,
En raillant d'un Censeur la triste austerité :
Qui fait l'homme intrépide, & tremblant de foiblesse,
Attend pour croire en Dieu que la fiévre le presse;
155 Et toûjours dans l'orage au Ciel levant les mains,
Dès que l'air est calmé, rit des foibles Humains.
Car de penser alors qu'un Dieu tourne le Monde,
Et règle les ressorts de la machine ronde,
Ou qu'il est une vie au delà du trépas,
160 C'est là, tout haut du moins, ce qu'il n'avoûra pas.
  Pour moi qu'en santé même un autre Monde étonne,
Qui croi l'ame immortelle, & que c'est Dieu qui tonne,
Il vaut mieux pour jamais me bannir de ce Lieu.
Je me retire donc. Adieu, Paris, Adieu.

CHANGEMENS.

Vers 157. *Car de penser alors*]. Dans les premieres éditions, il y avoit: *Car enfin, de penser*.

REMARQUES.

Vers 154. *Attend pour croire en Dieu, que la fiévre le presse.*] Ce vers désigne particulierement le fameux *Des-Barreaux*, qui, selon le langage de Boursault dans ses Lettres, *ne croioit en Dieu que quand il étoit malade*. Pendant une maladie qu'il eut, il fit un Sonnet de pieté, qui est connu de tout le monde, & qui est très-beau ; mais quand sa santé fut revenuë, il desavoua fortement ce Sonnet. Il commence par ce vers: *Grand Dieu, tes jugemens sont remplis d'équité.* &c. Voïez la remarque sur le vers 660. de la Satire X.

Vers 155. *Et toûjours dans l'orage &c.*] Au lieu de ce vers, & du suivant, il y avoit ceux-ci dans les premieres éditions :
Et riant hors de là du sentiment commun,
Prèche que Trois sont Trois, & ne sont jamais Un.
Mais ces vers paraîtrent trop hardis, & même un peu libertins ; aussi bien que ceux-ci qui venoient un peu après :
C'est-là ce qu'il faut croire, & ce qu'il ne crois pas,
Pour moi, qui suis plus simple, & que l'Enfer étonne.
Mr. Arnauld les fit changer. Otez tout cela, lui dit-il, vous aurez trois ou quatre Libertins à qui cela plaira, & vous perdrez je ne sai combien d'honnêtes-gens, qui lisvient vos Ouvrages.

SATIRE II.
A M. DE MOLIERE.

  RARE & fameux Esprit, dont la fertile veine
  Ignore en écrivant le travail & la peine ;
Pour qui tient Apollon tous ses trésors ouverts,
Et qui fais à quel coin se marquent les bons vers ;
5 Dans les combats d'esprit savant Maître d'escrime,
Enseigne-moi, Moliere, où tu trouves la rime.
On diroit, quand tu veux, qu'elle te vient chercher.
Jamais au bout du vers on ne te voit broncher ;
Et sans qu'un long détour t'arrête, ou t'embarrasse,
10 A peine as-tu parlé, qu'elle-même s'y place.
Mais moi, qu'un vain caprice, une bizarre humeur,
Pour mes péchez, je croi, fit devenir Rimeur :
Dans ce rude métier, où mon esprit se tuë,
En vain, pour la trouver, je travaille & je suë.
15 Souvent j'ai beau rêver du matin jusqu'au soir :
Quand je veux dire *blanc*, la quinteuse dit *noir*.

REMARQUES.

LE sujet de cette Satire est, *la difficulté de trouver la Rime, & de la faire accorder avec la Raison*. Mais l'Auteur s'est appliqué à les concilier toutes deux, en n'emploiant dans cette Piéce, que des Rimes extrémement éxactes.

 Cette Satire n'a été composée qu'après la septième : ainsi elle est la quatrième dans l'ordre du tems. Elle fut faite en 1664.

 La même année, l'Auteur étant chez Mr. Du Broussin, avec Mr. le Duc de Vitri, & Moliere ; ce dernier y devoit lire une traduction de Lucrèce en vers François, qu'il avoit faite dans sa jeunesse. En attendant le dîner, on pria Mr. Despréaux de réciter la Satire adressée à Moliere ; mais après ce récit, Moliere ne voulut plus lire sa traduction, craignant qu'elle ne fût pas assez belle pour soutenir les loüanges qu'il venoit de recevoir. Il se contenta de lire le premier Acte du Misantrope, auquel il travailloit en ce tems-là : disant, qu'on ne devoit pas s'attendre à des vers aussi parfaits & aussi achevez que ceux de Mr. Despréaux ; parce qu'il lui faudroit un tems infini, s'il vouloit travailler ses Ouvrages comme lui.

SATIRE II.

Si je veux d'un Galant dépeindre la figure,
Ma plume pour rimer trouve l'Abbé de Pure:
Si je pense exprimer un Auteur sans defaut,
20 La Raison dit Virgile, & la Rime Quinaut.
Enfin quoi que je fasse, ou que je veüille faire,
La bizarre toûjours vient m'offrir le contraire.
De rage quelquefois, ne pouvant la trouver,
Triste, las, & confus, je cesse d'y réver:
25 Et maudissant vingt fois le Démon qui m'inspire,
Je fais mille sermens de ne jamais écrire.
Mais quand j'ai bien maudit & Muses & Phébus,
Je la voi qui paroît, quand je n'y pense plus.
Aussi-tôt, malgré moi, tout mon feu se rallume:
30 Je reprens sur le champ le papier & la plume,
Et de mes vains sermens perdant le souvenir,
J'attens de vers en vers qu'elle daigne venir.
Encor si pour rimer, dans sa verve indiscrete,
Ma Muse au moins souffroit une froide épithete:

REMARQUES.

Vers 17. *Si je veux d'un Galant &c.*] Ces deux vers étoient ainsi :
Si je pense parler d'un Galant de nôtre âge,
Ma plume pour rimer rencontrera Ménage.
Mais heureusement pour l'Abbé Ménage, l'Abbé de Pure fit en ce tems-là des Vers contre nôtre Auteur. C'étoit une Parodie de la Scène de Corneille, dans laquelle Auguste confond Cinna après la découverte de sa conjuration; & dans cette Parodie, Mr. Colbert convainquoit Mr. Despréaux d'étre l'Auteur de quelques Libelles qui paroissoient alors. Mr. Despréaux n'étoit pas assuré que l'Abbé de Pure eût fait cette Parodie maligne; mais il savoit bien que cet Abbé la distribuoit. Pour toute vengeance d'une si noire calomnie, nôtre Auteur se contenta de mettre le nom de l'Abbé de Pure dans cette Satire, où il le traite ironiquement de Galant, parce que cet Abbé affectoit un air de propreté & de galanterie, quoi qu'il ne fût ni propre ni galant.

Michel de Pure étoit de Lion, où son Pere avoit été Prevôt des Marchands, en 1634. & son Aïeul, Echevin en 1596. Il avoit publié en 1663. une fort mauvaise traduction de Quintilien. Dans la suite il traduisit encore l'histoire des Indes, écrite en Latin par le P. Massée; & l'histoire Africaine, écrite en Italien par J. B. Birago. Il a aussi traduit la Vie de Leon X. du Latin de Paul Jove; & de plus il a fait un Roman, qui a pour titre, *Les Précieuses*; la Vie du Maréchal de Gassion, &c.

Vers 20. *La Raison dit Virgile, & la Rime Quinaut.*] Philippe Quinaut, Auteur de plusieurs Tragédies, imprimées en deux volumes. Il a depuis composé des Opéra. Il fut reçu à l'Académie Françoise, en l'année 1670. & mourut en 1688.

SATIRE II.

35 Je ferois comme un autre, & sans chercher si loin,
    J'aurois toûjours des mots pour les coudre au besoin.
    Si je loüois Philis, *En miracles féconde*;
    Je trouverois bien-tôt, *A nulle autre seconde*.
    Si je voulois vanter un objet *Nompareil*;
40 Je mettrois à l'instant, *Plus beau que le Soleil*.
    Enfin parlant toûjours d'*Astres* & de *Merveilles*,
    De *Chef-d'œuvres des Cieux*, de *Beautez sans pareilles*;
    Avec tous ces beaux mots souvent mis au hazard,
    Je pourrois aisément, sans génie & sans art,
45 Et transposant cent fois & le nom & le verbe,
    Dans mes vers recousus mettre en pieces Malherbe.
    Mais mon esprit, tremblant sur le choix de ses mots,
    N'en dira jamais un, s'il ne tombe à propos,
    Et ne sauroit souffrir, qu'une phrase insipide
50 Vienne à la fin d'un vers remplir la place vuide.
    Ainsi recommençant un ouvrage vingt fois,
    Si j'écris quatre mots, j'en effacerai trois.
    Maudit soit le premier, dont la verve insensée
    Dans les bornes d'un vers renferma sa pensée,

REMARQUES.

Vers 35. *Je ferois comme un autre.*] Gilles Ménage, dont les Poësies sont remplies d'expressions semblables à celles que nôtre Auteur réprend dans les vers suivans: ce qui marque un génie froid & stérile, tel qu'étoit celui de l'Abbé Ménage, qui n'avoit *point de naturel à la Poësie*, & qui ne *faisoit des vers qu'en dépit des Muses*; comme il l'a dit lui-même, dans la *Préface de ses observations sur Malherbe*.

Gilles Boileau, frere de nôtre Auteur, avoit déja repris l'Abbé Ménage de son affectation à emploïer ces sortes de Phrases Poëtiques: *En charmes féconde*, *A nulle autre pareille*, *A nulle autre seconde*; *Ce chef-d'œuvre des Cieux*, *Ce miracle d'amour*, &c. on peut voir *l'Avis à Mr. Ménage*, sur son Eglogue intitulée *Christine*. p. 16.

Vers 46. *Dans mes Vers recousus mettre en pieces Malherbe.*] Il étoit difficile de faire un vers qui rimât avec celui-ci. Cela parut même impossible à la Fontaine, à Moliere, & à tous les amis que nôtre Poëte consulta. Cependant il trouva le vers qu'il cherchoit. [*Et transposant cent fois & le nom & le verbe.*

Quand il le dit à La Fontaine: *Ah! le voilà*, s'écria celui-ci, en l'interrompant: *Vous êtes bien-heureux. Je donnerois le plus beau de mes Contes pour avoir trouvé cela.*

Mr. Despréaux faisoit ordinairement le second vers avant le premier. C'est un des plus grands secrets de la Poësie, pour donner aux vers beaucoup de sens & de force. Il conseilla à Mr. Racine de suivre cette métode; & il disoit à ce propos: *Je lui ai apris à rimer d'ifficilement*.

Vers 53. *Maudit soit le premier, dont la verve insensée*, &c.] Mr. Arnaud D'Andilly entendant réciter cette Satire, fut extrèmement touché de ces quatre vers; il en admira la beauté,
&

SATIRE II.

55 Et donnant à ses mots une étroite prison,
   Voulut avec la Rime enchainer la Raison.
   Sans ce métier, fatal au repos de ma vie,
   Mes jours pleins de loisir couleroient sans envie,
   Je n'aurois qu'à chanter, rire, boire d'autant;
60 Et comme un gras Chanoine, à mon aise, & content,
   Passer tranquillement, sans souci, sans affaire,
   La nuit à bien dormir, & le jour à rien faire.
   Mon cœur éxemt de soins, libre de passion,
   Sait donner une borne à son ambition;
65 Et fuïant des grandeurs la présence importune,
   Je ne vais point au Louvre adorer la Fortune.
   Et je serois heureux, si, pour me consumer,
   Un destin envieux ne m'avoit fait rimer.
   Mais depuis le moment que cette frénésie
70 De ses noires vapeurs troubla ma fantaisie,
   Et qu'un Démon, jaloux de mon contentement,
   M'inspira le dessein d'écrire poliment:

REMARQUES.

& les compara à ceux-ci de Brébeuf, qui sont si fameux: *Pharf. L.* 3.

C'est de lui que nous vient cet art ingénieux
De peindre la parole & de parler aux yeux;
Et par les traits divers des figures tracées
Donner de la couleur & du corps aux pensées.

Mr. D'Andilly se fit réciter cette Satire trois fois de suite, par l'Auteur.

VERS 57. *Sans ce métier fatal au repos de ma vie*, &c.] Premiere maniere:

Sans ce métier, helas! si contraire à ma joie,
Mes jours auroient été filez d'or & de soie.

L'Auteur corrigea ces deux vers, parce que Mr. D'Andilly lui fit remarquer qu'il tomboit dans le défaut qu'il attaquoit : *Vous blamez*, lui dit Mr. D'Andilly, *Ceux qui dans leurs vers mettent en pièces Malherbe; & voilà une expression qui est de ce Poëte.* En effet, Malherbe a emploié trois fois cette expression:

I. Dans l'Ode à la Reine Marie de Medicis, 1600.

Les Parques d'une même soie
Ne devident pas tous nos jours.

II. Dans l'Ode au Duc De Bellegarde, 1608.

Ainsi de tant d'or & de soie
Ton âge devide son cours, &c.

III. Et dans un fragment au Cardinal de Richelieu:

Nos jours filez de toutes soies
Ont des ennuis comme des joies, &c.

Vers 62. *La nuit à bien dormir, & le jour à rien faire.*] Il auroit bien pû mettre la négative, en disant : *La nuit à bien dormir, le jour à ne rien faire;* comme La Fontaine l'a mis depuis dans son Epitaphe:

Jean s'en alla, comme il étoit venu,
Mangea le fonds avec le revenu,
Tint les trésors chose peu nécessaire.
Quant à son tems, bien le sût dispenser:
Deux parts en fit, dont il soûloit passer
L'une à dormir, & l'autre à ne rien faire.

Mr. Despréaux demanda à l'Académie, laquelle de ces deux manieres valoit mieux, la sienne, ou celle de La Fontaine. Il passa tout d'une voix, que la sienne étoit la meilleure, parce qu'en ôtant la négative, *Rien faire* devenoit une espèce d'occupation,

SATIRE II.

Tous les jours malgré moi, cloüé sur un ouvrage,
Retouchant un endroit, effaçant une page,
75 Enfin passant ma vie en ce triste métier,
J'envie en écrivant le sort de Pelletier.
   Bienheureux Scuderi, dont la fertile plume
Peut tous les mois sans peine enfanter un volume !
Tes écrits, il est vrai, sans art & languissans,
80 Semblent être formez en dépit du bon sens :
Mais ils trouvent pourtant, quoi qu'on en puisse dire,
Un Marchand pour les vendre, & des Sots pour les lire.
Et quand la Rime enfin se trouve au bout des vers,
Qu'importe que le reste y soit mis de travers ?
85 Malheureux mille fois celui dont la manie
Veut aux régles de l'art asservir son génie !
Un Sot en écrivant fait tout avec plaisir :
Il n'a point en ses vers l'embarras de choisir,

CHANGEMENS.

Vers 79. ——— *Sans art & languissans,*] Dans les premieres éditions il y avoit : *Sans force & languissans.*

REMARQUES.

Vers 76. *J'envie en écrivant, le sort de Pelletier.*] Poëte du dernier ordre, qui faisoit tous les jours un Sonnet. *Pelletier* prit ce vers pour une loüange ; & dans cette pensée, il fit imprimer cette Satire dans un Recueil de Poësies, où il y avoit quelques-uns de ses vers. Mr. Despréaux s'étant plaint au Libraire de ce qu'il avoit imprimé cette Satire sans son aveu, le Libraire lui répondit, que c'étoit Pelletier qui l'avoit donnée à imprimer, *parce qu'elle étoit à sa loüange.*
Richelet s'est trompé, quand il a dit que Pelletier mourut en 1660. *Lett. Choisies tom.* 1. On a parlé de ce Poëte, sur le vers 54. du Discours au Roi, & sur le vers 47. de la Satire I.
Vers 77. *Bienheureux Scuderi,* &c.] George de Scuderi de l'Academie Françoise, a composé plusieurs Romans : *L'Illustre Bassa, le Caloan-*

dre fidelle, &c. outre le Poëme d'*Alaric*, & un grand nombre de Piéces de théatre. Quoique le Roman de *Cirus*, & celui de *Clélie*, aient été imprimez sous son nom, ils sont néanmoins de l'illustre Magdelaine de Scuderi sa sœur.
Balzac avoit fait le même jugement de la facilité à écrire de cet Auteur. *O bienheureux Ecrivains,* s'écri:-t-il, *Mr. De Saumaise en Latin, & Mr. De Scuderi en François ! J'admire vôtre facilité, & j'admire vôtre abondance. Vous pouvez écrire plus de Calepins, que moi d'Almanachs.* Il dit encore : *Bienheureux sont ces Ecrivains qui se contentent si facilement ; qui ne travaillent que de la mémoire & des doigts ; qui, sans choisir, écrivent tout ce qu'ils savent.* Lett. 12. Liv. 23.
Vers 87. *Un Sot en écrivant fait tout avec plaisir :*] Un Théologien François, donne une as-

IMITATIONS.

Vers 87. *Un Sot en écrivant* &c.] Horace, L. 2. Ep. 2.
   Ridentur mala qui componunt Carmina : verùm

SATIRE II.

Et toûjours amoureux de ce qu'il vient d'écrire,
90 Ravi d'étonnement en foi-même il s'admire.
Mais un Esprit sublime envain veut s'élever
A ce degré parfait qu'il tâche de trouver :
Et toûjours mécontent de ce qu'il vient de faire,
Il plaît à tout le monde, & ne sauroit se plaire.
95 Et Tel, dont en tous lieux chacun vante l'esprit,
Voudroit pour son repos n'avoir jamais écrit.
Toi donc, qui vois les maux où ma Muse s'abîme,
De grace, enseigne-moi l'art de trouver la Rime :
Ou, puisqu'enfin tes soins y seroient superflus,
100 Moliere, enseigne-moi l'art de ne rimer plus.

REMARQUES.

sez plaisante raison de la sotte complaisance avec laquelle les Auteurs médiocres regardent leurs propres Ouvrages. „Selon la justice, dit-il, „tout travail honnête doit être recompensé de „loüange ou de satisfaction. Quand les bons „Esprits font un Ouvrage excellent, ils sont „justement récompensez par les applaudisse-„mens du Public ; Quand un pauvre Esprit tra-„vaille beaucoup pour faire un mauvais Ou-„vrage, il n'est pas juste ni raisonnable qu'il at-„tende des loüanges publiques ; car elles ne lui „sont pas dûës : Mais afin que ses travaux ne „demeurent pas sans récompense, Dieu lui don-„ne une satisfaction personnelle, que personne „ne lui peut envier sans une injustice plus que „barbare. Tout ainsi que Dieu qui est juste, don-„ne de la satisfaction aux Grenoüilles, de leur „chant : autrement, le blâme public, joint à „leur mécontentement, seroit suffisant pour les „réduire au desespoir. *Le P. François Garasse, Somme Théolog. L. 2. p. 419.*

Vers 94. *Il plaît à tout le monde, & ne sauroit se plaire.*] En cet endroit, Moliere dit à nôtre Auteur, en lui serrant la main : *Voilà la plus belle vérité que vous aiez jamais dite. Je ne suis pas du nombre de ces Esprits sublimes, dont vous parlez ; mais tel que je suis, je n'ai rien fait en ma vie, dont je sois véritablement content.*

Le célèbre Santeul pensoit bien autrement de ses Poësies ; il l'avoüa même un jour chez Thierri, à Mr. Despréaux, qui lui dit : *Vous êtes donc le seul Homme extraordinaire qui ait jamais été parfaitement content de ses Ouvrages.* Alors Santeul, flaté par le titre d'*Homme extraordinaire*, & voulant faire voir qu'il ne se croioit pas indigne de cet Eloge, revint au sentiment de Mr. Despréaux, & convint qu'il n'avoit jamais été pleinement satisfait des Ouvrages qu'il avoit composés.

Mr. Despréaux citoit un jour à ce propos, ces Réflexions de l'Auteur des Caractères : *La même justesse d'esprit qui nous fait écrire de bonnes choses, nous fait aprehender qu'elles ne le soient pas assez pour mériter d'être lûes. Un Esprit médiocre croit écrire divinement : Un bon Esprit croit écrire raisonnablement.* La Bruïere, ch. *des Ouvrages de l'esprit.*

IMITATIONS.

*Gaudent scribentes, & se venerantur ; & ultro
Si taceas, laudant ; quid quid scripsere beati. &c.
Prætulerim scriptor delirus, inersque videri,
Dum mea delectent mala me, vel denique fallant :
Quàm sapere, & ringi.*

SATIRE III.

A. QUEL sujet inconnu vous trouble & vous altère?
D'où vous vient aujourd'hui cet air sombre & sévère,
Et ce visage enfin plus pâle qu'un Rentier,
A l'aspect d'un arrêt qui retranche un quartier?

REMARQUES.

Cette Satire a été faite en l'année 1665. Elle contient le récit d'un Festin, donné par un Homme d'un gout faux & extravagant, qui se pique néanmoins de rafiner sur la bonne chère. Ce caractère est semblable à celui qu'Horace donne à Nasidiénus, dans la Satire VIII. du Livre 2. où ce Poëte a fait le récit d'un repas ridicule. Un de nos plus célèbres Ecrivains, savant Traducteur & Commentateur d'Horace, ne paroit pas être bien entré dans le sens de son Auteur, quand il a dit, qu'Horace *avoit peint le caractère d'un Homme fort avare, qui fait une sorte ostentation de richesses.* Il semble au contraire, que c'est plûtôt le caractère d'un Homme qui ne manque pas de générosité, mais qui manque de gout : d'un Sot magnifique. C'étoit la pensée de Mr. Despréaux. Régnier a fait aussi la description d'un Soupé ridicule, auquel il fut retenu malgré lui : C'est dans sa dixième Satire.

Bien des gens ont crû faussement, que Mr. Despréaux, dans cette Satire, avoit voulu se dépeindre sous le personnage de celui qui fait le récit : & sur cela, ils l'ont regardé comme un Homme d'une délicatesse excessive en fait de bonne chère. Mais ils n'ont pas pris garde que, bien loin de se représenter ici lui-même, il se moque d'un Homme qui ne peut s'accomoder des repas exquis ; & que la raillerie ne tombe pas moins sur la délicatesse outrée de celui qui fait le récit du Festin, que sur le Festin même. Il a voulu représenter Mr. Du Broussin, *qui,* selon le langage de nôtre Auteur, *traitoit sérieusement les repas.* Quand il sut que Mr. Despréaux travailloit sur cette matière, il tâcha de l'en détourner : disant que ce n'étoit pas là un sujet sur lequel il falut plaisanter : *Choisissez plûtôt les Hypocrites*, lui disoit-il sérieusement, *vous aurez pour vous tous les honnêtes gens ; mais pour la bonne chère, croïez-moi, ne badinez point là-dessus.* Il se reconnut bien dans cette peinture ; mais il n'en fut aucun mauvais gré à l'Auteur.

Au reste, il y a sept Personnes que l'on fait parler dans cette Satire : l'Auditeur, ou celui qui interroge au commencement ; & six Convives, qui sont, le Personnage qui fait le récit du Repas, l'Hôte, deux Nobles Campagnards, celui qui est désigné par le caractère de Hableur, & enfin un Poëte.

Vers 1. *A.*] Cette lettre, qui est au commencement du premier vers, signifie l'Auditeur, ou celui qui interroge ; & la lettre P. qui est devant le quatorzieme vers dénote le Poëte. L'Auteur avoit dessein d'y mettre un B. pour marquer le *Broussin* ; mais il craignit que son intention ne fût trop marquée.

Vers 4. *A l'aspect d'un arrêt qui retranche un quartier?*] En 1664. le Roi suprima un quartier des rentes constituées sur l'Hôtel de Ville : Le Chevalier de Cailli fit alors cette Epigramme, dont M. Despréaux faisoit cas :

De nos Rentes, pour nos péchez,
Si les quartiers sont retranchez,
Pourquoi s'en émouvoir la bîte ?
Nous n'aurons qu'à changer de lieu ;
Nous allions à l'Hôtel-de-Ville,
Et nous irons à l'Hôtel-Dieu.

IMITATIONS.

Vers 1. *Quel sujet inconnu &c.*] Juvénal commence ainsi sa neuvième Satire.
Scire velim, quare toties mihi, Nævole, tristis
Occurras, fronte obducta ? . . . . . . unde repente
Tot rugæ ?

5 Qu'est devenu ce teint, dont la couleur fleurie
Sembloit d'ortolans seuls, & de bisques nourrie,
Où la joie en son lustre attiroit les regards,
Et le vin en rubis brilloit de toutes parts?
Qui vous a pû plonger dans cette humeur chagrine?
10 A-t-on par quelque Edit réformé la cuisine?
Ou quelque longue pluie, inondant vos vallons,
A-t-elle fait couler vos vins & vos melons?
Répondez donc enfin, ou bien je me retire.
  P. Ah! de grace, un moment, souffrez que je respire.
15 Je sors de chez un Fat, qui, pour m'empoisonner,
Je pense, exprès chez lui m'a forcé de dîner.
Je l'avois bien prévû. Depuis près d'une année,
J'éludois tous les jours sa poursuite obstinée.
Mais hier il m'aborde, & me serrant la main :
20 Ah! Monsieur, m'a-t-il dit, je vous attens demain.
N'y manquez pas au moins. J'ay quatorze bouteilles
D'un vin vieux... Boucingo n'en a point de pareilles:
Et je gagerois bien que chez le Commandeur,

CHANGEMENS.

Vers 12. *Vos vins & vos melons.*] Dans la première Edition il y avoit *Vos vins ou vos melons.*
Vers 13. *Répondez donc enfin.*] Il y avoit ici: *Répondez donc du moins.*
Vers 19. *Mais hier.*] Il y avoit dans les premières Editions: *Quand hier.*

REMARQUES.

Vers 6. ————— *Et de bisques nourrie.*] En ce tems-là, les Bisques étoient un mets fort estimé.
Vers 10. *A-t-on par quelque Edit reformé la cuisine?*] On publia alors divers Edits de reformation.
Vers 15. *Je sors de chez un Fat.*] C'est celui qui avoit donné le dîner ; mais c'est un Personnage feint.
Vers 22. ————— *Boucingo n'en a pas de pareilles.*] Boucingo, fameux marchand de vin.

Vers 23. ————— *Chez le Commandeur.*] Jacques de Souvré, Commandeur de St. Jean de Latran, & ensuite Grand Prieur de France. Il aimoit la bonne chère, & tenoit ordinairement une table somptueuse, à laquelle assistoient souvent Mr. du Broussin, & Mr. de Villandry, qui est nommé dans le vers suivant. Les Repas du Commandeur étoient renommez en ce tems-là, & Saint Evremond en fait mention dans ses écrits. * Le Commandeur de Souvré étoit fils du Maréchal de Souvré, Gouverneur de Louis XIII. & Oncle de Madame de Louvois.

* *Conversi. du Duc de Candale, avec Mr. de St. Evremond.*

SATIRE III.

Villandri priseroit sa fève, & sa verdeur.
25 Moliere avec Tartuffe y doit joüer son rôle :
Et Lambert, qui plus est, m'a donné sa parole.
C'est tout dire en un mot, & vous le connoissez.
Quoi Lambert ? Oui, Lambert. A demain. C'est assez.
Ce matin donc, séduit par sa vaine promesse,
30 J'y cours, midi sonnant, au sortir de la Messe.
A peine étois-je entré, que ravi de me voir,
Mon Homme, en m'embrassant, m'est venu recevoir,
Et montrant à mes yeux une allégresse entiere,
Nous n'avons, m'a-t-il dit, ni Lambert ni Moliere :
35 Mais puisque je vous voi, je me tiens trop content.
Vous êtes un brave homme : Entrez. On vous attend.
A ces mots, mais trop tard, reconnoissant ma faute,
Je le suis en tremblant dans une chambre haute,
Où malgré les volets le Soleil irrité
40 Formoit un poêle ardent au milieu de l'Eté.
Le couvert étoit mis dans ce Lieu de plaisance ;
Où j'ai trouvé d'abord, pour toute connoissance,
Deux nobles Campagnards, grands lecteurs de Romans,
Qui m'ont dit tout Cirus dans leurs longs complimens.

REMARQUES.

Vers 24. *Villandri priseroit.*] Mr. de Villandri étoit fils de Baltazar le Breton, Seigneur de Villandri, Conseiller d'Etat, Gentilhomme de la Chambre du Roi.

Vers 25. *Moliere avec Tartuffe.*] La Comédie du Tartuffe avoit été défenduë en ce tems-là, & tout le monde vouloit avoir Moliere pour la lui entendre reciter.

Vers 26. *Et Lambert, qui plus est,* &c.] Michel Lambert, fameux Musicien, étoit souhaité par tout. C'étoit un fort bon homme, qui promettoit à tout le monde, & manquoit presque toûjours de parole. Cela est bien marqué dans ce vers & dans les deux suivans. C'étoit l'homme de France qui chantoit le mieux, & on le regardoit comme l'inventeur du beau chant. Il mourut à Paris, au mois de Juin 1696. âgé de 87. ans. Son corps a été mis dans le tombeau de Jean Baptiste Lulli son Gendre.

Vers 28. *Quoy Lambert ? oui, Lambert. A demain. C'est assez.*] Ce vers est en Dialogue. *Quoi Lambert ?* c'est le convié qui dit ceci. L'Hôte répond : *Oui, Lambert. A demain.* Et le Convié promet d'y aller, en disant ; *C'est assez.*

Vers 43. *Deux nobles Campagnards* &c.] De ces deux Campagnards il n'y en a qu'un qui soit un personnage réel. Voïez la Remarque sur le vers 173. de cette Satire.

Vers 44. *Qui m'ont dit tout Cirus dans leurs longs complimens.*] *Artamene* ou *le Grand Cirus,*

SATIRE III.

45 J'enrageois. Cependant on apporte un potage.
Un coq y paroissoit en pompeux équipage,
Qui changeant sur ce plat & d'état & de nom,
Par tous les Conviez s'est appelé chapon.
Deux assiettes suivoient, dont l'une étoit ornée
50 D'une langue en ragoût de persil couronnée :
L'autre d'un godiveau tout brûlé par dehors,
Dont un beurre gluant inondoit tous les bords.
On s'assied : mais d'abord, nôtre Troupe serrée
Tenoit à peine au tour d'une table quarrée :
55 Où chacun malgré soi, l'un sur l'autre porté,
Faisoit un tour à gauche, & mangeoit de côté.
Jugez en cet état si je pouvois me plaire,
Moi qui ne compte rien ni le vin, ni la chère,
Si l'on n'est plus au large assis en un festin,
60 Qu'aux Sermons de Cassagne, ou de l'Abbé Cotin.

REMARQUES.

Roman de Mademoiselle de Scuderi, en dix volumes. Il est rempli de longues conversations, & sur tout de grans Complimens fort ennuieux. C'est pourquoi Furetiere a dit dans *l'Histoire des troubles arrivés au Roiaume d'Eloquence*, Que *les Bourgeois de cette Place* (le Roman de Cirus) *affectoient sur tout d'être fort civils, & de fort bon entretien*. La plûpart des gens de Province, qui s'imaginoient que le stile de ces Romans étoit le Stile de la Cour, & un modele de politesse ; formoient leur langage & leurs complimens sur le *Cirus* & sur la *Clélie*, dont ils retenoient les façons de parler. Ces Romans, dont le goût s'étoit répandu dans toute la France, avoient aussi produit les Précieuses : caractère que Moliere a si bien joüé. Les premiers Volumes du Roman de *Cirus* commencèrent à paroître en 1649.

Vers 45. *Cependant on aporte un potage &c.*] M. Fourcroi, célèbre Avocat, s'avisa un jour, de donner un repas semblable en tout à celui qui est décrit dans cette Satire, à M. de Lamoignon, Avocat Général ; à M. de Menars, Maître des Requêtes, ensuite Président à Mortier ; à Mr. Despreaux ; & quelques autres. Mais sa plaisanterie ne plût point aux Conviez : & l'on dit alors, que ces sortes de repas sont bons à décrire & non pas à donner.

Vers 58. *Moi qui ne compte rien ni le vin ni la chère.*] Il auroit pû mettre : *Moi qui compte pour rien & le vin & la chère.* Mais il a crû l'autre maniere plus conforme à l'usage. L'un & l'autre se peuvent dire. Cependant il semble que l'usage y ait mis cette difference, qu'après *Ne compter pour rien*, il faut une négation ; & après, *Compter pour rien*, il faut une affirmation :

Je ne compte pour rien ni le vin ni la chère.
Moi qui compte pour rien & le vin & la chère.

Vers 60. *Qu'aux sermons de Cassagne, ou de l'Abbé Cotin.*] Ce fut l'Abbé Furetiere qui indiqua à nôtre Auteur, les deux mauvais Prédicateurs qui sont ici nommés : l'Abbé *Cassagne* & l'Abbé *Cotin*, tous deux de l'Académie Françoise. Jaques Cassagne, de la Ville de Nismes, étoit Docteur en Théologie, & Prieur de S. Etienne. Il fut reçû à l'Académie Françoise en l'année 1661. à la place de St. Amant, &c. mou-

SATIRE III.

Nôtre Hôte, cependant, s'adressant à la Troupe:
Que vous semble, a-t-il dit, du goût de cette soupe?
Sentez-vous le citron, dont on a mis le jus,
Avec des jaunes d'œufs mêlez dans du verjus?
65 Ma foi, vive Mignot, & tout ce qu'il apprête!
Les cheveux cependant me dressoient à la tête:
Car Mignot, c'est tout dire, & dans le monde entier,
Jamais empoisonneur ne sut mieux son métier.
J'approuvois tout pourtant de la mine & du geste,
70 Pensant qu'au moins le vin dût reparer le reste.

REMARQUES.

mourut au mois de Mai 1679. Il a fait la Préface des Oeuvres de Balzac, qui est estimée: il a encore traduit Saluste, &c. Il eut assez de bon sens pour ne témoigner aucun ressentiment contre l'Auteur des Satires. Mais l'Abbé Cotin ne fit pas de même. Fier & présomptueux comme il étoit; il ne put souffrir que son talent pour la Chaire lui fût contesté. Pour s'en venger il fit une mauvaise Satire contre M. Despréaux, dans laquelle il lui reprochoit, comme un grand crime, d'avoir imité Horace, & Juvénal. Cotin ne s'en tint pas là: il publia un Libelle en prose, intitulé: La Critique desinteressée sur les Satires du tems; dans lequel il chargeoit nôtre Auteur des injures les plus grossieres, & lui imputoit des crimes imaginaires. Il s'avisa encore malheureusement pour lui, de faire entrer Moliere dans cette dispute, & ne l'épargna pas plus que M. Despréaux. Celui-ci ne s'en vengea que par de nouvelles railleries, comme on le verra dans les satires suivantes; mais Moliere acheva de le ruïner de reputation, en l'immolant sur le Théatre à la risée publique, dans la Comédie des *Femmes savantes*, sous le nom de *Tricotin*, qu'il changea dans la suite en celui de *Trissotin*. Charles Cotin, Parisien, fut reçu à l'Academie Françoise en 1656. & mourut au mois de Janvier 1682. Il a fait plusieurs Ouvrages tant en vers qu'en prose.

Vers 63. *Sentez-vous le citron, dont on a mis le jus* &c.] Ces sortes de soupes étoient alors à la mode, & on les appelloit, des *Soupes de l'étui d'argent*. C'étoit l'Enseigne d'un Traiteur qui demeuroit dans le quartier de l'Université & qui avoit inventé la manière de les faire.

Vers 65. *Ma foi, vive Mignot*, &c.] Jaques Mignot, Patissier-Traiteur, demeuroit dans la Ruë de la Harpe, vis-à-vis la Ruë percée. Il avoit la charge de Maître Queux de la Maison du Roi, & celle d'Ecuïer de la bouche de la Reine: ainsi il crut qu'il étoit de son honneur de ne pas souffrir qu'on le traitât d'Empoisonneur, un Officier comme lui. Il donna sa plainte à M. Deffita, Lieutenant Criminel, contre l'Auteur des Satires; mais ni ce Magistrat, ni M. de Riants, Procureur du Roi, ne voulurent recevoir la plainte de M*gnot: ils la renvoyoient, en disant que l'injure dont il se plaignoit, n'étoit qu'une plaisanterie dont il devoit rire tout le premier. Cette raison, bien loin de l'appaiser, ne fit qu'irriter sa colère: & voyant qu'il ne pouvoit espérer de satisfaction par la voie de la Justice, il résolut de se faire justice lui-même. Pour cet effet, il s'avisa d'un expedient tout nouveau. Mignot avoit la reputation de faire d'excellens Biscuits, & tout Paris en envoyoit querir chez lui. Il fut que l'Abbé Cotin avoit fait une Satire contre M. Despréaux leur Ennemi commun. Mignot la fit imprimer à ses dépens; & quand on venoit acheter des biscuits, il les enveloppoit dans la feuille qui contenoit la Satire imprimée, afin de la répandre dans le Public: associant ainsi ses talens à ceux de l'Abbé Cotin. Quand M. Despréaux vouloit se réjouïr avec ses amis, il envoyoit acheter des biscuits chez Mignot, pour avoir la Satire de Cotin. Cependant la colère de Mignot s'appaisa, quand il vit que la Satire de M. Despréaux, bien loin de le décrier, comme il le craignoit l'avoit rendu extrêmement célèbre. En effet, depuis ce tems là tout le monde vouloit aller chez lui. Mignot a gagné du bien dans sa profession, & il fait gloire d'avoüer qu'il doit sa fortune à Mr. Despréaux.

SATIRE III.

Pour m'en éclaircir donc ; j'en demande. Et d'abord,
Un laquais effronté m'apporte un rouge-bord,
D'un Auvernat fumeux, qui mêlé de Lignage,
Se vendoit chez Crenet, pour vin de l'Hermitage ;
75 Et qui rouge & vermeil, mais fade & doucereux,
N'avoit rien qu'un goût plat, & qu'un déboire affreux.
A peine ai-je senti cette liqueur traîtresse,
Que de ces vins mêlez j'ai reconnu l'adresse.
Toutefois avec l'eau que j'y mets à foison,
80 J'esperois adoucir la force du poison.
Mais qui l'auroit pensé ? pour comble de disgrace,
Par le chaud qu'il faisoit nous n'avions point de glace.
Point de glace, bon Dieu ! dans le fort de l'Eté !
Au mois de Juin ! Pour moi, j'étois si transporté,

CHANGEMENS.

Vers 75. *Et qui rouge & vermeil.*] Il y avoit : *Et qui rouge en couleur*, dans les premieres éditions.

REMARQUES.

Vers 73. *D'un Auvernat fumeux, qui mêlé de Lignage.*] L'*Auvernat*, ou *Auvernas*, est un vin fort rouge & fumeux, qui n'est bon à boire que dans l'arrière saison. Ce vin croît aux environs d'Orléans. Il est fait de raisins noirs qu'on appèle du même nom, parce que le plant en est venu d'Auvergne.

Le *Lignage* est un vin moins fort en couleur, qui est fait avec toutes sortes de raisins. Les Cabaretiers mêlent ces deux sortes de vins pour faire leurs vins clairets & rosez de plusieurs couleurs.

Vers 74. *Se vendoit chez Crenet.*] Fameux Marchand de vin, qui tenoit le Cabaret de la Pomme de Pin, vis-à-vis l'Église de la Magdelaine, près du pont Nôtre-Dame. Ce cabaret étoit déja renommé du tems de Regnier qui en parle ainsi dans sa dixième Satire.

Où maints Rubis balays tous rougissans de vin,
Montroient un hac itur à la Pompe de Pin.

Et même du tems de Rabelais, qui dit : *Puis campoisons ès Tabernes méritoires de la pomme de Pin, du Castel, de la Magdelaine, & de la Mule.* Pantagr. l. 2. ch. 6.

Crenet ne fit pas comme Mignot, car il ne fit que rire du mélange de vins qu'on lui reprochoit dans cette Satire. Et ce reproche n'étoit pas aussi sans fondement, car M. du Broussin avoit fait acheter à M. d'Herbaut, chez Crenet, un muid de vin de l'Hermitage, qu'on reconnut ensuite être de ce vin coupé & mélangé : ce qui mit le Broussin dans une furieuse colère contre Crenet, qu'il ne menaçoit pas moins que de le perdre. C'est à cette avanture que l'Auteur fait allusion.

Vers 74. ———— *Pour vin de l'Hermitage.*] Il croît sur un côteau situé dans le Dauphiné, proche la ville de Thain, sur le rivage du Rhône, vis-à-vis de Tournon. Sur ce côteau il y a un Hermitage qui a donné son nom au territoire, & au vin qui y vient.

Vers 83. *Point de glace, bon Dieu !*] Dans le tems que cette Satire fut faite, l'usage de la glace n'étoit pas si commun en France qu'il l'est à présent. Il n'y avoit que ceux qui se piquoient de délicatesse & de rafinement, qui bussent à la glace. Ainsi la plainte que fait ici le Personnage qui parle, marque bien son caractère. En France on n'a commencé à boire à la glace que vers la fin du dix septième Siécle ; mais cét usage étoit connu des anciens Romains qui en faisoient leurs délices.

SATIRE III.

85 Que donnant de fureur tout le festin au Diable,
Je me suis vû vingt fois prêt à quitter la table ;
Et dût-on m'appeller & fantasque & bouru,
J'allois sortir enfin, quand le rôt a paru.
   Sur un liévre flanqué de six poulets étiques,
90 S'élevoient trois lapins, animaux domestiques,
Qui dès leur tendre enfance élevez dans Paris,
Sentoient encor le chou dont ils furent nourris.
Autour de cet amas de viandes entassées,
Regnoit un long cordon d'aloüetes pressées,
95 Et sur les bords du plat, six pigeons étalez
Préfentoient pour renfort leurs squelètes brûlez.

REMARQUES.

Vers 88. ——— *Quand le Rôt a paru.*] Quand l'Auteur travailloit à cette Satire, il demanda à Mr. du Broussin, s'il faloit dire *le Rôt*, ou *le Roti*. Il répondit qu'on pouvoit dire l'un & l'autre, mais que *Rôt* étoit plus noble. *Servir le Rôt*.

Vers 92. *Sentoient encor le chou.*] Une petite avanture domestique a fourni à l'Auteur l'idée de ce vers & des deux précedens. Un soir il y avoit du monde à souper chez Mr. Boileau son pere. En entrant dans la Salle à manger, on sentit une odeur semblable à celle de la soupe aux choux, dont tout le monde fut frapé. Mr. Boileau demanda à la Cuisiniere, si elle étoit folle de vouloir leur donner une soupe aux choux, à souper ? la Cuisiniere répondit que ce n'étoit pas son dessein ; cependant on sentoit toûjours la même odeur : mais à peine eut on servi le Rôt, que l'on découvrit au fond du bassin un Lapin nourri aux choux, qui étoit caché sous le reste de la viande : car on la servoit alors en Piramide. Dès que l'on vit le Lapin, on ne chercha plus d'où venoit cette odeur. On le fit d'abord emporter ; mais il avoit répandu par tout une odeur de chou qui dura tout le reste du repas.

Vers 94. *Regnoit un long cordon d'aloüetes pressées.*] Comme ce Repas se donnoit en Eté, au mois de Juin, les Critiques ont prétendu qu'en ce tems-là on ne mangeoit pas d'Aloüetes. C'est Boursaut qui a fait cette objection dans une petite Piéce de Théatre, intitulée *la Satire des Satires* : imprimée en 1699.

Nôtre Auteur répondoit, qu'il a eu raison de faire servir des Aloüetes dans ce repas, parce que c'est un repas donné par un homme d'un goût bizarre & extravagant, qui cherche des méts extraordinaires. Qu'ainsi, l'on peut présumer qu'il a donné des Aloüetes quoi que mauvaises, dans une saison où il n'est pas impossible d'en avoir, puis qu'il y en a en tout tems : les Aloüetes n'étant pas des oiseaux de passage. D'ailleurs, cette faute tombe sur Mignot qui avoit préparé le repas, & non pas sur le Poëte qui en fait la description. Mais au fond, l'Auteur auroit peut-être changé cet endroit, si ses ennemis ne s'étoient pas si fort applaudis de cette critique.

IMITATIONS.

Vers 94. *Un cordon d'Aloüetes.*] Les Latins disoient dans le même sens, *Une couronne d'Aloüetes*, *de Grives*, &c.
   Texta Rosis fortasse tibi, vel divite Nardo:
   At mihi de Turdis facta Corona placet. Martial. 13. 51.

Vers 96. *Leurs squelètes brûlez.*] Horace, dans son récit d'un festin ridicule, applique aux Merles, ce que nôtre Auteur dit ici des Pigeons :
   ——— *Tum pectore adusto*
   Vidimus & Merulas poni. L. 2. Sat. 8.

SATIRE III.

A côté de ce plat paroiſſoient deux ſalades,
L'une de pourpier jaune, & l'autre d'herbes fades,
Dont l'huile de fort loin ſaiſiſſoit l'odorat,
100 Et nageoit dans des flots de vinaigre roſat.
Tous mes Sots à l'inſtant changeant de contenance,
Ont loüé du feſtin la ſuperbe ordonnance :
Tandis que mon Faquin, qui ſe voïoit priſer,
Avec un ris moqueur les prioit d'excuſer.
105 Sur tout certain Hableur, à la gueule affamée,
Qui vint à ce feſtin conduit par la fumée,
Et qui s'eſt dit Profès, dans l'ordre des Côteaux,
A fait en bien mangeant, l'éloge des morceaux.

REMARQUES.

Vers 105. *Sur tout certain Hableur.*] Celui dont le caractère eſt ſi vivement exprimé dans ces dix vers, s'appeloit B. D. L. Couſin iſſu de Germain de nôtre Auteur: Il étoit neveu de M. de L..... Grand Audiancier de France, qui lui avoit acheté une charge de Préſident à la Cour des Monoies; mais il diſſipa tout ſon bien; & ſon Oncle l'aiant abandonné, il fut réduit à vivre chez ſes amis. Il alloit ſouvent chez Mr. Boileau le Greffier, frére aîné de Mr. Deſpréaux. Ce fut là que ſe paſſa entre ce même Mr. D. L..... & la Comteſſe de Criſſé, cette Scène plaiſante & vive qui a été décrite par Mr. Racine dans ſes Plaideurs, ſous les noms de Chicaneau & la Comteſſe de Pimbéche. La Comteſſe de Criſſé étoit une Plaideuſe de profeſſion, qui a paſſé toute ſa vie dans les procès, & qui a diſſipé de grans biens dans cette occupation ruineuſe. Le Parlement fatigué de ſon obſtination à plaider, lui defendit d'inrenter aucun procès, ſans l'avis par écrit de deux Avocats que la Cour lui nomma. Cette interdiction de plaider la mit dans une fureur inconcevable. Après avoir fatigué de ſon deſeſpoir, les Juges, les Avocats, & ſon Procureur; elle alla encore, porter ſes plaintes à Mr. Boileau le Greffier, chez qui ſe trouva par hazard Mr. de L....., dont il s'agit. Cet Homme qui vouloit ſe rendre neceſſaire par tout, s'aviſa de donner des conſeils à cette Plaideuſe. Elle les écouta d'abord avec avidité; mais pour un malentendu qui ſurvint entre eux, elle crut qu'il vouloit l'inſulter, & l'accabla d'injures. Mr. Deſpréaux qui étoit préſent à cette Scène, en fit le récit à Mr. Racine qui l'accommoda au Théatre, & l'inſera dans la Comédie des Plaideurs. Il n'a preſque fait que la rimer. La premiere fois que l'on joüa cette Comédie, on donna à l'Actrice qui repreſentoit la Comteſſe de Pimbêche, un habit de couleur de Roſe-ſeche, & un maſque ſur l'oreille ; qui étoit l'ajuſtement ordinaire de la Comteſſe de Criſſé.

Vers 107. *Dans l'ordre des Côteaux.*] Les Côteaux : ce nom fut donné à trois grans Seigneurs tenant table, qui étoient partagez ſur l'eſtime qu'on devoit faire des vins des Côteaux qui ſont aux environs de Rheims. Ils avoient chacun leurs partiſans : *Je ne puis m'ôter de l'eſprit* [dit le P. Bouhours] *qu'on n'entendra pas un jour l'Auteur des Satires, dans la deſcription de ſon Feſtin.*

Sur tout certain Hableur, &c.
„Je me ſuis même mis en tête [continuë le
„P. Bouhours] que les Commentateurs ſe
„tourmenteront fort pour expliquer ce *Pro-*
„*fès dans l'ordre des Côteaux*, & qu'on pour-
„ra bien le corriger en liſant, *Profès dans*
„*l'Ordre de Ciſteaux*; par la raiſon que *l'Or-*
„*dre des Côteaux* ne ſe trouvera point dans
„l'Hiſtoire Eccléſiaſtique, & que les gens de
„ce tems là ne ſauront pas que cet Ordre n'é-
„toit qu'une Société de fins Débauchez, qui
„vouloient que le vin qu'ils bûvoient, fût
„d'un certain côteau ; & qu'on les appeloit
„pour cela, *les Côteaux.*

Les plus fameux Côteaux qui produiſent le vin de Champagne, ſont Rheims, Pérignon, Silleri, Haut-Villiers, Aï, Taiſſy, Verzenai,
S.

SATIRE III.

Je riois de le voir, avec sa mine étique,
110 Son rabat jadis blanc, & sa perruque antique,
En lapins de garenne ériger nos clapiers,
Et nos pigeons Cauchois en superbes ramiers;
Et pour flater notre Hôte, observant son visage,
Composer sur ses yeux son geste & son langage.
115 Quand nôtre Hôte charmé, m'avisant sur ce point,
Qu'avez-vous donc, dit-il, que vous ne mangez point?
Je vous trouve aujourd'hui l'ame toute inquiette,
Et les morceaux entiers restent sur votre assiette.
Aimez-vous la muscade? On en a mis par tout.
120 Ah! Monsieur, ces poulets sont d'un merveilleux goût.

REMARQUES.

5. *Thierri*. Nôtre Auteur disoit, que ces trois Seigneurs qu'on nommoit *les Côteaux*, étoient le Commandeur de Souvré; le Duc de Mortemar, & le Marquis de Silleri.

Menage donne une autre origine à ce nom-là. „Ce fut, dit-il, feu Mr de Lavardin, Evêque „du Mans, qui se plaignant de ces Messieurs „qui disoient que son vin n'étoit pas bon, dit „que c'étoient des délicats qui ne vouloient „du vin que d'un certain *Côteau*: & là-dessus „on les appella *les Côteaux*. Ces Messieurs é-„toient le Marquis de Bois-Daufin, du nom de „Laval; Le Comte D'Olonne, du nom de la „Trimouille; L'Abbé de Villarceaux, du nom „de Mornai; & le Comte du Broussin, du nom „de Brulart. *Dict. etimol.*

Mr. Silvestre, Auteur de la Préface des *Véritables Oeuvres de Mr. de St. Evremond*, dit que le Comte d'Olonne, le Marquis de Bois-Daufin, & Mr. de St. Evremond, furent nommez *Les Côteaux*, pour avoir voulu rafiner sur le goût, & sur la délicatesse de la table; Il ajoute dans une Note, que Mr. de Lavardin Evêque du Mans, aiant dit un jour à la table, que Mrs. D'Olonne, De Bois-Daufin, & de Saint Evremond, étoient des Délicats qui ne buvoient du vin que de trois Côteaux, ne mangeoient des perdrix que de tel ou de tel endroit, &c. Ces Messieurs répeterent si souvent ce qu'il avoit dit des Côteaux, & ils l'en raillierent en tant d'occasions, qu'on les appela *les trois Côteaux*.

On croit que le Vin de Champagne doit sa premiere reputation à Messieurs Colbert & le Tellier, Ministres d'Etat, qui possedoient de grans Vignobles dans la Province de Champagne. On fait neanmoins remonter beaucoup plus loin le tems de la réputation de ce vin; car on assure, * que le Pape Leon X., Charles-Quint, François I. & Henri VIII. Roi d'Angleterre, voulurent toûjours user du Vin d'Aï, comme le plus excellent, & le plus épuré de toute senteur de terroir. Ils avoient tous leur propre Maison dans Aï, ou proche d'Aï, pour y faire plus curieusement leurs provisions. Voilà sans doute d'illustres Confrères dans l'Ordre des *Côteaux*.

* *St. Evremond Lettre à Mr. le Comte d'Olonne. Tom. 3.*

Vers 111. *En lapins de Garenne ériger nos clapiers.*] On appèle ordinairement *Clapiers*, les Lapins domestiques; & l'on n'en voit jamais sur les tables bien servies. Dans les Plaideurs de Mr. Racine, Chicaneau dit à son valet:

Prens moi dans ce Clapier trois Lapins de Garenne.

Et chez mon Procureur porte les ce matin.

Vers 112. *Et nos pigeons Cauchois en superbes Ramiers.*] *Pigeons Cauchois* sont de gros Pigeons: & le mot de *Cauchois*, est venu de Normandie, à cause que les Pigeons de Caux sont plus gros que les autres. *Cauchois*, qui est né au Païs de Caux. *Ménage, Etimol.*

Ramier: Sorte de Pigeon sauvage qui perche sur les branches des arbres: ce que les Pigeons domestiques ne font pas.

Vers 119. *Aimez-vous la muscade? on en a mis par tout.*] Il demande si l'on aime la Muscade; & il y en a par tout. Cela renferme un ridicule bien sensible, & assez ordinaire. D'ailleurs,

E 2

SATIRE III.

Ces pigeons font dodus, mangez fur ma parole.
J'aime à voir aux lapins cette chair blanche & molle.
Ma foy, tout est passable, il le faut confesser ;
Et Mignot aujourd'hui s'est voulu surpasser.
125 Quand on parle de sauce il faut qu'on y raffine.
Pour moi j'aime sur tout que le poivre y domine.
J'en suis fourni, Dieu fait, & j'ai tout Pelletier
Roulé dans mon office en cornets de papier.
A tous ces beaux discours, j'étois comme une pierre,
130 Ou comme la Statuë est au festin de Pierre ;
Et fans dire un feul mot, j'avalois au hazard
Quelque aîle de poulet dont j'arrachois le lard.
Cependant mon Hableur, avec une voix haute,
Porte à mes Campagnards la santé de nôtre Hôte :
135 Qui tous deux pleins de joie, en jettant un grand cri,
Avec un rouge-bord acceptent son deffi.

REMARQUES.

leurs, c'étoit un goût hors de mode, & depuis long-tems on ne vouloit plus que la muscade se fit sentir dans les ragoûts.

Vers 122. *J'aime à voir aux lapins cette chair blanche & molle.*] Ce Personnage donne encore ici une preuve de son mauvais goût : car les Lapins, pour être bons, doivent avoir la chair ferme & de couleur un peu bize. Il n'y a que les Clapiers qui aïent la chair blanche & molle.

Vers 126. *J'aime fur tout que le poivre y domine.*] Le Commandeur de Souvré avoit le goût usé par la bonne chère, & aimoit beaucoup le poivre, la muscade & les épices les plus fortes.

Vers 127. *J'ai tout Pelletier &c.*] Cette raillerie est extrèmement fine & délicate, parce qu'elle est indirecte. On a parlé de *Pelletier* dans les Remarques sur le vers 54. du Discours au Roi, & sur le vers 77. de la Satire précédente.

Vers 130. *Ou comme la Statuë est au festin de Pierre.*] *Le festin de Pierre* est une Piéce de Théatre dont le sujet nous a été apporté en France par les Comédiens Italiens, qui l'ont imitée des Espagnols. Tirso de Molina, Auteur Espagnol, est le premier qui l'a traitée. Il l'a intitulée, *El Combidado de piedra* : ce qui a été mal rendu en notre Langue par, *le Festin de Pierre* : car ces paroles signifient précisément, *le convit de pierre* : c'est à dire, *la Statuë de marbre ou de pierre, conviée à un repas.* Cependant l'usage a prévalu. Ce qui peut y avoir donné lieu, c'est que la Statuë qui se rend au soupper auquel elle a été invitée, est la Statuë d'un Commandeur nommé *Dom Pedro*. De là est venu sans doute le nom du *Festin de Pierre*. Toutes les Troupes de Comédiens ont accomodé cette Piéce à leur Théatre. De Villiers, Comédien, l'a traitée pour le Théatre de l'Hôtel de Bourgogne. Moliere la fit paroître en 1665. sur le Théatre du Palais Roïal, avec beaucoup plus de régularité & d'agrémens. Elle n'avoit encore été jouée à Paris que par les Italiens, dans le tems que Mr. Despréaux composa cette Satire. Dorimond fit ensuite le Festin de Pierre, & le mit en vers. Rosimond en fit encor un autre, qui fut représenté sur le Théatre du Marais, en 1670. Enfin, Corneille le Jeune a tourné en vers la Piéce de Moliere, en y faisant quelques legers changemens dans la disposition. Elle commença à paroître au Mois de Janvier, 1677. & c'est cette derniere qu'on joué présentement en France.

SATIRE III.

Un si galant exploit réveillant tout le monde,
On a porté par tout des verres à la ronde,
Où les doigts des Laquais, dans la crasse tracez
140 Témoignoient par écrit qu'on les avoit rincez.
 Quand un des conviez, d'un ton mélancolique,
Lamentant tristement une chanson bachique;
Tous mes Sots à la fois, ravis de l'écouter,
Détonnant de concert, se mettent à chanter.
145 La musique sans doute étoit rare & charmante:
L'un traîne en longs fredons une voix glapissante,
Et l'autre l'appuiant de son aigre fausset,
Semble un violon faux qui jure sous l'archet.
 Sur ce point un jambon, d'assez maigre apparence,
150 Arrive sous le nom de jambon de Maience.
Un Valet le portoit, marchant à pas comptez,
Comme un Recteur suivi des quatre Facultez.

REMARQUES.

Vers 141. *Quand un des conviez, d'un ton mélancolique*, &c.] Mr. de la C.... Neveu de nôtre Auteur, avoit la voix assez belle; mais il chantoit toutes sortes d'airs, même les plus gais, d'un ton si triste & si mélancolique, qu'on eût dit qu'il lamentoit, au lieu de chanter.

Vers 142. ———— *Une chanson bachique.*] Bernier le Voïageur appeloit les chansons à boire, des *Chansons bachiques*, selon l'ancien langage. *Avant que j'allasse au Mogol*, disoit-il, *je savois grand nombre de Chansons bachiques*. L'Auteur a emploié cette expression surannée en parlant d'un Noble Campagnard. Il y a des *Chansons bachiques* dans le Recueil des Airs du Savoïard, fameux Chantre du Pont-neuf.

Vers 150. ———— *Sous le nom de jambon de Maience.*] Les jambons de Maience sont préparés d'une façon particuliere. Ils viennent de Westphalie, & on les apele jambons de Maience, parce que autrefois il y avoit une foire de ces jambons à Maience: cette foire se tient maintenant à Francfort sur le Mein.

Vers. 152. *Comme un Recteur* &c.] L'Auteur tire sa comparaison, des Processions de l'Université de Paris, à la tête desquelles marche le Recteur, précedé de ses Bedeaux, & suivi des quatre Facultez, qui sont les Arts, la Medecine, la Jurisprudence, & la Théologie. Le Recteur est le premier Officier électif de l'Université; & la Procession du Recteur se fait quatre fois l'année.

IMITATIONS.

Vers 151. *Un valet le portoit, marchant à pas comptez*, &c.] Horace s'est aussi moqué de la gravité avec laquelle un Valet aportoit des bouteilles de vin sur sa tête: disant que ce Valet s'avance à pas plus mesurez qu'une jeune Athénienne qui porte les vases dont on se sert dans les Sacrifices de Cérès.
    Ut Attica Virgo
Cum sacris Cereris, procedit fuscus Hydaspes
Cæcuba vina ferens. Sat. 8. L. 2.

SATIRE III.

Deux Marmitons crasseux, revêtus de serviettes,
Lui servoient de Massiers, & portoient deux assiettes,
155 L'une de champignons, avec des ris de veau,
Et l'autre de pois verds, qui se noïoient dans l'eau.
Un spectacle si beau surprenant l'assemblée,
Chez tous les Conviez la joie est redoublée :
Et la troupe à l'instant, cessant de fredonner,
160 D'un ton gravement fou s'est mise à raisonner.
Le vin au plus müet fournissant des paroles,
Chacun a débité ses maximes frivoles,
Règlé les interêts de chaque Potentat,
Corrigé la Police, & réformé l'Etat ;
165 Puis de là s'embarquant dans la nouvelle guerre,
A vaincu la Hollande, ou battu l'Angleterre.
Enfin, laissant en paix tous ces peuples divers,
De propos en propos on a parlé de Vers.
Là tous mes Sots, enflez d'une nouvelle audace,
170 Ont jugé des Auteurs en maîtres du Parnasse.
Mais nôtre Hôte sur tout, pour la justesse & l'art,
Elevoit jusqu'au ciel Théophile & Ronsard.

REMARQUES.

Vers 154. *Lui servoient de Massiers.*] Quand le Recteur va en procession, il est toûjours accompagné de deux *Massiers*; c'est-à-dire, deux Bedeaux qui portent devant lui des Masses, ou Bâtons à tête, garnis d'argent, tels qu'on en porte par honneur devant le Roi, & devant Mr. le Chancelier.

Vers 166. *A vaincu la Hollande, ou battu l'Angleterre.*] L'Angleterre & la Hollande étoient alors en guerre. Les Hollandois perdirent en 1665. une grande bataille sur mer contre les Anglois. Le Roi se déclara ensuite contre l'Angleterre, en faveur des Hollandois; & cette guerre fut terminée par le Traité de Breda, au mois de Janvier 1667.

Vers 171. ———— *Pour la justesse & l'art,* .... *Théophile & Ronsard.*] Le Poëte *Théophile* avoit l'imagination vive & brillante; mais pour la régularité & la justesse, ce n'est pas dans ses vers qu'il la faut chercher. *Ronsard* avoit le génie

IMITATIONS.

Vers 161. *Le vin au plus müet fournissant des paroles.*] Horace L. 1. Ep. 5.
  Fœcundi calices quem non fecere disertum ?
Vers 170. *Ont jugé des Auteurs* &c.] Perse, Satire I. 30.
  ———— *Ecce inter pocula quærunt*
  Romulidæ saturi quid dia poëmata narrent.

SATIRE III.

Quand un des Campagnards relevant sa moustache,
Et son feutre à grans poils ombragé d'un panache,
175 Impose à tous silence, & d'un ton de Docteur,
Morbleu! dit-il, la Serre est un charmant Auteur!
Ses vers sont d'un beau stile, & sa prose est coulante.
La Pucelle est encore une œuvre bien galante,
Et je ne sai pourquoi je bâille en la lisant.
180 Le Païs, sans mentir, est un bouffon plaisant :

REMARQUES.

génie élevé, & de grands talens pour la Poësie; mais il semble que l'art n'ait servi qu'à corrompre en lui la nature, au lieu de la perfectionner. En effet, ses vers sont pleins de licences outrées; & l'affectation qu'il eut de les charger d'une érudition fatigante & mal ménagée, les a rendu peu intelligibles. C'est ce qui fit bien-tôt déchoir ce Poëte, de la haute réputation qu'il s'étoit acquise dans son siécle : & depuis long-tems on ne lit plus ses Poësies. Voïez la Remarque sur le vers 126. du premier Chant de l'Art Poëtique.

Vers 173. *Quand un des Campagnards &c.*] Mr. De B***. Gentilhomme de Châlons, Cousin de nôtre Poëte. Il portoit effectivement une grande moustache, qu'il relevoit ordinairement avant que de parler; & son chapeau semblable à un feutre, étoit un chapeau à grands poils, couvert d'un panache ou gros bouquet de plumes. Il vint à Paris quelque tems après la reception de Gilles Boileau à l'Académie : *Ah, Ah, Cousin*, lui dit-il, *vous êtes donc parmi ces Messieurs de l'Académie Françoise! Combien cela vaut-il de revenu par année?*

Vers 174. *Et son feutre à grans poils;*] Anciennement on disoit, *un chapeau de feutre*; témoin Villon, dans une double Ballade :
*Abusé m'a, & fait entendre
Toujours de ung, que c'est ung autre :
De farine, que ce fust cendre;
D'ung mortier, ung chapeau de feutre.*
Et dans le *Cymbalum Mundi*, de Bonaventure des Perriers, Dial. 3. *Mais au Diable l'une qui die: Tien, Mercure, voilà pour avoir un feutre de chapeau.*

Vers 176. ―――― *La Serre est un charmant Auteur!*] Paget de la Serre, miserable Ecrivain, qui a publié quantité d'Ouvrages en prose & en vers. Ils ne laissoient pas d'être debitez à mesure qu'ils paroissoient; mais l'Auteur les aiant fait imprimer en un corps, personne ne voulut plus les acheter. Il convenoit lui-même que

ses Ecrits étoient un Galimathias continuel, &. il se glorifioit de cela même, disant qu'il avoit trouvé un secret inconnu aux autres Auteurs : *c'est*, disoit-il, *d'avoir sû tirer de l'argent de mes Ouvrages tout mauvais qu'ils sont, tandis que les autres meurent de faim avec de bons Ouvrages*. Un jour il eut la curiosité d'aller entendre les Conférences que *Richesource* faisoit sur l'Eloquence, dans une maison de la Place Dauphine. Après que celui-ci eut débité toutes ses extravagances, La Serre, en manteau long & en rabat, se leva de sa place, & allant embrasser Richesource : *Ah! Monsieur*, lui dit-il, *je vous avoûë que depuis vingt ans j'ai bien débité du Galimathias; mais vous venez d'en dire plus en une heure, que je n'en ai écrit en toute ma vie*.

Vers 178. *La Pucelle est encore une Oeuvre bien galante.*] La Pucelle, ou la France délivrée, Poëme héroïque de Jean Chapelain de l'Académie Françoise. Il demeura trente ans à composer ou à promettre cet Ouvrage, qui parut enfin en 1655. Toute la France l'attendoit avec beaucoup d'impatience, sur la réputation que Chapelain s'étoit faite par son Ode au Cardinal de Richelieu; mais l'impression en fut l'écueil. Il seroit difficile de trouver rien de plus ennuieux que la lecture de *la Pucelle*, dont les vers sont extrêmement durs, forcez, & pleins de transpositions monstrueuses.

Vers 179. *Je ne sai pourquoi je bâille en la lisant.*] Un jour Chapelain lisoit son Poëme chez Mr. le Prince. On y applaudissoit, & chacun s'efforçoit de le trouver beau. Mais Madame de Longueville, à qui un des Admirateurs demanda si elle n'étoit pas touchée de la beauté de cet Ouvrage, répondit : *Oui, cela est parfaitement beau, mais il est bien ennuieux*. Cette pensée est l'original de celle de Mr. Despréaux.

Vers 180. *Le Païs, sans mentir, est un bouffon plaisant;*] René Le Païs, étoit de la ville de Nantes en Bretagne. Il s'apliqua aux affaires qui regardent les droits du Roi, & comme il les
enten-

SATIRE III.

Mais je ne trouve rien de beau dans ce Voiture.
Ma foi, le jugement sert bien dans la lecture.
A mon gré, le Corneille est joli quelquefois.
En verité pour moi, j'aime le beau François.
185 Je ne sai pas pourquoi l'on vante l'Aléxandre.
Ce n'est qu'un glorieux, qui ne dit rien de tendre.
Les Heros chez Quinaut parlent bien autrement,
Et jufqu'à *Je vous hais*, tout s'y dit tendrement.

REMARQUES.

entendoit fort bien, on lui donna la Direction générale des Gabelles de Dauphiné & de Provence. Il avoit l'esprit aisé, vif & agréable; & il composoit en vers & en prose, avec facilité. En 1664. il publia des Lettres & des Poëfies, sous le titre d'*Amitiez, Amours, & Amourettes*. Les Railleurs l'appelèrent *le Singe de Voiture*; parce que Le Païs se flatoit d'imiter l'enjoüement & la délicatesse de cet Auteur. C'est ce que Mr. Despréaux insinuë ici, par la contre-verité qu'il met dans la bouche de son Campagnard, qui préfere *Le Païs* à *Voiture*. Le Païs prit cette raillerie en galant homme; & il écrivit de Grenoble, où il étoit alors, une Lettre badine sur ce sujet à un de ses amis qui étoit à Paris. On le peut voir dans ses nouvelles Oeuvres, qui font la suite du premier volume. Il fit plus: étant lui-même à Paris, il alla voir Mr. Despréaux, & soutint toûjours son caractère enjoüé. Mr. Despréaux fut d'abord embarassé de la visite d'un homme qu'il avoit mis en droit de se plaindre; mais il dit pour toute excuse à Mr. Le Païs, qu'il ne l'avoit nommé dans la Satire, que parce qu'il avoit vû des gens qui le préféroient à Voiture. Mr. Le Païs passa facilement condamnation sur cette préference; & ils se séparèrent bons amis. Nôtre Auteur estimoit plus la Profe de *Le Païs* que ses vers. René Le Païs, Sieur du Plessis-Villeneuve, mourut à Paris dans la Ruë du Bouloi, le dernier jour d'Avril 1690., & fut enterré à St. Eustache, où le célèbre Vincent Voiture avoit été aussi enterré.

Vers 181. *Mais je ne trouve rien de beau dans ce Voiture.*] Mr. de La Fontaine avoit mené Mrs. Despréaux & Racine à Château-Thierri, qui étoit le lieu de sa naissance. Un des principaux Officiers de cette Ville invita un jour à dîner Mr. Despréaux tout seul, & laissa ses deux Amis qui étoient occupez ailleurs. Pendant le repas, la conversation roula particulierement sur les belles Lettres. L'Officier de Robe jugea de tout

en maître: Il dit qu'il n'aimoit point *ce Voiture*; qu'à la verité, *le Corneille* lui faisoit plaisir quelquefois, mais que sur tout il étoit passionné pour le beau langage. Et puis il disoit, en s'aplaudissant de son bon goût: *Avoüez, Monsieur, que le jugement sert bien dans la lecture*. Regnier a fait dire quelque chose de semblable à un Pédant qu'il introduit dans sa dixième Satire:

Que Pline est inégal, Térence un peu joli;
Mais sur tout il estime un langage poli.

Vers 183. ——— *Le Corneille est joli quelquefois.*] L'épithete de *joli* convient aussi peu au grand Corneille, qu'elle convenoit à Mr de Turenne, quand un jeune Homme de la Cour s'avisa de dire, que Mr. de Turenne étoit un *joli* Homme. C'est en ce sens que l'on dit de ce qui a un caractère de grandeur: *Cela passe le joli*. Mais nôtre Auteur fait parler ainsi un Campagnard, pour le rendre ridicule.

Vers 185. *Je ne sai pas pourquoi l'on vante l'A-*léxandre.] Aléxandre le Grand, Tragédie de Mr. Racine, qui la donna au public en 1665. Quand il l'eut faite, l'Abbé de Bernay, chez qui il demeuroit, souhaita qu'elle fût représentée par les Comédiens de l'Hôtel de Bourgogne; & Mr. Racine vouloit que ce fût par la Troupe de Moliere. Comme ils étoient en grande contestation là-dessus, Mr. Despréaux intervint, & décida par une plaisanterie, disant, *qu'il n'y avoit plus de bons Acteurs à l'Hôtel de Bourgogne : qu'à la verité il y avoit encore le plus habile Moucheur de chandelles qui fût au monde, & que cela pouvoit bien contribuer au succès d'une Piéce.* Cette plaisanterie seule fit revenir l'Abbé de Bernay, qui étoit d'ailleurs très-obstiné; & la Piéce fut donnée à la Troupe de Moliere.

Vers 188. *Et jusqu'à* Je vous hais, *tout s'y dit tendrement.*] Dans les Tragédies de Quinaut, tous les sentimens sont tournez à la tendresse, jusques dans les endroits où l'on ne devroit exprimer que de la haine ou de la douleur: C'est pourquoi on l'avoit surnommé, *le doucereux Quinaut*.

SATIRE III.

On dit qu'on l'a drapé dans certaine Satire,
190 Qu'un jeune Homme.... Ah! je sai ce que vous voulez dire,
A répondu nôtre Hôte, *Un Auteur sans défaut,*
La raison dit Virgile, & la Rime Quinaut.
Justement. A mon gré, la piéce est assez plate.
Et puis blâmer Quinaut.... Avez-vous vû l'Astrate?
195 C'est là ce qu'on appèle un ouvrage achevé.
Sur tout l'*Anneau Roïal* me semble bien trouvé.
Son sujet est conduit d'une belle manière,
Et chaque acte en sa piéce est une piéce entière:
Je ne puis plus souffrir ce que les autres font.
200 Il est vrai que Quinaut est un Esprit profond,

REMARQUES.

Quinaut. Mr. Despréaux avoit vû joüer *Stratonice*, Tragédie de ce Poëte, où Floridor faisoit le rôle d'Antiochus, qui est l'Amant; & la Barone faisoit celui de Stratonice, qui est la Maîtresse. Antiochus disoit bien tendrement à Stratonice: *Vous me haïssez donc?* A quoi Stratonice répondoit aussi d'un air fort passionné: *J'y mets toute ma gloire.* Enfin, après avoir tourné en plusieurs façons les mots de *haine* & de *haïr*, la Scène finissoit par ces deux vers:

Adieu, croïez toûjours que ma haine est extrême,
Prince, & si je vous hais, haïssez-moi de même.

C'est particuliérement cet endroit que Mr. Despréaux a eu en vûë. *Acte* 2. *Scène* 6. *& 7.*

Vers 189. *On dit qu'on l'a drapé dans certaine Satire.*] Dans la Satire précedente, adressée à Moliere; & c'est cette raison qui a déterminé l'Auteur à placer ces deux Satires dans son Livre, immédiatement l'une après l'autre, quoiqu'elles n'aient pas été composées dans le même ordre. Après la seconde Satire, l'Auteur avoit fait la quatrième, & le Discours au Roi, avant la Satire troisième.

Vers 193. *Justement. A mon gré.*] C'est le Noble Campagnard qui reprend ici le discours.

Vers 194. ———— *Avez-vous vû l'Astrate?*

Vers 196. *Sur tout l'Anneau Roïal &c.*] *Astrate*, Roi de Tyr, Tragédie de Quinaut, fut représentée au commencement de l'année 1665. L'Auteur du Journal des Savans*, faisant l'éloge de l'*Astrate* *, dit que cette Piéce a de la tendresse par tout, & de cette tendresse délicate qui est toute particuliere à Mr. Quinaut.

* Journal du 13. de Mars 1665.

L'Anneau Roïal fait le sujet de la Scène 3. & 4. de l'Acte troisième. *Elise*, héritiere du Roiaume de Tyr, donne à *Agénor* son parent, un Anneau qui étoit la marque de la dignité Roïale; pour le remettre à *Astrate*, qui est aimé de la Reine, & qu'elle veut faire Roi en l'épousant. Mais Agénor, qui avoit été nommé par le pere de la Reine pour être son époux, ne veut point se dessaisir de *l'Anneau Roïal:* & comme il veut se servir de l'autorité souveraine que lui donne ce précieux Anneau, pour faire arrêter son Rival, il est lui-même mis en prison par ordre de la Reine.

Vers 198. *Et chaque Acte en sa piéce est une piéce entière.*] Une des premiéres régles du Theatre, est qu'il ne faut qu'une Action pour le sujet d'une Piéce Dramatique; & cette Action doit être non seulement complette, mais continuée jusqu'à la fin, sans aucune interruption. Or, nôtre Auteur prétend que dans *l'Astrate*, l'Action théatrale est interrompuë à la fin de chaque Acte: ce qui fait autant d'Actions, qu'il y a d'Actes dans la piéce. Cette critique est très-fine. „J'ai relû l'Astrate, m'a dit Mr. „Despréaux. J'ai été étonné que je n'en aie pas „dit davantage dans ma Satire; car il n'y a rien „de plus ridicule, & il semble que tout y ait „été fait exprès en dépit du bon sens. A la fin, „on dit à Astrate, que sa Maîtresse est empoi„sonée: cela se dit devant elle; & il répond „pour toute chose: *Madame.* Cela n'est-il pas „bien touchant? Nous disions autrefois, qu'il „valoit bien mieux mettre: *Tredame.*

Tom. I. F

SATIRE III.

A repris certain Fat, qu'à sa mine discrete
Et son maintien jaloux j'ai reconnu Poëte :
Mais il en est pourtant qui le pourroient valoir.
Ma foi, ce n'est pas vous qui nous le ferez voir,
205 A dit mon Campagnard avec une voix claire,
Et déja tout boüillant de vin & de colère.
Peut-être, a dit l'Auteur pâlissant de courroux :
Mais vous, pour en parler, vous y connoissez-vous ?
Mieux que vous mille fois, dit le Noble en furie.
210 Vous ? Mon Dieu, mêlez-vous de boire, je vous prie,
A l'Auteur sur le champ aigrement reparti.
Je suis donc un Sot ? Moi ? vous en avez menti :
Reprend le Campagnard, & sans plus de langage,
Lui jette, pour deffi, son assiette au visage.
215 L'autre esquive le coup, & l'assiette volant
S'en va frapper le mur, & revient en roulant.
A cet affront, l'Auteur se levant de la table,
Lance à mon Campagnard un regard effroïable :
Et chacun vainement se ruant entre-deux,
220 Nos Braves s'accrochant se prennent aux cheveux.
Aussi-tôt sous leurs piez les tables renversées
Font voir un long débris de bouteilles cassées :
Envain à lever tout les Valets sont fort promts,
Et les ruisseaux de vin coulent aux environs.
225 Enfin, pour arrêter cette lutte barbare,
De nouveau l'on s'efforce, on crie, on les sépare :

REMARQUES.

Vers 201. *A repris certain Fat.*] Cet endroit ne désigne personne en particulier.

Vers 216. *S'en va fraper le mur, & revient en roulant.*] L'Auteur a cherché à imiter, par le son des mots, le bruit que fait une assiette en roulant. Il y a d'ailleurs beaucoup de grace dans cette imitation de la Poësie héroïque, abaissée à un sujet plaisant. La beauté de la Poësie consiste principalement dans les images, & dans les peintures sensibles : & c'est en quoi Homère a surpassé tous les autres Poëtes.

Et leur premiere ardeur paſſant en un moment,
On a parlé de paix & d'accommodement.
Mais, tandis qu'à l'envi tout le monde y conſpire,
230 J'ai gagné doucement la porte ſans rien dire,
Avec un bon ferment, que ſi pour l'avenir,
En pareille cohuë on me peut retenir,
Je conſens de bon cœur, pour punir ma folie,
Que tous les vins pour moi deviennent vins de Brie :
235 Qu'à Paris le gibier manque tous les hivers,
Et qu'à peine au mois d'Août l'on mange des pois vers.

CHANGEMENS.

Vers 233. *Je conſens de bon cœur.*] Il y avoit, *d'un bon cœur*, dans les éditions de 1674. & de 1675. mais c'étoit une faute. L'Auteur a toûjours mis, *de bon cœur*, dans les autres éditions.

REMARQUES.

Vers 234. *Deviennent vins de Brie.*] Les vins de la Province de Brie ſont ſi mauvais qu'ils ont paſſé en proverbe : Auſſi a-t-on dit en chanſon :

Mais tout vin eſt vin de Brie,
Quand on boit avec un Fat.

SATIRE IV.
A MONSIEUR L'ABBÉ LE VAYER.

D'Où vient, cher le Vayer, que l'Homme le moins sage
Croit toûjours seul avoir la sagesse en partage :
Et qu'il n'est point de Fou, qui par belles raisons
Ne loge son voisin aux Petites-Maisons ?
5 Un Pédant enivré de sa vaine science,
Tout hérissé de Grec, tout bouffi d'arrogance,
Et qui de mille Auteurs retenus mot pour mot,
Dans sa tête entassez, n'a souvent fait qu'un Sot,
Croit qu'un livre fait tout, & que sans Aristote
10 La raison ne voit goute, & le bon sens radote.

REMARQUES.

LA Satire IV. a été faite en l'année 1664. immédiatement après la seconde Satire, & avant le Discours au Roi.

Mr. L'Abbé le Vayer, à qui elle est adressée, étoit fils unique de Mr. de la Mothe le Vayer, Conseiller d'État, Précepteur de Monsieur Philippe de France, Frere unique du Roi. En 1656. l'Abbé le Vayer publia une traduction Françoise de Florus, qu'il dit avoir été faite par ce jeune Prince, & il accompagna cette version d'un Commentaire savant & curieux. On croit qu'il a aussi composé le Roman de Tarsis & Zélie qui est fort bien écrit.

Cet Abbé avoit un attachement singulier pour Moliere, dont il étoit le Partisan & l'admirateur. Il mourut âgé d'environ 35. ans, au mois de Septembre 1664. peu de tems après que cette Satire eut été composée. Mr. Despréaux en conçut l'idée dans une conversation qu'il eut avec l'Abbé le Vayer & Moliere, dans laquelle on prouva par divers éxemples que *tous les hommes sont fous, & que chacun croit néanmoins être sage tout seul.* Cette proposition fait le sujet de cete Satire. Moliere avoit résolu de faire une Comédie sur le même sujet. Il trouvoit que Desmarais n'avoit pas bien rempli ce dessein dans la Comédie des Visionnaires.

Vers 4. ——— *Aux Petites-Maisons.*] Hôpital de Paris, où l'on enferme les Fous dans de petites chambres. Autrefois on l'appeloit l'Hôpital de Saint Germain-des-prés, parce qu'il dépendoit de l'Abbaïe de St. Germain ; & c'étoit une *Maladerie* destinée à retirer les Ladres qui y alloient coucher. Mais en 1544. cet Hôpital n'aiant point de revenus, la Cour de Parlement le fit démolir, & le Cardinal de Tournon Abbé de Saint Germain, en vendit la place en 1557. aux Echevins de Paris, qui y firent bâtir l'Hopital des Petites-Maisons.

Vers 5. *Un pédant enivré.*] L'Auteur fait ici les caractères d'un Pédant, d'un Galant, d'un faux Dévot, & d'un Libertin. Ce sont des caractères generaux qui n'ont point d'objet particulier. Pradon a voulu insinuer que le portrait du Pédant étoit fait sur Mr. Charpentier de l'Academie Françoise ; mais sa conjecture étoit sans fondement. *Pradon, Préf. des nouvelles Rem. sur les Ouvrages de Mr. Despréaux.*

Vers 10. *La raison ne voit goute.*] L'Auteur auroit pû mettre. *La raison est aveugle*; & ce changement ne lui déplaisoit pas.

SATIRE IV.

D'autre part un Galant, de qui tout le métier
Est de courir le jour de quartier en quartier,
Et d'aller, à l'abri d'une perruque blonde,
De ses froides douceurs fatiguer tout le monde;
15 Condamne la sience, & blâmant tout écrit,
Croit qu'en lui l'ignorance est un titre d'esprit:
Que c'est des gens de Cour le plus beau privilége,
Et renvoie un Savant dans le fond d'un Collége.

Un Bigot orgueilleux, qui dans sa vanité
20 Croit duper jusqu'à Dieu par son zèle affecté,
Couvrant tous ses défauts d'une sainte apparence,
Damne tous les Humains, de sa pleine puissance.

Un Libertin d'ailleurs, qui sans ame & sans foi,
Se fait de son plaisir une suprême loi,
25 Tient que ces vieux propos, de Démons & de flammes,
Sont bons pour étonner des enfans & des femmes;
Que c'est s'embarrasser de soucis superflus,
Et qu'enfin tout Dévot a le cerveau perclus.

En un mot, qui voudroit épuiser ces matières,
30 Peignant de tant d'esprits les diverses manières,
Il compteroit plûtôt, combien dans un Printems,
Guenaud & l'antimoine ont fait mourir de gens.

REMARQUES.

Vers 22. *Damne tous les humains, de sa pleine puissance.*] Moliere a imité cette pensée, dans son *Festin de Pierre*, Acte V. Scene 2. où il fait dire à Don-Juan : *Je saurai déchaîner contre mes ennemis, des zèlez, indiscrets, qui sans connoissance de cause crieront contre eux, qui les accableront d'injures, & les damneront hautement de leur autorité privée.* Moliere composa le Festin de Pierre à la fin de 1664. peu de tems après que cette Satire eut été faite.

Vers 32. *Guenaud & l'antimoine.*] Dans le tems que cette Satire fut composée, la dispute des Medecins au sujet de *l'antimoine* étoit dans sa plus vive chaleur. *Guenaud* Medecin de la Reine, étoit à la tête de ceux qui en approuvoient l'usage : & le célèbre Gui Patin étoit un des plus grans ennemis de ce mineral. *Voiez le 23. Journal des Savans 1666.*

Guenaud mourut le 16. de Mai 1667. Pendant sa vie on déguisa son nom dans les premières éditions, sous celui de *Desnaud*, Apoticaire.

IMITATIONS.

Vers 31. *Il compteroit plûtôt*, &c.] Ces deux vers sont imités de Juvénal, Satire 10. vers 220.
Promptius expediam, quot amaverit Hippia mœchos,
Quot Themison ægros autumno occiderit uno.

Et combien la Neveu devant son mariage,
A de fois au public vendu son P***.
35 Mais, sans errer en vain dans ces vagues propos,
Et pour rimer ici ma pensée en deux mots;
N'en déplaise à ces Fous nommez Sages de Grece;
En ce monde il n'est point de parfaite sagesse :
Tous les hommes sont fous, & malgré tous leurs soins,
40 Ne different entre eux que du plus & du moins.
Comme on voit qu'en un bois, que cent routes séparent,
Les voïageurs sans guide assez souvent s'égarent,
L'un à droit, l'autre à gauche, & courant vainement,
La même erreur les fait errer diversement :
45 Chacun suit dans le monde une route incertaine,
Selon que son erreur le joüe & le promène;
Et tel y fait l'habile & nous traite de fous,
Qui sous le nom de sage est le plus fou de tous.

CHANGEMENS.

Vers 41. *Comme on voit qu'en un bois* &c.] Premiere manière, avant l'impression :
  Comme lors qu'en un bois tout rempli de traverses,
  Souvent chacun s'égare en ses routes diverses, &c.

REMARQUES.

Vers 33. *Et combien la Neveu devant son mariage.*] La Neveu fameuse Courtisane, extrêmement décriée par les débauches éclatantes & scandaleuses que quelques-uns des principaux Seigneurs de la Cour faisoient chez elle. Elle étoit morte avant la composition de cette Satire.
Devant son mariage.] Devant & Avant, sont deux Prépositions que l'on emploïoit autrefois indifferemment; mais l'usage en a déterminé plus particuliérement le sens : *Devant*, sert à marquer le lieu; & *Avant*, désigne le tems. Ainsi il auroit été plus regulier de mettre ici : *Avant son mariage*; & l'Auteur l'auroit fait, si le mot précédent n'avoit pas fini par une voïelle. Il pouvoit aisément mettre quelque autre nom, que celui de la Neveu, sans rompre la mesure du Vers : & ce n'est pas la disette des noms qui l'a empêché de faire ce changement.

IMITATIONS.

Vers 41. *Comme on voit qu'en un bois* &c.] Horace, Sat. 3. l. 2.
  ——— *Velut Sylvis, ubi passim*
Palantes error certo de tramite ducit.
Ille sinistrorsum, hic dextrorsum abit : unus utrique
Error; sed variis illudit partibus.

SATIRE IV.

Mais quoi que sur ce point la Satire publie,
50 Chacun veut en sagesse ériger sa folie,
Et se laissant regler à son esprit tortu,
De ses propres défauts se fait une vertu.
Ainsi, cela soit dit pour qui veut se connaître,
Le plus sage est celui qui ne pense point l'être;
55 Qui toûjours pour un autre enclin vers la douceur,
Se regarde soi-même en sévere Censeur,
Rend à tous ses défauts une éxacte justice,
Et fait sans se flatter le procès à son vice.
Mais chacun pour soi-même est toûjours indulgent.
60 Un Avare idolâtre, & fou de son argent,
Rencontrant la disette au sein de l'abondance,
Appèle sa folie une rare prudence,
Et met toute sa gloire, & son souverain bien,
A grossir un trésor qui ne lui sert de rien.

CHANGEMENS.

Vers 61. *Rencontrant la disette au sein de l'Abondance.*] Dans les premieres éditions il y avoit ainsi :
Au milieu de ses biens rencontrant l'indigence.

REMARQUES.

Vers 64. *A grossir un trésor qui ne lui sert de rien.*] Après ce vers il y en avoit treize autres que l'Auteur a retranchez dans les dernieres éditions.

Dites-moi, pauvre esprit, ame basse & vénale,
Ne vous souvient il point du tourment de Tantale,
Qui dans le triste état où le Ciel l'a réduit,
Meurt de soif au milieu d'un fleuve qui le fuit ?
Vous riez : savez-vous que c'est vôtre peinture,
Et que c'est vous par là que la fable figure ?
Chargé d'or & d'argent, loin de vous en servir,
Vous brulez d'une soif qu'on ne peut assouvir.
Vous nagez dans les biens, mais vôtre ame alterée
Se fait de sa richesse une chose sacrée ;

Et vous ces vains trésors que vous allez cacher,
Sont pour vous un dépôt que vous n'osez toucher.
Quoi donc ? de vôtre argent ignorez-vous l'usage ?

Ces vers sont la traduction de ceux-ci d'Horace, Sat. 1. liv. 1.

Tantalus à labris sitiens fugientia captat
Flumina. quid rides? mutato nomine, de te
Fabula narratur, congestis undique saccis
Indormis inhians, & tanquam parcere sacris
Cogeris, aut pictis tanquam gaudere tabellis.
Nescis quid valeat nummus, quem præbeat usum?

L'Auteur ne trouva pas que sa traduction fût assez serrée, ni qu'elle fut digne de son Original.

IMITATIONS.

Vers 60. *Un Avare idolâtre.*] Les six vers qui expriment ici le caractère de l'Avare, sont imités d'Horace. ———— *qui discrepat istis,*
Qui nummos aurumque recondit, nescius uti
Compositis, metuensque velut contingere Sacrum :
Nimirum insanus paucis videatur.

SATIRE IV.

65 Plus il le voit accrû, moins il en fait l'usage,
Sans mentir, l'avarice est une étrange rage,
Dira cet autre Fou, non moins privé de sens,
Qui jette, furieux, son bien à tous venans,
Et dont l'ame inquiette, à soi-même importune,
70 Se fait un embarras de sa bonne fortune.
Qui des deux en effet est le plus aveuglé?
L'un & l'autre à mon sens ont le cerveau troublé,
Répondra chez Fredoc, ce Marquis sage & prude,
Et qui sans cesse au jeu, dont il fait son étude,
75 Attendant son destin d'un quatorze & d'un sept,
Voit sa vie ou sa mort sortir de son cornet.
Que si d'un sort fâcheux la maligne inconstance
Vient par un coup fatal faire tourner la chance :
Vous le verrez bien-tôt, les cheveux herissez,
80 Et les yeux vers le Ciel de fureur élancez,

CHANGEMENS.

Vers 67. ———————— *Non moins privé de sens*, &c.] Dans les premieres éditions il y avoit.
Qui prodigue du sien
A trois fois en dix ans devoré tout son bien.

REMARQUES.

Vers 67. *Dira cet autre Fou.*] [L'Abbé de B...... H..... Conseiller Clerc au Parlement ; Il avoit eu quarante mille livres de rente, tant en Bénéfices, qu'en biens de Patrimoine. Mais il dissipa tout son patrimoine, & fut réduit au revenu de ses Bénéfices, qui étoit encor très-considérable. Il avoit une table somptueuse, où il recevoit toutes sortes de gens, & on y faisoit une dissipation outrée. C'est ce que signifie ce vers:
Qui jette, furieux, son bien à tous venans.
Il avoit l'esprit inquiet, chagrin, inégal ; ne pouvant quelque fois se souffrir lui-même : jusque-là qu'on l'a vû souvent souhaiter, en se couchant, d'être trouvé mort le lendemain dans son lit. *Et dont l'ame inquiette à soi-même importune.*

Il étoit aussi embarrassé de ses richesses, disant qu'il étoit mal-heureux d'avoir tant de biens ; & qu'il auroit vécu beaucoup plus content si sa fortune avoit été bornée à un revenu mediocre : *Se fait un embarras de sa bonne fortune.*

Vers 73. *Répondra chez Fredoc.*] Fredoc tenoit une Académie de jeu très frequentée en ce tems-là. Il logeoit dans la place du Palais Roïal. Il en est fait mention dans la Fille Capitaine de Montfleuri. Acte 1.

Vers 73. ———— *Ce Marquis sage & prude.*] Il y avoit *ce Greffier sage & prude* ; & c'étoit Jérome Boileau, Greffier au Parlement, frere ainé de nôtre Auteur. Il étoit fort emporté dans le jeu, mais par tout ailleurs c'étoit un homme très-affable.

SATIRE IV.

Ainsi qu'un Possedé que le Prêtre éxorcise,
Fêter dans ses sermens tous les Saints de l'Eglise.
Qu'on le lie; ou je crains, à son air furieux,
Que ce nouveau Titan n'escalade les Cieux.
85   Mais laissons-le plûtôt en proie à son caprice.
Sa folie, aussi-bien, lui tient lieu de supplice.
Il est d'autres erreurs, dont l'aimable poison
D'un charme bien plus doux enivre la raison :
L'esprit dans ce nectar heureusement s'oublie.
90   Chapelain veut rimer, & c'est là sa folie.
Mais bien que ses durs vers, d'épithètes enflez,

REMARQUES.

Vers 90. *Chapelain veut rimer.*] Jean Chapelain de l'Académie Françoise. Cet auteur, avant que son Poëme de la Pucelle fût imprimé, passoit pour le premier Poëte du Siécle. L'impression gâta tout. Il mourut en 1674. Il y avoit *Ariste*, au lieu de *Chapelain*, dans les éditions faites pendant sa vie.

Vers 91. *Mais bien que ses durs vers.*] Nôtre Auteur donne l'exemple avec le précepte : car il a affecté d'exprimer dans cet hémistiche qui est fort rude, la dureté qu'on trouve dans les vers de Chapelain. Cette dureté de vers étoit pour Mr. Despréaux un fond inépuisable de plaisanteries. Il fit les vers suivans à l'imitation de Chapelain :

Droits & roides rochers, dont peu tendre est la Cime,
De mon flamboïant Cœur l'âpre état vous savez.
Savez aussi, durs bois, par les hivers lavez,
Qu'holocauste est mon Cœur pour un front magnanime.

Ils sont extraits de divers endroits du Poëme de la Pucelle.

Nôtre Auteur, pour faire mieux sentir la dureté de ces vers, les chantoit sur l'air d'une chanson fort tendre, du Ballet de la naissance de Venus :

Rochers vous êtes sourds vous n'avez rien de tendre, &c.

Mr. de Puimorin, frere de Mr. Despréaux, se moquoit aussi du Poëme de la Pucelle. Chapelain ne pouvant souffrir les railleries qu'il en faisoit ; *C'est bien à vous à en juger*, lui dit-il en colére ; *vous, qui n'êtes qu'un ignorant & qui ne savez pas même lire.* Mr. de Puimorin répondit ; qu'il n'avoit que trop sû lire, depuis que Chapelain s'étoit avisé de faire imprimer. Sa repartie aiant été trouvée plaisante & vive, il eût envie de la tourner en Epigramme, & fit ainsi les deux derniers vers :

Helas ! pour mes péchez, je n'ai fû que trop lire,
Depuis que tu fais imprimer.

Mais comme Mr. de Puimorin n'étoit pas Poëte, il ne put jamais faire le commencement de l'Epigramme. Quelque tems après il se trouva avec Mr. Despréaux, Mr. Racine, & Moliere, qui tous ensemble firent les deux vers suivans.

Froid, sec, dur, rude Auteur, digne objet de Satire,
De ne savoir pas lire oses-tu me blâmer ?
Helas ! pour mes péchez, &c.

Mr. Racine vouloit que l'on mit au second vers : *De mon peu de lecture & non pas, De ne savoir pas lire* ; parce que ce dernier mot fait une rime vicieuse dans l'hémistiche, avec la fin du vers précedent : mais Moliere voulut qu'on laissât : *De ne savoir pas lire* ; préferant la justesse de l'expression, à la régularité scrupuleuse du vers. Il dit alors fort judicieusement, qu'il faloit quelquefois s'affranchir de la contrainte des régles, quand elles nous resserroient trop : *La Raison & l'Art même*, ajoûta-t'il, *demandent & autôrisent ces sortes de libertés.* C'est un précepte que Mr. Despréaux a inséré dans son Art poëtique, Chant 4.

Vers 91. ———— *D'épithètes enflex.*] Dans tout le long Poëme de la Pucelle il n'y a presque aucun vers dans lequel ne trouve deux ou trois épithètes, qui, le plus souvent, ne sont employées que pour remplir la mesure du vers.

SATIRE IV.

Soient des moindres Grimauds chez Ménage sifflez :
Lui-même il s'applaudit, & d'un esprit tranquile,
Prend le pas au Parnasse au dessus de Virgile.
95 Que feroit-il, helas ! si quelque Audacieux
    Alloit pour son malheur lui dessiller les yeux,
    Lui faisant voir ses vers, & sans force & sans graces,
    Montez sur deux grans mots, comme sur deux échasses ;
    Ses termes sans raison l'un de l'autre écartez,
100 Et ses froids ornemens à la ligne plantez ?
      Qu'il maudiroit le jour, où son ame insensée
    Perdit l'heureuse erreur qui charmoit sa pensée !
      Jadis certain Bigot, d'ailleurs homme sensé,

REMARQUES.

Vers 92. *Soient des moindres Grimauds chez Ménage sifflez.*] Tous les mécredis, l'Abbé Ménage tenoit chez lui une assemblée, où alloient beaucoup de petits esprits. Il appeloit ces assemblées, *Mercuriales* ; mais il ne trouva pas bon que nôtre Auteur les eût ainsi décriées : „Il est très-faux (dit-il dans son Dictionaire Etimologique, au mot *Grimaud*) que les assem-„blées qui se font chez moi, soient remplies „de Grimauds. Elles sont remplies de gens de „grand merite dans les lettres, de personnes de „naissance, & de personnes constituées en di-„gnité ; & ces vers n'ont pas dû être écrits par „Mr. Despréaux.

Vers 94. *Prend le pas au Parnasse au dessus de Virgile.*] Ceux qui vouloient flater Chapelain, avoient l'impudence de lui dire, que son Poëme étoit au dessus de l'Eneïde : & Chapelain ne s'en défendoit que très foiblement.

Vers 98. *Montez sur deux grans mots, comme sur deux échasses.*] Dans le Poëme de Chapelain on trouve plusieurs vers composez de deux grands mots, dont chacun remplit la moitié du vers. Nôtre Auteur pour se moquer de ces mots gigantesques, citoit ordinairement ce vers de Chapelain :
De ce sourcilleux Roc l'inébranlable cime.
Et il disposoit ce vers, comme il est ici à côté. Dans cette disposition il semble que le mot de *Roc* soit monté sur deux échasses, qui sont, *sourcilleux*, & *inébranlable.*

Il y a dans ce Poëme plusieurs autres vers pareils.

  D'insupportables maux *une suite enchainée.*
  liv. 1.
  Des sourcilleuses touts *sapper le fondement.*
  liv. 2. &c.

Vers 99. *Ses termes sans raison l'un de l'autre écartez.*] Les transpositions de mots.

Vers 100. *Et ses froids ornemens à la ligne plantez.*] Ce sont les Comparaisons fréquentes que Chapelain a emploïées, & qui ne manquent jamais de venir réguliérement après un certain nombre de vers. Elles commencent par ces mots : *Ainsi, quand* ; &c. *Ainsi, lorsque* &c. & elles sont toûjours enfermées en quatre ou huit vers.

Le Poëte Lucile allégué par Ciceron, *l.* 3. *de Orat.* compare ces ornemens affectez, à un Echiquier, & à des Pavez en compartiment.

  Quàm lepidè lexeis composta, ut tesserulæ omnes,
  Arte pavimento, atque emblemate vermiculato.

IMITATIONS.

Vers 103. *Jadis certain Bigot.*] Horace décrit la folie d'un Citoïen d'Argos, lequel étant seul assis sur le théatre, où il ne paroissoit ni Acteurs ni Spectateurs, s'imaginoit entendre les plus belles Tragédies du monde.
                                                   Fuit

SATIRE IV.

D'un mal assez bizarre eut le cerveau blessé :
105 S'imaginant sans cesse, en sa douce manie,
Des esprits bien-heureux entendre l'harmonie.
Enfin un Médecin, fort expert en son art,
Le guérit par adresse, ou plûtôt par hazard.
Mais voulant de ses soins éxiger le salaire,
110 Moi ? vous païer ? lui dit le Bigot en colère,
Vous, dont l'art infernal, par des secrets maudits,
En me tirant d'erreur, m'ôte du Paradis ?
J'approuve son courroux. Car, puisqu'il faut le dire,
Souvent de tous nos maux la Raison est le pire.
115 C'est Elle qui farouche, au milieu des plaisirs,
D'un remords importun vient brider nos desirs.
La Fâcheuse a pour nous des rigueurs sans pareilles ;
C'est un Pédant qu'on a sans cesse à ses oreilles,
Qui toûjours nous gourmande, & loin de nous toucher,
120 Souvent, comme Joli, perd son tems à prêcher.

REMARQUES.

Vers 120. *Souvent, comme Joli.*] Prédicateur fameux, qui étoit extrêmement touchant & pathétique. Les Libertins, qui avoient interêt de le décrier, comparoient les talens de Mr. Joli avec ceux de Moliere ; mais ils disoient que Moliere étoit meilleur Prédicateur, & que Mr.

IMITATIONS.

Fuit haud ignobilis Argis,
Qui se credebat miros audire Tragœdos,
In vacuo lætus sessor plauserque theatro. &c. Horat. Ep. 2. l. 2.

Aristote raconte la même chose d'un homme d'Abide. *l. 6. de reb. mir.* Elien, dans ses histoires diverses, rapporte un genre de folie presque semblable. Un Athénien nommé Thrasille, s'en alloit au port de Pyrée, où s'imaginant que tous les Vaisseaux qui étoient dans ce port lui appartenoient, il en tenoit un conte éxact ; il donnoit ses ordres pour leur départ, & se réjouïssoit de leur retour, comme si effectivement ces vaisseaux eussent été à lui. *Ælian. l. 4. ch. 25.*
Galien dit qu'un Médecin nommé Théophile, étant malade, s'imaginoit voir dans un coin de sa Chambre, des musiciens, & des joüeurs d'instrumens, dont il entendoit la voix & l'harmonie. *Galien. lib. de Symptomatum differentiis. c. 3.*
Vers 117. *La Fâcheuse a pour nous des rigueurs sans pareilles.*] Nôtre Auteur applique à la Raison ce que Malherbe a dit de la mort :

La Mort a des rigueurs à nulle autre pareilles ;
On a beau la prier :
La Cruelle qu'elle est se bouche les oreilles,
Et nous laisse crier.

En vain certains Rêveurs nous l'habillent en Reine,
Veulent sur tous nos sens la rendre souveraine,
Et s'en formant en terre une Divinité,
Pensent aller par Elle à la félicité.
125 C'est Elle, disent-ils, qui nous montre à bien vivre.
Ces discours, il est vrai, sont fort beaux dans un livre :
Je les estime fort : mais je trouve en effet,
Que le plus fou souvent est le plus satisfait.

REMARQUES.

Mr. Joli étoit plus grand Comédien. Il étoit alors Curé de S. Nicolas des Champs. Il fut ensuite nommé à l'Evêché de S. Pol de Léon en Bretagne, & peu de tems après il obtint l'Evêché d'Agen. On a imprimé plusieurs fois ses Prônes, qui sont estimés. Il étoit né en 1610. à Buzi sur l'Orne, dans le Diocèze de Verdun en Lorraine, & il mourut en 1678.

SATIRE V.
A MONSIEUR
LE MARQUIS
DE DANGEAU.

LA Nobleſſe, Dangeau, n'eſt pas une chimère;
Quand ſous l'étroite loi d'une vertu ſévère,
Un homme iſſu d'un ſang fécond en Demi-Dieux,
Suit, comme toi, la trace où marchoient ſes aieux.
5   Mais je ne puis ſouffrir qu'un Fat, dont la molleſſe
N'a rien pour s'appuïer qu'une vaine Nobleſſe,
Se pare inſolemment du merite d'autrui,
Et me vante un honneur qui ne vient pas de Lui.
   Je veux que la valeur de ſes Aieux antiques
10 Ait fourni de matière aux plus vieilles chroniques,
Et que l'un des Capets, pour honorer leur nom,

REMARQUES.

CEtte Satire a été faite en l'année 1665. L'Auteur y fait voir que la veritable Nobleſſe conſiſte dans la Vertu, indépendamment de la Naiſſance. Juvénal a traité la même matière dans ſa Satire VIII. & Séneque dans la quarante-quatrième de ſes Epîtres.

Vers 11. *Et que l'un des Capets......*
Ait de trois fleurs de lis &c.] L'Illuſtre Maiſon D'Eſtaing porte les armes de France, par conceſſion du Roi Philippe Auguſte, qui étoit un des Deſcendans de *Hugues Capet*, Chef de la troiſième Race de nos Rois. Philippe Auguſte aiant été renverſé de deſſus ſon Cheval à la Bataille de Bovines, *Deodat*, ou *Dieu-donné* D'Eſtaing, l'un des vingt-quatre Chevaliers commis à la garde de la Perſonne Roïale, aida à tirer ce Prince du peril où il étoit, & ſauva auſſi l'Ecu du Roi, ſur lequel étoient peintes ſes Armes. En récompenſe d'un ſervice ſi important, le Roi lui permit de porter les Armes de France, avec un Chef d'or pour briſure.

Dans le tems que l'Auteur compoſa cette Satire, Joachim Comte d'Eſtaing travailloit à rechercher les Antiquités de ſa Maiſon, dont il a dreſſé des Mémoires. Cette recherche, qu'il faiſoit avec beaucoup d'affection, l'engageoit à parler ſouvent de la conceſſion des Fleurs de lis, & l'on trouva qu'il en parloit avec un peu trop de complaiſance. C'eſt ce que nôtre Poëte a voulu marquer en cet endroit.

IMITATIONS.

Vers 8. *Et me vante un honneur qui ne vient pas de lui.*]
      Qui genus jactat ſuum,
Aliena laudat. Senec. Hercul. Fur. Act. 2. Sc. 3.

Ait de trois fleurs de lis doté leur écuſſon.
Que ſert ce vain amas d'une inutile gloire ?
Si de tant de Heros celèbres dans l'Hiſtoire,
15   Il ne peut rien offrir aux yeux de l'Univers,
Que de vieux parchemins qu'ont épargnez les vers :
Si tout ſorti qu'il eſt d'une ſource divine,
Son cœur dément en lui ſa ſuperbe origine,
Et n'aiant rien de grand qu'une ſotte fierté,
20   S'endort dans une lâche & molle oiſiveté ?
Cependant, à le voir avec tant d'arrogance
Vanter le faux éclat de ſa haute naiſſance ;
On diroit que le Ciel eſt ſoûmis à ſa loi,
Et que Dieu l'a paîtri d'autre limon que moi.
25   Enivré de lui-même, il croit dans ſa folie,
Qu'il faut que devant lui d'abord tout s'humilie.
Aujourd'hui toutefois, ſans trop le ménager,
Sur ce ton un peu haut je vais l'interroger.
   Dites-moi, grand Heros, Eſprit rare & ſublime,
30   Entre tant d'Animaux, qui ſont ceux qu'on eſtime ?

REMARQUES.

Vers 12. —— *Doré leur écuſſon.*] Dans quelques éditions, on lit *Doré leur écuſſon* ; mais c'eſt une faute.

Vers 29, *Dites-moi, grand Heros,* &c.] Les quatre vers qui précédent celui-ci ont été ajoûtés par l'Auteur dans l'édition de 1713. commencée à la fin de ſa vie. Il les ajoûta, pour empêcher que l'on ne crût que l'Apoſtrophe contenuë dans ce vers, s'adreſſe à Mr. de Dangeau lui-même. Bien des gens y avoient été trompés. Mais, comme cette erreur eſt viſible, il auroit pû ſe diſpenſer d'ajoûter ici ces quatre vers, qui ne répondent point à la beauté de la Piéce.

IMITATIONS.

Vers 29. *Dites-moi, grand Heros,* &c.] Ce vers & les neuf ſuivans, ſont une imitation de ceux-ci de Juvénal, Satire VIII.

Dic mihi, Teucrorum proles ; animalia muta
Quis generoſa putet, niſi fortia ? nempe volucrem
Sic laudamus Equum, facili cui plurima palma
Fervet, & exſultat rauco victoria Circo.
Nobilis hic, quocumque venit de gramine, cujus
Clara fuga ante alios, & primus in æquore pulvis.
Sed venale pecus, Corithæ poſteritas, &
Hirpini, ſi rara jugo victoria ſedit ;
Nil ibi Majorum reſpectus, gratia nulla
Umbrarum, dominos pretiis mutare jubentur
Exiguis, tritoque trahunt epirhedia collo
Segnipedes, dignique molam verſare Nepotis.

SATIRE V.

On fait cas d'un Courſier, qui fier & plein de cœur
Fait paroître en courant ſa boüillante vigueur:
Qui jamais ne ſe laſſe, & qui dans la carriere
S'eſt couvert mille fois d'une noble pouſſiere:
35 Mais la poſterité d'Alfane & de Bayard,
 Quand ce n'eſt qu'une roſſe, eſt venduë au hazard,
 Sans reſpect des aieux dont elle eſt deſcenduë,
 Et va porter la malle, ou tirer la charuë.
 Pourquoi donc voulez-vous que par un ſot abus
40 Chacun reſpecte en vous un honneur qui n'eſt plus?
 On ne m'éblouït point d'une apparence vaine.
 La Vertu, d'un cœur noble eſt la marque certaine.

REMARQUES.

Vers 35. *Mais la poſterité d'Alfane & de Bayard.*] *Alfane* & *Bayard*, ſuivant nôtre Auteur, ſont les noms de deux Chevaux, très renommés dans nos vieux Romanciers. *Alfane* étoit la monture du Géant Gradaſſe, qui vint du fond de la Séricane, pour conquerir l'épée de Renaud de Montauban. Voïez le Poëme de Roland amoureux, du Boiardo. L'Arioſte, dans le 2. Chant de ſon *Orlando Furioſo*, dit:

   Gradaſſo avea una Alfana la più bella,
   E la miglior, che mai portaſſe Sella.

Surquoi l'on a obſervé qu'*Alfana* eſt un nom générique de Cavale, & non pas le nom propre d'une Cavale: ainſi l'on prétend que nôtre Auteur s'eſt trompé, & qu'on ne peut non plus dire, *la poſterité d'Alfane* que *la poſterité de Barbe*, ou *de Genêt*.

Bayard eſt le nom du Cheval de Renaud de Montauban, qui étoit l'aîné, & le plus vaillant des quatre Fils Aimon. Le Roman dit, que ce Cheval *n'eut onques ſon pareil, car pour avoir couru dix lieuës, il n'étoit point las*. Il rendit de grans ſervices à ſon Maître en pluſieurs rencontres perilleuſes: ſur tout quand les quatre Fils Aimon furent aſſiégez dans Montauban par Charlemagne. Auſſi Renaud aima mieux ſouffrir une faim extrême pendant ce Siége, avec *Dame Claire* ſa femme, ſes enfans, & ſes freres, que de permettre qu'on tuât ſon tant valeureux Cheval, pour leur ſervir de nourriture. Ceux qui ſont dans le goût des *anciens Romans* ne ſeront pas fâchez de ſavoir quelle fut la deſtinée de ce fameux Cheval. Charlemagne aiant fait la paix avec Renaud de Montauban, Renaud lui envoïa ſon Cheval Bayard, & s'en alla outre-mer, c'eſt-dire dans la Terre-Sainte. „Quand le Roi fut ſur le Pont „de Meuſe, dit le Roman, * il commanda „qu'on luy amenaſt Bayard le bon Cheval de „Renaud. Quand il le vit, il lui dit: *Ah! „Bayard tu m'as maintesfois courroucé; mais je „ſuis venu à point pour m'en vanger.* Lors lui „fit lier une grande pierre au Col, & le fit jetter du pont à bas dedans la Riviere de Meu„ſe, & Bayard alla au fond. Quand le Roi vit „ce, il eut grand' joie, & dit: *Ah! Bayard, „aurai-je ce que je demande. Vous eſtes mort ſi „vous ne pouvés toute la riviere boire.* Bayard „frapa tant des pieds ſur ladite pierre, qu'il la „froiſſa toute, & revint deſſus. Et quand il „fut ſur l'eau, il paſſa à nage de l'autre part „de la riviere, Et quand il fut ſur la rive, il „ſe mit à Hinner hautement, & puis ſe mit à courir

* Les quatre fils Aimon, chap. 30.

IMITATIONS.

Vers 42. *La Vertu d'un cœur noble eſt la marque certaine.*] Ce vers explique le ſujet de cette Satire. Juvénal a dit:
   Nobilitas, Sola eſt atque unica Virtus. Sat. 8.
   La vertu ſeule eſt la Nobleſſe.

SATIRE V.

Si vous êtes forti de ces Heros fameux,
Montrez-nous cette ardeur qu'on vit briller en eux,
45 Ce zèle pour l'honneur, cette horreur pour le vice.
Refpectez-vous les loix? Fuïez-vous l'injuftice?
Savez-vous pour la gloire oublier le repos,
Et dormir en plein champ le harnois fur le dos?
Je vous connois pour Noble à ces illuftres marques.
50 Alors foïez iffu des plus fameux Monarques;
Venez de mille Aieux; & fi ce n'eft affez,
Feüilletez à loifir tous les fiecles paffez,
Voïez de quel Guerrier il vous plaît de defcendre;
Choififfez de Céfar, d'Achille, ou d'Alexandre.
55 Envain un faux Cenfeur voudroit vous démentir,
Et fi vous n'en fortez, vous en devez fortir.
Mais fuffiez-vous iffu d'Hercule en droite ligne,
Si vous ne faites voir qu'une baffeffe indigne,

CHANGEMENS.

Vers 47. *Savez-vous pour la gloire oublier le repos?*] Ce vers étoit ainfi: *Savez-vous fur un mur repouffer des affauts?* Mais l'Auteur les changea dans l'édition de 1701. qui eft la derniere qu'il ait donnée. Il trouvoit que *Affauts* & *dos* ne rimoient pas aux yeux; & le vers qu'il a fubftitué contient un fens plus beau.

REMARQUES.

„courir fi roidement, qu'il fembloit que la „foudre le chaffaft; & entra dedans Ardenne „la grande Forêt. Charlemagne voyant que „Bayard s'étoit échappé, il en eut grand deuil, „mais tous les Barons en furent bien joyeux. „Les gens difent en celui pays, que Bayard „eft encores en vie dedans le bois d'Ardenne; „mais quand il void homme ou femme, il „fuit, fi que nul ne le peut approcher. *Bayard* a été ainfi nommé à caufe de la Couleur *Baye* qui eft un rouge brun, ou couleur de Chataigne.

IMITATIONS.

Vers 50. *Alors foïez iffu des plus fameux Monarques,* &c.] Juvénal dans la même Satire VIII.
Tunc licet à Pico numeres genus, atiaque fi te
Nomina delectant, omnem Titanida pugnam
Inter majores, ipfumque Promethea ponas:
De quocumque voles proavum tibi fumito libro.

Ce long amas d'Aieux, que vous diffamez tous,
60 Sont autant de témoins qui parlent contre vous;
Et tout ce grand éclat de leur gloire ternie
Ne fert plus que de jour à vôtre ignominie.
En vain tout fier d'un fang que vous deshonorez,
Vous dormez à l'abri de ces noms rêverez.
65 En vain vous vous couvrez des vertus de vos Peres:
Ce ne font à mes yeux que de vaines chimeres.
Je ne voi rien en vous qu'un lâche, un imposteur,
Un traître, un fcelerat, un perfide, un menteur,
Un Fou, dont les accès vont jufqu'à la furie,
70 Et d'un tronc fort illuftre une branche pourrie.
    Je m'emporte peut-être, & ma Mufe en fureur
Verfe dans fes difcours trop de fiel & d'aigreur.
Il faut avec les Grans un peu de retenuë.
Hé bien, je m'adoucis. Vôtre race eft connuë.
75 Depuis quand? Répondez. Depuis mille ans entiers;
Et vous pouvez fournir deux fois feize quartiers.
C'eft beaucoup. Mais enfin les preuves en font claires;
Tous les livres font pleins des titres de vos Peres:
Leurs noms font échappez du naufrage des tems.
80 Mais qui m'affurera, qu'en ce long cercle d'ans,

CHANGEMENS.

Vers 76. ——— *Deux fois feize quartiers.*] Première manière: *Du moins trente quartiers.* L'Auteur corrigea ainfi: *Plus de trente quartiers.* Mais il s'aperçut que l'une & l'autre de ces expreffions étoient peu éxactes; parce que les preuves de Nobleffe fe comptent par quartiers, en progreffion géometrique: quatre, huit, feize, trente deux quartiers, &c. La plus haute preuve que l'on faffe ordinairement eft de 32. quartiers.

IMITATIONS.

Vers 60. *Sont autant de témoins,* &c.] Juvénal au même endroit.
    Incipit ipforum contra te ftare parentum
    Nobilitas, claramque facem præferre pudendis.
Vers 75. ——— *Depuis mille ans entiers.*] Perfe, Sat. 3. v. 28.
    Stemmate quod Tufco ramum millefime ducis.

H

SATIRE V.

A leurs fameux Epoux vos Aieules fidèles,
Aux douceurs des Galans furent toûjours rebelles?
Et comment savez-vous, si quelque Audacieux
N'a point interrompu le cours de vos Aïeux;
85 Et si leur sang tout pur, ainsi que leur noblesse,
Est passé jusqu'à vous de Lucrèce en Lucrèce?
Que maudit soit le jour, où cette vanité
Vint ici de nos mœurs foüiller la pureté!
Dans les tems bienheureux du monde en son enfance,
90 Chacun mettoit sa gloire en sa seule innocence.
Chacun vivoit content, & sous d'égales loix.
Le Mérite y faisoit la Noblesse & les Rois;
Et sans chercher l'appui d'une naissance illustre,
Un Heros de soi-même empruntoit tout son lustre.
95 Mais enfin par le tems le Mérite avili
Vit l'honneur en roture, & le vice annobli;
Et l'Orgueil, d'un faux titre appuïant sa foiblesse,
Maîtrisa les Humains sous le nom de Noblesse.
De là vinrent en foule & Marquis & Barons.
100 Chacun pour ses vertus n'offrit plus que des noms.
Aussi-tôt maint Esprit, fécond en rêveries,
Inventa le blason avec les armories;
De ses termes obscurs fit un langage à part,
Composa tous ces mots de *Cimier*, & d'*Ecart*,
105 De *Pal*, de *Contrepal*, de *Lambel*, & de *Face*,
Et tout ce que Segoing dans son Mercure entasse.

REMARQUES.

Vers 86. ——— *De Lucrèce en Lucrèce.*] La Chasteté de Lucrèce, Dame Romaine, est si célèbre qu'elle a passé en proverbe. L'Auteur m'a dit qu'un homme, qui pourtant se piquoit d'esprit, s'imaginoit bonnement qu'il parloit du Poëte Lucrèce.

Vers 106. *Et tout ce que Segoing dans son Mer-cure entasse.*] Dans les premières éditions l'Auteur avoit mis *Vulson*, au lieu de *Segoing*; parce qu'il avoit confondu ces deux Auteurs, dont le premier qui est *Vulson de la Colombiere*, a composé *la sience héroïque, traitant de la Noblesse, & de l'origine des armes, de leurs Blazons & simboles, &c.* en 1644. L'autre a fait le
Mer-

SATIRE V.

Une vaine folie enivrant la raison,
L'Honneur triste & honteux ne fut plus de saison.
Alors, pour soûtenir son rang & sa naissance,
110 Il fallut étaler le luxe & la dépense ;
Il fallut habiter un superbe palais,
Faire par les couleurs distinguer ses valets :
Et traînant en tous lieux de pompeux équipages,
Le Duc & le Marquis se reconnut aux Pages.
115 Bien-tôt pour subsister, la Noblesse sans bien
Trouva l'art d'emprunter, & de ne rendre rien ;
Et bravant des Sergens la timide cohorte,
Laissa le Créancier se morfondre à sa porte.
Mais pour comble, à la fin le Marquis en prison
120 Sous le faix des procès vit tomber sa maison.
Alors le Noble altier, pressé de l'indigence,
Humblement du Faquin rechercha l'alliance ;
Avec lui trafiquant d'un nom si précieux,
Par un lâche contract vendit tous ses Aïeux ;
125 Et corrigeant ainsi la fortune ennemie,
Rétablit son honneur à force d'infamie.

CHANGEMENS.

Vers 122. ——————— *Rechercha l'alliance.*] L'Auteur avoit d'abord mis : *Emprunta l'alliance.*

Vers 123. *Avec lui trafiquant.*] Avant l'édition de 1701. il y avoit : *Et trafiquant d'un nom jadis si précieux.*

REMARQUES.

Mercure Armorial, qui est le livre designé par nôtre Poëte. Cependant au lieu de *Segoing* il mit *Segond*, dans l'Edition de 1674. & cette faute a été répetée dans toutes les éditions. Dans celle de 1713. on a mis *Segoind*. L'Auteur du *Trésor Héraldique*, ou *Mercure Armorial*, imprimé en 1657. à Paris, se nommoit Charles Segoing, Avocat, &c.

Vers 114. *Le Duc & le Marquis se reconnut aux Pages.*] En ce tems là tous les Gentils-hommes avoient des Pages.

Vers 125. *Et corrigeant ainsi la fortune ennemie*, &c.] Le Poëte aiant besoin de deux vers féminins, fit ceux-ci par nécessité. Le sens étoit fini au vers précédent : *Par un lâche contract vendit tous ses Aïeux.* Il étoit bien difficile de trouver une pensée qui rencherît sur ce qui précédoit, & plus difficile encore de renfermer cette pensée en deux vers : c'est pourtant ce qu'il a fait heureusement.

SATIRE V.

Car si l'éclat de l'or ne relève le sang,
Envain l'on fait briller la splendeur de son rang ;
L'amour de vos Aieux passe en vous pour manie,
130 Et chacun pour parent vous fuit & vous renie.
Mais quand un homme est riche il vaut toûjours son prix :
Et l'eût-on vû porter la mandille à Paris,
N'eût-il de son vrai nom ni titre ni mémoire,
D'Hozier lui trouvera cent Aieux dans l'histoire.
135 Toi donc, qui de mérite & d'honneurs revêtu,
Des écueils de la Cour as sauvé ta vertu,
Dangeau qui dans le rang où nôtre Roi t'appèle,
Le vois toûjours orné d'une gloire nouvelle,
Et plus brillant par soi que par l'éclat des lis ;
140 Dédaigner tous ces Rois dans la pourpre amollis ;
Fuir d'un honteux loisir la douceur importune ;
A ses sages conseils asservir la Fortune ;
Et de tout son honneur ne devant rien qu'à soi,
Montrer à l'Univers ce que c'est qu'être Roi :

CHANGEMENS.

Vers 137. *Dangeau, qui dans le rang où nôtre Roi t'appèle.*]

Vers 148.

REMARQUES.

Vers 132. ———— *La mandille à Paris.*] Mandille, est une espèce de casaque ou de manteau que les Laquais portoient autrefois, & même encore dans le tems que cette Satire fut composée. La Mandille étoit particulière aux Laquais, & les faisoit distinguer des autres Valets. Elle étoit composée de trois piéces, dont l'une leur pendoit sur le dos, & les deux autres sur les épaules. *Furetiere.*

Vers 134. *D'Hozier lui trouvera &c.*] Pierre D'Hozier Généalogiste de la Maison du Roi, Juge général des Armes & Blazons de France. Il a laissé Charles d'Hozier son fils, qui a les mêmes titres. L'Abbé de Bois-robert parlant de la faveur dont le Cardinal de Richelieu l'honnoroit, a dit dans une Epître :

On m'adoroit, & les plus apparens
Payoient d'Hozier pour être mes parens.
L'Auteur avoit fini sa Piéce à ce vers : mais Mr. de Dangeau à qui elle est adressée, lui conseilla d'y mettre quelques vers à la loüange du Roi, afin que la Piéce fut mieux reçuë à la Cour ; & il ajoûta les quatorze vers suivans : *Toi donc, qui de mérite* &c. Avant que cette Satire fût imprimée, Mr. de Dangeau la lut à quelques Seigneurs, dans une Salle où le Roi étoit à joüer. Le Roi qui le remarqua, voulut savoir ce que c'étoit, & quitta le jeu pour se la faire lire. C'est la première Piéce de l'Auteur qui ait paru devant Sa Majesté : quelque tems après on lui lut le *Discours au Roi*, qui étoit déja composé.

SATIRE V.

145 Si tu veux te couvrir d'un éclat légitime,
Va par mille beaux faits mériter son estime :
Sers un si noble Maître ; & fais voir qu'aujourd'hui
Ton Prince a des Sujets qui sont dignes de lui.

CHANGEMENS.

Vers 148. *Ton Prince a des sujets qui sont dignes de lui.*] Dans les premières éditions le vers 137. finissoit ainsi : *Où ton Prince t'appèle* ; & dans le dernier vers il y avoit : *La France a des sujets.* Cette dernière expression manquoit de justesse, & l'Auteur la corrigea en mettant : *Ton Prince a des sujets.* En même tems il changea ces mots, *Ton Prince,* qui étoient dans le vers 137.

SATIRE VI.

QUI frappe l'air, bon Dieu! de ces lugubres cris?
Eſt-ce donc pour veiller qu'on ſe couche à Paris?
Et quel fâcheux Démon, durant les nuits entieres,
Raſſemble ici les chats de toutes les goutieres?
5 J'ai beau ſauter du lit plein de trouble & d'effroi;
Je penſe qu'avec eux tout l'Enfer eſt chez moi.
L'un miaule en grondant comme un tigre en furie.
L'autre roule ſa voix comme un enfant qui crie.
Ce n'eſt pas tout encor. Les ſouris & les rats
10 Semblent, pour m'éveiller, s'entendre avec les chats;
Plus importuns pour moi, durant la nuit obſcure,
Que jamais, en plein jour, ne fut l'Abbé de Pure.
Tout conſpire à la fois à troubler mon repos:
Et je me plains ici du moindre de mes maux.
15 Car à peine les coqs, commençant leur ramage,
Auront de cris aigus frappé le voiſinage:

REMARQUES.

Cette Satire contient la deſcription des embarras de Paris. Elle a été compoſée dans le même tems que la Satire I. dont elle faiſoit partie, comme on l'a expliqué ci-devant. C'eſt une imitation de la Satire III. de Juvénal, qui décrit les incommodités de la ville de Rome, depuis le vers 232. juſqu'à la fin. Martial a fait une Epigramme ſur le même ſujet. L. 12. 57.
Vers 12. ———— *L'Abbé de Pure.*] Ennuïeux célèbre. Voïez la remarque ſur le vers 18. de la Satire II.

IMITATIONS.

Vers 2. *Eſt-ce donc pour veiller qu'on ſe couche à Paris.*] Juvénal 3.
Plurimus hic æger moritur vigilando.

Vers 15. *Car à peine les Coqs &c.*] Martial L. 9. Ep. 69.
Nondum criſtati rupere ſilentia galli.
Murmure jam ſævo verberibuſque tonas.
Tum grave percuſſis incudibus æra reſultant, &c.

SATIRE VI.

Qu'un affreux Serrurier, laborieux Vulcain,
Qu'éveillera bien-tôt l'ardente soif du gain,
Avec un fer maudit, qu'à grand bruit il apprête,
20 De cent coups de marteau me va fendre la tête.
J'entens déja par tout les charrettes courir,
Les maçons travailler, les boutiques s'ouvrir :
Tandis que dans les airs mille cloches émûës,
D'un funebre concert font retentir les nuës,
25 Et se mêlant au bruit de la grêle & des vents,
Pour honorer les morts, font mourir les vivans.
    Encor je benirois la bonté souveraine,
Si le Ciel à ces maux avoit borné ma peine.
Mais si seul en mon lit je peste avec raison,
30 C'est encor pis vingt fois en quittant la maison.
En quelque endroit que j'aille, il faut fendre la presse
D'un peuple d'importuns qui fourmillent sans cesse.
L'un me heurte d'un ais, dont je suis tout froissé.
Je vois d'un autre coup mon chapeau renversé.
35 Là d'un enterrement la funebre ordonance
D'un pas lugubre & lent vers l'Eglise s'avance :

CHANGEMENS.

Vers 17. *qu'un affreux Serrurier,* &c.] Dans toutes les éditions qui ont paru pendant la vie de l'Auteur, il y avoit :
    Qu'un affreux Serrurier, que le Ciel en courroux
    A fait pour mes péchez trop voisin de chez nous.
Il changea ces deux vers dans l'édition qui fut commencée avant sa mort, & qui parut en 1713.

IMITATIONS.

Vers 31. *En quelque endroit que j'aille,* &c.] Ce vers & les trois suivans sont imitez de Juvénal, 3. 243.
    ———————— *Nobis properantibus obstat*
    Unda prior, magno populus premit agmine lumbos
    Qui sequitur: ferit hic cubito, ferit assere duro
    Alter: at hic tignum capiti incutit.
Vers 35. *Là d'un enterrement* &c.] Horace, Liv. 2. Ep. 2. v. 78.
    Tristia robustis luctantur funera plaustris.

SATIRE VI.

Et plus loin des Laquais, l'un l'autre s'agaçans,
Font aboïer les chiens, & jurer les passans.
Des Paveurs en ce lieu me bouchent le passage.
40 Là je trouve une croix de funeste présage :
Et des Couvreurs, grimpez au toit d'une maison,
En font pleuvoir l'ardoise & la tuile à foison.
Là sur une charrette une poutre branlante
Vient menaçant de loin la foule qu'elle augmente.
45 Six chevaux, attelez à ce fardeau pesant,
Ont peine à l'émouvoir sur le pavé glissant.
D'un carosse en tournant il accroche une roue ;
Et du choc le renverse en un grand tas de boue :
Quand un autre à l'instant, s'efforçant de passer,
50 Dans le même embarras se vient embarrasser.
Vingt carrosses bien-tôt arrivant à la file,
Y sont en moins de rien suivis de plus de mille :
Et pour surcroit de maux, un sort malencontreux
Conduit en cet endroit un grand troupeau de bœufs.

REMARQUES.

Vers 40. —— *Une croix de funeste présage.*] C'est une de ces croix, composées de deux lattes attachées au bout d'une corde, que les Maçons & les Couvreurs sont obligez de suspendre devant les maisons sur lesquelles ils travaillent ; afin d'avertir les passans de n'en pas approcher. Ce signe ou cette croix s'appelle *Avertissement* ou *Défense*. Il y a des Villes où les Couvreurs ne suspendent qu'un simple bâton, ou une tuile, pour servir d'*Avertissement* : Ce vers aiant besoin d'être éclairci, j'en écrivis à l'Auteur, qui me répondit ainsi par sa Lettre du 5. de Mai 1709. ... „Je ne sai pas pourquoi „vous êtes en peine du sens de ce vers : *Là je* „trouve une croix &c. puisque c'est une chose „que dans tout Paris *& puri sicum*, que les „Couvreurs, quand ils sont sur le toit d'une „maison, laissent pendre du haut de cette mai„son une croix de latte pour avertir les pas„sans de prendre garde à eux, & de passer vi„te ; Qu'il y en a quelquefois des cinq ou „six dans une même rue ; & que cela n'empê„che pas qu'il n'y ait souvent des gens blessez : „C'est pourquoi j'ai dit : *une croix de funeste* „*présage*. ....
Vers 54. —— *Un grand troupeau de bœufs.*] L'usage vicieux de quelques Provinces, où l'on prononce *Bœufs* au pluriel, comme on le pronouce

IMITATIONS.

Vers 43. *Là sur une charrette* &c.] Juvénal, Satire 3. vers 254.
—— *Modo longa coruscat,*
Sarraco veniente, abies, atque altera pinum
Plaustra vehunt, nutant aliæ, populoque minantur.
Et Horace, parlant des mêmes embarras, L. 2. Ep. 2.
Torquet nunc lapidum, nunc ingens machina signum, &c.

SATIRE VI.

55 Chacun prétend passer : l'un mugit, l'autre jure.
Des mulets en sonnant augmentent le murmure.
Aussi-tôt cent chevaux dans la foule appelez,
De l'embarras qui croît ferment les défilez,
Et par tout des Passans enchaînant les brigades,
60 Au milieu de la paix font voir les barricades.
On n'entend que des cris poussez confusément.
Dieu, pour s'y faire ouïr, tonneroit vainement.
Moi donc, qui dois souvent en certain lieu me rendre,
Le jour déja baissant, & qui suis las d'attendre,
65 Ne sachant plus tantôt à quel Saint me voüer,
Je me mets au hazard de me faire rouer.
Je saute vingt ruisseaux, j'esquive, je me pousse :
Guenaud sur son cheval en passant m'éclabousse.
Et n'osant plus paroître en l'état où je suis,
70 Sans songer où je vais, je me sauve où je puis.
Tandis que dans un coin en grondant je m'essuie,
Souvent, pour m'achever, il survient une pluie.
On diroit que le Ciel, qui se fond tout en eau,
Veüille inonder ces lieux d'un déluge nouveau.
75 Pour traverser la ruë, au milieu de l'orage,
Un ais sur deux pavez forme un étroit passage.
Le plus hardi Laquais n'y marche qu'en tremblant.
Il faut pourtant passer sur ce pont chancelant,

REMARQUES.

nonce au singulier, m'oblige d'avertir que ce mot se prononce, *Beus*; ainsi il rime avec *Malencontreux*, qui est dans le vers précedent. On prononce aussi des *Oeus*, quoi qu'on écrive, *Oeufs*.

Vers 57. *Aussi-tôt cent chevaux* &c.] Ce vers & les trois suivans n'étoient pas dans la premiére édition, faite en 1666.

Vers 60. ——— *Font voir les barricades.*] L'Auteur désigne ici celles qui se firent à Paris, au mois d'Août, 1648. pendant la guerre de la Fronde.

Vers 68. *Guenaud sur son cheval* &c.] Guenaud, fameux Medecin, dont il a été parlé dans la Satire IV. vers 32. On le voïoit souvent à cheval, sur le pavé de Paris, & l'on disoit ordinairement : *Guenaud & son cheval.*

Vers 70. *Sans songer où je vais, je me sauve où je puis.*] Ce vers a de la conformité avec celui-ci, qui est le dernier du *Discours au Roi.*
Je me sauve à la nage, & j'aborde où je puis.

Vers 73. *On diroit que le Ciel*, ...
Veüille inonder &c.] *Veüille* : bien des gens préferent, *Veut.*

Tom. I.

Et les nombreux torrens qui tombent des goutieres,
80 Groſſiſſant les ruiſſeaux, en ont fait des rivieres.
J'y paſſe en trébuchant ; mais malgré l'embarras,
La fraïeur de la nuit précipite mes pas.
Car ſi-tôt que du ſoir les ombres pacifiques
D'un double cadenas font fermer les boutiques,
85 Que retiré chez lui, le paiſible Marchand
Va revoir ſes billets, & compter ſon argent ;
Que dans le Marché-neuf tout eſt calme & tranquille,
Les Voleurs à l'inſtant s'emparent de la Ville.
Le bois le plus funeſte, & le moins fréquenté,
90 Eſt, au prix de Paris, un lieu de ſûreté.
Malheur donc à celui qu'une affaire imprévûë
Engage un peu trop tard au détour d'une ruë.
Bien-tôt quatre Bandits, lui ſerrant les côtez :
La bourſe : il faut ſe rendre ; ou bien non, réſiſtez ;
95 Afin que vôtre mort, de tragique mémoire,
Des maſſacres fameux aille groſſir l'Hiſtoire.
Pour moi, fermant ma porte, & cedant au ſommeil,
Tous les jours je me couche avecque le Soleil.

REMARQUES.

Vers 87. *Que dans le Marché-neuf* &c.] Place de Paris deſtinée à tenir le Marché, entre le pont St. Michel, & le petit pont de l'Hôtel-Dieu.

Vers 88. *Les Voleurs à l'inſtant s'emparent de la ville.*] Les deſordres que les Voleurs commettoient dans Paris, & le danger qu'il y avoit de ſe trouver dans les ruës pendant la nuit, ſont ici décrits fort naïvement. En 1667. le Roi pourvût à la ſûreté publique, par l'établiſſement des Lanternes, par le redoublement du Guet, & de la Garde ; par un règlement ſur le port d'armes, & contre les gens ſans aveu ; & par pluſieurs autres ſages Ordonnances, dont l'éxécution fut confiée à Mr. de la Reynie, Lieutenant General de Police. En peu de tems la ſûreté fut rétablie dans Paris.

Vers 96. *Des maſſacres fameux aille groſſir l'Hiſtoire.*] Il y a un livre intitulé, *l'Hiſtoire des Larrons ;* où ſont décrits pluſieurs meurtres & aſſaſſinats.

IMITATIONS.

Vers 83. *Car ſi-tôt que du ſoir les ombres pacifiques,* &c.] Juvénal, Satire III. vers 302.

Nam qui ſpoliet te
Non deerit : clauſis domibus, poſtquam omnis ubique
Fixa catenatæ ſiluit compago tabernæ.
Ĵnterdùm & ferro ſubitus graſſator agit rem. &c.

SATIRE VI.

Mais en ma chambre à peine ai-je éteint la lumiere,
100 Qu'il ne m'eſt plus permis de fermer la paupiere.
Des Filous effrontez, d'un coup de piſtolet,
Ebranlent ma fenêtre, & percent mon volet.
J'entens crier par tout, au meurtre, on m'aſſaſſine;
Ou, le feu vient de prendre à la maiſon voiſine.
105 Tremblant, & demi mort, je me leve à ce bruit,
Et ſouvent ſans pourpoint je cours toute la nuit.
Car le feu, dont la flâme en ondes ſe déploie,
Fait de nôtre quartier une ſeconde Troie;
Où maint Grec affamé, maint avide Argien,
110 Au travers des charbons va piller le Troïen.
Enfin ſous mille crocs la maiſon abîmée
Entraîne auſſi le feu qui ſe perd en fumée.
Je me retire donc, encor pâle d'effroi:
Mais le jour eſt venu quand je rentre chez moi.
115 Je fais pour repoſer un effort inutile:
Ce n'eſt qu'à prix d'argent qu'on dort en cette Ville.
Il faudroit, dans l'enclos d'un vaſte logement,
Avoir loin de la ruë un autre appartement.
Paris eſt pour un Riche un païs de Cocagne.
120 Sans ſortir de la ville, il trouve la campagne.

REMARQUES.

Vers 106. *Et ſouvent ſans pourpoint* &c.] Tout le monde en ce tems-là portoit des pourpoints.

Vers 119. ―――― *Un Païs de Cocagne.*] Païs imaginaire, où les habitans vivent dans une

IMITATIONS.

Vers 116. *Ce n'eſt qu'à prix d'argent qu'on dort en cette Ville.*] Juvénal, Satire III. vers 235.
―――― *Magnis opibus dormitur in Urbe.*
Nôtre Poëte a ſurpaſſé le Poëte Latin. S'il avoit voulu ſimplement le traduire, il auroit dit: *Et ce n'eſt qu'à grans fraix qu'on dort en cette Ville.* Mais, *à prix d'argent*, a bien plus de force & d'énergie: C'eſt comme ſi l'on diſoit, que l'on dort mieux à proportion de ce que l'on donne pour acheter ſon repos: plus il en coûte, & mieux on dort.
Martial, Livre 12. Epigr. 57.
   Nec cogitandi ſpatium, nec quieſcendi
   In Urbe locus eſt pauperi.
Martial a fait pluſieurs Epigrammes contre les Perturbateurs du ſommeil: Liv. 9. Ep. 69. Liv. 10. Ep. 74. Liv. 12. Ep. 57. & 69.

SATIRE VI.

Il peut dans son jardin, tout peuplé d'arbres verds,
Receler le printems au milieu des hivers,
Et foulant le parfum de ses plantes fleuries,
Aller entretenir ses douces rêveries.
125 Mais moi, grace au destin, qui n'ai ni feu ni lieu,
Je me loge où je puis, & comme il plaît à Dieu.

REMARQUES.

une heureuse abondance, sans rien faire. On est incertain sur l'origine de ce nom. Furetiere dit que dans le Haut-Languedoc on appèle *Cocagne* un petit pain de Pastel : & que comme le Pastel est une herbe qui ne croit que dans des terres extrèmement fertiles, on a nommé ce païs-là, un *Païs de Cocagne*.

En Italie, sur la route de Rome à Lorette, il y a, dit-on, une petite contrée, qu'on nomme *Cucagna*, dont la situation est très-agréable, & le terroir très-fertile; mais sur tout les denrées y sont excellentes & à bon marché. Ne seroit-ce point *le Païs de Cocagne*?

Mr. de la Monnoye, de l'Académie Françoise, qui a pris la peine de revoir ces Remarques, est persuadé que cette façon de parler vient du fameux *Merlin Cocaïe*, qui, tout au commencement de sa premiere *Macaronée*; après avoir invoqué *Togna*, *Pedrala*, *Maselina*, & autres Muses Burlesques, décrit les Montagnes où elles habitent, comme un séjour de saustes, de porages, de broüets, de ragoûts, de restaurans; où l'on voit couler des Fleuves de vin, & des ruisseaux de lait. Il y a bien de l'apparence, qu'un tel païs a tiré son nom de celui de son Inventeur, & que de *Cocaïo*, on en aura fait *Cocagna*. Cette façon de parler n'est pas ancienne dans nôtre Langue : on ne la trouve ni dans Rabelais, ni dans Marot, ni même dans Regnier. Elle s'est établie un peu tard en France, parce que Merlin Cocaïe, dont le jargon n'est pas fort aisé à entendre, y a trouvé peu de Lecteurs ; & que la traduction qu'on en a faite en prose Françoise, n'a été imprimée qu'en 1606. Enfin, le savant Mr. Hüet, ancien Evêque d'A-

vranches, a bien voulu enrichir cette Remarque de ses conjectures. Il croit que *Cocagne* vient de *Gogaille* : *Païs de Gogaille*, & par corruption *Païs de Cocagne*. Selon lui, *Gogaille*, vient de *Gogue*, qui est une espèce de Saupiquet, ou de Farce; Quoi qu'il en soit, cette diversité d'opinions sur le mot de *Cocagne* sert du moins à faire voir que l'on n'en sait pas la veritable origine. Ménage n'en a rien dit.

Vers 125. *Mais moi, ... qui n'ai ni feu ni lieu.*] Quand l'Auteur composa cette Satire, il étoit logé dans la Cour du Palais, chez son Frere aîné, Jérôme Boileau. Sa chambre étoit au dessus du grenier, dans une espèce de Guérite, au cinquième étage. Gilles Boileau leur frere, logeoit aussi dans la même maison, & quand il en sortit, on donna sa chambre à nôtre Auteur. Cette chambre étoit pratiquée à côté d'un grenier au quatrième étage; & Mr. Déspréaux s'applaudissant de son logement nouveau, disoit plaisamment : *Je suis descendu au grenier.*

Au reste, l'Auteur vouloit mettre au nombre des incommoditez de Paris, la grande affluence de Peuple, qui fait que l'on y est toujours extrèmement serré, & il auroit terminé sa description par ce vers.

Cherchons une autre Ville où nous puissions tenir.
ou bien :
Et cherchons une Ville où l'on puisse tenir.
mais il ne voulut pas employer ce vers, à cause de l'équivoque qui s'y rencontre : *tenir dans une Ville*, signifiant aussi se deffendre contre les ennemis qui l'assiégent.

SATIRE VII.

Muse, changeons de ſtile, & quittons la Satire.
C'eſt un méchant métier que celui de médire.
A l'Auteur qui l'embraſſe il eſt toûjours fatal.
Le mal, qu'on dit d'autrui, ne produit que du mal.
5 Maint Poëte, aveuglé d'une telle manie,
En courant à l'honneur, trouve l'ignominie,
Et tel mot, pour avoir réjoüi le Lecteur,
A coûté bien ſouvent des larmes à l'Auteur.
Un éloge ennuïeux, un froid panégirique,
10 Peut pourrir à ſon aiſe au fond d'une boutique,
Ne craint point du Public les jugèmens divers,
Et n'a pour ennemis que la poudre & les vers.
Mais un Auteur malin, qui rit, & qui fait rire,
Qu'on blâme en le liſant, & pourtant qu'on veut lire,
15 Dans ſes plaiſans accès qui ſe croit tout permis,
De ſes propres Rieurs ſe fait des ennemis.
Un diſcours trop ſincère aiſément nous outrage.
Chacun dans ce miroir penſe voir ſon viſage;
Et tel, en vous liſant, admire chaque trait,
20 Qui dans le fond de l'ame & vous craint & vous hait.

REMARQUES.

Cette Satire a été faite immédiatement après la Satire première & la Sixième, à la fin de l'année 1663. L'Auteur délibère avec ſa Muſe, s'il doit continuer à compoſer des Satires. Il enviſage d'abord tous les inconvéniens qu'il y a de s'appliquer à ce genre d'écrire; mais comme ſon génie l'entraîne de ce côté-là, il ſe détermine enfin à ſuivre ſon inclination. Horace lui a fourni cette idée, dans la Satire I. du Livre 2.

IMITATIONS.

Vers 1. *Muſe, changeons de ſtile, &c.*] Martial, Livre 2. Epigr. 22.
Quid mihi vobiſcum eſt, ô Phœbe, novemque ſorores?
Ecce Nocet Vati Muſa jocoſa ſuo.

SATIRE VII.

Muse, c'est donc en vain que la main vous demange.
S'il faut rimer ici, rimons quelque loüange,
Et cherchons un Heros, parmi cet univers,
Digne de nôtre encens, & digne de nos vers.
25 Mais à ce grand effort en vain je vous anime :
Je ne puis pour loüer rencontrer une rime.
Dès que j'y veux rêver, ma veine est aux abois.
J'ai beau frotter mon front, j'ai beau mordre mes doigts,
Je ne puis arracher du creux de ma cervelle,
30 Que des vers plus forcez que ceux de la Pucelle.
Je pense être à la gêne, & pour un tel dessein,
La plume & le papier résistent à ma main.
Mais quand il faut railler, j'ai ce que je souhaite.
Alors, certes alors je me connois Poëte :
35 Phébus, dès que je parle, est prêt à m'éxaucer :
Mes mots viennent sans peine, & courent se placer.
Faut-il peindre un fripon, fameux dans cette Ville ?
Ma main, sans que j'y rêve, écrira Raumaville.
Faut-il d'un Sot parfait montrer l'original ?
40 Ma plume au bout du vers d'abord trouve Sofal.

REMARQUES.

Vers 30. *Que des vers plus forcez que ceux de la Pucelle.*] Poëme héroïque de Chapelain, dont tous les vers semblent faits en dépit de Minerve. Voïez les Remarques sur le vers 173. de la Satire III., & sur le vers 90. de la Satire IV.

Vers 40. ———— *D'abord trouve Sofal.*] C'est *Sauvalle*, Auteur d'une histoire manuscrite des Antiquitez de Paris. Il avoit travaillé sur d'assez bons mémoires, mais il gâta tout par son stile, chargé d'expressions empoulées & de figures extravagantes. Il avoit mis dans cette histoire, un Chapitre des lieux de débauche qui étoient autrefois dans Paris. Mr. Despréaux se souvenoit d'un passage de ce Chapitre, qui peut servir à juger du stile de *Sauvalle*. *Ces sales Impudiques, ces infames Débauchées, allèrent chercher un azile dans la rüe Brise-miche*; & de là elles contemplèrent en sûreté les tempêtes & les orages qui s'élevoient continuellement dans la rüe Chapon. Tout le reste étoit à peu près du même stile. „Cependant * l'ouvrage, tel qu'il „étoit, auroit vû le jour, si Mr. Colbert avoit „voulu faire donner à l'Auteur une pension de „mille écus, & je ne sai quelle charge hono„raire seulement dans la Maison de Ville . . . . . „Comme il étoit d'un naturel chagrin, il ne put „supporter ce refus : & ce qui augmentoit son „chagrin, c'est qu'il prétendoit avoir rendu à „Mr. Colbert un grand service, dont il croïoit „n'avoir pas été bien recompensé. Les Moines „de Saint Germain-des-Prez demandoient au „Roi de grosses sommes d'argent pour de certai„nes places qui étoient à eux. Mr. Colbert leur „avoit fait offrir une somme considerable qu'ils „refusèrent d'accepter. *Sauvalle*, qui avoit vû „dans

* *Ce qui suit est tiré des lettres choisies de M Richard Simon, imprimée à Rotterdam, chez Reinier Leers, Tome 3. dernière de l'année 1698.*

SATIRE VII.   71.

Je sens que mon esprit travaille de génie.
Faut-il d'un froid Rimeur dépeindre la manie?
Mes vers, comme un torrent, coulent sur le papier;
Je rencontre à la fois Perrin, & Pelletier,
45 Bonnecorse, Pradon, Colletet, Titreville,
Et pour un que je veux, j'en trouve plus de mille.

REMARQUES.

„dans le Trésor des Chartres une Piéce en très-
„bonne forme, qui contenoit le paiement qu'on
„avoit fait pour cela aux Moines ; alla-lui-mê-
„me en donner avis à Mr. Colbert Il
„se plaignoit que Mr. Colbert ne lui avoit en-
„voié pour un avis de cette importance, que
„cent Louis, qu'il n'avoit point voulu rece-
„voir . . . . . . Vous voïez pour tout ce que je
„vous ai raporté, qu'un homme moins chagrin,
„& moins interessé que Mr. Sauvalle, auroit
„donné au Public cet Ouvrage qui faisoit hon-
„neur à l'Auteur. Il en auroit néanmoins fal-
„lu retrancher le traité des Bordels, qui méri-
„toit d'être enfoüi sous le sable, afin qu'on n'en
„entendit jamais parler.

Vers 44. *Je rencontre à la fois Perrin & Pelletier.*] L'Abbé *Perrin* avoit été Introducteur
des Ambassadeurs de Gaston de France, Duc
d'Orleans. Il a traduit en vers François l'Enéide de Virgile, & il a fait plusieurs autres Poësies qui furent imprimées en 1661. Cet Abbé
fut le premier qui obtint en 1669. le privilége
d'établir en France des Opera à l'imitation de
Venise ; mais en 1672. il fut obligé de le ceder au célebre Lulli. Pierre Perrin étoit né à
Lion.

Pelletier : Voïez les Remarques sur le vers
54. du *Discours au Roi.*

Vers 45. *Bonnecorse, Pradon, Colletet, Titreville.*] Au lieu des deux premiers noms, il y
avoit ceux de *Bardou, Mauroy, Boursaut,* dans
les premieres éditions. Mais *Mauroy & Boursaut* devinrent amis de nôtre Poëte, & en même tems *Bonnecorse & Pradon* firent paroitre
contre lui des Ouvrages remplis d'injures. Cela fut cause qu'il ôta les noms des premiers,
pour faire place à ceux-ci ; & c'est à propos de
ce changement de noms qu'il fit l'Epigramme
suivante :

  Venez Pradon & Bonnecorse,
  Grans Ecrivains de même force,
  De vos vers recevoir le prix :
  Venez prendre dans mes écrits
  La place que vos noms demandent.
  Liniere, & Perrin vous attendent.

La cause de ces démélez avec Pradon, sera expliquée sur le dernier vers de l'Epitre VII., &
à l'égard de Bonnecorse, sur le vers 64. de
l'Epitre IX.

Bardou : mauvais Poëte de ce tems-là, qui
avoit fait inserer quelques petits Ouvrages dans
les Récueils de Poësies qu'on imprimoit alors.

Mauroy : Jean Testu de Mauroi, dont les
Ouvrages paroissoient aussi dans les Récueils
de Poësies. Il a été ensuite de l'Academie
Françoise. Il étoit Abbé de Fontaine-Jean, &
de S. Chéron de Chartres ; Prieur de S. Jean de
Dampmartin, & Aumonier de Madame la Duchesse d'Orleans. Il meurt le 10. d'Avril,
1706. âgé de 80. ans. Nôtre Auteur avoit
aussi fait les deux vers suivans qu'il n'a jamais
fait imprimer :

  Qui ne hais point tes vers, ridicule Mauroy,
  *Pourroit bien pour sa peine aimer ceux de Fontr-
  tray.*

C'est une traduction du fameux vers de Virgi-
le, Eglogue 3.
  Qui Bavium non odit, amet tua carmina,
  Mavi.

Boursaut : Dans le tems que nôtre Poëte composa cette Satire, Boursaut avoit un démélé
avec Moliere, contre qui il fit une petite Comédie, intitulée, *Le Portrait du Peintre,* ou la
Contre-critique de l'Ecole des Femmes ; qui fut réprésentée au mois de Novembre 1667. par les
Comediens de l'Hôtel de Bourgogne. Moliere ne regarda pas Boursaut comme un ennemi
digne de son ressentiment ; mais nôtre Auteur
le plaça dans cette Satire pour faire plaisir à
Moliere. Boursaut s'en vengea par une autre
Comédie qu'il fit contre Mr. Despréaux, intitulée, *La Satire des Satires* ; & cette Piéce devoit être jouée par les mêmes Comediens,
mais Mr. Despréaux obtint un Arrét du Parlement qui leur fit défendre de la représenter.
Boursaut ne voulant pas perdre le fruit de sa
vengeance, fit imprimer sa Comédie. Elle fit
néanmoins si peu de bruit que nôtre Auteur
assuroit qu'il ne l'avoit vuë que trois ou quatre
ans après qu'elle eut été imprimée. La querelle

SATIRE VII.

Aussi-tôt je triomphe, & ma Muse en secret
S'estime & s'applaudit du beau coup qu'elle a fait.
C'est en vain qu'au milieu de ma fureur extrême,
50 Je me fais quelquefois des leçons à moi-même.
En vain je veux au moins faire grace à quelcun :
Ma plume auroit regret d'en épargner aucun ;
Et si-tôt qu'une fois la verve me domine,
Tout ce qui s'offre à moi passe par l'étamine.
55 Le Merite pourtant m'est toûjours précieux :
Mais un Fat me déplaît, & me blesse les yeux.
Je le poursuis par tout, comme un chien fait sa proie,
Et ne le sens jamais, qu'aussi-tôt je n'aboie.
Enfin, sans perdre tems en de si vains propos,
60 Je sai coudre une rime au bout de quelques mots.
Souvent j'habille en vers une maligne prose.
C'est par là que je vaux, si je vaux quelque chose.
Ainsi, soit que bien-tôt, par une dure loi,
La Mort d'un vol affreux vienne fondre sur moi :

REMARQUES.

relle n'alla pas plus loin, entre deux ennemis qui ne se connoissoient même pas l'un l'autre. Mais Mr. Despréaux étant allé aux Eaux de Bourbon en 1685., Boursaut, qui étoit alors Receveur des Gabelles à Mont-luçon, l'alla voir, lui offrit sa bourse & ses services; & voulut même le régaler. Depuis cette réconciliation ils furent fort bons amis ; & nôtre Auteur ôta de ses Satires le nom de *Boursaut*.

Edme Boursault étoit de Bar-sur-Seine, & mourut à Paris en 1701. Quoi qu'il ne sût pas le Latin, il n'a pas laissé de faire des Ouvrages en vers & en prose, qui sont estimez.
Colletet: Voïez la note sur le vers 77. de la Satire I.
Titreville: Poëte très-obscur, dont il y a quelques vers dans les Recueils de Poësies.

IMITATIONS.

Vers 60. *Je sai coudre une rime* &c.] Horace L. I. Sat. 4.
———————— *Neque enim concludere versum*
Dixeris esse satis : neque, si quis scribat, uti nos,
Sermoni propiora, putes hunc esse Poëtam.
Vers 63. *Ainsi, soit que bien-tôt, par une dure Loi*, &c.] Ce vers, & les dix-sept suivans sont imitez d'Horace. Sat. I. Liv. 2.
Ne longum faciam : seu me tranquilla Senectus
Expectat, seu mors atris circumvolat alis :
Dives, inops, Romæ, seu fors ita jusserit, exul ;
Quisquis erit vitæ, scribam, color.

SATIRE VII.

65 Soit que le Ciel me garde un cours long & tranquille,
A Rome ou dans Paris, aux champs ou dans la ville,
Dût ma Muse par là choquer tout l'Univers,
Riche, gueux, triste, ou gai, je veux faire des vers.
Pauvre Esprit, dira-t-on, que je plains ta folie!
70 Modère ces boüillons de ta mélancolie;
Et garde qu'un de ceux que tu penses blâmer.
N'éteigne dans ton sang cette ardeur de rimer.
Hé quoi? lors qu'autrefois Horace, après Lucile,
Exhaloit en bons mots les vapeurs de sa bile,
75 Et vangeant la Vertu par des traits éclatans,
Alloit ôter le masque aux vices de son tems:
Ou bien quand Juvénal, de sa mordante plume
Faisant couler des flots de fiel & d'amertume,
Gourmandoit en courroux tout le peuple Latin,
80 L'un ou l'autre fit-il une tragique fin?

CHANGEMENS.

Vers 68. *Riche, gueux, triste, ou gai, je veux faire des vers.*] Il y avoit dans les premières éditions:

Riche, gueux, ou content, &c.

Mr. Desmarêts, dans la critique qu'il fit en 1674. des Satires de nôtre Poëte, condamna cet endroit, parce que *content* demandoit un mot qui lui fût opposé, comme *triste:* & il lui proposa de mettre ainsi:

Riche ou gueux, triste, ou gai, je veux faire des vers.

Nôtre Auteur a sagement profité de cette correction: C'est-pourquoi il a dit ailleurs, en parlant de ses Ennemis, Epitre VII.

Je sai sur leurs avis corriger mes erreurs.

IMITATIONS.

Vers 69. *Pauvre Esprit, dira-t-on,* &c.] Horace au même endroit:
———————— *O Puer, ut sis*
Vitalis metuo; & majorum ne quis amicus
Frigore te feriat.

Vers 73. *Hé, quoi! lors qu'autrefois Horace après Lucile,* &c.] Horace au même endroit:
———————— *Quid, cùm est Lucilius ausus*
Primus in hunc operis componere carmina morem?
Detrahere & pellem, nitidus qua quisque per ora
Cederet, introrsum turpis? num Lælius, aut qui
Duxit ab oppressâ meritum Carthagine nomen,
Ingenio offensi, aut læso doluere Metello?

SATIRE VII.

Et que craindre, après tout, d'une fureur si vaine?
Personne ne connoit ni mon nom ni ma veine.
On ne voit point mes vers, à l'envi de Montreüil,
Grossir impunément les feüillets d'un recueil.
85 A peine quelquefois je me force à les lire,
Pour plaire à quelque Ami, que charme la Satire,
Qui me flatte peut-être, & d'un air imposteur,
Rit tout haut de l'Ouvrage, & tout bas de l'Auteur.
Enfin c'est mon plaisir : je me veux satisfaire ;
90 Je ne puis bien parler, & ne saurois me taire ;
Et dès qu'un mot plaisant vient luire à mon esprit,
Je n'ai point de repos qu'il ne soit en écrit :
Je ne resiste point au torrent qui m'entraîne.
Mais c'est assez parlé. Prenons un peu d'haleine.
95 Ma main, pour cette fois, commence à se lasser.
Finissons. Mais demain, Muse, à recommencer.

REMARQUES.

Vers 82. Personne ne connoit ni mon nom ni ma veine.] Ce vers fait connoître que cette Satire est un des premiers Ouvrages de l'Auteur ; car il n'auroit pas pû dire, que *personne ne connoissoit son nom ni sa veine*, après avoir adressé ses autres Satires à diverses personnes.

Vers 83. ————— A l'envi de Montreüil.] Mathieu de Montreüil, fils d'un Avocat de Paris, nâquit en 1620. Il a toûjours porté l'habit Ecclesiastique sans être lié aux Ordres. Il avoit de l'esprit, & ses Poësies lui donnèrent de la réputation, mais il affecta un peu trop de faire mettre ses vers dans les Recueils de Poësies choisies, que les Libraires faisoient imprimer : c'est à quoi nôtre Auteur fait allusion. Montreüil ne se fâcha point de cette petite raillerie ; au contraire, il a toûjours été des amis de Mr Despréaux, qui avoit soin de lui envoïer un exemplaire de ses Oeuvres toutes les fois qu'on les imprimoit. L'Abbé de Montreüil mourut à Valence, au mois de Juillet, 1692. étant logé chez Mr. de Cosnac, son ami, alors Evêque de Valence, & ensuite Archevêque d'Aix. En 1671. Montreüil fit imprimer à Paris toutes ses Oeuvres, qui consistent en des vers, & en des Lettres.

Vers 88. Rit tout haut de l'Ouvrage, & tout bas de l'Auteur.] Quand Mr. Despréaux lut sa première Satire à l'Abbé Furetiere, comme on l'a dit ci-devant, il s'aperçut qu'à chaque trait cet Abbé soûrioit amèrement, & laissoit entrevoir une joie maligne, prévoïant que l'Auteur alloit s'attirer bien des Ennemis : *Voilà qui est bon*, disoit-il d'un air railleur : *mais cela sera du bruit.* Ce trait n'échapa pas à nôtre Poëte, & c'est à quoi il fait allusion dans ce vers, & dans les trois précédens.

IMITATIONS.

Vers 83. *On ne voit point mes vers*, &c.] Horace, Satire 4. du Liv. 1.
Nulla taberna meos habeat, neque pila libellos,
Queis manus insudet vulgi, Hermogenisque Tigelli.

Vers 85. *A peine quelquefois je me force à les lire*, &c.] Horace au même endroit.
Non recito cuiquam, nisi amicis, idque coactus :
Non ubivis, coràmve quibuslibet.

SATIRE VIII.
A MONSIEUR M***
DOCTEUR DE SORBONE.

DE tous les Animaux qui s'élèvent dans l'air,
Qui marchent sur la terre, ou nagent dans la mer,
De Paris au Perou, du Japon jusqu'à Rome,
Le plus sot animal, à mon avis, c'est l'Homme.
5 Quoi? dira-t-on d'abord, un ver, une fourmi,
Un insecte rampant qui ne vit qu'à demi,
Un taureau qui rumine, une chevre qui broute,
Ont l'esprit mieux tourné que n'a l'Homme? Oüi sans doute.

REMARQUES.

LEs sept Satires précedentes aiant publiées en 1666. la plûpart de ceux qui y avoient été maltraitez, se déchainèrent contre l'Auteur. Il ne daigna pas répondre, du moins sur le ton serieux, à leurs Libelles ni à leurs injures; mais il composa la Satire adressée à son Esprit, qui est la neuvième, & dans laquelle, sous prétexte de se faire lui même son procès, il se justifie de tous les crimes que ses Ennemis lui avoient imputez. Le Poëte après avoir fait son Apologie dans cette Satire, entreprit de traiter un sujet plus général, & qui fût au goût de tout le monde. Dans cette vûë il fit la Satire de l'Homme. * Ces deux Piéces, qui avoient été composées en l'année 1667. furent publiées séparément en 1668. La Satire de l'Homme parut la première, & on en fit en même tems plusieurs éditions; qui furent débitées avec une rapidité prodigieuse. C'est de tous ses Ouvrages, celui qui a eu le plus de cours en particulier. Cette Satire est tout à fait dans le goût de Perse, & marque un Philosophe chagrin qui ne peut souffrir les vices des Hommes. Elle est adressée à Mr. Morel Docteur de Sorbone. Ce Docteur étoit surnommé *la Machoire d'Ane*, parce qu'il avoit la machoire fort grande & fort avancée: c'est pour cette raison que nôtre Poëte lui adressa cette Satire, à la fin de laquelle il met l'Homme au dessous de l'Ane même; & ce fut Mr. Boileau, Docteur de Sorbone, frere du Poëte, qui lui conseilla de dédier sa Satire à Mr. Morel. Il étoit grand ennemi des Jansenistes, contre lesquels il a composé divers Ouvrages, mais tous assez mauvais. Cependant le Poëte Santeul fit des vers Latins, dans lesquels il afecta de loüer ce Docteur; de ce que par ses discours & par ses écrits il avoit confondu les Disciples de Janfénius: comme Samson défit les Philistins armé d'une machoire d'Ane. Claude Morel étoit de Châlons en Champagne d'une bonne famille de Robe. Il mourut à Paris le 30. d'Avril 1679. étant Doïen de la Faculté de Théologie, & Chanoine Théologal de Paris. Il avoit refusé l'Evêché de Lombez.

* *C'est ainsi que l'Auteur la nommoit, & non pas, la Satire contre l'Homme.*

IMITATIONS.

Vers 1. *De tous les Animaux &c.*] Homère, Iliade L. 17. a éxageré la misère de l'Homme par une semblable comparaison: *De tous les animaux qui respirent, & qui rampent sur la terre, il n'y en a point de plus malheureux que l'homme.*

SATIRE VIII.

Ce discours te surprend, Docteur, je l'apperçoi.
10 L'Homme de la nature est le chef & le Roi.
Bois, prez, champs, animaux, tout est pour son usage,
Et lui seul a, dis-tu, la Raison en partage.
Il est vrai, de tout tems la raison fut son lot:
Mais de là je conclus que l'Homme est le plus sot.
15 Ces propos, diras-tu, sont bons dans la satire,
Pour égaïer d'abord un Lecteur qui veut rire:
Mais il faut les prouver. En forme. J'y consens.
Répons-moi donc, Docteur, & mets-toi sur les bancs.
Qu'est-ce que la Sagesse? Une égalité d'ame,
20 Que rien ne peut troubler, qu'aucun desir n'enflame;
Qui marche en ses conseils à pas plus mesurez,
Qu'un Doïen au Palais ne monte les degrez.
Or cette égalité, dont se forme le Sage,
Qui jamais moins que l'Homme en a connu l'usage?
25 La Fourmi tous les ans traversant les guérets,
Grossit ses magasins des tréfors de Cérès;
Et dès que l'Aquilon, ramenant la froidure,
Vient de ses noirs frimats attrister la Nature,

REMARQUES.

Vers 13. *Il est vrai.*] C'est le Poëte qui reprend ici le Discours. Comme cette Satire est en Dialogue entre le Poëte & le Docteur, il faut prendre garde aux discours de l'un & de l'autre.
Vers 17. *Mais il faut les prouver. En forme. J'y consens.*] Ces derniers mots, *J'y consens,* sont du Poëte. Le reste est du Docteur. *En forme* : ce mot, détaché de ce qui précede, est un trait qui caractérise bien le personnage & marque mieux le Dialogue, que si l'Auteur avoit mis tout de suite : *Mais il faut les prouver en forme.* Cela seroit froid.

IMITATIONS.

Vers 25. *La Fourmi tous les ans traversant les guérets* &c.] Hor. Sat. 1. l. 1.
Parvula (nam exemplo est) magni Formica laboris
Ore trahit quodcumque potest, atque addit acervo
Quem struit, haud ignara, ac non incauta futuri.
Quæ, simul inversum contristat Aquarius annum,
Non usquam prorepit, & illis utitur ante
Quæsitis sapiens.

SATIRE VIII.

    Cet animal, tapi dans son obscurité,
30 Jouït l'hiver des biens conquis durant l'été.
    Mais on ne la voit point d'une humeur inconstante,
    Paresseuse au printems, en hiver diligente,
    Affronter en plein champ les fureurs de Janvier,
    Ou demeurer oisive au retour du Bélier,
35 Mais l'Homme sans arrêt dans sa course insensée,
    Voltige incessamment de pensée en pensée :
    Son cœur, toûjours flottant entre mille embarras,
    Ne sait ni ce qu'il veut, ni ce qu'il ne veut pas.
    Ce qu'un jour il abhorre, en l'autre il le souhaite.
40 Moi ? j'irois épouser une Femme coquette ?
    J'irois, par ma constance aux affronts endurci,
    Me mettre au rang des Saints qu'a célébrez Bussi ?

REMARQUES.

Vers 34. —— *Au retour du Bélier.*] C'est à dire, au retour du Printems, car le Printems commence quand le Soleil entre dans le signe du Bélier.

Vers 39. *Ce qu'un jour il abhorre, en l'autre il le souhaite.*] L'Auteur auroit pu mettre. *Ce qu'un jour il abhorre, un autre il le souhaite.*

Vers 41. —— *Des Saints qu'a célébrez Bussi.*] Le Comte de Bussi-Rabutin avoit fait un petit Livre, relié proprement en manière d'Heures, où, au lieu des Images que l'on met dans les Livres de prières, étoient les portraits en mignature de quelques Hommes de la Cour, dont les Femmes étoient soupçonées de galanterie. Et, ce que dans la suite il a lui-même condamné tout le premier ; il avoit mis au bas de chaque portrait, un petit discours en forme d'Oraison ou de Prière, accommodée au sujet. Il avoit aussi composé l'*Histoire amoureuse des Gaules*, où il décrivoit d'une manière très Satirique, les galanteries des principales personnes de la Cour. Ce Livre fut la cause de sa disgrace. Les Lettres suivantes servent encore à l'explication de ce vers. *Lett. de Madame de Scuderi à Mr. le Comte de Bussi, du 4. Août, 1674.* ,, Aimez-vous, Monsieur, que Despréaux ait nommé vôtre nom dans une de ses ,, Satires ? J'ai ouï dire que le Roi avoit deman,, dé ce que c'étoit qu'il vouloit dire à l'en,, droit où il parle de vous ; & qu'on lui ré,, pondit d'une manière qui vous auroit fâ,, ché, si vous la Saviez ....
Réponse du Comte de Bussi, du 8. Août. .... ,, L'endroit où Despréaux m'a nommé dans ses ,, Satires, fait plus contre lui que contre moi. Il ,, a dit, *les Saints qu'a célébrez Bussi*, pour di,, re, *les Cocus.* La Métaphore est ridicule. Pour ,, moi je ne voi pas que cela m'ait fait ni bien ,, ni mal, ni que la réponse qu'on auroit pu ,, faire au Roi, ait dû me déplaire. D'ailleurs ,, Despréaux est un Garçon d'esprit & de mérite ,, que j'aime fort.
Lettre de Madame de Scuderi, du 19. Août. .... ,, Pour Despréaux, je ne trouve pas qu'un hom,, me comme vous, quoique vous en puissiez ,, dire, doive être cité si légérement que vous ,, l'ayez

IMITATIONS.

Vers 35. *Mais l'Homme sans arrêt*, &c.] Horace, Epitre 1. Liv. 1.
—— *Quid mea cùm pugnat sententia secum?*
Quod petit, spernit : repetit, quod nuper omisit.
Æstuat, & vitæ disconvenit ordine toto.

SATIRE VIII.

Assez de Sots sans moi feront parler la Ville,
Disoit le mois passé ce Marquis indocile,
45 Qui depuis quinze jours dans le piège arrêté,
Entre les bons Maris pour exemple cité,
Croit que Dieu, tout exprès, d'une côte nouvelle
A tiré pour lui seul une Femme fidelle.
Voilà l'Homme en effet. Il va du blanc au noir.
50 Il condamne au matin ses sentimens du soir.
Importun à tout autre, à soi-même incommode,
Il change à tous momens d'esprit comme de mode :
Il tourne au moindre vent, il tombe au moindre choc :
Aujourd'hui dans un casque, & demain dans un froc.
55 Cependant à le voir plein de vapeurs légères,
Soi-même se bercer de ses propres chimères,
Lui seul de la Nature est la baze & l'appui,
Et le dixième Ciel ne tourne que pour lui.
De tous les Animaux il est, dit-il, le maître.
60 Qui pourroit le nier ? poursuis-tu. Moi peut-être.
Mais sans examiner, si vers les antres sourds
L'Ours a peur du Passant, ou le Passant de l'Ours :
Et si, sur un Edit des Pastres de Nubie,

REMARQUES.

» l'avez été. Le Roi, à ce qu'on m'a dit, de-
» manda ce que c'étoit que *les Saints* que vous
» aviez célébrez ? & l'on lui répondit, que c'é-
» toit une badinerie un peu impie que vous
» aviez faite. Je ne trouve pas cela plaisant.
Cette Dame étoit la veuve du fameux Gouverneur de Nôtre-Dame de la Garde, Messire
George de Scuderi, peu ménagé en divers endroits des œuvres de notre Satirique, contre
lequel, pour venger la mémoire de son Epoux,
elle auroit bien voulu animer Mr. le Comte de
Bussi. Elle mourut à Paris au commencement
de l'année 1711. Les Lettres dont on vient
de rapporter les fragments, n'ont pas été imprimées.

Vers 47. *Croit que Dieu, tout exprès, d'une
côte nouvelle.*] Voïez la Remarque sur le vers
103. de la Satire X.

Vers 53. *Il tourne au moindre vent, il tombe
au moindre choc : &c.*] L'Auteur faisoit cas de
ces vers & du suivant, tant pour leur beauté,
que pour la singularité de la rime.

Vers 61. *Mais sans examiner, si vers les Antres sourds.*] Un critique habile * croit que *les
Antres sourds*, donnent une idée trop vague, &
ne sont là que pour la rime : Il voudroit que
le Poëte eût mis :

 Mais sans examiner par un trop long discours,
 Si l'Ours craint le Passant ; si le Passant craint
  l'Ours.

Vers 63. *Et si sur un édit des Pastres de Nubie, &c.*] La Nubie est un grand Païs de l'Af-
fri-

* *Mr. De
la Mon-
noye.*

SATIRE VIII.

Les Lions de Barca vuideroient la Libye :
65 Ce Maître prétendu, qui leur donne des lois,
Ce Roi des animaux, combien a-t-il de Rois ?
L'Ambition, l'Amour, l'Avarice, la Haine,
Tiennent comme un forçat son esprit à la chaîne.
Le sommeil sur ses yeux commence à s'épancher.
70 Debout, dit l'Avarice, il est tems de marcher.
Hé laissez-moi. Debout. Un moment. Tu repliques ?
A peine le Soleil fait ouvrir les boutiques.
N'importe, leve-toi. Pourquoi faire après tout ?
Pour courir l'Ocean de l'un à l'autre bout,
75 Chercher jusqu'au Japon la porcelaine & l'ambre,
Raporter de Goa le poivre & le gingembre.
Mais j'ai des biens en foule, & je puis m'en passer.
On n'en peut trop avoir ; & pour en amasser,
Il ne faut épargner ni crime ni parjure :
80 Il faut souffrir la faim, & coucher sur la dure :
Eût-on plus de trésors que n'en perdit Galet,
N'avoir en sa maison ni meubles ni valet :

REMARQUES.

frique, situé au Midi du Roïaume de Barca. Il y a beaucoup de Lions dans les déserts de Barca.

Vers 76. *Rapporter de Goa.*] Capitale des Etats que les Portugais possedent dans les Indes Orientales Cette ville est célèbre par son Port de mer, & par le grand commerce qui s'y fait.

Vers 81. *Eût-on plus de trésors que n'en per-*

dit Galet.] Fameux Joüeur qui avoit gagné au jeu des sommes immenses, qu'il reperdit dans la suite. Il avoit fait bâtir à Paris l'Hôtel de Sulli, dans la rüe St. Antoine ; mais il le joüa en un coup de dez. Après avoir perdu tout son bien, il alloit encore joüer, dit-on, avec les Laquais dans les rües, & même sur les degrez de la maison qui lui avoit apartenu. Regnier a fait mention de ce Joüeur dans sa quatorzième Satire.

Gal.

IMITATIONS.

Vers 69. *Le sommeil sur ses yeux commence &c.*]. Perse, Satire 5. vers 132.
Mane piger stertis : surge, inquit Avaritia: eia,
Surge. Negas ; instat : surge inquit. Non queo. Surge.
En, quid agam ? Rogitas ? en, Saperdam advehe Ponto,
Castoreum, stupas, ebenum, thus, lubrica Coa ;
Tolle recens primus piper è sitiente Camelo.
Verte aliquid, jura.

Parmi les tas de blé vivre de seigle & d'orge,
De peur de perdre un liard, souffrir qu'on vous égorge.
85 Et pourquoi cette épargne enfin? L'ignores-tu?
Afin qu'un Héritier bien nourri, bien vêtu,
Profitant d'un trésor en tes mains inutile,
De son train quelque jour embarrasse la Ville.
Que faire? il faut partir. Les matelots sont prêts.
90 Ou, si pour l'entraîner l'argent manque d'attraits,
Bien-tôt l'Ambition, & toute son escorte,
Dans le sein du repos, vient le prendre à main forte,
L'envoie en furieux au milieu des hazards,
Se faire estropier sur les pas des Césars,
95 Et cherchant sur la brèche une mort indiscrète,
De sa folle valeur embellir la Gazette.
Tout-beau, dira quelqu'un, raillez plus à propos;
Ce vice fut toûjours la vertu des Heros.
Quoi donc? à vôtre avis, fut-ce un fou qu'Alexandre?
100 Qui? cet écervelé, qui mit l'Asie en cendre?
Ce fougueux l'Angéli, qui de sang altéré,

CHANGEMENS.

Vers 91. *Bien-tôt l'Ambition, & toute son escorte.*] Dans les premières éditions il y avoit: *avec meilleure escorte.*

REMARQUES.

Gallet a sa raison; & qui croira son dire,
Le hazard pour le moins lui promet un Empire,
Toutesfois au contraire étant léger & net,
N'ayant que l'esperance & trois dez au cornet,
Comme sur un bon fond de rente & de recepies,
Dessus sept ou quatorze il assigne ses debtes.

Il n'y a pas long-tems, dit Ménage, qu'il y avoit à Chinon une famille du nom de Galet: Galet le joüeur étoit de cette famille, & Ulrich ou Hurli Galet, Maitre des Requêtes de Grand gousier, en étoit aussi *. Ménage l'avoit oüi dire à Galet le joüeur. *Dict. Etimol.* au mot *Galet.*

* Rabelais, I. 30.

Vers 84. *De peur de perdre un liard, souffrir qu'on vous égorge.*] Ce vers & les six précedens font allusion à l'avarice outrée du Lieutenant Criminel Tardieu, & de sa femme, qui avoient été assassinez dans leur maison, sur le Quai des Orfèvres. Leur avanture est décrite dans la Satire X. *Voiez les Remarques au même endroit.*

Vers 101. *Ce fougueux l'Angéli.*] Le Pere Bouhours, dans son quatrième Dialogue *de la manière de bien penser*, parlant de certains faits historiques qui deviennent obscurs par le tems: ,,J'en dis autant du Nom que porte *Alexandre* ,,dans la Satire contre l'Homme. Ce ,,*Fougueux* ,,*l'Angéli.* &c. Cela est clair maintenant, parce ,,que nous savons que l'Angéli étoit un Fou ,,de la Cour, que le Prince de Condé avoit ,,amené de Flandres. Et si cela devient obscur
,,avec

SATIRE VIII.

Maître du monde entier, s'y trouvoit trop ferré ?
L'enragé qu'il étoit, né Roi d'une province,
Qu'il pouvoit gouverner en bon & fage Prince,
105 S'en alla follement, & penfant être Dieu,
Courir comme un Bandit qui n'a ni feu ni lieu ;
Et traînant avec foi les horreurs de la guerre,
De fa vafte folie emplir toute la Terre.
Heureux ! fi de fon tems, pour cent bonnes raifons,
110 La Macédoine eût eu des Petites-Maifons,
Et qu'un fage Tuteur l'eût en cette demeure,
Par avis de Parens, enfermé de bonne heure.
Mais fans nous égarer dans ces digreffions ;
Traiter, comme Senaut, toutes les paffions ;
115 Et les diftribuant par claffes & par titres,
Dogmatizer en vers, & rimer par chapitres :
Laiffons-en difcourir la Chambre, & Coëffeteau :
Et voïons l'Homme enfin par l'endroit le plus beau.
Lui feul vivant, dit-on, dans l'enceinte des Villes,
120 Fait voir d'honnêtes mœurs, des coûtumes civiles,

REMARQUES.

„ avec le tems, il ne faut pas s'en prendre à „ l'Auteur. „ Voïez le vers 112. de la Satire I. & la Remarque fur ce même vers, où il eft parlé de l'*Angèli*.

Vers 110. *La Macédoine eût eu des Petites-Maifons.*] Les *Petites-maifons* font un Hôpital de Paris, où l'on enferme les Fous. Voïez la Remarque fur le vers 4. de la Satire IV.

Vers 114. *Traiter, comme Senaut, toutes les paffions.*] Le P. Jean François Senaut, Général de la Congrégation de l'Oratoire, a fait un traité *de l'ufage des Paffions*.

Vers 117. *Laiffons en difcourir, La Chambre,*

& Coëffeteau.] Marin Cureau *de la Chambre*, Médecin ordinaire du Roi, a fait *le Caractère des Paffions*, outre plufieurs autres Ouvrages. Il étoit de l'Académie Françoife, & mourut à Paris au mois de Novembre 1669. âgé de 76. ans. Nicolas *Coëffeteau*, Religieux de l'Ordre de St. Dominique, nommé à l'Evêché de Marfeille, a compofé le *Tableau des Paffions humaines, leurs caufes, & leurs effets*.

Vers 119. *Lui feul vivant, dit-on, dans l'enceinte des villes. &c.*] Ce vers, & les trois fuivans, font d'une facilité, & d'une douceur admirables : Cependant l'Auteur difoit, que de tous

IMITATIONS.

Vers 102. *Maître du monde entier, s'y trouvoit trop ferré ?*] Juvénal Sat. 10. vers 168.
  Unus Pellæo Juveni non fufficit Orbis ;
  Æftuat infelix angufto limine mundi.
On peut voir Sénèque, *de Benef.* L. 1. c. 13.

Tom. I. L

Se fait des Gouverneurs, des Magistrats, des Rois,
Observe une police, obéit à des lois.

Il est vrai. Mais pourtant, sans lois & sans police,
Sans craindre Archers, Prévôt, ni suppôt de Justice,
125 Voit-on les Loups brigans, comme nous inhumains,
Pour détrousser les Loups, courir les grans chemins?
Jamais pour s'agrandir, vit-on dans sa manie
Un Tigre en factions partager l'Hyrcanie?
L'Ours a-t-il dans les bois la guerre avec les Ours?
130 Le Vautour dans les airs fond-il sur les Vautours?

CHANGEMENS.

Vers 129. *L'Ours a-t'-il dans les bois la guerre avec les Ours?*] Ce vers étoit autrement dans les premières éditions.
L'Ours fait-il dans les bois la guerre avec les Ours?

* *Secretaire d'Etat qui entra dans la Congregation de l'Oratoire l'an 1664.*

Tous les amis de l'Auteur particulièrement Mr. de Brienne*, La Fontaine, & Racine, remarquèrent que l'on ne disoit pas: *faire la guerre avec quelqu'un* mais *à quelqu'un*; & qu'ainsi il faloit dire: *L'Ours fait-il la guerre aux Ours?* Chacun s'efforça de corriger ce vers; mais personne n'y put réussir, & il fut imprimé avec cette négligence. Il avoit même essuïé plusieurs éditions, lorsqu'enfin l'Auteur trouva le moïen de le rectifier, par le changement d'un seul mot. *L'Ours a-t-il dans les bois la guerre avec les Ours?* Ce changement fut fait dans l'édition de 1674. on fut étonné qu'une correction si facile eût été si difficile à trouver par de si habiles gens.

REMARQUES.

tous les vers qu'il avoit faits, c'étoient ceux-ci qu'il avoit le plus travaillez, & qui lui avoient coûté le plus de tems & de peine.

Vers 128. ——— *Partager l'Hyrcanie?*] Province de la Perse, au Midi de la Mér Caspienne.

IMITATIONS.

Vers 125. *Voit-on les Loups brigans, &c.*] Horace, Epode 7.
   Neque hic lupis mos, nec fuit leonibus
   Unquam, nisi in dispar, feris.
Juvénal a étendu la même pensée, dans sa 15. Satire, vers 159.
   Sed jam serpentum major concordia, parcit
   Cognatis maculis similis fera. quando Leoni
   Fortior eripuit vitam leo? quo nemore unquam
   Expiravit aper majoris dentibus apri?
   Indica tigris agit rabida cum tigride pacem
   Perpetuam: sævis inter se convenit ursis.
   Ast homini &c.
Nôtre Auteur a parfaitement bien traduit le Latin de ces deux Poëtes, & y a joint d'autres exemples. Il a aussi visé à ce passage de Pline le Naturaliste: *Denique, cætera animantia in suo*
genere

SATIRE VIII.

A-t-on veu quelquefois dans les plaines d'Afrique,
Déchirant à l'envi leur propre République,
Lions contre Lions, Parens contre Parens,
Combattre follement pour le choix des Tirans?
135 L'animal le plus fier qu'enfante la Nature,
Dans un autre animal respecte sa figure,
De sa rage avec lui modère les accès,
Vit sans bruit, sans débats, sans noise, sans procès.
Un Aigle, sur un champ prétendant droit d'Aubaine,
140 Ne fait point appeler un Aigle à la huitaine.
Jamais contre un Renard chicanant un poulet,
Un Renard de son sac n'alla charger Rolet.
Jamais la Biche en rut n'a pour fait d'impuissance
Traîné du fond des bois un Cerf à l'Audiance,
145 Et jamais Juge, entr'eux ordonnant le congrès,
De ce burlesque mot n'a sali ses arrêts.

REMARQUES.

Vers 139. *Un Aigle sur un champ prétendant droit d'Aubaine.*] Le droit d'*Aubaine* est le droit de prendre la succession d'un Etranger qui meurt en France. Ce Droit appartient au Roi seul, dans son Roïaume. Ainsi, ce n'est pas au hazard que le Poëte attribuë à l'Aigle le droit d'Aubaine, qui est un droit Roïal: car l'Aigle est le Roi des Oiseaux.

Vers 142. *Un Renard de son sac n'alla charger Rolet.*] Procureur au Parlement, dont il a été parlé dans la Satire I. vers 52. L'éxemple du Renard est d'autant plus juste, que Rolet avoit la phisionomie & les inclinations d'un Renard.

Vers 145. *Et jamais Juge entr'eux ordonnant le congrès, &c.*] Le Congrès est une preuve honteuse qui se faisoit en présence de Chirurgiens & de Matrones, par ordonnance des Juges Ecclésiastiques, quand une femme demandoit la dissolution du mariage à cause de l'impuissance du mari. Ces deux vers qui frapèrent Mr. le Premier Président de Lamoignon, ne contribuèrent pas peu à faire abolir l'usage du Congrès. En effet, depuis la publication de cette Satire, toutes les fois qu'il se présenta au Parlement quelque contestation au sujet du *Congrès*, ce sage Magistrat se déclara contre cette épreuve. Mr. de Lamoignon son fils, Avocat Général,

IMITATIONS.

genere probè degunt: congregari videmus & stare contra dissimilia. Leonum feritas inter se non dimicat: Serpentum morsus non petit serpentes: ne maris quidem belluae ac pisces, nisi in diversa genera, saeviunt. At, Hercules! Homini plurima ex homine sunt mala. Plin. l. 7. in princ. On peut voir les réflexions que Mr. Bayle a faites sur cet endroit de nôtre Poëte, dans son Dictionaire historique & critique, au mot, *Barbe*, Remarque C.

Vers 133. *Lions contre Lions, &c.*] Ces deux vers sont parodiez de *Cinna*, Tragédie de Corneille: Acte 1. Scène 3.

Romains contre Romains, Parens contre Parens,
Combattoient seulement pour le choix des Tirans.

SATIRE VIII.

On ne connoit chez eux ni Placets, ni Requêtes,
Ni haut ni bas Conseil, ni Chambre des Enquêtes.
Chacun l'un avec l'autre en toute sûreté
150 Vit sous les pures lois de la simple Equité.
　　L'Homme seul, l'Homme seul, en sa fureur extrême,
Met un brutal honneur à s'égorger soi-même.
C'étoit peu que sa main, conduite par l'Enfer,
Eût paîtri le salpêtre, eût aiguisé le fer.
155 Il falloit que sa rage, à l'Univers funeste,
Allât encor de lois embroüiller un Digeste ;
Cherchât pour l'obscurcir des gloses, des Docteurs,
Accablât l'Equité sous des monceaux d'Auteurs,
Et pour comble de maux apportât dans la France
160 Des harangueurs du tems l'ennuïeuse éloquence.
　　Doucement, diras-tu. Que sert de s'emporter ?
L'Homme a ses passions ; on n'en sauroit douter ;
Il a comme la mer ses flots & ses caprices.
Mais ses moindres vertus balancent tous ses vices.
165 N'est-ce pas l'Homme enfin, dont l'art audacieux
Dans le tour d'un compas a mesuré les Cieux ?

REMARQUES.

ral, portant la parole en 1674. dans une cause de cette espèce, témoigna la juste horreur que l'on devoit avoir de cet usage odieux, qui offense, dit-il, les bonnes mœurs, la Religion, la Justice, & la Nature même. Enfin, en 1677. Mr. le P. Président de Lamoignon, prononça un Arrêt en forme de Règlement, qui abolit pour toûjours la preuve inutile & infame du Congrès. *Journal du Palais, Tom. 3. p. 466. & Tom. 5. p. 1.*

IMITATIONS.

Vers 153. *C'étoit peu que sa main &c.*] Juvénal au même endroit.
　　Ast homini ferrum letbale incude nefandâ
　　Produxisse parum est.

Vers 166. *Dans le tour d'un compas a mesuré les Cieux.*] Virgile, Eglog. 3. v. 42.
　　Descripsit radio totum qui Gentibus Orbem.
Et Horace, Ode 28. Liv. 1.
　　Aërias tentasse domos, animoque rotundum
　　Percurrisse polum.

SATIRE VIII.

Dont la vaste sience, embrassant toutes choses,
A fouillé la Nature, en a percé les causes?
Les Animaux ont-ils des Universitez?
170 Voit-on fleurir chez eux des quatre Facultez?
Y voit-on des Savans en Droit, en Médecine,
Endosser l'écarlate, & se fourrer d'hérmine?
Non sans doute, & jamais chez eux un Médecin
N'empoisonna les bois de son art assassin.
175 Jamais Docteur, armé d'un argument frivole,
Ne s'enroüa chez eux sur les bancs d'une Ecole.
Mais sans chercher au fond, si nôtre esprit deçû
Sait rien de ce qu'il sait, s'il a jamais rien sû,
Toi-même, répons-moi. Dans le siècle où nous sommes,
180 Est-ce au pié du savoir qu'on mesure les hommes?
Veux-tu voir tous les Grans à ta porte courir?
Dit un Pere à son Fils, dont le poil va fleurir;
Pren-moi le bon parti. Laisse-là tous les livres.
Cent francs au denier cinq combien font-ils? Vingt livres.
185 C'est bien dit. Va, tu sais tout ce qu'il faut savoir.
Que de biens, que d'honneurs sur toi s'en vont pleuvoir.
Exerce-toi, mon Fils dans ces hautes siences;
Prens, au lieu d'un Platon, le Guidon des Finances:

REMARQUES.

Vers 184. *Cent francs au denier cinq, combien font-ils? vingt Livres.*] C'est un Usurier qui parle, & qui, au lieu d'interroger son fils sur le pié du denier vingt, qui est l'interêt légitime, l'interroge sur le pié du denier cinq, qui est son interêt ordinaire.

Vers 188. ——— *Le Guidon des Finances.*] Livre qui traite des droits & revenus du Roi, & de tout ce qui concerne les Finances. Il étoit d'un grand usage autrefois, mais l'habileté de nos Financiers l'a rendu fort inutile.

IMITATIONS.

Vers 181. *Veux-tu voir tous les Grans à ta porte courir?*] Horace, Art poëtique, vers 325.
Romani pueri longis rationibus assem
Discunt in partes centum diducere : dicat
Filius Albini, si de quincunce remota est
Uncia, quid superat? poteras dixisse, Triens. Heus,
Rem poteris servare tuam. Redit uncia: quid fit?
Semis, &c.

Sache quelle Province enrichit les Traitans :
190 Combien le sel au Roi peut fournir tous les ans.
Endurci toi le cœur. Sois Arabe, Corsaire,
Injuste, violent, sans foi, double, faussaire.
Ne va point sottement faire le génereux.
Engraisse-toi, mon Fils, du suc des malheureux,
195 Et trompant de Colbert la prudence importune.
Va par tes cruautez mériter la fortune.
Aussi-tôt tu verras Poëtes, Orateurs,
Rhéteurs, Grammairiens, Astronomes, Docteurs,
Dégrader les Heros pour te mettre en leurs places,
200 De tes titres pompeux enfler leurs dédicaces,
Te prouver à toi-même en Grec, Hebreu, Latin,
Que tu sais de leur art & le fort & le fin.
Quiconque est riche est tout. Sans sagesse il est sage.
Il a, sans rien savoir, la sience en partage.
205 Il a l'esprit, le cœur, le mérite, le rang,
La vertu, la valeur, la dignité, le sang.
Il est aimé des Grans, il est cheri des Belles.
Jamais Sur-intendant ne trouva de Cruelles.

REMARQUES.

Vers 195. *Et trompant de Colbert* &c.] Ministro & Secretaire d'Etat, Controlleur Général des Finances. &c.

Vers 200. *De ses titres pompeux enfler leurs dédicaces*] Il a voulu parler du grand Corneille, qui reçut une somme considerable, pour dédier son Cinna à Montoron, riche Partisan. Depuis ce tems-là on a appelé les Epitres dédicatoires de cette espèce-là, *des Epitres à la Montoron.*

Ce n'est que Maroquin perdu
Que les Livres que l'on dédie,
Depuis que Montoron mandie, &c. Scarron.

Vers 208. *Jamais Sur-Intendant ne trouva de Cruelles.*] Mr. Nicolas Fouquer Procureur Général au Parlement de Paris, a été le dernier Sur-Intendant des Finances.

IMITATIONS.

Vers 203. *Quiconque est Riche est tout,* &c.] Horace, L. 1. Ep. 6. v. 36.
Scilicet uxorem cum dote, fidemque & amicos,
Et genus, & formam Regina pecunia donat,
Ac bene nummatum decorat Suadela, Venusque.

SATIRE VIII.

L'or même à la laideur donne un teint de beauté :
210 Mais tout devient affreux avec la pauvreté.
C'est ainsi qu'à son fils un Usurier habile
Trace vers la Richesse une route facile :
Et souvent tel y vient, qui sait pour tout secret,
Cinq & quatre font neuf, ôtez deux, reste sept.
215 Après cela, Docteur, va pâlir sur la Bible ;
Va marquer les écueils de cette mer terrible :
Perce la sainte horreur de ce Livre divin :
Confons dans un ouvrage & Luther & Calvin :
Débroüille des vieux tems les querelles célèbres :
220 Eclairci des Rabins les savantes ténèbres :

REMARQUES.

Vers 209. *L'or même à la laideur.*] Ce vers étoit de cette manière :
L'or même à Pélisson donne un teint de beauté.
Mr. Pélisson étoit d'une laideur si étonnante, qu'une Dame lui dit un jour, qu'il abusoit de la permission que les hommes ont d'être laids. Son Nom venoit là d'autant plus à propos, qu'il avoit été Premier Commis de Mr. Fouquet, désigné dans le vers précedent. Mais dans l'Impression l'Auteur supprima le Nom de Mr. Pélisson, ne voulant pas lui reprocher un défaut corporel dont il n'étoit point coupable. Cependant, cet adoucissement ne contenta point Mr. Pélisson, qui conserva toûjours du ressentiment contre nôtre Poëte. Dans le voïage de Bachaumont & la Chapelle, on fait dire à des gens du peuple, qu'ils croïoient Mr. de Scuderi

Un homme de fort bonne mine,
Vaillant, riche & toûjours bien mis ;
Sa sœur une beauté divine,

Et Pélisson un Adonis.

C'est de lui que la Bruyere a dit, qu'*un homme qui a beaucoup de mérite & d'esprit, & qui est connu pour tel, n'est pas laid, même avec des traits qui sont difformes ; ou s'il a de la laideur, elle ne fait pas son impression.* La Bruyere, p. 457.
Paul Pélisson Fontanier, natif de Castres en Languedoc, étoit Maître des Requêtes. Il avoit été reçu à l'Académie Françoise en 1652. en considération de ce qu'il avoit écrit l'Histoire de l'Académie, il mourut à Paris en 1692.
Vers 214. *Cinq & quatre font neuf ; ôtez deux, reste sept.*] Ce vers est fort serré : il contient les deux premières règles de l'Arithmétique ; *l'Addition*, & *la Soustraction*. Dans les premières éditions il y avoit : *cinq & quatre sont neuf* ; Et dans un autre vers qui a été retranché de la Satire I. *Prêche que trois sont trois.* Mais il faut toûjours dire : *Cinq & quatre font neuf. Dix & cinq font quinze.* &c.

IMITATIONS.

Vers 209. *L'or même à la laideur donne un teint de beauté.*] Corneille dans sa Comédie de Mélite, Acte 1. Sc. 1.
L'argent dans le Ménage a certaine splendeur.
Qui donne un teint d'éclat à la même laideur.
Vers 215. *Après cela, Docteur, va pâlir sur la Bible, &c.*] Ce vers est imité de Regnier, Satire 4.
Or, va romps-toi la tête, & de jour & de nuit
Passis dessus un livre, à l'appétit d'un bruit,
Qui nous honore après que nous sommes sous terre.

Afin qu'en ta vieilleſſe, un livre en maroquin
Aille offrir ton travail à quelque heureux Faquin,
Qui, pour digne loïer de la Bible éclaircie,
Te paie en l'acceptant d'un, *Je vous remercie.*
225 Ou, ſi ton cœur aſpire à des honneurs plus grans,
Quitte-là le bonnet, la Sorbone & les bancs;
Et prenant deſormais un emploi ſalutaire,
Mets-toi chez un Banquier, ou bien chez un Notaire:
Laiſſe-là ſaint Thomas s'accorder avec Scot:
230 Et conclus avec moi, qu'un Docteur n'eſt qu'un ſot.
Un Docteur, diras-tu? Parlez de vous, Poëte.
C'eſt pouſſer un peu loin vôtre Muſe indiſcrete.
Mais ſans perdre en diſcours le tems hors de ſaiſon,
L'Homme, venez au fait, n'a-t-il pas la Raiſon?
235 N'eſt-ce pas ſon flambeau, ſon pilote fidèle?
Oüi: Mais dequoi lui ſert que ſa voix le rappèle,
Si ſur la foi des vents tout prêt à s'embarquer,
Il ne voit point d'écueil qu'il ne l'aille choquer?
Et que ſert à Cotin la Raiſon qui lui crie,
240 N'écri plus, guéri-toi d'une vaine furie;
Si tous ces vains conſeils, loin de la reprimer,
Ne font qu'accroître en lui la fureur de rimer?

REMARQUES.

Vers 229. *Laiſſe-là Saint Thomas s'accorder avec Scot.*] Les Diſputes des Thomiſtes & des Scotiſtes ſont fameuſes dans les Ecoles. Jean Duns vulgairement appelé *Scot*, parce qu'il étoit Ecoſſois, fut ſurnommé le Docteur Subtil, ſes opinions ſont ſouvent oppoſées à celles de St. Thomas.

Vers 238. *Il ne voit point d'écueil qu'il ne l'aille choquer.*] Après ce vers, le Poëte avoit deſſein de rimer cette penſée. *Que diroit-tu Docteur, d'un homme qui ſeroit au milieu d'un bois pendant l'obſcurité de la nuit; & qui aiant un flambeau pour s'éclairer, ne laiſſeroit pas de s'écarter du chemin, pour s'aller jetter dans des précipices? il eſt à plaindre dirois-tu:*

Il a perdu l'eſprit, & demain dès l'aurore,
Il prendra s'il m'en croit, douze grains d'Ellébore.

C'eſt bien dit: le Conſeil eſt ſagement donné,
Et Guenaud chez Cotin n'eût pas mieux ordonné.

L'Auteur ne voulut point emploïer ces vers, & ſe contenta de mettre ce qui ſuit, *Et que ſert à Cotin* &c. Voïez les Remarques ſur le vers 60. de la Sat. 3.

SATIRE VIII.

Tous les jours de ses vers, qu'à grand bruit il récite,
Il met chez lui Voisins, Parens, Amis en fuite.
245 Car lors que son Démon commence à l'agiter,
Tout, jusqu'à sa Servante, est prêt à deserter.
Un Ane, pour le moins instruit par la Nature,
A l'instinct qui le guide obéït sans murmure :
Ne va point follement de sa bizarre voix
250 Défier aux chansons les oiseaux dans les bois.
Sans avoir la Raison, il marche sur sa route.
L'Homme seul, qu'elle éclaire, en plein jour ne voit goute;
Reglé par ses avis, fait tout à contre-tems,
Et dans tout ce qu'il fait, n'a ni raison ni sens.
255 Tout lui plaît & déplaît, tout le choque & l'oblige.
Sans raison il est gai, sans raison il s'afflige.
Son esprit au hazard aime, évite, poursuit;
Défait, refait, augmente, ôte, éleve, détruit.
Et voit-on, comme lui, les Ours ni les Panthères,
260 S'effraïer sottement de leurs propres Chimères,
Plus de douze attroupés craindre le nombre impair,
Ou croire qu'un Corbeau les menace dans l'air ?

CHANGEMENS.

Vers 258. *Défait, refait, augmente, &c.*] Première manière:
Fait, défait & refait ; ôte, augmente & détruit.

Vers 261. *Plus de douze attroupés craindre le nombre impair,*
Ou croire qu'un Corbeau les menace dans l'air.] Il y avoit dans les premières éditions :
De Fantômes en l'air combatre leurs desirs,
Et de vains argumens chicaner leurs plaisirs.

REMARQUES.

Vers 246. *Tout, jusqu'à sa Servante est prêt à deserter.*] L'Abbé Cotin avoit effectivement une Servante, & n'avoit point de Valet.

IMITATIONS.

Vers 244. *Il met chez lui Voisins, Parens, Amis en fuite.*] Horace Art poëtique, vers 474.
Indoctum, doctumque fugat recitator acerbus.
Vers 258. *Défait, refait, augmente, &c.*] Horace. 1. Epitre 1. vers 100.
Diruit, ædificat, mutat quadrata rotundis. &c.

SATIRE VIII.

Jamais l'Homme, dis-moi, vit-il la Bête folle
Sacrifier à l'Homme, adorer son idole,
265 Lui venir, comme au Dieu des saisons & des vents,
Demander à genoux la pluie, ou le beau tems?
Non. Mais cent fois la Bête a vû l'Homme hypochondre
Adorer le métal que lui-même il fit fondre :
A vû dans un païs les timides Mortels
270 Trembler aux piés d'un Singe assis sur leurs Autels ;
Et sur les bords du Nil les peuples imbéciles,
L'encensoir à la main, chercher les Crocodiles.
    Mais pourquoi, diras-tu, cet exemple odieux ?
Que peut servir ici l'Egypte & ses faux Dieux?
275 Quoi ? me prouverez-vous par ce discours profane,
Que l'Homme, qu'un Docteur est au dessous d'un Ane?

CHANGEMENS.

Le sens de ces deux vers étoit un peu libertin ; & Mr. Arnaud Docteur de Sorbone, conseilla à l'Auteur de les changer. Il substitua ceux-ci qui ne tombent que sur des superstitions frivoles & populaires. En effet, bien des gens croient que lors que l'on se trouve treize à table, il y a toûjours dans l'année un des treize qui meurt; & qu'un Corbeau aperçu dans l'air, présage quelque chose de sinistre.

REMARQUES.

* *Pradon, dans ses Remarques.*

Vers 267. ———— *L'Homme hypochondre.*] Quelques Critiques * ont prétendu qu'il faloit dire *Hypochondriaque* ; mais on ne se sert de ce mot, qu'au sens propre, pour signifier une personne malade des hypochondres; & c'est un terme de Médecine. *Hypochondre*, au sens figuré, signifie un Fou mélancholique, un Atrabilaire : & nos meilleurs Ecrivains l'emploïent en ce sens. La Fontaine L. 2. fable 18. *Son hypochondre de mari.* La Bruyere dans ses *Caracteres*, &c.

Vers 276. ———— *Qu'un Docteur est au dessous d'un Ane?*] Dans la Table des œuvres de l'Auteur, édition de 1694. on avoit mis au mot, *Docteur*, Voïez *Ane*. Le Garçon de Thierri le Libraire fit cette plaisanterie.

IMITATIONS.

Vers 270. *Trembler aux piés d'un Singe &c.*] Juvénal commence ainsi sa 15. Satire.
   Quis Nescit, Volusi Bithynice, qualia demens
   Ægyptus portenta colat? Crocodilon adorat
   Pars hæc, illa pavet saturam Serpentibus Ibim.
   Effigies Sacri nitet aurea Cercopitheci, &c.

SATIRE VIII.

Un Ane, le joüet de tous les animaux,
Un stupide animal, sujet à mille maux;
Dont le nom seul en soi comprend une satire?
280 Oüi d'un Ane: & qu'a-t-il qui nous excite à rire?
Nous nous mocquons de lui; mais s'il pouvoit un jour,
Docteur, sur nos défauts s'exprimer à son tour:
Si, pour nous réformer, le Ciel prudent & sage
De la parole enfin lui permettoit l'usage:
285 Qu'il pût dire tout haut ce qu'il se dit tout bas,
Ah! Docteur, entre nous, que ne diroit-il pas?
Et que peut-il penser, lorsque dans une ruë
Au milieu de Paris il promène sa vûë:
Qu'il voit de toutes parts les Hommes bigarrez,
290 Les uns gris, les uns noirs, les autres chamarrez?
Que dit-il quand il voit, avec la mort en trousse,
Courir chez un Malade un Assassin en housse:
Qu'il trouve de Pédans un escadron fouré,
Suivi par un Recteur de Bedeaux entouré:
295 Ou qu'il voit la Justice, en grosse compagnie,
Mener tuer un homme avec cérémonie?
Que pense-t-il de nous, lors que sur le Midi
Un hazard au Palais le conduit un Jeudi;
Lors qu'il entend de loin, d'une gueule infernale,
300 La Chicane en fureur mugir dans la Grand' Sale?
Que dit-il quand il voit les Juges, les Huissiers,
Les Clercs, les Procureurs, les Sergens, les Greffiers?

REMARQUES.

Vers 294. *Suivi par un Recteur* &c.] L'Université de Paris fait ses Processions quatre fois l'année. Le Recteur y assiste avec ses Supôts. Les quatre Facultés, de Théologie, de Droit, de Médecine, & des Arts, marchent aussi à leur rang, & avec les habits qui leur sont propres.

SATIRE VIII.

O! que si l'Ane alors, à bon droit misanthrope,
Pouvoit trouver la voix qu'il eut au tems d'Esope!
305 De tous côtez, Docteur, voïant les Hommes fous,
Qu'il diroit de bon cœur sans en être jaloux,
Content de ses chardons, & secoüant la tête;
Ma foi, non plus que nous, l'Homme n'est qu'une bête!

REMARQUES.

Vers 304. *Pouvoit trouver la voix qu'il eut au tems d'Esope.*] Dans le *Cymbalum mundi*, Mercure donne à un Cheval l'usage de la parole, & ce Cheval adresse ce discours à son Maître: Il a été un tems que les bêtes parloient, mais si le parler ne nous eût point été ôté, non plus qu'à vous, vous ne nous trouveriez pas si bêtes que vous faites.

IMITATIONS.

Vers 307. *Content de ses chardons*, &c.] Regnier finit sa Satire neuvième par ces vers:
Si *Virgile*, le *Tasse*, & *Ronsard* sont des Anes,
Sans perdre en ces discours le tems que nous perdons,
Allons comme eux aux champs, & mangeons des Chardons.

SATIRE IX.

C'Est à vous, mon Esprit, à qui je veux parler.
Vous avez des défauts que je ne puis celer.
Assez & trop long-tems ma lâche complaisance,
De vos jeux criminels a nourri l'insolence.
5 Mais puisque vous poussez ma patience à bout,
Une fois en ma vie il faut vous dire tout.
  On croiroit à vous voir, dans vos libres caprices,
Discourir en Caton des vertus & des vices,

REMARQUES.

L'Auteur adresse cette Satire *à son Esprit*. Après la publication des sept premières Satires, il fut assailli par une foule d'Auteurs, dont il avoit parlé peut-être avec trop de franchise. Ce fut pour leur répondre, & pour faire en même tems son Apologie, qu'il conçut l'idée de cette Pièce. Mais son embarras fut de savoir comment il exécuteroit ce dessein : car il vouloit éviter l'écueil dans lequel ses Ennemis avoient donné ; c'est-à-dire, la chaleur, l'emportement, & par conséquent les injures grossières. Il jugea donc qu'il n'avoit pas d'autre ton à prendre que celui de la plaisanterie, pour tourner ses Ennemis en ridicule, sans leur donner aucune prise sur lui. C'est ce qu'il exécuta d'une manière inimitable dans cette Satire, qui est entièrement dans le goût d'Horace. Là, sous prétexte de censurer ses propres défauts, ou ceux *de son Esprit*, il se justifie de tous les crimes que ses Adversaires lui imputoient, & les couvre eux-mêmes d'une nouvelle confusion. Il se fait son procès à soi-même, pour le faire à tous les autres.
  Cette Satire est sans contredit la plus belle de toutes, & celle où il y a le plus d'art, d'invention, & de finesse. En un mot, on peut hardiment l'opposer, & peut-être même la préférer à tout ce que l'Antiquité nous a fourni de plus parfait en ce genre.
  M. Despréaux la composa en 1667. mais il ne la fit imprimer que l'année suivante, après avoir composé & publié la Satire de l'Homme. Cette dernière Satire, qui est la huitième, eut un succès extraordinaire. Le Roi lui même, à qui on en fit la lecture, en parla plusieurs fois avec de grans éloges. Le Sr. de Saint-Mauris*, Chevau-léger de la Garde du Roi, qui en fut témoin, lui dit que Boileau avoit fait une autre Satire qui étoit encore plus belle que celle-là, & dans laquelle il parloit de Sa Majesté. Le Roi lui dit fièrement, mais avec quelque surprise : Il y parle de moi, dites-vous ? *Oui, Sire*, répondit St. Mauris ; *mais il en parle avec tout le respect qui est dû à Votre Majesté*. Alors le Roi témoigna de la curiosité pour la voir ; & St. Mauris lui promit de la demander à l'Auteur qui étoit de ses amis. Mr. Despréaux lui remit en effet une copie de la Satire *à son Esprit*, en lui faisant promettre qu'il ne la montreroit qu'au Roi. Le Roi l'aiant luë la fit voir à quelques personnes de sa Cour. M'adame la Maréchale de la Mothe, Gouvernante de Monseigneur, en fit faire une copie qui en produisit bien-tôt quantité d'autres. Ainsi, c'est en quelque façon, de la main du Roi même que cette Pièce a passé dans les mains du Public.
  L'Auteur craignant qu'on ne l'imprimât sur quelque copie défectueuse, se détermina à la faire imprimer lui-même ; & l'accompagna d'un petit Discours en prose, où il justifie, par l'autorité des Poëtes anciens & modernes, la liberté qu'il s'est donnée dans les Satires, de nommer les Auteurs.
  Vers 7. *On croiroit à vous voir*, &c.] Ce vers & les trois suivans, qui désignent les Satires précédentes, particulièrement la huitième, furent ajoutés par l'Auteur à la Satire neuvième, quand il voulut la faire imprimer ; car elle avoit été faite avant la huitième. Il y avoit auparavant, *Vous croiez, qu'à couvert des traits de la Satire*, &c.

* *Il avoit l'honneur d'approcher de la personne du Roi, parce qu'il lui montroit à tirer à la voîte.*

M 3

SATIRE IX.

    Décider du mérite & du prix des Auteurs,
10 Et faire impunément la leçon aux Docteurs,
    Qu'étant seul à couvert des traits de la Satire,
    Vous avez tout pouvoir de parler & d'écrire.
    Mais moi, qui dans le fond sais bien ce que j'en crois,
    Qui compte tous les jours vos défauts par mes doigts;
15 Je ris, quand je vous vois, si foible & si stérile,
    Prendre sur vous le soin de réformer la Ville,
    Dans vos discours chagrins plus aigre, & plus mordant,
    Qu'une Femme en furie, ou Gautier en plaidant.
    Mais répondez un peu. Quelle verve indiscrete,
20 Sans l'aveu des neuf Sœurs, vous a rendu Poëte?
    Sentiez-vous, dites-moi, ces violens transports,
    Qui d'un esprit divin font mouvoir les ressorts?
    Qui vous a pû souffler une si folle audace?
    Phébus a-t-il pour vous applani le Parnasse?
25 Et ne savez-vous pas, que sur ce Mont sacré,
    Qui ne vôle au sommet tombe au plus bas degré:
    Et qu'à moins d'être au rang d'Horace, ou de Voiture,
    On rampe dans la fange avec l'Abbé de Pure?

REMARQUES.

Vers 14. *Qui compte tous les jours vos défauts par mes doigts.*] Cette expression proverbiale, *compter par ses doigts*, étoit déja en usage parmi les Latins: *Supputare articulis.*

Vers 18. ——— *Ou Gautier en plaidant.*] Claude *Gautier*, Avocat fameux, & très-mordant: C'est pourquoi on le surnomma, *Gautier la Gueule.* Quand un Plaideur vouloit intimider sa partie; il la menaçoit *de lui lâcher Gautier.* Son éloquence n'étoit point réglée; C'étoient des saillies & des impétuositez fort inégales. Son feu s'éteignoit même dans le repos, & il avoit besoin d'être animé par l'action: de là vient que ses Plaidoïez imprimez, sur lesquels il avoit réfléchi, ne sont que de foibles copies de ses originaux. Il logeoit dans la Cour du Palais, & mourut le 16. de Septembre 1666. âgé de 76. ans.

Vers 21. *Sentiez-vous.*] Dans les dernières éditions de l'an 1701. faites *in quarto*, & *in douze*, l'Imprimeur a mis: *Sentez-vous*; mais c'est une faute.

Vers 28. *On rampe dans la fange avec l'Abbé de Pure.*] Voïez la Remarque sur le vers 17. de la Satire II.

IMITATIONS.

Vers 26. *Qui ne vôle au sommet tombe au plus bas degré.*] Horace, Art poëtique:
Si paulùm à summo discessit, vergit ad imum.

SATIRE IX.

Que si tous mes efforts ne peuvent réprimer
30 Cet ascendant malin, qui vous force à rimer;
Sans perdre en vains discours tout le fruit de vos veilles;
Osez chanter du Roi les augustes merveilles,
Là, mettant à profit vos caprices divers,
Vous verriez tous les ans fructifier vos vers;
35 Et par l'espoir du gain vôtre Muse animée,
Vendroit au poids de l'or une once de fumée.
Mais en vain, direz-vous, je pense vous tenter
Par l'éclat d'un fardeau trop pesant à porter.
Tout Chantre ne peut pas, sur le ton d'un Orphée,
40 Entonner en grans vers, *la Discorde étouffée.*
Peindre *Bellone en feu tonnant de toutes parts,*
Et le Belge effraïé fuïant sur ses remparts.
Sur un ton si hardi, sans être téméraire,
Racan pourroit chanter au défaut d'un Homère,
45 Mais pour Cotin & moi, qui rimons au hazard,
Que l'amour de blâmer fit Poëtes par art;
Quoi qu'un tas de Grimauds vante nôtre éloquence,
Le plus sûr est pour nous de garder le silence.

REMARQUES.

Vers 42. *Et le Belge effraïé* &c.] Cette Satire a été faite dans le tems que le Roi prit l'Isle, au mois d'Août, 1667. Dans la même Campagne il se rendit maître de plusieurs autres villes de Flandres.

Vers 44. *Racan pourroit chanter,* &c] Honorat de Beuil, Marquis de Racan, Poëte estimé.

Il étoit de l'Académie Françoise, & mourut en 1670.

Vers 45. *Mais pour Cotin & moi,* &c.] Allusion aux Satires que l'Abbé Cotin avoit faites contre nôtre Auteur, & dont on a parlé sur le vers 60. de la Satire III.

IMITATIONS.

Vers 30. *Cet ascendant malin,* &c.] Horace, Sat. I. Liv. 2.
Aut si tantus amor scribendi te rapit, aude
Cæsaris invicti res dicere; multa laborum
Præmia laturus. Cupidum, Pater optime, vires
Deficiunt: neque enim quivis horrentia pilis
Agmina, nec fractâ pereuntis cuspide Gallus,
Aut labentis equo describat vulnera Parthi.

Vers 45. *Mais pour Cotin & moi,* &c.] Juvénal, Sat. 1.
Si natura negat, facit indignatio versum,
Qualemcumque potest, quales ego, vel Cluvienus.

SATIRE IX.

Un Poëme infipide, & fottement flatteur,
50 Deshonore à la fois le Heros & l'Auteur.
Enfin de tels projets paffent nôtre foibleffe.
Ainfi parle un Efprit languiffant de molleffe,
Qui, fous l'humble dehors d'un refpect affecté,
Cache le noir venin de fa malignité.
55 Mais duffiez-vous en l'air voir vos ailes fondües,
Ne valoit-il pas mieux vous perdre dans les nuës;
Que d'aller fans raifon, d'un ftile peu Chrêtien,
Faire infulte en rimant à qui ne vous dit rien,
Et du bruit dangereux d'un livre téméraire,
60 A vos propres perils, enrichir le Libraire?

Vous vous flattez peut-être en vôtre vanité,
D'aller comme un Horace à l'Immortalité:
Et déja vous croïez dans vos rimes obfcures,
Aux Saumaizes futurs préparer des tortures.
65 Mais combien d'Ecrivains, d'abord fi bien reçus,
Sont de ce fol efpoir honteufement deçus;
Combien, pour quelques mois, ont vû fleurir leur livre,
Dont les vers en paquet fe vendent à la livre?
Vous pourrez voir un tems vos écrits eftimez,
70 Courir de main en main par la Ville femez;

REMARQUES.

Vers 64. *Aux Saumaizes futurs préparer des tortures.*] Claude Saumaize, favant Critique & Commentateur, a éclairci une infinité d'endroits obfcurs & difficiles, des Auteurs anciens. Il mourut en 1653. C'eft ce vers qui m'a infpiré la première penfée de faire un Commentaire hiftorique fur les Oeuvres de Mr. Defpréaux, afin de donner une entiere connoiffance des endroits fur lefquels l'éloignement des tems ne manqueroit pas de jetter de l'obfcurité.

*Satire I. Vers 69. *Vous pourrez voir un tems vos écrits eftimez*, &c.] Nous avons parlé ci-devant* de la jaloufie que Gilles Boileau l'Académicien avoit contre fon frere, à caufe du grand fuccès des nouvelles Satires: *On les lira pendant quelque tems,* difoit-il, d'un air méprifant, *mais à la fin elles tomberont dans l'oubli, comme font la plûpart de ces petits Ouvrages: & le tems leur ôtera les charmes que la nouveauté leur a donnez.* Nôtre Poëte fe fervit à propos des mêmes termes contre fon frere lui-même, en les appliquant à deux petits Ouvrages que ce frere avoit publiez, l'un contre Coftar, & l'autre contre l'Abbé Ménage. Il avoit mis en cet endroit:

Vous pourrez voir un tems vos écrits eftimez,
Courir de main en main par la Ville femez.
Puis fuivre avec . . . . . ce rebut de nôtre âge,
Et la Lettre à Coftar, & l'Avis à Ménage.

Mais

SATIRE IX.

Puis de là tout poudreux, ignorez sur la terre,
Suivre chez l'Epicier Neuf-Germain & la Serre :
Ou de trente feüillets réduits peut-être à neuf,
Parer demi-rongez les rebords du Pont-neuf.
75 Le bel honneur pour vous, en voïant vos Ouvrages
Occuper le loisir des Laquais & des Pages,
Et souvent dans un coin renvoïez à l'écart,
Servir de second tome aux airs du Savoïard !
Mais je veux que le Sort, par un heureux caprice,
80 Fasse de vos Ecrits prosperer la malice,
Et qu'enfin vôtre livre aille, au gré de vos vœux,
Faire siffler Cotin chez nos derniers Neveux.
Que vous sert-il qu'un jour l'Avenir vous estime,
Si vos vers aujourd'hui vous tiennent lieu de crime,
85 Et ne produisent rien pour fruit de leurs bons mots,
Que l'effroi du Public, & la haine des Sots ?
Quel Démon vous irrite, & vous porte à médire ?
Un livre vous déplaît. Qui vous force à le lire ?
Laissez mourir un Fat dans son obscurité.
90 Un Auteur ne peut-il pourrir en sureté ?

REMARQUES.

Mais quand il donna au Public cette Satire, il changea ces deux derniers vers, & mit ainsi :

Puis de là tout poudreux, ignorez sur la terre,
Suivre chez l'Epicier Neuf-Germain & la Serre.

Louis de Neuf-Germain, étoit un Poëte ridicule & extravagant, qui vivoit sous le Règne de Louis XIII. Il étoit le Joüet de la Cour, & des beaux Esprits de ce tems-là. Sa métode favorite étoit de faire des vers qui finissoient par les sillabes du nom de ceux qu'il vouloit louer. On en peut voir des exemples dans ses Oeuvres imprimées à Paris en 1637. & des Imitations Satiriques en quelques-uns de nos Poëtes. On a parlé de *La Serre*, sur le vers 176. de la Satire III.

Vers 74. ——— *Les rebords du Pont-neuf.*] Où d'ordinaire on étale les livres de rebut.

Vers 78. *Servir de second tome aux airs du Savoïard.*] Fameux Chantre du Pont-neuf, dont on vante encore les Chansons. Elles sont imprimées en un petit volume, sous ce titre : *Recueil nouveau des Chansons du Savoïard*, par lui seul chantées à Paris. Il les chantoit sur le Pont-neuf, aidé de quelques jeunes Garçons qu'il avoit instruits à chanter avec lui ; & il accompagnoit ses Chansons de plusieurs bouffonneries qui attiroient le peuple. Il se nommoit *Philippot*, autrement *le Savoïard*. Son Pere avoit fait le même métier que lui, & chantoit en son tems les Chansons de Guédron, & du vieux Boësset.

Le Jonas inconnu seche dans la poussiere.
Le David imprimé n'a point vû la lumiere.
Le Moïse commence à moisir par les bords.
Quel mal cela fait-il ? Ceux qui sont morts sont morts.
95 Le tombeau contre vous ne peut-il les défendre ?
Et qu'ont fait tant d'Auteurs pour remuer leur cendre ?
Que vous ont fait Perrin, Bardin, Pradon, Hainaut,
Colletet, Pelletier, Titreville, Quinaut,
Dont les noms en cent lieux, placez comme en leurs niches,
100 Vont de vos vers malins remplir les hémistiches ?
Ce qu'ils font vous ennuie. O le plaisant détour !
Ils ont bien ennuïé le Roi, toute la Cour ;
Sans que le moindre Edit ait, pour punir leur crime,
Retranché les Auteurs, ou supprimé la rime.
105 Ecrive qui voudra. Chacun à ce métier
Peut perdre impunément de l'encre & du papier.
Un Roman, sans blesser les loix ni la coûtume,
Peut conduire un Heros au dixième volume.

CHANGEMENS.

Vers 108. ——————— *Au dixième volume.*] Dans les premières éditions il

REMARQUES.

Vers 91. *Le Jonas inconnu* &c. *Le David imprimé* &c. *Le Moïse* &c.] Poëmes héroïques, qui n'ont pas réüssi. Le Poëme de *Jonas, ou Ninive pénitente*, parut en 1663. Jaques de Coras en étoit l'Auteur ; Il en avoit fait un autre intitulé, *David, ou la Vertu couronée*, qu'il publia en 1665. Mais ce n'est pas celui-ci que nôtre Satirique a eu en vûë : c'est un autre Poëme de *David*, composé par le Sieur Les-Fargues, Toulousain. *Moïse sauvé*, Idille héroïque, divisée en douze parties, par le Sieur de St. Amand.

Vers 97. *Que vous ont fait Perrin*, &c.] Ce vers & le suivant font allusion aux 44. & 45. de la Satire VII. où la plupart des mêmes noms sont placez. Dans les premières éditions il y avoit : *Que vous ont fait Perrin, Bardin, Mauroy, Boursaut ?* A la place de ces deux derniers, l'Auteur a mis *Pradon* & *Hainaut*. Nous parlerons de Pradon ci-après sur le dernier vers de l'Epitre VII. A l'égard du second, c'est *Hainaut*, Poëte de ce tems-là, connu par le fameux Sonnet de l'Avorton, dont il étoit l'Auteur ; & par quelques autres Pièces tant en vers qu'en Prose, qui furent imprimées à Paris en 1670. Il mourut en l'année 1682. Mr. Despréaux le trouvoit assez bon Poëte, & disoit que sa meilleure pièce, non pas pour le sujet, mais pour la composition, étoit un Sonnet contre Mr. Colbert, qui commençoit par ce vers : *Ministre avare & lâche, Esclave malheureux*. Mr. Colbert fit là-dessus une action pleine de grandeur. On lui parla de ce Sonnet : Il demanda s'il n'y avoit rien contre le Roi ; on lui dit que non. *Cela étant*, répondit-il, *Je n'en veux point de mal à l'Auteur*.

Vers 103. *Sans que le moindre Edit* &c.] En ce tems-là on avoit publié des Edits de réformation & de suppression.

SATIRE IX.

De là vient que Paris voit chez lui de tout tems
110 Les Auteurs à grans flots déborder tous les ans :
Et n'a point de portail, où jusques aux corniches,
Tous les piliers ne soient enveloppez d'affiches.
Vous seul plus dégoûté, sans pouvoir, & sans nom,
Viendrez règler les droits & l'Etat d'Apollon.
115 Mais vous, qui raffinez sur les écrits des autres,
De quel œil pensez-vous qu'on regarde les vôtres?
Il n'est rien en ce tems à couvert de vos coups.
Mais savez-vous aussi comme on parle de vous?
  Gardez-vous, dira l'Un, de cet Esprit critique.
120 On ne sait bien souvent quelle mouche le pique.
Mais c'est un jeune Fou, qui se croit tout permis,
Et qui pour un bon mot va perdre vingt Amis.
Il ne pardonne pas aux vers de la Pucelle,
Et croit règler le Monde au gré de sa cervelle.
125 Jamais dans le Barreau trouva-t-il rien de bon?
Peut-on si bien prêcher qu'il ne dorme au Sermon?

CHANGEMENS.

y avoit : *Au douzième volume.* Nôtre Auteur ne se souvenoit pas, que les Romans de Cirus, de Clélie, de Pharamond, & de Cléopatre, sont chacun de dix volumes, & non pas de douze.

REMARQUES.

Vers 125. *Jamais dans le Barreau &c.*] Nôtre Auteur possédoit dans un grand degré de perfection le talent de contrefaire toutes sortes de gens. Il savoit si bien prendre le ton de voix, l'air, le geste, & toutes les manières des personnes qu'il vouloit copier, qu'on s'imaginoit les voir & les entendre. Etant jeune Avocat, il n'alloit au Palais que pour observer les manières de plaider des autres Avocats, & pour les contrefaire quand il étoit avec ses amis. Il en faisoit autant à l'égard des Prédicateurs, & des Comédiens.

IMITATIONS.

Vers 119. *Gardez-vous . . . . . . de cet Esprit critique.*] Horace, Liv. I. Sat. 4. v. 34.
  Omnes hi metuunt versus, odere Poëtas.
  Fœnum habet in cornu, longè fuge, dummodo risum
  Excutiat sibi, non hic cuiquam parcet amico.
Cet endroit d'Horace avoit aussi été imité par Regnier, Sat. XII.
  ——— *Fuyez ce Médisant :*
  Fâcheuse est son humeur, son parler est cuisant.
  Quoi, Monsieur, n'est-ce pas cet Homme à la Satire,
  Qui perdroit son Ami plûtôt qu'un mot pour rire?
Quintil. L. 6. c. 3. *Lædere nunquam velimus, longèque absit propositum illud :* Potius amicum quam dictum perdidi.

Mais lui, qui fait ici le Régent du Parnaſſe,
N'eſt qu'un gueux revêtu des dépoüilles d'Horace.
Avant lui Juvénal avoit dit en Latin,
130 *Qu'on eſt aſſis à l'aiſe aux Sermons de Cotin.*
L'Un & l'Autre avant lui s'étoient plaints de la rime.
Et c'eſt auſſi ſur eux qu'il rejette ſon crime.
Il cherche à ſe couvrir de ces noms glorieux.
J'ai peu lû ces Auteurs : mais tout n'iroit que mieux,
135 Quand de ces Médiſans l'Engeance toute entière
Iroit la tête en bas rimer dans la rivière.
  Voilà comme on vous traitte : & le Monde effraïé.
Vous regarde déja comme un homme noïé.
Envain quelque Rieur, prenant vôtre défenſe,
140 Veut faire au moins de grace adoucir la ſentence.
Rien n'appaiſe un Lecteur toûjours tremblant d'effroi,
Qui voit peindre en autrui ce qu'il remarque en ſoi.
Vous ferez-vous toûjours des affaires nouvelles ?
Et faudra-t-il ſans ceſſe eſſuïer des querelles ?
145 N'entendrai-je qu'Auteurs ſe plaindre & murmurer ?
Juſqu'à quand vos fureurs doivent-elles durer ?
Répondez, mon Eſprit ce n'eſt plus raillerie :
Dites.... Mais, direz-vous, pourquoi cette furie ?

REMARQUES

Vers 128. N'eſt qu'un gueux revêtu des dépoüilles d'Horace. &c.] Saint Pavin, dans un ſonnet qu'il avoit fait contre l'Auteur, lui reprochoit qu'il n'étoit riche que des dépoüilles d'Horace, de Juvénal, & de Regnier *. L'Abbé Cotin appuïoit fortement ce reproche, ſoit dans *la Satire* qu'il fit contre Mr. Deſpréaux †, ſoit dans ſa *Critique déſintereſſée ſur les Satires du tems.* Mais nôtre Auteur le rend doublement ridicule, en lui faiſant dire, que *Juvénal avoit dit en Latin, Qu'on eſt aſſis à l'aiſe aux Sermons de Cotin.* Il ſe fait faire une objection impertinente, qui retombe ſur celui qui l'a fait. Ce tour eſt très-ingénieux.

Vers 136. Iroit la tête en bas rimer dans la rivière.] L'auſtère vertu dont M. L. D. D. M. faiſoit profeſſion, lui fit regarder les précedentes Satires de l'Auteur, comme des médiſances affreuſes qu'on ne devoit pas autoriſer. De ſorte qu'un jour il dit dans un mouvement de colère, qu'il faudroit envoïer Boileau & tous les Satiriques rimer dans la rivière. Cependant on ſait que ce D. qui s'étoit mêlé de Poëſie dans ſa jeuneſſe, avoit lui-même compoſé des Satires, qui paſſoient pour vives & piquantes ‡. Marot a dit dans ſon Epître à François I.

Et de ce ſaut m'envoïer à l'envers
Rimer ſous terre, & y faire des vers.

* Voïez la Note ſur le vers 128. de la Sat. I.

† Voïez la Remarque ſur le vers 60. de la Satire 3.

‡ *Teſtes vividæ illæ atque acres Satiræ quæ nobile & generoſum illud tuum quodam modo præſe ferunt Teſtes miſerræ rotundiſſimæ Epigrammata. &c.* Ménage, dans l'Epître dédicatoire de ſes Poëſies.

SATIRE IX.

Quoi ? pour un maigre Auteur que je gloze en paſſant,
150 Eſt-ce un crime, après tout, & ſi noir & ſi grand ?
Et qui voïant un Fat s'applaudir d'un ouvrage,
Où la droite Raiſon trébuche à chaque page,
Ne s'écrie auſſi-tôt : *L'impertinent Auteur !*
L'ennuïeux Ecrivain ! le maudit Traducteur !
155 *A quoi bon mettre au jour tous ces diſcours frivoles,*
Et ces Riens enfermez dans de grandes paroles ?
Eſt-ce donc là médire, ou parler franchement ?
Non, non, la Médiſance y va plus doucement.
Si l'on vient à chercher, pour quel ſecret miſtère
160 Alidor à ſes frais bâtit un monaſtère :
Alidor, dit un Fourbe, *il eſt de mes Amis.*
Je l'ai connu Laquais avant qu'il fût Commis.
C'eſt un Homme d'honneur, de pieté profonde,
Et qui veut rendre à Dieu ce qu'il a pris au monde.
165 Voilà joüer d'adreſſe, & médire avec art ;
Et c'eſt avec reſpect enfoncer le poignard.

REMARQUES.

Vers 160. *Alidor à ſes frais bâtit un Monaſtère.*] Ce vers & les quatre ſuivans déſignent deux Perſonnes. La première eſt un riche Partiſan qui ſe retira à Rome pour ſe mettre à couvert des recherches que le Roi fit faire contre les gens d'affaires par la Chambre de Juſtice, établie à Paris en 1661. L'Abbé Furetiere avoit fait une Epigramme contre ce Partiſan ſous le même nom d'*Alidor*.

Tandis qu'Alidor fut Laquais,
Il fut ſoumis, humble & docile ;
Mais quand il eut fait force acquets,
Il fut rogue, altier, difficile.
On l'eût pris pour un Koüelet,
Tant l'orgueil le fit méconnoître.

Je vois bien que d'un bon Valet
On ne ſauroit faire un bon Maître.

Nicolas Raulin, Chancelier de Bourgogne, décrié par ſes concuſſions, avoit fondé un Hôpital : ſurquoi Louïs XI. dit ce bon mot ; Que *Raulin aiant fait une infinité de pauvres, il étoit bien juſte qu'il les logeât.*

Ce n'étoit pas à celui-là que nôtre Auteur en vouloit : il avoit des exemples plus modernes.

Vers 165. ———— *Et médire avec art.*] Il y a auſſi un art à médire, & la médiſance même a ſes règles *Eſt ars etiam maledicendi.* Scaligerana 2. p. 10.

IMITATIONS.

Vers 159. *Si l'on vient à chercher pour quel ſecret miſtère,* &c.] Horace, Liv. 1. Sat. 4.

———— *Mentio ſi qua*
De Capitolini furtis injecta Petilli
Te coram fuerit, defendas, ut tuus eſt mos,
Me Capitolinus convictore uſus amicoque
A puero eſt &c.

SATIRE IX.

Un Esprit né sans fard, sans basse complaisance,
Fuit ce ton radouci que prend la Médisance.
Mais de blâmer des vers ou durs, ou languissans;
170 De choquer un Auteur, qui choque le bon sens :
De railler d'un Plaisant, qui ne sait pas nous plaire;
C'est ce que tout Lecteur eut toûjours droit de faire.
Tous les jours à la Cour un Sot de qualité
Peut juger de travers avec impunité :
175 A Malherbe, à Racan, préferer Théophile,
Et le clinquant du Tasse, à tout l'or de Virgile.
Un Clerc, pour quinze sous, sans craindre le hola,
Peut aller au Parterre attaquer Attila;
Et si le Roi des Huns ne lui charme l'oreille,
180 Traiter de Visigots tous les vers de Corneille.

REMARQUES.

* Demo-
sthenes
sibi prae-
ripuit ne
esses pri-
mus Ora-
tor; in
illi, ne
solus. D.
Hieron.
Epist. ad
Nepo-
tian. de
vita Cle-
ric.

† Le
Marquis
Orsi: Con-
siderazio-
ni sopra
un famo-
so Libro
Francese,
intitola-
to, La
maniere
&c. Cioè,
La manie-
ra di ben
pensare
ne'compo-
nimenti.
Imprimé
à Bologne
1703.

Vers 173. —— *Un sot de qualité.* &c.] Un homme de qualité fit un jour ce beau jugement en présence de nôtre Poëte ; & soûtint son avis avec beaucoup de hauteur. Mr. Despréaux ne voulant pas lui répondre d'une manière qui pût l'offenser : *Vous savez bien que j'ai raison*, lui dit-il ; *Or, dites vous à vous-même ce que vous me diriez si vous étiez à ma place.*

Vers 176. *Et le clinquant du Tasse.*] Poëte Italien très célèbre qui a vécu dans le XVI. siècle. Plusieurs Auteurs, & particulierement les Italiens, n'ont point fait de difficulté de mettre *le Tasse* en parallèle avec *Virgile*. Balzac même a dit que *la Jerusalem délivrée* est l'Ouvrage le plus riche & le plus achevé que l'on eût encore vû depuis le siècle d'Auguste ; & qu'en ce genre d'écrire, *Virgile* est cause que *le Tasse* n'est pas le premier : & *le Tasse*, que *Virgile* n'est pas le seul. On avoit deja donné le même éloge à Cicéron, comparé à Demosthéne *.

Un Auteur Italien † qui a entrepris la défense du *Tasse*, & des autres Ecrivains de son païs, contre les reproches qui leur ont été faits par le P. Bouhours, dans sa *Manière de bien penser* ; essaïe aussi de justifier le Tasse du Jugement que Mr. Despréaux en a fait, en opposant son clinquant à l'or de Virgile. *Ed apppunto non e un serio giudizio*, dit-il, *ma una Scherzévole licenza poetica fu quella ch' egli usò contra il Tasso.* Ce n'est pas *un Jugement sérieux, mais une plaisanterie, & une licence poëtique.*

Ce même Auteur ajoûte ‡ que cette plaisanterie de Mr. Despréaux contre *le Tasse*, n'a été dite qu'après un Auteur Italien §, à qui il est échappé, dit-il, d'écrire que *la Jerusalem délivrée* n'est précisément que du clinquant ou de l'oripeau, en comparaison d'un autre Poëme Italien qu'il nomme : *Che la Gerusalemme liberata pareagli appunto un' orpello allato all' Oro dell' Avarchide.* Ce Poëme est de Luigi Alamanni.

Vers 177. *Un Clerc pour quinze sous, sans craindre le hola,* &c.] Mr. Despréaux étant, en 1666. à la première représentation d'*Agésilas*, qui est une des dernières Tragédies du grand Corneille, sentit que cette Pièce étoit bien au dessous de celles qui l'avoient précedée, & que l'Auteur commençoit à baisser. Sur cela il fit l'Epigramme suivante, qui est peut-être la plus courte des Epigrammes Françoises.

J'ai vû l'Agésilas,
Helas !

L'année suivante Corneille donna la Tragédie d'Atti-

‡ Dial.
VI. pag.
506.

§ Le Cavalier
Salviati:
Infarinato
10 sicondo. pag.
385.

SATIRE IX.

Il n'est Valet d'Auteur, ni Copiste à Paris,
Qui, la balance en main, ne pèse les Ecrits.
Dès que l'impression fait éclorre un Poëte,
Il est esclave né de quiconque l'achète :
185 Il se soûmet lui-même aux caprices d'autrui,
Et ses écrits tous seuls doivent parler pour lui.
Un Auteur à genoux, dans une humble Préface,
Au Lecteur, qu'il ennuïe, a beau demander grace ;
Il ne gagnera rien sur ce Juge irrité,
190 Qui lui fait son procès de pleine autorité.
    Et je serai le seul qui ne pourrai rien dire ?
On sera ridicule, & je n'oserai rire ?
Et qu'ont produit mes vers de si pernicieux,
Pour armer contre moi tant d'Auteurs furieux ?
195 Loin de les décrier, je les ai fait paroître ;
Et souvent, sans ces vers qui les ont fait conoître,
Leur talent dans l'oubli demeureroit caché.
Et qui sauroit sans moi que Cotin a prêché ?

REMARQUES.

d'*Attila*, où la décadence de son génie se faisoit encore mieux sentir. Mr. Despréaux doubla ainsi la même Epigramme.
    Après l'Agésilas,
        Helas !
    Mais après l'Attila,
        Hola.
C'est à cela que nôtre Auteur a fait allusion dans ces vers, que Mr. Corneille prenoit pour un éloge, quoi qu'ils puissent être interpretez d'une manière bien différente ; mais l'Auteur y avoit mis à dessein un peu d'ambiguité.

Vers 187. *Un Auteur à genoux, dans une humble préface.*] Ces quatre vers sont remarquables par leur beauté. Ils ont été cause qu'une Dame extrèmement spirituelle ne vouloit lire aucune Préface, de peur de se laisser prévenir. Elle vouloit juger des Ouvrages par ses seules lumières, & elle en jugeoit bien.
Vers 198. *Et qui sauroit sans moi que Cotin a prêché ?*] Allusion à ce vers de la Satire III. *Qu'aux Sermons de Cassagne, ou de l'Abbé Cotin.* Quelque tems après la publication de la troisiéme Satire, l'Abbé Cassagne prêcha dans l'Egli-se

IMITATIONS.

Vers 185. *Il se soûmet lui même aux caprice d'autrui.*] *Qui scribit, multos sumit Judices : alius in alterius libret ac grassatur ingenium.* D. Hieron. Epist. 29. ad Præsidium Diaconum.

Vers 187. *Un Auteur à genoux*, &c.] Cervantes dans la préface de son Don Quichotte. *No quiero Yrme con la corriente del uso, ni suplicarte casi con las lagrimas en lo ojos, como otros hazen, Letor mio, que perdones ò dissimules las faltas que en este mi hijo vieres.*

SATIRE IX.

La Satire ne sert qu'à rendre un Fat illustre.
200 C'est une ombre au tableau, qui lui donne du lustre.
En les blâmant enfin, j'ai dit ce que j'en croi,
Et tel, qui m'en reprend, en pense autant que moi.
Il a tort, dira l'Un, *Pourquoi faut-il qu'il nomme ?*
Attaquer Chapelain ! ah ! c'est un si bon Homme.
205 *Balzac en fait l'éloge en cent endroits divers.*
. Il est vrai, s'il m'eût crû, qu'il n'eût point fait de vers.
Il se tuë à rimer. Que n'écrit-il en prose ?
Voilà ce que l'on dit. Et que dis-je autre chose ?
En blâmant ses Ecrits, ai-je d'un stile affreux
210 Distilé sur sa vie un venin dangereux ?
Ma Muse en l'attaquant, charitable & discrète,
Sait de l'Homme d'honneur distinguer le Poëte.
Qu'on vante en lui la foi, l'honneur, la probité ;
Qu'on prise sa candeur & sa civilité :
215 Qu'il soit doux, complaisant, officieux, sincère :
On le veut, j'y souscris, & suis prêt de me taire.
Mais que pour un modèle on montre ses Ecrits,
Qu'il soit le mieux renté de tous les beaux Esprits :
Comme Roi des Auteurs, qu'on l'élève à l'Empire ;
220 Ma bile alors s'échauffe, & je brûle d'écrire :

REMARQUES.

se de S. Benoit. La curiosité attira à son Sermon beaucoup plus de monde qu'il n'en avoit ordinairement ; ce que nôtre Auteur aiant appris : *Il m'est redevable de cet honneur*, dit-il ; *parce que je l'ai fait conoître. Sans moi l'on ne sauroit pas que l'Abbé Cassagne eût prêché.* Il appliqua ensuite à l'Abbé Cotin, ce qu'il avoit dit de l'Abbé Cassagne.

Vers 203. *Il a tort, dira l'un, Pourquoi faut-il qu'il nomme ?*] Un jour l'Abbé de la Victoire disoit à l'Auteur : *Chapelain est de mes amis ; & je suis fâché que vous l'aiez nommé dans vos Satires. Il est vrai, que s'il m'en avoit crû, il n'auroit jamais fait de vers : La Prose lui couve-

noit mieux. Voilà ce que l'on dit,* s'écrie ici nôtre Poëte, *& que dis-je autre chose ?* Il ajoûtoit encore , *Que peut-on me reprocher, si ce n'est d'avoir dit en vers , ce que tout le monde dit en prose ? Je suis le Secretaire du public.*

Vers 205. *Balzac en fait l'Eloge.*] Voïez les Lettres de Balzac à Chapelain : il y en a six Livres entiers , depuis le 17. jusqu'au 22. inclusivement.

Vers 218. *Qu'il soit le mieux renté de tous les beaux Esprits.*] Le Roi donnoit une pension de mille écus à Chapelain. Mr. le Duc de Longue-ville lui en donnoit une de 4000. francs à cause du Poëme de *la Pucelle d'Orleans.*

SATIRE IX.

Et s'il ne m'eſt permis de le dire au papier;
J'irai creuſer la terre, & comme ce Barbier,
Faire dire aux roſeaux par un nouvel organe,
Midas, le Roi Midas a des oreilles d'Ane.
225 Quel tort lui fais-je enfin? ai-je par un écrit
Pétrifié ſa veine, & glacé ſon eſprit?
Quand un Livre au Palais ſe vend & ſe débite,
Que chacun par ſes yeux juge de ſon mérite:
Que Billaine l'étale au deuxième Pilier:
230 Le dégoût d'un Cenſeur peut-il le décrier?
Envain contre le Cid un Miniſtre ſe ligue.
Tout Paris pour Chimène a les yeux de Rodrigue.
L'Académie en corps a beau le cenſurer:
Le Public revolté s'obſtine à l'admirer.
235 Mais lors-que Chapelain met une œuvre en lumière,
Chaque Lecteur d'abord lui devient un Linière.

REMARQUES.

Vers 222. *J'irai creuſer la terre, & comme ce Barbier, &c.*] Midas, Roi de Phrigie, poſſédoit de grans tréſors: ce qui avoit donné lieu aux Poëtes de feindre que ce Prince changeoit en or, tout ce qu'il touchoit. Mais il avoit très-peu d'eſprit. Apollon & Pan s'étant défiés à chanter, prirent Midas pour juge. Celui-ci ajugea la préférence à Pan; & Apollon, pour s'en venger, donna à Midas des oreilles d'Ane. Ce Prince cachoit ſa diſgrace avec ſoin; mais comme il ne put empêcher que ſon Barbier ne s'en aperçût, il lui défendit ſur peine de la vie d'en parler. Le Barbier ne pouvant ſe taire, fit dans la terre un creux, où il dit tout bas: *Midas a des oreilles d'Ane.* Il crut avoir enterré ſon ſecret; mais la terre produiſit des Roſeaux qui étant agités par le vent, redifoient tout haut: *Midas a des oreilles d'Ane.*

Vers 229. *Que Billaine l'étale.*] Louis Billaine, fameux Libraire, dont la boutique étoit contre le deuxième Pilier de la grand' Salle du Palais. Il mourut en 1681. C'eſt lui qui vendoit le poëme de la Pucelle.

Vers 231. *En vain contre le Cid un Miniſtre ſe ligue.*] Avec l'Académie. Mr. Corneille aiant fait repréſenter ſa fameuſe Pièce du Cid, la gloire qu'il en reçut lui attira bien des Envieux. Leur parti ſe trouva même fortifié par le grand Cardinal de Richelieu, qui voulut bien honorer ce Poëte de ſa Jalouſie. Il obligea l'Académie Françoiſe de faire la critique du Cid; & cette critique fut imprimée en 1637. ſous le titre de *Sentimens de l'Académie Françoiſe ſur le Cid.* Voïez l'hiſtoire de l'Académie. Part. 3.

Vers 236. ———— *Lui devient un Linière.*] Auteur qui a écrit contre le Poëme de la Pucelle de Chapelain. Cette Epigramme eſt de lui.

Nous

IMITATIONS.

Vers 222. *J'irai creuſer la terre &c.*] Perſe, Satire I. v. 119.
P. *Men' muire nefas, nec clam, nec cum ſcrobe?* A. *Nuſquam.*
P. *Hic tamen infodiam, vidi, vidi ipſe, libelle:*
Auriculas aſini quis non habet?

SATIRE IX.

Envain il a reçû l'encens de mille Auteurs:
Son Livre en paroissant dément tous ses Flateurs.
Ainsi, sans m'accuser, quand tout Paris le joüe,
240 Qu'il s'en prenne à ses vers que Phébus desavoüe,
Qu'il s'en prenne à sa Muse Allemande en François.
Mais laissons Chapelain pour la dernière fois.
La Satire, dit-on, est un métier funeste,
Qui plaît à quelques gens, & choque tout le reste.
245 La suite en est à craindre. En ce hardi métier
La peur plus d'une fois fit repentir Regnier.
Quittez ces vains plaisirs, dont l'appas vous abuse:
A de plus doux emplois occupez vôtre Muse:
Et laissez à Feüillet reformer l'Univers.
250 Et sur quoi donc faut-il que s'exercent mes vers?
Irai-je dans une Ode, en phrases de Malherbe,
Troubler dans ses roseaux le Danube superbe:

REMARQUES.

Nous attendons de Chapelain,
Ce rare & fameux Ecrivain,
Une merveilleuse Pucelle.
La Cabale en dit force bien:
Depuis vingt ans on parle d'Elle,
Dans six mois on n'en dira rien.

Nous parlerons encore de *Linière* sur le vers 8. de l'Epitre II. & sur le vers 194. du deuxième Chant de l'art poëtique.

Vers 246. *La peur plus d'une fois fit repentir Regnier.*] *Et moi aussi*: disoit quelquefois l'Auteur. Mathurin Regnier, natif de Chartres, Poëte satirique, & le premier qui ait fait des Satires en France. Il étoit Neveu de l'Abbé Des Portes. La tradition à Chartres est que Regnier, dès sa première Jeunesse, aiant fait paroître beaucoup de penchant pour la Satire, les vers qu'il faisoit contre diverses personnes lui attirèrent bien des Ennemis, & obligèrent son Père à l'en châtier plus d'une fois. Il lui recommandoit, ou d'imiter son Oncle, & de fuir la médisance, ou de ne point écrire. Regnier naquit à Chartres, le 21. de Décembre 1573. & mourut à Roüen, le 22. d'Octobre, 1613.

Vers 249. *Et laissez à Feüillet reformer l'Univers.*] Nicolas Feüillet, Chanoine de St. Cloud, étoit un Prédicateur fort outré dans ses Sermons, & d'une Morale extrèmement sévère. Il s'étoit, pour ainsi dire, acquis le droit de parler avec une entière liberté aux premières Personnes de la Cour & de les reprendre de leurs déréglemens. C'est pourquoi on lui a fait l'application de ce verset du Pseaume 118. *Loquebar de testimoniis tuis in conspectu Regum, & non confundebar.* Il mourut à Paris le 7. de Septembre, 1693. âgé de 71. ans. Son Portrait a été gravé par Edelinck.

Vers 251. *Irai-je dans une Ode, en phrases de Malherbe, &c.*] Charles du Périer, Poëte qui vivoit alors, faisoit des Odes françoises, dans lesquelles il affectoit d'imiter Malherbe, & même d'en copier les expressions. Il avoit abandonné la Poësie Latine dans laquelle il réussisoit fort bien.

SATIRE IX.

Délivrer de Sion le peuple gémissant :
Faire trembler Memphis, ou pâlir le Croissant :
255 Et passant du Jourdain les ondes alarmées,
Cueillir, mal-à propos, les palmes Iduméés ?
Viendrai-je, en un Eglogue, entouré de troupeaux,
Au milieu de Paris enfler mes chalumeaux,
Et dans mon cabinet assis au pied des hêtres,
260 Faire dire aux Echos des sottises champêtres ?
Faudra-t-il de sens froid, & sans être amoureux,
Pour quelque Iris en l'air, faire le langoureux ;
Lui prodiguer les noms de Soleil & d'Aurore,
Et toûjours bien mangeant mourir par métaphore ?
265 Je laisse aux Doucereux ce langage affété,
Où s'endort un esprit de mollesse hébeté.
  La Satire, en leçons, en nouveautez fertile,
Sait seule assaisonner le Plaisant & l'Utile,
Et d'un vers, qu'elle épure aux raïons du bon sens,
270 Détromper les Esprits des erreurs de leur tems.
Elle seule, bravant l'orgueil & l'injustice,
Va jusques sous le dais faire pâlir le vice ;
Et souvent sans rien craindre, à l'aide d'un bon mot,
Va venger la Raison des attentats d'un Sot.

CHANGEMENS.

Vers 270. *Détromper les Esprits.*] On lit, *Détrompe*, dans toutes les éditions qui ont été faites avant l'Edition postume de 1713.

REMARQUES.

Vers 256. ———— *Les Palmes Idumées.*] L'Idumée est une Province voisine de la Judée, abondante en Palmiers.

Vers 262. *Pour quelque Iris en l'air faire le langoureux.*] Charles Perraut, de l'Académie Françoise, & Pierre Perraut son frere, étoient du nombre de ceux qui blâmoient nôtre Auteur. Les principaux Ouvrages ausquels s'occupoient alors ces deux Poëtes étoient des Stances amoureuses, des Eglogues tendres, des Elegies à Iris, &c.

SATIRE IX.

275 C'est ainsi que Lucile, appuïé de Lélie,
Fit justice en son tems des Cotins d'Italie,
Et qu'Horace, jettant le sel à pleines mains,
Se joüoit aux dépens des Pelletiers Romains.
C'est elle, qui m'ouvrant le chemin qu'il faut suivre,
280 M'inspira dès quinze ans la haine d'un sot Livre,
Et sur ce Mont fameux, où j'osai la chercher,
Fortifia mes pas, & m'apprit à marcher.
C'est pour elle, en un mot, que j'ai fait vœu d'écrire.
Toutefois, s'il le faut, je veux bien m'en dédire :
285 Et pour calmer enfin tous ces flots d'Ennemis,
Réparer en mes vers les maux qu'ils ont commis.
Puisque vous le voulez, je vais changer de stile.
Je le déclare donc. Quinaut est un Virgile.
Pradon comme un Soleil en nos ans a paru.
290 Pelletier écrit mieux qu'Ablancourt ni Patru.

REMARQUES.

Vers 275. *C'est ainsi que Lucile appuïé de Lélie* &c.] Lucilius étoit un Poëte Satirique de Rome, & le premier qui ait écrit des Satires. Il étoit fort aimé de Scipion, & de *Lélius*, deux Illustres Romains.

Vers 286. *Réparer en mes vers les maux qu'ils ont commis.*] Dans la dernière édition que Mr. Despréaux fit faire en 1701. Il y a, *les maux que j'ai commis*; mais c'est une faute d'impression, dont l'Auteur m'a fait apercevoir, & qui n'a point été corrigée dans l'édition posthume de 1713.

Vers 288. ——— *Quinaut est un Virgile.*] Allusion au vers 20. de la Satire II. *La Raison dit Virgile, & la Rime Quinaut.*

Vers 289. *Pradon comme un Soleil* &c.] Il y avoit, *Bonrsaut* dans les premières éditions; mais il l'ôta après leur reconciliation.

Vers 290. *Pelletier écrit mieux qu'Ablancourt ni Patru.*] Pelletier : voïez le vers 54. du Discours au Roi. *Ablancourt* : Nicolas Perrot d'Ablancourt, célèbre par les traductions qu'il a données. Il étoit de l'Académie Françoise, & mourut en 1664. *Patru* : Olivier Patru, de l'Académie Françoise, est un des plus célèbres Avocats du Parlement de Paris. Nôtre Poëte a joint ici ces deux Illustres Ecrivains, Ablancourt & Patru; parce qu'ils étoient unis d'une étroite amitié.

IMITATIONS.

Vers 275. *C'est ainsi que Lucile,* &c.] Perse, Sat. I. vers 114.
——— *Secuit Lucilius Urbem,*
Te Lupe, te Muti, & genuinum fregit in illis.
Omne vafer vitium ridenti Flaccus amico
Tangit, & admissus, circùm præcordia, ludit.

Vers 284. *Toutefois, s'il le faut, je veux bien m'en dédire :* &c.] Perse, Satire première.
——— *Per me equidem sint omnia protinus alba :*
Nil moror : Euge. Omnes, omnes bene miræ eritis res.
Hoc juvat.

SATIRE IX.

Cotin, à ses Sermons traînant toute la Terre,
Fend les flots d'Auditeurs pour aller à sa chaire.
Sausal est le Phénix des Esprits relevez.
Perrin... Bon, mon Esprit, courage, poursuivez.
295 Mais ne voïez-vous pas, que leur troupe en furie
Va prendre encor ces vers pour une raillerie?
Et Dieu sait, aussi-tôt, que d'Auteurs en courroux,
Que de Rimeurs blessez s'en vont fondre sur vous!
Vous les verrez bien-tôt, féconds en impostures,
300 Amasser contre vous des volumes d'injures,
Traiter en vos écrits chaque vers d'attentat,
Et d'un mot innocent faire un crime d'Etat.
Vous aurez beau vanter le Roi dans vos ouvrages,
Et de ce nom sacré sanctifier vos pages.
305 Qui méprise Cotin, n'estime point son Roi,
Et n'a selon Cotin, ni Dieu, ni foi, ni loi.
Mais quoi? répondrez-vous: Cotin nous peut-il nuire?
Et par ses cris enfin que sauroit-il produire?
Interdire à mes vers, dont peut-être il fait cas,
310 L'entrée aux pensions, où je ne prétens pas?

REMARQUES.

Vers 291. *Cotin à ses Sermons* &c.] Voïez le vers 60. de la Satire III.

Vers 293. *Sausal est le Phénix* &c.] C'est Sauvalle. Voïez le vers 40. de la Satire VII.

Vers 294. *Perrin.......* &c.] Voïez le vers 44. de la Satire VII.

Vers 302. *Et d'un mot innocent faire un crime d'Etat.*] M. L. D. D. M. avoit voulu faire un crime d'Etat à nôtre Satirique, de ce qu'il avoit traité ce Siècle, de *Siècle de fer*, dans la Satire I. Mr. Pelisson, piqué contre l'Auteur, vouloit insinuer que, dans le vers 224. de cette Satire neuvième, *Midas, le Roi Midas* &c. Mr. Despréaux avoit eu à l'égard du Roi, le même dessein, que Perse avoit eu contre Neron dans ce vers: *Auriculas asini Mida Rex habet*: dessein extrêmement éloigné de la pensée de nôtre Auteur.

Vers 306. *Et n'a, selon Cotin, ni Dieu, ni foi,* ni loi.] Ce sont les mêmes injures que Cotin avoit publiées contre nôtre Auteur, dans sa *Critique désinteressée sur les Satires du tems*, où il l'accusoit d'être criminel de lèze-Majesté Divine & Humaine.

Vers 307. ——— *Cotin nous peut-il nuire?*] Voici la neuvième fois que le mot de *Cotin* se présente dans cette Satire. Les Amis de nôtre Auteur craignirent que le fréquent retour du même nom, ne parût affecté, & ne déplût aux Lecteurs. *Il faut voir*, dit-il: *Je consens d'ôter tout ce qui sera de trop*. On s'assembla, on lut la Satire entière; mais on trouva par tout le nom de Cotin si bien placé, qu'on ne crut pas qu'il y eût aucun de ces endroits qui dût être retranché.

Vers 310. *L'entrée aux pensions où je ne prétens pas.*] Le Roi donnoit des Pensions aux gens de Lettres; & Cotin étoit un des Pensionnaires.

Non, pour loüer un Roi, que tout l'Univers loüë,
Ma langue n'attend point que l'argent la dénoüë ;
Et sans esperer rien de mes foibles Ecrits,
L'honneur de le loüer m'est un trop digne prix.
315 On me verra toûjours, sage dans mes caprices,
De ce même pinceau, dont j'ai noirci les vices,
Et peint, du nom d'Auteur tant de Sots revêtus,
Lui marquer mon respect, & tracer ses vertus.

Je vous croi, mais pourtant, on crie, on vous menace.
320 Je crains peu, direz-vous, les Braves du Parnasse.
Hé, mon Dieu, craignez tout d'un Auteur en courroux,
Qui peut.... Quoi? Je m'entens. Mais encor? Taisez-vous.

REMARQUES.

Vers 322. *Qui peut.... Quoi? Je m'entens. Mais encor? Taisez-vous.*] Il faut distinguer le Dialogue dans ce dernier vers.

IMITATIONS.

Vers 322. *Qui peut.... Quoi? &c.*] Ce Dialogue est semblable à celui que fait Merlin Cocaïe * avec son Esprit, ou avec soi-même, au commencement de la septième Macaronique. *Siste labrum. Quare? Cupies tacuisse. Tacendum est Quod nocet. Imo nocet Vatem nimis esse loquacem.*

* Son véritable nom est *Theophilo Folingio* de Mantoüe mort en 1543.

AU LECTEUR.

VOICI enfin la Satire qu'on me demande depuis si long-tems. Si j'ai tant tardé à la mettre au jour, c'est que j'ai été bien aise qu'elle ne parût qu'avec la nouvelle édition qu'on faisoit de mon Livre *, où je voulois qu'elle fût inserée. Plusieurs de mes Amis, à qui je l'ai luë, en ont parlé dans le monde avec de grans éloges, & ont publié que c'étoit la meilleure de mes Satires. Ils ne m'ont pas en cela fait plaisir. Je connois le Public. Je sai que naturellement il se revolte contre ces loüanges outrées, qu'on donne aux Ouvrages avant qu'ils aient paru; & que la plûpart des Lecteurs ne lisent ce qu'on leur a élevé si haut, qu'avec un dessein formé de le rabaisser.

* En 1694.

Je déclare donc que je ne veux point profiter de ces discours avantageux: & non seulement je laisse au Public son jugement libre, mais je donne plein pouvoir à tous ceux qui ont tant critiqué mon Ode sur Namur, d'exercer aussi contre ma Satire toute la rigueur de leur critique. J'espère qu'ils le feront avec le même succès: & je puis les assurer que tous leurs discours ne m'obligeront point à rompre l'espèce de vœu que j'ai fait de ne jamais défendre mes Ouvrages, quand on n'en attaquera que les mots & les syllabes. Je saurai fort bien soûtenir contre ces Censeurs, Homère, Horace, Virgile, & tous ces autres grans Personnages dont j'admire les Ecrits: mais pour mes Ecrits que je n'admire point, c'est à ceux qui les approuveront à trouver des raisons pour les défendre. C'est tout l'avis que j'ai à donner ici au Lecteur.

La bienséance neanmoins voudroit, ce me semble, que je fisse quelque excuse au Beau Sexe, de la liberté que je me suis donnée de peindre ses vices. Mais au fond, toutes les peintures que je fais dans ma Satire sont si generales, que bien loin d'appréhender que les Femmes s'en offensent, c'est sur leur approbation & sur leur curiosité que je fonde la plus grande esperance du succès de mon Ouvrage. Une chose au moins, dont je suis certain qu'elles me loüeront, c'est d'avoir trouvé moïen, dans une matière aussi délicate qu'est celle que j'y traite, de ne pas laisser échaper un seul mot qui pût le moins du monde blesser la pudeur. J'espère donc que j'obtiendrai aisément ma grace, & qu'Elles ne seront pas plus choquées des prédications que je fais contre leurs défauts dans cette Satire, que des Satires que les Prédicateurs font tous les jours en chaire contre ces mêmes défauts.

SATIRE X.

ENFIN bornant le cours de tes galanteries,
Alcippe, il est donc vrai, dans peu tu te maries.
Sur l'argent, c'est tout dire, on est déja d'accord.
Ton Beaupere futur vuide son coffre fort :
5 Et déja le Notaire a, d'un stile énergique,
Griffonné de ton joug l'Instrument authentique.
C'est bien fait. Il est tems de fixer tes desirs.
Ainsi que ses chagrins l'Himen a ses plaisirs.
Quelle joie en effet, quelle douceur extrême !
10 De se voir caressé d'une Epouse qu'on aime :
De s'entendre appeler *petit Cœur*, ou *mon Bon* ;
De voir autour de soi croître dans sa maison,
Sous les paisibles loix d'une agréable Mere,
De petits Citoïens dont on croit être Pere !

REMARQUES

L'Auteur avoit formé le dessein de faire une Satire *contre les Femmes*, long-tems avant que de l'exécuter. Ses occupations poëtiques avoient été interrompuës par le glorieux emploi d'Historiographe du Roi. Il se rengagea dans la Poësie, pour venger l'honneur des Anciens, que Mr. Perraut avoit outragez dans un petit Poëme, intitulé, *Le Siècle de Louis le Grand*, & dans ses Dialogues sur le *Parallèle des Anciens & des Modernes*.

Nôtre Auteur fit d'abord une Ode à la manière de Pindare, pour justifier ce Poëte du faux jugement que Mr. Perraut avoit porté contre lui en particulier*. Mr. Despréaux lui même fut maltraité dans la suite des mêmes Dialogues ; mais il ne voulut pas répondre à son Adversaire par un Ouvrage exprès : étant convaincu, disoit-il, que les écrits qui ne roulent que sur des disputes particulières ou personnelles, ne sont pas de longue durée ; & qu'autant qu'on le peut, il faut choisir des sujets generaux pour plaire au Public, & sur tout pour aller à la Posterité.

Ce fut à cette occasion qu'il reprit son premier dessein, & qu'il composa cette Satire dixième, dans laquelle il se contenta de toucher, en passant, les Dialogues de Mr Perraut contre les Anciens, comme on le verra dans la suite. Elle fut achevée en 1693. & publiée l'année suivante.

Vers 1. *Enfin, bornant le cours de tes galanteries*, &c.] Mr. Racine n'étoit pas content de ces deux vers : la construction ne lui en paroissoit pas assez nette. Il le manda à Mr. de Maucroix, Chanoine de Rheims, leur Ami commun ; & Mr. de Maucroix les tourna de cette manière :

Alcippe, il est donc vrai qu'enfin l'on te marie,
Et que tu prens congé de la galanterie.

mais Mr. Despréaux ne s'en accommoda point, les aiant trouvés foibles & prosaïques. Alcippe est un Personnage inventé.

Vers 6. ——— *L'Instrument authentique.*] *Instrument*, en stile de Pratique, signifie un Contract, un Acte public.

Vers 11. ——— *Petit Cœur, ou mon Bon.*] Madame Colbert appeloit ainsi son Mari.

* *Parallèle des Anciens & des Modernes Dial. I. p. 27. & suiv.*

SATIRE X.

15 Quel charme, au moindre mal qui nous vient menacer,
De la voir aussi-tôt accourir, s'empresser,
S'effraïer d'un péril qui n'a point d'apparence,
Et souvent de douleur se pâmer par avance.
Car tu ne seras point de ces Jaloux affreux,
20 Habiles à se rendre inquiets, malheureux,
Qui tandis qu'une Epouse à leurs yeux se désole,
Pensent toûjours qu'un Autre en secret la console.
Mais quoi, je voi déja que ce discours t'aigrit.
Charmé de Juvénal, & plein de son esprit
25 Venez-vous, diras-tu, dans une pièce outrée,
Comme lui nous chanter : *Que dès le tems de Rhée,
La Chasteté déja, la rougeur sur le front,
Avoit chez les Humains reçû plus d'un affront:
Qu'on vit avec le fer naître les Injustices,*
30 *L'Impieté, l'Orgueil, & tous les autres Vices,
Mais que la Bonne foi dans l'amour conjugal
N'alla point jusqu'au tems du troisième Métal?*
Ces mots ont dans sa bouche une emphaze admirable:
Mais je vous dirai, moi, sans alléguer la fable,
35 Que si sous Adam même, & loin avant Noé,
Le Vice audacieux, des Hommes avoüé,

REMARQUES.

Vers 18. *Et souvent de douleur se pâmer par avance.*] Ce caractère convient à la plûpart des femmes. Cependant le Poëte a eu particulièrement en vûë Madame B...... qui témoignoit des fraïeurs excessives au moindre mal dont son mari étoit menacé : elle se pâmoit : il lui faloit jetter de l'eau sur le visage.

Vers 24. *Charmé de Juvénal*, &c.] Juvénal a fait une Satire contre les femmes, qui est son plus bel Ouvrage. Cette Note est de l'Auteur même, qui l'avoit mise à la marge de cette Satire dixième.

Vers 26. ―― *Que dès le tems de Rhée*, &c.] A côté de ce vers & des six suivans, l'Auteur avoit mis cette Note : *Paroles du commencement de la Satire de Juvénal.* Cependant Juvénal s'exprime d'une manière un peu differente : Oui, je veux croire, dit-il, que la Pudicité, sous le règne de Saturne, a habité sur la terre, & qu'on l'y a vûë même assez long-tems : C'est-à-dire, pendant l'âge d'or, qui étoit du tems de Saturne & de Rhée.

*Credo Pudicitiam Saturno rege moratam.
In terris, visamque diù.*

Tom. I. P

SATIRE X.

A la triste Innocence en tous lieux fit la guerre,
Il demeura pourtant de l'honneur sur la Terre :
Qu'aux tems les plus féconds en Phrynés, en Laïs,
40 Plus d'une Pénélope honora son païs ;
Et que même aujourd'hui sur ce fameux modèle,
On peut trouver encor quelque Femme fidèle.
Sans doute ; & dans Paris, si je sai bien compter,
Il en est jusqu'à Trois, que je pourrois citer.
45 Ton Epouse dans peu sera la quatrième.
Je le veux croire ainsi. Mais la Chasteté même,
Sous ce beau nom d'Epouse, entrât-t-elle chez toi ;
De retour d'un voïage en arrivant, croi-moi,
Fais toûjours du logis avertir la Maîtresse.
50 Tel partit tout baigné des pleurs de sa Lucrèce ;
Qui faute d'avoir pris ce soin judicieux,
Trouva. Tu sais... Je sais que d'un conte odieux
Vous avez comme moi sali vôtre mémoire.
Mais laissons-là, dis-tu, Joconde & son Histoire.
55 Du projet d'un Himen déja fort avancé,
Devant vous aujourd'hui criminel dénoncé,
Et mis sur la sellette aux piés de la Critique,
Je voi bien tout de bon qu'il faut que je m'explique.
Jeune autrefois par vous dans le monde conduit,

REMARQUES.

Vers 39. ——— *En Phrynés, en Laïs.*] *Phryné* & *Laïs*, étoient deux fameuses Courtisanes de la Grèce.

Vers 44. *Il en est jusqu'à Trois*, &c.] *A la rigueur on en trouveroit peut-être davantage*, disoit l'Auteur en plaisantant.

* *Il mourut en 1662. & ses Poësies furent imprimées en 1663.*

Vers 52. *Trouva. Tu sais....*] Tout le monde sait l'Histoire de *Joconde* mise en vers par le célèbre La Fontaine ; mais tout le monde ne sait pas que la *Dissertation sur Joconde*, imprimée parmi les Contes de cet Auteur, est de Mr. Despréaux. Bouillon, * méchant Poëte, avoit aussi mis en vers François la même Avanture de Joconde, tirée de l'Ariofte. Il y eût une gageure considérable sur la préférence de ces deux Ouvrages, entre l'Abbé *Le Vayer*, & un nommé St. Gilles, Homme d'un caractère fort particulier. Ils s'en raportèrent à Molière, qui ne voulut pas dire son sentiment de peur de faire perdre la gageure à St. Gilles ; mais Mr. Despréaux décida le different par cette Dissertation. Il étoit fort jeune alors : & dans la suite il témoignoit à ses Amis un grand regret d'avoir emploié sa plume à défendre un Ouvrage du caractère de Joconde.

Vers 59. *Jeune autrefois par vous* &c.] Ce vers

SATIRE X.

60 J'ai trop bien profité, pour n'être pas instruit
A quels discours malins le Mariage expose.
Je sai, que c'est un texte où chacun fait sa glose:
Que de Maris trompez tout rit dans l'Univers,
Epigrammes, Chansons, Rondeaux, Fables en vers,
65 Satire, Comédie: & sur cette matiere,
J'ai vû tout ce qu'ont fait La Fontaine & Moliere.
J'ai lû tout ce qu'ont dit Villon & Saint Gelais,
Arioste, Marot, Bocace, Rabelais,
Et tous ces vieux Recueils de Satires naïves,
70 Des malices du Sexe immortelles archives.
Mais tout bien balancé, j'ai pourtant reconnu,
Que de ces contes vains le Monde entretenu
N'en a pas de l'Himen moins vû fleurir l'usage;
Que sous ce joug moqué, Tout à la fin s'engage:
75 Qu'à ce commun filet les Railleurs mêmes pris,
Ont été très-souvent de commodes Maris;
Et que pour être heureux sous ce joug salutaire,
Tout dépend, en un mot, du bon choix qu'on sait faire.
Enfin, il faut ici parler de bonne foi,
80 Je vieillis, & ne puis regarder sans effroi,
Ces Neveux affamez, dont l'importun visage
De mon bien à mes yeux fait déja le partage.
Je croi déja les voir, au moment annoncé
Qu'à la fin, sans retour, leur cher Oncle est passé,

REMARQUES.

vers & le suivant n'étoient pas ainsi. Mr. le Prince de Conti, à qui l'Auteur récita cette Satire, n'aprouvoit pas que l'un des deux Interlocuteurs de ce Dialogue, tutoïât l'autre. Cette objection obligea nôtre Poëte de faire dire à celui qui se va marier, *qu'il a été autrefois sous la conduite de l'autre*: ce qui autorise ce dernier à le traiter plus familièrement.

Vers 69. *Et tous ces vieux Recueils de Satires naïves.*] Les Contes de la Reine de Navarre; &c.
Vers 75. *Qu'à ce commun filet les Railleurs mêmes pris.*] La Fontaine, après avoir plaisanté en mille endroits de ses Poësies, sur la galanterie, & l'infidélité des femmes, ne laissa pas de se marier.

P 2

85 Sur quelques pleurs forcez, qu'ils auront soin qu'on voie
Se faire consoler du sujet de leur joie.
Je me fais un plaisir, à ne vous rien celer,
De pouvoir, moi vivant, dans peu les désoler;
Et trompant un espoir pour eux si plein de charmes,
90 Arracher de leurs yeux de veritables larmes.
  Vous dirai-je encor plus ? Soit foiblesse ou raison,
Je suis las de me voir le soir en ma maison
Seul avec des Valets, souvent voleurs & traîtres,
Et toûjours, à coup sûr, ennemis de leurs Maîtres.
95 Je ne me couche point, qu'aussi-tôt dans mon lit
Un souvenir fâcheux n'apporte à mon esprit
Ces Histoires de morts lamentables, tragiques,
Dont Paris tous les ans peut grossir ses Chróniques.
Dépoüillons-nous ici d'une vaine fierté.
100 Nous naissons, nous vivons pour la société.
  A nous-mêmes livrez dans une solitude,
Nôtre bonheur bien-tôt fait nôtre inquiétude;
Et si, durant un jour, nôtre premier Aieul
Plus riche d'une côte avoit vécu tout seul,
105 Je doute, en sa demeure alors si fortunée,
S'il n'eût point prié Dieu d'abréger la journée.
N'allons donc point ici réformer l'Univers,
Ni par de vains discours, & de frivoles vers,
Etalant au Public nôtre misanthropie,
110 Censurer le lien le plus doux de la vie.

REMARQUES.

Vers 97. *Ces Histoires de morts*, &c]. Blandin & De Rosset ont composé *les Histoires tragiques de nôtre tems, où sont contenuës les morts funestes & lamentables de plusieurs personnes*, &c.
Vers 103. *Et si durant un jour, nôtre premier Aieul,*

Plus riche d'une côte, avoit vécu tout seul.] L'Auteur comparoit ces deux vers avec ceux-ci de la Satire VIII.
Croit que Dieu tout exprès d'une côte nouvelle
A tiré pour lui seul une femme fidelle.
& il donnoit la préférence à ceux de la Satire X.

SATIRE X.

Laissons-là, croïez-moi, le monde tel qu'il est.
L'Himenée est un joug, & c'est ce qui m'en plaît.
L'Homme en ses passions toûjours errant sans guide,
A besoin qu'on lui mette & le mords & la bride.
115 Son pouvoir malheureux ne sert qu'à le gêner,
Et pour le rendre libre, il le faut enchaîner.
C'est ainsi que souvent la main de Dieu l'assiste.
Ha bon! voilà parler en docte Janséniste,
Alcippe, & sur ce point si savamment touché,
120 Desmâres, dans Saint Roch, n'auroit pas mieux prêché.
Mais c'est trop t'insulter, quittons la raillerie,
Parlons sans hyperbole & sans plaisanterie.
Tu viens de mettre ici l'Himen en son beau jour.
Entens donc: & permets que je prêche à mon tour.
125   L'Epouse que tu prens, sans tache en sa conduite,
Aux vertus, m'a-t-on dit, dans Port-Roïal instruite,
Aux loix de son devoir règle tous ses desirs.
Mais qui peut t'assûrer, qu'invincible aux plaisirs

REMARQUES.

Vers 120. *Desmâres, dans Saint Roch,*] Le Pere Toussaint *Desmâres*, Prêtre de l'Oratoire, fameux Prédicateur. Il fut député à Rome, en 1653. avec quelques Docteurs de Sorbone, au sujet des fameuses disputes sur le Livre de Jansenius; & il prononça devant le Pape un Discours Latin sur cette matiere. Voïez le Journal de S. Amour, Part. 6 ch. 15. & 22. Après la Paix de l'Eglise Gallicane, faite en 1668. le P. Desmâres prêcha un Carême dans l'Eglise Paroissiale de S. Roch à Paris avec succès, mais il étoit effacé par le P. Bourdaloue qui prêchoit en même tems dans une autre Eglise. Le P. Desmâres quitta la Prédication à cause d'un Polype qui lui vint dans le nez, & qui l'empêchoit de prononcer avec grace. Il a été Curé de Liancour, & n'a jamais voulu quitter ce Bénéfice pour un meilleur qu'on lui offroit.

Vers 126. ——— *Dans Port-Roïal instruite.*] *Port-Roïal*, Monastère de Religieuses, avec le titre d'Abbaïe, où la plupart des Filles de Condition étoient élevées; mais ces Religieuses aiant été accusées de Jansénisme, on leur défendit de recevoir des Pensionnaires & des Novices.

IMITATIONS.

Vers 116. *Et pour le rendre libre, il le faut enchaîner.*] Horace l. Epist. 2. v. 62.
——— *Animum rege, qui nisi paret,*
Imperat, hunc frænis, hunc tu compesce catena.
Sur ces deux vers Mr. Despréaux disoit qu'Horace étoit Janséniste.

Chez toi, dans une vie ouverte à la Licence,
130 Elle conservera sa première innocence?
Par toi-même bien-tôt conduite à l'Opera,
De quel air penses-tu que ta Sainte verra
D'un spectacle enchanteur la pompe harmonieuse,
Ces danses, ces Heros à voix luxurieuse;
135 Entendra ces discours sur l'Amour seul roulans,
Ces doucereux Renauds, ces insensez Rolands;
Saura d'eux qu'à l'Amour, comme au seul Dieu suprême,
On doit immoler tout, jusqu'à la Vertu même.
Qu'on ne sauroit trop tôt se laisser enflamer:
140 Qu'on n'a reçû du Ciel un cœur que pour aimer;
Et tous ces lieux communs de Morale lubrique,
Que Lulli réchauffa des sons de sa Musique?
Mais de quels mouvemens, dans son cœur excitez,
Sentira-t-elle alors tous ses sens agitez?
145 Je ne te répons pas, qu'au retour, moins timide,
Digne Ecoliere enfin d'Angélique & d'Armide,
Elle n'aille à l'instant, pleine de ces doux sons,
Avec quelque Médor pratiquer ces leçons.
Supposons toutefois, qu'encor fidèle & pure,
150 Sa vertu de ce choc revienne sans blessure.

REMARQUES.

Vers 137. *Saura d'eux qu'à l'Amour*, &c.] Maximes fort ordinaires dans les Opera de Quinaut. Nôtre Auteur citoit encore cette belle maxime de l'Opera d'Atis:

Il faut souvent pour devenir heureux,
Qu'il en coûte un peu d'innocence.

Il raportoit plusieurs autres traits de la Morale des Opera, contre laquelle il se récrioit toûjours vivement.

Vers 142. *Que Lulli réchauffa* &c.] Jean Baptiste de Lulli, célèbre Musicien, qui a fait nos plus beaux Opera.

Vers 146. ———— *d'Angélique & d'Armide.*] Voïez les Opera de Quinaut, intitulez, *Roland*, & *Armide*.

IMITATIONS.

Vers 138. *On doit immoler tout, jusqu'à la Vertu même.*] Racine, Phèdre, Acte 3. Scene 3.
Il faut immoler tout, & même la Vertu.

SATIRE X.

Bien-tôt dans ce grand Monde, où tu vas l'entraîner,
Au milieu des écueils qui vont l'environner,
Crois-tu que toûjours ferme aux bords du précipice,
Elle pourra marcher sans que le pié lui glisse?
155 Que toûjours insensible aux discours enchanteurs
D'un idolatre amas de jeunes Séducteurs,
Sa sagesse jamais ne deviendra folie?
D'abord tu la verras, ainsi que dans Clélie,
Recevant ses Amans sous le doux nom d'Amis,
160 S'en tenir avec eux aux petits soins permis:
Puis, bien-tôt en grande eau sur le fleuve de Tendre,
Naviger à souhait, tout dire, & tout entendre.
Et ne présume pas que Vénus, ou Satan,
Souffre qu'elle en demeure aux termes du Roman.
165 Dans le crime il suffit qu'une fois on débute.
Une chûte toûjours attire une autre chûte.
L'honneur est comme une Isle escarpée & sans bords.
On n'y peut plus rentrer dès qu'on en est dehors.

REMARQUES.

Vers 159. *Recevant ses Amans sous le doux nom d'Amis.*] Dans le Roman de Clélie, Part. I. Liv. 1. page 389. Célère raconte que Clélie, „cette admirable Fille, vivoit de façon qu'elle „n'avoit pas un Amant qui ne fût obligé de se „cacher sous le nom d'Ami, & de appeler son „amour, amitié; car autrement, dit-il, ils „eussent été chassés de chez elle.„ On fait faire ensuite à Clélie elle-même cette jolie distinction des divers genres d'Amis. „Il ne faut „pas conclure de là, dit-elle, que tous ceux que „j'appèle mes Amis, soient de mes tendres Amis; „car j'en ai de toutes les façons dont on en peut „avoir. En effet, j'ai de ces demi-Amis, s'il „est permis de parler ainsi, qu'on appèle d'a„gréables connoissances. J'en ai qui sont un „peu plus avancés, que je nomme mes nouveaux „Amis: J'en ai d'autres que je nomme simple„ment mes Amis: J'en ai aussi que je puis appe„ler des Amis d'habitude: J'en ai quelques-uns „que je nomme de solides Amis, & quelques „autres que j'appèle mes Amis particuliers. „Mais pour ceux que je mets au rang de mes „Amis, ils sont en fort petit nombre, & ils sont „si avant dans mon cœur, qu'on ne peut jamais „faire plus de progrès. Cependant, ajoute Clé„lie, je distingue si bien toutes ces sortes d'ami„tiez que je ne les confonds point du tout.„

Vers 161. ——— *Sur le fleuve de Tendre, &c.*] Dans la première partie du Roman de Clélie, on a figuré la Carte du Païs de Tendre, dont le dessein est allégorique, pour marquer les divers genres de Tendresse. On peut avoir de la tendresse par trois causes différentes: L'Estime, la Reconnoissance, & l'Inclination; c'est pourquoi cette Carte répréfente trois Rivieres qui portent ces trois noms, & sur lesquelles sont situées trois villes nommées *Tendre*: savoir *Tendre* sur Inclination, *Tendre* sur Estime, & *Tendre* sur Reconnoissance. *Petits-soins* est un des Villages répréfentez sur cette Carte; C'est à quoi fait allusion le vers précédent.

Peut-être; avant deux ans ardente à te déplaire,
170 Eprise d'un Cadet, ivre d'un Mousquetaire,
Nous la verrons hanter les plus honteux brelans,
Donner chez la Cornu rendez-vous aux Galans;
De Phèdre dédaignant la pudeur enfantine,
Suivre à front découvert Z... & Messaline;
175 Conter pour grans exploits vingt Hommes ruïnez,
Blessez, battus pour Elle, & quatre assassinez;
Trop heureux! si toûjours Femme désordonnée,
Sans mesure & sans règle au vice abandonnée,
Par cent traits d'impudence aisés à ramasser,
180 Elle t'acquiert au moins un droit pour la chasser.
Mais que deviendras-tu? si, folle en son caprice,
N'aimant que le scandale & l'éclat dans le vice,
Bien moins pour son plaisir, que pour t'inquieter,
Au fond peu vicieuse, elle aime à coqueter?

REMARQUES.

Vers 170. *Eprise d'un Cadet, ivre d'un Mousquetaire.*] *Cadet*, signifie ici un jeune-Homme, un jeune Officier de guerre. En l'année 1682. le Roi établit en plusieurs places de son Roïaume, des Compagnies de jeunes Gens, à qui l'on donna le nom de *Cadets*: ils étoient instruits dans tous les exercices militaires; & quand on les trouvoit capables de commander, on les mettoit dans les Troupes.

Mousquetaire.] Les Mousquetaires du Roi, sont deux Compagnies de gens à cheval, composées de jeunes Gens de qualité, ou de bonne Maison.

Vers 172. *Donner chez la Cornu &c.*] Une infame, dont le nom étoit alors connu de tout le monde.

Vers 173. *De Phèdre dédaignant la pudeur enfantine.*] C'est cette pudeur si rare aujourd'hui, que nos Coquettes traitent d'enfantine. Le caractère de Phèdre a été heureusement exprimé par Mr. Racine dans ces Vers:

————— *Je ne suis point de ces femmes hardies,*

*Qui goûtant dans le crime une tranquille paix,
Ont sû se faire un front qui ne rougit jamais.*
Act. 3. Sc. 3.

Vers 174. *Suivre à front découvert Z... & Messaline.*] Cette lettre initiale Z. n'est mise ici que pour dépaïser les Lecteurs. Cependant malgré cette précaution, on ne laissa pas dans les Provinces d'en faire l'application à deux ou trois femmes dont par malheur les noms commençoient par cette lettre. *Messaline*, Femme de l'Empereur Claude, fameuse par ses débordemens.

Vers 175. *Conter pour grans exploits &c.*] Dans le vers précédent nôtre Poëte a exprimé le caractère d'une femme qui n'est simplement que débauchée dans ses plaisirs. Ici il ajoûte à ce caractère, celui de ces femmes hardies & dangereuses, qui n'aiment leurs débauches que par l'éclat & le bruit qu'elles font; Telle étoit une autre Femme de la Cour, que Moliere a représentée dans son Misanthrope, sous le nom de *Climene*.

IMITATIONS.

Vers 173. ————— *La pudeur enfantine.*] C'est une traduction de l'*Infans namque pudor*, d'Horace, Liv. I. Sat. 6. v. 57.

185 Entre nous, verras-tu d'un esprit bien tranquille,
　　Chez ta Femme aborder & la Cour & la Ville?
　　Hormis toi, tout chez toi rencontre un doux accueil.
　　L'un est païé d'un mot, & l'autre d'un coup d'œil.
　　Ce n'est que pour toi seul qu'elle est fière & chagrine:
190 Aux autres elle est douce, agréable, badine:
　　C'est pour eux qu'elle étale & l'or & le brocard;
　　Que chez toi se prodigue & le rouge & le fard,
　　Et qu'une main savante, avec tant d'artifice,
　　Bâtit de ses cheveux le galant édifice.
195 Dans sa chambre, croi-moi, n'entre point tout le jour.
　　Si tu veux posseder ta Lucrèce à ton tour,
　　Atten, discret Mari, que la Belle en cornette
　　Le soir ait étalé son teint sur la toilette;
　　Et dans quatre mouchoirs, de sa beauté salis,
200 Envoie au Blanchisseur ses roses & ses lis.
　　Alors tu peux entrer: mais sage en sa présence,
　　Ne va pas murmurer de sa folle dépense.
　　D'abord, l'argent en main, païe & vîte & comptant.
　　Mais non, fais mine un peu d'en être mécontent,
205 Pour la voir aussi-tôt, de douleur oppressée,
　　Déplorer sa vertu si mal récompensée.
　　Un Mari ne veut pas fournir à ses besoins.
　　Jamais Femme, après tout, a-t-elle coûté moins?
　　A cinq cens Loüis d'or, tout au plus, chaque année,
210 Sa dépense en habits n'est-elle pas bornée?
　　Que répondre? Je voi, qu'à de si justes cris,
　　Toi-même convaincu déja tu t'attendris,

CHANGEMENS.

Vers 205. *Pour la voir aussi-tôt, de douleur oppressée.*] Avant l'édition posthume de 1713. on lisoit: *Pour la voir aussi-tôt sur ses deux pieds haussée.*

Tout prêt à la laisser, pourvû qu'elle s'appaise,
Dans ton coffre à pleins sacs puiser tout à son aise.
215 A quoi bon en effet t'allarmer de si peu ?
Hé que seroit-ce donc, si le Démon du jeu,
Versant dans son esprit sa ruïneuse rage,
Tous les jours mis par elle à deux doigts du naufrage,
Tu voïois tous tes biens au sort abandonnez
220 Devenir le butin d'un Pique ou d'un Sonnez !
Le doux charme pour toi ! de voir chaque journée,
De nobles Champions ta femme environnée,
Sur une table longue, & façonnée exprès,
D'un Tournoi de Bassette ordonner les apprêts :
225 Ou, si par un Arrêt la grossière Police
D'un jeu si nécessaire interdit l'exercice,
Ouvrir sur cette table un champ au Lansquenet,
Ou promener trois dez chassez de son cornet :
Puis sur une autre table, avec un air plus sombre,
230 S'en aller méditer une vole au jeu d'Hombre ;
S'écrier sur un As mal à propos jetté ;
Se plaindre d'un Gâno qu'on n'a point écouté ;
Ou, querellant tout bas le Ciel qu'elle regarde,
A la Bête gémir d'un Roi venu sans garde.

CHANGEMENS

Vers 214. *Dans ton coffre à pleins sacs.*] Il y avoit : *En pleins sacs* ; dans les éditions qui ont été faites avant celle de 1713.

REMARQUES

Vers 216. ——— *Si le Démon du jeu*, &c.] Le caractère de la Joüeuse a été fait sur Mad.... Sa passion pour le jeu étoit si grande, qu'elle regardoit comme perdu tout le tems qu'elle passoit hors du jeu. Elle donnoit à joüer chez elle ; & parmi les Joüeurs qui y alloient, M. B...... étoit un des plus assidus. Elle avoit ordonné que ceux qui s'émanciperoient en paroles, païeroient un écu chaque fois que cela leur arriveroit. M. B........ se trouvant trop gené par cette Loi, aima mieux, un jour qu'il étoit en colère, acheter la liberté de jurer tout à son aise, par une grosse poignée d'écus qu'il jetta d'avance.

Vers 220. ——— *D'un Pique ou d'un Sonnez.*] *Pique*, terme du jeu de Piquet. *Sonnez*, terme du jeu de Tric-trac.

Vers 232. *Se plaindre d'un Gâno* &c.], Terme du jeu d'Hombre.

SATIRE X.

235 Chez elle en ces emplois l'Aube du lendemain
Souvent la trouve encor les cartes à la main.
Alors, pour se coucher, les quittant, non sans peine,
Elle plaint le malheur de la Nature humaine,
Qui veut qu'en un sommeil, où tout s'ensevelit,
240 Tant d'heures, sans joüer, se consument au lit.
Toutefois en partant la Troupe la console,
Et d'un prochain retour chacun donne parole.
C'est ainsi qu'une femme en doux amusemens
Sait du tems qui s'envole emploïer les momens;
245 C'est ainsi que souvent par une Forcenée
Une triste Famille à l'hôpital traînée,
Voit ses biens en decret sur tous les murs écrits,
De sa déroute illustre effraïer tout Paris.
Mais que plûtôt son jeu mille fois te ruïne;
250 Que si la famélique & honteuse Lézine,
Venant mal à propos la saisir au collet,
Elle te réduisoit à vivre sans valet,
Comme ce Magistrat de hideuse mémoire,
Dont je veux bien ici te craïonner l'histoire.
255 Dans la Robe on vantoit son illustre Maison.
Il étoit plein d'esprit, de sens, & de raison.

REMARQUES.

Vers 244. *Sait du tems qui s'envole emploïer les momens.*] Une Dévote se confessoit du trop grand attachement qu'elle avoit pour le jeu. Son Confesseur lui remontra, qu'elle devoit en premier lieu considerer la perte du tems...... Hélas! oûi mon Pere, dit la Pénitente, en l'interrompant: *On perd tant de tems à mêler les cartes!*

Vers 245. *C'est ainsi que souvent par une Forcenée*, &c.] Parmi le grand nombre de gens que la passion du jeu a précipitez dans les malheurs qui sont ici décrits, le Poëte a regardé une Parente de l'illustre & pieuse Madame de M.... qui a fondé la Communauté des Filles de Ste. Geneviève. Cette Joüeuse aïant dissipé des biens considerables, fut obligée de se retirer en Angleterre. Elle portoit aussi le nom de M....

Vers 253. *Comme ce Magistrat de hideuse mémoire,* &c.] Jaques Tardieu, Lieutenant Criminel de Paris, & Marie Ferrier sa femme, aussi fameux par leur sordide avarice, que par leur mort funeste. Nôtre Auteur les connoissoit particulierement tous les deux, tant parce qu'ils logeoient * dans son voisinage, que parce que Mr. Tardieu avoit tenu sur les fonds Mr. Jaques Boileau, Docteur de Sorbone, & Chanoine de la Ste. Chapelle, frere du Poëte.

Vers 255. *Dans la Robe on vantoit son illustre Maison.*] Mr. Tardieu étoit d'une bonne Famille de la Robe, & neveu de Jaques Gillot, Conseiller-clerc au Parlement, & Chanoine de

* *Dans la maison qui fait le coin du Quai des Orfèvres, & de la ruë de Harlai. Mr. Despréaux demeuroit dans la Cour du Palais.*

Seulement pour l'argent un peu trop de foiblesse
De ces vertus en lui ravaloit la noblesse.
Sa table toutefois, sans superfluité,
260 N'avoit rien que d'honnête en sa frugalité.
Chez lui deux bons Chevaux, de pareille encolure,
Trouvoient dans l'Ecurie une pleine pâture,
Et du foin que leur bouche au ratelier laissoit,
De surcroît une mule encor se nourrissoit.
265 Mais cette soif de l'or, qui le brûloit dans l'ame,
Le fit enfin songer à choisir une Femme;
Et l'honneur dans ce choix ne fut point regardé.
Vers son triste penchant son naturel guidé,
Le fit dans une avare & sordide famille
270 Chercher un monstre affreux sous l'habit d'une fille;
Et sans trop s'enquérir d'où la Laide venoit,
Il sut, ce fut assez, l'argent qu'on lui donnoit.
Rien ne le rebuta; ni sa vûë éraillée,
Ni sa masse de chair bizarrement taillée;
275 Et trois cens mille francs, avec elle obtenus,
La firent à ses yeux plus belle que Vénus.
Il l'épouse; & bien-tôt son Hôtesse nouvelle,
Le prêchant, lui fit voir qu'il étoit, au prix d'elle,

* Il logeoit dans la petite ruë qui vient du Quai des Orfèvres à l'Hôtel du P. Président. Mr. Despréaux, & Mr. l'Abbé Boileau son frere, sont nez dans la même Chambre où la Satire du Catholicon avoit été faite.

REMARQUES.

la Sainte Chapelle. Mr. Gillot étoit un des principaux Auteurs de la Satire Ménippée, connuë sous le nom du Catholicon d'Espagne, & c'étoit dans la maison de ce Chanoine * que cette ingénieuse Satire avoit été composée. Il mourut l'an 1619.

Vers 264. *De surcroît une mule.*] Le Lieutenant Criminel est obligé de suivre les criminels condamnez à la mort; & il est monté sur une Mule, qui étoit l'ancienne monture des Magistrats, avant l'usage des Carrosses.

Vers 266. *Le fit enfin songer à chercher une Femme.*] Elle étoit fille de Jérémie Ferrier, qui avoit été Ministre à Nismes, & qui abjura ensuite le Calvinisme.

Vers 270. *Chercher un monstre affreux sous l'habit d'une fille.*] Elle étoit extrèmement laide & malfaite. On dit pourtant qu'elle avoit été belle dans sa jeunesse, mais la petite verole l'avoit ainsi défigurée.

SATIRE X.

Un vrai diſſipateur, un parfait débauché.
280 Lui-même le ſentit, reconnut ſon péché,
Se confeſſa prodigue, & plein de repentance,
Offrit ſur ſes avis de régler ſa dépenſe.
Auſſi-tôt de chez eux tout rôti diſparut.
Le pain bis renfermé d'une moitié décrut.
285 Les deux chevaux, la mule, au marché s'envolèrent.
Deux grans Laquais, à jeun, ſur le ſoir s'en allèrent.
De ces Coquins déja l'on ſe trouvoit laſſé,
Et pour n'en plus revoir le reſte fut chaſſé.
Deux ſervantes déja, largement ſoufletées,
290 Avoient à coups de pié deſcendu les montées,
Et ſe voïant enfin hors de ce triſte lieu,
Dans la ruë en avoient rendu graces à Dieu.
Un vieux Valet reſtoit, ſeul chéri de ſon Maître,
Que toûjours il ſervit, & qu'il avoit vû naître,
295 Et qui de quelque ſomme, amaſſée au bon tems,
Vivoit encor chez eux, partie à ſes dépens.
Sa vûë embarraſſoit; il falut s'en défaire;
Il fut de la maiſon chaſſé comme un Corſaire.
Voilà nos deux Epoux ſans valets, ſans enfans,
300 Tous ſeuls dans leur logis libres & triomphans.
Alors on ne mit plus de borne à la lézine.
On condamna la cave, on ferma la cuiſine.

REMARQUES.

Vers 280. *Lui-même le ſentit*, &c.] Dans ce vers & les deux ſuivans l'Auteur a exprimé toutes les parties de la Confeſſion.

Vers 285. —— *Au marché s'envolèrent.*] Comme ce couple avare n'avoit ni valets ni ſervantes; les Plaideurs qui venoient ſolliciter, étoient obligez de panſer les chevaux, & de les mener à l'abbreuvoir; mais cela ne dura pas long-tems. On vendit premièrement les Chevaux, & puis la Mule; & quand le Lieutenant Criminel en avoit beſoin, il en empruntoit une.

Vers 293. *Un vieux Valet reſtoit.*] Il ſe nommoit Desbordes, & portoit ordinairement une méchante caſaque rouge.

SATIRE X.

Pour ne s'en point servir aux plus rigoureux mois,
Dans le fond d'un grenier on sequestra le bois.
305 L'un & l'autre dèslors vécut à l'aventure
Des présens, qu'à l'abri de la Magistrature,
Le Mari quelquefois des Plaideurs extorquoit,
Ou de ce que la Femme aux voisins excroquoit.
Mais, pour bien mettre ici leur crasse en tout son lustre,
310 Il faut voir du Logis sortir ce Couple illustre;
Il faut voir le Mari tout poudreux, tout souillé,
Couvert d'un vieux chapeau de cordon dépouillé,
Et de sa robe, en vain de pièces rajeunie,
A pié dans les ruisseaux traînant l'ignominie.
315 Mais qui pourroit compter le nombre de haillons,
De pièces, de lambeaux, de sales guenillons,
De chiffons ramassés dans la plus noire ordure,
Dont la Femme aux bons jours composoit sa parure?
Décrirai-je ses bas en trente endroits percez,
320 Ses souliers grimassans vingt fois repetassez,
Ses coëffes, d'où pendoit au bout d'une ficelle
Un vieux masque pelé, presque aussi hideux qu'Elle?

REMARQUES.

Vers 308. *Ou de ce que la Femme aux Voisins excroquoit.*] Elle n'entroit jamais dans une maison, qu'elle n'excroquât quelque chose, & quand elle n'y pouvoit rien prendre, elle empruntoit sans rendre jamais rien. C'est d'Elle que Mr. Racine a dit dans ses Plaideurs, Scène 4.

*Elle eût du Buvetier emporté les serviettes,
Plûtôt que de rentrer au logis les mains nettes.*

Elle avoit effectivement pris quelques serviettes chez le Buvetier du Palais.

Dans une maison voisine de la leur, il y avoit un lieu de débauche où elle alloit tous les jours pour y attraper son diner; & elle ne manquoit jamais d'envoïer à son mari une partie de ce qu'il y avoit sur la table. En échange il accordoit sa protection à ce lieu d'honneur; mais Mr. le Premier Président le fit dénicher de son voisinage. Dans le même quartier il y avoit un Pâtissier, où la Lieutenante Criminelle alloit souvent prendre des Biscuits sans païer. Le Pâtissier las de cette pratique, fit des biscuits purgatifs, & les lui donna.

Vers 309. *Mais pour bien mettre ici leur crasse &c.*] Mr. Racine obligea l'Auteur de retrancher ces vingt vers, parce qu'ils contiennent un détail qui ne lui plaisoit pas tout-à-fait. Ils ne parurent point en effet dans la première édition de cette Satire; mais l'Auteur voulut les rétablir dans les éditions suivantes.

Vers 322. *Un vieux masque pelé.*] La plûpart des femmes portoient alors un masque de velours noir, quand elles sortoient.

SATIRE X.

Peindrai-je son juppon bigarré de Latin,
Qu'ensemble composoient trois Thèses de satin,
325 Présent qu'en un procès sur certain privilège
Firent à son Mari les Régens d'un Collège;
Et qui sur cette juppe à maint Rieur encor
Derrière elle faisoit dire, *Argumentabor?*
Mais peut-être j'invente une fable frivole.
330 Déments donc tout Paris, qui prenant la parole,
Sur ce sujet encor de bons témoins pourvû,
Tout prêt à le prouver, te dira : Je l'ai vû.
Vingt ans j'ai vû ce Couple uni d'un même vice,
A tous mes habitans montrer que l'Avarice
335 Peut faire dans les biens trouver la Pauvreté,
Et nous réduire à pis que la mendicité.
Des voleurs qui chez eux pleins d'espérance entrèrent,
De cette triste vie enfin les délivrèrent.
Digne & funeste fruit du nœud le plus affreux,
340 Dont l'Hymen ait jamais uni deux Malheureux.
Ce recit passe un peu l'ordinaire mesure.
Mais un exemple enfin, si digne de censure,
Peut-il dans la Satire occuper moins de mots?
Chacun fait son métier : suivons nôtre propos.
345 Nouveau Prédicateur aujourd'hui, je l'avouë,
Ecolier, ou plûtôt singe de Bourdaloue,

REMARQUES.

Vers 337. *Des Voleurs qui chez eux*, &c.] Le Lieutenant Criminel & sa femme furent assassinez dans leur maison sur le Quai des Orfèvres, le jour de St. Barthelemi, 24. d'Août, 1665. sur les dix heures du matin, par René & François Touchet, Freres, natifs de Niasle près de Cran en Anjou. Ces deux voleurs n'aiant pû ouvrir la porte pour sortir, parce qu'il y avoit un secret à la serrure, furent pris dans la maison même ; & trois jours après, condamnez à être rompus vifs sur un échafaut, à la pointe de l'Isle du Palais, devant le Cheval de bronze : ce qui fut éxécuté le 27. du même mois. Quelques jours avant cet assassinat, le Roi avoit ordonné à Mr. le Premier Président de Lamoignon de faire informer contre le Lieutenant Criminel, à cause de ses malversations.

Vers 346. ——— *Singe de Bourdaloue.*] Le Pere Louis Bourdaloue, Jésuite, a été le

Je me plais à remplir mes sermons de portraits.
En voilà déja trois, peints d'assez heureux traits,
La Femme sans honneur, la Coquette, & l'Avare.
350 Il faut y joindre encor la revêche Bizarre,
Qui sans cesse d'un ton par la colère aigri,
Gronde, choque, dément, contredit un Mari.
Il n'est point de repos ni de paix avec elle.
Son mariage n'est qu'une longue querelle.
355 Laisse-t-elle un moment respirer son Epoux?
Ses valets sont d'abord l'objet de son courroux,
Et sur le ton grondeur, lorsqu'elle les harangue,
Il faut voir de quels mots elle enrichit la Langue.
Ma plume ici, traçant ces mots par alphabet,
360 Pourroit d'un nouveau tome augmenter Richelet.
Tu crains peu d'essuïer cette étrange furie :
En trop bon lieu, dis-tu, ton Epouse nourrie
Jamais de tels discours ne te rendra martir.
Mais eût-elle sucé la raison dans Saint Cir,

REMARQUES.

plus grand Prédicateur qui ait paru en France pendant le XVII. Siécle. Il a été aussi le premier qui ait mis des portraits ou des caractères dans ses Sermons. Il étoit d'une famille considerable de Bourges, où il nâquit le 20. d'Août 1632. Il mourut à Paris dans la maison Professe des Jésuites, le 13. de Mai, 1704. après avoir exercé le Ministère de la Prédication à la Cour & dans Paris, avec un succès merveilleux, pendant plus de 35. ans.

Vers 350. ———— *La revêche Bizarre.*] La Belle-Sœur de l'Auteur, Femme de Jérome Boileau, son Frere ainé.

Vers 358. *Il faut voir de quels mots elle enrichit la Langue.*] Cette femme avoit un talent tout particulier pour inventer des noms ridicules, & des injures populaires: comme un grand *Frelampier*; un *Epetier*, pour un *Homme d'Epée*; une *grande Bucoule*; une *Pimbesche*; &c. Il faut remarquer que ces deux derniers noms sont les Originaux des qualitez de la Comtesse des Plaideurs de Racine: *Comtesse de Pimbesche, Orbesche,*

& cætera. Nôtre Poëte, qui entendoit tous ces termes-là vingt-fois par jour, les redisoit à ses Amis. Il en faisoit aussi rire quelque fois Mr. le Premier Président de Lamoignon ; & ce grand Magistrat ne dédaignoit pas de s'en servir lui-même pour se divertir. *Il n'apartient pas à des Bacoules comme vous,* &c. C'étoit le commencement d'une Lettre qu'il écrivoit à Madame la Comtesse de Broglio sa Fille.

Vers 360. ———— *Augmenter Richelet.*] Le Dictionaire François de *Richelet*. Pierre César *Richelet*, Avocat au Parlement de Paris, mourut en 1698. Il étoit Petit-fils de Nicolas Richelet, célèbre parmi les Auteurs de son tems, & qui avoit commenté les œuvres de Ronsard.

Vers 364. ———— *Dans Saint Cir.*] En l'année 1686 Le Roi fit bâtir à St. Cir, près de Versailles une magnifique Maison, à laquelle il a attaché de très grans revenus pour l'entretien, ou pour l'établissement de deux cent cinquante jeunes Demoiselles, qui n'ont pas

SATIRE X.

365 Crois-tu que d'une fille humble, honnête, charmante,
L'Hymen n'ait jamais fait de Femme extravagante?
Combien n'a-t-on point vû de Belles aux doux yeux,
Avant le mariage, Anges si gracieux,
Tout à coup se changeant en Bourgeoises sauvages,
370 Vrais Démons, apporter l'Enfer dans leurs ménages,
Et découvrant l'orgueil de leurs rudes esprits,
Sous leur fontange altière asservir leurs Maris?
Et puis, quelque douceur dont brille ton Epouse,
Penses-tu, si jamais elle devient jalouse,
375 Que son ame livrée à ses tristes soupçons,
De la raison encor écoute les leçons?
Alors, Alcippe, alors tu verras de ses œuvres.
Résou-toi, pauvre Epoux, à vivre de couleuvres:
A la voir tous les jours, dans ses fougueux accès,
380 A ton geste, à ton rire intenter un procès:
Souvent de ta maison gardant les avenuës,
Les cheveux hérissez, t'attendre au coin des ruës:
Te trouver en des lieux de vingt portes fermez,
Et par tout où tu vas, dans ses yeux enflamez,
385 T'offrir non pas d'Isis la tranquille Euménide,

REMARQUES.

un bien proportionné à leur naissance. Elles sont instruites & formées jusqu'à l'âge de vingt-ans, aux éxercices d'une véritable & solide piété. On leur enseigne aussi tout ce qui peut convenir à leur qualité & à leur sexe; afin qu'en sortant de cette Maison, ou pour s'établir dans le monde, ou pour embrasser la vie Religieuse, elles portent dans tout le Roïaume, des éxemples de modestie & de vertu. Cet établissement est dû aux Soins, & à la pieté de Madame de Maintenon.

Vers 372. *Sous leur Fontange altière.*] Fontange, nœud de ruban que les Dames portent sur le devant de la tête, pour attacher leur coëffure. Ce nom est venu de Madame la Duchesse de Fontange, très-belle Personne, qui porta la première un ruban ainsi noüé.

Vers 374. ——— *Si jamais elle devient jalouse.*] Ce portrait de la femme jalouse, est ici un caractère général.

Vers 378. *A vivre de Couleuvres.*] Avaler des Couleuvres, est une expression proverbiale, qui signifie, souffrir bien des choses fâcheuses que l'on nous dit, ou que l'on nous fait; sans que nous en osions témoigner nôtre déplaisir. Et, *Vivre de Couleuvres*, c'est être exposé tous les jours à ces sortes de chagrins.

Vers 385. ——— *D'Isis la tranquille Euménide.*] Furie dans l'Opera d'Isis, qui demeure presque toûjours sans action. Mr. Despréaux étant à une répréfentation de cet Opera, remarqua que l'Acteur, qui faisoit le rôle de la Furie, s'ennuïant d'être long-tems sans rien faire sur le Théatre, bâilloit de tems en tems; &

qu'à

Mais la vraie Alecto peinte dans l'Enéide,
Un tison à la main chez le Roi Latinus,
Souflant sa rage au sein d'Amate & de Turnus.
Mais quoi ? je chausse ici le cothurne Tragique.
390 Reprenons au plûtôt le brodequin Comique,
Et d'objets moins affreux songeons à te parler.
Di-moi donc, laissant là cette Folle heurler,
T'accommodes-tu mieux de ces douces Ménades,
Qui, dans leurs vains chagrins, sans mal toûjours malades,
395 Se font des mois entiers sur un lit effronté
Traiter d'une visible & parfaite santé ;
Et douze fois par jour, dans leur molle indolence,
Aux yeux de leurs Maris tombent en défaillance ?
Quel sujet, dira l'un, peut donc si fréquemment
400 Mettre ainsi cette Belle aux bords du monument ?
La Parque, ravissant ou son fils ou sa fille,
A-t-elle moissonné l'espoir de sa famille ?
Non : il est question de réduire un Mari
A chasser un Valet dans la maison chéri,
405 Et qui, parce qu'il plaît, a trop su lui déplaire ;
Ou de rompre un voïage utile & nécessaire.

REMARQUES.

qu'à châque bâillement il faisoit de grans signes de croix sur sa bouche, comme font les bonnes gens. Mr. Despréaux dit à ceux avec qui il étoit : *Voïez, voïez la Furie, qui fait des signes de Croix.*

Tranquille Euménide : L'union de ces deux mots est heureuse en cet endroit ; car *Euménides* est un mot grec qui, dans son sens primitif, signifie *Tranquille* : & c'est par Antiphrase que l'on y a attaché un sens contraire, en donnant ce nom là aux Furies, à cause de leur cruauté.

Vers 386. *Mais la vraie Alecto* &c.] Une des Furies. Voïez le Livre VII. de L'Enéide de Virgile.

Vers 393. ——— *De ces douces Ménades.*] Bacchantes : c'étoient des Femmes qui célé-broient les Orgies de Bacchus, en courant comme des furies & des insensées.

Vers 394. ——— *Sans mal toûjours malades.*] L'Auteur a encore copié ce caractère d'après sa Belle-Sœur, dont on a parlé sur le vers 350. & 358. Quand son mari ne vouloit pas lui donner tout ce qu'elle avoit envie d'avoir, elle contrefaisoit la malade, & se mettoit au lit, jusqu'à-ce que sa fantaisie fût passée, ou qu'elle eût obtenu ce qu'on lui refusoit. Mr. Perrault qui étoit son Médecin, la trouvoit effectivement malade. Un jour Mr. Boileau en fit appeler un autre : c'étoit Mr. Rainsant ; mais il gâta tout, car quelques façons qu'elle fit pour paroître malade, jamais ce Médecin ne put trouver qu'elle la fût.

SATIRE X.

Mais qui la priveroit huit jours de ses plaisirs,
Et qui loin d'un Galant, objet de ses desirs....
O! que pour la punir de cette Comédie,
410 Ne lui voi-je une vraie & triste maladie !
Mais ne nous fâchons point. Peut-être avant deux jours,
Courtois & Deniau, mandez à son secours,
Digne ouvrage de l'art dont Hippocrate traite,
Lui sauront bien ôter cette santé d'Athlète :
415 Pour consumer l'humeur qui fait son embonpoint,
Lui donner sagement le mal qu'elle n'a point;
Et suïant de Fagon les maximes énormes,
Au tombeau merité la mettre dans les formes.
Dieu veüille avoir son ame, & nous délivre d'eux.
420 Pour moi, grand ennemi de leur art hazardeux,
Je ne puis cette fois que je ne les excuse.
Mais à quels vains discours est-ce que je m'amuse ?
Il faut sur des sujets plus grans, plus curieux,
Attacher de ce pas ton esprit & tes yeux.
425 Qui s'offrira d'abord ? Bon, c'est cette Savante,
Qu'estime Roberval, & que Sauveur fréquente.
D'où vient qu'elle a l'œil trouble, & le teint si terni?
C'est que sur le calcul, dit-on, de Cassini,

REMARQUES.

Vers 412. *Courtois & Deniau.*] Deux Médecins de la Faculté de Paris.

Vers 414. *Cette santé d'Athlète.*] Allusion à l'Aphorisme troisième d'Hippocrate. Les Athlètes se nourrissoient d'une manière particulière, pour acquerir beaucoup de force & de vigueur ; mais cette même nourriture devenoit enfin nuisible à leur santé.

Vers 417. *Et suïant de Fagon.*] Gui Crescent *Fagon*, Premier Médecin du Roi, nommé en 1693. dans le tems que nôtre Poëte composa cette Satire.

Vers 426. *Qu'estime Roberval, & que Sauveur fréquente.*] *Roberval* : Gille Personne, Sr. de *Roberval*, Géomètre & Professeur Roïal en Mathématiques. Il étoit de l'Académie des Siences, & mourut en 1675. *Sauveur* : autre Savant Mathématicien, Professeur au Collège Roïal, & de l'Académie Roïale des Siences. Il a eu l'honneur d'enseigner les Mathématiques au Roi d'Espagne Philippe V. & aux deux Princes ses Freres.

Vers 428. *C'est que sur le Calcul..... de Cassini.*] Jean Dominique *Cassini*, célebre Astronome, de l'Académie Roïale des Siences. Il étoit né dans la ville de Gènes ; & avant qu'il eût été appelé en France, il étoit premier Professeur d'Astronomie dans l'Université de Bologne. Il étoit encore Maître des Fortifications du Grand Duc de Florence ; & Arbitre des differens entre les Princes d'Italie, au sujet des limites de leurs Etats.

Un astrolabe en main, elle a dans sa goutière
430 A suivre Jupiter passé la nuit entière.
Gardons de la troubler. Sa sience, je croi,
Aura pour s'occuper ce jour plus d'un emploi.
D'un nouveau microscope on doit en sa présence
Tantôt chez Dalencé faire l'expérience;
435 Puis d'une femme morte avec son embrion,
Il faut chez Du Verney voir la dissection.
Rien n'échape aux regards de nôtre Curieuse.
Mais qui vient sur ses pas? C'est une Précieuse,
Reste de ces Esprits jadis si renommez,
440 Que d'un coup de son Art Moliere a diffamez.
De tous leurs sentimens cette noble héritière
Maintient encore ici leur secte façonnière.
C'est chez elle toûjours que les fades Auteurs
S'en vont se consoler du mépris des Lecteurs.
445 Elle y reçoit leur plainte, & sa docte demeure
Aux Perrins, aux Coras est ouverte à toute heure.
Là du faux bel esprit se tiennent les bureaux.
Là tous les Vers sont bons, pourvû qu'ils soient nouveaux.

REMARQUES.

Vers 429. *Un Astrolabe en main.*] L'Astrolabe est un instrument de Mathématique en forme de Planisphère, qui sert à prendre les hauteurs des Astres, & à faire quelques autres observations d'Astronomie. Madame de L. S. avoit repris nôtre Poëte d'avoir dit dans son Epitre V,

Que l'Astrolabe en main un autre aille chercher
Si le Soleil est fixe, ou tourne sur son axe :
Si Saturne à nos yeux peut faire un parallaxe.

Cette Dame disoit, que l'Astrolabe n'étoit pas un instrument propre à faire ces sortes d'observations; & les Ennemis de nôtre Auteur firent bien valoir cette critique. C'est pour s'en vanger qu'il a dépeint ici Madame de L. S. comme une Savante ridicule; & qu'il lui a mis un *Astrolabe en main*, pour aller faire des observations sur la Planette de Jupiter.

Vers 434. *Tantôt chez Dalencé.*] Il étoit fils d'un des plus habiles Chirurgiens de Paris, qui avoit gagné des biens considérables; mais son fils s'étoit ruiné à faire des expériences de Phisique; & il se retira en Flandres.

Vers 436. *Il faut chez Du Verney.*] Joseph *Du Verney*, Médecin du Roi, & savant Anatomiste. Il a un Cabinet rempli de curiositez, particulièrement de plusieurs squelettes d'animaux, dont il a fait la dissection. Il est de l'Académie Roïale des Siences, son Pere étoit un Médecin de la petite ville de Feurs en Forèz, qui s'attachoit principalement à la connoissance des Plantes.

Vers 440. *Que d'un coup de son Art Moliere a diffamez.*] Voïez la Comédie des *Précieuses ridicules.*

SATIRE X.

Au mauvais goût public la Belle y fait la guerre :
450 Plaint Pradon opprimé des fiflets du Parterre ;
Rit des vains amateurs du Grec & du Latin ;
Dans la balance met Aristote & Cotin ;
Puis d'une main encor plus fine & plus habile,
Pèse sans passion Chapelain & Virgile ;
455 Remarque en ce dernier beaucoup de pauvretez ;
Mais pourtant confessant qu'il a quelques beautez,
Ne trouve en Chapelain, quoi qu'ait dit la Satire,
Autre défaut, sinon, qu'on ne le sauroit lire ;
Et pour faire goûter son Livre à l'Univers,
460 Croit qu'il faudroit en prose y mettre tous les Vers.
A quoi bon m'étaler cette bizarre Ecole,
Du mauvais sens, dis-tu, prêché par une Folle ?

REMARQUES.

Vers 450. *Plaint Pradon opprimé des fiflets du Parterre.*] Pradon mauvais Auteur de Tragédies.

Vers 452. *Dans la balance met Ariftote & Cotin*, &c.] Dans ce vers & les huit suivans, il ne s'agit plus de Madame D. L'Auteur désigne Perraut dans son *Parallèle des Anciens & des Modernes*, Tom. III. où il fait à peu-près les mêmes jugemens que l'on lui fait faire ici.

Vers 458. *Autre défaut, sinon, qu'on ne le sauroit lire.*] Dans la première édition, après ce vers, il y avoit les quatorze suivans que l'Auteur a retranchez : ils contiennent la suite des paroles de Perraut dans ses mêmes Dialogues, au sujet de Chapelain, Tom. III. pag. 255.

Et croit qu'on pourra même enfin le lire un jour,
Quand la Langue vieillie aiant changé de tour,

On ne sentira plus la barbare structure
De ses expressions mises à la torture ;
S'étonne cependant d'où vient que chez Coignard,
Le Saint Paulin * écrit avec un si grand art,*
Et d'une plume douce, aisée & naturelle,
Pourrit, vingt-fois encor moins sû que la Pucelle.
Elle en accuse alors notre siècle infesté
Du pédantesque goût qu'ont pour l'Antiquité
Magistrats, Princes, Ducs, & même Fils de France †
Qui lisent sans rougir & Virgile & Terence ;
Et toujours pour Perrant pleins d'un dégoût malin,
Ne savent pas s'il est au monde un saint Paulin.

Mr. Perraut doit la suppression de ces vers à sa réconciliation avec Mr. Despréaux. Au lieu de ces quatorze vers il a mis ces deux-ci :

Et pour faire goûter son livre &c.

* Poëme de Perrant, imprimé chez Coignard.

† Monseigneur le Duc de Chartres, ensuite Duc d'Orléans, neveu du Roi.

IMITATIONS.

Vers 454. *Pèse sans passion Chapelain & Virgile.*] Juvénal, Sat. 6.
Laudat Virgilium, periturae ignoscit Elisae,
Committis Vates, & Comparat inde Maronem,
Atque alia parte in trutina suspendit Homerum.

SATIRE X.

De livres & d'écrits bourgeois Admirateur
Vai-je épouser ici quelque aprentive Auteur?
465 Savez-vous que l'Epouse avec qui je me lie
Compte entre ses parens des Princes d'Italie?
Sort d'Aieux dont les noms... Je t'entens, & je voi
D'où vient que tu t'es fait Secretaire du Roi.
Il falloit de ce titre appuïer ta naissance.
470 Cependant, t'avoûrai-je ici mon insolence?
Si quelque objet pareil chez moi, deçà les Monts,
Pour m'épouser entroit avec tous ces grans noms,
Le sourcil rehaussé d'orgueilleuses chimeres,
Je lui dirois bien-tôt: Je connois tous vos Peres:
475 Je sai qu'ils ont brillé dans ce fameux combat
Où sous l'un des Valois Enguien sauva l'Etat.
D'Hozier n'en convient pas: mais, quoi qu'il en puisse être,
Je ne suis point si sot que d'épouser mon maître.

CHANGEMENS.

Vers 464. ———— *Quelque Aprentive Auteur.*] Dans toutes les éditions qui ont précédé celle de 1713. il y avoit *Aprentie*, au lieu d'*Aprentive*.

REMARQUES.

Vers 468. *D'où vient que tu t'es fait Secretaire du Roi.*] M. G. D. s'étant enrichi dans la Recepte Générale des Aides de Paris. épousa une Demoiselle de condition; & pour s'ennoblir il acheta une Charge de Secretaire du Roi. On croit qu'il est dans les Caractères de la Bruyère, sous le nom de *Sylvain*, Chap. *des biens de fortune.*

Vers 475. *Je sai qu'ils ont brillé dans ce fameux combat.*] Le Combat de Cerizoles gagné par le Duc d'Enguien, en Italie, le 14. d'Avril, 1544. sous le règne de François I.

Vers 477. *D'Hozier n'en convient pas.*] De cette Généalogie, L'Auteur avoit mis dans les deux éditions de 1694. *Varillas n'en dit rien;* Mais

IMITATIONS.

Vers 473. *Le sourcil rehaussé d'orgueilleuses chimeres.*] Juvénal, Satire 6.
Malo Venusinam, quàm te Cornelia, Mater
Gracchorum, si cum magnis virtutibus affers
Grande supercilium, & numeras in dote triumphos,
Tolle tuum, precor, Hannibalem, &c.

Vers 478. *Je ne suis point si sot que d'épouser mon maître.*] Imitation de Martial, Livre 8. Epigramme 12.
Uxorem quare Locupletem ducere nolim,
Quæritis? Uxori nubere nolo meæ.

L'Auteur a eu dessein de rendre ici la même beauté de Langue, en traduisant par ces mots: *Epouser mon maître*, ceux-ci de Martial: *Uxori nubere nolo meæ*. Car la phrase Latine est *Nubere marito*, pour les femmes; & *Ducere uxorem*, pour les hommes: & c'est en quoi consiste toute la finesse du bon mot de Martial.

SATIRE X.

Ainsi donc au plûtôt délogeant de ces lieux,
480 Allez, Princesse, allez avec tous vos Aieux,
Sur le pompeux débris des lances Espagnoles,
Coucher, si vous voulez, aux champs de Cerizoles.
Ma maison, ni mon lit ne sont point faits pour vous.
J'admire, poursuis-tu, vôtre noble courroux.
485 Souvenez-vous poùrtant que ma famille illustre
De l'assistance au sçeau ne tire point son lustre :
Et que né dans Paris de Magistrats connus,
Je ne suis point ici de ces nouveaux venus,
De ces Nobles sans nom, que par plus d'une voie,
490 La Province souvent en guêtres nous envoie.
Mais eussai-je comme eux des Meûniers pour parens ;
Mon Epouse vînt-elle encor d'Aieux plus grans,
On ne la verroit point, vantant son origine,
A son triste Mari reprocher la farine.
495 Son cœur toûjours nourri dans la dévotion,
De trop bonne heure apprit l'humiliation :
Et pour vous détromper de la pensée étrange,
Que l'Hymen aujourd'hui la corrompe & la change,
Sachez qu'en nôtre accord elle a, pour premier point,
500 Exigé, qu'un Epoux ne la contraindroit point
A traîner après elle un pompeux équipage,
Ni sur tout de souffrir, par un profane usage,
Qu'à l'Eglise jamais devant le Dieu jaloux,
Un fastueux carreau soit vû sous ses genoux.

REMARQUES.

Mais cela faisoit une équivoque, car il sembloit que Mr. Despréaux eût voulu taxer Varillas de n'avoir rien dit de cette Bataille de Cerizoles, quoi qu'il en ait parlé fort au long dans son histoire de François I. Varillas lui même y fut trompé, & s'en plaignit ; mais nôtre Auteur pour lever toute équivoque a mis, D'Hozier n'en convient pas ; parce que d'Hozier est conu de tout le monde pour un fameux Généalogiste, qui n'a jamais écrit d'histoire.

Vers 486. *De l'assistance au Sçeau* &c.] Une des principales fonctions des Secretaires du Roi, est d'assister au Sçeau, dans les Chancéleries, *Edit de Louis XI. Novemb.* 1482.

SATIRE X.

505 Telle est l'humble vertu qui dans son ame empraínte...
Je le voi bien, tu vas épouser une Sainte :
Et dans tout ce grand zèle il n'est rien d'affecté.
Sais-tu bien cependant sous cette humilité,
L'orgueil que quelquefois nous cache une Bigote,
510 Alcippe, & connois-tu la nation devote ?
Il te faut de ce pas en tracer quelques traits,
Et par ce grand portrait finir tous mes portraits.
A Paris, à la Cour on trouve, je l'avouë,
Des Femmes dont le zèle est digne qu'on le louë,
515 Qui s'occupent du bien en tout tems, en tout lieu.
J'en sais Une, cherie & du Monde & de Dieu,
Humble dans les grandeurs, sage dans la fortune ;
Qui gémit, comme Esther, de sa gloire importune :
Que le Vice lui-même est contraint d'estimer,
520 Et que sur ce tableau d'abord tu vas nommer.
Mais pour quelques vertus si pures, si sincères,
Combien y trouve-t-on d'impudentes Faussaires,
Qui sous un vain dehors d'austère pieté,
De leurs crimes secrets cherchent l'impunité,
525 Et couvrant de Dieu même empraint sur leur visage
De leurs honteux plaisirs l'affreux libertinage ?
N'atten pas qu'à tes yeux j'aille ici l'étaler.
Il vaut mieux le souffrir que de le dévoiler.
De leurs galans exploís les Bussis, les Brantomes
530 Pourroient avec plaisir te compiler des tomes :

REMARQUES.

Vers 520. *Et que sur ce tableau d'abord tu vas nommer.*] Madame de Maintenon, Françoise D'Aubigné.

Vers 529. ———— *Les Bussis, les Brantomes.*] Le Comte de *Bussi* Rabutin, Auteur de l'Histoire amoureuse des Gaules. *Brantome* a fait les Vies des Dames Galantes de son tems. Mémoires de Brantome; &c.

SATIRE X.

Mais pour moi dont le front trop aisément rougit,
Ma bouche a déja peur de t'en avoir trop dit.
Rien n'égale en fureur, en monstrueux caprices,
Une fausse Vertu qui s'abandonne aux vices.
535   De ces Femmes pourtant l'hypocrite noirceur,
Au moins pour un Mari garde quelque douceur.
Je les aime encor mieux qu'une Bigotte altière,
Qui dans son fol orgueil, aveugle, & sans lumière,
A peine sur le seüil de la dévotion,
540 Pense atteindre au sommet de la perfection :
Qui du soin qu'elle prend de me gêner sans cesse,
Va quatre fois par mois se vanter à confesse ;
Et les yeux vers le Ciel pour se le faire ouvrir,
Offre à Dieu les tourmens qu'elle me fait souffrir.
545   Sur cent pieux devoirs aux Saints elle est égale.
Elle lit Rodriguez, fait l'oraison mentale,
Va pour les malheureux quêter dans les maisons,
Hante les hôpitaux, visite les prisons,
Tous les jours à l'Eglise entend jusqu'à six Messes.
550 Mais de combattre en elle, & dompter ses foiblesses,
Sur le fard, sur le jeu vaincre sa passion,
Mettre un frein à son luxe, à son ambition,
Et soûmettre l'orgueil de son esprit rebelle :
C'est ce qu'envain le Ciel voudroit éxiger d'elle.
555 Et peut-il, dira-t-elle, en effet l'exiger ?
Elle a son Directeur, c'est à lui d'en juger.

REMARQUES.

Vers 531. *Mais pour moi, dont le front trop aisément rougit.*] On le surnommoit, Le chaste Despréaux : La pureté de ses mœurs & de ses écrits, lui a valu cet éloge.

Vers 546. *Elle lit Rodriguez.*] Le P. Alphonse Rodriguez, Jésuite, a fait un excellent Traité de la Perfection Chrétienne.

Il faut, sans differer, savoir ce qu'il en pense.
Bon ! vers nous à propos je le voi qui s'avance.
Qu'il paroît bien nourri ! Quel vermillon, quel teint !
560 Le Printems dans sa fleur sur son visage est peint.
Cependant, à l'entendre, il se soûtient à peine.
Il eut encor hier la fièvre & la migraine :
Et sans les promts secours qu'on prit soin d'apporter,
Il seroit sur son lit peut-être à tremblotter.
565 Mais de tous les Mortels, grace aux devotes Ames,
Nul n'est si bien soigné qu'un Directeur de Femmes.
Quelque léger dégoût vient-il le travailler?
Une froide vapeur le fait-elle bâiller?
Un Escadron coëffé d'abord court à son aide.
570 L'une chauffe un boüillon, l'autre apprête un remède,
Chez lui sirops exquis, ratafias vantez,
Confitures sur tout volent de tous côtez :
Car de tous mets sucrez, secs, en pâte, ou liquides,
Les estomachs dévots toûjours furent avides :
575 Le premier masse-pain pour eux, je croi, se fit,
Et le premier citron à Rouen fut confit.
Nôtre Docteur bien-tôt va lever tous ses doutes;
Du Paradis pour elle il applanit les routes;
Et loin sur ses défauts de la mortifier,
580 Lui-même prend le soin de la justifier.

REMARQUES.

Vers 558. —— *Je le voi qui s'avance.*] De tous les caractères qui sont dans cette Satire, c'est à celui du Directeur que nôtre Poëte donnoit la préférence. Quoi que ce portrait soit assez général, l'Auteur n'a pas laissé d'avoir un objet particulier. C'étoit M. H...., grand Directeur de femmes. Il étoit tel qu'on le représente ici ; frais, vermeil, plein de santé : cependant il se plaignoit toûjours de quelque indisposition. Il alloit souvent chez Madame B..... sa Pénitente, qui logeoit près du Palais dans le voisinage de nôtre Poëte. Cette Dame dévote & sa fille, recevoient leur cher Directeur avec un respect infini, & lui rendoient les soins les plus empressez.

Vers 576. *Et le premier citron* &c.] Les plus exquis citrons confits, se font à Roüen,

Pourquoi vous alarmer d'une vaine censure?
Du rouge qu'on vous voit on s'étonne, on murmure.
Mais a-t-on, dira-il, sujet de s'étonner?
Est-ce qu'à faire peur on veut vous condamner?
585 Aux usages reçus il faut qu'on s'accommode.
Une femme sur tout doit tribut à la Mode.
L'orgueil brille, dit-on, sur vos pompeux habits.
L'œil à peine soutient l'éclat de vos rubis.
Dieu veut-il qu'on étale un luxe si profâne?
590 Oüi, lorsqu'à l'étaler nôtre rang nous condamne.
Mais ce grand jeu chez vous comment l'autôriser?
Le jeu fut de tout tems permis pour s'amuser.
On ne peut pas toûjours travailler, prier, lire:
Il vaut mieux s'occuper à joüer qu'à médire.
595 Le plus grand jeu joüé dans cette intention,
Peut même devenir une bonne action.
Tout est sanctifié par une ame pieuse.
Vous êtes, poursuit-on, avide, ambitieuse,
Sans cesse vous brûlez de voir tous vos parens
600 Engloutir à la Cour Charges, Dignités, Rangs.
Vôtre bon naturel en cela pour eux brille.
Dieu ne nous défend point d'aimer nôtre famille.
D'ailleurs tous vos parens sont sages, vertueux.
Il est bon d'empêcher ces Emplois fastueux
605 D'être donnez peut-être à des Ames mondaines,
Eprises du néant des vanitez humaines.
Laissez-là, croïez-moi, gronder les Indévots,
Et sur vôtre salut demeurez en repos.

REMARQUES.

Vers 594. *Il vaut mieux s'occuper à joüer qu'à médire.*] Les deux Devotes dont on vient de parler, aimoient beaucoup le jeu. Nôtre Poëte y trouvoit à redire; & Mademoiselle B..... lui disoit, pour se vanger de ses railleries, *qu'il valoit mieux joüer que médire.*

Sur tous ces points douteux c'est ainsi qu'il prononce.
610 Alors croïant d'un Ange entendre la réponse,
Sa Dévote s'incline, & calmant son esprit,
A cet ordre d'enhaut sans replique souscrit.
Ainsi pleine d'erreurs, qu'elle croit légitimes,
Sa tranquille vertu conserve tous ses crimes :
615 Dans un cœur tous les jours nourri du Sacrement,
Maintient la vanité, l'orgueil, l'entêtement,
Et croit que devant Dieu ses fréquens sacrilèges
Sont pour entrer au Ciel d'assurez privilèges.
Voilà le digne fruit des soins de son Docteur.
620 Encore est-ce beaucoup, si ce Guide imposteur,
Par les chemins fleuris d'un charmant Quiétisme
Tout à coup l'amenant au vrai Molinozisme,
Il ne lui fait bien-tôt, aidé de Lucifer,
Goûter en Paradis les plaisirs de l'Enfer.
625 Mais dans ce doux état molle, délicieuse,
La hais-tu plus, di-moi, que cette Bilieuse,
Qui follement outrée en sa sévérité,
Batizant son chagrin du nom de piété,
Dans sa charité fausse, où l'amour propre abonde,
630 Croit que c'est aimer Dieu que haïr tout le monde ?
Il n'est rien où d'abord son soupçon attaché
Ne présume du crime, & ne trouve un péché.
Pour une Fille honnête & pleine d'innocence,
Croit-elle en ses valets voir quelque complaisance ?

REMARQUES.

Vers 622. —— *Au vrai Molinozisme.*] Le Quiétisme fut introduit à Rome, par Michel Molinos, Prêtre espagnol, & célébre Directeur qui avoit acquis la réputation d'un homme dévot. Il enseignoit une méthode pour élever l'ame à la contemplation par l'oraison de Quiétude, & cette Oraison consistoit selon lui à se mettre en la présence de Dieu par un acte de foi, qui nous fasse concevoir Dieu présent en nous-mêmes ; après quoi il disoit qu'il faut bannir toutes sortes de pensées, d'affections, & attendre le reste de Dieu. Ce faux Directeur âgé de 60 ans fut déferé à l'Inquisition, & fit abjuration de sa doctrine à Rome, en 1687. & l'Inquisition le Condamna à une prison perpétuelle, dans laquelle il mourut quelques années après.

SATIRE X.

635 Réputés criminels les voilà tous chassez,
Et chez elle à l'instant par d'autres remplacez.
Son Mari, qu'un affaire appelle dans la Ville,
Et qui chez lui, sortant, a tout laissé tranquille,
Se trouve assez surpris, rentrant dans la maison,
640 De voir que le Portier lui demande son nom;
Et que parmi ses Gens changez en son absence,
Il cherche vainement quelqu'un de connoissance.

Fort bien : Le trait est bon. Dans les Femmes, dis-tu,
Enfin vous n'approuvez ni vice, ni vertu.
645 Voilà le Sexe peint d'une noble manière !
Et Théophraste même aidé de la Bruyere,
Ne m'en pourroit pas faire un plus riche tableau.
C'est assez : Il est tems de quitter le pinceau.
Vous avez désormais épuisé la Satire.
650 Epuisé, cher Alcippe, Ah! tu me ferois rire !
Sur ce vaste sujet si j'allois tout tracer,
Tu verrois sous ma main des tomes s'amasser.

CHANGEMENS.

Vers 641. *Et que parmi ses Gens changez en son absence.*] Dans les deux premières éditions il y avoit :

Et que dans son logis fait neuf en son absence.

Mais on lui fit remarquer, que, quoi que l'on dise, *Faire maison neuve*, ou *ménage nouveau*, pour signifier, *Chasser tous ses Domestiques* ; on ne disoit pas ; *Faire un logis neuf*, au même sens.

REMARQUES.

Vers 637. *Son mari qu'une affaire appèle* &c.] L'Auteur désigne encor ici sa belle sœur. Elle changeoit souvent de Domestiques. Un jour son mari fut fort surpris de voir, en rentrant chez lui, des gens qui ne le connoissoient pas, & qui lui demandoient son nom. Regnier, Satire XI. à la fin, dit :

Je cours à mon Logis, je heurte, je tempeste ;
Et croïez, à frapper que je n'étois perclus.
On m'ouvre, & mon valet ne me reconnoit plus.

Monsieur n'est pas ici : que Diable ! à si bonne heure.
Vous frapez, comme un sourd. Quelque tems Je demeure, &c.

Vers 646. *Et Théophraste même aidé de la Bruyere.*] La Bruyere a traduit du Grec les Caractères de Théophraste ; & a donné dans le même volume, les Caractères, ou les mœurs de ce Siècle. Jean, de la Bruyere, Gentilhomme de Mr. le Prince, étoit de l'Académie Françoise, & mourut le 10. de Mai, 1696. âgé de 57. ans.

Dans le Sexe j'ai peint la pieté cauftique.
Et que feroit-ce donc, fi Cenfeur plus tragique,
655 J'allois t'y faire voir l'Athéifme établi,
Et non moins que l'honneur, le Ciel mis en oubli?
Si j'allois t'y montrer plus d'une Capanée,
Pour fouveraine loi mettant la Deftinée,
Du tonnerre dans l'air bravant les vains carreaux,
660 Et nous parlant de Dieu du ton de Des-Barreaux?
Mais fans aller chercher cette Femme infernale,
T'ai-je encor peint, di-moi, la Fantafque inégale,
Qui m'aimant le matin, fouvent me hait le foir?
T'ai-je peint la Maligne aux yeux faux, au cœur noir?
665 T'ai-je encore exprimé la Brufque impertinente?
T'ai-je tracé la Vieille à morgue dominante,
Qui veut vingt ans encore après le Sacrement,
Exiger d'un Mari les refpects d'un Amant?
T'ai-je fait voir de joie une Belle animée,
670 Qui fouvent d'un repas fortant toute enfumée,
Fait même à fes Amans trop foibles d'eftomac,
Redouter fes baifers pleins d'ail & de tabac?

REMARQUES.

Vers 657. *Si j'allois t'y montrer plus d'une Capanée.*] C'eft à dire, une Athée : car *Capanée* étoit un Capitaine Grec, fameux par fes Impietez, qui étant allé au fiége de Thèbes avec Polinice, fut foudroïé par Jupiter, parce qu'il méprifoit les Dieux.

Vers 660. ——— *Du ton de Des-Barreaux.*] Jaques de Vallée, Seigneur des Barreaux, naquit à Paris en 1602. & fut reçu Confeiller au Parlement en 1625. mais il fe défit bien tôt de fa Charge, parce que fon penchant invincible pour les plaifirs le rendoit incapable des Devoirs de la Magiftrature. Il a fait de fort jolies Chanfons, & quantité de vers François & Latins qui n'ont pas été imprimez. Le fameux Sonnet de pieté qui commence par ce vers : *Grand Dieu tes Jugemens font remplis d'équité;* a toujours paffé pour être l'ouvrage de Des-Barreaux. Cependant il fe fâchoit tout de bon quand on lui en parloit : il fit même d'affez mauvais vers François pour le defavoüer, quoi que d'ailleurs ce Sonnet foit fort beau. Quelques années avant fa mort qui arriva en 1674. il s'étoit retiré à Châlons fur Saône, où il mourut d'une manière plus édifiante qu'il n'avoit vécu. C'eft à Mr. de Maupeou, Evêque de Châlons qu'il fut redevable de fa converfion; & il difoit ordinairement que ce Prélat *l'avoit empêché d'être vacillant.*

Vers 668. *Exiger d'un Mari les refpects d'un Amant.*] Madame de T...... Madame De la F..... Madame de Freg....... & tant d'autres.

Vers 672. *Redouter fes baifers pleins d'ail, & de tabac.*] Quelques femmes de la Cour, dans ces derniers tems, ont porté les excez de la table auffi loin que les Hommes les plus débauchez l'auroient pu faire.

SATIRE X.

T'ai-je encore décrit la Dame Brelandière,
Qui des Joüeurs chez foi fe fait Cabaretière,
675 Et fouffre des affronts que ne fouffriroit pas,
L'Hôteffe d'une Auberge a dix fous par repas?
Ai-je offert à tes yeux ces triftes Tifiphones,
Ces monftres pleins d'un fiel, que n'ont point les Liones,
Qui prenant en dégoût les fruits nez de leur flanc,
680 S'irritent fans raifon contre leur propre fang ;
Toûjours en des fureurs que les plaintes aigriffent,
Battent dans leurs enfans l'Epoux qu'elles haïffent,
Et font de leur maifon digne de Phalaris,
Un féjour de douleurs, de larmes & de cris?
685 Enfin t'ai-je dépeint la Superftitieufe,
La Pédante au ton fier, la Bourgeoife ennuïeufe;
Celle qui de fon chat fait fon feul entretien,
Celle qui toûjours parle, & ne dit jamais rien?
Il en eft des milliers : mais ma bouche enfin laffe,
690 Des trois quarts, pour le moins, veut bien te faire grace.
    J'entens. C'eft pouffer loin la moderation.
Ah ! finiffez, dis-tu, la déclamation.
Penfez-vous qu'ébloüi de vos vaines paroles,
J'ignore qu'en effet tous ces difcours frivoles

REMARQUES.

Vers 673. ——— *La Dame Brelandière.*] C'eft encore Mad...... Après avoir fait de fa Maifon une Académie de jeu, elle en faifoit encore un Cabaret pour les joüeurs qui païoient leur écot en entrant, & qui après cela fe faifoient fervir avec la même liberté, & les mêmes hauteurs que l'on prend dans les moindres Cabarets. Il y a des femmes qui donnent à fouper aux Joüeurs, de peur de ne les plus revoir, s'ils fortoient de leur maifon.

Vers 677. ——— *Ces triftes Tifiphones* &c.] La première femme de Mr. Boileau, Pere de nôtre Poëte, avoit pris en averfion une de fes Filles, & ne ceffoit point de la maltraiter. Elle ne voulut jamais permettre qu'on la mit en penfion dans un Couvent, pour avoir le plaifir de la battre. Elle s'en aquitta fi bien, qu'à la fin cette jeune fille en mourut, & la mere ellemême mourut de regret.

Vers 682. *Battent dans leurs Enfans l'Epoux qu'elles haïffent.*] Il faut remarquer la nobleffe avec laquelle le châtiment le plus ordinaire des Enfans, eft exprimé dans ce vers.

Vers 682. ——— *Digne de Phalaris.*] Tiran de Sicile, très Crüel.

Vers 687. *Celle qui de fon chat fait fon feul entretien.*] C'eft une fœur de l'Auteur, laquelle fe reconnut d'abord dans cette peinture, & s'en fâcha bien férieufement.

144   SATIRE X.

695 Ne font qu'un badinage, un fimple jeu d'efprit
D'un Cenfeur, dans le fond, qui folâtre & qui rit,
Plein du même projet qui vous vint dans la tête,
Quand vous plaçates l'Homme au deffous de la Bête?
Mais enfin vous & moi c'eft affez badiner.
700 Il eft tems de conclurre; & pour tout terminer,
Je ne dirai qu'un mot. La Fille qui m'enchante,
Noble, fage, modefte, humble, honnête, touchante,
N'a pas un des défauts que vous m'avez fait voir.
Si par un fort pourtant qu'on ne peut concevoir,
705 La Belle tout à coup renduë infociable,
D'Ange, fe font vos mots, fe transformoit en Diable:
Vous me verriez bien-tôt, fans me défefpérer,
Lui dire: Hé bien, Madame, il faut nous féparer.
Nous ne fommes pas faits, je le voi, l'un pour l'autre.
710 Mon bien fe monte à tant: Tenez, voilà le vôtre.
Partez: Délivrons-nous d'un mutuel fouci.
      Alcippe, tu crois donc qu'on fe fépare ainfi?
Pour fortir de chez toi, fur cette offre offenfante,
As-tu donc oublié qu'il faut qu'elle y confente?
715 Et crois-tu qu'aifément elle puiffe quitter
Le favoureux plaifir de t'y perfécuter?

REMARQUES.

Vers 695. *Ne font qu'un badinage, un fimple jeu d'efprit &c.*] L'Auteur a mis ceci pour faire comprendre qu'il ne faut pas expliquer à la rigueur tout ce qu'il a dit contre les Femmes dans cette Satire, ni ce qu'il a dit contre les Hommes dans la Satire huitième. Il m'écrivit ainfi dans une lettre du 5. Juillet 1705. "Quoi "que j'aie compofé *animi gratiâ* une Satire con-"tre les méchantes Femmes, Je fuis pourtant "du fentiment d'Alcippe, & je tiens comme lui, "*Que pour être heureux fous ce joug falutaire*, "*Tout dépend, en un mot, du bon choix qu'on fait* "*faire.* Il ne faut point prendre les Poëtes à "la lettre: Aujourdhui c'eft chez eux la fête "du Célibat; Demain c'eft la fête du Mariage: Aujourd'hui l'Homme eft le plus fot de "tous les Animaux; Demain c'eft le feul Animal capable de juftice, & en cela femblable "à Dieu.

Vers 708. ———— *Il faut nous féparer &c.*] Ce vers & les fuivans contiennent la formule du Libelle de Divorce, qui étoit en ufage anciennement. *Res tuas tibi habeto: Tuas res tibi agito.* &c. Loi 2. §. 1. au Digefte *de divortiis & repudiis.*

SATIRE X.

Bien-tôt son Procureur, pour elle ufant fa plume,
De fes prétentions va t'offrir un volume.
Car, grace au Droit reçu chez les Parifiens,
720 Gens de douce nature, & Maris bons Chrétiens,
Dans fes prétenfions une Femme eft fans borne.
Alcippe, à ce difcours je te trouve un peu morne.
Des Arbitres, dis-tu, pourront nous accorder.
Des Arbitres... Tu crois l'empêcher de plaider?
725 Sur ton chagrin déja contente d'elle-même,
Ce n'eft point tous fes droits, c'eft le procès qu'elle aime.
Pour elle un bout d'arpent, qu'il faudra difputer,
Vaut mieux qu'un Fief entier acquis fans contefter.
Avec elle il n'eft point de droit qui s'éclairciffe,
730 Point de procès fi vieux qui ne fe rajeuniffe;
Et fur l'art de former un nouvel embarras,
Devant elle Rolet mettroit pavillon bas.
Croi-moi, pour la fléchir trouve enfin quelque voie:
Ou je ne répons pas dans peu qu'on ne te voie
735 Sous le fais des procès abbatu, confterné,
Trifte, à pié, fans Laquais, maigre, fec, ruiné,

REMARQUES.

Vers 719. ———— *Chez les Parifiens*, &c.] Ce n'eft pas la première fois que ce reproche leur a été fait : Corneille, dans la fuite du Menteur, Acte 2. Sc. 1.

Il eft Riche, & de plus il demeure à Paris,
Où des Dames, dis-on, eft le vrai Paradis:
Et ce qui vaut bien mieux que toutes ces richeffes,
Les Maris y font bons, & les Femmes maîtreffes.

Vers 721. *Dans fes prétenfions une femme eft fans borne.*] La Coûtume de Paris eft extrêmement favorable aux Femmes. „Parmi nous, „dit Patru, Plaid. 9. les Femmes ont des Douaires & des préciputs; elles partagent la com- „munauté, où pourtant elles n'apportent pref„que rien que le bonheur de leur fexe, & la „faveur de nos Coûtumes. Enfin à bien par„ler, elles font les principales héritières de „leurs Maris.

Vers 726. ———— *C'eft le Procès qu'elle aime.*] Ce portrait de la Femme plaideufe, a été formé fur la Comteffe de Criffé, dont on a parlé ci-devant fur le vers 105. de la Satire troifième. L'Antiquité a auffi produit des Monftres de cette efpèce-là : témoin la fameufe *Afrania*, Femme d'un Sénateur Romain. Elle fur la plus grande Chicaneufe que l'on vid jamais : on n'entendoit qu'elle dans tous les Tribunaux, & par fon imprudence elle mérita que toutes les Femmes plaideufes, fuffent appellées de fon nom. *Valer. max. l. 8. c. 3. n: 2.*

SATIRE X.

Vingt fois dans ton malheur résolu de te pendre,
Et, pour comble de maux réduit à la reprendre.

REMARQUES.

Vers dernier. *Et pour comble de maux, réduit à la reprendre.*] L'Auteur s'applaudissoit beaucoup d'avoir sû finir par un trait de plaisanterie, comme il avoit commencé.

Il y a une remarque importante à faire sur le total de l'Ouvrage : C'est la variété & la finesse des transitions, qui sont ménagées avec beaucoup d'art. C'est ce que l'Auteur regardoit comme le Chef-d'œuvre de l'art d'écrire, & qui lui a fait dire au sujet des Caractères de la Bruyere, Ouvrage qu'il estimoit d'ailleurs infiniment ; que cet Ecrivain *s'étoit libéré des transitions, qui étoient ce qu'il y avoit de plus difficile dans les Ouvrages d'esprit*. Au reste, on trouvera l'Apologie de cette Satire, & de son Auteur, dans une Lettre écrite par Mr. Arnaud, Docteur de Sorbone, imprimée à la fin de ce Livre.

SATIRE XI.
A MONSIEUR
DE VALINCOUR,
CONSEILLER DU ROI EN SES CONSEILS,
Secrétaire Général de la Marine, & des Commandemens de Monseigneur le Comte de Toulouze.

OUI, l'Honneur, VALINCOUR, est chéri dans le Monde:
Chacun pour l'éxalter en paroles abonde;
A s'en voir revétu chacun met son bonheur;
Et tout crie ici-bas, l'Honneur! vive l'Honneur!
5 Entendons discourir sur les bancs des Galères,
Ce Forçat abhorré même de ses Confrères;

REMARQUES.

LE sujet de cette Satire est le vrai & le faux Honneur. Elle fut composée à l'occasion d'un Procès que le Commis à la recherche des Usurpateurs du titre de Noblesse, avoit intenté à Mr Gilles Boileau, Païeur des rentes de l'Hôtel de Ville de Paris, en éxécution de la Déclaration du Roi du 4. de Septembre 1696. Mr. l'Abbé Boileau Docteur de Sorbone, Chanoine de la Sainte Chapelle, & Mr. Boileau Despréaux son Frere, intervinrent dans ce Procès, auquel ils avoient le même interêt que Mr. Gilles Boileau leur Cousin. Ils produisirent des titres incontestables, par lesquels ils prouvèrent leur Noblesse depuis Jean Boileau Secretaire du Roi, anobli avec Jean son fils, en l'année 1371. & ils furent maintenus en la qualité de Nobles & d'Ecuïers par Arrêt du 10. d'Avril 1699.
Ce Procès excita la mauvaise humeur de Mr. Despréaux, qui ne pouvoit souffrir l'injustice ni les vexations des Partisans. Il en vouloit surtout à B..... fameux Traitant, qui étoit un des principaux Interessez à la recherche des faux Nobles : & ce fut presque uniquement pour se vanger de lui que Mr. Despréaux entreprit cette Satire. Il commença à la composer au mois de Novembre 1698. dans la chaleur des poursuites de ce Procès : & il avoit dessein de peindre l'Auteur de cette injuste recherche avec de terribles couleurs. Mais quand il eut obtenu un Arrêt favorable, content de sa victoire, il oublia sa vengeance, & crût même ne devoir pas relever la noblesse de son origine, après en avoir parlé si modestement en d'autres endroits de ses Ouvrages. *

Vers 5. Entendons discourir sur les bancs des Galères, &c.] Allusion à une action mémorable du Duc d'Ossone, Viceroi de Sicile & de Naples. Ce Seigneur étant un jour à Naples, & visitant les Galères du Port, eut la curiosité d'interroger les Forçats ; mais ils se trouvèrent tous innocens, à l'exception d'un seul, qui avoüa de bonne foi que si on lui avoit fait justice, il auroit été pendu. *Qu'on m'ôte d'ici ce coquin-là*, dit le Duc, en lui donnant la liberté ; *il gâteroit tous ces honnêtes-gens*.

* *Dans l'Epitre 5. v. 112. & dans la 10. v. 96.*

SATIRE XI.

Il plaint, par un Arrêt injuſtement donné,
L'Honneur en ſa perſonne à ramer condamné.
En un mot, parcourons & la Mer & la Terre :
10 Interrogeons Marchands, Financiers, Gens de guerre,
Courtiſans, Magiſtrats ; chez Eux, ſi je les croi,
L'Interêt ne peut rien, l'Honneur ſeul fait la loi.
   Cependant, lors qu'aux yeux leur portant la lanterne,
J'examine au grand jour l'eſprit qui les gouverne,
15 Je n'apperçoi par tout que folle Ambition,
Foibleſſe, Iniquité, Fourbe, Corruption ;
Que ridicule orgueil de ſoi-même idolâtre.
Le Monde, à mon avis, eſt comme un grand Theâtre,
Où chacun en public l'un par l'autre abuſé,
20 Souvent à ce qu'il eſt, jouë un rôle oppoſé.
Tous les jours on y voit, orné d'un faux viſage,
Impudemment le Fou répréſenter le Sage ;
L'Ignorant s'ériger en Savant faſtueux,
Et le plus vil Faquin trancher du Vertueux.
25 Mais, quelque fol eſpoir dont leur orgueil les berce,
Bien-tôt on les connoît, & la Verité perce.
On a beau ſe farder aux yeux de l'Univers ;
A la fin ſur quelcun de nos vices couverts
Le Public malin jette un œil inévitable ;
30 Et bien-tôt la Cenſure, au regard formidable,
Sait, le craïon en main, marquer nos endroits faux,
Et nous déveloper avec tous nos défauts.

CHANGEMENS.

Vers 30. ——— *La Cenſure, au regard formidable.*] Première manière : *La Cenſure, Eſpagneule admirable.* Seconde manière : *Au regard admirable.*

REMARQUES.

Vers 13. — *Lors qu'aux yeux leur portant la lanterne.*] Diogène le Cinique portoit une lanterne en plein jour, & diſoit qu'il cherchoit un Homme.

SATIRE XI.

Du Mensonge toûjours le Vrai demeure maître.
Pour paroître honnête Homme, en un mot, il faut l'être :
35 Et jamais, quoi qu'il fasse, un Mortel ici-bas
Ne peut aux yeux du Monde être ce qu'il n'est pas.
En vain ce Misanthrope, aux yeux tristes & sombres,
Veut par un air riant en éclaircir les ombres :
Le Ris sur son visage est en mauvaise humeur ;
40 L'agrément fuit ses traits, ses caresses font peur ;
Ses mots les plus flateurs paroissent des rudesses ;
Et la Vanité brille en toutes ses bassesses.
Le naturel toûjours sort, & sait se montrer.
Vainement on l'arrête, on le force à rentrer ;
45 Il rompt tout, perce tout, & trouve enfin passage.
   Mais loin de mon projet je sens que je m'engage.
Revenons de ce pas à mon texte égaré.
L'Honneur par tout, disois-je, est du Monde admiré.
Mais l'Honneur en effet qu'il faut que l'on admire,
50 Quel est-il, VALINCOUR, pourras-tu me le dire ?
L'Ambitieux le met souvent à tout brûler ;
L'Avare à voir chez lui le Pactole rouler ;
Un faux Brave à vanter sa proüesse frivole ;
Un vrai Fourbe à jamais ne garder sa parole ;

REMARQUES.

Vers 37. *En vain ce Misanthrope*, &c.] L'Auteur, en récitant, disoit toûjours : *En vain ce faux Caton*.

Vers 52. *L'Avare à voir chez lui le Pactole rouler.*] Le *Pactole* est une Riviere fameuse qui roule de l'or parmi son gravier. Elle est dans l'Asie mineure.

IMITATIONS.

Vers 43. *Le Naturel toûjours fort*, &c.] Horace, I. Ep. 10. v. 24.
   Naturam expellas furcâ ; tamen usque recurret,
   Et mala perrumpet furtim fastidia victrix.
Le célèbre La Fontaine a paraphrasé ces vers dans la Fable 18. Liv. 2.

55 Ce Poëte à noircir d'infipides papiers ;
Ce Marquis à favoir frauder fes créanciers ;
Un Libertin à rompre & Jeûnes & Carême ;
Un Fou perdu d'honneur à braver l'Honneur même.
L'un d'Eux a-t-il raifon ? Qui pourroit le penfer ?
60 Qu'eft-ce donc que l'Honneur que tout doit embraffer ?
Eft-ce de voir, dis-moi, vanter nôtre éloquence ;
D'exceller en courage, en adreffe, en prudence,
De voir à nôtre afpect tout trembler fous les Cieux ;
De poffeder enfin mille dons précieux ?
65 Mais avec tous ces dons de l'efprit & de l'ame
Un Roi même fouvent peut n'être qu'un infame,
Qu'un Herode, un Tibere effroïable à nommer.
Où donc eft cet Honneur qui feul doit nous charmer ?
Quoi qu'en fes beaux difcours Saint Evremond nous prône,
70 Aujourd'hui j'en croirai Sénèque avant Petrône.
Dans le Monde il n'eft rien de beau que l'Equité.
Sans elle la Valeur, la Force, la Bonté,

CHANGEMENS.

Vers 55. *Ce Poëte à noircir d'infipides papiers.*] Nôtre Auteur difoit quelques fois en recitant : *Liniere, à barbouiller d'infipides papiers.*

REMARQUES.

Vers 70. *Aujourd'hui j'en croirai Sénèque avant Petrône.*] L'Auteur oppofe la morale auftère de Sénèque à la morale licencieufe de Petrône, pour condamner un fentiment déraifonable de St. Evremond, dans fon *Jugement fur Sénèque, Plutarque & Petrône*, où il débute ainfi : *Je commencerai*, dit-il, *par Sénèque, & vous dirai avec la dernière impudence, que j'eftime beaucoup plus fa Perfonne que fes Ouvrages. J'eftime le Précepteur de Néron, l'Amant d'Agrippine, un Ambitieux qui prétendit à l'Empire : du Philofophe & de l'Ecrivain, je n'en fais pas grand cas.* Au contraire les loüanges que St. Evremond donne aux fentimens délicats, au luxe poli, & aux voluptez étudiées de Petrône, qu'il appèle *un des plus honnêtes hommes du monde*; font bien juger que St. Evremond a regardé ce fameux Epicurien, comme fon Héros en fait de Morale. Voïez fes Réfl. fur la doctr. d'Epicure. Nôtre Auteur regardoit Mr. de St. Evremond comme un homme qui avoit toûjours fait profeffion d'une Philofophie profane & voluptueufe, dont les maximes ne feroient autorifées qu'à peine dans la licence du Paganifme. Sa morale étoit une morale de Cour, d'autant plus dangereufe, qu'il avoit l'art de la faire paffer pour une ingénieufe délicateffe.

SATIRE XI.

Et toutes les Vertus, dont s'éblouït la Terre,
Ne font que faux brillans, & que morceaux de verre.
75 Un injuste Guerrier, terreur de l'Univers,
Qui sans sujet courant chez cent Peuples divers,
S'en va tout ravager jusqu'aux rives du Gange,
N'est qu'un plus grand Voleur que Duterte & Saint Ange.
Du premier des Césars on vante les exploits;
80 Mais dans quel Tribunal, jugé suivant les Loix,
Eût-il pû disculper son injuste manie?
Qu'on livre son pareil en France à La Reynie,

CHANGEMENS.

Vers 82. *Qu'on livre son pareil* &c.] Dans l'édition postume de 1713, on lit: *Qu'on trouve son pareil*.

REMARQUES.

Vers 75. *Un injuste Guerrier*, &c.] Aléxandre le Grand, après avoir soumis une partie de l'Asie, voulut assujetir le reste de l'Orient, & porter ses conquêtes au delà du Gange; mais ses soldats refusèrent de le suivre. Plutarque rapporte ainsi le fait, suivant la traduction d'Amiot: *Ils dédirent fort & ferme Aléxandre, quand il les cuida à toute force faire encor passer la Riviere de Ganges, entendant dire aux gens du païs qu'elle avoit deux liuës de large, & cent brasses de profond, & que la rive de delà étoit toute couverte d'armes, de chevaux, & d'éléphans, &c.*

Vers 78. *N'est qu'un plus grand Voleur* &c.] Ce vers & les trois précédens contiennent le sens de la réponse que fit un Pirate au même Aléxandre, qui lui reprochoit sa condition: *Je suis un Pirate*, dit-il, *parce que je n'ai qu'un vaisseau; si j'avois une armée navale je serois un Conquerant.* Apopht. des Anciens. Sénèque appelle ces sortes de Conquerans injustes, *magnos & furiosos latrones*; & St. Augustin dit encore avec plus d'énergie: *quid enim sunt regna, remotâ justitiâ, nisi magna latrocinia?*

Ibid. ———— *Que Du Terte & Saint Ange.*] Deux fameux Voleurs de grand chemin. *Du Terte* étoit un Joüeur de profession, qui étoit reçû dans la plûpart des maisons distinguées de Paris. Il fit un vol au milieu du Cours-la-Reine: on le prit, & il fut condamné au dernier suplice ordonné contre les Voleurs de grand-chemin. Ce qui rendit son suplice remarquable, c'est que son corps demeura exposé sur la roüe pendant plus d'un mois à la porte du Cours. *Saint Ange*, autre Voleur, eut la même destinée. Il étoit, dit-on, fils d'un Maître d'armes qui avoit eû l'honneur de montrer au Roi; & il avoit été Capitaine dans le Régiment de Languedoc des Troupes de Gaston de France, Duc d'Orleans. Nôtre Auteur avoit connu *Saint Ange*.

Vers 82. ———— *A La Reynie.*] Gabriel Nicolas de la Reynie, Conseiller d'Etat ordinaire, & Lieutenant General de Police, étoit né à Limoges, en 1625. Il fut pourvû de la Charge de Maître des Requêtes en 1661. Mais le Roi voulant établir un bon ordre dans la Ville de Paris, sépara la Police de la Charge de Lieutenant Civil, & créa une Charge de Lieutenant de Police, dont Mr. de la Reynie fut pourvû le premier jour de l'année 1667. Il l'a éxercée avec une fermeté & une vigilance qu'on ne peut assez loüer. En l'année 1680. Sa Majesté l'honora d'un Brevet de Conseiller d'Etat. Il mourut le 14. de Juin, 1709. âgé de 84. ans. Il avoit été un des Commissaires de la Chambre-ardenie, établie à l'Arsenal pour la recherche des personnes accusées de Sortilège, ou de Poison.

IMITATIONS.

Vers 74. *Ne font que faux brillans, & que morceaux de verre.*] *Fortuna vitrea est, tum cùm splendet, frangitur.* Publ. Syrus.

SATIRE XI.

Dans trois jours nous verrons le Phénix des Guerriers
Laisser sur l'échaffaut sa tête & ses lauriers.
85 C'est d'un Roi que l'on tient cette maxime auguste,
Que jamais on n'est grand qu'autant que l'on est juste.
Rassemblez à la fois Mithridate & Sylla.
Joignez-y Tamerlan, Genseric, Attila ;
Tous ces fiers Conquerans, Rois, Princes, Capitaines,
90 Sont moins grans à mes yeux que ce Bourgeois d'Athènes,
Qui fut, pour tous exploits, doux, moderé, frugal,
Toûjours vers la Justice aller d'un pas égal.
Oüi la Justice en nous est la Vertu qui brille.
Il faut de ses couleurs qu'ici-bas tout s'habille.
95 Dans un Mortel chéri, tout injuste qu'il est,
C'est quelque air d'équité qui seduit & qui plaît.
A cet unique appas l'ame est vraiment sensible :
Même aux yeux de l'Injuste, un Injuste est horrible ;
Et tel qui n'admet point la Probité chez lui,
100 Souvent à la rigueur l'éxige chez autrui.
Disons plus : Il n'est point d'ame livrée au vice,
Où l'on ne trouve encor des traces de justice.
Chacun de l'Equité ne fait pas son flambeau.
Tout n'est pas Caumartin, Bignon, ni Daguesseau ;

REMARQUES.

Vers 84. ——— *Sa tête & ses lauriers.*] Jules César étoit chauve, & il cachoit ce défaut autant qu'il pouvoit. C'est pourquoi, parmi les honneurs que le Sénat & le Peuple lui déférèrent, il reçut & conserva plus volontiers le privilège de porter toûjours une Couronne de Lauriers. C'est à quoi ce vers fait allusion.

Vers 85. *C'est d'un Roi &c.*] Agésilas Roi de Sparte, selon Plutarque, traduit par Amiot, avoit toûjours accoûtumé de dire en ses privez devis, que Justice étoit la première de toutes les Vertus ; pour autant, disoit-il, que la Proüesse ne vaut rien, si elle n'est conjointe avec la Justice, & que si tous les hommes étoient justes, alors on n'avoit que faire de la Proüesse. Et à ceux qui disoient : le Grand Roi * le veut ainsi ; Et en quoi, disoit-il, est-il plus grand que moi, s'il n'est plus juste ? Le même Agésilas étant pressé de tenir une promesse injuste : si la chose n'est pas juste, dit-il, je ne l'ai pas promise.

* Le Roi de Perse.

Vers 90. ——— *Ce Bourgeois d'Athènes.*] Socrate.
Vers 104. *Tout n'est pas Caumartin, Bignon, ni Da-*

IMITATIONS.

Vers 104. *Tout n'est pas Caumartin, Bignon, &c.*] Teofilo Folengio, dans son Orlandino, cap. 6. fol. 57.
  Non tutti Sannazzari & Ariosti,
  Non tutti son' Boiardi, & altri eletti.

SATIRE XI.

105 Mais jusqu'en ces Païs, où tout vit de pillage,
Chez l'Arabe & le Scythe Elle est de quelque usage;
Et du butin acquis en violant les loix,
C'est elle entre eux qui fait le partage & le choix.
Mais allons voir le Vrai jusqu'en sa source même.
110 Un Dévot aux yeux creux, & d'abstinence blême,
S'il n'a point le cœur juste, est affreux devant Dieu.
L'Evangile au Chrétien ne dit en aucun lieu,
Sois dévot : Elle dit, Sois doux, simple, équitable.
Car d'un Dévot souvent au Chrétien véritable
115 La distance est deux fois plus longue, à mon avis,
Que du Pôle Antarctique au Détroit de Davis.
Encor par ce Dévot ne croi pas que j'entende
Tartuffe, ou Molinos, & sa mistique Bande.

REMARQUES.

ni Daguesseau.] L'Auteur louë ici l'équité de trois Personnes illustres, dont les vertus méritent bien d'être données pour éxemple.

Mr. De Caumartin : Urbain Louis le Févre De Caumartin, Conseiller d'Etat, Intendant des Finances.

Mr. l'Abbé Bignon : Jean-Paul Bignon, Abbé de St. Quentin, Doyen de l'Eglise Collégiale de St. Germain l'Auxerrois ; Conseiller d'Etat ordinaire, l'un des Quarante de l'Académie Françoise, & Ancien Président des deux Académies Roiales des Siences & des Inscriptions.

Mr. Daguesseau : Avocat General au Parlement de Paris, & ensuite Procureur General.

Vers 113. —— *Elle dit, &c.*] L'Auteur fait ici le mot *Evangile*, du genre feminin, quoi que ce mot soit ordinairement de l'autre genre; il lui auroit été facile de changer cet endroit en mettant : *Sois dévot : Il nous ait* ; au lieu de *Elle dit.*

Vers 116. *Que du Pôle Antarctique au Détroit de Davis.*] C'est-à-dire, d'un Pôle à l'autre, ou d'une extrémité de la Terre à l'autre ; car le Détroit de Davis est presque sous le Pôle Arctique, près de la nouvelle Zemble, dans cette partie de la Groenlande qui fut découverte en 1585. par *Jean Davis*, Anglois.

Vers 118. *Tartuffe, ou Molinos, & sa mistique Bande.*] Les Hipocrites, désignez par *Tartuffe*; & les Quiétistes, désignez par *Michel Molinos* leur Chef. Voïez la Remarque sur le vers 622. de la Satire X.

IMITATIONS.

Vers 108. *C'est Elle entre eux qui fait le partage & le choix.*] Ciceron dans son admirable Traité des Offices, livre 2. ch. 11. *Justitiæ tanta vis est, ut ne illi quidem, qui maleficio & scelere pascuntur, possint sine ulla particula justitiæ vivere. Nam qui eorum cuipiam, qui una latrocinantur, furatur aliquid, aut eripit ; is sibi ne in latrocinio quidem relinquit locum : ille autem qui Archipirata dicitur ; nisi æquabiliter prædam dispertiat, aut occidetur à sociis, aut relinquetur. Quin etiam leges latronum esse dicuntur, quibus pareant, quas observent.* &c.

Saint Jean Chrisostome, sur le ch. 4. de l'Epitre aux Ephésiens : Πῶς ἂν λῃσταὶ &c. *Latrones, si in dividendis rebus, præscripta Justitia non servent, neque partitionem ex æquo faciant, videbis & ipsos inter se bellis ac prœliis implicari.*

Mr. Pascal, dans ses Pensées diverses, ch. 31. C'est une plaisante chose à considérer, dit-il, de ce qu'il y a des gens dans le monde qui aiant renoncé à toutes les loix de Dieu & de la Nature, s'en sont fait eux-mêmes, ausquelles ils obéïssent éxactement : comme par éxemple, les Voleurs, &c.

J'entens un faux Chrétien mal inſtruit, mal guidé,
120 Et qui de l'Evangile en vain perſuadé,
N'en a jamais conçû l'eſprit ni la juſtice;
Un Chrétien qui s'en ſert pour diſculper le vice;
Qui toûjours près des Grans, qu'il prend ſoin d'abuſer,
Sur leurs foibles honteux fait les autoriſer.
125 Et croit pouvoir au Ciel, par ſes folles maximes,
Avec le Sacrement faire entrer tous les crimes.
Des faux Dévots pour moi voilà le vrai Heros.
Mais, pour borner enfin tout ce vague propos,
Concluons qu'ici-bas le ſeul Honneur ſolide,
130 C'eſt de prendre toûjours la Vérité pour guide;
De regarder en tout la Raiſon & la Loi;
D'être doux pour tout autre, & rigoureux pour ſoi:
D'accomplir tout le bien que le Ciel nous inſpire,
Et d'être juſte enfin : Ce mot ſeul veut tout dire.
135 Je doute que le flot des vulgaires Humains
A ce diſcours pourtant donne aiſément les mains,
Et pour t'en dire ici la raiſon hiſtorique,
Souffre que je l'habille en Fable allégorique.
Sous le bon Roi Saturne, ami de la douceur,
140 L'Honneur, cher VALINCOUR, & l'Equité ſa Sœur,
De leurs ſages conſeils éclairant tout le Monde,
Regnoient, chéris du Ciel, dans une paix profonde.
Tout vivoit en commun ſous ce Couple adoré.
Aucun n'avoit d'enclos, ni de champ ſéparé.
145 La Vertu n'étoit point ſujette à l'Oſtraciſme.

REMARQUES.

Vers 134. —— *Ce mot ſeul veut tout dire.*] Dans l'édition *in douze* faite en 1701. il y a ici : *Ce ſeul mot veut tout dire.* C'eſt une faute.

Vers 145. *La Vertu n'étoit point ſujette à l'Oſ-traciſme.*] Loi chez les Athéniens, qui permettoit de bannir les Perſonnes dont la trop gran-de

IMITATIONS.

Vers 145. *La vertu n'étoit point ſujette à l'Oſtraciſme.*] Sénèque, dans ſes Controverſes : *Sunt quædam tempora inimica virtutibus.*

SATIRE XI.

Ni ne s'appeloit point alors un ****
L'Honneur beau par foi-même, & fans vains ornemens,
N'étaloit point aux yeux l'or ni les diamans,
Et jamais ne fortant de fes devoirs auftères,
150 Maintenoit de fa Sœur les règles falutaires.
Mais une fois au Ciel par les Dieux appelé,
Il demeura long-tems au Séjour étoilé.
Un Fourbe cependant, affez haut de corfage,
Et qui lui reffembloit de gefte & de vifage,
155 Prend fon tems, & par tout ce hardi Suborneur
S'en va chez les Humains crier, qu'il eft l'Honneur:
Qu'il arrive du Ciel, & que voulant lui-même
Seul porter deformais le faix du Diadême,
De lui feul il prétend qu'on reçoive la loi.
160 A ces difcours trompeurs le Monde ajoûte foi.
L'innocente Equité honteufement bannie
Trouve à peine un defert où fuir l'ignominie.
Auffi-tôt fur un Trône éclatant de rubis,
L'Impofteur monte orné de fuperbes habits.
165 La Hauteur, le Dédain, l'Audace l'environnent,
Et le Luxe & l'Orgueil de leurs mains le couronnent.

REMARQUES.

de autorité étoit fufpecte au Peuple, & faifoit craindre qu'elle ne dégénerât en tirannie. Ce banniffement n'étoit pas infamant, parce qu'il n'étoit pas ordonné pour la punition d'un crime. L'Oftracifme duroit ordinairement dix ans, & cependant le Banni jouïffoit de fes biens.

Vers 146. *Ni ne s'appelois point alors un ****] Janfénifme.* Les perfonnes peu inftruites confondent ordinairement avec les véritables Janféniftes, ceux qui font profeffion d'une vertu auftère, & d'une régularité au deffus du commun. On voit dans une Lettre écrite au Roi par Mr. Godeau Evêque de Vence, pendant les grans troubles du Janfénifme, que ce Prélat fe plaignoit à Sa Majefté, des maux que le Janfénifme faifoit à l'Eglife, en ce que les Eclefiaftiques les plus favans & les plus vertueux étant expofez à être foupçonnez de Janfénifme, fe trouvoient par là éloignez des Emplois où ils auroient fait beaucoup de fruit. Un Evêque reprenant un Abbé de condition de ce que fa conduite n'étoit pas affez règlée : *Que voulez-vous que l'on faffe,* répondit l'Abbé? *Si nous étions plus règlez, on nous prendroit pour des Janféniftes.*

Vers 147. *L'Honneur beau par foi-même, &c.*] Les Romains répréfentoient *l'Honneur* fous la figure d'un jeune Homme qui portoit d'une main la Hafte de la Divinité ; & dans l'autre la Corne d'Abondance : Ce qui prouve qu'alors, comme aujourd'hui, l'on faifoit entrer l'Abondance dans l'idée de l'Honneur, & que les Richeffes ont toûjours attiré le refpect. On voit des Médailles fur lefquelles l'Honneur eft ainfi réprefenté.

SATIRE XI.

Tout fier il montre alors un front plus fourcilleux.
Et le Mien & le Tien, deux Freres pointilleux,
Par son ordre amenant les Procès & la Guerre,
170 En tous lieux de ce pas vont partager la Terre ;
En tous lieux sous les noms de Bon Droit & de Tort,
Vont chez elle établir le seul droit du plus Fort.
Le nouveau Roi triomphe, & sur ce droit inique
Bâtit de vaines loix un Code fantastique :
175 Avant tout aux Mortels prescrit de se vanger ;
L'un l'autre au moindre affront les force à s'égorger,
Et dans leur ame en vain de remords combattuë,
Trace en lettres de sang ces deux mots, *Meurs*, ou *Tuë*.
Alors, ce fut alors, sous ce vrai Jupiter,
180 Qu'on vit naître ici-bas le noir Siècle de Fer.
Le Frere au même instant s'arma contre le Frere :
Le Fils trempa ses mains dans le sang de son Pere :
La soif de commander enfanta les Tirans,
Du Tanaïs au Nil porta les Conquerans :
185 L'Ambition passa pour la Vertu sublime :
Le crime heureux fut juste, & cessa d'être crime.

REMARQUES.

Vers 178. —— *Ces deux mots : Meurs, ou Tuë.*] Ils sont tirez de la Scène cinquième du premier Acte du Cid, où Don Diégue dit à Rodrigue son fils, pour l'animer à la vengeance :
Va contre un Arrogant éprouver ton courage.
Ce n'est que dans le sang qu'on lave un tel outrage.
Meurs, ou Tuë.

Vers 184. *Du Tanaïs au Nil porta les Conquerans.*] Justin raporte que les premiers Conquerans sortirent de la Scythie, arrosée par le Tanaïs, & chasserent Véxoris, ou Sésostris, Roi d'Egypte, qui les vouloit soûmettre à sa domination. *Justin,* L. 2. c. 3. Cambyse fils de Cyrus, avoit déja conquis l'Egypte. *Id.* L. 1. c. 9.

IMITATIONS.

Vers 180. *Qu'on vit naître ici-bas le noir Siècle de Fer.*] Ovide, Métamorph. Lib. I. v. 128.
Protinus irrupit venæ pejoris in ævum
Omne nefas : fugère pudor, verumque, fidesque ;
In quorum subiére locum fraudesque, dolique,
Insidiæque, & vis, & amor sceleratus habendi. &c.
—— *Fratrum quoque gratia rara est* ......
Filius ante diem patrios inquirit in annos.

SATIRE XI.   157

On ne vit plus que haine & que division,
Qu'envie, effroi, tumulte, horreur, confusion.
Le véritable Honneur sur la voute célèste
190 Est enfin averti de ce trouble funeste.
Il part sans différer, & descendu des Cieux
Va par tout se montrer dans les terrestres lieux:
Mais il n'y fait plus voir qu'un visage incommode.
On n'y peut plus souffrir ses Vertus hors de mode,
195 Et lui-même traité de Fourbe & d'Imposteur
Est contraint de ramper aux piés du Séducteur.
Enfin las d'essuïer outrage sur outrage,
Il livre les Humains à leur triste esclavage;
S'en va trouver sa Sœur, & dès ce même jour
200 Avec elle s'envole au célèste Séjour.
Depuis, toûjours ici, riche de leur ruïne,
Sur les tristes Mortels le faux Honneur domine,
Gouverne tout, fait tout dans ce bas Univers,
Et peut-être est-ce lui qui m'a dicté ces vers.
205 Mais en fût-il l'Auteur, je conclus de sa Fable,
Que ce n'est qu'en Dieu seul qu'est l'Honneur véritable.

IMITATIONS.

Vers 204. *Et peut-être est-ce lui qui m'a dicté ces vers.*] Regnier a fait une Satire contre *l'Honneur*: c'est la Satire VI. où il dit à la fin:
Mais, mon Dieu, que ce Traître est d'une étrange sorte!
Tandis qu'à le blâmer la raison me transporte,
Que de lui je médis, il me flatte, & me dit,
Que je veux par ces vers acquerir son crédit.
C'est tout ce que Mr Despréaux a imité de cette Satire de Regnier.

Mr. Pascal a dit aussi dans ses Pensées, chap. 24. *Ceux qui écrivent contre la gloire, veulent avoir la gloire d'avoir bien écrit; & ceux qui le lisent, veulent avoir la gloire de l'avoir lû: & moi qui écris ceci: j'ai peut-être cette envie, & peut-être que ceux qui le liront, l'auront aussi.*

Ciceron le premier s'est moqué de ceux qui mettoient leurs noms à des Traitez, où ils condamnoient le désir des loüanges: *Ipsi illi Philosophi, etiam in illis libellis quos de contumnendâ gloriâ scribunt, nomen suum inscribunt, in eo ipso in quo prædicationem, nobilitatemque despiciunt, prædicari de se, ac nominari volunt.* Cic. pro Archia Poëta. Voïez les Tusculanes, L. 1. & Valère Maxime L. 8. c. 14. n. 3.

DISCOURS DE L'AUTEUR,

Pour servir d'Apologie à la Satire suivante.

Quelque heureux succès qu'aient eu mes Ouvrages, j'avois résolu depuis leur dernière Edition (1) de ne plus rien donner au Public; & quoi qu'à mes heures perduës, il y a environ cinq ans (2) j'eusse encore fait contre l'Equivoque une Satire que tous ceux à qui je l'ai communiquée, ne jugeoient pas inférieure à mes autres Ecrits, bien loin de la publier, je la tenois soigneusement cachée, & je ne croïois pas que, moi vivant, elle dût jamais voir le jour. Ainsi donc aussi soigneux désormais de me faire oublier, que j'avois été autrefois curieux de faire parler de moi, je jouïssois, à mes infirmitez près, d'une assez grande tranquilité, lorsque tout d'un coup j'ai apris qu'on débitoit dans le monde sous mon nom quantité de méchans Ecrits, & entr'autres une pièce en vers (3) contre les Jésuites, également odieuse & insipide, & où l'on me faisoit en mon propre nom dire à toute leur Société les injures les plus atroces & les plus grossières. J'avoüe que cela m'a donné un très grand chagrin. Car bien que tous les gens sensez aient connu sans peine que la pièce n'étoit point de moi, & qu'il n'y ait eu que de très petits esprits qui aient présumé que j'en pouvois être l'Auteur, la vérité est pourtant que je n'ai pas regardé comme un médiocre afront, de me voir soupçonné, même par des ridicules, d'avoir fait un Ouvrage si ridicule.

J'ai donc cherché les moïens les plus propres pour me laver de cette in-

REMARQUES.

(1) *Depuis leur dernière édition.*] En 1701.
(2) *Il y a environ cinq ans.*] Ce Discours fut composé en 1710.
(3) *Et entr'autres une Pièce en vers.*] L'Ouvrage dont il s'agit ici, étoit une Epitre d'environ soixante vers. Mr. Despréaux fut très-mortifié d'aprendre qu'on l'en croïoit l'Auteur. Voici dans quels termes il en marqua sa pensée à un Jésuite du Collège de Louis le Grand. *Je déclare qu'il ne s'est jamais rien fait de plus mauvais, ni de plus sottement injurieux que cette grossière boutade de quelque Cuistre de Collège de l'Université; & que si je l'avois faite, je me mettrois moi-même bien au dessous des Cotras, des Pelletiers, & des Cotins.* Il ajoûtoit dans une autre Lettre au même: *Je ne perdrai jamais la mémoire du service considérable que vous m'avés rendu en contribuant si bien à détromper les hommes de l'horrible afront que l'on me vouloit faire, en m'attribuant le plus plat, & le plus monstrueux libelle qui ait jamais été fait.* Ces Lettres sont entre les mains de l'Auteur de ces Remarques.

DISCOURS DE L'AUTEUR. 159

infamie : & *tout bien considéré*, *je n'ai point trouvé de meilleur expédient*, *que de faire imprimer ma Satire contre l'*EQUIVOQUE; *parce qu'en la lisant les moins éclairez même de ces petits esprits ouvriroient peut-être les yeux*, & *verroient manifestement le peu de raport qu'il y a de mon stile*, *même en l'âge où je suis*, *au stile bas* & *rampant de l'Auteur de ce pitoïable Ecrit. Ajoûtez à cela que je pouvois mettre à la tête de ma Satire*, *en la donnant au Public*, *un Avertissement en manière de Préface*, *où je me justifierois pleinement*, & *tirerois tout le monde d'erreur. C'est ce que je fais aujourd'hui* : & *j'espère que le peu que je viens de dire*, *produira l'éfet que je me suis proposé. Il ne me reste donc plus maintenant qu'à parler de la Satire pour laquelle est fait ce Discours.*

Je l'ai composée par le caprice du monde le plus bisarre, & *par une espèce de dépit* & *de colère poëtique*, *s'il faut ainsi dire*, *qui me saisit à l'occasion de ce que je vais raconter. Je me promenois dans mon jardin à Auteuil*, & *rêvois en marchant à un Poëme que je voulois faire contre les mauvais critiques de nôtre siècle. J'en avois même déja composé quelques vers*, *dont j'étois assez content. Mais voulant continuer je m'aperçus qu'il y avoit dans ces vers une équivoque de langue* ; & *m'étant sur le champ mis en devoir de la corriger*, *je n'en pus jamais venir à bout. Cela m'irrita de telle manière*, *qu'au lieu de m'apliquer davantage à réformer cette équivoque*, & *de poursuivre mon Poëme contre les faux Critiques*, *la folle pensée me vint de faire contre l'Equivoque même*, *une Satire*, *qui pût me venger de tous les chagrins qu'elle m'a causez depuis que je me mêle d'écrire. Je vis bien que je ne rencontrerois pas de médiocres difficultez à mettre en vers un sujet si sec. Et même il s'en présenta d'abord une qui m'arrêta tout court. Ce fut de savoir duquel des deux genres*, *masculin ou feminin*, *je ferois le mot d'Equivoque*, *beaucoup d'habiles Ecrivains*, *ainsi que le remarque Vaugelas*, *le faisant masculin. Je me déterminai pourtant assez vite au féminin*, *comme au plus usité des deux. Et bien loin que cela empêchât l'éxécution de mon projet*, *je crus que ce ne seroit pas une méchante plaisanterie de commencer ma Satire par cette difficulté même. C'est ainsi que je m'engageai dans la composition de cet Ouvrage. Je croïois d'abord faire tout au plus cinquante ou soixante vers* ; *mais ensuite les pensées me venant en foule*, & *les choses que j'avois à reprocher à l'Equivoque*, *se multipliant à mes yeux*, *j'ai poussé ces vers jusqu'à près de trois cent cinquante.*

C'est

DISCOURS DE L'AUTEUR.

C'est au Public maintenant à voir si j'ai bien ou mal réüssi. Je n'emploierai point ici, non plus que dans les Préfaces de mes autres Ecrits, mon adresse & ma rhétorique à le prévenir en ma faveur. Tout ce que je lui puis dire, c'est que j'ai travaillé cette pièce avec le même soin que toutes mes autres Poësies. Une chose pourtant dont il est bon que les Jésuites soient avertis, c'est qu'en attaquant l'Equivoque, je n'ai pas pris ce mot dans toute l'étroite rigueur de sa signification grammaticale; le mot d'Equivoque en ce sens là, ne voulant dire qu'une ambiguité de paroles, mais que je l'ai pris comme le prend ordinairement le commun des hommes, pour toutes sortes d'ambiguitez de sens, de pensées, d'expressions, & enfin pour tous ces abus & toutes ces méprises de l'esprit humain qui font qu'il prend souvent une chose pour une autre. Et c'est dans ce sens que j'ai dit, que l'idolatrie avoit pris naissance de l'Equivoque; les hommes, à mon avis, ne pouvant pas s'équivoquer plus lourdement, que de prendre des pierres, de l'or & du cuivre, pour Dieu. J'ajoûterai à cela, que la Providence divine, ainsi que je l'établis clairement dans ma Satire, n'aiant permis chez eux cet horrible aveuglement, qu'en punition de ce que leur premier Pere avoit prêté l'oreille aux promesses du Démon, j'ai pû conclurre infailliblement que l'idolatrie est un fruit, ou pour mieux dire, un véritable enfant de l'Equivoque. Je ne voi donc pas qu'on me puisse faire sur cela aucune bonne critique; sur tout ma Satire étant un pur jeu d'esprit, où il seroit ridicule d'éxiger une précision géometrique de pensées & de paroles.

Mais il y a une autre objection plus importante & plus considérable, qu'on me fera peut-être au sujet des propositions de Morale relâchée, que j'attaque dans la dernière partie de mon Ouvrage. Car ces Propositions aiant été, à ce qu'on prétend, avancées par quantité de Théologiens, même célèbres, la moquerie que j'en fais, peut, dira-t-on, diffamer en quelque sorte ces Théologiens, & causer ainsi une espèce de scandale dans l'Eglise. A cela je répons premièrement, Qu'il n'y a aucune des propositions que j'attaque, qui n'ait été plus d'une fois condamnée par toute l'Eglise, & tout recemment encore par deux des plus grans Papes qui aïent depuis long-tems rempli le S. Siège. Je dis en second lieu, qu'à l'exemple de ces célèbres Vicaires de JESUS-CHRIST, *je n'ai point nommé les Auteurs de ces Propositions, ni aucun de ces Théologiens dont on dit que je puis causer la diffamation, & contre lesquels même j'avouë que je ne puis rien décider, puisque je n'ai point lû, ni ne suis d'humeur à lire leurs Ecrits: ce qui seroit pourtant ab-*

solument

DISCOURS DE L'AUTEUR.

folument néceſſaire pour prononcer ſur les accuſations que l'on forme contr'eux, leurs accuſateurs pouvant les avoir mal entendus, & s'être trompez dans l'intelligence des paſſages où ils prétendent que ſont ces erreurs dont ils les acuſent. Je ſoûtiens en troiſième lieu, qu'il eſt contre la droite raiſon de penſer que je puiſſe exciter quelque ſcandale dans l'Egliſe, en traitant de ridicules des propoſitions rejettées de toute l'Egliſe, & plus dignes encore, par leur abſurdité, d'être ſiflées de tous les fidèles, que réfutées ſérieuſement. C'eſt ce que je me croi obligé de dire pour me juſtifier. Que ſi après cela il ſe trouve encore quelques Théologiens qui ſe figurent qu'en décriant ces Propoſitions, j'ai eu en vûë de les décrier eux-mêmes, je déclare que cette fauſſe idée qu'ils ont de moi, ne ſauroit venir que des mauvais artifices de l'Equivoque, qui pour ſe vanger des injures que je lui dis dans ma Pièce, s'éforce d'intereſſer dans ſa cauſe ces Théologiens, en me faiſant penſer ce que je n'ai pas penſé, & dire ce que je n'ai point dit.

Voilà ce me ſemble bien des paroles, & peut-être trop de paroles emploïées pour juſtifier un auſſi peu conſidérable Ouvrage qu'eſt la Satire qu'on va voir. Avant néanmoins que de finir je ne croi pas me pouvoir diſpenſer d'aprendre aux Lecteurs, qu'en attaquant, comme je fais dans ma Satire ces erreurs, je ne me ſuis point fié à mes ſeules lumières; mais qu'ainſi que je l'ai pratiqué, il y a environ dix ans, à l'égard de mon Epître De l'Amour de Dieu, j'ai non ſeulement conſulté ſur mon Ouvrage tout ce que je connois de plus habiles Docteurs, mais que je l'ai donné à éxaminer au Prélat de l'Egliſe qui, par l'étendüe de ſes connoiſſances & par l'Eminence de ſa dignité, eſt le plus capable & le plus en droit de me préſcrire ce que je dois penſer ſur ces matières. Je veux dire à M. le Cardinal de Noailles, mon Archevêque. J'ajoûterai, que ce pieux & ſavant Cardinal a eu trois ſemaines ma Satire entre les mains, & qu'à mes inſtantes prières, après l'avoir lûë & relûë plus d'une fois, il me l'a enfin renduë, en me comblant d'éloges, & m'a aſſuré qu'il n'y avoit trouvé à redire qu'un ſeul mot, que j'ai corrigé ſur le champ, & ſur lequel je lui ai donné une entière ſatisfaction. Je me flate donc qu'avec une aprobation ſi authentique, ſi ſure, & ſi glorieuſe, je puis marcher la tête levée, & dire hardiment des critiques qu'on pourra faire deſormais contre la doctrine de mon Ouvrage, que ce ne ſauroient être que de vaines ſubtilitez d'un tas de miſérables ſophiſtes formez dans l'Ecole du menſonge, & auſſi aſidüz amis de l'Equivoque, qu'opiniâtres ennemis de Dieu, du bon ſens & de la Vérité.

SATIRE XII.
SUR
L'EQUIVOQUE.

DU langage François bizarre Hermaphrodite,
De quel genre te faire, Equivoque maudite ?
Ou maudit : car sans peine aux Rimeurs hazardeux
L'usage encor, je croi, laisse le choix des deux.
5 Tu ne me répons rien. Sors d'ici, Fourbe insigne,
Mâle aussi dangereux que femelle maligne,
Qui crois rendre innocens les discours imposteurs ;
Tourment des Ecrivains, juste effroi des Lecteurs ;

REMARQUES.

CEtte Satire a été composée en l'Année 1705. l'Auteur étant âgé de 69. ans. Il emploïa onze mois à la faire, & trois ans à la corriger. Pendant ce long intervale ses amis l'engageoient souvent à en réciter des lambeaux ; & sur les rapports peu fidèles qu'ils en faisoient dans le monde, on s'imagina que sa principale vûë étoit d'offenser les Jésuites par cet Ouvrage. Mais outre qu'attaquer les Jésuites, & attaquer l'Equivoque, sont deux choses très différentes, la fameuse opinion de l'Equivoque n'étant pas enseignée par tous les Jésuites, & se trouvant en beaucoup d'Auteurs qui ne sont pas Jésuites ; on peut dire en quelque façon que cette Satire n'attaque pas même les Casuistes en général.

L'Equivoque se prend ici par Mr. Despréaux, *pour tous les abus & toutes les méprises de l'Esprit humain, qui nous font prendre souvent une chose pour une autre.* C'est ainsi qu'il s'exprime dans le Discours précédent. Au lieu que les Casuistes, suivant le P. Daniel, appellent EQUIVOQUE, *toute proposition qui a plusieurs sens, & que l'on fait en prévoïant que la personne qui nous écoute, la prendra dans un sens différent de celui que nous y donnons dans nôtre esprit.*

Cette Satire ne regarde donc nullement l'Equivoque dont il s'agit dans les Ecoles. Mr. Despréaux dit lui-même que *c'est un pur Jeu d'Esprit.* Ainsi ce seroit une erreur de croire qu'il ait prétendu dogmatiser ; soit dans cet Ouvrage, soit dans son Epître *de l'Amour de Dieu* ; Il n'épousoit sérieusement nul parti, à l'égard des matières qui ne sont point encore décidées. On en peut juger par cet endroit d'une Lettre qu'il m'écrivit le 7. de Décembre 1703. & où il s'agit de la plus grande contestation des Théologiens de ce Siècle. „Pour„ce qui regarde le démêlé sur la Grace, c'est „surquoi je n'ai point pris parti, étant tantôt „d'un sentiment, & tantôt d'un autre : de sor„te que m'étant quelquefois couché Janséniste „tirant au Calviniste, je suis tout étonné que „je me réveille Moliniste approchant du Péla„gien. Ainsi, sans condamner ni les uns ni „les autres, je m'écrie avec St. Paul : ô *Altitudo Sapientiæ !* Mais après avoir quelque„fois en moi-même traduit ces paroles par : „*O que Dieu est sage !* j'ajoûte aussi en même „tems : *O que les hommes sont fous !* Je m'i„magine que vous entendez bien pourquoi cet„te dernière exclamation, & que vous n'y com„prenez pas un petit nombre de volumes.„

SATIRE XII.

Par qui de mots confus sans cesse embarassée.
10 Ma plume, en écrivant, cherche en vain ma pensée.
Laisse-moi, va charmer de tes vains agrémens,
Les yeux faux & gâtez de tes louches amans,
Et ne viens point ici de ton ombre grossière
Enveloper mon stile ami de la lumière.
15 Tu sais bien que jamais chez toi, dans mes discours
Je n'ai d'un faux brillant emprunté le secours.
Fui donc. Mais non, demeure ; un Démon qui m'inspire
Veut qu'encore une utile & dernière Satire,
De ce pas en mon livre, exprimant tes noirceurs,
20 Se vienne, en nombre pair, joindre à ses Onze Sœurs ;
Et je sens que ta vûë échauffe mon audace.
Viens, aproche : Voïons, malgré l'âge & sa glace,
Si ma Muse aujourd'hui sortant de sa langueur,
Pourra trouver encore un reste de vigueur.
25 Mais où tend, dira-t-on, ce projet fantastique ?
Ne vaudroit-il pas mieux dans mes vers, moins caustique,
Répandre de tes jeux le sel réjouïssant,
Que d'aller contre toi sur ce ton menaçant
Pousser jusqu'à l'excès ma critique boutade ?
30 Je ferois mieux, j'entens, d'imiter Benserade.

REMARQUES.

Vers 20. *Se vienne en nombre pair, joindre à ses onze sœurs.*] Cette expression est heureuse, pour marquer le nombre de douze. La plûpart des Amis de l'Auteur lui avoient demandé une douzième Satire, pour figurer avec ses douze Epîtres. En récitant ce vers, il mettoit l'aspiration au mot, *onze*, ne l'unissant pas avec l'*s* qui est à la fin du mot précédent.

Vers 27. *Répandre de tes jeux le sel divertissant.*] Il disoit tantôt *le sel divertissant*, & tantôt *le sel réjouïssant* : Il auroit même préféré ce dernier, s'il ne l'avoit pas emploïé dans l'Epitre X. à ses Vers.

Vers 30. *Je ferois mieux . . . . . d'imiter Benserade.*] Furetiere dans son second Factum contre l'Académie Françoise, dit que „Benserade „s'étoit érigé en Galand dans la vieille Cour, „par des Chansonnettes, & des vers de Ballet, „qui lui avoient acquis quelque réputation, „pendant le règne du mauvais goût, *des Equi-*„*voques & des Pointes* qui subsiste encor chez „lui.„ Furetiere répète encor la même raillerie dans son troisième Factum.

C'eſt par lui qu'autrefois, miſe en ton plus beau jour,
Tu fus, trompant les yeux du Peuple & de la Cour,
Leur faire à la faveur de tes bluettes folles,
Goûter comme bons mots tes quolibets frivoles.
35 Mais ce n'eſt plus le tems. Le Public détrompé,
D'un pareil enjoûment ne ſe ſent plus frappé.
Tes bons mots autrefois délices des ruëlles,
Aprouvez chez les Grans, applaudis chez les Belles,
Hors de mode aujourd'hui chez nos plus froids badins,
40 Sont des collets-montez & des vertugadins.
Le Lecteur ne ſait plus admirer dans Voiture
De ton froid jeu de mots l'inſipide figure.
C'eſt à regret qu'on voit cet Auteur ſi charmant,
Et pour mille beaux traits vantez ſi juſtement,
45 Chez toi toûjours cherchant quelque fineſſe aiguë,
Préſenter au Lecteur ſa penſée ambiguë,
Et ſouvent du faux ſens d'un proverbe afecté,
Faire de ſon diſcours la piquante beauté.
Mais laiſſons-là le tort qu'à ces brillans Ouvrages
50 Fit le plat agrément de tes vains badinages.
Parlons des maux ſans fin que ton ſens de travers,
Source de toute erreur, ſema dans l'Univers:
Et pour les contempler juſques dans leur naiſſance,
Dès le tems nouveau-né, quand la Toute-Puiſſance
55 D'un mot forma le ciel, l'air, la terre & les flots,
N'eſt-ce pas toi, voïant le monde à peine éclos,

REMARQUES.

Vers 40. *Sont des Collets-montez, & des Vertugadins.*] Les *Collets-montez* & les *Vertugadins* étoient anciennement des pièces de l'habillement des femmes.
Vers 49. *Mais laiſſons-là le tort*, &c.] Première manière :

Mais laiſſons-là le mal qu'à de tels diſcours jointe,
Tu fis en mille endroits ſous le beau nom de Pointe.

Qui par l'éclat trompeur d'une funeste pomme,
Et tes mots ambigus, fis croire au premier homme,
Qu'il alloit en goûtant de ce morceau fatal,
60 Comblé de tout savoir, à Dieu se rendre égal ?
Il en fit sur le champ la folle experience.
Mais tout ce qu'il aquit de nouvelle sience,
Fut que triste & honteux de voir sa nudité,
Il sut qu'il n'étoit plus, grace à sa vanité,
65 Qu'un chétif animal pêtri d'un peu de terre,
A qui la faim, la soif, par-tout faisoient la guerre,
Et qui courant toûjours de malheur en malheur,
A la mort arrivoit enfin par la douleur.
Oui, de tes noirs complots & de ta triste rage
70 Le genre humain perdu fut le premier ouvrage.
Et bien que l'homme alors parût si rabaissé,
Par toi contre le Ciel un orgueil insensé,
Armant de ses neveux la gigantesque engeance,
Dieu résolut enfin, terrible en sa vengeance,
75 D'abîmer sous les eaux tous ces audacieux.
Mais avant qu'il lâchât les éclufes des Cieux,
Par un fils de Noé fatalement sauvée,
Tu fus, comme serpent, dans l'Arche conservée,
Et d'abord pourfuivant tes projets suspendus
80 Chez les Mortels restans, encor tout éperdus,
De nouveau tu semas tes captieux mensonges,
Et remplis leurs esprits de fables & de songes.
Tes voiles offusquant leurs yeux de toutes parts,
Dieu disparut lui-même à leurs troubles regards.

REMARQUES.

Vers 64. ―――― *Grace à sa Vanité.*] L'Auteur convenoit qu'il avoit été un mois à trouver ce demi-vers.

Vers 80. *Chez les mortels restans, encor tout éperdus.*] Au lieu de *Mortels*, il y avoit *Hommes.* Après *restans*, qui fait la Césure, l'Auteur, en récitant ce vers faisoit un long repos, pour bien faire sentir que *restans* ne doit pas se joindre avec ce qui suit : *encor tout éperdus.*

SATIRE XII.

85 Alors tout ne fut plus que stupide ignorance,
Qu'impiété sans borne en son extravagance.
Puis de cent dogmes faux la Superstition,
Répandant l'idolâtre & folle illusion,
Sur la terre en tout lieu disposée à les suivre,
90 L'art se tailla des Dieux d'or, d'argent & de cuivre,
Et l'Artisan lui-même humblement prosterné
Aux pieds du vain métal par sa main façonné,
Lui demanda les biens, la santé, la sagesse:
Le monde fut rempli de Dieux de toute espèce.
95 On vit le peuple fou, qui du Nil boit les eaux,
Adorer les serpens, les poissons, les oiseaux,
Aux chiens, aux chats, aux boucs, offrir des sacrifices,
Conjurer l'ail, l'oignon, d'être à ses vœux propices,
Et croire follement maîtres de ses destins
100 Ces Dieux nez du fumier porté dans ses jardins.
Bien-tôt se signalant par mille faux miracles,
Ce fut toi qui par-tout fis parler les Oracles.
C'est par ton double sens, dans leurs discours jetté,
Qu'ils furent en mentant dire la vérité.
105 Et sans crainte rendant leurs réponses Normandes
Des peuples & des Rois engloutir les offrandes.

REMARQUES.

Vers 85. *Alors, tout ne fut plus.*] C'est ainsi qu'il faut lire, & non pas, *Ce ne fut plus*, comme on l'a mis dans toutes les copies tant imprimées que manuscrites.

Vers 89. *Sur la terre, en tout lieu.*] Il faut ainsi, & non pas, *en tous lieux*.

Vers 97. *Aux chiens, aux chats, aux boucs.*] Dans la plûpart des Copies on lit : *aux chiens, aux chats, aux rats*. C'est une faute grossière, qui doit être si peu sur le compte de l'Auteur, que toutes les fois qu'il récitoit cette Satire, il appuïoit extrèmement sur le mot de *Boucs*, pour en faire sentir la force & l'Energie. Dans la Satire VIII. il a encore décrit l'idolatrie grossière des Egiptiens. Il disoit à ce propos, *J'ai dit deux fois la même chose & ne me suis point copié.*

Vers 105. ——— *Leurs réponses Normandes.*] Les Normans sont accusez de peu de sincérité; &, *Répondre en Normand*, est une expression qui est devenue proverbiale, pour dire, que l'on répond d'une manière équivoque. *Parler en Normand*. Voïez le vers 120. de l'Epitre 9.

SATIRE XII.

Ainſi loin du vrai jour, par toi toûjours conduit,
L'homme ne ſortit plus de ſon épaiſſe nuit.
Pour mieux tromper ſes yeux, ton adroit artifice
110 Fit à chaque vertu prendre le nom d'un vice :
Et par toi de ſplendeur fauſſement revêtu
Chaque vice emprunta le nom d'une vertu.
Par toi l'humilité devint une baſſeſſe ;
La candeur ſe nomma groſſièreté, rudeſſe.
115 Au contraire, l'aveugle & folle ambition
S'appela des grans cœurs la belle paſſion :
Du nom de fierté noble on orna l'impudence,
Et la fourbe paſſa pour exquiſe prudence :
L'audace brilla ſeule aux yeux de l'Univers ;
120 Et pour vraiment heros, chez les hommes pervers,
On ne reconnut plus qu'uſurpateurs iniques,
Que tyranniques Rois cenſez grans Politiques,
Qu'infames ſcélérats à la gloire aſpirans,
Et voleurs revêtus du nom de Conquerans.
125 Mais à quoi s'attacha ta ſavante malice :
Ce fut ſur-tout à faire ignorer la juſtice.
Dans les plus claires loix ton ambiguité
Répandant ſon adroite & fine obſcurité,
Aux yeux embarraſſez des Juges les plus ſages,
130 Tout ſens devint douteux, tout mot eut deux viſages ;
Plus on crut pénetrer, moins on fut éclairci ;
Le texte fut ſouvent par la gloſe obſcurci :
Et pour comble de maux, à tes raiſons frivoles,
L'Eloquence prêtant l'ornement des paroles,

REMARQUES.

Vers 110. *Fit à chaque Vertu prendre le nom d'un Vice.*] Gombaut avoit dit, en parlant de la Cour: Epigr. 53. l. 1.

Les Vertus paſſent pour des Vices,
Et les Vices pour des Vertus.

135 Tous les jours accablé sous leur commun effort,
Le vrai passa pour faux, & le bon droit eut tort.
Voilà comment déchu de sa grandeur première,
Concluons, l'homme enfin perdit toute lumière,
Et par tes yeux trompeurs se figurant tout voir,
140 Ne vit, ne sut plus rien, ne put plus rien savoir.
De la Raison pourtant, par le vrai Dieu guidée,
Il resta quelque trace encor dans la Judée.
Chez les hommes ailleurs sous ton joug gémissans,
Vainement on chercha la vertu, le droit sens :
145 Car qu'est-ce loin de Dieu que l'humaine sagesse ;
Et Socrate, l'honneur de la profane Grèce,
Qu'étoit-il en effet, de près examiné,
Qu'un mortel, par lui-même au seul mal entraîné ;
Et malgré la vertu dont il faisoit parade,
150 Très-équivoque ami du jeune Alcibiade ?
Oui, j'ose hardiment l'affirmer contre toi,
Dans le monde idolâtre, asservi sous ta loi,
Par l'humaine raison de clarté dépourvûë,
L'humble & vraie équité fut à peine entrevûë ;

REMARQUES.

Vers 135. *Tous les jours accablé.*] Il avoit mis : *Chaque jour accablez* ; & ce dernier mot se rapportoit au *Vrai* & au *bon Droit*, qui sont dans le vers suivant.

Vers 141. *De la Raison pourtant.*] Dans la première composition l'Auteur avoit mis : *De l'Equité pourtant.* Mais il changea ce mot ; parce qu'il s'agit ici de la Raison, & non pas de l'Equité.

Vers 148. *Qu'un Mortel par lui-même au seul mal entraîné.*] Au lieu de ce vers l'Auteur avoit mis celui-ci : *Qu'un Mortel, comme un autre, au mal déterminé.* Et c'est ce vers que Mr. le Cardinal de Noailles lui fit changer.

Vers 150. *Très-équivoque ami du jeune Alcibiade.*] Il est clair que Mr. Despréaux se borne ici au simple soupçon ; & il faut convenir que la vertu de Socrate n'a pas été à couvert de la calomnie. Les mœurs des Grecs étoient si corrompues en ce tems-là, qu'ils ne purent voir l'amitié de Socrate pour Alcibiade, sans y attacher un soupçon de Crime. Mais Platon son disciple le justifie pleinement dans quelques-uns de ses Dialogues, sur tout dans celui qui est intitulé *le Banquet*, où Alcibiade lui-même prend les Dieux à témoin que l'amour de Socrate pour lui n'avoit jamais rien eu de criminel.

SATIRE XII.

155 Et par un sage altier, au seul faste attaché,
　　Le bien même accompli souvent fut un peché.
　　　Pour tirer l'homme enfin de ce desordre extrême,
　　Il falut qu'ici-bas Dieu, fait homme lui-même,
　　Vint du sein lumineux de l'éternel séjour,
160 De tes dogmes trompeurs dissiper le faux jour.
　　　A l'aspect de ce Dieu les démons disparurent,
　　Dans Delphe, dans Delos, tes oracles se turent:
　　Tout marqua, tout sentit sa venuë en ces lieux,
　　L'estropié marcha, l'aveugle ouvrit les yeux.
165 Mais bien-tôt contre lui ton audace rebelle,
　　Chez la Nation même à son culte fidèle,
　　De tous côtez arma tes nombreux sectateurs,
　　Prêtres, Pharisiens, Rois, Pontifes, Docteurs,
　　C'est par eux que l'on vit la Vérité suprême
170 De mensonge & d'erreur accusée elle-même;
　　Au tribunal humain le Dieu du Ciel traîné,
　　Et l'Auteur de la vie à mourir condamné.
　　　Ta fureur toutefois à ce coup fut deçuë,
　　Et pour toi ton audace eut une triste issuë.

REMARQUES.

Vers 155. *Et par un sage altier, au seul faste attaché, &c.*] Ce vers & le suivant,
Le Bien même accompli souvent fut un peché.]
avoient été faits de deux autres manières, dont la première étoit:

Et faite avec un cœur au seul faste attaché
La bonne action même au fond fut un peché.

La seconde manière:

Et fait avec un cœur au seul faste attaché,
Le Bien même, le Bien au fond fut un peché.

Vers 158. *Il falut qu'ici-bas Dieu, fait homme lui même.*] Le Dessein de l'Auteur est de faire voir, qu'il n'y a de véritable vertu que dans la véritable Religion. Et la principale preuve qu'il en donne, est l'éxemple de Socrate, le plus sage des Humains, suivant le témoignage de l'Oracle. Car Socrate n'a pas laissé d'être soupçoné de crime, & ce soupçon a terni l'éclat de sa vertu. Mr. Despréaux disoit à ce propos, qu'il ne pouvoit trouver dans le Paganisme de plus grande Victime à Immoler à JESUS-CHRIST, que Socrate.

Vers 164. *L'estropié marcha.*] Le mot d'*estropié*, est un terme générique qui convient également à ceux qui n'ont pas l'usage de leurs bras, ou de leurs mains, & à ceux qui sont perclus des Jambes. On en fit apercevoir nôtre Poëte, & il s'efforça de corriger cet endroit: Il mit, *Le foible devint fort.* Il mit aussi: *Le muët discourut*: mais ces changemens ne l'aiant pas contenté, il s'en tint à la première expression.

Vers 168. *Prêtres, Pharisiens, Rois, Pontifes, Docteurs.*] Il y avoit d'abord *Scribes*, au lieu de *Prêtres*. On fit remarquer à Mr. Despréaux que *Scribes*, & *Docteurs* n'étoient que la même chose.

Tom I. Y

175 Dans la nuit du tombeau ce Dieu précipité
Se releva soudain tout brillant de clarté.
Et par tout sa doctrine en peu de tems portée
Fut du Gange & du Nil & du Tage écoutée,
Des superbes Autels, à leur gloire dressez,
180 Tes ridicules Dieux tombèrent renversez.
On vit en mille endroits leurs honteuses statuës
Pour le plus bas usage utilement fonduës,
Et gémir vainement, Mars, Jupiter, Venus,
Urnes, vases, trépiés, vils meubles devenus.
185 Sans succomber pourtant tu soûtins cet orage;
Et sur l'idolatrie enfin perdant courage,
Pour embarasser l'homme en des nœuds plus subtils,
Tu courus chez Satan brouiller de nouveaux fils.
Alors, pour seconder ta triste frénésie,
190 Arriva de l'enfer ta fille l'Hérésie,
Ce monstre, dès l'enfance à ton école instruit,
De tes leçons bien-tôt te fit goûter le fruit.
Par lui l'erreur, toûjours finement apprêtée,
Sortant pleine d'attraits de sa bouche empestée,
195 De son mortel poison tout courut s'abreuver,
Et l'Eglise elle-même eut peine à s'en sauver.
Elle même deux fois presque toute Arienne,
Sentit chez soi trembler la vérité Chrétienne;

REMARQUES.

Vers 178. *Fut du Gange, & du Nil, & du Tage écoutée.*] Ces trois Fleuves sont les plus fameux des trois Parties du Monde, l'Asie, l'Afrique, & l'Europe: car l'Amerique n'étoit pas encore conuë alors.

Vers 182. *Pour le plus bas usage.* ....

Vers 184. *Urnes, Vases, Trépiés, vils meubles devenus.*] L'Auteur avoit mis au premier vers : *Pour le plus vil usage*; & au second : *vains meubles devenus.* Mais ce mot *vains* n'avoit presque pas de sens, & il emprunta de l'autre vers le mot de *vils*, auquel il substitua celui de *bas.*

Vers 188. ——— *Brouiller de nouveau fils.*] Expression proverbiale, pour dire : *Causer de nouveaux troubles.*

SATIRE XII.

  Lors qu'attaquant le Verbe & sa Divinité,
200 D'une sillabe impie un saint mot augmenté
  Remplit tous les esprits d'aigreurs si meurtrières,
  Et fit de sang Chrétien couler tant de rivières.
  Le fidèle au milieu de ces troubles confus
  Quelque tems égaré, ne se reconnut plus ;
205 Et dans plus d'un aveugle & ténébreux Concile
  Le mensonge parut vainqueur de l'Evangile.
  Mais à quoi bon ici du profond des enfers,
  Nouvel Historien de tant de maux soufferts,
  Rappeller Arius, Valentin & Pélage,
210 Et tous ces fiers Démons que toûjours d'âge en âge,
  Dieu, pour faire éclaircir à fond ses veritez,
  A permis qu'aux Chrétiens l'enfer ait suscitez ?
  Laissons heurler là-bas tous ces damnez antiques,
  Et bornons nos regards aux troubles fanatiques,
215 Que ton horrible fille ici sut émouvoir,
  Quand * * & * * remplis de ton savoir,
  Et soi disant choisis pour réformer l'Eglise,
  Vinrent du célibat affranchir la Prêtrise ;
  Et des vœux les plus saints blâmant l'austerité,
220 Aux Moines las du joug rendre la liberté.

REMARQUES.

Vers 197. *Lors qu'attaquant le Verbe & sa Divinité, D'une sillabe impie* &c. & les deux suivans.] Le second vers étoit ainsi : *D'une adroite sillabe un saint mot augmenté.* Mais l'Auteur avoit premièrement fait ces quatre vers de cette manière :

*Lorsque chez ses sujets l'un contre l'autre armez,
Et sur un Dieu fait homme au combat animez,
Tu fis dans une guerre & si triste & si longue,
Perir tant de Chrétiens, Martirs d'une diphtongue.*

Les Ariens nioient la Consubstantialité du Verbe, & rejettoient le mot ὁμούσιος qui signifie, *consubstantiel.* Ils disoient que le Fils étoit ὁμοιούσιος τῳ πατρί ; c'est à dire, *de substance semblable à celle du Pere* ; mais non pas ὁμόυσιος, ou plûtôt, ὁμοούσιος, c'est à dire, *de même substance que le Pere.* Ainsi l'hérésie des Ariens consistoit en une diphtongue, ajoûtée au mot ὁμούσιος, auquel ils substituoient le mot ὁμοιούσιος. Cette Diphtongue est la Diphtongue ει, que les Orthodoxes rejettoient, aimant mieux souffrir le martyre que d'admettre cette addition, qui toute légère qu'elle est, détruit la Divinité du Verbe.

SATIRE XII.

Alors, n'admettant plus d'autôrité visible,
Chacun fut de la foi censé juge infaillible,
Et sans être aprouvé par le Clergé Romain,
Tout * * * fut Pape une Bible à la main.
225 De cette erreur dans peu nâquirent plus de Sectes
Qu'en Automne on ne voit de bourdonnans insectes
Fondre sur les raisins nouvellement meuris ;
Ou qu'en toutes saisons sur les murs à Paris,
On ne voit affichez de recueils d'amourettes,
230 De vers, de contes-bleus, de frivoles sornettes,
Souvent peu recherchez du Public nonchalant,
Mais vantez à coup sûr du Mercure Galant.
Ce ne fut plus par-tout que fous Anabaptistes,
Qu'orgueilleux Puritains, qu'éxécrables Déïstes,
235 Le plus vil artisan eut ses dogmes à soi ;
Et chaque Chrétien fut de differente loi.
La Discorde, au milieu de ces sectes altières,
En tous lieux cependant déploïa ses bannières ;
Et ta fille, au secours des vains raisonnemens
240 Appelant le ravage & les embrasemens,
Fit en plus d'un païs, aux Villes désolées,
Sous l'herbe en vain chercher leurs Eglises brûlées.
L'Europe fut un champ de massacre & d'horreur :
Et l'Orthodoxe même, aveugle en sa fureur,
245 De tes dogmes trompeurs nourrissant son idée,
Oublia la douceur aux Chrétiens commandée ;
Et crut, pour vanger Dieu de ses fiers ennemis,
Tout ce que Dieu défend, légitime & permis.

REMARQUES.

Vers 228. *Sur les murs à Paris.*] Quelqu'un proposa à l'Auteur de mettre *sur les murs de Paris. Si je mettois sur les murs de Paris*, dit-il, cela signifieroit *les murailles de la Ville.*

Au signal tout à coup donné pour le carnage,
250 Dans les Villes, par-tout, théatres de leur rage,
Cent mille faux zélez le fer en main courans,
Allèrent attaquer leurs amis, leurs parens,
Et, sans distinction, dans tout sein hérétique,
Pleins de joie, enfoncer un poignard catholique.
255 Car quel Lion, quel Tigre, égale en cruauté
Une injuste fureur qu'arme la Pieté ?
Ces fureurs, jusqu'ici du vain peuple admirées,
Etoient pourtant toûjours de l'Eglise abhorrées.
Et dans ton grand crédit pour te bien conserver,
260 Il falloit que le ciel parût les aprouver.
Ce chef-d'œuvre devoit couronner ton adresse.
Pour y parvenir donc, ton active souplesse,
Dans l'Ecole abusant tes grossiers Ecrivains,
Fit croire à leurs esprits ridiculement vains,
265 Qu'un sentiment impie, injuste, abominable
Par deux ou trois d'entr'eux réputé soûtenable,
Prenoit chez eux un sceau de probabilité,
Qui même contre Dieu lui donnoit sûreté ;
Et qu'un Chrétien pouvoit, rempli de confiance,
270 Même en le condamnant, le suivre en confience.
C'est sur ce beau principe, admis si follement,
Qu'aussi-tôt tu posas l'énorme fondement
De la plus dangereuse & terrible Morale,
Que Lucifer, assis dans la Chaire infernale,

REMARQUES.

Vers 249. *Au signal tout à coup donné pour le carnage.*] Le massacre des Huguenots fait en France, en 1572. le jour de saint Barthelemi.

Vers 256. *Une injuste fureur qu'arme la pieté.*] On a entendu quelquefois réciter à l'Auteur : Une injuste fureur qui se croit piesé. Cette expression étoit plus hardie.

Vers 257. *Ces fureurs jusqu'ici du vain peuple admirées.*] Il avoit eu dessein de mettre adorées, mais il a préféré le mot qu'il a mis, quoi que l'autre rimât plus richement.

275 Vomissant contre Dieu ses monstrueux sermons,
Ait jamais enseigné aux Novices Démons.
Soudain, au grand honneur de l'Eglise païenne,
On entendit prêcher dans l'Ecole chrétienne,
Que sous le joug du vice un pécheur abbatu
280 Pouvoit sans aimer Dieu, ni même la vertu,
Par la seule fraïeur au Sacrement unie,
Admis au ciel joüir de la gloire infinie ;
Et que les clefs en main, sur ce seul passeport,
Saint Pierre à tous venans devoit ouvrir d'abord.
285 Ainsi pour éviter l'éternelle misère,
Le vrai zèle au Chrétien n'étant plus nécessaire,
Tu sus, dirigeant bien en eux l'intention,
De tout crime laver la coupable action.
Bientôt se parjurer cessa d'être un parjure.
290 L'argent à tout denier se prêta sans usure.
Sans simonie, on put contre un bien temporel
Hardiment échanger un bien spirituel.
Du soin d'aider le pauvre on dispensa l'avare ;
Et même chez les Rois le superflu fut rare.
295 C'est alors qu'on trouva, pour sortir d'embaras,
L'art de mentir tout haut en disant vrai tout bas.
C'est alors qu'on aprit qu'avec un peu d'adresse,
Sans crime un Prêtre peut vendre trois fois sa Messe ;
Pourvû que, laissant là son salut à l'écart,
300 Lui-même en la disant n'y prenne aucune part.
C'est alors que l'on sut qu'on peut pour une pomme,
Sans blesser la justice, assassiner un homme :
Assassiner ! Ah non, je parle improprement ;
Mais que prêt à la perdre, on peut innocemment,

SATIRE XII.

305 Sur-tout ne la pouvant fauver d'une autre forte,
 Maſſacrer le voleur, qui fuit & qui l'emporte.
 Enfin ce fut alors que, ſans ſe corriger,
 Tout pécheur.... Mais où vai-je aujourd'hui m'engager?
 Veux-je d'un Pape illuſtre, armé contre tes crimes,
310 A tes yeux mettre ici toute la Bulle en rimes;
 Exprimer tes détours burleſquement pieux,
 Pour diſculper l'impur, le gourmand, l'envieux;
 Tes ſubtils faux-fuïans, pour ſauver la molleſſe,
 Le larcin, le duel, le luxe, la pareſſe;
315 En un mot, faire voir à fond dévelopez
 Tous ces dogmes affreux d'anathème frappez,

REMARQUES.

Vers 309. *Veux-je d'un Pape illuſtre*, &c.] Ceci regarde les Propoſitions condamnées par le Pape Innocent XI. Et ce que je vais ajoûter fera voir qu'il n'en veut point aux Jéſuites en particulier. Voici dans quels termes il m'écrivit le 2. Août 1707. „J'ai mis ma Satire „contre l'Equivoque, adreſſée à l'Equivoque „même, en état de paroître aux yeux même „des Jéſuites, ſans qu'ils s'en puiſſent le moins „du monde offenſer. Et pour vous en donner „par avance une preuve; Je vous dirai, qu'a- „près y avoir attaqué aſſez fortement les plus „affreuſes propoſitions des mauvais Caſuiſtes, „& celles ſur tout qui ſont condamnées par „le Pape Innocent XI. Voici comme je me „reprens.

 Enfin, ce fut alors que, ſans ſe corriger,
 Tout Pécheur..... Mais où vais-je aujour-
  d'hui m'engager?
 Veux-je ici, raſſemblant un corps de tes maximes,
 Donner Soto, Bannez, Diana mis en rimes?
 Exprimer tes détours burleſquement pieux,
 Pour diſculper l'Impur, le Gourmand, l'En-
  vieux;
 Tes ſubtils faux-fuïans pour ſauver la molleſſe,
 Le Larcin, le Duel, le Luxe, la Pareſſe;
 En un mot, faire voir à fond développez
 Tous ces Dogmes affreux d'Anathème frapez,
 Qu'en chaire tous les jours combattant ton au-
  dace,
 Blâment plus haut que moi les vrais enfans
  d'Ignace. &c.

Voici une partie de ce que je lui répondis ſur cet article-là. „En repaſſant ſur vos derniers „vers, j'ai remarqué ceux-ci:

 Veux-je ici raſſemblant un corps de tes maximes,
 Donner Soto, Bannez, Diana, mis en rimes?

„Permettez-moi de vous demander ſi l'on peut „dire: Donner un *Auteur* mis en rimes; ou bien, „par éxemple: *Je veux donner ici la Bible miſe* „*en rimes?* Ce n'eſt qu'avec une extrême timi- „dité que je vous propoſe ce ſcrupule ; mais „ſuppoſé qu'il ne vous paroiſſe pas déraiſona- „ble, voiez, Monſieur, ſi l'expreſſion ſuivan- „te conviendroit à vôtre penſée.

 Veux-je donc, raſſemblant un corps de tes ma-
  ximes,
 Mettre ici Diana, Soto, Bannez en rimes?

Mr. Deſpréaux n'eut point d'égard à ces deux vers, mais il changea les ſiens, en mettant ceux-ci à la place.

 Veux-je d'un Pape illuſtre, armé contre tes crimes,
 A tes yeux mettre ici toute la Bulle en rimes?

Il changea auſſi les deux derniers,

 Qu'en chaire tous les jours combattant ton au-
  dace,
 Blâment plus haut que moi les vrais enfans
  d'Ignace.

En ceux-ci, où il ne loüe point les Jéſuites, mais où il déſigne clairement qu'il ne s'adreſſe point à Eux.

 Que tous les jours, vempli de tes viſions folles,
 Plus d'un Moine à long froc prêche dans tes
  Ecoles.

Mais il les changea encore de cette manière:

 Que ſans peur débitant tes diſtinctions folles,
 L'Erreur encor pourtant maintient dans tes
  Ecoles.

SATIRE XII.

Que fans peur débitant tes diftinctions folles,
L'erreur encor pourtant maintient dans tes Ecoles.
   Mais fur ce feul projet foudain puis-je ignorer
320 A quels nombreux combats il faut me préparer?
J'entens déja d'ici tes Docteurs frénétiques
Hautement me compter au rang des hérétiques;
M'appeler fcélérat, traître, fourbe, impofteur,
Froid plaifant, faux boufon, vrai calomniateur;
325 De Pafcal, de Wendrock, copifte miferable,
Et, pour tout dire enfin, Janféniste éxécrable.
   J'aurai beau condamner, en tous fens expliquez,
Les cinq dogmes fameux par ta main fabriquez;
Blâmer de tes Docteurs la Morale rifible:
330 C'eft, felon eux, prêcher un Calvinifme horrible;
C'eft nier qu'ici bas, par l'amour appelé,
Dieu pour tous les humains voulut être immolé.
   Prévenons tout ce bruit, trop tard dans le naufrage,
Confus on fe repent d'avoir bravé l'orage.
335 Alte-là donc, ma plume. Et toi, fors de ces lieux,
Monftre, à qui, par un trait des plus capricieux
Aujourd'hui terminant ma courfe fatirique,
J'ai prêté dans mes vers une ame allégorique.

REMARQUES.

Vers 328. *Les cinq dogmes fameux par ta main fabriquez.*] On s'eft imaginé en lifant ce vers, que Mr. Defpréaux regardoit les cinq Propofitions de Janfénius comme des Propofitions équivoques, qui peuvent fe prendre dans un mauvais fens. Mais il eft clair que ce n'eft point là fa penfée. Il veut dire que les cinq dogmes fameux ont été fabriquez par l'Equivoque, comme il dit plus haut que l'Arianifme; le Luthéranifme, & les autres héréfies viennent de l'Equivoque. Ainfi, bien loin que ce vers rende fa religion fufpecte à l'égard du Janfénifme, c'eft une preuve évidente qu'il croïoit le Janfénifme une héréfie auffi véritable que l'Arianifme, & toutes les autres, puis qu'il en parle dans les mêmes termes.

Vers 330. *C'eft, felon eux, prêcher un Calvinifme horrible.*] Quelques copies portent *un Janfénifme*: & c'eft ainfi que l'Auteur avoit mis d'abord.

Vers 332. *Dieu pour tous les humains voulut être immolé.*] A côté de ce vers il y avoit écrit: *Propofition de St. Paul.* Elle eft dans la feconde Epître aux Corinthiens, chap. 5. v. 14. 15. *Pro omnibus mortuus eft Chriftus.*

SATIRE XII.

Fui, va chercher ailleurs tes patrons bien-aimez,
340 Dans ce païs par toi rendus si renommez,
Où l'Orne épand ses eaux, & que la Sarthe arrose
Ou si plus sûrement tu veux gagner ta cause,
Porte-la dans ****, à ce beau tribunal,
Où de nouveaux Midas un Sénat monacal,
345 Tous les mois, apuïé, de ta sœur l'Ignorance,
Pour juger Apollon tient, dit-on, sa séance.

CHANGEMENS.

Vers 345. *Tous les mois appuïé de ta sœur l'Ignorance.*] Il y avoit :
Tous les mois sous l'appui.

REMARQUES.

Vers 341. *Où l'Orne épand ses eaux, & que la Sarthe arrose.*] L'Orne est une Rivière de la basse Normandie. La Sarthe est une Rivière du Mans. Les Bas-Normans sont grans amis de l'Equivoque; mais on dit en Proverbe, qu'*un Manceau vaut un Normand & demi.* La Fontaine semble avoir enchéri sur cela dans un de ses Contes.

Auprès du Mans, païs de Sapience,
Gens pesant l'air, fine fleur de Normand, &c.

Vers 343. *Porte la dans Trevoux* &c.] Personne n'ignore que ce qui aigrit Mr. Despréaux contre les Journalistes de Trevoux, ce fut un Extrait peu favorable qu'ils insérèrent dans leurs Mémoires du mois de Septembre 1703. à l'occasion de l'Edition de ses Ouvrages qui avoit paru en 1701. Ce démêlé se termina par quelques Epigrammes de part & d'autre. Nous en parlerons ailleurs. Mais c'est ici l'endroit de rapporter ce qu'il m'écrivit à ce sujet le 12. de Mars, 1706. Après m'avoir dit que dans cette dernière Satire il n'en veut point aux Jésuites en général : „La verité est, ajoûte-t'-il, „qu'à la fin de ma Satire j'attaque directement „les Journalistes de Trevoux, qui depuis nô-„tre accommodement, m'ont encore insulté „dans trois ou quatre endroits de leur Jour-„nal. Mais ce que je leur dis, ne regarde ni „les Propositions ni la Religion ; & d'ailleurs „je prétens, au lieu de leur nom, ne mettre „dans l'impression que des étoiles, quoi qu'ils „n'aient pas eu la même circonspection à mon „égard.

FIN DES SATIRES.

EPÎTRES.

ÉPITRE I.
AU ROI.

GRAND ROI, c'est vainement qu'abjurant la Satire,
Pour Toi seul desormais j'avois fait vœu d'écrire.
Dès que je prens la plume, Apollon éperdu
Semble me dire : Arrête, insensé, que fais-tu ?
5 Sais-tu dans quels périls aujourd'hui tu t'engages ?
Cette mer où tu cours est célèbre en naufrages.

CHANGEMENS.

Vers 5. *Sais-tu dans quels périls aujourd'hui tu t'engages ?*] Dans toutes les éditions qui ont précedé celle de 1701. il y avoit:
Où vas-tu t'embarquer ? regagne les rivages.
L'Auteur avoit même mis dans la première composition :
—— *Regagne le rivage :*
Cette mer où tu cours est célèbre en naufrage.
Mais ses Amis lui conseillèrent de mettre au pluriel, *célèbre en naufrages*, & *regagne les rivages*. Cependant, comme cette dernière expression n'est pas tout-à-fait juste, il l'a corrigée en changeant le vers entier.

REMARQUES.

APrès le Traité d'Aix-la-Chapelle, conclu au mois de Mai, 1668. la France jouïssoit d'une heureuse paix. Mais la précedente guerre n'aiant duré qu'un peu plus d'une année, la valeur de la Nation n'étoit point satisfaite ; & la plûpart des François ne respiroient que la guerre. Mr. Colbert seul en détournoit le Roi : disant que la Paix étoit l'unique moïen de faire fleurir les Arts & les Siences, & de maintenir l'abondance dans le Roïaume. Ce fut pour seconder les intentions de ce grand Ministre, que nôtre Auteur composa cette Pièce, dans laquelle il entreprit de louër le Roi comme un Heros paisible, en faisant voir qu'un Roi n'est ni moins grand, ni moins glorieux dans la paix, que dans la guerre.
Cette Epître fut faite en 1669. & ce fut Madame de Thiange qui la présenta au Roi.

IMITATIONS.

Vers 3. *Dès que je prens la plume, Apollon éperdu*, &c.] Virgil. Eclog. 6.
Cum canerem reges & prælia, Cynthius aurem
Vellit, & admonuit.

EPITRE I.

Ce n'eſt pas qu'aiſément, comme un autre, *à Ton char*
Je ne pûſſe attacher *Aléxandre* & *Céſar*;
Qu'aiſément je ne pûſſe en quelque Ode inſipide,
10 T'éxalter aux dépens & *de Mars* & *d'Alcide*:
Te livrer *le Boſphore*, & d'un vers incivil
Propoſer au *Sultan* de Te ceder le *Nil*.
Mais pour Te bien loüer, une raiſon ſévère
Me dit qu'il faut ſortir de la route vulgaire:
15 Qu'après avoir joüé tant d'Auteurs différens,
Phébus même auroit peur, s'il entroit ſur les rangs:
Que par des vers tout neufs, avoüez du Parnaſſe,
Il faut de mes dégoûts juſtifier l'audace;
Et, ſi ma Muſe enfin n'eſt égale à mon Roi,
20 Que je prête aux Cotins des armes contre moi.
Eſt-ce là cet Auteur, l'effroi de la Pucelle,
Qui devoit des bons vers nous tracer le modelle,
Ce Cenſeur, diront-ils, qui nous réformoit tous?
Quoi? ce Critique affreux n'en fait pas plus que nous.
25 N'avons-nous pas cent fois, en faveur de la France,
Comme lui, dans nos vers, pris *Memphis* & *Byzance*;

CHANGEMENS.

Vers 7. *Ce n'eſt pas qu'aiſément*, &c.] C'eſt dans l'édition de 1701. qu'il a mis ainſi. Dans toutes les éditions précédentes il y avoit:
Ce n'eſt pas que ma main, comme un autre, à Ton char,
Grand Roi, ne pût tirer Aléxandre & Céſar;
Ne pût, ſans ſe peiner, dans quelque Ode inſipide, &c.

REMARQUES.

Vers 16. *Phébus même auroit peur, s'il entroit ſur les rangs.*] Des-Marêts dans ſa Défenſe du Poëme héroïque, Dial. 4. a affecté de donner un faux ſens à ce vers & au précedent. Il ſuppoſe que l'Auteur a voulu dire, qu'*il fait trembler Apollon le Dieu des Poëtes*. Sur quoi il a accuſé Mr. Deſpréaux d'orgueil & de préſomption. Mais bien loin qu'il y ait ici de la vanité, on ne peut donner une plus grande marque de modeſtie, que le fait nôtre Poëte, en diſant, *qu'il doit ſortir de la route vulgaire pour bien loüer le Roi*; & *que ſi Apollon lui-même entroit ſur les rangs pour loüer ce Prince, il ſeroit effraïé d'une ſi grande entrepriſe*. Voilà le véritable ſens de l'Auteur.

Vers 21. ――― *L'effroi de la Pucelle.*] Poëme de Chapelain, dont il eſt parlé en divers endroits des Satires.

ÉPITRE I.

Sur les bords de *l'Euphrate* abbattu *le Turban*,
Et coupé, pour rimer, *les Cèdres du Liban*?
De quel front aujourd'hui vient-il sur nos brisées,
30 Se revêtir encor de nos phrases usées?
    Que répondrois-je alors? Honteux & rebuté
J'aurois beau me complaire en ma propre beauté,
Et de mes tristes vers admirateur unique,
Plaindre, en les relisant, l'ignorance publique.
35 Quelque orgueil en secret dont s'aveugle un Auteur,
Il est fâcheux, GRAND ROI, de se voir sans Lecteur;
Et d'aller du récit de Ta gloire immortelle,
Habiller chez Francœur le sucre & la canelle.
    Ainsi, craignant toûjours un funeste accident,
40 J'imite de Conrart le silence prudent:

REMARQUES.

Vers 28. *Et coupé, pour rimer, les Cèdres du Liban.*] Dans ce vers & les deux précédens, l'Auteur se moque des mauvais Imitateurs de Malherbe, il fait allusion à cette Stance d'une Ode de ce fameux Poëte:

  O combien lors aura de veuves
  La Gent qui porte le Turban!
  Que de sang rougira les fleuves
  Qui lavent les pieds du Liban!
  Que le Bosphore en ses deux rives
  Aura de Sultanes captives!
  Et que de mères à Memphis,
  En pleurant, diront la vaillance
  De son courage & de sa lance,
  Aux funérailles de leurs fils!

Théophile s'est aussi moqué de certains Poëtes de son tems, qui croïoient avoir bien imité Malherbe, quand ils avoient emploïé ces sortes de rimes extraordinaires.

  Ils travaillent un mois à chercher comme à Fis
  Pourra s'apparier la rime de Memphis;
  Ce Liban, ce Turban, & ces rivieres mornes,
  Ont souvent de la peine à retrouver leurs bornes.

Vers 38. *Habiller chez Francœur le sucre & la canelle.*] Claude Julienne, dit *Francœur*, fameux Epicier, qui demeuroit dans la Ruë St. Honoré, devant la Croix du Tiroir, à l'enseigne du Franc-cœur. L'Auteur a préféré le nom de cet Epicier, parce qu'il fournissoit la Maison du Roi, & qu'il étoit connu de Sa Majesté. On dit que le surnom de *Francœur* lui est venu de ce que l'un de ses Ancêtres étant Fruitier d'Henri III. ce Roi fut si content de l'affection & de la franchise avec laquelle cet Officier le servoit, qu'un jour il dit obligeamment, que *Julienne étoit un francœur*. Ce surnom demeura à Julienne, & ses Descendans en ont hérité. Mr. Despréaux ignoroit cette particularité touchant le nom de *Francœur*. C'est à propos de ce fait & de quelques autres semblables, qu'il me dit un jour: *A l'air dont vous y allez, vous saurez mieux vôtre Boileau que moi-même.*

Vers 40. *J'imite de Conrart le silence prudent.*] Valentin *Conrart*, Académicien célèbre, qui n'a jamais rien écrit. Il étoit né à Paris en 1603. & il fut nommé *Valentin*, parce que son Pere & ses Aïeuls étoient de Valenciennes en Flandres: Ses Parens, en lui donnant ce nom, voulurent conserver le souvenir du lieu de leur origine. *Conrart* étoit Secretaire du Roi; & c'est chez lui que commencèrent les Assemblées qui donnèrent naissance à l'Académie Françoise. Quoi qu'il ne sût pas la Langue Latine, il ne laissoit pas d'avoir acquis toutes les connoissances qu'un Homme de Lettres peut avoir. Il étoit même consulté sur les Ouvrages d'esprit, comme un Homme qui s'étoit acquis le droit de juger & de décider. Il mourut le 21. de Septembre 1675. & ce ne fut qu'après sa mort que nôtre Auteur le nomma dans ce vers; car dans
toutes

EPITRE I.

Je laisse aux plus hardis l'honneur de la carrière,
Et regarde le champ, assis sur la barrière.
    Malgré moi toutefois, un mouvement secret
Vient flatter mon esprit qui se tait à regret.
45 Quoi, dis-je tout chagrin, dans ma verve infertile,
Des vertus de mon Roi spectateur inutile,
Faudra-t-il sur sa gloire attendre à m'éxercer,
Que ma tremblante voix commence à se glacer ?
Dans un si beau projet, si ma Muse rebelle
50 N'ose le suivre aux champs de Lille & de Bruxelle,
Sans le chercher aux bords de l'Escaut & du Rhin,
La Paix l'offre à mes yeux plus calme & plus serein.
Oui, GRAND ROI, laissons-là les sièges, les batailles.
Qu'un autre aille en rimant renverser des murailles ;
55 Et souvent sur Tes pas marchant sans Ton aveu,
S'aille couvrir de sang, de poussière & de feu.
A quoi bon d'une Muse au carnage animée,
Echauffer Ta valeur déja trop allumée ?
Jouïssons à loisir du fruit de Tes bienfaits,
60 Et ne nous lassons point des douceurs de la Paix.
    Pourquoi ces Elephans, ces armes, ce bagage,
Et ces vaisseaux tout prêts à quitter le rivage ?
Disoit au Roi Pyrrhus un sage Confident,
Conseiller très-sensé d'un Roi très-imprudent.

REMARQUES.

toutes les éditions précedentes il avoit mis : *J'obferve fur Ton nom un filence prudent.* Ce dernier mot est une loüange équivoque, & fait allusion à cette Epigramme de Liniere ;
Conrart, comment as-tu pû faire
Pour acquerir tant de renom ?
Toi qui n'as, pauvre Secretaire*,
Jamais imprimé que ton nom.
Après sa mort on a publié un Recueil de ses Lettres, & il avoit fait des Satires qui n'ont pas vû le jour.
Vers 50. ——————— *De Lille & de Bruxelle.*]

* Il étoit aussi Secretaire de l'Academie Françoise.

La campagne de Flandres, faite par le Roi, en l'année 1667.
Vers 61. *Pourquoi ces Eléphans*, &c.] Ce Dialogue entre Pyrrhus & Cinéas, est tiré de Plutarque, dans la Vie de Pyrrhus, & il a été imité par Rabelais, L. I. ch. 33.
Vers 64. *Conseiller très-sensé* &c.] Pyrrhus convenoit, qu'il avoit conquis moins de villes par ses armes, que par l'éloquence de Cinéas.
Même vers. —————— *D'un Roi très-imprudent.*] Pyrrhus l'étoit en effet : c'est pourquoi Antigonus le comparoit à un Joüeur de dez.

EPITRE I.

65 Je vais, lui dit ce Prince, à Rome où l'on m'appèle.
   Quoi faire? L'afsièger. L'entreprife eft fort belle,
   Et digne feulement d'Alexandre ou de vous:
   Mais, Rome prife enfin, Seigneur, où courons-nous?
   Du refte des Latins la conquête eft facile.
70 Sans doute on les peut vaincre: Eft-ce tout? La Sicile
   De là nous tend les bras, & bien-tôt fans effort
   Syracufe reçoit nos vaifseaux dans fon port.
   Bornez-vous là vos pas? Dès que nous l'aurons prife,
   Il ne faut qu'un bon vent, & Carthage eft conquife.
75 Les chemins font ouverts: qui peut nous arrêter?
   Je vous entens, Seigneur, nous allons tout dompter.
   Nous allons traverfer les fables de Libie,
   Afservir en pafsant l'Egypte, l'Arabie,
   Courir delà le Gange en de nouveaux païs,
80 Faire trembler le Scythe aux bords du Tanaïs:
   Et ranger fous nos loix tout ce vafte Hémifphère.
   Mais de retour enfin, que prétendez-vous faire?

CHANGEMENS.

Vers 68. *Mais Rome prife enfin, Seigneur, où courons-nous?*] Dans les premières éditions, il y avoit:
   Mais quand nous l'aurons prife, & bien que ferons-nous?
Vers 70. *Sans doute on les peut vaincre:*] Il y avoit ici: *Fort bien, ils font à nous.* Dans la feconde édition il mit: *Sans doute ils font à vous.* Et enfin il le changea comme il eft ici.
Vers 73. *Bornez-vous là vos pas?*] Il avoit mis dans la première édition: *Nous y voilà, fuivons.* Dans la feconde: *Vous arrêtez-vous là?* & dans celle de 1674. il mit: *En demeurez-vous là?*

REMARQUES.

Vers 67. *Et digne feulement d'Alexandre ou de vous.*] Le Poëte compare Pyrrhus à Aléxandre, parce que Plutarque raporte que ceux qui voïoient l'ardeur de Pyrrhus dans les combats, difoient qu'il faifoit revivre Aléxandre; & qu'au lieu que les autres Rois n'imitoient ce Conquerant que par les habits de pourpre, par les gardes, par le panchement du cou, & par un haut ton de voix; Pyrrhus le réprésentoit par fa valeur & par fes belles actions. *Vie de Pyrrhus.*

Alors, cher Cinéas, victorieux, contens,
Nous pourrons rire à l'aife, & prendre du bon tems.
85 Hé, Seigneur, dès ce jour, fans fortir de l'Epire,
Du matin jufqu'au foir qui vous défend de rire?
Le confeil étoit fage, & facile à goûter.
Pyrrhus vivoit heureux, s'il eût pû l'écouter:
Mais à l'Ambition d'oppofer la Prudence,
90 C'eft aux Prélats de Cour prêcher la réfidence.

Ce n'eft pas que mon cœur du travail ennemi,
Approuve un Faineant fur le Trône endormi.
Mais quelques vains lauriers que promette la Guerre,
On peut être Heros fans ravager la Terre.
95 Il eft plus d'une gloire. En vain aux Conquerans
L'Erreur parmi les Rois donne les premiers rangs.
Entre les grans Heros ce font les plus vulgaires.
Chaque fiècle eft fécond en heureux Téméraires.
Chaque climat produit des Favoris de Mars.
100 La Seine a des Bourbons, le Tibre a des Céfars.
On a vû mille fois des fanges Méotides
Sortir des Conquerans, Goths, Vandales, Gépides.
Mais un Roi vraiment Roi, qui fage en fes projets,
Sache en un calme heureux maintenir fes Sujets,
105 Qui du bonheur public ait cimenté fa gloire,
Il faut, pour le trouver, courir toute l'Hiftoire.

CHANGEMENS.

Vers 84. *Nous pourrons rire à l'aife,*] Première édition: *Nous pourrons chanter, rire.*

REMARQUES.

Vers 101. *On a vû mille fois des fanges Méotides &c.*] Le *Palus* ou Marais *Méotide*, nommé maintenant la *Mer de Zabacche*, eft fitué entre l'Europe & l'Afie, dans la petite Tartarie, au Nord de la Mer-Noire, avec laquelle il communique. C'eft des environs de cette contrée que font fortis autrefois les *Goths* & les *Gépides*. A l'égard des *Vandales*, c'étoient des Peuples plus Septentrionaux, venus du côté de la Mer Baltique, vers l'embouchure de l'Oder. *Cluver. Germ. ant. l. 3.*

EPITRE I.

La Terre compte peu de ces Rois bien-faifans;
Le Ciel à les former fe prépare long-tems.
Tel fut cet Empereur, fous qui Rome adorée
110 Vit renaître les jours de Saturne & de Rhée:
Qui rendit de fon joug l'Univers amoureux:
Qu'on n'alla jamais voir fans revenir heureux:
Qui foupiroit le foir, fi fa main fortunée
N'avoit par fes bienfaits fignalé la journée.
115 Le cours ne fut pas long d'un empire fi doux.

Mais où cherchai-je ailleurs ce qu'on trouve chez nous?
GRAND ROI, fans recourir aux Hiftoires antiques,
Ne t'avons-nous pas vû dans les plaines Belgiques,
Quand l'Ennemi vaincu, defertant fes remparts,
120 Au devant de ton joug couroit de toutes parts,
Toi-même Te borner au fort de Ta victoire,
Et chercher dans la Paix une plus jufte gloire?
Ce font là les exploits que Tu dois avoüer:
Et c'eft par là, GRAND ROI, que je Te veux loüer.
125 Affez d'autres fans moi, d'un ftile moins timide,
Suivront aux champs de Mars Ton courage rapide;

REMARQUES.

Ves 109. *Tel fut cet Empereur*, &c.] Titus, furnommé, *l'amour & les délices du Genre humain*.

Vers 114. *N'avoit par fes bienfaits fignalé la journée.*] Perfonne n'ignore la parole mémorable de cet Empereur: *Mes Amis*, dit-il, *j'ai perdu cette journée*: *Amici, diem perdidi*; fe reffouvenant un foir, qu'il n'avoit fait du bien à perfonne ce jour-là. A la première lecture que l'on fit au Roi, de cette Epitre, quand il fut arrivé à ces fix vers, qui expriment le caractère de Titus, il en fut frapé d'admiration, & fe les fit relire jufqu'à trois fois. Alfonfe Roi d'Arragon, entendant parler du regret que fentoit Titus, quand il avoit paffé un jour fans faire du bien à quelcun, témoigna que, graces au Ciel, il n'avoit jamais eu lieu de fe faire un pareil reproche.

Vers 115. *Le cours ne fut pas long* &c.] Il ne dura que deux ans, deux mois, & vingt jours. Aufonne a dit de cet Empereur:

Felix imperio, felix breviate regendi.
Expers civilis fanguinis, Orbis amor.

Vers 118. *Ne t'avons-nous pas vû dans les plaines Belgiques.*] La campagne de 1667. en Flandres, où le Roi fe rendit maître de plufieurs villes. Cette guerre fut bien-tôt terminée par le Traité fait à Aix-la-Chapelle, l'année fuivante.

Iront de Ta valeur effraïer l'Univers,
Et camper devant Dole au milieu des hivers.
Pour moi, loin des combats, sur un ton moins terrible,
130 Je dirai les exploits de Ton Règne paisible.
Je peindrai les plaisirs en foule renaissans :
Les Oppresseurs du peuple à leur tour gémissans.
On verra par quels soins ta sage prévoïance
Au fort de la famine entretint l'abondance.
135 On verra les abus par Ta main réformez ;
La licence & l'orgueil en tous lieux réprimez ;
Du débris des Traitans Ton Epargne grossie ;
Des subsides affreux la rigueur adoucie ;
Le Soldat dans la Paix sage & laborieux ;

REMARQUES.

Vers 128. *Et camper devant Dole au milieu des hivers.*] C'est la première campagne de la Franche-Comté. En 1668. le Roi partit de St. Germain en Laie, le 2. de Février, & revint le 28. après avoir, en moins de huit jours, conquis toute cette Province.

Vers 130. *Je dirai les exploits de Ton Règne paisible.*] Les 25. ou 30. vers suivans rappèlent les principales actions du Roi, depuis qu'il commença à regner par lui-même en 1661.

Vers 131. *Je peindrai les plaisirs en foule renaissans.*] Les Fêtes Galantes, le Carrousel de l'an 1662., les Ballets, les Courses de bague, & les Fêtes données par le Roi à Versailles, sous le nom des *Plaisirs de l'Ile enchantée*, au mois de Mai 1664.

Vers 132. *Les Oppresseurs du peuple à leur tour gémissans.*] La Chambre de Justice établie au mois de Décembre, 1661. pour reconnoître les malversations commises par les Traitans, dans le recouvrement & dans l'administration des deniers publics.

Vers 134. *Au fort de la famine entretint l'abondance.*] En 1662. le Roïaume, & particulièrement la ville de Paris, étoient menacez d'une grande famine, causée par une stérilité de deux années. Le Roi fit venir de Prusse & de Pologne, une grande quantité de Blé. On fit construire des fours dans le Louvre ; & le pain fut distribué au Peuple à un prix modique, de sorte qu'on ne s'aperçut presque point de la nécessité publique.

Vers 135. *On verra les abus par Ta main réformez.*] Les duels abolis. Les Edits contre le luxe. L'établissement de la Police en 1667. La sûreté publique rétablie dans Paris, par un Règlement sur le port des armes, & contre les Gens sans aveu ; par le redoublement du Guet & de la Garde, par l'établissement des Lanternes, &c.

Vers 136. *La licence & l'orgueil en tous lieux réprimez.*] L'établissement des Grans-jours, fait à Clermont en Auvergne, par une Déclaration du Roi en 1665. Elle commence par ces mots : *La licence des guerres étrangères & civiles*, &c.

Et l'orgueil.] Ce mot désigne les Edits contre le luxe.

Vers 138. *Des subsides affreux la rigueur adoucie.*] Le Roi diminua la Taille, de six millions. On dressa, en 1664. & 1667. des Tarifs pour les marchandises ; par ces Tarifs le Roi diminua ses droits ; & il supprima la plûpart de ceux qu'on exigeoit sur les Rivières du Roïaume.

Vers 139. *Le Soldat dans la Paix sage & laborieux.*] La discipline militaire établie & maintenüe parmi les Troupes. Le Roi faisoit des revües fréquentes, & obligeoit les Officiers de tenir les Soldats dans l'ordre & dans la discipline. Les Soldats furent aussi emploïez aux Travaux publics.

EPITRE I.

140 Nos Artisans grossiers rendus industrieux;
Et nos Voisins frustrez de ces tributs serviles
Que païoit à leur art le luxe de nos Villes.
Tantôt je tracerai Tes pompeux Bâtimens,
Du loisir d'un Heros nobles amusemens.
145 J'entens déja frémir les deux Mers étonnées,
De voir leurs flots unis au pié des Pyrenées.
Déja de tous côtez la Chicane aux abois
S'enfuit au seul aspect de Tes nouvelles Lois.
O que ta main par là va sauver de Pupilles!
150 Que de savans Plaideurs desormais inutiles!

REMARQUES.

Vers 140. *Nos Artisans grossiers rendus industrieux.*] L'établissement de plusieurs Manufactures, particulièrement des Tapisseries aux Gobelins; des Points de France, en 1665. & des Glaces de miroirs en 1666. Le prix des Points de Gènes & de Venise, étoit si excessif, qu'on en a vu vendre une garniture sept mille livres. C'est à quoi le vers suivant fait allusion.

Vers 141. *Et nos Voisins frustrez de ces tributs serviles &c.*] On verra ci-après, dans une lettre de l'Auteur à Mr. de Maucroix, que La Fontaine faisoit un cas singulier de ce vers & du suivant, dans lesquels l'Auteur loué le Roi d'avoir établi la Manufacture des Points de France, à la place des Points de Venise. Mr. De Maucroix prétendoit avoir porté ce jugement sur ces deux vers, avant La Fontaine : comme on le verra dans la Réponse de Mr. De Maucroix à Mr. Despréaux. Après ces deux vers il y en avoit quatre autres, que l'Auteur a retranchez dans les dernières éditions :

O que j'aime à les voir, de Ta gloire troublez!
Se priver follement du secours de nos blez!
Tandis que nos vaisseaux par tout maîtres des ondes,
Vont enlever pour nous les trésors des deux Mondes.

Vers 143. ——— *Tes pompeux Bâtimens.*] Le Roi faisoit alors bâtir le Louvre, avec cette belle Façade que l'on admire, comme un des plus beaux morceaux d'Architecture qu'il y ait au Monde. Mais le Roi abandonna cette entreprise, pour faire bâtir à Versailles, & en plusieurs autres endroits.

Vers 145. ——— *Les deux Mers étonnées, &c.*] C'est la communication de la Mer Méditerranée avec l'Océan, par le Canal de Languedoc. Cette entreprise est d'autant plus merveilleuse, qu'on en avoit toûjours regardé le succès comme impossible. Le dessein de ce Canal fut proposé en 1664., par le Sr. Paul Riquet, de Beziers, & l'on commença à y travailler en 1665.

Vers 148. *S'enfuit au seul aspect de tes nouvelles lois.*] De toutes les Ordonnances du Roi, il n'y en a point de plus utiles à l'Etat, que celles qu'il a faites pour réformer la Justice, & pour abréger les procédures. Sa Majesté fit assembler les principaux Magistrats de son Conseil & du Parlement, qui tinrent plusieurs conférences chez Mr. le Chancelier Seguier, au commencement de l'année 1667. pour examiner & arrêter les Articles de l'Ordonnance civile, qui fut publiée au Mois d'Avril de la même année. L'Ordonnance sur les matières criminelles, fut dressée & examinée de la même manière, & ensuite publiée au mois d'Août 1670.

Vers 150. *Que de savans Plaideurs desormais inutiles!*] Après ce vers il y en avoit trente-deux qui faisoient la conclusion de cette Epître, mais que l'Auteur retrancha dans la seconde édition, y substituant ceux que l'on voit ici. On peut assurer que cette Epître n'a rien perdu dans ce changement. Voici les vers qui ont été supprimez :

Muse, abaisse ta voix : je veux les consoler,
Et d'un conte, en passant, il faut les régaler.

Les douze vers qui contiennent la Fable de l'Huître, sont à la fin de l'Epître II. L'Auteur continuë ainsi :

Mais quoi, j'entens déja quelque austère Critique,

Qui ne sent point l'effet de Tes soins généreux?
L'Univers sous Ton Règne a-t-il des Malheureux?
Est-il quelque vertu dans les glaces de l'Ourse,
Ni dans ces lieux brûlez où le jour prend sa source,
155 Dont la triste indigence ose encore approcher,
Et qu'en foule Tes dons d'abord n'aillent chercher?
C'est par Toi qu'on va voir les Muses enrichies,
De leur longue disette à jamais affranchies.
GRAND ROI, poursui toûjours, assûre leur repos.
160 Sans Elles un Heros n'est pas long-tems Heros.
Bien-tôt, quoi qu'il ait fait, la Mort d'une ombre noire
Enveloppe avec lui son nom & son histoire.
En vain, pour s'exempter de l'oubli du cercueil,
Achille mit vingt fois tout Ilion en deuil.
165 En vain, malgré les vents, aux bords de l'Hesperie
Enée enfin porta ses Dieux & sa Patrie.

REMARQUES.

Qui trouve en cet endroit la Fable un peu comique.
Que veut-il? C'est ainsi qu'Horace dans ses vers
Souvent délasse Auguste en cent stiles divers;
Et, selon qu'au hazard son caprice l'entraîne,
Tantôt perce les Cieux, tantôt rase la plaine,
Revenons toutefois. Mais par où revenir?
Grand Roi, je m'aperçois qu'il est tems de finir.
C'est assez: il suffit, que ma plume fidèle
T'ait fait voir en ces vers quelque essai de mon zèle.
En vain je prétendrois contenter un Lecteur,
Qui redoute sur tout le nom d'admirateur;
Et souvent pour raison, opposé à la sience,
L'invincible dégoût d'une injuste ignorance:
Prêt à juger de tout, comme un jeune Marquis;
Qui plein d'un grand savoir chez les Dames acquis,
Dédaignant le Public, que lui seul il attaque,
Va pleurer au Tartuffe, & rire à l'Andromaque.

L'Auteur expliqua les raisons de ce changement, dans un *Avertissement* qu'il mit à la seconde édition de son Epître. „Je m'étois per-„suadé, dit-il, que la Fable de l'Huître que j'a-„vois mise à la fin de cette Epître au Roi, pour-„roit y délasser agréablement l'esprit des Lec-„teurs, qu'un sublime trop sérieux peut enfin „fatiguer: joint que la correction que j'y avois „mise, sembloit me mettre à couvert d'une fau-„te dont je faisois voir que je m'apercevois le „premier. Mais j'avouë qu'il y a eu des per-„sonnes de bon sens qui ne l'ont pas approuvée. „J'ai néanmoins balancé long-tems si je l'ôte-„rois, parce qu'il y en avoit plusieurs qui la „loüoient avec autant d'excès que les autres „la blâmoient. Mais enfin, je me suis rendu „à l'autorité d'un Prince, non moins confidé-„rable par les lumières de son esprit, que par „le nombre de ses victoires. (*C'étoit le Grand* „*Prince de Condé.*) Comme il m'a déclaré fran-„chement que cette Fable, quoi que très-bien „contée, ne lui sembloit pas digne du reste de „l'Ouvrage; je n'ai point résisté, j'ai mis une „autre fin à ma Pièce, & je n'ai pas crû, pour „une vingtaine de vers, devoir me brouiller „avec le premier Capitaine de nôtre Siècle, &c.

Vers 156. *Et qu'en foule tes dons &c.*] En 1663. le Roi donna des pensions aux Gens de lettres, dans toute l'Europe.

EPITRE I.

Sans le secours des Vers, leurs noms tant publiez
Seroient depuis mille ans avec eux oubliez.
Non, à quelques hauts faits que Ton destin t'appèle,
170 Sans le secours soigneux d'une Muse fidéle,
Pour t'immortaliser Tu fais de vains efforts.
Apollon Te la doit : ouvre-lui Tes trésors.
En Poëtes fameux rens nos climats fertiles.
Un Auguste aisément peut faire des Virgiles.
175 Que d'illustres témoins de Ta vaste bonté
Vont pour Toi déposer à la Posterité !
    Pour moi, qui sur Ton nom déja brûlant d'écrire,
Sens au bout de ma plume expirer la Satire,
Je n'ose de mes Vers vanter ici le prix.
180 Toutefois, si quelcun de mes foibles Ecrits
Des ans injurieux peut éviter l'outrage,
Peut-être pour Ta gloire aura-t-il son usage.
Et comme Tes exploits, étonnant les Lecteurs,
Seront à peine crûs sur la foi des Auteurs;
185 Si quelque Esprit malin les veut traiter de fables,
On dira quelque jour pour les rendre croïables;
Boileau, qui dans ses Vers pleins de sincérité,
Jadis à tout son siècle a dit la vérité;
Qui mit à tout blâmer son étude & sa gloire,
190 A pourtant de ce Roi parlé comme l'Histoire.

REMARQUES.

Vers 187. *Boileau, qui dans ses Vers &c.*]. Cet endroit a été comparé avec un autre de l'Epitre huitième. Voiez la Remarque sur le Vers 80. de cette dernière Epitre.

Vers dernier. *A pourtant de ce Roi parlé comme l'Histoire.*] Dans le tems que nôtre Auteur composa cette Epitre, il travailloit au Poëme du *Lutrin*. Pour loüer le Roi d'une manière nouvelle

IMITATIONS.

Vers 174. *Un Auguste aisément peut faire des Virgiles.*] Martial donne à un Mécenas le même pouvoir que l'on donne ici à un Auguste.
    Sint Mecænates, non deerunt, Flacce, Marones. Liv. 8. Epig. 56.

EPITRE I.

REMARQUES.

nouvelle il fit l'admirable Récit de la Molesse, qui est à la fin du second Chant de ce Poëme. Cette ingénieuse fiction eut un succès extrèmement heureux. Le Roi, qui ne connoissoit Boileau que par ses Satires, voulut voir le Poëte qui le savoit si bien loüer ; & ordonna à Mr. Colbert de le faire venir à la Cour. Quelques jours après, Mr. Despréaux parut devant le Roi, étant présenté par Mr. de Vivonne. Il récita à Sa Majesté une partie du *Lutrin*, qui n'avoit pas encore paru, & quelques autres Pièces, dont le Roi fut très-satisfait. A la fin, Sa Majesté lui demanda, quel étoit l'endroit de ses Poësies qu'il trouvoit le plus beau ? Il pria le Roi de le dispenser de faire un pareil jugement : ajoûtant qu'un Auteur étoit peu capable de donner le juste prix à ses propres Ouvrages; & que pour lui, il n'estimoit pas assez les siens, pour les mettre ainsi dans la balance. *N'importe*, dit le Roi, *Je veux que vous me disiex vôtre sentiment*. Mr. Despréaux obéît, en disant que l'endroit dont il étoit le plus content, étoit la fin d'une Epitre qu'il avoit pris la liberté d'adresser à Sa Majesté ; & récita les quarante vers par lesquels finit cette Epitre. Le Roi n'avoit pas vû cette fin, parce que l'Auteur l'avoit faite depuis peu, pour être mise à la place de la Fable de l'Huitre & des Plaideurs. Ces derniers vers touchèrent sensiblement le Roi : son émotion parut dans ses yeux, & sur son visage. Il se leva de son fauteuil avec un air vif & satisfait. Cependant, comme il est toûjours maître de ses mouvemens, & qu'il parle sur le champ avec tant de justesse qu'on ne pourroit mieux dire après y avoir pensé long-tems : *Voilà qui est très-beau*, dit-il, *cela est admirable. Je vous loüerois davantage, si vous ne m'aviex pas tant loüé. Le Public donnera à vos Ouvrages les éloges qu'ils méritent ; mais ce n'est pas assez pour moi de vous loüer : Je vous donne une pension de deux mille livres ; j'ordonnerai à Colbert de vous la païer d'avance ; & je vous accorde le privilège pour l'impression de tous vos Ouvrages*. Ce sont les propres paroles du Roi ; & l'on peut croire que l'Auteur ne les a pas oubliées.

Avant que le Roi eût ainsi parlé, Mr. de Vivonne, frappé de la beauté des vers qu'il venoit d'entendre, prit brusquement l'Auteur à la gorge, & lui dit, par une saillie que la présence du Roi ne put retenir : *Ah ! Traitre, vous ne m'aviex pas dit cela*.

Notre Poëte revint de la Cour, comblé d'honneurs & de biens. Cependant il a dit plusieurs fois, que la première réfléxion que lui inspira sa nouvelle fortune, fut un sentiment de tristesse : envisageant la perte de sa liberté, comme une suite inévitable des bienfaits dont il venoit d'être honoré.

EPITRE II.
A MONSIEUR L'ABBÉ
DES ROCHES.

A Quoi bon réveiller mes Muses endormies,
Pour tracer aux Auteurs des Règles ennemies?
Penses-tu qu'aucun d'eux veuille subir mes loix,
Ni suivre une raison qui parle par ma voix?
5 O le plaisant Docteur, qui sur les pas d'Horace,
Vient prêcher, diront-ils, la réforme au Parnasse!
Nos Ecrits sont mauvais, les siens valent-ils mieux?
J'entens déja d'ici Liniere furieux,
Qui m'appèle au combat, sans prendre un plus long terme,
10 De l'encre, du papier, dit-il; qu'on nous enferme.
Voïons qui de nous deux plus aisé dans ses Vers.
Aura plûtôt rempli la page & le revers?

REMARQUES.

LA principale raison pour laquelle, l'Auteur composa cette Epitre, fut pour conserver la fable de l'Huître & des Plaideurs, qu'il avoit retranchez de l'Epitre précédente. L'Abbé des Roches à qui l'Epitre II. est adressée, se nommoit Jean-François Armand Fuméé, fils de François Fumée, Seigneur Des Roches. Il descendoit d'Adam Fuméé, Premier Médecin de Charles VII. L'Abbé Des Roches mourut en 1711. âgé d'environ 75. ans, & c'est à ce même Abbé qu'est dédié le Parnasse Réformé de Gabriel Gueret.

Vers 1. *A quoi bon réveiller* &c.] Les six premiers vers font connoître que l'Auteur travailloit alors à son Art poëtique.

Vers 8. *J'entens déja d'ici Liniere furieux.*] Le Poëte Liniere avoit beaucoup de facilité à faire de méchans vers. Nôtre Auteur l'avoit pourtant nommé honorablement dans la Satire IX. vers 236. Mais Liniere s'avisa de faire une critique très offensante de l'Epitre IV. qui avoit été faite avant celle-ci. Pour toute vengeance, nôtre Auteur le plaça ici, & en quelques autres endroits de ses Ouvrages. Voïez l'Epitre VII. vers 89. & l'Art poëtique, chant 2. vers 194.

IMITATIONS.

Vers 8. *J'entens déja d'ici Liniere furieux* &c.] Horace, L. I. Sat. 4. v. 14.
Crispinus minimo me provocat: accipe, si vis,
Accipe jam tabulas, detur nobis locus, hora,
Custodes: videamus uter plus scribere possit.

B b

Moi donc qui suis peu fait à ce genre d'escrime,
Je le laisse tout seul verser rime sur rime,
15 Et souvent de dépit contre moi s'éxerçant,
Punir de mes défauts le papier innocent.
Mais toi qui ne crains point qu'un Rimeur te noircisse,
Que fais-tu cependant seul en ton Bénéfice ?
Attens-tu qu'un Fermier païant, quoiqu'un peu tard,
20 De ton bien pour le moins daigne te faire part ?
Vas-tu, grand deffenseur des droits de ton Eglise,
De tes Moines mutins réprimer l'entreprise ?
Croi-moi, dût Auzanet t'assurer du succès,
Abbé, n'entrepren point même un juste procès.
25 N'imite point ces Fous, dont la sotte avarice
Va de ses revenus engraisser la Justice ;
Qui toûjours assignans, & toûjours assignez,
Souvent demeurent gueux de vingt procès gagnez.
Soûtenons bien nos droits : Sot est celui qui donne.
30 C'est ainsi devers Caën que tout Normand raisonne.
Ce sont là les leçons, dont un pere Manceau
Instruit son fils novice au sortir du berceau.
Mais pour toi, qui nourri bien en deça de l'Oise,
As sucé la vertu Picarde & Champenoise,

REMARQUES.

Vers 23. *Dût Auzanet t'assurer du succès.*] Barthélemi Auzanet, célèbre Avocat au Parlement de Paris. Il étoit extrémement versé dans la connoissance du Droit François ; & les principales affaires se règloient ordinairement par ses conseils, ou par son arbitrage. Il mourut le 17. d'Avril, 1693. âgé de 82. ans, aiant été honoré par le Roi d'un brevet de Conseiller d'Etat, quelques années avant sa mort.

Vers 30. *C'est ainsi devers Caën que tout Normand raisonne.*] L'Auteur auroit pû dire : *vers Caën. C'est ainsi que vers Caën tout bas Normand raisonne ;* mais il a préféré *Devers Caën*, qui est une espèce de *Normanisme*. D'ailleurs, un Normand qui sera de Caën même, dira toûjours : *Je suis de devers Caën*, & ne dira pas, *Je suis de Caën*.

Vers 33. *Bien en deça de l'Oise.*] Rivière, qui a sa source dans la Picardie, vers les limites du Hainaut & de la Champagne.

Vers 34. *As sucé la vertu Picarde & Champenoise.*] Cette vertu est la franchise.

EPITRE II.

35 Non, non, tu n'iras point, ardent Bénéficier,
Faire enroüer pour toi Corbin ni le Mazier.
Toutefois, si jamais quelque ardeur bilieuse
Allumoit dans ton cœur l'humeur litigieuse,
Consulte-moi d'abord, & pour la réprimer,
40 Retien bien la leçon que je te vais rimer.
    Un jour, dit un Auteur, n'importe en quel chapitre,
Deux Voïageurs à jeun rencontrèrent une huître.
Tous deux la contestoient, lorsque dans leur chemin,
La Justice passa la balance à la main.
45 Devant elle à grand bruit ils expliquent la chose.
Tous deux avec dépens veulent gagner leur cause.
La Justice, pesant ce droit litigieux,
Demande l'huître, l'ouvre, & l'avale à leurs yeux;
Et par ce bel Arrêt terminant la bataille :
50 Tenez; voilà, dit-elle, à chacun une écaille.

CHANGEMENS.

Vers 45. *Devant elle à grand bruit.*] Dans les premières éditions il y avoit: *Devant elle aussi-tôt.*

REMARQUES.

Vers 36. *Faire enroüer pour toi Corbin ni le Mazier.*] Deux Avocats criards, qui se chargeoient souvent de mauvaises causes. Jaques Corbin plaida sa première cause à quatorze ans, & ne plaida pas mal pour son âge: Martinet célèbre Avocat, fit alors cette Epigramme.

Vidimus attonito puerum garrire Senatu.
Bis pueri ; puerum qui stupuere Senes.

Son Pere étoit aussi Avocat, & se méloit de Poësie. Il offrit un tableau vorif à Nôtre Dame, pour obtenir à son fils un heureux succès dans sa plaidoirie ; & mit ces deux vers au bas du tableau.

Vierge au Visage benin,]

Faites grace au petit Corbin.

Voïez la Remarque sur le vers 36. du quatriéme Chant de l'Art poëtique. *Le Mazier*: voïez le vers 123. de la Satire I.

Vers 41. *Un jour, dit un Auteur,* &c.] Mr. Despréaux avoit appris cette Fable de son pere, auquel il l'avoit ouï conter dans sa jeunesse. Elle est tirée d'une ancienne Comédie Italienne. Cette même Fable a été mise en vers par la Fontaine; mais au lieu de *la Justice*, il a mis un Juge, sous le nom de *Perrin Dandin*, qui avale l'huître : en quoi nôtre Auteur disoit que la Fontaine a manqué de justesse ; car ce ne sont pas les Juges seuls qui causent des frais aux Plaideurs : ce sont tous les officiers de la Justice.

EPITRE II.

Des sottises d'autrui nous vivons au Palais :
Messieurs, l'huître étoit bonne. Adieu. Vivez en paix.

REMARQUES.

Vers dernier. —— *Adieu, vivez en paix.*] Le Peuple Romain rendit un semblable jugement sur une contestation, entre les Ariciens & les Ardéates. Ces deux Peuples étant en guerre pour la possession de certain Païs, en remirent la décision au Peuple Romain. La Cause se plaida solemnellement devant le Peuple; & quand on fut sur le point de recueillir les suffrages, un certain homme nommé Scaptius, âgé de quatre-vingt trois ans, rémontra que les terres dont il s'agissoit, étoient de la dépendance de Corioles, Ville qui apartenoit au Peuple Romain. Sans éxaminer autrement la vérité de cette proposition, le Peuple s'adjugea ces terres par droit de bienséance, & renvoïa les Ardéates, & les Ariciens. *Tite-Live*, *Livre 3. à la fin*, *l'an 307. de Rome*.

IMITATIONS.

Vers 51. *Des sottises d'autrui nous vivons au Palais.*] Joan. Owen. L. I. Epigram. 15.
Stultitiâ nostrâ, Justiniane, sapis.

EPITRE III.
A MONSIEUR ARNAULD,
DOCTEUR DE SORBONE.

OUI, sans peine, au travers des sophismes de Claude,
Arnauld, des Novateurs tu découvres la fraude,
Et romps de leurs erreurs les filets captieux.
Mais que sert que ta main leur défille les yeux,
5 Si toûjours dans leur ame une pudeur rebelle,
Prêts d'embrasser l'Eglise, au Prêche les rappèle ?
Non, ne croi pas que Claude habile à se tromper,
Soit insensible aux traits dont tu le fais frapper :
Mais un Démon l'arrête, & quand ta voix l'attire,
10 Lui dit: Si tu te rends, sais-tu ce qu'on va dire ?
Dans son heureux retour lui montre un faux malheur,
Lui peint de Charenton l'hérétique douleur ;

REMARQUES.

CEtte Epître est adressée à Mr. Arnauld, Docteur de Sorbone, célèbre par sa doctrine & par ses écrits. Les troubles de l'Eglise Gallicane aiant été pacifiez en 1668. par le Pape Clement IX. & par le Roi; Mr. Arnauld eut non seulement la liberté de paroître, mais il fut reçu par le Nonce du Pape, & par le Roi même avec toutes les marques possibles d'estime. Mr. le Premier Président de Lamoignon fut un de ceux qui lui témoignèrent le plus d'empressement. Ce Magistrat avoit un apartement dans la maison que les Chanoines Réguliers de Sainte Geneviève ont à Auteuil, où il alloit quelquefois se délasser des fatigues de la Magistrature, & donner à la retraite les momens qu'il pouvoit dérober à ses pènibles fonctions. Un jour il assembla dans cette maison, Mr. Arnauld, Mr. Nicole, Mr. Despréaux, & quelques autres personnes choisies à qui il donna à dîner. Il arriva entre Mr Arnauld & Mr. Despréaux, ce qui arrive ordinairement entre deux hommes d'un mérite distingué, & d'une réputation éclatante, lors qu'ils se voient pour la première fois: Ils furent d'abord liez d'une étroite amitié, & cette amitié dont ils firent gloire pendant leur vie, a duré jusqu'à leur mort, nonobstant une séparation de plusieurs années.

Le sujet de cette Epître est *la mauvaise honte.* Plutarque a fait un Traité sur le même sujet ; mais nôtre Auteur ne l'a point imité. Elle fut composée en 1673. après l'Epître I V. au Roi. Ainsi elle est la cinquième selon l'ordre du tems.

Vers 1. ——— *Au travers des sophismes de Claude,* &c.] Mr. Arnauld étoit alors occupé à écrire contre Monsieur Claude, Ministre de Charenton ; sur la foi de l'Eglise touchant l'Eucharistie.

Vers 12. *Lui peint de Charenton.*] Village à deux lieües au dessus de Paris, où les Reformés avoient un Temple pour l'éxercice de leur Religion, avant la révocation de l'Edit de Nantes. Mr. Claude étoit Ministre de cette Eglise.

Et balançant Dieu même en son ame flottante,
Fait mourir dans son cœur la Vérité naissante.
15 Des superbes Mortels le plus affreux lien,
N'en doutons point, Arnauld, c'est la Honte du bien.
Des plus nobles vertus cette adroite ennemie
Peint l'Honneur à nos yeux des traits de l'Infamie;
Asservit nos esprits sous un joug rigoureux,
20 Et nous rend l'un & l'autre esclaves malheureux.
Par elle la Vertu devient lâche & timide.
Vois-tu ce Libertin en public intrépide,
Qui prêche contre un Dieu que dans son ame il croit?
Il iroit embrasser la Verité qu'il voit;
25 Mais de ses faux amis il craint la raillerie,
Et ne brave ainsi Dieu que par poltronnerie.
C'est là de tous nos maux le fatal fondement.
Des jugemens d'autrui nous tremblons follement;
Et chacun l'un de l'autre adorant les caprices,
30 Nous cherchons hors de nous nos vertus & nos vices.
Miserables joüets de nôtre vanité,
Faisons au moins l'aveu de nôtre infirmité.

REMARQUES.

Vers 16. ——— *C'est la honte du bien.*] Ce vers exprime le sujet de cette Epître.

Vers 27. *C'est là de tous nos maux le fatal fondement.*] Homére, Iliade liv. 24. v. 44. & 45. dit, que la honte est un des plus grans maux, & un des plus grans biens. En effet, elle est un grand mal aux hommes lors qu'elle les empêche d'oser faire le bien; & elle est un grand bien lors qu'elle les empêche de faire le mal.

IMITATIONS.

Vers 16. ——— *C'est la honte du bien.*] Horace, L. 1. Ep. 16. v. 24.
Stultorum incurata pudor malus ulcera celat.

Vers 30. *Nous cherchons hors de nous nos vertus & nos vices.*] Ce vers exprime le véritable sens de celui-ci de Perse, Satire I. *Nec te quæsiveris extra.* Cette expression de Perse est fort serrée, & c'est une de celles que nôtre Auteur avoit en vuë, quand il a dit dans l'Art poétique.
Perse en ses vers obscurs, mais serrez & pressans,
Affecta d'enfermer moins de mots que de sens.
Voïez le vers 26. de l'Epitre V.

EPITRE III.

A quoi bon, quand la fièvre en nos artères brûle,
Faire de nôtre mal un secret ridicule?
35 Le feu sort de vos yeux petillans & troublez;
Vôtre pouls inégal marche à pas redoublez;
Quelle fausse pudeur à feindre vous oblige?
Qu'avez-vous? Je n'ai rien. Mais.... Je n'ai rien, vous dis-je,
Répondra ce Malade à se taire obstiné.
40 Mais cependant voilà tout son corps gangrené;
Et la fièvre demain se rendant la plus forte,
Un Benitier aux piés, va l'étendre à la porte.
Prévenons sagement un si juste malheur.
Le jour fatal est proche, & vient comme un voleur.
45 Avant qu'à nos erreurs le Ciel nous abandonne,
Profitons de l'instant que de grace il nous donne.
Hâtons-nous; le Tems fuit, & nous traîne avec soi.
Le moment où je parle est déja loin de moi.

REMARQUES.

Vers 48. *Le moment où je parle est déja loin de moi.*] L'Auteur qui se levoit ordinairement fort tard, étoit encore au lit la première fois qu'il récita cette Epitre à Mr. Arnauld, qui étoit venu voir dès le matin. Quand il en fut à ce vers, il le récita d'un ton léger & rapide, comme il doit être récité, pour exprimer la rapidité du tems qui s'enfuit. Mr. Arnauld, frappé de la légèreté de ce vers, se leva brusquement de son siège; & marchant fort vite par la Chambre, comme un homme qui fuit, il redit plusieurs fois: *Le moment où je parle est déja loin de moi.* Celui de Perse qui sera cité dans les Imitations, n'est pas moins léger; non plus que celui-ci de Malherbe: *La nuit est déja proche & qui passe midi.*

IMITATIONS.

Vers 33. *A quoi bon, quand la fièvre en nos artères brûle, &c.*] Horace, Liv. I. Ep. 16.
  Nen si te populus sanum recteque valentem
  Dictitet, occultam febrem, sub tempus edendi,
  Dissimules, donec manibus tremor incidat unctis.
  Stultorum incurata pudor malus ulcera celat.
Vers 38. *Qu'avez-vous? Je n'ai rien. &c.*] Perse, Satire 3.
  Heus, bone, tu palles. Nihil est. videas tamen istud.
  Quidquid id est.
Vers 42. —————— *Va l'étendre à la porte.*] Perse, Sat. 3.
  In portam rigidos calces extendit.
Vers 44. *Le jour fatal est proche & vient comme un voleur.*] Cette comparaison de la Mort avec un voleur, est tirée des Livres Saints. *Vigilate ergo,* dit JESUS-CHRIST, *quia nescitis quâ horâ Dominus vester venturus sit .... Si sciret paterfamilias quâ horâ Fur venturus esset, vigilaret utique.* Math. 24. 42. Luc. 12. 39. *Scitis quia dies Domini sicut Fur in nocte, ita veniet.* I. ad Thess. 5. 2. *Si ergo non vigilaveris, veniam ad te tanquam Fur, & nescies quâ horâ veniam ad te.* Apocal. 3. 3.
Vers 48. *Le moment où je parle &c.*] Perse, Satire 5. v. 153.
  ————————— *Fugit hora: hoc quod loquor, inde est.*

Mais quoi, toûjours la Honte en esclaves nous lie.
50 Oüi, c'est toi qui nous perds, ridicule folie :
C'est toi qui fis tomber le premier Malheureux,
Le jour que d'un faux bien sottement amoureux,
Et n'osant soupçonner sa femme d'imposture,
Au Démon par pudeur il vendit la Nature.
55 Hélas ! avant ce jour qui perdit ses Neveux,
Tous les plaisirs couroient au devant de ses vœux.
La faim aux Animaux ne faisoit point la guerre :
Le Blé pour se donner, sans peine ouvrant la terre,
N'attendoit point qu'un bœuf, pressé de l'éguillon,
60 Traçât à pas tardifs un pènible sillon.

REMARQUES

Vers 60. *Traçât à pas tardifs un pènible sillon.*] Ce vers marque bien la démarche pesante d'un bœuf. *Un pènible sillon :* Cette figure est semblable à *L'hérétique douleur*, du douzième vers ; & au *lit effronté* de la Satire X. vers 345.

IMITATIONS

Vers 56. *Tous les plaisirs couroient au devant de ses vœux.* &c.] Virgile Eglogue 4. v. 28.

Molli paulatim flavescet campus arista,
Incultisque rubens pendebit sentibus uva ;
Et duræ quercus sudabunt roscida mella.
Non rastros patietur humus, non vinea falcem,
Robustus quoque jam tauris juga solvet arator.

Le même Poëte, Georg. 1. v. 127.

—————— *Ipsaque tellus*
Omnia liberius, nullo poscente, ferebat.
Ille malum virus serpentibus addidit atris,
Mellaque decussit foliis, ignemque removit,
Et passim rivis currentia vina repressit ....

vers 50. *Mox & frumentis labor additus, ut mala culmos*
Esset rubigo, segnisque horreret in arvis
Carduus.

Ovide, Metamorph. 1. v. 100.

Mollia Securæ peragebant otia gentes.
Ipsa quoque immunis, rastroque intacta, nec ullis.
Saucia vomeribus, per se dabat omnia Tellus ....
Mox etiam fruges tellus inarata ferebat :
Nec renovatus ager gravidis canebat aristis,
Flumina jam lactis, jam flumina nectaris ibant,
Flavaque de viridi stillabant ilice mella.
Postquam Saturno &c.

Et Horace, Epod. 11.

Reddit ubi Cererem tellus inarata quotannis,
Et imputata floret usque vinea. &c.

EPITRE III.

La vigne offroit par tout des grappes toûjours pleines,
Et des ruisseaux de lait serpentoient dans les plaines.
Mais dès ce jour Adam déchû de son état,
D'un tribut de douleurs païa son attentat.
65 Il fallut qu'au travail son corps rendu docile,
Forçât la terre avare à devenir fertile.
Le chardon importun hérissa les guérets :
Le serpent venimeux rampa dans les forêts :
La Canicule en feu désola les campagnes :
70 L'Aquilon en fureur gronda sur les montagnes.
Alors pour se couvrir durant l'âpre saison,
Il fallut aux brebis dérober leur toison.
La Peste en même tems, la Guerre & la Famine,
Des malheureux Humains jurèrent la ruïne :
75 Mais aucun de ces maux n'égala les rigueurs
Que la mauvaise honte éxerça dans les cœurs.
De ce nid à l'instant sortirent tous les Vices.
L'Avare des premiers en proie à ses caprices,
Dans un infame gain mettant l'honnêteté,
80 Pour toute honte alors compta la pauvreté.
L'Honneur & la Vertu n'osèrent plus paroître.
La Piété chercha les deserts & le Cloître.
Depuis on n'a point vû de cœur si détaché,
Qui par quelque lien ne tînt à ce péché.
85 Triste & funeste effet du premier de nos crimes!
Moi-même, Arnauld, ici, qui te prêche en ces rimes,
Plus qu'aucun des Mortels par la Honte abattu,
En vain j'arme contre elle une foible vertu.

REMARQUES.

Vers 80. *Pour toute honte alors compta la pauvreté.*] Un Prélat, qui d'ailleurs avoit du mérite, avoit pris le caractère exprimé dans ce vers. Il ne faisoit cas d'un homme qu'à proportion du bien qu'il avoit : faisant consister tout le mérite & tout l'honneur dans les richesses.

Ainsi toûjours douteux, chancelant & volage,
90 A peine du limon, où le Vice m'engage,
J'arrache un pié timide, & sors en m'agitant,
Que l'autre m'y reporte, & s'embourbe à l'instant.
Car si, comme aujourd'hui, quelque raïon de zèle
Allume dans mon cœur une clarté nouvelle,
95 Soudain aux yeux d'autrui s'il faut la confirmer,
D'un geste, d'un regard je me sens alarmer ;
Et même sur ces Vers que je te viens d'écrire,
Je tremble en ce moment de ce que l'on va dire.

REMARQUES.

Vers 92. *Que l'autre m'y reporte, & s'embourbe à l'instant.*] L'Auteur avoit ainsi exprimé sa pensée :

A peine du limon où le vice m'engage,
J'arrache un pié timide, ...
Que l'autre m'y reporte, & s'embourbe à l'instant.

La difficulté étoit d'achever le second vers. Il consulta Mr. Racine, qui trouva la chose très-difficile. Cependant Mr. Despréaux lui dit le lendemain la fin du vers : *& sors en m'agitant.* Cette fin est d'autant plus belle, qu'elle fait une image qui n'est pas dans le vers d'Horace :
Nequicquam cæno cupiens evellere plantam.

IMITATIONS.

Vers 90. *A peine du limon &c.*] Horace, Livre 2. Satire 7. vers 27.
Nequicquam cæno cupiens evellere plantam.

EPITRE IV.
AU ROI.

EN vain, pour Te loüer, ma Muſe toûjours prête,
Vingt fois de la Hollande a tenté la conquête:
Ce païs, où cent murs n'ont pû Te réſiſter,
GRAND ROI, n'eſt pas en Vers ſi facile à dompter.
5 Des Villes, que Tu prens, les noms durs & barbares
N'offrent de toutes parts que ſillabes bizarres;
Et, l'oreille effraïée, il faut depuis l'Iſſel,

CHANGEMENS.

Vers 7. *Et l'oreille effraïée*, &c.] Dans les premières éditions il y avoit:
  Pour trouver un beau mot, des rives de l'Iſſel,
  Il faut toûjours bronchant, courir juſqu'au Teſſel.
Dans l'édition de 1683.
  Pour trouver un beau mot, il faut depuis l'Iſſel,
  Sans pouvoir s'arrêter, courir juſqu'au Teſſel.
Dans celle de 1694.
  On a beau s'exciter: il faut depuis l'Iſſel,
  Pour trouver un beau mot, &c.
Enfin dans la dernière de 1701.
  Et l'oreille effraïée, il faut &c.

REMARQUES.

* Voïez la Note ſur le dernier vers de l'Epitre I.

LEs marques de bonté & de diſtinction que le Roi donna à Mr. Deſpréaux, la première fois qu'il eut l'honneur de paroître devant Sa Majeſté, * lui avoient inſpiré une vive reconnoiſſance. Les conquêtes de ce Grand Roi fournirent bien tôt au Poëte une occaſion de ſignaler ſon zèle. En 1672. Sa Majeſté fit en Perſonne la Campagne de Hollande, l'une des plus glorieuſes de ſon règne. Dans cette campagne, qui ne dura qu'environ deux mois, le Roi conquit trois Provinces, & prit plus de quarante Villes: ſon Armée paſſa le Rhin à la vûë des Ennemis qui gardoient le rivage oppoſé; Amſterdam, cette riche & ſuperbe ville, fut ſur le point de ſe ſoumettre à la domination du Roi; & peu s'en fallut qu'il ne ſe rendît le maître de tout le reſte de la Hollande. Parmi de ſi grans évenemens, nôtre Poëte choiſit le paſſage du Rhin, comme le ſujet le plus brillant, & par conſéquent le plus ſuſceptible des ornemens de la Poëſie. Cette action ſe paſſa le 12. de Juin 1672. L'Epître fut compoſée au mois de Juillet ſuivant, & imprimée au mois d'Août. Elle eſt la ſeconde ſelon l'ordre du tems.

Vers 7. *Il faut depuis l'Iſſel*, &c.] Rivière des Païs-Bas, qui ſe jette dans le Zuider-zée, ou la Mer de Sud. Cette Rivière reçoit les eaux du Rhin par un canal qui fut tiré depuis Arnhem juſqu'à Doesbourg, par Druſus, Pere de l'Empereur Claude, & de Germanicus. Le Prince d'Orange, qui commandoit les Troupes des Hollandois, abandonna l'Iſſel, le 13. de Juin, 1672.

EPITRE IV.

Pour trouver un beau mot, courir jusqu'au Tessel.
Oüi, par tout de son nom chaque Place munie,
10 Tient bon contre le Vers; en détruit l'harmonie.
Et qui peut, sans frémir, aborder Woerden?
Quel Vers ne tomberoit au seul nom de Heusden?
Quelle Muse à rimer en tous lieux disposée,
Oseroit approcher des bords du Zuiderzée?
15 Comment en Vers heureux assiéger Doësbourg,
Zutphen, Wageninghen, Hardewic, Knotzembourg?
Il n'est Fort entre ceux que Tu prens par centaines,
Qui ne puisse arrêter un Rimeur six semaines:
Et par tout sur le Whal, ainsi que sur le Leck,
20 Le Vers est en déroute, & le Poëte à sec.
Encor si tes exploits, moins grans & moins rapides,
Laissoient prendre courage à nos Muses timides,

CHANGEMENS.

Vers 12. ————————— *Au seul nom de Heusden?*] Dans les premières éditions on lisoit *Nardem*.

REMARQUES.

Vers 8. ————— *Courir jusqu'au Tessel.*] Ile de la Hollande, dans l'Océan Germanique, à l'entrée du Golphe nommé le Zuiderzée.

Vers 11. ————— *Aborder Woerden?*] Ville du côté de Hollande, située sur le Rhin.

Vers 12. ————— *Au seul nom de Heusden?*] Autre ville de la même Province, près de la Meuse.

Vers 14. ————— *Des bords du Zuider-zée.*] Le *Zuider-zée* est un grand Golphe entre les Provinces de Frise, d'Over-Issel, de Gueldre, & de Hollande. Anciennement c'étoit un Lac, & des Marais, formez par la branche Septentrionale du Rhin jointe à l'Issel; & les anciens Géographes le nommoient *Flevus*, ou *Flevilacus*. Les eaux de la Mer ont dans la suite couvert & inondé tous ces marais, & il s'en est formé le *Zuider-zée: Mare Austrinum, Sinus Austrinus*. En Flamand, *Zuid*, signifie le Sud; & *Zée*, la Mer.

Vers 15. ————— *Assiéger Doësbourg.*] Les Hollandois prononcent *Dousburg*: Ville du Comté de Zutphen, située à l'endroit où les eaux du Rhin se joignent à l'Issel, par le canal de Drusus: *Drusiburgum*. Cette Ville fut prise le 22. de Juin, 1672 par Monsieur, Frere du Roi.

Vers 16. *Zutphen, Wageninghen, Hardewic, Knotzembourg.*] *Zutphen*: Ville Capitale du Comté de Zutphen, prise par Monsieur, le 26. de Juin. *Wageninghen, Hardewic*: Villes du Duché de Gueldre, qui se rendirent au Roi, le 22. & le 23. de Juin. *Knotzembourg*, est un Fort, situé sur le Wahal, vis à vis de Nimègue: il est aussi nommé *le Fort de Nimègue*. Il fut assiégé le 15. de Juin, & pris le 17. par Mr de Turenne.

Vers 19. *Et par tout sur le Whal, ainsi que sur le Leck.*] Le Wahal & le Leck, sont deux branches du Rhin qui se mêlent avec la Meuse.

EPITRE IV.

Peut-être avec le tems, à force d'y rêver,
Par quelque coup de l'art nous pourrions nous sauver.
25 Mais dès qu'on veut tenter cette vaste carrière,
Pégase s'effarouche & recule en arrière.
Mon Apollon s'étonne ; & Nimègue est à Toi,
Que ma Muse est encore au camp devant Orsoi.
Aujourd'hui toutefois mon zèle m'encourage ;
30 Il faut au moins du Rhin tenter l'heureux passage.
Un trop juste devoir veut que nous l'essaïons.
Muses, pour le tracer, cherchez tous vos craïons.
Car, puisqu'en cet exploit tout paroît incroïable,
Que la Vérité pure y ressemble à la Fable,
35 De tous vos ornemens vous pouvez l'égaïer.
Venez donc, & sur tout gardez bien d'ennuïer.
Vous savez des grans Vers les disgraces tragiques,
Et souvent on ennuie en termes magnifiques.
     Au pié du mont Adulle, entre mille roseaux,
40 Le Rhin tranquille, & fier du progrès de ses eaux,

CHANGEMENS.

Vers 31. *Un trop juste devoir* &c.] Premières éditions :
   Le malheur sera grand, si nous nous y noïons.
Edition de 1694. *Il fait beau s'y noïer, si nous nous y noïons.*
Edition de 1701. *Un trop juste devoir* &c.

REMARQUES.

Vers 24. *Par quelque coup de l'art nous pourrions nous sauver.*] L'Auteur donne ici l'éxemple avec le précepte ; car cette Epitre est un jeu d'esprit, par lequel il se sauve de la difficulté en la montrant.

Vers 27. —— —— *Et Nimègue est à Toi.*] Ville considérable des Provinces-Unies, Capitale du Duché de Gueldre. Elle fut prise le 9. de Juillet, 1672, par Mr. de Turenne, après six jours de siège. Cette Ville est fameuse par la paix générale qui y fut concluë en 1678. entre la France, l'Espagne, & les Provinces-Unies ; & en 1679. entre la France & l'Empire.

Vers 28. *Au Camp devant Orsoi.*] Ville & place forte sur la rive gauche du Rhin, dans le Duché de Clèves. Au commencement de la Campagne, le Roi fit assièger Orsoi, le 1. de Juin, & le prit en deux jours. Sa Majesté tint long-tems son Camp devant cette Place après qu'elle eut été prise, de sorte que les Gazettes & les Lettres particulières, datoient toûjours, *du Camp devant Orsoi*. C'est à quoi l'Auteur fait allusion.

Vers 39. *Au pié du mont Adulle.*] Montagne, d'où le Rhin prend sa source : *Adula* selon Ptolomée, & Strabon. On l'appèle maintenant le *Mont de St. Godart*. Le Poëte a
employé

EPITRE IV.

Appuïé d'une main sur son urne penchante,
Dormoit au bruit flatteur de son onde naissante.
Lors qu'un cri tout à coup suivi de mille cris,
Vient d'un calme si doux retirer ses esprits.
45 Il se trouble, il regarde, & par tout sur ses rives
Il voit fuir à grans pas ses Naiades craintives,
Qui toutes accourant vers leur humide Roi,
Par un récit affreux redoublent son effroi.
Il apprend qu'un Héros conduit par la Victoire,
50 A de ses bords fameux flétri l'antique gloire ;
Que Rhimberg & Vesel, terrassez en deux jours,
D'un joug déja prochain menacent tout son cours.
Nous l'avons vû, dit l'Une, affronter la tempête
De cent foudres d'airain tournez contre sa tête.
55 Il marche vers Tholus, & tes flots en courroux
Au prix de sa fureur sont tranquilles & doux.
Il a de Jupiter la taille & le visage ;

REMARQUES.

employé le nom ancien, soit parce qu'il est plus beau & plus poëtique, soit aussi parce que voulant parler du Dieu du Rhin & des Naiades, il auroit fait un anachronisme poétique s'il en avoit usé autrement. Le lieu particulier où est la principale Source du Rhin (car il y en a deux) est une montagne qui fait partie du mont St. Godart, & qui est appelée *Vogsel-berg*, ou *Monte d'Uccella* : le mont de l'Oiseau : *Avicula*. Ce dernier mot a été peut-être formé d'*Adula*.

Vers 50. *A de ses bords fameux flétri l'antique gloire.*] Moliere n'aprouva pas ce vers, parce qu'il signifie que la présence du Roi a deshonoré le Fleuve du Rhin. L'Auteur lui répréfenta que ce sont les Naiades de ce Fleuve qui parlent du Héros de la France comme d'un Ennemi qui veut soumettre à son joug leur Empire : qu'ainsi il est naturel qu'elles disent que Loüis a flétri l'ancienne gloire du Rhin. Mais Moliere ne se rendit pas.

Vers 51. *Que Rhimberg & Vesel terrassez en deux jours.*] Ces deux Villes sont situées sur le Rhin : l'une sur la rive gauche du Fleuve, & l'autre sur la rive droite. *Vesel* est une Ville du Duché de Cleves, qui appartenoit aux Hollandois depuis l'an 1629. & le Prince de Condé la prit le 4. de Juin 1672. après deux jours de Siège. *Rhimberg* étoit aussi sous la domination des Hollandois, & fut pris le 6. du même mois.

Vers 55. *Il marche vers Tholus.*] Village sur la rive gauche du Rhin au dessous du Fort de Skinck, à la pointe du Bétaw. *Tolhuis*, en Langage Flamand, signifie *un Bureau où l'on reçoit les péages*. C'est en cet endroit que les François passerent le Rhin à la nage.

Vers 57. *Il a de Jupiter la taille & le visage.*] Loüis XIV. étoit ici comparé à Jupiter, mais c'est à Jupiter foudroïant & exterminateur. Ainsi cette comparaison est bien plus glorieuse que si le Poëte avoit dit que le Roi ressembloit au Dieu Mars, comme quelques Critiques le vouloient : car Mars n'est qu'un Dieu subalterne. Homère donne au Roi Agamemnon, la tête & les yeux de Jupiter quand il lance la foudre. *Iliade* 2. v. 478.

EPITRE IV.

Et depuis ce Romain, dont l'insolent passage
Sur un pont en deux jours trompa tous tes efforts,
60 Jamais rien de si grand n'a paru sur tes bords.
 Le Rhin tremble & frémit à ces tristes nouvelles;
Le feu sort à travers ses humides prunelles.
 C'est donc trop peu, dit-il, que l'Escaut en deux mois
Ait appris à couler sous de nouvelles loix;
65 Et de mille remparts mon onde environnée
De ces Fleuves sans nom suivra la destinée?
Ah! périssent mes eaux, ou par d'illustres coups
Montrons qui doit céder des Mortels ou de Nous.

REMARQUES.

Vers 58. *Et depuis ce Romain, dont l'insolent passage, Sur un pont en deux jours* &c.] Jules César faisant la guerre dans les Gaules, passa deux fois le Rhin pour aller châtier les peuples d'Allemagne, qui avoient envoïé du secours aux Gaulois. La première fois son armée passa sur un pont, pour la construction duquel il emploïa dix jours de tems, * & non pas deux jours comme le dit ici nôtre Poëte. Je lui fis faire cette observation, dans une lettre que je lui écrivis le 4. d'Avril, 1703. „Au fonds cette circonstance est assez indifferente, lui di-„sois-je, mais il semble que vous auriez „dû marquer un peu plus d'exactitude dans le „fait historique. Elle tourne même à la gloire „du Roi, qui a fait en un moment, ce que le „plus grand Capitaine de l'Empire Romain n'a „pu faire qu'en dix jours, & avec le secours „d'un pont.
Mr. Despréaux me fit cette réponse le 8. du même mois. „Je n'ai jamais voulu dire que „Jules César n'ait mis que deux jours à ramas-„ser & à lier ensemble les materiaux dont il fit „construire le pont sur lequel il passa le Rhin. „Il n'est question dans mes vers, que du tems „qu'il mit à faire passer ses troupes sur ce pont, „& je ne sai même s'il y emploïa deux jours. „Le Roi, quand il passa le Rhin, fit amener „un très-grand nombre de Bateaux de cuivre, „qu'on avoit été plus de deux mois à construi-„re, & sur un desquels même Mr. le Prince & „Mr. le Duc passèrent. Mais qu'est-ce que „cela fait à la rapidité avec laquelle toutes ses „troupes traversèrent le Fleuve; puis qu'il est „certain que toute son armée passa comme cel-„le de Jules César, avec tout son bagage, en „moins de deux jours? Voilà ce que veut dire „le vers: *Sur un pont en deux jours trompa tous* „*tes efforts*. En effet, quel sens autrement pour-„roit-on donner à ces mots: *Trompa tous tes* „*efforts*? Le Rhin pouvoit-il s'efforcer à dé-„truire le pont que faisoit construire Jules Cé-„sar, lors que les bateaux étoient encore sur le „chantier? Il faudroit pour cela qu'il se fût „débordé: encore auroit-il été pris pour dupe, „si César avoit mis ses atteliers sur une hau-„teur. Vous voïez donc bien, Monsieur, qu'il „faut laisser, *deux jours*; parce que si je met-„tois *dix jours*, cela seroit fort ridicule, & je „donnerois aux lecteurs une idée fort absurde „de César, en disant comme une grande chose, „qu'il avoit emploïé dix jours à faire passer „une armée de trente mille hommes: donnant „par là aux Allemans tout le tems qu'il leur „falloit pour s'opposer à son passage. Ajou-„tez, que ces façons de parler, *en deux jours*, „*en trois jours*, ne veulent dire que *très-prom-„ptement*, *en moins de rien*. Voila je croi, „Monsieur, dequoi contenter vôtre critique. „Vous me ferez plaisir de m'en faire beaucoup „de pareilles; parce que cela donne occasion, „comme vous voïez, à écrire des dissertations „assez curieuses.
Vers 64. *Ait appris à couler sous de nouvelles loix*.] En l'année 1667. Le Roi avoit conquis une partie de la Flandre qui est arrosée par l'Escaut.

* *Comment. de César, L. 4. ch. 2. & L. 6. Plutarq. Vie de Jules César, ch. 7.*

EPITRE IV.

A ces mots effuïant fa barbe limonneufe,
70 Il prend d'un vieux Guerrier la figure poudreufe.
Son front cicatricé rend fon air furieux,
Et l'ardeur du combat étincelle en fes yeux.
En ce moment il part, & couvert d'une nuë,
Du fameux Fort de Skink prend la route connuë.
75 Là contemplant fon cours, il voit de toutes parts
Ses pâles Deffenfeurs par la fraïeur épars.
Il voit cent bataillons, qui loin de fe deffendre,
Attendent fur des murs l'Ennemi pour fe rendre.
Confus, il les aborde, & renforçant fa voix:
80 Grands Arbitres, dit-il, des querelles des Rois,
Eft-ce ainfi que vôtre ame aux périls aguerrie,

CHANGEMENS.

Vers 80. *Grands Arbitres, dit-il, des querelles des Rois.*] Dans la première édition, il y avoit, *du deftin de deux Rois*: Voïez les Notes.

REMARQUES.

Vers 71. *Son front cicatricé.*] Quelques-uns ont prétendu qu'il auroit fallu dire, *cicatrizé*. Mais ils n'ont pas pris garde que *cicatrizé* fe dit d'une plaie qui commence à fe fermer: au lieu que *cicatricé* fignifie, *couvert de cicatrices, recoufu en divers endroits*.

Vers 74. *Du fameux Fort de Skink.*] Le Fort de Skink, ou de *Schenk* (*Schenken-Schanfe*) eft confidérable, tant par fes fortifications que par fa fituation avantageufe. Il eft fitué à la pointe de l'Ile de Bétaw, ou Bétuwe, qui eft l'endroit où le Rhin fe divife: Les Etats de Hollande firent bâtir ce Fort par le Colonel Martin Schenk, l'an 1586. *Voïez la note fur le vers 148. de cette Epitre.*

Vers 80. *Grands Arbitres, dit-il, des querelles des Rois.*] Ce vers contient une ironie très-amère. Les Hollandois s'étoient vantez d'avoir obligé le Roi de France à faire la Paix avec l'Efpagne, par le Traité d'Aix la Chapelle. Ils avoient même fait frapper une Medaille en 1668. dans laquelle ils prenoient les titres fastueux d'*Arbitres des Rois*, de *Réformateurs de la Religion*, de *Protecteurs des Loix*, & plufieurs autres. Cette Medaille répréfente d'un côté la Liberté Batavique avec fes Simboles, & au revers où lit cette Infcription qui contient tous ces titres ambitieux. ASSERTIS LEGIBUS. EMENDATIS SACRIS. ADIUTIS DEFENSIS. CONCILIATIS REGIBUS. VINDICATA MARIUM LIBERTATE. PACE EGREGIA VIRTUTE ARMORUM PARTA. STABILITA ORBIS EUROPÆI QUIETE. —— NUMISMA HOC. S. F. B. C. F. CIƆ. IƆC. LXVIII. Le Roi fut fort indigné de la fierté de ces Républicains, qui par ces éloges faftueux vouloient fe donner la gloire des évenemens de ce tems-là.

IMITATIONS.

Vers 69. —— *Effuïant fa barbe limonneufe.*] C'eft le *Rheni luteum caput*, d'Horace, Livre 1. Satire 10.

EPITRE IV.

Soûtient sur ces remparts l'honneur & la patrie ?
Vôtre Ennemi superbe, en cet instant fameux,
Du Rhin, près de Tholus, fend les flots écumeux.
85 Du moins en vous montrant sur la rive opposée,
N'oseriez-vous saisir une victoire aisée ?
Allez, vils combattans, inutiles Soldats,
Laissez-là ces mousquets trop pesans pour vos bras :
Et la faux à la main parmi vos marécages,
90 Allez couper vos joncs, & presser vos laitages,
Ou gardant les seuls bords qui vous peuvent couvrir,
Avec moi de ce pas, venez vaincre ou mourir.
   Ce discours d'un Guerrier que la colère enflamme,
Ressuscite l'Honneur déja mort en leur ame :
95 Et leurs cœurs s'allumant d'un reste de chaleur,
La Honte fait en eux l'effet de la Valeur.
Ils marchent droit au Fleuve, où LOUIS en personne
Déja prêt à passer, instruit, dispose, ordonne.
Par son ordre Grammont le premier dans les flots
100 S'avance soûtenu des regards du Heros.
Son coursier écumant sous un Maître intrépide,
Nage tout orgueilleux de la main qui le guide.

REMARQUES.

Vers 82. ——— *L'honneur & la Patrie.*] Il y avoit sur les Drapeaux des Hollandois, *Pro honore & patriâ.*

Vers 89. *Et la faux à la main,* &c.] Ces deux vers disent bien noblement une chose bien petite, & bien basse. Voila le fort de la Poësie. Cependant la phrase n'est pas tout-à-fait régulière, car *la faux à la main* sert bien à couper les joncs, mais non pas à *presser les laitages.* L'Auteur y avoit bien pris garde, & avoit essaïé plusieurs fois de le changer. Il disoit à ce propos: *Non seulement je n'ai pu venir à bout de le dire mieux, mais je n'ai pu le dire autrement.*

Vers 99. *Par son ordre Grammont,* &c.] Mr. le Comte de Guiche, fils aîné du Maréchal de Grammont, fut le premier qui tenta le passage. Il étoit Lieutenant Général de l'Armée de Mr. le Prince ; & le Roi lui commanda de voir s'il trouveroit un gué dans le Rhin, pour aller aux Ennemis qui paroissoient de l'autre côté. Il vint rapporter au Roi qu'il avoit trouvé un gué facile vers Tolhuys, & promit de passer à la tête de la Cavalerie. La vérité étoit pourtant qu'il n'y avoit point de gué : de sorte que l'armée fut obligée de traverser une bonne partie du Rhin à la nage ; mais le Comte de Guiche qui avoit servi en Pologne, s'y étoit accoutumé à passer ainsi les plus profondes Rivières, à l'exemple des Polonois.

EPITRE IV.

Revel le fuit de près : fous ce Chef redouté
Marche des Cuiraffiers l'efcadron indompté.
105 Mais déja devant eux une chaleur guerrière
Emporte loin du bord le boüillant Lefdiguière,
Vivonne, Nantoüillet, & Coiflin, & Salart:
Chacun d'eux au peril veut la première part.
Vendôme, que foûtient l'orgueil de fa naiffance,
110 Au même inftant dans l'onde impatient s'élance.
La Salle, Beringhen, Nogent, d'Ambre, Cavois,
Fendent les flots tremblans fous un fi noble poids.

REMARQUES.

Vers 103. *Revel le fuit de près.*] Le Marquis de Revel, Colonel des Cuiraffiers, frere de Mr. le Comte de Broglio. Il fut bleffé de trois coups d'épée, dans l'action qui fuivit le paffage du Rhin.

Vers 106. ———— *Le boüillant Lefdiguière.*] Mr. le Comte de Saux. François Emanuël de Blanchefort de Bonne de Crequi, Duc. de Lefdiguieres, Pair de France, Comte de Saux, Gouverneur de Dauphiné, mort en 1681. Pendant le paffage du Rhin, il fut bleffé, mais il ne laiffa pas d'avancer toûjours, & ne perdit point fon rang; de manière qu'il fortit de l'eau le premier, & donna le premier coup. Sa valeur fe fit beaucoup remarquer dans cette action: Il montoit un cheval blanc, qui fut tué fous lui.

Vers 107. *Vivonne, Nantoüillet, & Coiflin, & Salart.*] *Vivonne*: Loüis-Victor de Rochechoüart, Duc de Mortemar & de Vivonne, &c. alors Général des Galères de France, depuis l'an 1669. & enfuite Maréchal de France, en 1675. Il mourut au mois de Septembre 1688. *Nantoüillet*: le Chevalier de Nantoüillet, ami particulier de nôtre Auteur, auffi bien que Mr. de Vivonne. *Coiflin*: Armand du Cambout, Duc de Coiflin. Il reçut plufieurs coups après avoir paffé le Rhin. Il eft mort le 16. de Septembre, 1702. âgé de 67. ans. Il étoit Pair de France, & Chevalier de l'Ordre du St. Efprit.

Vers 109. *Vendome que foûtient l'orgueil de fa naiffance.*] Mr. le Chevalier de Vendôme. Quoi qu'il n'eût pas encore dix-fept ans, il ne laiffa pas de traverfer le Rhin à cheval; il gagna même un Drapeau & un Etendart, qu'il apporta au Roi.

Vers 111. *La Salle, Beringhen, Nogent, Cavois.*] *La Salle*: Le Marquis de la Salle fut des premiers à paffer le Rhin. Mais les Cuiraffiers aiant eu ordre de fe jetter à l'eau, & de paffer, ils le firent fi brufquement qu'aiant rencontré Mr. de la Salle devant eux, ils le blefsèrent de cinq coups, croïant qu'il étoit Hollandois, quoi qu'il fût habillé à la Françoife, & qu'il eût l'écharpe blanche. *Beringhen*: Le Marquis de Beringhen, Premier Ecuïer du Roi, & Colonel du Régiment Dauphin. Son cheval ne voulant point paffer, il fe jetta dans le Bateau de Mr. le Prince. Après le paffage il fe battit vigoureufement, & reçut un coup de moufquet dans la mamelle droite, & plufieurs coups dans fes habits. *Nogent*: Armand de Bautru, Comte de Nogent, Capitaine des Gardes de la Porte, Lieutenant Général au Gouvernement d'Auvergne, Maître de la Garde-robe, & Maréchal de Camp des Armées du Roi. Il fut tué au paffage du Rhin, d'un coup de Moufquet à la tête, & fon corps fut inhumé dans l'Eglife de Zevenart, village de Gueldre. *Cavois*: Loüis d'Oger, Marquis de Cavois, aujourd'hui Grand Maréchal des Logis de la Maifon du Roi, eft d'une famille illuftre de Picardie. Il commença à fe faire connoître fous le nom du Chevalier de Cavois, par une action de grand éclat. Dans le Combat Naval que la Flotte Angloife gagna contre les Hollandois, au mois d'Août, 1666. il étoit fur le Bord de l'Amiral Ruyter, avec M.M. le Chevalier de Lorraine, le Chevalier de Coiflin, duquel on vient de parler; & de Bufca. Ruyter accablé par le nombre, faifoit une retraite glorieufe; mais un Brûlot Anglois qui venoit à lui, l'auroit fait périr indubitablement, fi le Chevalier de Cavois ne l'avoir empêché, en allant avec les trois autres Seigneurs François, couper les cables de la chaloupe du Brûlot. Il repaffa au travers des Ennemis, & vint rejoindre l'Amiral qu'il avoit fauvé. Il fe diftingua encore au paffage du Rhin.

EPITRE IV.

LOUIS les animant du feu de son courage,
Se plaint de sa Grandeur, qui l'attache au rivage.
115 Par ses soins cependant trente légers vaisseaux
D'un trenchant aviron déja coupent les eaux.
Cent Guerriers s'y jettant signalent leur audace.
Le Rhin les voit d'un œil qui porte la menace.
Il s'avance en courroux. Le plomb vole à l'instant,
120 Et pleut de toutes parts sur l'escadron flottant.
Du salpêtre en fureur l'air s'échauffe & s'allume;
Et des coups redoublez tout le rivage fume.
Déja du plomb mortel plus d'un Brave est atteint.
Sous les fougueux coursiers l'Onde écume & se plaint.
125 De tant de coups affreux la tempête orageuse
Tient un tems sur les eaux la fortune douteuse.
Mais LOUIS d'un regard fait bien-tôt la fixer.
Le Destin à ses yeux n'oseroit balancer,
Bien-tôt avec Grammont courent Mars & Bellone.
130 Le Rhin à leur aspect d'épouvante frissonne.

REMARQUES.

Vers 115. ———— *Trente légers vaisseaux.*] Des bateaux de Cuivre, dont nous avons parlé sur le vers 58.

Vers 119. *Il avance en courroux.*] Ceci n'est point dit au hazard : car dans le tems du passage, & pendant la nuit précedente les eaux du Fleuve furent extrèmement agitées par le vent.

Vers 121. *Du Salpêtre en fureur l'air s'échauffe & s'allume.*] L'Auteur m'a dit qu'il étoit le premier de nos Poëtes qui eût parlé en vers de l'Artillerie moderne, & de ce qui en dépend : comme les Canons, les Bombes, la Poudre, le Salpêtre; dont les noms sont pour le moins aussi beaux & les images aussi magnifiques que celles des dards, des flèches, des boucliers, & des autres armes anciennes. Si la poudre à canon avoit été en usage dans l'antiquité, Homère & Virgile en auroient fait sans doute les plus grans ornemens de leurs Poëmes. En effet peut-on voir de plus belle poësie que celle-ci ?

C'étoit peu, que sa main conduite par l'Enfer,
Eût pêtri le Salpêtre, eût aiguisé le fer. &c.
Satire 8.
De cent foudres d'airain tournez contre sa tête. &c. Ep. 4.
Du Salpêtre en fureur l'air s'échauffe & s'allume, &c. Ep. 4.
Et les bombes dans les airs
Allant chercher le tonnerre,
Semblent, tombant sur la terre,
Vouloir s'ouvrir les Enfers. Ode sur Namur, St. 10.

Ces images sont d'autant plus belles, qu'elles sont vraies, au lieu que si le Poëte avoit parlé de javelots & de dards, ses peintures & ses descriptions auroient été fausses.

Vers 129. *Bien-tôt avec Grammont courent Mars & Bellone. Le Rhin à leur aspect* &c.] On suppose ici que le Dieu du Rhin combat à la tête des Hollandois, contre les Troupes Fran-

Quand pour nouvelle alarme à ses esprits glacez,
Un bruit s'épand qu'Enguien & Condé sont passez :
Condé ; dont le seul nom fait tomber les murailles,
Force les escadrons, & gagne les batailles :
135 Enguien de son hymen le seul & digne fruit,
Par lui dès son enfance à la victoire instruit.
L'Ennemi renversé fuit & gagne la plaine.
Le Dieu lui-même cède au torrent qui l'entraîne,
Et seul, désespéré, pleurant ses vains efforts,
140 Abandonne à LOUIS la victoire & ses bords.
Du Fleuve ainsi domté la déroute éclatante
A Wurts jusqu'en son camp va porter l'épouvante :

REMARQUES.

çoises. Dans cette supposition, ce seroit pécher contre la vrai-semblance, que de faire vaincre un Dieu par de simples mortels. Le Poëte feint donc que Mars & Bellone, qui sont des Divinités superieures au Dieu du Rhin, se joignent au Comte de Guiche, pour combatre ce Dieu. Avec un tel secours, il est de la règle que les François aient l'avantage. C'est ainsi qu'Homère relève la valeur de ses Heros, en interessant presque toûjours quelque Divinité dans leurs combats. Dans celui de Diomède contre Mars & Vénus, Diomède est soutenu par Minerve. *Iliade liv.* 5. Ailleurs ce Poëte donne à Hector, Neptune pour antagoniste ; & à Ajax, il oppose Hector soutenu par Apollon, & ensuite par Jupiter : *Mais Ajax avec toute sa valeur*, dit Homère, *ne pouvoit repousser Hector qui étoit secondé par un Dieu*. Iliade, L. 15. Dans tous ces combats Homère garde une exacte subordination entre ces mêmes Dieux, quoi qu'opposés les uns autres : mettant toûjours la victoire du côté des Dieux superieurs en puissance.

Vers 132. —— *Qu'Enguien & Condé sont passez.*] Condé : Mr. le Prince de Condé, Louis de Bourbon, l'un des plus grans Capitaines de l'Europe. Il mourut le 11. de Décembre, 1686. Enguien : Mr. le Duc D'Enguien son fils.
Vers 133. *Condé, dont le seul nom fait tomber les murailles.*] Nôtre Auteur, en attribuant au seul nom du Prince de Condé, le pouvoir de renverser les murailles, donne une idée sublime de la réputation que ce Grand Prince s'étoit aquise par sa valeur. Il fait allusion à la manière miraculeuse dont Dieu voulut que la ville de Jérico fut prise par Josué ; car les murailles de cette Ville tombèrent d'elles-mêmes, au seul bruit des trompettes. *Josué* 6.
Vers 142. *A Wurts jusqu'en son camp* &c.] Wurts, Maréchal de Camp des Hollandois, commandoit le camp destiné à s'opposer au passage du Rhin ; mais le Régiment des Cuirassiers aiant passé, les troupes de Wurts lâchèrent le pié, si tôt qu'elles eurent fait la première décharge : & ce succès aiant donné courage à ceux qui étoient encore dans l'eau, ils se

IMITATIONS.

Vers 133. *Condé, dont le seul nom fait tomber les murailles.*] L'Auteur a eu en vuë ces deux vers du Tassoni :
Il magnanimo cor di Salinguerra,
Che fa del nome suo tremar la terra. La Secchia rapita, Cant. V. 38.
Dans le tems auquel il fit cette Epître, il travailloit à son Poëme du Lutrin : ainsi il étoit rempli de la lecture de tous les meilleurs Poëmes-Epiques, tant Grecs, Latins, qu'Italiens. C'est aussi la raison pour laquelle cette Epître IV. tient beaucoup de la nature du Poëme-Epique.

EPITRE IV.

Wurts l'espoir du païs, & l'appui de ses murs,
Wurts... ah quel nom, GRAND ROI! quel Hector que ce Wurts!
145 Sans ce terrible nom, mal né pour les oreilles,
Que j'allois à tes yeux étaler de merveilles!
Bien-tôt on eût vû Skink dans mes Vers emporté,
De ses fameux remparts démentir la fierté.
Bien-tôt..... mais Wurts s'oppose à l'ardeur qui m'anime.
150 Finissons, il est tems : aussi-bien si la rime
Alloit mal à propos m'engager dans Arnheim ;
Je ne sai pour sortir de porte qu'Hildesheim ;
O! que le Ciel soigneux de nôtre Poësie,
GRAND ROI, ne nous fit-il plus voisins de l'Asie!
155 Bien-tôt victorieux de cent Peuples altiers,
Tu nous aurois fourni des rimes à milliers.
Il n'est plaine en ces lieux si seche & si sterile,
Qui ne soit en beaux mots par tout riche & fertile.
Là plus d'un Bourg fameux par son antique nom
160 Vient offrir à l'oreille un agréable son.

REMARQUES.

se hâtèrent de joindre les Cuirassiers, qui après avoir ainsi chassé les Ennemis, s'étoient arrêtez sur le bord pour les attendre. *Wurts* étoit de Holstein, d'une naissance médiocre. Il avoit aquis beaucoup de réputation en défendant Cracovie pour les Suédois contre les Impériaux. Il est mort à Hambourg.

Vers 148. *De ses fameux remparts démentir la fierté.*] Le Fort de Skink fut assiégé par nos Troupes le 18. de Juin, & pris le 21. Les habitans du Païs disoient que ce Fort étoit imprenable. Il avoit été surpris en 1636. par les Espagnols qui s'en rendirent maîtres; & les Hollandois ne purent le reprendre qu'après un siège fameux qui dura huit mois. Il n'y restoit plus que douze hommes qui se défendoient encore.

Vers 151. ———— *M'engager dans Arnheim.*] Ville considérable des Provinces-Unies, dans le Duché de Gueldre. Elle fut prise par nos troupes sous le commandement de Mr. de Turenne le 14. de Juin, 1672.

Vers 152. ———— *De porte qu'Hildesheim.*] Petite ville de l'Electorat de Trèves.

Vers 154. ———— *Plus voisins de l'Asie.*] De la Grèce Asiatique, dans laquelle étoit située la fameuse Ville de Troie, ou d'Ilion.

Vers 158. *Qui ne soit en beaux mots par tout riche & fertile. &c.*] Selon Quintilien, la Langue Grecque étoit tellement au dessus de la Latine, pour la douceur de la prononciation, que les Poëtes Latins emploïoient plus volontiers les noms Grecs, quand ils vouloient rendre leurs vers doux & faciles. *Tanto est Sermo Græcus Latino jucundior, ut nostri Poetæ quoties dulce carmen esse voluerunt, illorum id nominibus exornent.* Quintilien. Instit. L. 12. c. 10.

Quel plaisir de Te suivre aux rives du Scamandre !
D'y trouver d'Ilion la poëtique cendre :
De juger si les Grecs, qui brisèrent ses Tours,
Firent plus en dix ans que LOUIS en dix jours !
165 Mais pourquoi sans raison désespérer ma veine ?
Est-il dans l'Univers de plage si lointaine,
Où ta valeur, GRAND ROI, ne Te puisse porter,
Et ne m'offre bien-tôt des exploits à chanter ?
Non, non, ne faisons plus de plaintes inutiles ;
170 Puisqu'ainsi dans deux mois tu prens quarante Villes,
Assuré des bons Vers dont Ton bras me répond,
Je t'attends dans deux ans aux bords de l'Hellespont.

REMARQUES.

Vers 161. ―――― *Aux rives du Scamandre.*] Dans l'Edition de 1701. en petit volume, il y a : *de Scamandre* ; mais c'est une faute d'impression, & il faut lire *du Scamandre*, comme il y a dans toutes les autres éditions. Voïez la Remarque sur le vers 285. du Chant 3. de l'Art poétique.

Vers dernier. *Je t'attens dans deux ans aux bords de l'Hellespont.*] Après la publication de cette Epître, il revint à l'Auteur que le Comte de Bussi-Rabutin en avoit fait une critique sanglante. Mr. Despréaux résolut de s'en vanger, & il dit son dessein à quelques personnes, par le moïen desquelles Mr. de Bussi en fut informé dans une de ses terres où il étoit relégué. Ce Comte prit adroitement les devans pour prévenir la Satire. Dans cette vuë, le 20. d'Avril, 1673. il écrivit séparément au P. Rapin, & au Comte de Limoges, tous deux amis de Mr Despréaux, pour les prier de voir ce Poëte, & de le détourner de son entreprise. Les Lettres suivantes diront ce qu'il en arriva.

Cette Lettre n'a point été imprimée.

Réponse du Comte de Limoges au Comte de Bussi.
,, A Paris le 26. Avril, 1673. Aussi-tôt que j'ai
,, eu reçu vôtre Lettre, Monsieur, J'ai été trou-
,, vé Despréaux, qui m'a dit qu'il m'étoit obli-
,, gé de l'avis que je lui donnois ; Qu'il étoit vô-
,, tre serviteur, qu'il l'avoit toûjours été, & qu'il
,, le seroit toute sa vie. Qu'il étoit vrai que
,, pendant ces vacations il étoit à Bâville avec
,, le P. Rapin ; Qu'il le pria de vous envoïer
,, son Epître de sa part avec un compliment.
,, Que le P. Rapin lui avoit dit que vous lui
,, aviez fait une réponse fort honnête à ce com-
,, pliment ; qu'à son retour à Paris mille gens
,, lui étoient venus dire que vous aviez écrit
,, une lettre sanglante contre lui, pleine de
,, plaisanteries contre son Epître, & que cette
,, Lettre couroit le monde. Qu'il répondit à
,, cela qu'on ne la lui montrât, & que si elle étoit
,, telle, il y répondroit, non seulement pour
,, justifier son ouvrage, mais encore pour avoir
,, l'honneur d'entrer en lice avec un tel combat-
,, tant. Que personne ne la lui aiant montrée,
,, il n'y avoit pas songé depuis : son seul des-
,, sein étant de répondre par un Ouvrage d'esprit
,, justificatif, à un autre Ouvrage qui avoit cri-
,, tiqué le sien, mais sans y mêler les person-
,, nes. Que quand vous auriez dit pis que pen-
,, dre de lui, il étoit trop juste, & trop hon-
,, nête homme, pour ne vous pas toûjours esti-
,, mer, & par conséquent, pour en dire quelque
,, chose qui pût vous déplaire. Que les choses
,, d'Esprit que vous aviez faites, sans compter
,, vos autres faits, étoient dignes de l'estime
,, de tout le monde, & dureroit même à la po-
,, stérité. . . . . . Là dessus il me montra
,, une pièce manuscrite que Liniere avoit faite
,, contre son Epître, dans laquelle, après avoir
,, dit cent choses offensantes, il ajoûte que Mr.
,, de Bussi en dit bien d'autres plus fortes, dans
,, une lettre qu'il a écrite à un de ses amis. . . .
,, ... Despréaux me dit ensuite, qu'on lui
,, avoit dit encore, que dans vôtre lettre il y
,, avoit des choses un peu contre le Roi, com-
,, me par exemple, sur ce qu'il disoit que le
,, Roi prendroit tant de Villes qu'il ne le pour-
,, roit suivre, & qu'il l'alloit attendre *aux bords*
de

ÉPITRE IV.

REMARQUES.

,, de *l'Hellespont* ; vous mettiez au bout, *Tarare* ,, pon pon. . . . . . Il ajoûta, en sortant, ,, qu'il vous feroit un compliment, s'il croïoit ,, que sa lettre fut bien reçuë, parce qu'il sa- ,, voit bien qu'il n'y avoit point d'avances qu'il ,, ne dût faire pour mériter l'honneur de vos ,, bonnes graces.

Cette Let- *tre a été* *imprimée* *dans la* *première* *partie des* *nouvelles* *Lettres* *du Comte* *de Busi,* *in 12.* *l'an* *1709.* *pag. 288.* *avec* *quelques* *changemens que* *l'on a*

Lettre de Mr. Despréaux à Mr. de Busi, du 25. Mai, 1673. ,, Monsieur, J'avouë que j'ai été ,, inquiet du bruit qui a couru, que vous aviez ,, écrit une lettre par laquelle vous me déchiriez ,, moi & l'Epître que j'ai écrite au Roi sur la ,, Campagne de Hollande ; car outre le juste ,, chagrin que j'avois de me voir maltraiter par ,, l'homme du monde que j'estime & que j'ad- ,, mire le plus, j'avois de la peine à digérer le ,, plaisir que cela alloit faire à mes ennemis. ,, Je n'en ai pourtant jamais été bien persuadé. ,, Et le moïen de penser que l'homme de la Cour ,, qui a le plus d'esprit, pût entrer dans les in- ,, terêts de l'Abbé Cotin, & se résoudre à ,, avoir raison même avec lui ? La Lettre que ,, vous avés écrite à Mr. le Comte de Limo- ,, ges, a achevé de me désabuser, & je voi ,, bien que tout ce bruit n'a été qu'un artifice ,, très-ridicule de mes très-ridicules Ennemis.

,, Mais quelque mauvais dessein qu'ils aient eu ,, contre moi, je leur en ai de l'obligation, ,, puisque c'est ce qui m'a attiré les paroles ,, obligeantes que vous avés écrites sur mon ,, sujet. Je vous suplie de croire que je sens cet ,, honneur comme je dois, & que je suis, ,, &c.

faits *dans le* *tour &* *dans les* *paroles.*

Réponse du Comte de Busi. A Chazeu, 30. Mai, 1673. ,, Je ne saurois assez dignement ,, répondre à vôtre Lettre, Monsieur. Elle est ,, si pleine d'honnêtetés & de loüanges, que j'en ,, suis confus. Je vous dirai seulement, que je ,, n'ai rien vû de vôtre façon, que je n'aie trou- ,, vé très-beau & très-naturel ; & que j'ai ,, remarqué dans vos Ouvrages un air d'hon- ,, nête homme que j'ai encore estimé plus que ,, tout le reste. C'est ce qui m'a fait souhaiter ,, d'avoir commerce avec vous : & puisque ,, l'occasion s'en présente aujourdhui, je vous ,, en demande la continuation, & vôtre ami- ,, tié, vous assurant de la mienne. Pour mon ,, estime, vous n'en devez pas douter, puis- ,, que vos ennemis mêmes vous l'accordent ,, dans leur cœur s'ils ne sont pas les plus sot- ,, tes gens du monde.

Cette Let- *tre n'a* *pas été* *impri-* *mée.*

EPITRE V.
A MONSIEUR DE GUILLERAGUES,
SECRETAIRE DU CABINET.

ESPRIT né pour la Cour, & Maître en l'art de plaire,
GUILLERAGUES, qui sais & parler & te taire,
Appren-moi, si je dois ou me taire, ou parler.
Faut-il dans la Satire encor me signaler,
5 Et dans ce champ fécond en plaisantes malices,
Faire encore aux Auteurs redouter mes caprices ?
Jadis, non sans tumulte, on m'y vit éclater :
Quand mon esprit plus jeune, & prompt à s'irriter,

REMARQUES.

LE sujet de cette Epitre est *la Connoissance de soi-même*. L'Auteur fait voir que cette connoissance est la source de nôtre félicité : ce n'est ni l'ambition, ni les richesses, ni les siences, ni enfin les biens exterieurs, qui peuvent nous rendre heureux dans le monde : nôtre bonheur dépend uniquement de nous ; & c'est dans nous-mêmes que nous devons le chercher. Cette réfléxion a été faite par un écrivain célèbre. * *Nous cherchons*, dit-il, *nôtre bonheur hors de nous-mêmes, & dans l'opinion des hommes que nous connoissons flateurs, peu sincères, sans équité, pleins d'envie, de caprices, & de preventions : quelle bizarrerie !* Cette Epitre fut composée en 1674. & publiée l'année suivante. Mr. de Guilleragues, à qui elle est adressée, étoit de Bourdeaux, où il avoit été Premier Président de la Cour des Aides. En ce tems là il se fit connoître à Mr. le Prince de Condé, Gouverneur de Languedoc, qui le fit Secretaire de ses commandemens, & l'obligea de quitter la Province. Il eut l'agrément du Roi, pour la charge de Secretaire de la Chambre & du Cabinet de Sa Majesté ; & pendant quelque tems il eut la direction de la Gazette. Il n'y avoit personne à la Cour qui eût plus de Politesse, qui parlât plus agréablement, qui entendît mieux la fine raillerie, ni qui fût plus généralement aimé, que Mr. de Guilleragues. Au mois de Décembre 1677. le Roi le nomma Ambassadeur à Constantinople, où il alla en 1679. & il mourut d'Apoplexie quelques années après.

* *Caractères de la Bruyère, chap. de l'Homme pag. 395.*

IMITATIONS.

Vers 2. ———— *Qui sais & parler & te taire.*] Perse, Satire 4. v. 5.
———— *Dicenda tacendaque calles.*

Vers 3. *Appren-moi, si je dois ou me taire ou parler.*] Scaliger le père commence ainsi une Satire :
At melius fueras non scribere ; namque tacere
Tutum semper erit.

EPITRE V.

Aspiroit moins au nom de discret & de sage ?
10 Que mes cheveux plus noirs ombrageoient mon visage.
Maintenant que le tems a meuri mes desirs,
Que mon âge, amoureux de plus sages plaisirs,
Bien-tôt s'en va frapper à son neuvième lustre;
J'aime mieux mon repos qu'un embarras illustre.
15 Que d'une égale ardeur mille Auteurs animez
Aiguisent contre moi leurs traits envenimez :
Que tout, jusqu'à Pinchêne, & m'insulte & m'accable.
Aujourd'hui vieux Lion je suis doux & traitable.
Je n'arme point contre eux mes ongles émoussez.
20 Ainsi que mes chagrins mes beaux jours sont passez.
Je ne sens plus l'aigreur de ma bile première,
Et laisse aux froids Rimeurs une libre carrière.
Ainsi donc Philosophe à la Raison soûmis,
Mes défauts desormais sont mes seuls ennemis.
25 C'est l'Erreur que je fuis; c'est la Vertu que j'aime.
Je songe à me connoître, & me cherche en moi-même.
C'est là l'unique étude où je veux m'attacher.
Que l'Astrolabe en main un autre aille cherche

REMARQUES.

Vers 10. *Que mes cheveux plus noirs ombrageoient mon visage.*] L'Auteur portoit alors ses cheveux qui commençoient à blanchir.

Vers 13. *Bien-tôt s'en va frapper à son neuvième lustre.*] Un lustre est l'espace de cinq ans: ainsi le huitième lustre comprend les années qui sont depuis trente-cinq jusqu'à quarante. L'Auteur composa cette Epître à 38. ans: il en avoit environ quarante quand il la donna au public; & par conséquent il approchoit de son neuvième lustre; c'est à dire de sa 41. année.

Vers 17. *Que tout jusqu'à Pinchêne, &c.*] Voïez la Remarque sur le vers 163. du cinquième Chant du Lutrin, où il est parlé de Pinchêne. Il avoit écrit quelque chose contre nôtre Auteur, mais il ne sentit point la force de cette Satire : aiant crû au contraire que Mr. Despréaux lui demandoit grace en cet endroit, & il en tiroit vanité.

Vers 28. *Que, l'Astrolabe en main, &c.*] Voïez ce qu'on a dit sur le vers 429. de la Satire X.

IMITATIONS.

Vers 26. *Je songe à me connoître, & me cherche en moi-même.*] Voilà le sujet de cette Epître. Le texte s'en trouve dans ces deux mots du sententieux Perse: *Tecum habita.* Sat. 4. à la fin. Et dans celui-ci : *Ne te quæsiveris extra.* Sat. 1. v. 7. Et enfin dans ce vers, qui est le 23. de la Satire I V.   *Ut nemo in se se tentat descendere, nemo.*

218 EPITRE V.

Si le Soleil est fixe, ou tourne sur son axe;
30 Si Saturne à nos yeux peut faire un parallaxe:
Que Rohaut vainement sèche pour concevoir
Comme tout étant plein, tout a pû se mouvoir;
Ou que Bernier compose & le sec & l'humide
Des corps ronds & crochus errans parmi le vuide.
35 Pour moi sur cette mer, qu'ici-bas nous courons,
Je songe à me pourvoir d'esquif & d'avirons;
A règler mes desirs, à prévenir l'orage,
Et sauver, s'il se peut, ma raison du naufrage.

C'est au repos d'esprit que nous aspirons tous :
40 Mais ce repos heureux se doit chercher en nous.

REMARQUES.

Vers 30. *Si Saturne à nos yeux peut faire un parallaxe.*] Les Astronomes appèlent *Parallaxe*, la différence qui est entre le *lieu veritable* d'un astre, & *son lieu apparent*; c'est à dire, entre le lieu du Firmament auquel l'Astre répondroit s'il étoit vû du centre de la Terre ; & le lieu auquel cet Astre répond étant vû de la surface de la Terre. Cette différence ou *Parallaxe* est d'autant plus grande, que l'Astre est plus près de l'Horizon, & qu'il est moins éloigné de la Terre : Ainsi, il n'y a point de *Parallaxe* quand l'Axe est sur nôtre tête ; & la grande distance qu'il y a entre Saturne & la Terre, fait que la Parallaxe de cette Planète, n'est presque pas sensible à nôtre égard. Tous les Astronomes font le mot de *Parallaxe*, du genre féminin. Nôtre Auteur auroit pu dire : *Si Saturne à nos yeux fait une Parallaxe*. Mais il a préféré l'autre manière comme plus poëtique.

Vers 31. *Que Rohaut vainement &c.*]

Vers 33. *Ou que Bernier compose &c.*]. S'il y a quelque vuide dans la nature, ou si tout est absolument plein, c'est une question qui a partagé les Philosophes anciens & modernes, & particulièrement les deux plus célèbres Philosophes du dernier siècle, Descartes, & Gassendi. Nôtre Auteur en désigne en citant leurs plus déclarés Partisans. *Rohaut* dit avec *Descartes*, que tout espace étant Corps, ce qu'on appèle *vuide* seroit espace, & corps par conséquent; & qu'ainsi non seulement il n'y a point de vuide, mais qu'il n'y en peut même point avoir. *Bernier* au contraire veut, après Gassendi, que tout soit composé d'atomes indivisibles, qui errent dans une espace vuide infini, & que ces atomes ne peuvent se mouvoir sans laisser nécessairement entr'eux de petits espaces vuides. Car disent les Gassendistes, comment les corps peuvent-ils se déplacer, & occuper la place de divers autres corps, si le vuide ne leur donne la liberté nécessaire à ce mouvement ? A quoi les Cartésiens répondent, qu'il suffit pour cela, que dans le même tems qu'un corps se meut, les corps contigus se déplacent l'un l'autre, de telle manière que, par un mouvement qui revient au circulaire, le dernier occupe la place du premier, à mesure qu'il la cède. Et comme la différente configuration des corps semble s'opposer à ce mouvement, ces Philosophes ajoûtent, que la matière étant divisible à l'infini, elle se brise en des parties si petites, & si différentes dans leurs figures, lors que la nécessité du mouvement le demande, qu'il s'en trouve toûjours qui peuvent s'ajuster de manière qu'il ne reste aucun vuide. Voilà selon eux, *Comment tout étant plein, tout a pû se mouvoir.*

Jaques *Rohaut*, d'Amiens en Picardie, mourut à Paris en 1675. Il est enterré à Sainte Geneviève, où l'on voit son Epitaphe à côté de celle du fameux Descartes. François *Bernier*, Docteur en Médecine de la Faculté de Montpellier, après avoir fait de longs voïages, & séjourné long-tems dans le Mogol, revint à Paris où il est mort. Il a fait l'Abbregé de Gassendi.

EPITRE V.

Un Fou rempli d'erreurs, que le trouble accompagne,
Et malade à la ville, ainsi qu'à la campagne,
En vain monte à cheval pour tromper son ennui,
Le chagrin monte en croupe, & galoppe avec lui.
45 Que crois-tu qu'Alexandre, en ravageant la Terre,
Cherche parmi l'horreur, le tumulte & la guerre?
Possedé d'un ennui, qu'il ne sauroit domter,
Il craint d'être à soi-même, & songe à s'éviter.
C'est là ce qui l'emporte aux lieux où naît l'Aurore,
50 Où le Perse est brûlé de l'Astre qu'il adore.
De nos propres malheurs auteurs infortunez,
Nous sommes loin de nous à toute heure entraînez.
A quoi bon ravir l'or au sein du Nouveau Monde?
Le bonheur tant cherché sur la Terre & sur l'Onde,
55 Est ici, comme aux lieux où meurit le Coco,
Et se trouve à Paris, de même qu'à Cusco.
On ne le tire point des veines du Potose.
Qui vit content de rien, possède toute chose.
Mais sans cesse ignorans de nos propres besoins,
60 Nous demandons au Ciel ce qu'il nous faut le moins.

REMARQUES.

Vers 55. ——— *Comme aux lieux où meurit le Coco.*] Dans les Indes Orientales, & dans l'Affrique.
Vers 56. ——— *De même qu'à Cusco.*] Ville Capitale du Perou dans l'Amérique.

Vers 57. ——— *Des veines du Potose.*] Le *Potose*, ou *Potosi*, Montagne où sont les mines d'Argent, dans le Perou. Il y avoit, *de Potosé*, dans la première édition.

IMITATIONS.

Vers 44. *Le chagrin monte en croupe & galoppe avec lui.*] Horace; Ode I. du livre 3.
——— *Sed timor & minæ*
Scandunt eodem quò dominus, neque
Decedit ærata triremi, &
Post equitem sedet atra cura.
Nôtre Poëte a renchéri sur la pensée d'Horace, en ajoûtant: *& galoppe avec lui.*
Vers 54. *Le bonheur tant cherché, &c.*] Horace, Epitre II. du Livre I.
——— *Navibus atque*
Quadrigis petimus bene vivere. Quod petis, hîc est:
Est Ulubris: animus si te non deficit æquus.

EPITRE V.

O! que fi cet Hiver un rhume falutaire,
Guériffant de tous maux mon avare Beau-pere,
Pouvoit, bien confeffé, l'étendre en un cercueil,
Et remplir fa maifon d'un agréable deüil!
65 Que mon ame, en ce jour de joie & d'opulence,
D'un fuperbe convoi plaindroit peu la dépenfe!
Difoit le mois paffé, doux, honnête & foûmis;
L'héritier affamé de ce riche Commis,
Qui, pour lui préparer cette douce journée,
70 Tourmenta quarante ans fa vie infortunée.
La Mort vient de faifir le Vieillard catharreux.
Voilà fon Gendre riche. En eft-il plus heureux?
Tout fier du faux éclat de fa vaine richeffe,
Déja nouveau Seigneur il vante fa nobleffe.
75 Quoique fils de Meûnier encor blanc du Moulin,
Il eft prêt à fournir fes titres en vélin.
En mille vains projets à toute heure il s'égare.
Le voilà fou, fuperbe, impertinent, bizarre,
Rêveur, fombre, inquiet, à foi-même ennuïeux.
80 Il vivroit plus content, fi comme fes aieux,
Dans un habit conforme à fa vraie origine,
Sur le Mulet encore il chargeoit la farine.
Mais ce difcours n'eft pas pour le peuple ignorant,
Que le fafte éblouït d'un bonheur apparent.
85 L'argent, l'argent, dit-on; fans lui tout eft ftérile.
La Vertu fans l'Argent n'eft qu'un meuble inutile.

IMITATIONS.

Vers 61. *O! que fi cet hiver, un rhume falutaire* &c.] Perfe, Sat. 2. v. 9.
             — *O Si*
Ebullet patrui præclarum funus! &, ô fi
Sub raftro crepet argenti mihi feria, dextro
Hercule! pupillumve utinam, quem proximus heres
Impello, expungam!

EPITRE V.

L'Argent en honnête homme érige un fcélérat.

L'Argent feul au Palais peut faire un Magiftrat.

Qu'importe qu'en tous lieux on me traite d'infame,

90 Dit ce Fourbe fans foi, fans honneur, & fans ame;

Dans mon coffre, tout plein de rares qualitez,

J'ai cent mille vertus en Louïs bien comptez.

Eft-il quelque talent que l'argent ne me donne?

C'eft ainfi qu'en fon cœur ce Financier raifonne.

95 Mais pour moi, que l'éclat ne fauroit decevoir,

Qui mets au rang des biens l'Efprit & le Savoir,

J'eftime autant Patru, même dans l'indigence,

Qu'un Commis engraiffé des malheurs de la France.

Non que je fois du goût de ce Sage infenfé;

100 Qui d'un argent commode efclave embarraffé,

CHANGEMENS.

Vers 97. *J'eftime autant Patru* &c.] Au lieu des deux vers qui font ici, il y avoit dans les premières éditions
  Je fai que dans une ame où manque la Sageffe,
  Le bonheur n'eft jamais un fruit de la Richeffe.
Mais après la mort de Mr. Patru, qui arriva au mois de Janvier 1681. l'Auteur fupprima ces derniers vers, & mit les deux autres à la place.

REMARQUES.

Vers 97. *J'eftime autant Patru* &c.] Olivier Patru, fameux Avocat, & le meilleur Grammairien de nôtre Siècle. Voiez la Remarque fur le vers 123. de la Satire I.

Vers 99. ——————— *De ce fage infenfé.*] Cratès, Philofophe Cynique. Horace dit à peu près la même chofe du Philofophe Ariftippe, qui voïageant dans la Libye, ordonna à fes Efclaves de jetter fon Argent qu'ils portoient; afin d'aller plus vîte. Voiez les Imitations.

IMITATIONS.

Vers 86. *La Vertu fans argent n'eft qu'un meuble inutile.*] Horace, Epître I. Liv. I.
  O Cives, Cives, quærenda pecunia primùm eft.
  Virtus poft nummos.
Et dans la Satire première du Livre I.
  At bona pars hominum decepta cupidine falfo,
  Nil fatis eft, inquit, quia tanti, quantum habeas, fis.
Vers 99. *De ce fage infenfé* &c.] Horace, Sat. 3. L. 2.
  Græcus Ariftippus, qui fervos projicere aurum
  In mediâ juffit Libyâ, quia tardiùs irent
  Propter onus fegnes.

222   EPITRE V.

Jetta tout dans la mer, pour crier, Je suis libre.
De la droite raison je sens mieux l'équilibre :
Mais je tiens qu'ici-bas, sans faire tant d'apprêts,
La Vertu se contente, & vit à peu de frais.
105 Pourquoi donc s'égarer en des projets si vagues ?
Ce que j'avance ici, croi-moi, cher Guilleragues,
Ton Ami dès l'enfance ainsi l'a pratiqué.
Mon Pere, soixante ans au travail appliqué,
En Mourant me laissa pour rouler & pour vivre,
110 Un revenu léger, & son exemple à suivre.
Mais bien-tôt amoureux d'un plus noble métier,
Fils, frere, oncle, cousin, beau-frere de Greffier,
Pouvant charger mon bras d'une utile liasse,
J'allai loin du Palais errer sur le Parnasse.
115 La Famille en pâlit, & vit en frémissant.
Dans la poudre du Greffe un Poëte naissant.
On vit avec horreur une Muse effrénée
Dormir chez un Greffier la grasse matinée.
Dès-lors à la richesse il fallut renoncer.
120 Ne pouvant l'acquerir, j'appris à m'en passer;

REMARQUES.

Vers 108. *Mon Pere.*] Gilles Boileau, Greffier du Conseil de la Grand' Chambre : également recommandable par sa probité, & par son expérience dans les affaires. Il mourut en 1657. âgé de 73. ans.

Vers 109. *En mourant me laissa,&c.*] Environ douze mille Ecus de Patrimoine, dont nôtre Auteur mit environ le tiers à fond-perdu sur l'Hôtel de Ville de Lion, qui lui fit une rente de quinze cens livres pendant sa vie. Mais son bien s'augmenta considérablement dans la suite, par des successions, & par des pensions que le Roi lui donna.

Vers 112. ———— *Frere, Oncle, Cousin, Beau-frere de Greffier.*] *Frere* : de Jérome Boileau son ainé, qui a possédé la Charge du Pere. Il mourut au mois de Juillet, 1679.

Oncle : de Mr. Dongois, Greffier de l'Audiance à la Grand' Chambre ; fils d'une Sœur de l'Auteur.

Cousin : du même Mr. Dongois, qui a épousé une cousine germaine de nôtre Poëte.

Beau-frere : de Mr. Sirmiond qui a eû la même Charge de Greffier du Conseil de la Grand' Chambre.

Vers 118. *La grasse matinée.*] Il étoit un grand dormeur, particulièrement dans sa jeunesse : car il se levoit ordinairement fort tard, & dormoit encor l'après-dinée.

EPITRE V.

Et fur tout redoutant la baſſe ſervitude,
La libre Vérité fut toute mon étude.
Dans ce métier funeſte à qui veut s'enrichir,
Qui l'eût crû, que pour moi le Sort dût ſe fléchir?
125 Mais du plus grand des Rois la bonté ſans limite,
Toûjours prête à courir au devant du mérite,
Crut voir dans ma franchiſe un mérite inconnu,
Et d'abord de ſes dons enfla mon revenu.
La brigue, ni l'envie à mon bonheur contraires,
130 Ni les cris douloureux de mes vains Adverſaires,
Ne pûrent dans leur courſe arrêter ſes bien-faits.
C'en eſt trop: mon bonheur a paſſé mes ſouhaits.
Qu'à ſon gré deſormais la Fortune me joüe;
On me verra dormir au branle de ſa roüe.
135 Si quelque ſoin encore agite mon repos,
C'eſt l'ardeur de loüer un ſi fameux Heros.
Ce ſoin ambitieux me tirant par l'oreille,
La nuit, lorſque je dors, en ſurſaut me réveille;
Me dit que ces bienfaits dont j'oſe me vanter,
140 Par des Vers immortels ont dû ſe mériter.
C'eſt là le ſeul chagrin qui trouble encor mon ame.
Mais ſi dans le beau feu du zèle qui m'enflame,

REMARQUES.

Vers 130. *Ni les cris douloureux de mes vains adverſaires.*] Le Roi aiant donné une penſion de deux mille livres à l'Auteur, un Seigneur de la Cour, qui n'aimoit pas Mr Deſpréaux, s'aviſa de dire, que bien-tôt le Roi donne- roit des penſions aux voleurs de grand chemin. Le Roi ſut cette réponſe, & en fut fort irrité. Celui qui l'avoit faite fut obligé de la déſavoüer.

IMITATIONS.

Vers 133. *Qu'à ſon gré deſormais la Fortune me joüe:*] Corneille, Illuſion Comique, Acte 5. Scène 5.

*Ainſi de nôtre eſpoir la Fortune ſe joüe:
Tout s'élève ou s'abaiſſe au branle de ſa roüe.*

Par un Ouvrage enfin des Critiques vainqueur,
Je puis fur ce sujet satisfaire mon cœur ;
145 Guilleragues, plain-toi de mon humeur légère,
Si jamais entraîné d'une ardeur étrangère,
Ou d'un vil interêt reconnoiffant la loi,
Je cherche mon bonheur autre part que chez moi.

EPITRE VI.
A MONSIEUR
DE LAMOIGNON,
AVOCAT GENERAL.

OUI, LAMOIGNON, je fuis les chagrins de la Ville,
Et contre eux la Campagne eft mon unique azile.
Du Lieu qui m'y retient veux-tu voir le Tableau ?
C'eft un petit Village, ou plûtôt un Hameau,
5 Bâti fur le penchant d'un long rang de collines,
D'où l'œil s'égare au loin dans les plaines voifines.
La Seine au pié des monts, que fon flot vient laver,
Voit du fein de fes eaux vingt Iles s'élever,
Qui partageant fon cours en diverfes manières,
10 D'une Rivière feule y forme vingt Rivières.
Tous fes bords font couverts de Saules non plantez,
Et de Noïers fouvent du Paffant infultez.
Le Village au deffus forme un amphitéatre.
L'Habitant ne connoît ni la chaux ni le plâtre.

REMARQUES.

Cette Epitre a été compofée en l'année 1677. après l'Epitre VII. l'Auteur étant allé paffer quelque tems à Hautile, petite Seignerie près de la Roche-Guion, qui apartenoit à Mr. Dongois fon Neveu, Mr. de Lamoignon le Fils, Avocat Général, lui écrivit une Lettre par laquelle il lui reprochoit fon long féjour à la Campagne & l'exhortoit de revenir à Paris. Mr. Defpréaux lui envoïa cette Epitre, dans laquelle il décrit les douceurs dont il jouit à la Campagne, & les chagrins qui l'attendent à la Ville. On peut lire la Satire fixième d'Horace, Livre fecond, qui eft fur le même fujet. Mr. Chreftien François de Lamoignon, à qui cette Epitre eft adreffée, étoit né le 16. de Juin, 1644. & il mourut le 7. d'Août, 1709. après s'être fait admirer fucceffivement dans les Charges d'Avocat Général, & de Préfident à Mortier.

Vers 4. *C'eft un petit Village,* &c.] Hautile, près de la Roche-Guion, du côté de Mante à treize lieuës de Paris. Dans toutes les éditions il y avoit à la marge. *Hautile, proche la Roche-Guion.* Je fis remarquer à l'Auteur cette confonance vicieufe : *proche la Roche* ; & il la corrigea dans fa dernière édition de 1701. La defcription qu'il a faite de ce Village & des environs, eft très-éxacte & d'après nature.

226   EPITRE VI.

15 Et dans le roc, qui cède & se coupe aisément,
Chacun fait de sa main creuser son logement.
La Maison du Seigneur, seule un peu plus ornée,
Se présente au déhors de murs environnée.
Le Soleil en naissant la regarde d'abord ;
20 Et le mont la deffend des outrages du Nord.
C'est là, cher Lamoignon, que mon esprit tranquille
Met à profit les jours que la Parque me file.
Ici dans un vallon bornant tous mes desirs,
J'achète à peu de frais de solides plaisirs.
25 Tantôt, un livre en main errant dans les prairies,
J'occupe ma raison d'utiles rêveries.
Tantôt cherchant la fin d'un Vers que je construi,
Je trouve au coin d'un Bois le mot qui m'avoit fui.
Quelquefois aux appas d'un hameçon perfide,
30 J'amorce, en badinant, le poisson trop avide ;
Ou d'un plomb qui suit l'œil, & part avec l'éclair,
Je vais faire la guerre aux habitans de l'air.
Une table, au retour, propre & non magnifique
Nous présente un repas agréable & rustique.

REMARQUES

Vers 25. *Tantôt un livre en main* &c.] Il lisoit alors les Essais de Montagne, dont il marque le caractère par ce vers.
J'occupe ma raison d'utiles rêveries.
En effet, Montagne donne lui-même à ses écrits le nom de Rêveries : *Aussi moi*, dit-il, *je vois mieux que tout autre que ce sont ici des rêveries d'homme qui n'a goûté des sciences que la croûte première.* L. 1. ch. 25.

Vers 29. *Quelque-fois aux appas.*] On croit que l'Auteur auroit dû mettre *à l'appât* : ce dernier mot ne se mettant au pluriel, que dans le sens figuré : *les appas d'une Belle.*
Vers 31. *Ou d'un plomb qui suit l'œil, & part avec l'éclair.*] Il faut lire, *suit l'œil*, & non pas, *fuit*, comme quelques-uns l'ont crû. La légéreté & le son de ce vers, expriment bien l'éclat & le promt effet d'un coup de fusil.

IMITATIONS

Vers 29. *Quelquefois aux appas* &c.] Martial. 1. Epigr. 56.
Et piscem tremulâ salientem ducere setâ
Vers 33. *Une table au retour* &c.] Martial, au même endroit
Pinguis inæquales, onerat cui Villica mensas
Et sua non emptus præparat, ova cinis.

EPITRE VI.

35 Là, sans s'assujettir aux dogmes du Broussain,
Tout ce qu'on boit est bon, tout ce qu'on mange est sain.
La maison le fournit, la Fermière l'ordonne,
Et mieux que Bergerat l'appétit l'assaisonne.
O fortuné séjour! ô Champs aimez des Cieux!
40 Que pour jamais foulant vos prez delicieux,
Ne puis-je ici fixer ma course vagabonde,
Et connu de vous seuls oublier tout le monde.
Mais à peine du sein de vos vallons chéris
Arraché malgré moi, je rentre dans Paris,
45 Qu'en tous lieux les chagrins m'attendent au passage.
Un Cousin, abusant d'un fâcheux parentage,
Veut qu'encor tout poudreux, & sans me débotter,
Chez vingt Juges pour lui j'aille solliciter.
Il faut voir de ce pas les plus considérables.
50 L'un demeure aux Marais, & l'autre aux Incurables.
Je reçoi vingt avis qui me glacent d'effroi.
Hier, dit-on, de vous on parla chez le Roi,
Et d'attentat horrible on traita la Satire.
Et le Roi, que dit-il? Le Roi se prit à rire.

REMARQUES.

Vers 35. —— *Aux dogmes du Broussain.*] René Brulart, Comte du Broussin, fils de Louis Brulart, Seigneur du Broussin & du Rancher; & de Madelaine Colbert. Voïez la Remarque qui est au commencement de la Satire troisième.

Vers 38. *Et mieux que Bergerat.*] Fameux Traiteur qui demeuroit à la Ruë des Bons-Enfans, à l'Enseigne des bons-enfans.

Vers 46. *Un Cousin abusant &c.*] Ce Cousin se nommoit Baltazar Boileau. Il avoit eu des biens considérables, & entre autres, trois charges de Païeur des Rentes; mais ces Charges aïant été supprimées, il étoit obligé de solliciter le remboursement de sa finance : & il avoit engagé nôtre Auteur dans ses sollicitations, sur tout auprès de Mr. Colbert.

Vers 54. —— *Le Roi se prit à Rire.*] M. L. D. D. M.... ne se lassoit point de blâmer les Satires de nôtre Poëte. Un jour le Roi, peu

IMITATIONS.

Vers 39. *O fortuné séjour! ô champs &c.*] Horace, Satire VI. livre 2.
  O rus, quando ego te aspiciam? quandoque licebit
  Nunc Veterum libris, nunc somno & inertibus horis
  Ducere sollicitæ jucunda oblivia vitæ?

Vers 50. *L'un demeure aux Marais, & l'autre aux Incurables.*] Horace, Epitre II. du livre 2.
  —— *Cubat hic in Colle Quirini,*
  Hic extremo in Aventino: visendus uterque.
  Intervalla vides humanè commoda.

55   Contre vos derniers Vers où est fort en courroux
     Pradon a mis au jour un Livre contre vous,
     Et chez le Chapelier du coin de nôtre Place,
     Autour d'un Caudebec j'en ai lû la Préface.
     L'Autre jour sur un mot la Cour vous condamna.
60   Le bruit court qu'avant-hier on vous assassina.
     Un Ecrit scandaleux sous vôtre nom se donne.
     D'un Pasquin, qu'on a fait, au Louvre on vous soupçonne.
     Moi? Vous. On nous l'a dit dans le Palais Roïal.

CHANGEMENS.

Vers 58. *Autour d'un Caudebec.*] Nôtre Auteur avoit mis dans toutes les éditions; *A l'entour d'un castor*; mais ce mot, *à l'entour* n'a aucun régime, & se dit absolument. Il est Adverbe, & non pas Préposition. C'est pourquoi l'Auteur a fait mettre dans la dernière édition de 1701. *Autour d'un Caudebec.* C'est une sorte de Chapeau fabriqué dans la Ville de *Caudebec* en Normandie.

REMARQUES.

peu touché des censures que ce Seigneur en faisoit, se prit à rire, & lui tourna le dos. Quand l'Auteur récita au Roi cette Pièce, Sa Majesté remarqua cet endroit sur tous les autres, & se mit encore à rire de mémoire. Horace comptoit aussi sur le suffrage d'Auguste, en pareil cas.

Si mala condiderit in quem quis carmina,
  jus est,
Judiciumque. Esto, si quis mala: sed bona
  si quis.
Judice condiderit laudatur Caesare. Si quis
Opprobriis dignum latraverit, integer ipse:
Solventur risu tabulae, tu missus abibis.

Vers 55. *Contre vos derniers vers &c.*] C'est l'Epître VII. à Mr. Racine, qui avoit été composée depuis peu. Comme elle contient plusieurs traits satiriques, elle avoit excité de nouvelles rumeurs sur le Parnasse. Pradon sur tout, qui y étoit nommé en mal, publia une Critique des Poësies de Mr. Despréaux, intitulée *le Triomphe de Pradon.* C'est à quoi fait allusion le vers suivant : *Pradon a mis au jour un livre contre vous.*

Vers 58. *J'en ai lû la Préface.*] C'est celle que Pradon avoit fait imprimer à la tête de sa Tragédie de Phèdre, au mois de Mars, 1677.

car cette Préface est toute contre Mr. Despréaux & Mr Racine.

Vers 60. *Le bruit court qu'avant-hier on vous assassina.*] L'Abbé Tallemant l'aîné, avoit fait courir ce faux bruit. Voïez le vers 90. de l'Epître qui suit. Pradon étant à la table de Mr. Pellot, Premier Président à Roüen, avoit dit que Mr. Despréaux avoit reçu des coups de bâton. *Avant-hier*: dans ce mot composé, nôtre Poëte ne donne qu'une sillabe à *hier*; quoi qu'il l'ait fait de deux sillabes dans le vers 52. *Hier, de vous, dit-on, &c.* C'est, disoit-il, parce que le mot *Hier*, ne seroit pas assez soutenu, si on ne le faisoit que d'une sillabe quand il est seul : au lieu qu'il est assez soutenu quand il est joint à un autre mot, comme *Avant-hier.*

Vers 61. *Un Ecrit scandaleux sous vôtre nom se donne.*] On attribuoit faussement à nôtre Auteur, un Sonnet satirique contre Mr. le D..... Voïez les Remarques sur le dernier vers de l'Epître suivante.

Vers 63. ――――― *On nous l'a dit dans le Palais Roïal.*] La plupart des Nouvellistes s'assemblent dans le jardin du Palais Roïal ; & l'on appèle ordinairement les nouvelles fausses ou suspectes, *de nouvelles du Palais Roïal.*

IMITATIONS.

Vers 64. *Douze ans sont écoulez &c.*] Horace, Sat. 6. L. 2.
  Septimus octavo propior jam fugerit annus,
  Ex quo Mecaenas me cepit habere suorum

In numero

Douze ans sont écoulez depuis le jour fatal,
65 Qu'un Libraire imprimant les essais de ma plume,
Donna pour mon malheur, un trop heureux volume.
Toûjours, depuis ce tems, en proie aux sots discours,
Contre eux la Vérité m'est un foible secours.
Vient-il de la Province une Satire fade,
70 D'un Plaisant du païs insipide boutade ;
Pour la faire courir, on dit qu'elle est de moi :
Et le sot Campagnard le croit de bonne foi.
J'ai beau prendre à témoin & la Cour & la Ville.
Non ; à d'autres, dit-il ; on connoît vôtre stile.

REMARQUES.

VERS 64. *Douze ans sont écoulez* &c.] La première édition des Satires fut faite au mois de Mars, 1666. Ainsi, la douzième année couroit en 1677. quand l'Auteur composoit cette Pièce. Horace se plaignoit aussi de ce que l'amitié dont Mécène l'honoroit depuis près de huit ans, l'avoit exposé aux traits des Envieux. Voïez les Imitations.

VERS 69. *Vient-il de la Province une Satire fade*, &c.] Dans les éditions contrefaites des œuvres de Mr. Despréaux, les Libraires ont inséré quantité de méchantes Satires dont il n'est point l'Auteur, & qui sont indignes de lui. Telles sont les Satires *contre le Mariage*, contre les *maltôtes Ecclésiastiques* ; contre les *Directeurs* ; contre les *Abbez* ; & plusieurs autres Pièces de la même force. Quelque remarquable que soit la différence qu'il y a entre ces Satires & celles de nôtre Auteur, bien des gens qui n'ont pas le discernement assez juste, ou qui n'en ont point du tout, ne laissent pas de lui attribuer ces misérables Piéces. Il a même eu plus d'une fois exposé au déplaisir, très-sensible à un Auteur, de s'entendre loüer principalement sur ces Ouvrages supposez, & par des gens qui ne lui disoient pas un mot de ses véritables Ouvrages. Un Capucin entre autres, étant à Bourbon dans le tems que nôtre Poëte y prenoit les eaux, voulut lui faire voir qu'il avoit bien lû ses Poësies, & crut lui faire beaucoup d'honneur en le félicitant sur la Satire *contre le Mariage*, dont il se mit à réciter les premiers vers. En vain Mr. Despréaux s'efforça de lui persuader qu'il n'étoit point l'Auteur de cette pitoïable Pièce : le bon Capucin n'en voulut rien croire, & trouva même un nouveau sujet de le loüer sur sa modestie, parce qu'il refusoit l'honneur qui lui revenoit si justement de ce bel Ouvrage. Une autre fois la même chose lui arriva en ma présence. Un Provincial qui se disoit Neveu de feu Mr. Fourcroi, célèbre Avocat, vint voir Mr. Despréaux sous prétexte de le consulter sur une petite difficulté de Grammaire. Cet homme s'avisa ensuite de parler *des beaux Ouvrages* de Mr. Despréaux, sur tout de la Satire qu'il avoit faite, disoit-il, contre les *Gens d'Eglise*. Il se récria beaucoup sur ces *Gens de Mitres & de Crosses*, Qui font rouler de superbes *Carrosses*; & il alloit continuër, quand Mr. Despréaux indigné d'un jugement si faux : *Je vois bien*, lui dit-il, en soûriant malignement, *que vous ne connoissez pas encore mes Ouvrages; mais je veux vous apprendre à les connoître, par ces vers que j'ai faits contre ceux qui en jugent aussi mal que vous :*

Vient-il de la Province une Satire fade,
D'un Plaisant du païs insipide boutade ;
Pour la faire courir on dit qu'elle est de moi :
Et le sot Campagnard le croit de bonne foi.

En disant ce dernier vers Mr. Despréaux jetta un regard fier & méprisant sur son homme, & le congédia.

IMITATIONS.

In numero . . . .
Per totum hoc tempus subjectior in diem & horam invidiæ.

EPITRE VI.

75 Combien de tems ces Vers vous ont-ils bien coûté?
Ils ne sont point de moi, Monsieur, en vérité.
Peut-on m'attribuër ces sottises étranges?
Ah! Monsieur, vos mépris vous servent de loüanges.
  Ainsi de cent chagrins dans Paris accablé,
80 Juge, si toûjours triste, interrompu, troublé,
Lamoignon, j'ai le tems de courtiser les Muses.
Le monde cependant se rit de mes excuses,
Croit que pour m'inspirer sur chaque évenement,
Apollon doit venir au premier mandement.
85   Un bruit court que le Roi va tout réduire en poudre,
Et dans Valencienne est entré comme un foudre;
Que Cambrai, des François l'épouvantable écueil,
A vû tomber enfin ses murs & son orgueil:
Que devant Saint-Omer, Nassau, par sa défaite,
90 De Philippe vainqueur rend la gloire complète.
Dieu sait comme les Vers chez vous s'en vont couler,
Dit d'abord un ami qui veut me cageoler,
Et dans ce tems guerrier, & fécond en Achilles,
Croit que l'on fait les Vers comme l'on prend les Villes.

REMARQUES.

Vers 86. *Et dans Valencienne.*] Le Roi aiant fait investir la ville de Valencienne au commencement de Mars, 1677. cette Ville, après quelques jours de siège, fut emportée d'assaut en moins d'une demi-heure. Les François entrèrent pêle-mêle avec les Assiègez, & se rendirent maîtres de la Place. Le Roi sauva cette Ville du pillage.

Vers 87. *Que Cambrai, des François l'épouvantable écueil.*] Sous les règnes précedens, Cambrai avoit été assiégé inutilement par les François; mais après vingt jours de siège, le Roi se rendit maître de la Ville & de la Citadelle, le 17. d'Avril, 1677.

Vers 90. *De Philippe vainqueur &c.*] Philippe de France, Duc D'Orléans, fit le siège de St. Omer, pendant que le Roi assiègeoit Cambray. Guillaume de Nassau, Prince d'Orange, désespérant de sauver Cambray, marcha avec trente mille hommes pour secourir Saint-Omer, & vint se poster sur les hauteurs de Cassel. Au bruit de sa marche, le Duc d'Orléans laissa des Troupes devant la Place; & quoi qu'inférieur en nombre, il alla au devant de lui pour le combattre. Malgré le désavantage du nombre & du lieu, ce Prince remporta une victoire complette, * & mit en fuite le Prince d'Orange avec ses troupes. Après la victoire de Cassel, le Duc d'Orléans rentra dans les Lignes pour continuër le siège de Saint-Omer qui capitula le 10. d'Avril, 1677. L'Auteur m'a fait remarquer que dans les quatre vers précedens, où il parle des conquêtes du Roi, il avoit emploïé tout ce que la Poësie a de plus grand & de plus magnifique. Mais que voulant ensuite parler, dans ces deux derniers vers, de la double victoire remportée par Monsieur, il avoit pris un ton moins haut, & avoit choisi des termes moins élevez: ne voulant pas mettre ce Prince en parallèle avec le Roi.

* Le manch des R meaux 11. d'vril, 1677.

95 Mais moi, dont le génie est mort en ce moment,
Je ne sai que répondre à ce vain compliment :
Et justement confus de mon peu d'abondance,
Je me fais un chagrin du bonheur de la France.
Qu'heureux est le Mortel, qui du monde ignoré,
100 Vit content de soi-même, en un coin retiré !
Que l'amour de ce rien, qu'on nomme Renommée,
N'a jamais enivré d'une vaine fumée ;
Qui de sa liberté forme tout son plaisir,
Et ne rend qu'à lui seul conte de son loisir !
105 Il n'a point à souffrir d'affronts ni d'injustices,
Et du peuple inconstant il brave les caprices.
Mais nous autres faiseurs de Livres & d'Ecrits,
Sur les bords du Permesse aux loüanges nourris,
Nous ne saurions briser nos fers & nos entraves;
110 Du Lecteur dédaigneux honorables esclaves.
Du rang où nôtre esprit une fois s'est fait voir,
Sans un fâcheux éclat nous ne saurions décheoir.
Le Public, enrichi du tribut de nos veilles,
Croit qu'on doit ajoûter merveilles sur merveilles.
115 Au comble parvenus il veut que nous croissions.
Il veut en vieillissant que nous rajeunissions.

REMARQUES.

Vers 116. *Il veut en vieillissant, que nous rajeunissions.*] C'est pour se plaindre de cette injustice, qu'il a composé l'Epitre X. à ses Vers.

IMITATIONS.

Vers 99. *Qu'heureux est le Mortel.*] Un autre Poëte a fait le même souhait :
Felix ille animi, Divisque simillimus ipsis,
Quem non mendaci resplendens gloria fuco
Sollicitat, non fastosi mala gaudia luxus :
Sed tacitos sinit ire dies, & paupere cultu
Exigit innocuæ tranquilla silentia vitæ.
    Angel. Politianus, in Rustico v. 17.

Cependant tout décroît, & moi-même à qui l'âge
D'aucune ride encor n'a flétri le visage,
Déja moins plein de feu, pour animer ma voix
120 J'ai besoin du silence & de l'ombre des Bois.
Ma Muse qui se plaît dans leurs routes perduës,
Ne sauroit plus marcher sur le pavé des ruës.
Ce n'est que dans ces bois propres à m'exciter,
Qu'Apollon quelquefois daigne encor m'écouter.
125 Ne demande donc plus par quelle humeur sauvage,
Tout l'Eté loin de toi demeurant au village,
J'y passe obstinément les ardeurs du Lion,
Et montre pour Paris si peu de passion.
C'est à toi, Lamoignon, que le rang, la naissance,
130 Le mérite éclatant, & la haute éloquence
Appèlent dans Paris aux sublimes emplois,
Qu'il sied bien d'y veiller pour le maintien des Loix.
Tu dois là tous tes soins au bien de ta patrie.
Tu ne t'en peux bannir que l'Orphelin ne crie;
135 Que l'Oppresseur ne montre un front audacieux;
Et Thémis pour voir clair a besoin de tes yeux.
Mais pour moi, de Paris Citoïen inhabile,
Qui ne lui puis fournir qu'un rêveur inutile,

REMARQUES.

Vers 117. ———— *Et moi-même à qui l'âge* &c.] Il étoit dans sa quarante-unième année.

Vers 127. *J'y passe obstinément les ardeurs du Lion.*] Le mois de Juillet pendant lequel le Soleil est dans le Signe du Lion.

Vers 132. *Qu'il sied bien d'y veiller pour le maintien des Loix.* &c.] Ce vers & les quatre suivans expriment les principales fonctions de la Charge d'Avocat Général.

IMITATIONS.

Vers 127. ———— *Les ardeurs du Lion.*] Horace Epître 10. livre 1.
———— *Ubi gratior aura
Leniat & rabiem Canis, & momenta Leonis,
Cum semel accepit solem furibundus acutum.*

EPITRE IV.

Il me faut du repos, des prez & des forêts.
140 Laisse-moi donc ici, sous leurs ombrages frais,
Attendre que Septembre ait ramené l'Automne,
Et que Cerès contente ait fait place à Pomone.
Quand Bacchus comblera de ses nouveaux bienfaits
Le Vendangeur ravi de ploïer sous le faix,
145 Aussi-tôt ton Ami, redoutant moins la Ville,
T'ira joindre à Paris, pour s'enfuir à Bâville.
Là, dans le seul loisir que Thémis t'a laissé,
Tu me verras souvent à te suivre empressé,
Pour monter à cheval rappelant mon audace,
150 Apprentif Cavalier galopper sur ta trace.
Tantôt sur l'herbe assis au pié de ces côteaux,
Où Polycrène épand ses liberales eaux,
Lamoignon, nous irons, libres d'inquiétude,
Discourir des Vertus dont tu fais ton étude :
155 Chercher quels sont les biens véritables ou faux :
Si l'honnête homme en soi doit souffrir des défaux :
Quel chemin le plus droit à la gloire nous guide,
Ou la vaste Sience, ou la Vertu solide.
C'est ainsi que chez toi tu sauras m'attacher.
160 Heureux ! si les Fâcheux, promts à nous y chercher,

REMARQUES.

Vers 146. ——— *Pour s'enfuir à Bâville.*] Seigneurie considérable qui apartient à Mr. de Lamoignon. Elle est à neuf lieuës de Paris, du côté d'Etampes & de Châtres.

Vers 152. *Où Polycrène épand ses liberales eaux.*] Fontaine à une demi-lieuë de Bâville, ainsi nommée par Mr. le Premier Président de Lamoignon. Ce nom désigne l'abondance de ses eaux. Cette Fontaine a été chantée par nos plus grands Poëtes, * & elle est devenuë presque aussi célèbre que l'Hippocrène.

* *Le P. Rapin, Le P. Commire, Mr. Despréaux, &c.*

IMITATIONS.

Vers 155. *Chercher quels sont les biens &c.*] Horace, Satire 6. Livre 2.
——— *Quod magis ad nos*
Pertinet, & nescire malum est, agitamus: utrumne
Divitiis homines, an sint virtute beati :
Quidve ad amicitias, usus, rectumve trahat nos ;
Et quæ sit natura boni, summumque quid ejus.

Tom. I. G g

EPITRE VI.

N'y vienne point semer l'ennuïeuse tristesse.
Car dans ce grand concours d'Hommes de toute espèce,
Que sans cesse à Bâville attire le devoir ;
Au lieu de quatre Amis qu'on attendoit le soir,
165 Quelquefois de Fâcheux arrivent trois volées,
Qui du parc à l'instant assiègent les allées.
Alors sauve qui peut, & quatre fois heureux,
Qui sait pour s'échapper quelque antre ignoré d'eux.

EPITRE VII.
A MONSIEUR RACINE.

QUE tu sais bien, Racine, à l'aide d'un Acteur,
Emouvoir, étonner, ravir un Spectateur!
Jamais Iphigénie, en Aulide immolée,
N'a coûté tant de pleurs à la Grèce assemblée,
5 Que dans l'heureux spectacle à nos yeux étalé,
En a fait sous son nom verser la Chanmeslé.

CHANGEMENS.

Vers 6. *En a fait.*] Première édition ; *N'en a fait.*

REMARQUES.

Cette Epître fut composée à l'occasion de la Tragédie de Phèdre & Hippolite, que Mr. Racine fit représenter pour la première fois le premier Jour de l'année 1677. sur le Théatre de l'Hôtel de Bourgogne Quelques personnes de la première distinction, unies de goût & de sentimens, aiant appris que Mr. Racine travailloit à sa Phèdre, poussèrent Pradon à faire une Tragédie sur le même sujet, pour mortifier Mr. Racine, & pour faire tomber sa Pièce quand elle paroîtroit. Pradon, fier d'un certain succès que la Cabale avoit attiré à ses premières Tragédies *, fut assez vain pour oser joûter contre cet illustre Poëte : il composa donc sa Phèdre par émulation, & la fit jouer deux jours après celle de Mr. Racine, par les Comédiens du Roi. Quelque mauvaise que fut la Pièce de Pradon, elle ne laissa pas de paroître d'abord avec éclat, & même de se soutenir pendant quelques tems. Deux choses principalement contribuèrent à ce succès : la concurrence des deux Tragédies, & les applaudissemens excessifs que les protecteurs de Pradon donnèrent à sa Pièce. D'ailleurs, tous ceux qui ne pouvoient pas entrer à la Phèdre de Racine, (& c'étoit le plus grand nombre) alloient à celle de Pradon. Mais le Public fut bien-tôt fixé : la Tragédie de Pradon fut entièrement oubliée ; & celle de Racine est regar-

* Pirame & Thisbé : Tamerlan.

dée encore aujourdhui comme la plus parfaite de ses Pièces, & le chef-d'œuvre du Théatre. Le sujet de cette Epître VII. est l'utilité qu'on peut retirer de la jalousie de ses ennemis, & en particulier des bonnes & des mauvaises critiques. Plutarque a fait un Traité sur le même sujet. Cette Epître a été faite avant la sixième, au commencement de l'année 1677. Au mois d'Octobre suivant, Mr. Despréaux & Mr. Racine furent choisis pour écrire l'histoire du Roi.

Vers 1. *Que tu sais bien Racine à l'aide d'un Acteur*, &c.] Les Ennemis mêmes de Mr. Racine ont été obligez de convenir du grand succès de ses Tragédies ; mais ils ont crû diminuër la réputation de cet illustre Poëte, en disant qu'une partie de sa gloire étoit duë aux Acteurs qui les joüoient. Les Acteurs d'aujourdhui ont bien fait évanouïr ce reproche. Il est vrai que Mr. Racine en avoit trouvé d'excellens. *Montfleuri* fit de si grans efforts pour représenter le personnage d'Oreste dans l'*Andromaque*, qu'il en mourut. La Marianne de Tristan avoit causé le même sort à Mondori Comédien.

Vers 6. *En a fait sous son nom verser la Chanmeslé.*] Célèbre Actrice. Mr. Racine qui récitoit admirablement bien, avoit pris soin de la former. Elle mourut au mois de Juillet 1698. à Auteuil, près de Paris, où elle étoit allé

Ne croi pas toutefois, par ces savans Ouvrages,
Entraînant tous les cœurs, gagner tous les suffrages.
Si-tôt que d'Apollon un Génie inspiré,
10 Trouve loin du vulgaire un chemin ignoré,
En cent lieux contre lui les cabales s'amassent.
Ses Rivaux obscurcis autour de lui croassent;
Et son trop de lumière importunant les yeux,
De ses propres Amis lui fait des Envieux.
15 La Mort seule ici-bas, en terminant sa vie,
Peut calmer sur son nom l'Injustice & l'Envie;
Faire au poids du bon sens peser tous ses Ecrits,
Et donner à ses vers leur légitime prix.
Avant qu'un peu de terre, obtenu par priere,
20 Pour jamais sous la tombe eût enfermé Moliere,

CHANGEMENS.

Vers 17. *Faire au poids du bon sens.*] Premières éditions: *Du droit sens.*

REMARQUES.

allé prendre l'air. Pendant la dernière maladie elle renonça au Théatre en présence du Curé de St. Sulpice, & avant sa mort elle renouvella cette abjuration entre les mains du Curé d'Auteuil. Elle a été enterrée à St. Sulpice, qui étoit sa paroisse. Chanmeslé son mari, qui étoit aussi Comédien, mourut subitement en 1701. sortant du Cabaret.

Vers 17. *Faire au poids du bon sens*, &c.] Premiere manière:
  Et réprimer . . . .
  Des Sots de qualité l'ignorante hauteur.

Mais l'Auteur supprima ces deux vers pour ne pas déplaire aux Personnes qui protégeoient la Pièce de Pradon.

Vers 19. *Avant qu'un peu de terre obtenu par priere* &c.] Moliere étant mort, les Comédiens se disposoient à lui faire un Convoi magnifique; mais Mr. de Harlai, Archevêque, ne voulut pas permettre qu'on l'inhumât. La femme de Moliere alla sur le champ à Versailles se jetter aux piés du Roi pour se plaindre de l'injure que l'on faisoit à la mémoire de son mari, en lui refusant la sépulture. Mais le Roi

IMITATIONS.

Vers 15. *La Mort seule ici bas*, &c.] Horace l'a dit en plus d'un endroit.
 Virtutem incolumem odimus:
 Sublatam ex oculis quærimus invidi. Ode 24. L. 3.
Le même dans l'Epitre premiere du Livre second:
 Comperit invidiam supremo fine domari.
 Urit enim splendore suo qui prægravat artes.
 Infra se positas. Extinctus amabitur idem.
Properce, Livre 3. Elegie I.
 At mihi quod vivo detraxerit invida turba,
 Post obitum duplici fœnore reddet honos.
Et Martial, dans plusieurs Epigrammes; &c.

Mille de ces beaux traits aujourd'hui si vantez,
Furent des sots Esprits à nos yeux rebutez.
L'Ignorance & l'Erreur à ses naissantes Pièces,
En habits de Marquis, en robes de Comtesses,
25 Venoient pour diffamer son chef-d'œuvre nouveau,
Et secoüoient la tête à l'endroit le plus beau.
Le Commandeur vouloit la Scène plus éxacte.
Le Vicomte indigné sortoit au second Acte.
L'un défenseur zèlé des Bigots mis en jeu,
30 Pour prix de ses bons mots, le condamnoit au feu.
L'autre, fougueux Marquis, lui déclarant la guerre,
Vouloit vanger la Cour immolée au Parterre.
Mais si-tôt que d'un trait de ses fatales mains
La Parque l'eut raïé du nombre des Humains,

REMARQUES.

la renvoïa en lui disant, que cette affaire dépendoit du Ministère de Mr. l'Archevêque, & que c'étoit à lui qu'il falloit s'adresser. Cependant Sa Majesté fit dire à ce Prélat, qu'il fit en sorte d'éviter l'éclat & le scandale. Mr. l'Archevêque révoqua donc sa défense, à condition que l'enterrement seroit fait sans pompe & sans bruit. Il fut fait par deux Prêtres qui accompagnèrent le Corps, sans chanter; & on l'enterra dans le Cimetière qui est derrière la Chapelle de St. Joseph, dans la Ruë Montmartre. Tous ses amis y assistèrent aiant chacun un flambeau à la main. La Moliere s'écrioit par tout: *Quoi, l'on refusera la Sépulture à un homme qui mérite des Autels!*

Vers 23. *A ses naissantes Pièces.*] L'Ecole des Femmes, qui est une des premières Comédies de Moliere, fut fort suivie, & encore plus critiquée; mais l'Apologie qu'il fit de la Pièce, sous le nom de *Critique*, fit taire les Envieux.

Vers 27. *Le Commandeur vouloit la Scène plus éxacte.*] Le Commandeur de Souvré n'approuvoit pas la Comédie de l'Ecole des femmes.

Vers 28. *Le Vicomte indigné sortoit au second Acte.*] Le Comte du Broussin pour faire sa Cour au Commandeur, sortit un jour au second Acte de la Comédie, disant tout haut qu'il ne savoit pas comment on avoit la patience d'écouter une Pièce où l'on violoit ainsi les règles.

Vers 29. ————— *Des Bigots mis en jeu.*] Dans la Comédie du Tartuffe.

Vers 31. *L'Autre fougueux Marquis.*] Les Marquis ridicules de la Cour, ausquels ont succedé les *Petits-Maîtres*, étoient extrêmement irritez contre Moliere, parce qu'il les joüoit, & qu'il mettoit leurs propres mots aussi-bien que leurs manières, dans ses Comédies.

Vers 32. *Vouloit vanger la Cour immolée au Parterre.*] Allusion à un endroit de la Critique de l'Ecole des Femmes, scène cinquième, où Moliere se moque de ce Spectateur ridicule, qui étoit sur le Théatre pendant la représentation de cette Comédie, & qui à tous les éclats de risée que le Parterre faisoit, haussoit les épaules, & regardoit le Parterre en pitié; & quelquefois aussi le regardant avec dépit, lui disoit tout haut: *Ri donc Parterre, Ri donc.* Il se nommoit Plapisson, & passoit pour un grand Philosophe.

IMITATIONS.

Vers 26. *Et secoüoient la tête à l'endroit le plus beau.*] L'Auteur avoit en vûë ce verset du Pseaume 28. *Omnes videntes me, deriserunt me: locuti sunt labiis, & moverunt caput.* v. 8.

ÉPITRE VII.

35   On reconnut le prix de sa Muse éclipsée.
     L'aimable Comédie avec lui terrassée,
     En vain d'un coup si rude espera revenir,
     Et sur ses brodequins ne put plus se tenir.
     Tel fut chez nous le sort du Théâtre Comique.
40   Toi donc, qui t'élevant sur la Scène Tragique,
     Suis les pas de Sophocle, & seul de tant d'Esprits,
     De Corneille vieilli sais consoler Paris ;
     Cesse de t'étonner, si l'envie animée,
     Attachant à ton nom sa roüille envenimée,
45   La calomnie en main, quelquefois te poursuit.
     En cela, comme en tout, le Ciel qui nous conduit,
     Racine, fait briller sa profonde sagesse.
     Le Mérite en repos s'endort dans la paresse :
     Mais par les Envieux un Génie excité
50   Au comble de son Art est mille fois monté.
     Plus on veut l'affoiblir, plus il croît & s'élance.
     Au Cid persécuté Cinna doit sa naissance ;
     Et peut-être ta plume aux Censeurs de Pyrrhus
     Doit les plus nobles traits dont tu peignis Burrhus.

REMARQUES.

Vers 45. *La Calomnie en main quelquefois te poursuit.*] Madame Des Houlieres avoit fait un Sonnet Satirique contre la Phédre de Mr. Racine. Ce Sonnet fut rempli sur les mêmes rimes contre M. L. D. D. N. que l'on soupçonnoit d'être l'Auteur du premier Sonnet ; & l'on accusa faussement Mr. Racine d'avoir fait le second. Voïez la remarque sur le dernier vers de cette Epître.
Vers 52. *Au Cid persécuté.*] Voïez la Remarque sur le vers 231. de la Satire IX.
Vers 53. *Et peut-être ta plume aux Censeurs de Pyrrhus Doit les plus nobles traits dont tu peignis Burrhus.*] Ces deux vers désignent L'*Andromaque*, & *Britannicus*, Tragédies de Racine. Il avoit fait répresenter l'*Andromaque*, en 1668. sur cette Pièce l'on jugea que son Auteur qui étoit encore fort jeune [*], égaleroit un jour, & peut-être surpasseroit le grand Corneille. Néanmoins l'Andromaque trouva des Censeurs. On condamna sur tout le caractère de Pyrrhus, qu'on trouvoit trop violent, trop emporté, trop farouche. Ce fut le jugement qu'en portèrent quelques personnes judicieuses, particulièrement le grand Prince de Condé. On fit alors une Critique de l'Andromaque en forme

* Il n'avoit que 27. ans.

de

IMITATIONS.

Vers 38. *Et sur ses brodequins ne put plus se tenir.*] Quintilien, L. 10. c. 1. *In Comediâ maximè claudicamus.*

55 Moi-même, dont la gloire ici moins répanduë
Des pâles Envieux ne blesse point la vûë,
Mais qu'un humeur trop libre, un esprit peu soumis
De bonne heure a pourvu d'utiles Ennemis :
Je dois plus à leur haine, il faut que je l'avouë,
60 Qu'au foible & vain talent dont la France me louë.
Leur venin, qui sur moi brûle de s'épancher,
Tous les jours en marchant m'empêche de broncher.
Je songe à chaque trait que ma plume hazarde,
Que d'un œil dangereux leur troupe me regarde.
65 Je sai sur leur avis corriger mes erreurs,
Et je mets à profit leurs malignes fureurs.
Si-tôt que sur un vice ils pensent me confondre,
C'est en me guérissant que je sai leur répondre :
Et plus en criminel ils pensent m'ériger,
70 Plus croissant en vertu je songe à me vanger.
Imite mon exemple & lors qu'une Cabale,
Un flot de vains Auteurs follement te ravale,
Profite de leur haine, & de leur mauvais sens :
Ris du bruit passager de leurs cris impuissans.

CHANGEMENS.

Vers 72. *Un flot de vains Auteurs.*] Première édition : *Un tas de vains Auteurs.*

REMARQUES.

† *Intitulée, la Fausse querelle, ou la Critique d'Andromaque : par le Sr. de Subligny.*

de Comédie †, dans laquelle on accusoit encore Pyrrhus de brutalité, & même d'être un mal-honnête-homme, parce qu'il manquoit de parole à Hermione. Mr. Racine composa ensuite *Britannicus* ; & dans cette Pièce il s'attacha à donner dans le personnage de Burrhus, le Caractère d'un parfaitement honnête-homme.

Vers 65. *Je sai sur leurs avis corriger mes erreurs.* L'Auteur a rendu le mot de Philippe de Macédoine, qui disoit, qu'il avoit l'obligation aux Orateurs d'Athènes de l'avoir corrigé de ses défauts, à force de les publier. *Apopht. des Anciens.*

Vers 70. *Plus croissant en vertu je songe à me vanger.*] Les amis de nôtre Auteur voulant un jour le détourner de la Satire, lui réprésentoient qu'il s'attireroit beaucoup d'ennemis, qui ne manqueroient pas de le décrier, & de noircir sa réputation : *Je sai un bon moïen de m'en vanger*, répondit-il froidement ; *C'est que je serai honnête homme.* Il disoit encore cette maxime de Plutarque : *Il faut avoir des amis, & des ennemis : des amis, pour nous apprendre nôtre devoir ; & des ennemis pour nous obliger à le faire.* Plut. *Comment on pourra recevoir utilité de ses ennemis.*

EPITRE VII.

75 Que peut contre tes Vers une ignorance vaine ?
Le Parnasse François, ennobli par ta veine,
Contre tous ces complots saura te maintenir,
Et soulever pour toi l'équitable Avenir.
Et qui, voïant un jour la douleur vertueuse
80 De Phèdre malgré soi perfide, incestueuse,
D'un si noble travail justement étonné,
Ne benira d'abord le siècle fortuné,
Qui rendu plus fameux par tes illustres veilles,
Vit naître sous ta main ces pompeuses merveilles ?
85   Cependant laisse ici gronder quelques Censeurs,
Qu'aigrissent de tes Vers les charmantes douceurs.
Et qu'importe à nos vers que Perrin les admire ?
Que l'Auteur du Jonas s'empresse pour les lire ?

REMARQUES.

Vers 80. *De Phèdre malgré soi perfide, Incestueuse.*] *Malgré soi :* un Héros tragique ne peut exciter la Pitié & la Terreur, à moins qu'il ne soit un peu criminel, & beaucoup malheureux. C'est le Caractère d'Oedipe dans Sophocle, & de Phèdre dans Racine.

Vers 87. *Et qu'importe à nos vers que Perrin les admire ?*] Pierre Perrin, mauvais Poëte dont il a été parlé sur le vers 44. de la Satire VII.

Vers 88. *Que l'Auteur du Jonas.*] Voïez la Remarque sur le vers 91. de la Satire IX. M. D . . . . Conseiller au Parlement, soûtint un jour à table, que quelques beaux que soient les vers de Mr. Despréaux, on connoissoit néanmoins qu'il ne les faisoit pas aisément. Quelqu'un répondit, que, sans examiner si l'Auteur avoit, ou n'avoit pas beaucoup de peine à composer, ses productions étoient aisées & naturelles ; & que cela suffisoit. Comme il n'y avoit rien d'injurieux pour Mr. Despréaux dans cette dispute, on la lui redit ; mais il ne laissa pas d'y être sensible dans le moment : & pour se vanger du jugement qu'avoit porté M . . . . . . il résolut de mettre le nom de ce Magistrat à la place que tient ici *l'Auteur du Jonas*. Pour cet effet, il changea ainsi le vers : *Que . . . . . , au Palais s'empresse pour les lire*. Et pour ne laisser aucun doute, il mit cette Note à côté : *Conseiller au Parlement, qui fait peu de cas de mes Ouvrages*. Cela fut imprimé ainsi dans l'édition de 1701. que l'Auteur préparoit alors ; mais en revoïant les épreuves, il changea d'avis, & remit l'ancien vers : aiant pensé qu'il ne devoit pas faire un crime à ce Magistrat, d'une chose qu'il avoit dite en passant, dans une conversation à table, & sans aucun dessein formé de l'attaquer.

IMITATIONS.

Vers 87. *Et qu'importe à nos vers &c.*] Horace, Sat. 10. Liv. I.
Men' moveat cimex Pantilius ? aut cruciet quòd
Vellicet absentem Demetrius ? aut quòd ineptus
Fannius, Hermogenis lædat conviva Tigelli ? &c.

EPITRE VII.

Qu'ils charment de Senlis le Poëte idiot,
90 Ou le sec Traducteur du François d'Amyot:
Pourvû qu'avec éclat leurs rimes débitées
Soient du Peuple, des Grans, des Provinces goûtées;
Pourvû qu'ils puissent plaire au plus puissant des Rois;
Qu'à Chantilli Condé les souffre quelquefois:
95 Qu'Enguien en soit touché, que Colbert & Vivone,
Que la Rochefoucaut, Marsillac & Pompone,
Et mille autres qu'ici je ne puis faire entrer,
A leurs traits délicats se laissent pénétrer.

CHANGEMENS.

Vers 91. *Pourvû qu'avec éclat leurs rimes débitées* &c.] Premières éditions:
Pourvû qu'avec honneur leurs rimes débitées
Du Public dédaigneux ne soient point rebutées.

Vers 93. *Pourvû qu'ils puissent plaire.*] On lisoit: *Pourvû qu'ils sachent,* dans toutes les Editions qui ont précédé celle de 1713. qui n'a paru qu'après la mort de l'Auteur.

REMARQUES.

Vers 89. ———*De Senlis le Poëte idiot.*] Liniere avoit la phisionomie d'un Idiot. Il ne réussissoit qu'à faire des chansons impies; c'est pourquoi nôtre Auteur lui reprocha un jour, qu'il n'avoit de l'esprit que contre Dieu. On l'appeloit *l'Athée de Senlis.* Voïez la Note sur le vers 194. du Chant II. de l'Art poëtique. Mr. Despréaux citoit quelquefois les rimes d'*Idiot* & d'*Amyot*, dans ces deux vers, comme des rimes riches & extraordinaires. Ce vers 89. & les trois suivans n'ont été imprimés qu'en 1701. quoi qu'ils eussent été faits avec le reste de l'Epitre.

Vers 90. *Ou le sec Traducteur du François d'Amyot.*] Jaques Amyot, Auteur célèbre, qui a traduit en François toutes les œuvres de Plutarque. L'Abbé Tallemant l'aîné entreprit en 1665. d'en faire une nouvelle Traduction, dans laquelle on prétend qu'il n'a fait que regrater celle d'Amyot, & la mettre en meilleur langage, sans consulter l'original Grec. L'Abbé Tallemant s'attira cette fâcheuse critique par une fausse avanture qu'il débita en pleine Académie contre l'honneur de Mr. Despréaux. Il y lut une lettre, par laquelle on lui mandoit que le jour précédent Mr. Despréaux étant dans un lieu de débauche, derrière l'Hôtel de Condé, y avoit été fort maltraité. Ceux qui ont connu ce Poëte d'une manière plus intime, savent que jamais calomnie ne fut plus mal-fondée que celle-là.

Vers 94. *Qu'à Chantilli Condé.*] Le grand Prince de Condé a passé les dernières années de sa vie dans sa belle Maison de Chantilli. Mr. le Duc d'Enguien son fils est nommé dans le vers suivant.

Vers 96. *Que La Rochefoucaut, Marsillac, & Pompone.*] Mr. le Duc de La Rochefoucaut, aussi célèbre par la beauté de son esprit, que par la noblesse de sa naissance. C'est l'Auteur du Livre des Maximes morales. Après sa mort, Mr. le Prince de *Marsillac* son fils, Grand-Maître de la Garde-robe, prit le nom de la *Rochefoucaut*. Il mourut à Versailles le 11. Janvier, 1714. âgé de 80. ans. *Pompone*: Simon Arnaud, Marquis de *Pompone*, Ministre d'Etat.

IMITATIONS.

Vers 93. *Pourvû qu'ils sachent plaire au plus puissant des Rois,* &c.] Horace au même endroit:
Plotius & Varius, Mecænas, Virgiliusque,
Valgius, & probet hæc Octavius optimus, atque
Fuscus, &c. . . . .

EPITRE VII.

Et plût au Ciel encor, pour couronner l'Ouvrage,
100 Que Montauzier voulût lui donner son suffrage!
C'est à de tels Lecteurs que j'offre mes Ecrits.
Mais pour un tas grossier de frivoles Esprits,
Admirateurs zelez de toute œuvre insipide,
Que non loin de la Place où Brioché préside,
105 Sans chercher dans les Vers ni cadence ni son,
Il s'en aille admirer le savoir de Pradon.

REMARQUES.

Vers 99. *Et plût au Ciel encor*, &c.] Horace, au même endroit: *Et hæc utinam Viscorum Laudet uterque.* Dans ce passage d'Horace, nôtre Auteur supposoit une beauté & une finesse dont personne ne s'est aperçû. „Il y a apparence, disoit-il, que les deux *Viscus* étoient „ordinairement opposez dans leurs sentimens; „C'est à dire, que l'un étoit d'un goût raison-„nable, & l'autre d'un goût bizarre & particu-„lier; ainsi Horace en souhaitant de plaire à „ces deux hommes, donne une marque de son „esprit, puisqu'il n'y a jamais que les choses „qui sont d'une bonté solide & immuable, „qui soient approuvées par toutes sortes de „gens.

Vers 100. *Que Montauzier voulût lui donner son suffrage.*] Le souhait obligeant & flateur qui est exprimé dans ce vers, produisit sur le cœur de Mr. le Duc de Montauzier tout l'effet que l'Auteur s'en étoit promis. Ce Duc commença dès-lors à s'adoucir en sa faveur. Quelque tems après il aborda Mr. Despréaux dans la grande Gallerie de Versailles, & lui fit un compliment sur la mort de Mr. Boileau de Puimorin son frere, arrivée depuis peu, lui disant qu'il aimoit beaucoup feu Mr. de Puimorin. *Je sai qu'il faisoit grand cas de l'amitié dont vous l'aviez honoré*, reprit Mr. Despréaux; *mais il en faisoit encore plus de vôtre-vertu; & il m'a dit plusieurs fois, qu'il étoit très fâché que je n'eusse pas pour ami le plus honnête homme de la Cour.* Mr. de Montauzier fut extrèmement touché de cette loüange: ce fut le moment de sa réconciliation. Il changea dès-lors l'estime qu'il avoit pour nôtre Auteur, en une véritable amitié, qui a duré toute sa vie, & sur le champ il l'emmena dîner avec lui.

Vers 104. *Que non loin de la Place où Brioché préside.*] Brioché, fameux Joüeur de Marionettes, logé près des Comédiens. Pradon fit représenter sa Pièce par les Comédiens du Roi, dont le Théâtre étoit alors dans la Ruë Mazarine, au bout de la Ruë Guénégaud. Le lieu où l'on faisoit joüer les Marionettes étoit vers l'autre extrémité de cette dernière Ruë, * du côté du Pont-neuf. C'est par la circonstance de ce Voisinage, que nôtre Auteur désigne finement, mais malicieusement, les Comédiens qui joüoient la Phèdre de Pradon: voulant insinuer que cette Tragédie est d'un caractère à ne mériter d'être joüée que par les Marionettes. *Fanchon*, ou *François Brioché*, étoit fils de *Jean Brioché*, Arracheur de dents, qui est regardé comme l'Inventeur des Marionettes, quoi qu'il n'ait fait que les perfectionner. De notre tems un Anglois avoit trouvé le secret de les faire mouvoir par des ressorts, & sans cordes; mais l'on préferoit celles de Brioché, à cause des plaisanteries qu'il leur faisoit dire. *Fanchon Brioché* son fils l'a encore surpassé dans ce noble exercice.

Vers 106. *Il s'en aille admirer le savoir de Pradon.*] Pradon étoit fort ignorant. Un jour au sortir d'une de ses Tragédies, Mr. le Prince de

*Dans un endroit nommé Château-gaillard, proche l'Abreuvoir du Pont-Neuf.

IMITATIONS.

Vers 101. *C'est à de tels Lecteurs que j'offre mes écrits.*] Horace, au même endroit:
Complures alios, doctos ego quos & amicos
Prudens præterco; quibus hæc, sint qualiacumque,
Arridere velim: doliturus, si placeant spe
Deterius nostrâ.

Vers 105. *Sans chercher dans les vers ni cadence ni son.*] C'est ce qu'Horace appeloit: *Immulata poëmata.* De *Arte poët.* v. 263.

EPITRE VII.

REMARQUES.

de Conti l'aîné lui aiant dit, qu'il avoit transporté en Europe une Ville qui est dans l'Asie : *Je prie vôtre Altesse de m'excuser*, répondit Pradon; *car je ne sai pas trop bien la Chronologie*.

Nous avons dit que la Phèdre de Mr. Racine aiant été réprésentée par les Comédiens de l'Hôtel de Bourgogne, ceux de la Troupe du Roi lui opposèrent deux jours après, celle de Pradon. Ce Poëte consultoit ordinairement sur ses œuvres Madame Des Houlieres : ainsi, l'interêt qu'elle prenoit à la Tragédie de Pradon, fit qu'elle voulut voir la première réprésentation de celle de Racine. Elle revint souper chez elle avec cinq ou six personnes, du nombre desquelles étoit Pradon. Pendant tout le repas on ne parla que de la Tragédie nouvelle : chacun en dit son sentiment avec beaucoup de liberté, & l'on se trouva plus disposé à la critique qu'à la loüange. Ce fut pendant ce même soupé que Madame Des Houlieres fit ce fameux Sonnet.

Dans un fauteuil doré, Phèdre tremblante & blême
Dit des vers où d'abord personne n'entend rien.
Sa Nourrice lui fait un Sermon fort chrétien,
Contre l'affreux dessein d'attenter sur soi-même.

Hippolyte la hait presque autant qu'elle l'aime :
Rien ne change son cœur, ni son chaste maintien.
La Nourrice l'accuse ; elle s'en punit bien.
Thésée a pour son fils une rigueur extrême.

* C'étoit la Desœillets, peu jolie, mais excellente Actrice.

Une grosse Aricie*, au teint rouge, aux crins blonds,
N'est là que pour montrer deux énormes tetons,
Que, malgré sa froideur, Hippolyte idolâtre.

Il meurt enfin, traîné par ses coursiers ingrats;
Et Phèdre, après avoir pris de la Mort-aux-rats,
Vient, en se confessant, mourir sur le théatre.

Ce Sonnet se répandit bien-tôt dans Paris. Dès le lendemain matin l'Abbé Tallemant l'aîné en apporta une copie à Madame Des Houlieres, qui la reçut sans rien témoigner de la part qu'elle avoit au Sonnet; & elle fut ensuite la première à le montrer, comme le tenant de l'Abbé Tallemant. Les amis de Mr. Racine crurent que ce Sonnet étoit l'Ouvrage de M . . . . l'un des Protecteurs de Pradon ; car pour Pradon lui même ils ne lui firent pas l'honneur de le soupçonner d'en être l'Auteur. Dans cette

pensée ils tournèrent ainsi ce Sonnet contre M. . . . . . sur les mêmes Rimes.

Dans un Palais doré, Damon jaloux & blême
Fait des Vers où jamais personne n'entend rien.
Il n'est ni Courtisan, ni Guerrier, ni Chrétien :
Et souvent pour rimer il s'enferme lui-même.

La Muse, par malheur le hait autant qu'il l'aime.
Il a d'un franc Poëte & l'air & le maintien.
Il veut juger de tout & n'en juge pas bien.
Il a pour le Phébus une tendresse extrême.

Une Sœur vagabonde, aux crins plus noirs que blonds,
Va par tout l'Univers promener deux tetons,
Dont, malgré son païs, Damon est idolâtre.

Il se tue à rimer pour des Lecteurs ingrats.
L'Enéide, à son goût, est de la Mort-aux-rats,
Et, selon lui, Pradon est le Roi du Théatre.

On attribua cette réponse à Racine & à Despréaux ; mais ils la désavoüoient. Ils ont assuré depuis, qu'elle avoit été faite par le Chevalier de Nantoüillet, avec le Comte de Fiesque, le Marquis D'Effiat, Mr. de Guilleragues, & Mr. de Manicamp. C'étoit en effet l'Ouvrage d'eux tous ensemble. Celui contre qui le second Sonnet avoit été fait, repliqua par un autre, toûjours sur les mêmes Rimes.

R. . . . & D. . . . . . l'air triste & le teint blême,
Viennent demander grace, & ne confessent rien.
Il faut leur pardonner, parce qu'on est Chrétien ;
Mais on sait ce qu'on doit au Public, à soi-même.

Damon, pour l'interêt de cette sœur qu'il aime,
Doit de ces scélerats chatier le maintien :
Car il seroit blamé par tous les gens de bien,
S'il ne punissoit pas leur insolence extrême.

Ce fut une Furie, aux crins plus noirs que blonds,
Qui leur pressa du pus de ses affreux tetons,
Ce Sonnet qu'en secret leur Cabale idolâtre.

Vous en serez punis, Satiriques ingrats,
Non pas en trahison d'un sou de Mort-aux-rats ;
Mais de coups de bâton donnez en plein théatre.

Cette querelle fut terminée par des personnes du premier rang.

EPITRE VIII.
AU ROI.

GRAND ROI, cesse de vaincre, ou je cesse d'écrire.
Tu sais bien que mon stile est né pour la Satire,
Mais mon Esprit, contraint de la désavoüer,
Sous Ton Regne étonnant ne veut plus que loüer.
5 Tantôt dans les ardeurs de ce zêle incommode,
Je songe à mesurer les sillabes d'une Ode :
Tantôt d'une Enéïde Auteur ambitieux,
Je m'en forme déja le plan audacieux.
Ainsi toûjours flaté d'une douce manie,
10 Je sens de jour en jour dépérir mon génie ;
Et mes Vers en ce stile ennuïeux, sans appas,
Deshonorent ma plume ; & ne T'honorent pas.
Encor si Ta valeur, à tout vaincre obstinée,
Nous laissoit, pour le moins, respirer une année,
15 Peut-être mon Esprit, prompt à ressusciter,
Du tems qu'il a perdu sauroit se r'acquiter.

REMARQUES.

Quoi que l'Epitre quatrième, sur la Campagne de Hollande, eut été faite peu de tems après que le Roi eut gratifié l'Auteur d'une Pension, & qu'il l'eût composée pour marquer sa reconnoissance envers Sa Majesté ; il ne laissa pas de lui adresser cette Epitre VIII. pour le remercier plus particulièrement de ses bienfaits : c'est pourquoi l'Auteur appeloit cette Epitre, *son Remerciment*. Il la récita au Roi. Elle fut composée en 1675. mais il ne la fit paroître que l'année suivante, pour les raisons qu'on va raporter.

Vers 1. *Grand Roi, cesse de vaincre, ou je cesse d'écrire.*] En 1675. la fin de la Campagne ne fut pas heureuse pour la France. Mr. de Turenne fut tué d'un coup de Canon, le 27. de Juillet ; après quoi nos Troupes furent obligées de repasser le Rhin, & de revenir en Alsace. Le Maréchal de Créqui perdit ensuite la bataille de Taverne ; & s'étant sauvé dans la Ville de Trèves qui étoit assiègée, la ville fut renduë malgré lui par capitulation, & il fut fait prisonnier de guerre. Tous ces revers obligèrent nôtre Auteur à ne point faire paroître alors son Epitre, de peur que ses Ennemis ne fissent passer ce premier vers pour une raillerie. Il l'avoit bien changé ainsi : *Grand Roi, sois moins loüable ou je cesse d'écrire*. Mais ce dernier vers n'avoit pas la beauté du premier ; & l'Auteur aima mieux attendre l'heureux succès de la campagne suivante, que de supprimer un des plus beaux vers qu'il eut faits.

EPITRE VIII.

Sur ces nombreux défauts, merveilleux à décrire,
Le Siècle m'offre encor plus d'un bon mot à dire.
Mais à peine Dinan & Limbourg font forcez,
20 Qu'il faut chanter Bouchain & Condé terraffez.
Ton courage affamé de peril & de gloire,
Court d'exploits en exploits, de victoire en victoire.
Souvent ce qu'un feul jour Te voit éxécuter,
Nous laiffe pour un an d'actions à conter.
25 Que fi quelquefois las de forcer des murailles,
Le foin de tes Sujets Te rappèle à Verfailles,
Tu viens m'embarraffer de mille autres Vertus.
Te voïant de plus près, je t'admire encor plus.
Dans les nobles douceurs d'un féjour plein de charmes,
30 Tu n'es pas moins Heros qu'au milieu des alarmes.
De ton Thrône agrandi portant feul tout le faix,
Tu cultives les Arts : Tu répans les bienfaits;
Tu fais récompenfer jufqu'aux Mufes critiques.
Ah ! croi-moi, c'en eft trop. Nous autres Satiriques,
35 Propres à relever les fottifes du tems,
Nous fommes un peu nez pour être mécontens.

CHANGEMENS.

Vers 17. *Sur ces nombreux défauts* &c.] Au lieu de ce vers & du fuivant, il y avoit ceux-ci dans toutes les éditions qui ont paru avant celle de 1713.
  Le Parnaffe François non éxempt de tous crimes
  Offre encore à mes vers des fujets & des rimes.

Vers 19. *Mais à peine Dinan & Limbourg font forcez,*]. Dans la première compofition il y avoit :
  Mais à peine Salins, & Dole font forcez,
  Qu'il faut chanter Dinan, & Limbourg terraffez.
Salins & *Dole*, avoient été conquis en 1674. avec le refte de la Franche-Comté. *Dinan* & *Limbourg* furent pris l'année fuivante, au commencement de la Campagne. Ces quatre villes étant les dernières conquêtes du Roi en 1675. L'Auteur les avoit nommées dans fon Epître; mais quand il la publia en 1676. il ôta les deux premières, & leur fubftitua *Bouchain*, & *Condé*, qui avoient été pris en Avril & en Mai, de la même année.

EPITRE VIII.

Nôtre Muse, souvent paresseuse & stérile
A besoin, pour marcher, de colère & de bile.
Nôtre stile languit dans un remercîment :
40 Mais, GRAND ROI, nous savons nous plaindre élégamment.
  O ! que si je vivois sous les règnes sinistres
De ces Rois nez valets de leurs propres Ministres,
Et qui jamais en main ne prenant le timon,
Aux exploits de leur tems ne prêtoient que leur nom ;
45 Que, sans les fatiguer d'une loüange vaine,
Aisément les bons mots couleroient de ma veine !
Mais, toûjours sous Ton Regne il faut se récrier.
Toûjours, les yeux au Ciel, il faut remercier.
Sans cesse à T'admirer ma Critique forcée
50 N'a plus, en écrivant, de maligne pensée ;
Et mes chagrins sans fiel, & presque évanouïs,
Font grace à tout le siècle en faveur de LOUIS.
En tous lieux cependant la Pharsale approuvée,
Sans crainte de mes Vers, va la tête levée.
55 La Licence par tout règne dans les Ecrits,
Déja le mauvais Sens reprenant ses esprits,
Songe à nous redonner des Poëmes Epiques,
S'empare des Discours, mêmes Académiques.
Perrin a de ses Vers obtenu le pardon ;
60 Et la Scène Françoise est en proie à Pradon.

REMARQUES.

Vers 42. *De ces Rois nez valets de leurs propres Ministres.*] Les derniers Rois de la première Race laissoient toute l'administration des affaires aux Maires du Palais. Henri III. fut aussi dévoué entièrement à ses *Mignons* : c'est pourquoi Mezerai a dit, qu'on pourroit appeller son règne le *règne des Favoris*.

Vers 53. —— *La Pharsale approuvée.*] La Pharsale de Brebœuf.
Vers 59. *Perrin a de ses Vers* &c.] Voïez le vers 44. de la Satire VIII.
Vers 60. *Et la Scène Françoise est en proie à Pradon.*] Mauvais Auteur de Tragédies. Voïez le dernier vers de l'Epitre précédente.

EPITRE VIII.

Et moi, fur ce fujet, loin d'éxercer ma plume,
J'amaffe de Tes Faits le pénible volume;
Et ma Mufe occupée à cet unique emploi,
Ne regarde, n'entend, ne connoît plus que Toi.
65 Tu le fais bien pourtant, cette ardeur empreffée
N'eft point en moi l'effet d'une ame intéreffée.
Avant que Tes bienfaits couruffent me chercher,
Mon zèle impatient ne fe pouvoit cacher.
Je n'admirois que Toi. Le plaifir de le dire
70 Vint m'apprendre à loüer au fein de la Satire.
Et depuis que Tes dons font venus m'accabler,
Loin de fentir mes Vers avec eux redoubler,
Quelquefois, le dirai-je, un remords légitime,
Au fort de mon ardeur, vient refroidir ma rime.
75 Il me femble, GRAND ROI, dans mes nouveaux Ecrits,
Que mon encens païé n'eft plus du même prix.
J'ai peur que l'Univers, qui fait ma récompenfe,
N'impute mes tranfports à ma reconnoiffance;
Et que par Tes préfens mon Vers décrédité
80 N'ait moins de poids pour Toi dans la Poftérité.

REMARQUES.

Vers 62. *J'amaffe de tes faits le pénible volume.*] Ce vers & les deux fuivans pourroient faire croire que Mr. Defpréaux étoit déja nommé pour écrire l'hiftoire du Roi; mais il ne le fut qu'en 1677.

Vers 80. *N'ait moins de poids pour Toi dans la poftérité.*] Nôtre Auteur étant un jour en converfation avec Mr. le Marquis de Dangeau & Mr. du Charmel, ces deux Meffieurs firent le parallèle de l'Eloge du Roi, exprimé à la fin de l'Epitre I. & de l'Eloge qui eft contenu dans ce dernier vers, & les cinq précédens de l'Epitre VIII. On contefta long-tems fur la préférence de ces deux endroits. Mr. du Charmel étoit pour le premier; & Mr. Dangeau fe déclara pour le fecond: dans l'un, on trouvoit plus de force, & dans l'autre plus de délicateffe. Enfin, Mr. de Dangeau termina la difficulté en difant que la penfée de l'Epitre première faifoit plus d'honneur au Roi, & que celle de l'Epitre VIII. en faifoit plus au Poëte. „En effet, difoit Mr. Defpréaux, la pen-„fée de ma première Epitre, fait plus d'honneur „au Roi; parceque je dis que les actions font „fi extraordinaires, que pour les rendre croïa-„bles à la poftérité, il faudra confirmer le ré-„cit de l'hiftoire par le témoignage irréprocha-„ble d'un Satirique. Mais la penfée de l'Epitre „VIII. m'a fait plus d'honneur, a-t-il ajou-„té, parce que j'y fais l'éloge de ma généroſi-„té, & du défintereffement avec lequel je vou-„drois loüer le Roi, de peur que mes loüanges „ne foient fufpectes de flaterie.

EPITRE VIII.

Toutefois je fai vaincre un remords qui Te bleſſe.
Si tout ce qui reçoit des fruits de Ta largeſſe,
A peindre Tes exploits ne doit point s'engager,
Qui d'un ſi juſte ſoin ſe pourra donc charger?
85 Ah! plûtôt de nos ſons redoublons l'harmonie.
Le zèle à mon Eſprit tiendra lieu de génie.
Horace tant de fois dans mes Vers imité,
De vapeurs en ſon tems, comme moi, tourmenté,
Pour amortir le feu de ſa rate indocile,
90 Dans l'encre quelquefois fût égaïer ſa bile.
Mais de la même main qui peignit Tullius,
Qui d'affronts immortels couvrit Tigellius,
Il fût fléchir Glycère, il fût vanter Auguſte,
Et marquer ſur la Lyre une cadence juſte.
95 Suivons les pas fameux d'un ſi noble Ecrivain.
A ces mots quelquefois prenant la Lyre en main,
Au récit que pour Toi je ſuis prêt d'entreprendre,
Je croi voir les Rochers accourir pour m'entendre;
Et déja mon Vers coule à flots précipitez;
100 Quand j'entends le Lecteur qui me crie, Arrêtez.
Horace eut cent talens: mais la Nature avare
Ne vous a rien donné qu'un peu d'humeur bizarre.
Vous paſſez en audace & Perſe & Juvénal:
Mais ſur le ton flatteur Pinchêne eſt vôtre égal.

REMARQUES.

Vers 88. *De vapeurs.*] Ce mot ſe doit prendre au ſens figuré, & ſignifie *l'humeur chagrine & ſatirique*. Dans le tems auquel nôtre Auteur compoſa cette Epître, on ne connoiſſoit de *Vapeurs* qu'aux femmes; & les hommes ne s'étoient pas encore aviſez d'être attaquez de cette indiſpoſition.

Vers 91. —— *Qui peignit Tullius.*] Sénateur Romain. Céſar l'exclut du Sénat; mais il y rentra après la mort de cet Empereur.

Voïez Horace, Livre I. Satire 6.

Vers 92. —— *Couvrit Tigellius.*] Fameux Muſicien, le plus eſtimé de ſon tems, fort chéri d'Auguſte. Voïez le commencement de la Satire 3. Livre I. d'Horace:

Vers 93. *Il fût fléchir Glycère.*] Sa Maitreſſe. Ode 19. du Livre 1.

Vers 104. *Mais ſur le ton flateur Pinchêne eſt vôtre égal.*] Etienne Martin, Sr. de Pinchêne, Neveu de Voiture. Il avoit fait imprimer

105 A ce discours, GRAND ROI, que pourrois-je répondre ?
Je me sens sur ce point trop facile à confondre,
Et sans trop relever des reproches si vrais,
Je m'arrête à l'instant, j'admire, & je me tais.

REMARQUES.

mer un gros Recueil de mauvaises Poësies, contenant les Éloges du Roi, des Princes & Princesses de son sang, & de toute sa Cour ; C'est à quoi ce vers fait allusion. Voïez la Note sur le vers 163. du cinquième Chant du Lutrin.

EPITRE IX.
A MONSIEUR LE MARQUIS DE SEIGNELAY,
SECRETAIRE D'ETAT.

DANGEREUX Ennemi de tout mauvais Flatteur,
Seignelay, c'est en vain, qu'un ridicule Auteur,
Prêt à porter ton nom de l'Ebre jusqu'au Gange,
Croit te prendre aux filets d'une sotte loüange.
5 Aussi-tôt ton esprit, prompt à se revolter,
S'échappe, & rompt le piège où l'on veut l'arrêter.
Il n'en est pas ainsi de ces Esprits frivoles,
Que tout Flatteur endort au son de ses paroles;
Qui dans un vain Sonnet placez au rang des Dieux,
10 Se plaisent à fouler l'Olimpe radieux;
Et fiers du haut étage où La Serre les loge,
Avalent sans dégoût le plus grossier éloge.

REMARQUES.

L'Auteur aiant attaqué fortement l'Erreur & le Mensonge dans ses précédens Ouvrages, il ne lui restoit plus que d'inspirer l'Amour de la Vérité, en la répresentant avec tous ses avantages. C'est ce qu'il a fait dans cette Epitre qui contient *l'Eloge du Vrai*, & dans laquelle il fait voir que *Rien n'est beau que le Vrai*, & que *le Vrai seul est aimable* *. Ce Poëte a fait briller ici tout son génie, en traitant une matière si conforme à ses sentimens; & il a sû réünir en cette Pièce, tout le sublime de la Morale avec toute la douceur de la Poësie. Elle a été composée au commencement de l'année 1675. avant l'Epître précédente. Elle est adressée à Mr. Jean Baptiste Colbert, Marquis de Seignelay, Secretaire d'Etat, fils aîné de Mr. Colbert.

Vers 3. ————— *De l'Ebre jusqu'au Gange.*] Expression commune & usitée parmi les Poë-

* *Vers 43.*

tes médiocres. *L'Ebre*, Rivière d'Espagne. *Le Gange*, Rivière des Indes.

Vers 11. *Et fiers du haut étage où La Serre les loge.*] *La Serre*, fade Panégyriste, qui se flatoit d'être fort capable de composer des Eloges, suivant l'usage où l'on étoit en ce temslà de faire des Portraits en vers ou en Prose. *Mr. De la Serre*, dit un Auteur * peu célèbre, *s'est trouvé très-propre à ces sortes d'Ouvrages, & il a un génie particulier pour cela, soit qu'il leur laisse la forme d'Eloges, ou qu'il les insère dans les Epîtres dédicatoires de ses livres.* Le même Auteur reconnoît néanmoins qu'il en faut retrancher *les pensées trop hardies, ou trop irrégulières, & les paroles peu convenables*; C'est à dire, que *la Serre* auroit été un Ecrivain passable, s'il n'avoit pas péché contre la justesse de la *Pensée*, & contre la régularité de l'*Expression*.

* *Sorel, Bibliothèque françoise, pag. 157.*

Tu ne te repais point d'encens à si bas prix.
Non que tu sois pourtant de ces rudes Esprits
15 Qui regimbent toûjours, quelque main qui les flate.
Tu souffres la loüange adroite & délicate,
Dont la trop forte odeur n'ébranle point les sens.
Mais un Auteur, novice à répandre l'encens,
Souvent à son Heros, dans un bizarre Ouvrage,
20 Donne de l'encensoir au travers du visage :
Va loüer Monterey d'Oudenarde forcé,
Ou vante aux Electeurs Turenne repoussé.
Tout éloge imposteur blesse une Ame sincère.
Si pour faire sa cour à ton illustre Pere,
25 Seignelay, quelque Auteur d'un faux zêle emporté,
Au lieu de peindre en lui la noble activité,
La solide vertu, la vaste intelligence,
Le zêle pour son Roi, l'ardeur, la vigilance,
La constante équité, l'amour pour les beaux Arts;
30 Lui donnoit les vertus d'Alexandre ou de Mars;

REMARQUES.

Vers 20. *Donne de l'encensoir au travers du visage.*] Ce vers est devenu Proverbe.

Vers 21. *Va loüer Monterey d'Oudenarde forcé.*] Après la Bataille de Senef gagnée par le Prince de Condé, les Alliez voulurent effacer la honte de leur défaite par la prise de quelqu'une de nos Villes. Le Comte de Monterey, Gouverneur des Païs-Bas pour l'Espagne, & Général de l'Armée Espagnole, assiègea Oudenarde. Mais le Prince de Condé marcha contre lui, & l'obligea de lever le Siège avec beaucoup de précipitation, le 12. de Septembre, 1674. Jean Dominique *de Monterey*, étoit fils de Dom Louis Mendez de Haro, premier Ministre du Roi d'Espagne, & son Plénipotentiaire aux Conférences de la Paix des Pyrénées.

Vers 22. *Ou vante aux Electeurs Turenne repoussé.*] Ce vers, aussi bien que le précédent est une contre-vérité. Celui-ci désigne la bataille de Turkein en Alsace, gagnée par Mr. de Turenne contre les Allemans, le 5. de Janvier, 1675.

IMITATIONS.

Vers 15. *Qui regimbent toûjours, quelque main qui les flate.*] Horace, Sat. I. L. 2.
  Cui male si palpere, recalcitrat undique tutus.

Vers 24. *Si, pour faire sa cour à ton illustre Pere,*] Ce vers, & les dix suivans sont imitez d'Horace, Epître 16. du Livre I.
  Si quis bella tibi terrâ pugnata, marique
  Dicat, & his verbis vacuas permulceat aures, &c.
  ———— *Augusti laudes agnoscere possis.*
  Cùm pateris sapiens emendatusque videri.

EPITRE IX.

Et, pouvant juſtement l'égaler à Mécène,
Le comparoit au fils de Pélée ou d'Alcmène,
Ses yeux d'un tel diſcours foiblement éblouïs,
Bien-tôt dans ce Tableau reconnoîtroient LOUIS;
35 Et, glaçant d'un regard la Muſe & le Poëte,
Impoſeroient ſilence à ſa verve indiſcrète.
Un cœur noble eſt content de ce qu'il trouve en lui,
Et ne s'applaudit point des qualitez d'autrui.
Que me ſert en effet, qu'un Admirateur fade
40 Vante mon embonpoint, ſi je me ſens malade:
Si dans cet inſtant même un feu ſéditieux
Fait boüillonner mon ſang, & petiller mes yeux?
Rien n'eſt beau que le Vrai. Le Vrai ſeul eſt aimable.
Il doit règner par tout & même dans la Fable:
45 De toute fiction l'adroite fauſſeté
Ne tend qu'à faire aux yeux briller la Vérité.
  Sais-tu pourquoi mes Vers ſont lûs dans les Provinces,
Sont recherchez du Peuple, & reçûs chez les Princes?
Ce n'eſt pas que leurs ſons agréables, nombreux,
50 Soient toûjours à l'oreille également heureux:
Qu'en plus d'un lieu le ſens n'y gêne la meſure,
Et qu'un mot quelquefois n'y brave la céſure.
Mais c'eſt qu'en eux le Vrai, du Menſonge vainqueur,
Par tout ſe montre aux yeux, & va ſaiſir le cœur:
55 Que le Bien & le Mal y ſont priſez au juſte;
Que jamais un Faquin n'y tint un rang auguſte;

REMARQUES.

Vers 43. *Rien n'eſt beau que le Vrai. Le Vrai ſeul eſt aimable.*] C'eſt le ſujet de cette Epître.

IMITATIONS.

Vers 39. *Que me ſert en effet &c.*] Horace dans la même Epître 16.
  Nam, ſi te populus ſanum, recteque valentem
  Dictitet, occultam febrem, ſub tempus edendi,
  Diſſimules: donec manibus tremor incidat unctis.

EPITRE IX.

Et que mon cœur toûjours conduisant mon esprit,
Ne dit rien aux Lecteurs, qu'à soi-même il n'ait dit.
Ma pensée au grand jour par tout s'offre & s'expose ;
60 Et mon Vers, bien ou mal, dit toûjours quelque chose.
C'est par là quelquefois que ma Rime surprend.
C'est-là ce que n'ont point Jonas ni Childebrand,
Ni tous ces vains amas de frivoles sornettes,
Montre, Miroir d'Amours, Amitiez, Amourettes,
65 Dont le titre souvent est l'unique soûtien,

REMARQUES.

Vers 62. *C'est là ce que n'ont point Jonas, ni Childebrand.*] Poëmes héroïques. Voïez le vers 91. de la Satire IX. & le vers 242. du Chant troisième de l'Art poëtique.

Vers 64. *Montre.*] La Montre, petit Ouvrage mêlé de vers & de Prose, par le Sr. de Bonecorse, de Marseille, qui a exercé la Charge de Consul de la Nation Françoise au Grand-Caire. Il envoïa cet Ouvrage à Mr. de Scuderi qui le fit imprimer à Paris. Quelques années après, Mr. Despréaux plaça *la Montre* parmi les livres qui servent au combat des Chanoines dans le cinquième Chant du Lutrin :

L'un tient l'Edit d'amour, l'autre en saisit la Montre.

Bonecorse étant à Paris, lui en fit parler par Bernier ; * mais Mr. Despréaux ne lui aïant pas fait une réponse satisfaisante, Bonecorse pour s'en vanger composa le *Lutrigot*, qui est un Poëme satirique contre nôtre Auteur. Il fut imprimé à Marseille ; & Bonecorse en envoïa le premier Exemplaire à Mr. de Vivonne. C'est l'extrait d'une Lettre que Mr. Bonecorse m'écrivit de Marseille le 19. de Février, 1700. Je la communiquai à Mr. Despréaux qui me fit la réponse suivante. „Je n'ai aucun mal talent „contre Mr. de Bonecorse du beau Poëme qu'il „a imaginé contre moi. Il semble qu'il ait pris „à tâche dans ce Poëme d'attaquer tous les „traits les plus vifs de mes Ouvrages ; & le „plaisant de l'affaire est, que sans montrer en „quoi ces traits pèchent, il se figure qu'il suffit „de les rapporter, pour en dégoûter les hom„mes. Il m'accuse sur tout d'avoir, dans le „Lutrin, éxagéré en grans mots de petites „choses pour les rendre ridicules ; & il fait „lui-même, pour me rendre ridicule, la cho„se dont il m'accuse. Il ne voit pas que, „par une conséquence infaillible, si le Lutrin est „une impertinente imagination, le *Lutrigot* est

* *Dont il est fait mention sur le Vers 33. de l'Epître V.*

„encore plus impertinent ; puisque ce n'est que „la même chose plus mal éxécutée. Du reste, „on ne sauroit m'élever plus haut qu'il fait, „puisqu'il me donne pour suivans & pour ad„mirateurs passionnez, les deux plus beaux „esprits de nôtre siècle : je veux dire Mr. Ra„cine & Mr. Chapelle. Il n'a pas trop bien „profité de la lecture de ma première Préface, „& de l'avis que j'y donne aux Auteurs atta„quez dans mon livre, d'attendre pour écrire „contre moi, que leur colère soit passée. S'il „avoit laissé passer la sienne, il auroit vû que, „traiter de haut-en bas un Auteur approuvé „du Public, c'est traiter de haut-en bas le Pu„blic même ; & que me mettre à califourchon „sur un Lutrin, c'est y mettre tout ce qu'il y „a de gens sensez, & Mr. Brossette lui-même, „qui me fait l'honneur *meas esse aliquid puta„re nugas*. Je ne me souviens point d'avoir ja„mais parlé de Mr. de Bonecorse à Mr. Bernier, „& je ne connoissois point le nom de Bone„corse quand j'ai parlé de *La Montre* dans l'E„pître à Mr. de Seignelay. Je puis dire même „que je ne connoissois point *la Montre d'Amour*, „que j'avois seulement entrevûë chez Barbin, „& dont je n'avois paru très frivole, „aussi-bien que ceux de tant d'autres Ouvrages „de galanterie moderne, dont je ne lis jamais „que le premier feuillet. Mais voilà assez par„ler de Mr. de Bonecorse : venons à Mr. Bour„saut, qui est, à mon sens, de tous les Au„teurs que j'ai critiqués, celui qui a le plus de „mérite, &c . . . . .

Ibid. — *Miroir d'Amours, Amitiez, Amourettes.*] *Miroir d'Amours* : Ouvrage de Perrault, intitulé : *Le Miroir, à Durante.*

Amitiez, Amourettes : Les Oeuvres de René Le Pais sont intitulées : *Amitiez, Amours, & Amourettes.* Voïez la note sur le vers 180. de la Satire III.

EPITRE IX.

Et qui parlant beaucoup ne difent jamais rien.
    Mais peut-être enivré des vapeurs de ma Mufe,
Moi-même en ma faveur, Seignelay, je m'abufe.
Ceffons de nous flatter. Il n'eft Efprit fi droit
70 Qui ne foit impofteur, & faux par quelque endroit.
    Sans ceffe on prend le mafque, & quittant la Nature,
On craint de fe montrer fous fa propre figure.
Par là le plus fincère affez fouvent déplaît.
Rarement un Efprit ofe être ce qu'il eft.
75 Vois-tu cet Importun, que tout le monde évite;
Cet homme à toûjours fuïr, qui jamais ne vous quitte?
Il n'eft pas fans efprit: mais né trifte & pefant,
Il veut être folâtre, évaporé, plaifant:
Il s'eft fait de fa joie une loi néceffaire,
80 Et ne déplaît enfin que pour vouloir trop plaire.
    La Simplicité plaît fans étude & fans art.
Tout charme en un Enfant, dont la langue fans fard,
A peine du filet encor débarraffée,
Sait d'un air innocent bégaïer fa penfée.
85 Le faux eft toûjours fade, ennuïeux, languiffant:
Mais la Nature eft vraie, & d'abord on la fent.
C'eft Elle feule en tout qu'on admire, & qu'on aime.
Un Efprit né chagrin plaît par fon chagrin même.

REMARQUES.

Vers 75. *Vois-tu cet Importun* &c.] Ce portrait a été fait fur un homme fort obfcur, dont l'Auteur a oublié le nom.

Vers 88. *Un efprit né chagrin plaît par fon chagrin même.*] M. L. D. D. M. Il ne laiffoit pas d'avoir beaucoup d'amis, & d'être fort eftimé, à caufe de fa probité & de fa vertu. Le Perfonnage du Mifanthrope de Moliere, tout Mifanthrope qu'il eft, ne laiffe pas de plaire auffi, & de fe faire aimer, parce qu'il eft honnête homme. Cela fait même que l'on s'intéreffe dans fa fortune, dans fes fentimens, & dans la malheureufe tendreffe qu'il a pour une coquette.

IMITATIONS.

Vers 84. *Sait d'un air innocent bégaïer fa penfée.*] Perfe, Satire I.
    ——— *Tenero fupplantat verba palato.*

EPITRE IX.

    Chacun pris dans son air est agréable en soi.
90 Ce n'est que l'air d'autrui qui peut déplaire en moi.
    Ce Marquis étoit né doux, commode, agréable.
    On vantoit en tous lieux son ignorance aimable.
    Mais depuis quelques mois devenu grand Docteur,
    Il a pris un faux air, une sotte hauteur.
95 Il ne veut plus parler que de rime & de Prose.
    Des Auteurs décriez il prend en main la cause.
    Il rit du mauvais goût de tant d'Hommes divers,
    Et va voir l'Opera seulement pour les Vers.
    Voulant se redresser, soi-même on s'estropie,
100 Et d'un original on fait une copie.
    L'Ignorance vaut mieux qu'un savoir affecté.
    Rien n'est beau, je reviens, que par la Vérité.
    C'est par elle qu'on plaît, & qu'on peut long-tems plaire.
    L'esprit lasse aisément, si le cœur n'est sincère.
105 En vain, par sa grimace un Bouffon odieux
    A table nous fait rire, & divertit nos yeux.
    Ses bons mots ont besoin de farine & de plâtre.
    Prenez-le tête à tête, ôtez-lui son Théâtre,
    Ce n'est plus qu'un cœur bas, un Coquin ténébreux.
110 Son visage essuïé n'a plus rien que d'affreux.
    J'aime un Esprit aisé qui se montre, qui s'ouvre,
    Et qui plaît d'autant plus, que plus il se découvre.
    Mais la seule Vertu peut souffrir la clarté.
    Le Vice toûjours sombre aime l'obscurité.
115 Pour paroître au grand jour, il faut qu'il se déguise.

REMARQUES.

Vers 91. *Ce Marquis* &c.] M. L. C. D. F. Il avoit autrefois une ignorance fort aimable, & disoit agréablement des incongruités ; mais il perdit la moitié de son mérite, dès qu'il voulut être savant, & se piquer d'avoir de l'esprit.

C'est lui qui de nos mœurs a banni la franchise,
Jadis l'Homme vivoit au travail occupé ;
Et ne trompant jamais, n'étoit jamais trompé.
On ne connoissoit point la Ruse & l'Imposture.
120 Le Normand même alors ignoroit le parjure.
Aucun Rhéteur encore, arrangeant le discours,
N'avoit d'un art menteur enseigné les détours.
Mais si-tôt qu'aux Humains, faciles à séduire,
L'Abondance eut donné le loisir de se nuire,
125 La Mollesse amena la fausse Vanité.
Chacun chercha pour plaire, un visage emprunté.
Pour éblouïr les yeux, la Fortune arrogante
Affecta d'étaler une pompe insolente.
L'Or éclata par tout sur les riches habits.
130 On polit l'Emeraude, on tailla le Rubis ;
Et la Laine & la Soie en cent façons nouvelles
Apprirent à quitter leurs couleurs naturelles.
La trop courte Beauté monta sur des patins.
La Coquette tendit ses lacs tous les matins ;
135 Et mettant la céruse & le plâtre en usage,
Composa de sa main les fleurs de son visage.
L'ardeur de s'enrichir chassa la bonne foi.
Le Courtisan n'eut plus de sentimens à soi.

REMARQUES.

Vers 120. *Le Normand même alors ignoroit le parjure.*] *Je date de loin,* disoit l'Auteur : c'étoit deux cens ans avant le Déluge. Ce n'est pas d'aujourdhui que l'on reproche aux Normands leur peu de sincérité : témoin le Roman de la Roze, fol. 25. de l'édition de 1531.

Male bouche que Dieu maudie,
Ent suidoyers de Normandie.

Les Romains faisoient un pareil reproche aux Grecs :

—— *Græcis nondum jurare paratis*
Per caput alterius. Juvénal, Sat. 6.

IMITATIONS.

Vers 131. *Et la laine & la soie &c.*] Imitation de Virgile, Eclogue 4.
Nec varios discet mentiri lana colores.

EPITRE IX.

Tout ne fut plus que fard, qu'erreur, que tromperie.
140 On vit par tout règner la basse Flatterie.
Le Parnasse sur tout fécond en Imposteurs,
Diffama le papier par ses propos menteurs.
De là vint cet amas d'Ouvrages mercenaires,
Stances, Odes, Sonnets, Epîtres liminaires,
145 Où toûjours le Heros passe pour sans pareil,
Et, fût-il louche & borgne, est réputé Soleil.
Ne crois pas toutefois, sur ce discours bizarre,
Que d'un frivole encens malignement avare,
J'en veüille sans raison frustrer tout l'Univers.
150 La loüange agréable est l'ame des beaux Vers.
Mais je tiens, comme toi, qu'il faut qu'elle soit vraie,
Et que son tour adroit n'ait rien qui nous effraie.
Alors, comme j'ai dit, tu la fais écouter,
Et sans crainte à tes yeux on pourroit t'éxalter.
155 Mais sans t'aller chercher des vertus dans les nuës,
Il faudroit peindre en toi des véritez connuës :
Décrire ton Esprit ami de la Raison,
Ton ardeur pour ton Roi puisée en ta Maison ;
A servir ses desseins ta vigilance heureuse ;
160 Ta probité sincère, utile, officieuse.
Tel, qui hait à se voir peint en de faux portraits,
Sans chagrin voit tracer ses véritables traits.
Condé même, Condé, ce Heros formidable,
Et non moins qu'aux Flamans aux Flatteurs redoutable,

REMARQUES.

Vers 146. *Et fût-il louche & borgne est réputé Soleil.*] M. D. S. Sur-Intendant des Finances, n'avoit qu'un œil ; & on ne laissoit pas de le traiter de *Soleil* dans les Epîtres dédicatoires, & les autres éloges qu'on lui adressoit. Nôtre Poëte a eu particulièrement en vuë cet endroit de l'Eglogue intitulée Christi-ne, que l'Abbé Ménage fit pour la Reine de Suède, en 1656. vers 171.

Le Grand, l'illustre Abel, cet Esprit sans pareil,
Plus clair, plus pénétrant que les traits du Soleil.

258 EPITRE IX.
165 Ne s'offenseroit pas si quelque adroit Pinceau
Traçoit de ses Exploits le fidelle Tableau :
Et dans Seneffe en feu contemplant sa peinture,
Ne désavoûroit pas Malherbe ni Voiture.
Mais, malheur au Poëte insipide, odieux,
170 Qui viendroit le glacer d'un éloge ennuïeux.
Il auroit beau crier : *Premier Prince du Monde,*
Courage sans pareil, Lumière sans seconde :
Ses Vers jettez d'abord, sans tourner le feüillet,
Iroient dans l'antichambre amuser Pacolet.

REMARQUES.

Vers 167. *Et dans Seneffe en feu.*] La Bataille de Seneffe en Flandre gagnée par le Prince de Condé, le 11. d'Août, 1674. contre les Allemans, les Espagnols, & les Hollandois, au nombre de plus de soixante mille hommes commandez par le Prince d'Orange.

Vers 171. ——— *Premier Prince du monde,* &c.] Commencement du Poëme de Charlemagne : adressé au Prince de Condé.

Premier Prince du sang du plus grand Roi
du monde.
Courage sans pareil, lumière sans seconde ;
Et dont l'Esprit égal en diverse Saison,
Sait triompher de tous, & cède à la raison.
&c.

Loüis le Laboureur, Trésorier de France, & Bailli du Duché de Montmorenci, Auteur de ce Poëme, le publia en 1664. Dans l'édition de 1666. il changea ainsi le second vers :
Prince d'une valeur en victoire féconde.
La même année 1666. il parut un autre Poëme de Charlemagne, par Mr. Courtin, Professeur en Rhétorique.

Vers dernier. ——— *Amuser Pacolet.*] Fameux Valet de pié du Grand Prince de Condé. Quand Mr. le Laboureur eut présenté à ce Prince son Poëme de Charlemagne, il en lût quelque chose ; après-quoi il donna le Livre à Pacolet, à qui il renvoïoit ordinairement tous les livres qui l'ennuïoient.

PRE'FACE

PRÉFACE.

JE ne sai si les trois nouvelles Epîtres que je donne ici au Public, auront beaucoup d'Approbateurs : mais je sai bien que mes Censeurs y trouveront abondamment dequoi exercer leur critique. Car tout y est extrèmement hazardé. Dans le premier de ces trois Ouvrages, sous prétexte de faire le procès à mes derniers Vers, je fais moi-même mon éloge, & n'oublie rien de ce qui peut être dit à mon avantage. Dans le second je m'entretiens avec mon Jardinier de choses très-basses, & très-petites; & dans le troisième je décide hautement du plus grand & du plus important point de la Religion, je veux dire de l'Amour de Dieu. J'ouvre donc un beau champ à ces Censeurs, pour attaquer en moi, & le Poëte orgueilleux, & le Villageois grossier, & le Théologien téméraire. Quelques fortes pourtant que soient leurs attaques, je doute qu'elles ébranlent la ferme résolution que j'ai prise il y a long-tems, de ne rien répondre, au moins sur le ton sérieux, à tout ce qu'ils écriront contre moi.

A quoi bon en effet perdre inutilement du papier? Si mes Epîtres sont mauvaises, tout ce que je dirai ne les fera pas trouver bonnes (1): & si elles sont bonnes, tout ce qu'ils feront ne les fera pas trouver mauvaises. Le Public n'est pas un Juge qu'on puisse corriger, ni qui se règle par les passions d'autrui. Tout ce bruit, tous ces Ecrits qui se font ordinairement contre des Ouvrages où l'on court, ne servent qu'à y faire encore plus courir, & à en mieux marquer le mérite. Il est de l'essence d'un bon Livre d'avoir des Censeurs ; & la plus grande disgrace qui puisse arriver à un Ecrit qu'on met au jour, ce n'est pas que beaucoup de gens en disent du mal, c'est que personne n'en dise rien.

Je me garderai donc bien de trouver mauvais qu'on attaque mes trois Epîtres. Ce qu'il y a de certain, c'est que je les ai fort travaillées, & principalement celle de l'Amour de Dieu, que j'ai retouchée plus d'une fois, & où j'avoue que j'ai emploié tout le peu que je puis avoir d'esprit

REMARQUES.

(1) *Si mes Epîtres sont mauvaises.*] Joan. Owen, Epigr. ad Lectorem, pag. m. 122.

Nostra patrocinium non possunt carmina :
quare?
Si bona sunt, bona sunt: si mala sunt, mala sunt.

Il ajoûte dans une autre Epigramme:

Nemo potest versus (nec tanta potentia Regum)
Vel servare malos, vel jugulare bonos.

PRÉFACE.

& de lumières. J'avois dessein d'abord de la donner toute seule, les deux autres me paroissant trop frivoles, pour être présentées au grand jour de l'impression avec un Ouvrage si sérieux. Mais des Amis très-sensez m'ont fait comprendre que ces deux Epîtres, quoique dans le stile enjoué, étoient pourtant des Epîtres morales, où il n'étoit rien enseigné que de vertueux : qu'ainsi étant liées avec l'autre, bien loin de lui nuire, elles pourroient même faire une diversité agréable ; & que d'ailleurs beaucoup d'honnêtes gens souhaitant de les avoir toutes trois ensemble, je ne pouvois pas avec bienséance me dispenser de leur donner une si légère satisfaction. Je me suis rendu à ce sentiment, & on les trouvera rassemblées ici dans un même cahier. Cependant comme il y a des Gens de piété, qui peut-être ne se soucieront gueres de lire les entretiens, que je puis avoir avec mon Jardinier & avec mes Vers, il est bon de les avertir qu'il y a ordre de leur distribuer à part la dernière, savoir celle qui traite de l'Amour de Dieu ; & que non seulement je ne trouverai pas étrange qu'ils ne lisent que celle-là ; mais que je me sens quelquefois moi-même en des dispositions d'esprit, où je voudrois de bon cœur n'avoir de ma vie composé que ce seul Ouvrage, qui vraisemblablement sera la dernière Pièce de Poësie qu'on aura de moi : mon génie pour les Vers commençant à s'épuiser, & mes Emplois historiques ne me laissant gueres le tems de m'appliquer à chercher & à ramasser des rimes.

Voilà ce que j'avois à dire aux Lecteurs. Néanmoins, avant que de finir cette Préface, il ne sera pas hors de propos, ce me semble, de rassûrer des personnes timides, qui n'aiant pas une fort grande idée de ma capacité en matière de Théologie, douteront peut-être que tout ce que j'avance en mon Epître soit fort infaillible ; & appréhenderont, qu'en voulant les conduire, je ne les égare. Afin donc qu'elles marchent sûrement, je leur dirai, vanité à part, que j'ai lû plusieurs fois cette Epître à un fort grand nombre de Docteurs de Sorbonne, de Peres de l'Oratoire & de Jésuites très-célébres (2), qui tous y ont applaudi, & en ont trouvé la doctrine très-saine & très-pure. Que beaucoup de Prélats illustres, à qui je l'ai récitée, en ont jugé comme eux. Que Monseigneur l'Evêque de Meaux (3), c'est-à-dire une des plus grandes Lumieres, qui aient éclairé l'Eglise dans les derniers Siècles, a eû long-tems

REMARQUES.

(2) *Jésuites très-célébres.*] Le R. P. de la Chaize, Confesseur du Roi : le P. Gaillard, fameux Prédicateur, & quelques autres. Voyez ci-après une Lettre écrite par l'Auteur à Mr. Racine, sur ce sujet.

(3) *Mr. l'Evêque de Meaux.*] Jaques Bénigne Bossuet.

PREFACE.

tems mon *Ouvrage* entre les mains; & qu'après l'avoir lû & relû plusieurs fois, il m'a non seulement donné son approbation, mais a trouvé bon que je publiasse à tout le monde qu'il me la donnoit. Enfin que pour mettre le comble à ma gloire, ce saint Archevêque (4), dans le Diocèse duquel j'ai le bonheur de me trouver, ce grand Prélat, dis-je, aussi éminent en doctrine & en vertus, qu'en dignité & en naissance, que le plus grand Roi de l'Univers, par un choix visiblement inspiré du Ciel, a donné à la Ville Capitale de son Roïaume, pour aspirer l'Innocence, & pour détruire l'Erreur; Monseigneur l'Archevêque de Paris, en un mot, a bien daigné aussi examiner soigneusement mon Epitre, & a eû même la bonté de me donner sur plus d'un endroit des conseils que j'ai suivis; & m'a enfin accordé aussi son approbation, avec des éloges dont je suis également ravi & confus (5).

Au reste (6), comme il y a des Gens qui ont publié, que mon Epitre n'étoit qu'une vaine déclamation, qui n'attaquoit rien de réel, ni qu'aucun Homme eût jamais avancé, je veux bien pour l'interêt de la Vérité, mettre ici la Proposition que j'y combats, dans la Langue & dans les termes qu'on la soûtient en plus d'une Ecole. La voici : Attritio ex gehennæ metu sufficit, etiam sine ulla Dei dilectione, & sine ullo ad Deum offensum respectu; quia talis honesta & supernaturalis est. C'est cette Proposition que j'attaque, & que je soûtiens fausse, abominable, & plus contraire à la vraie Religion, que le Lutheranisme ni le Calvinisme. Cependant je ne croi pas qu'on puisse nier qu'on ne l'ait encore soûtenuë, depuis peu, & qu'on ne l'ait même inserée dans quelques Catéchismes (7) en des mots fort approchans des termes Latins, que je viens de rapporter.

REMARQUES.

(4) *Ce saint Archevêque.*] Louïs Antoine de Noailles, Archevêque de Paris, ensuite Cardinal.

(5) *Dont je suis également ravi & confus.*] Dans la première édition de cette Préface, qui parut en 1695. l'Auteur la finissoit par ce petit Article, qu'il supprima dans l'édition suivante, & que je raporte ici pour ne rien dérober à la Postérité de ce que nous avons de lui.

„Je croiois n'avoir plus rien à dire au Le-„cteur. Mais dans le tems même que cette „Préface étoit sous la presse, on m'a aporté une „misérable Epitre en Vers, que quelque Im-„pertinent a fait imprimer; & qu'on veut fai-„re passer pour mon Ouvrage sur l'Amour „de Dieu. Je suis donc obligé d'ajouter „cet article, afin d'avertir le Public, que je „n'ai fait d'Epitre sur l'Amour de Dieu, que „celle qu'on trouvera ici: l'autre étant une pie-„ce fausse, & incomplete, composée de quel-„ques vers qu'on m'a dérobez, & de plu-„sieurs qu'on m'a ridiculement prétez, aussi-„bien que les notes temeraires qui y sont.

(6) *Au reste,* &c.] L'Auteur ajoûta cet article dans l'édition de 1701.

(7) *Dans quelques Catéchismes.*] Voïez le Catéchisme de Mr. Joli, & quelques autres.

Kk 3   EPITRE

EPITRE X.
A MES VERS.

J'Ai beau vous arrêter, ma remontrance est vaine,
Allez, partez, mes Vers, dernier fruit de ma veine;
C'est trop languir chez moi dans un obscur séjour.
La prison vous déplaît, vous cherchez le grand jour;
5 Et déja chez Barbin, ambitieux Libelles,
Vous brûlez d'étaler vos feüilles criminelles.
Vains & foibles Enfans dans ma vieillesse nez,
Vous croïez sur les pas de vos heureux Aînez,
Voir bien-tôt vos bons mots, passant du Peuple aux Princes,
10 Charmer également la Ville & les Provinces;
Et par le promt effet d'un sel réjouïssant,
Devenir quelquefois Proverbes en naissant.

REMARQUES.

L'Auteur aiant été nommé par le Roi en 1677. pour écrire son histoire, sembloit avoir entièrement renoncé à la Poësie. Néanmoins, seize années après, il composa son Ode sur la prise de Namur, en 1693. & l'année suivante il publia la Satire X. contre les Femmes. A la vûë de ce dernier Ouvrage l'audace des Critiques se réveilla : il fut exposé à la censure d'une infinité de Poëtes médiocres ; & ce fut pour leur répondre qu'il composa cette Epître. Elle est écrite avec beaucoup d'art ; & c'est une chose assez singulière d'y voir un Poëte Satirique couvrir ses Censeurs de confusion, rejetter sur eux toute l'indignation du Public, & s'attirer noblement la tendresse & la compassion des Lecteurs. Nôtre Auteur avoit une grande prédilection pour cette Pièce, & il l'appeloit ordinairement *ses Inclinations*. Elle fut faite au commencement de l'année 1695. & l'idée en est prise d'une Epître d'Horace, qui est la vingtième du second Livre.

Vers 5. *Et déja chez Barbin &c.*] Libraire de Paris.

Vers 12. *Devenir quelques fois proverbes en naissant.*] Il y a des expressions heureuses qui renferment un grand sens en peu de paroles : elles sont ordinairement adoptées par le Public, & deviennent bien-tôt proverbes. Tels sont la plûpart des vers de nôtre Auteur.

J'appelle un Chat un Chat, &c. Sat. I.

La

IMITATIONS.

Vers 1. *J'ai beau vous arrêter, &c.*] Horace commence ainsi l'Epitre qu'on vient de citer.
Vertumnum, Janumque, Liber spectare videris:
Scilicet ut prostes Sosiorum pumice mundus.
Odisti claves, & grata sigilla pudico :
Paucis ostendi gemis, & communia laudas. &c.

EPITRE X.

Mais perdez cette erreur, dont l'appas vous amorce.
Le tems n'est plus, mes Vers, où ma Muse en sa force,
15 Du Parnasse François formant les Nourrissons,
De si riches couleurs habilloit ses leçons.
Quand mon Esprit poussé d'un courroux légitime,
Vint devant la Raison plaider contre la Rime ;
A tout le Genre Humain sut faire le procès,
20 Et s'attaqua soi-même avec tant de succès.
Alors il n'étoit point de Lecteur si sauvage,
Qui ne se déridât en lisant mon Oüvrage ;
Et qui, pour s'égaïer, souvent dans ses Discours,
D'un mot pris en mes Vers n'empruntât le secours.
25 Mais aujourd'hui, qu'enfin la Vieillesse venuë,
Sous mes faux cheveux blonds déja toute chenuë,
A jetté sur ma tête, avec ses doigts pesans,
Onze lustres complets, surchargez de trois ans,
Cessez de présumer dans vos folles pensées,
30 Mes Vers, de voir en foule à vos rimes glacées
Courir, l'argent en main, les Lecteurs empressez.
Nos beaux jours sont finis, nos honneurs sont passez.

REMARQUES.

La Raison dit Virgile, & la Rime Quinaut. Sat. II.
Des sottises d'autrui nous vivons au Palais. Ep. II.
Un Fat quelquefois ouvre un avis important. Art Poëtique.
Un Sot trouve toûjours un plus Sot qui l'admire.
Vers 16. *De si riches couleurs habilloit ses leçons.*] L'Art Poëtique.
Vers 18. *Vint devant la Raison plaider contre la Rime.*] Satire deuxième.

Vers 19. *A tout le Genre Humain sut faire le procès.*] Satire huitième.
Vers 20. *Et s'attaqua soi-même &c.*] Satire neuvième.
Vers 25. *Mais aujourd'hui qu'enfin &c.*] Le jugement de l'Auteur sur ce vers & les trois suivans, est contenu dans une lettre qu'il écrivit à Mr. de Maucroix, au mois d'Août 1695. Elle est inserée ci-après.
Vers 28. *Onze lustres complets surchargez de trois ans.*] Cinquante huit ans.

IMITATIONS.

Vers 32. *Nos beaux jours sont finis, nos honneurs sont passez.*] Ce vers ressemble un peu à celui-ci de l'Epître cinquième :
Ainsi que mes beaux jours, mes chagrins sont passez.
Et à cet autre de Racine, dans Mithridate, Acte 3. Sc. 5.
Mes ans se sont accrus : mes honneurs sont détruits.

Dans peu vous allez voir vos froides rêveries
Exciter du Public les justes moqueries ;
35 Et leur Auteur, jadis à Regnier préferé,
A Pinchêne, à Liniere, à Perrin comparé.
Vous aurez beau crier : *O Vieillesse ennemie !*
N'a-t-il donc tant vêcu que pour cette infamie ?
Vous n'entendrez par tout qu'injurieux brocards
40 Et sur vous & sur lui fondre de toutes parts.

Que veut-il, dira-t-on ? Quelle fougue indiscrette
Ramene sur les rangs encor ce vain Athlète ?
Quels pitoïables Vers ! Quel stile languissant !
Malheureux, laisse en paix ton cheval vieillissant,
45 De peur que tout à coup efflanqué, sans haleine,
Il ne laisse, en tombant, son Maître sur l'arene.
Ainsi s'expliqueront nos Censeurs sourcilleux :
Et bien-tôt vous verrez mille Auteurs pointilleux

CHANGEMENS.

Vers 34. *Exciter du Public les justes moqueries.*] L'Auteur avoit mis dans toutes les éditions : *Du Public exciter*, &c. mais je lui proposai ce Changement, & il l'a approuvé.

Vers 36. *A Pinchêne, à Liniere, à Perrin comparé.*] Dans la première composition il y avoit : *A Sanlecque, à Renard, à Bellocq comparé.* Ces trois Poëtes ont composé des Satires, & ils avoient écrit contre la Satire X. de nôtre Auteur ; mais il ne voulut pas faire imprimer leurs noms, & il mit ces trois autres Poëtes qui n'étoient plus vivans. Renard s'étoit réconcilié avec lui, & Bellocq lui avoit fait faire des excuses.

REMARQUES.

Vers 41. *Que veut-il, dira-t-on ?* &c.] Ce sont les propres termes des Censeurs de nôtre Poëte.

Vers 44. *Malheureux, laisse en paix* &c.] C'est la traduction de ces deux vers d'Horace, Ep. I. L. 1.

Solve senescentem maturè sanus equum, ne

Peccet ad extremum ridendus, & illa ducat.
Pradon avoit fait l'application de ces deux vers à Mr. Despréaux, & les avoit mis à la fin d'une Critique intitulée *Reponse à la Satire X. du Sieur D........* Mais nôtre Auteur montre ici à Pradon comment il faut traduire Horace.

IMITATIONS.

Vers 37. ——————— *O vieillesse ennemie !* &c.] Vers du Cid, Acte I. Sc. 4.

EPITRE X.

Pièce à pièce épluchant vos sons & vos paroles,
50 Interdire chez vous l'entrée aux hyperboles;
Traiter tout noble mot de terme hazardeux,
Et dans tous vos Discours, comme monstres hideux,
Hüer la Métaphore, & la Métonymie;
(Grans mots que Pradon croit des termes de Chymie:)
55 Vous soûtenir qu'un Lit ne peut être effronté;
Que nommer la Luxure est une impureté.
En vain contre ce flot d'aversion publique
Vous tiendrez quelque tems ferme sur la Boutique;
Vous irez à la fin, honteusement exclus,
60 Trouver au Magazin Pirame, & Régulus,
Ou couvrir chez Thierry, d'une feüille encor neuve,
Les Méditations de Buzée & d'Hayneuve;
Puis, en tristes lambeaux semez dans les Marchez,
Souffrir tous les affronts au Jonas reprochez.

REMARQUES.

Vers 54. *Grans mots que Pradon croit des termes de Chymie.*] Allusion à un fameux trait d'ignorance de Pradon qui ne savoit pas faire la différence de la Chronologie & de la Géographie. Ce trait est rapporté ci-devant sur le dernier vers de l'Epitre VII.

Vers 55. ——— *Qu'un lit ne peut être effronté.*] Perraut, Pradon, & quelques autres, s'étoient acharnez sur cette expression, qui est tirée du vers 345. de la Satire V.

Se font des mots entiers sur un lit effronté
Traiter d'une visible & parfaite santé.

Rien n'est plus commun que cette Figure dans la Poësie. Horace, Ode 37. du Livre I.

——— *Dum Capitolio*
Regina dementes ruinas - - - - parabat.

La Reine Cléopatre préparoit de folles ruines au Capitole; pour dire, *La folle Reine préparoit* &c. Mr. le Prince de Conti ne blâmoit pas l'Epithète *d'effronté,* mais il trouvoit qu'elle présentoit un autre sens, & qu'elle disoit plus que l'Auteur n'avoit voulu dire. Mr. Despréaux convenoit

que c'étoit la seule bonne critique qui lui eut été faite sur cet endroit.

Vers 56. *Que nommer la Luxure est une impureté.*] Mr. Perraut fit la Critique de la Satire X dans la Préface qu'il mit à son *Apologie des Femmes.* Cet Ecrivain blâmoit Mr. Despréaux d'avoir parlé des *Heros à voix luxurieuse,* & de la *Morale lubrique des Opera*; & condamnoit ces expressions, comme contraires à la pudeur. Mais nôtre Auteur fut pleinement justifié de cette accusation par Mr. Arnauld, dans une Lettre que ce célèbre Docteur écrivit à Mr. Perraut lui-même, & qui est inserée à la fin des Oeuvres de Mr. Despréaux.

Vers 60 ——— *Pirame & Régulus.*] Pièces de Théatre de Pradon.

Vers 62. *Les Méditations de Buzée & d'Hayneuve.*] Nôtre Auteur étant un jour dans la Boutique de Thierry son Libraire, s'apperçut qu'on avoit emploié les Tragédies de Pradon à enveloper les Méditations du P. *Julien Hayneuve,* Jésuite. Le P *Buzée,* autre Jésuite a fait aussi des Méditations autrefois estimées.

Vers 64. ——— *Tous les affronts au Jonas reprochez.*] *Jonas,* Poëme héroïque, non vendu. Voicz le vers 91. de la Satire IX.

65 Mais quoi ? de ces discours, bravant la vaine attaque,
Déja comme les Vers de Cinna, d'Andromaque,
Vous croïez à grans pas, chez la Posterité
Courir, marquez au coin de l'Immortalité.
Hé bien, contentez donc l'orgueil qui vous enivre.
70 Montrez-vous, j'y consens : mais, du moins, dans mon Livre
Commencez par vous joindre à mes premiers Ecrits.
C'est là qu'à la faveur de vos Freres chéris,
Peut-être enfin soufferts, comme Enfans de ma plume,
Vous pourrez vous sauver, épars dans le volume.
75 Que si mêmes un jour le Lecteur gracieux,
Amorcé par mon nom, sur vous tourne les yeux ;
Pour m'en récompenser, mes Vers, avec usure,
De vôtre Auteur alors faites-lui la peinture :
Et, sur tout, prenez soin d'effacer bien les traits
80 Dont tant de Peintres faux ont flétri mes portraits.
Déposez hardiment : qu'au fond cet Homme horrible,
Ce Censeur qu'ils ont peint si noir & si terrible,
Fut un Esprit doux, simple, ami de l'Equité,
Qui cherchant dans ses Vers la seule Vérité,
85 Fit, sans être malin, ses plus grandes malices,
Et qu'enfin sa candeur seule a fait tous ses vices.
Dites, que harcelé par les plus vils Rimeurs,
Jamais, blessant leurs Vers, il n'effleura leurs mœurs :

REMARQUES.

V. 66. ―――― *De Cinna, d'Andromaque.*] *Cinna*, Tragédie de Corneille : *Andromaque*, Tragédie de Racine.

Vers 74. *Vous pourrez vous sauver, épars dans le volume.*] L'Auteur se repentoit d'avoir publié la Satire X. en un volume séparé, les Critiques la voïant ainsi seule, l'avoient attaquée avec plus de hardiesse, & cela lui fit prendre la résolution de ne plus donner aucun Ouvrage qu'il ne l'inserât en même tems dans le volume de ses Oeuvres.

Vers 81. *Déposez hardiment*, &c.] L'Auteur a fait mettre ces vers au bas de son Portrait, en les disposant ainsi :

*Tu peux voir dans ces traits, qu'au fond cet
   Homme horrible,
Ce Censeur qu'on a crû si noir & si terrible,
Fut un esprit doux, simple, ami de l'Equité,
Qui cherchant dans ses vers la seule Vérité,
Fis, sans être malin, ses plus grandes malices :
   Et sa candeur fit tous ses vices.*

EPITRE IX.

Libre dans ses discours, mais pourtant toujours sage;
90 Assez foible de corps, assez doux de visage,
Ni petit, ni trop grand, très-peu voluptueux,
Ami de la Vertu plûtôt que vertueux.
  Que si quelcun, mes Vers, alors vous importune,
Pour savoir mes parens, ma vie & ma fortune,
95 Contez-lui, qu'allié d'assez hauts Magistrats,
Fils d'un Pere Greffier, né d'Aieux Avocats;
Dès le berceau perdant une fort jeune Mere,
Réduit, seize ans après, à pleurer mon vieux Pere;
J'allai d'un pas hardi, par moi-même guidé,
100 Et de mon seul Génie en marchant secondé,
Studieux amateur & de Perse, & d'Horace,
Assez près de Regnier m'asseoir sur le Parnasse.
  Que par un coup du Sort au grand jour amené,
Et des bords du Permesse à la Cour entraîné,
105 Je sûs, prenant l'essor par des routes nouvelles,
Elever assez haut mes Poëtiques ailes;
Que ce Roi, dont le nom fait trembler tant de Rois,
Voulut bien que ma main craïonnât ses exploits:

REMARQUES.

Vers 92. *Ami de la Vertu plûtôt que Vertueux.*] Ce vers, au jugement de l'Auteur même, est un des plus beaux, & des plus sensez qu'il ait faits.

Vers 95. ―――― *Allié d'assez hauts Magistrats.*] MM. de Bragelonne; Amelot Président à la Cour des Aides; Gilbert Président aux Enquétes, Gendre de Mr. Dongois; De Lionne, Grand-Audiancier de France; & plusieurs autres Maisons illustres dans la Robe.

Vers 96. *Fils d'un Pere Greffier,* &c.] Gilles Boileau, Greffier du Conseil de la Grand-Chambre: né le 28. de Juin, 1584.

―――――― *Né d'Aieux Avocats.*] Il tire son origine de *Jean Boileau,* Notaire & Secretaire du Roi, qui obtint des Lettres de Noblesse pour lui & pour sa postérité, au mois de Septembre 1371. *Jean Boileau* fut un des quatre nommez pour éxercer sa charge près du Parlement; & *Henri Boileau* son Petit-fils, fut reçû en 1408. Avocat du Roi en la même Cour. Quelques-uns de leurs Descendans ont été de célèbres Avocats.

Vers 97. *Dès le Berceau perdant une fort jeune Mere.*] Il n'avoit qu'onze mois quand *Anne Denielle* sa Mere mourut âgée de 23. ans, en 1637.

Vers 98. *Réduit seize ans après à pleurer mon vieux Pere.*] Il mourut en 1657. âgé de 73. ans.

Vers 102. *Assez près de Regnier m'asseoir sur le Parnasse.*] Cela est bien modeste. Il a parlé plus hardiment quand il n'a fait que rapporter les sentimens du Public: *Et leur Auteur jadis à Regnier préféré.* vers 35.

Vers 108. ―――― *Craïonnât ses exploits.*] Il fut nommé pour écrire l'Histoire du Roi avec Mr. Racine, au mois d'Octobre 1677.

Que plus d'un Grand m'aima jusques à la tendresse,
110 Que ma vûë à Colbert inspiroit l'allégresse :
Qu'aujourd'hui même encor de deux sens affoibli,
Retiré de la Cour, & non mis en oubli :
Plus d'un Heros épris des fruits de mon étude,
Vient quelquefois chez moi goûter la solitude.
115 Mais des heureux regards de mon Astre étonnant
Marquez bien cet effet encor plus surprenant,
Qui dans mon souvenir aura toûjours sa place :
Que de tant d'Ecrivains de l'Ecole d'Ignace,
Etant, comme je suis, ami si déclaré,
120 Ce Docteur toutefois si craint, si réveré,
Qui contre Eux de sa plume épuisa l'énergie,
Arnauld, le grand Arnauld fit mon apologie.
Sur mon tombeau futur, mes Vers, pour l'énoncer,
Courez en lettres d'or de ce pas vous placer.
125 Allez jusqu'où l'Aurore en naissant voit l'Hydaspe,
Chercher, pour l'y graver, le plus précieux Jaspe.

REMARQUES.

Vers 109. *Que plus d'un Grand* &c.] Madame la Duchesse d'Orléans, première Femme de Monsieur. Le Grand Prince de Condé, & Mr. le Prince son Fils. Mr. le Prince de Conti. Mr. le Premier Président de Lamoignon ; Mr. le Maréchal de Vivonne ; & Mesdames de Montespan, & de Thiange, ses Sœurs : enfin toute la Cour, excepté Mr. le Duc de Montauzier : *Præter atrocem animum Catonis.* Ce Duc lui donna même son amitié dans la suite.

Vers 110. *Que ma vûë à Colbert* &c.] Mr. Colbert mena un jour dans sa belle maison de Seaux, Mr. Despréaux, & Mr. Racine. Il étoit seul avec eux, prenant un extrême plaisir à les entendre ; quand on vint lui dire que Mr. l'Evêque de...... demandoit à le voir : *Qu'on lui fasse voir tout, hormis moi*, dit Mr. Colbert.

Vers 111. ―――― *De deux sens affoibli.*] De la vûë, & de l'ouïe.

Vers 112. *Retiré de la Cour*, &c.] Il n'y alloit plus depuis l'année 1690, & il s'en étoit retiré pour joüir de la liberté & du repos. Après la mort de Mr. Racine, il alla voir le Roi pour lui apprendre cette mort, & recevoir ses ordres par raport à son Histoire dont il se trouvoit seul chargé. Sa Majesté le reçut avec bonté, & quand il voulut se retirer, le Roi en lui faisant voir sa montre qu'il tenoit par hazard à la main, lui dit obligeamment : *Souvenez-vous que j'ai toûjours à vous donner une heure par semaine, quand vous voudrez venir.*

Vers 113. *Plus d'un Heros* &c.] Mr. le Marquis de Termes, Mr. de Cavois, Mr. de Pontchartrain, Mr. Daguesseau, & plusieurs autres ; mais particulierement Mr. le Duc, & Mr. le Prince de Conti, qui l'honoroient souvent de leurs visites à Auteüil.

Vers 118. *Que de tant d'Ecrivains de l'Ecole d'Ignace.*] Les Peres, Rapin, Bourdaloüe, Bouhours, Gaillard, Thoulier, &c.

Vers 122. ―――― *Le grand Arnauld fit mon apologie.*] Mr Arnauld a fait une Dissertation où il le justifie contre ses Censeurs ; & c'est son dernier Ouvrage. On le trouvera à la fin de ce Volume.

Vers 125. ―――― *En naissant voit l'Hydaspe.*] Fleuve des Indes.

EPITRE IX.

Sur tout à mes Rivaux sachez bien l'etaler.
Mais je vous retiens trop. C'est assez vous parler.
Déja, plein du beau feu qui pour vous le transporte,
130 Barbin impatient chez moi frape à la porte.
Il vient pour vous chercher. C'est lui : j'entens sa voix.
Adieu, mes Vers, adieu pour la derniere fois.

EPITRE XI.
A MON JARDINIER.

Laborieux Valet du plus commode Maître,
Qui pour te rendre heureux ici-bas, pouvoit naître;
Antoine, Gouverneur de mon Jardin d'Auteüil,
Qui diriges chez moi l'If & le Chevre-feüil,
5 Et sur mes Espaliers, industrieux Génie,
Sais si bien éxercer l'Art de la Quintinie;
O! que de mon esprit triste & mal ordonné,
Ainsi que de ce champ par toi si bien orné,

REMARQUES.

Notre Poëte travaillant à son Ode sur la prise de Namur, se promenoit dans les Allées de son Jardin d'Auteüil. Là il tâchoit d'exciter son feu, & s'abandonnoit à l'Enthousiasme. Un jour il s'apperçut que son Jardinier l'écoutoit, & l'observoit au travers des feuillages. Le Jardinier surpris ne savoit pas à quoi attribuer les transports de son Maître, & peu s'en falut qu'il ne le soupçonnât d'avoir perdu l'esprit. Les postures que le Jardinier faisoit de son côté, & qui marquoient son étonnement, parurent fort plaisantes au Maître: de sorte qu'ils se donnèrent quelque tems la Comédie l'un à l'autre, sans s'en apercevoir. Cela lui fit naître l'envie de composer cette Epître, dans laquelle il s'entretient avec son Jardinier, &, par des discours proportionnés aux connoissances d'un Villageois, il lui explique les difficultez de la Poësie, & la peine qu'il y a sur tout d'exprimer noblement & avec élégance, les choses les plus communes & les plus sèches. De là il prend occasion de lui démontrer que le Travail est nécessaire à l'Homme pour être heureux.

Cette Epître fut composée en 1695. Horace a aussi adressé une Epître à son Fermier: c'est la quatorzième du premier Livre. Mais ces deux Poëtes ont suivi des routes différentes.

Vers 3. *Antoine, Gouverneur de mon Jardin d'Auteüil.*] Antoine Riquié, né à Paris. Mr. Despréaux l'avoit trouvé dans cette Maison lorsqu'il l'acheta en 1685., & l'a toûjours gardé à son service. Après la composition de cette Epître, la plûpart des personnes qui alloient voir l'Auteur, félicitoient *Maître Antoine* de l'honneur que son Maître lui avoit fait; & tous lui envioient une distinction si glorieuse. Le P. Bouhours Jésuïte lui en fit compliment comme les autres. *N'est-il pas vrai, Maître Antoine,* lui dit-il d'un air railleur, *que l'Epître que votre Maître vous a adressée, est la plus belle de toutes ses Pièces? Nenni-da, mon Pere,* répondit Maître Antoine; *C'est celle de l'Amour de Dieu.*

Vers 6. ——— *L'Art de la Quintinie.*] Jean de la Quintinie, Directeur des Jardins fruitiers & potagers du Roi. Il a réduit en Art la culture des Arbres fruitiers.

IMITATIONS.

Vers 7. *O! que de mon esprit &c.*] Horace dans l'Epître que l'on vient de citer:
*Certemus, spinas animône ego fortiùs, an tu
Evellas agro; & melior sit Horatius, an res.*

EPITRE XI.

Ne puis-je faire ôter les ronces, les épines,
10 Et des défauts sans nombre arracher les racines !
Mais parle : Raisonnons. Quand du matin au soir,
Chez moi poussant la bêche, ou portant l'arrosoir,
Tu fais d'un sable aride une terre fertile,
Et rends tout mon Jardin à tes loix si docile ;
15 Que dis-tu, de m'y voir rêveur, capricieux,
Tantôt baissant le front, tantôt levant les yeux,
De paroles dans l'air par élans envolées,
Effraïer les Oiseaux perchez dans mes allées ?
Ne soupçonnes-tu point, qu'agité du Démon,
20 Ainsi que ce Cousin des quatre Fils-Aimon,
Dont tu lis quelquefois la merveilleuse histoire,
Je rumine, en marchant, quelque endroit du Grimoire ?
Mais non : Tu te souviens qu'au Village on t'a dit,
Que ton Maître est nommé, pour coucher par écrit,
25 Les faits d'un Roi plus grand en sagesse, en vaillance,
Que Charlemagne aidé des douze Pairs de France.
Tu crois qu'il y travaille, & qu'au long de ce mur
Peut-être en ce moment il prend Mons & Namur.

CHANGEMENS.

Vers 24. *Que ton Maître est nommé*, &c.] Ce vers & les deux suivans étoient ainsi dans la première composition :
Que ton Maître est gagé pour mettre par écrit
Les faits de ce grand Roi vanté pour sa vaillance,
Plus qu'Ogier le Danois, ni Pierre de Provence.

REMARQUES.

Vers 20. *Ainsi que ce Cousin des quatre Fils-Aimon.*] Maugis, surnommé l'Enchanteur, vaillant & preux Chevalier, lequel au monde n'avoit son pareil en l'art de Négromancie. L'Histoire que nous avons des quatre Fils-Aimon, est fort ancienne. Elle avoit été inventée dans ces tems où la barbarie & l'ignorance avoient introduit le goût de la Chevalerie. Ces sortes de Romans sont fort aimez du peuple grossier ; parce qu'ils contiennent des avantures merveilleuses, & des prodiges inouïs.

Vers 26. *Que Charlemagne aidé des douze Pairs de France.*] Nôtre Auteur s'accomode au goût & aux Lumières de son Jardinier, grand lecteur d'anciens Romans. Ici il fait allusion à un Ouvrage de cette espèce, intitulé : *La Conquête de Charlemagne, grand Roi de France & des Espagnes ; avec les faits & les gestes des douze Pairs de France*, &c. Voïez les Recherches de Pasquier, L. 2. c. 9. & 10.

EPITRE XI.

Que penſerois-tu donc, ſi l'on t'alloit apprendre,
30 Que ce grand Chroniqueur des geſtes d'Alexandre,
Aujourd'hui méditant un projet tout nouveau,
S'agite, ſe démène, & s'uſe le cerveau,
Pour te faire à toi-même en rimes inſenſées
Un bizarre portrait de ſes folles penſées?
35 Mon Maître, dirois-tu, paſſe pour un Docteur,
Et parle quelquefois mieux qu'un Prédicateur.
Sous ces arbres pourtant, de ſi vaines ſornettes
Il n'iroit point troubler la paix de ces Fauvettes;
S'il lui falloit toûjours, comme moi, s'éxercer,
40 Labourer, couper, tondre, applanir, paliſſer,
Et dans l'eau de ces puits ſans relâche tirée,
De ce ſable étancher la ſoif démeſurée.
Antoine, de nous deux tu crois donc, je le voi,
Que le plus occupé dans ce Jardin, c'eſt toi.
45 O! que tu changerois d'avis, & de langage!
Si deux jours ſeulement libre du jardinage,

CHANGEMENS.

Vers 30. *Que ce grand Chroniqueur des geſtes d'Alexandre.*] Première manière: *Que ce grand Ecrivain des exploits d'Alexandre.*
Vers 46. *Si deux jours ſeulement libre du Jardinage, &c.*] Il y avoit dans la première compoſition:
Si deux jours ſeulement chargé de mon Ouvrage,
Il te faloit ſonger, &c.

REMARQUES.

Vers 36. *Et parle quelquefois mieux qu'un Prédicateur.*] Voici l'original de cette penſée. Un jour Mr. Deſpréaux & Mr. Racine venant de faire leur Cour à Verſailles, ſe mirent dans un Carroſſe public, avec deux bons Bourgeois qui s'en retournoient à Paris. Ces deux Meſſieurs étoient contens de leur Cour: ils furent extrèmement enjoüez pendant tout le chemin, & leur converſation fut la plus vive, la plus brillante, & la plus ſpirituelle du monde. Les deux Bourgeois étoient enchantez, & ne pouvoient ſe laſſer de marquer leur admiration. Enfin, à la deſcente du Carroſſe, tandis que l'un d'eux faiſoit ſon compliment à Mr. Racine, l'autre s'arrêta avec Mr. Deſpréaux, & l'aiant embraſſé bien tendrement: *J'ai été en voïage*, lui dit-il, *avec des Docteurs de Sorbone, & même avec des Religieux; mais je n'ai jamais oüi dire de ſi belles choſes. En vérité, vous parlez cent fois mieux qu'un Prédicateur.*

EPITRE XI.

Tout à coup devenu Poëte & bel Esprit,
Tu t'allois engager à polir un Ecrit,
Qui dît, sans s'avilir, les plus petites choses,
50 Fît, des plus secs Chardons, des Oeillets & des Roses;
Et sût même au discours de la Rusticité
Donner de l'élégance & de la dignité;
Un Ouvrage, en un mot, qui, juste en tous ses termes,
Sût plaire à Daguesseau, sût satisfaire Termes;
55 Sût, dis-je, contenter, en paroissant au jour,
Ce qu'ont d'Esprits plus fins & la Ville & la Cour.
Bien-tôt de ce travail revenu sec & pâle,
Et le teint plus jauni que de vingt ans de hâle:
Tu dirois, reprenant ta pelle & ton râteau;
60 J'aime mieux mettre encor cent arpens au Niveau,
Que d'aller follement, égaré dans les nuës,
Me lasser à chercher des visions cornuës;
Et pour lier des mots si mal s'entr'accordans,
Prendre dans ce Jardin la Lune avec les dens.
65 Approche donc, & vien; qu'un Paresseux t'apprenne,
Antoine, ce que c'est que fatigue, & que peine.
L'Homme ici-bas toûjours inquiet, & gêné,
Est, dans le repos même, au travail condamné.

CHANGEMENS.

Vers 51. *Et sût même au discours*, &c.] Au lieu de ce vers & des cinq suivans, l'Auteur n'avoit d'abord fait que ceux-ci:
Et qui pût contenter, en paroissant au jour,
Daguesseau dans la Ville, & Termes à la Cour.
Mais dans la suite il ajoûta les quatre précédens, & changea ces deux derniers.

REMARQUES.

Vers 54. *Sût plaire à Daguesseau*, &c.] Henri-François Daguesseau, alors Avocat Général au Parlement de Paris, & ensuite Procureur Général.

Ibid. ——— *Sût satisfaire Termes.*] Roger de Pardaillan de Gondrin, Marquis de Termes. il mourut au mois de Mars 1704.

La fatigue l'y fuit. C'est en vain qu'aux Poëtes
70 Les neuf trompeufes Sœurs, dans leurs douces retraites,
Promettent du repos fous leurs ombrages frais:
Dans ces tranquilles Bois pour Eux plantez exprès,
La Cadence auſſi-tôt, la Rime, la Céſure,
La riche Expreſſion, la nombreuſe Meſure,
75 Sorcieres, dont l'amour fait d'abord les charmer,
De fatigues ſans fin viennent les conſumer.
Sans ceſſe pourſuivant ces fugitives Fées,
On voit fous les Lauriers haleter les Orphées.
Leur Eſprit toutefois ſe plaît dans ſon tourment,
80 Et ſe fait de ſa peine un noble amuſement.
Mais je ne trouve point de fatigue ſi rude,
Que l'ennuïeux loiſir d'un Mortel ſans étude,
Qui jamais ne ſortant de ſa ſtupidité,
Soûtient, dans les langueurs de ſon oiſiveté,
85 D'une lâche Indolence eſclave volontaire,
Le pénible fardeau de n'avoir rien à faire.
Vainement offuſqué de ſes penſers épais,
Loin du trouble & du bruit il croit trouver la paix.
Dans le calme odieux de ſa ſombre pareſſe,
90 Tous les honteux Plaiſirs, Enfans de la Molleſſe,
Uſurpant fur ſon Ame un abſolu pouvoir,
De monſtrueux deſirs le viennent émouvoir,

REMARQUES.

Vers 77. ──── ─── Ces fugitives Fées.] Les Muſes.
Vers 90. Tous les honteux Plaiſirs, Enfans de la Molleſſe] On ne ſauroit parler avec plus de circonſpection, ni plus de ſageſſe.

IMITATIONS.

Vers 82. Que l'ennuïeux loiſir d'un Mortel ſans étude.] Otium ſine litteris, mors eſt, & vivi hominis ſepultura. Seneca.
Vers 91. Uſurpant ſur ſon Ame un abſolu pouvoir.] Perſe, Satire cinquième.
──── Si Imus, eiſi in jecore ægro
Naſcantur Domini.

EPITRE XI.

Irritent de ſes ſens la fureur endormie,
Et le font le joüet de leur triſte infamie.
95 Puis ſur leurs pas ſoudain arrivent les Remords:
Et bien-tôt avec Eux tous les Fléaux du corps,
La Pierre, la Colique, & les Goutes cruelles.
Guenaud, Rainſſant, Brayer, preſqu'auſſi triſtes qu'Elles,
Chez l'indigne Mortel courent tous s'aſſembler,
100 De travaux douloureux le viennent accabler;
Sur le duvet d'un Lit, théatre de ſes gênes,
Lui font ſcier des Rocs, lui font fendre des Chênes,
Et le mettent au point d'envier ton emploi.
Reconnois donc, Antoine, & conclus avec moi,
105 Que la Pauvreté mâle, active & vigilante,
Eſt, parmi les travaux, moins laſſe, & plus contente,
Que la Richeſſe oiſive au ſein des Voluptez.
Je te vai ſur cela prouver deux véritez.
L'une, que le travail aux Hommes néceſſaire,
110 Fait leur félicité, plûtôt que leur miſère;
Et l'autre, qu'il n'eſt point de Coupable en repos.
C'eſt ce qu'il faut ici montrer en peu de mots.

CHANGEMENS.

Vers 97. *La Pierre, la Colique, & les Goutes cruelles,* &c.] Premiére compoſition :   *La Goute aux doigts noüez, la Pierre, la Gravelle,*
    D'ignorans Médecins encor plus fâcheux qu'elle.

Vers 111. ――― *Qu'il n'eſt point de Coupable en repos.*] Premiére manière
avant l'impreſſion : ――― *Qu'en Dieu ſeul on trouve ſon repos.*

REMARQUES.

Vers 98. *Guenaud, Rainſſant, Brayer,* &c.] Trois fameux Médecins de Paris ; mais ils étoient morts pluſieurs années avant la compoſition de cette Epître.

Vers 102. *Lui font ſcier des Rocs, lui font fendre des Chênes.*] L'Auteur aiant récité ſa Piéce à Mr. Dagueſſeau, Avocat Général, qui l'étoit allé voir à Auteüil, ce Magiſtrat condamna ce vers : Il trouvoit la Métaphore qu'il contient, trop hardie & trop violente. Mr. Deſpréaux lui répondit, que ſi ce vers n'étoit pas bon, il faloit brûler toute la Piéce.

IMITATIONS.

Vers 101. *Sur le duvet d'un Lit, théatre de ſes gênes.*] Pſeaume 40. v. 3. *Super lectum doloris ejus.*

Sui-moi donc. Mais je voi, fur ce début de prône,
Que ta bouche déja s'ouvre large d'une aune ;
115 Et que les yeux fermez tu baisses le menton;
Ma foi, le plus sûr est de finir ce sermon.
Aussi-bien j'apperçoi ces Melons qui t'attendent,
Et ces Fleurs, qui là-bas entre elles se demandent ;
S'il est fête au Village ; & pour quel Saint nouveau
120 On les laisse aujourd'hui si long-tems manquer d'eau.

REMARQUES.

Vers 114. *Que ta bouche déja s'ouvre large d'une aune, &c.*] L'Auteur faisoit remarquer cette peinture naïve d'un Homme qui s'endort.

EPITRE XII.
SUR L'AMOUR DE DIEU,
A MONSIEUR L'ABBE' RENAUDOT.

Docte Abbé; tu dis vrai, l'Homme au crime attaché,
En vain, sans aimer Dieu, croit sortir du péché.
Toutefois, n'en déplaise aux transports frénétiques
Du fougueux Moine auteur des troubles Germaniques,
5 Des tourmens de l'Enfer la salutaire Peur
N'est pas toûjours l'effet d'une noire vapeur.

REMARQUES.

Voici à quelle occasion cette Epitre a été faite. L'Auteur lui-même s'en explique dans une Lettre qu'il m'écrivit au mois de Novembre, 1709. „Long-tems avant la compo-„sition de cette Pièce, dit-il, j'étois fameux par „les fréquentes disputes que j'avois soûtenuës en „plusieurs endroits, pour la défense du vrai „Amour de Dieu, contre beaucoup de mauvais „Théologiens. De sorte que me trouvant de loi-„sir un Carême, je ne crus pas pouvoir mieux „emploier ce loisir, qu'à exprimer par écrit les „bonnes pensées que j'avois là-dessus. C'étoit le Carême de l'année 1695.
Mr Bayle, dans son Dictionaire, à l'article *Antoine* ARNAULD, raporte un fait que l'on a ouï reciter à Mr Despréaux. Il dit, que Mr. Arnauld aiant fait l'Apologie de la Satire X. contre les Femmes, quelques-uns de ses Amis, trouvèrent mauvais que ce grave Docteur, âgé de 84. ans, eût entrepris la défense d'un Ouvrage où il n'étoit question, disoient ils, que de Femmes, de Vers, & de Romans. Ils regardoient la Poësie comme un amusement frivole qui n'auroit pas dû arrêter un moment ce profond Génie. Mr. Despréaux composa l'Epitre *sur l'Amour de Dieu*, pour montrer à ces Censeurs faussement délicats, que la Poësie, dont ils avoient si mauvaise opinion, peut-traiter les sujets les plus relevez.

La fonction que je fais ici de Commentateur, ne demande pas que je m'érige en Théologien, pour appuïer ou pour combattre les propositions de mon Auteur. Laissant donc tout ce qui concerne le Dogme, je me bornerai au peu de Remarques historiques qu'il y a occasion de faire par raport à cette Epitre.

Vers 1. *Docte Abbé.*] On ne doutera pas que cette épithète ne soit dûë à Mr. l'Abbé Renaudot, de l'Académie Françoise. Les preuves de sa profonde érudition se voient dans les deux Volumes qu'il a publiez sur *la Perpétuité de la Foi*, en forme d'Addition à l'Ouvrage de Mr. Arnauld. Le Privilège du quatrième Volume imprimé en 1711. aprend que ce *docte Abbé* est prêt à mettre sous la presse beaucoup d'autres Livres sur des matières également savantes.

Vers 4. *Du fougueux Moine* &c.] Luther, étoit d'Allemagne. Il condamnoit toute Pénitence faite par un motif de crainte, parce que la crainte, selon lui, ne pouvoit faire que des hipocrites. Il disoit encore, que la peur des peines de l'Enfer est criminelle ; & qu'elle offense la bonté de Dieu. Voiez son second Sermon sur la Pénitence, & sa Dispute de Leipsik contre Eckius.

EPITRE XII.

Qui de remords sans fruit agitant le Coupable,
Aux yeux de Dieu le rende encor plus haïssable.
Cette utile fraïeur, propre à nous pénétrer,
10 Vient souvent de la Grace en nous prête d'entrer,
Qui veut dans nôtre cœur se rendre la plus forte,
Et, pour se faire ouvrir, déja frappe à la porte.
Si le Pécheur, poussé de ce saint mouvement,
Reconnoissant son crime, aspire au Sacrement,
15 Souvent Dieu tout à coup d'un vrai zèle l'enflame.
Le Saint Esprit revient habiter dans son ame,
Y convertit enfin les ténèbres en jour,
Et la crainte servile en filial Amour.
C'est ainsi que souvent la Sagesse suprême,
20 Pour chasser le Démon, se sert du Démon même.
Mais lorsqu'en sa malice un Pécheur obstiné,
Des horreurs de l'Enfer vainement étonné,
Loin d'aimer, humble Fils, son véritable Pere,
Craint & regarde Dieu comme un Tiran sévère;
25 Au bien qu'il nous promet ne trouve aucun appas,
Et souhaite en son cœur, que ce Dieu ne soit pas.
En vain la Peur sur lui remportant la victoire;
Aux piez d'un Prêtre il court décharger sa mémoire.
Vil Esclave toûjours sous le joug du péché,
30 Au Démon qu'il redoute il demeure attaché.
L'Amour essentiel à nôtre pénitence
Doit être l'heureux fruit de nôtre repentance.

REMARQUES.

Vers 10. *Vient souvent de la Grace en nous prête d'entrer.*] Concile de Trente, Session XIV. c. 4. *Verùm etiam donum Dei esse, & Spiritûs Sancti impulsum, non adhuc quidem inhabitantis, sed tantùm moventis, quo pœnitens adjutus, viam sibi ad justitiam parat.*

Vers 26. *Et souhaite en son cœur, que ce Dieu ne soit pas.*] Pseaume 13. v. 1.:
Dixit Insipiens in corde suo, non est Deus.

Non, quoi que l'Ignorance enseigne sur ce point,
Dieu ne fait jamais grace à qui ne l'aime point.
35 A le chercher la Peur nous dispose & nous aide :
Mais il ne vient jamais, que l'Amour ne succède.
Cessez de m'opposer vos discours imposteurs,
Confesseurs insensez, ignorans Séducteurs,
Qui pleins des vains propos, que l'Erreur vous débite,
40 Vous figurez qu'en vous, un pouvoir sans limite
Justifie à coup sûr tout Pécheur alarmé :
Et que sans aimer Dieu, l'on en peut être aimé.
  Quoi donc, cher Renaudot, un Chrétien effroïable,
Qui jamais, servant Dieu, n'eut d'objet que le Diable ;
45 Pourra, marchant toûjours dans des sentiers maudits,
Par des formalitez gagner le Paradis ;
Et parmi les Elûs, dans la Gloire éternèle,
Pour quelques Sacremens reçûs sans aucun zèle,
Dieu fera voir aux yeux des Saints épouvantez
50 Son ennemi mortel assis à ses côtez ?
Peut-on se figurer de si folles chimères ?
On voit pourtant, on voit des Docteurs même austères,
Qui les semant par tout, s'en vont pieusement
De toute piété saper le fondement,
55 Qui, le cœur infecté d'erreurs si criminèles,
Se disent hautement les purs, les vrais Fidèles ;
Traitant d'abord d'Impie, & d'Hérétique affreux,
Quiconque ose pour Dieu se déclarer contre Eux.
De leur audace en vain les vrais Chrétiens gémissent :
60 Prêts à la repousser les plus hardis mollissent ;

REMARQUES.

Vers 35. *A le chercher la Peur nous dispose & nous aide.*] Concile de Trente, Sess. 14. c. 4. | Eum (Peccatorem) ad Dei gratiam in Sacramento Pœnitentiæ impetrandum disponit.

Et voïant contre Dieu le Diable accrédité,
N'ofent qu'en bégaïant prêcher la vérité.
Mollirons-nous auffi ? Non, fans peur, fur ta trace,
Docte Abbé, de ce pas j'irai leur dire en face :
65 Ouvrez les yeux enfin, Aveugles dangereux.
   Oüi, je vous le foûtiens ; il feroit moins affreux,
De ne point reconnoître un Dieu Maître du Monde,
Et qui règle à fon gré le Ciel, la Terre & l'Onde ;
Qu'en avoüant qu'il eft, & qu'il fut tout former,
70 D'ofer dire qu'on peut lui plaire fans l'aimer.
   Un fi bas, fi honteux, fi faux Chriftianifme
Ne vaut pas des Platons l'éclairé Paganifme ;
Et chérir les vrais biens, fans en favoir l'Auteur,
Vaut mieux, que fans l'aimer, connoître un Créateur,
75 Expliquons-nous pourtant. Par cette ardeur fi fainte,
Que je veux qu'en un cœur amène enfin la Crainte,
Je n'entens pas ici ce doux faififfement,
Ces tranfports pleins de joie & de raviffement,
Qui font des Bienheureux la jufte récompenfe ;
60 Et qu'un cœur rarement goûte ici par avance.
Dans nous l'Amour de Dieu fécond en faints defirs,
N'y produit pas toûjours de fenfibles plaifirs.
Souvent le cœur qui l'a, ne le fait pas lui-même.
Tel craint de n'aimer pas, qui fincèrement aime :
85 Et tel croit au contraire être brûlant d'ardeur,
Qui n'eut jamais pour Dieu que glace & que froideur.

REMARQUES.

Vers 72. *Ne vaut pas des Platons l'éclairé Paganifme.*] L'Auteur difoit encore, que cette doctrine étoit non feulement fauffe, mais abominable, & plus contraire à la vraie Religion que le Lutheranifme, & le Calvinifme.

Vers 78. *Ces tranfports pleins de joie & de raviffement,*] Concile de Trente, Seffion 4. c. 3. *Reconciliatio eft cum Deo, quam interdum in viris piis ; & cum devotione hoc Sacramentum percipientibus, confcientiæ pax ac ferenitas, cum vehementi Spiritûs confolatione confequi folet.*

EPITRE XII.

C'est ainsi quelquefois qu'un indolent Mistique,
Au milieu des péchez tranquille Fanatique;
Du plus parfait Amour pense avoir l'heureux don;
90 Et croit posseder Dieu dans les bras du Démon.
 Voulez-vous donc savoir, si la Foi dans vôtre ame
Allume les ardeurs d'une sincere flame?
Consultez-vous vous-même. A ses règles soûmis,
Pardonnez-vous sans peine à tous vos Ennemis?
95 Consultez-vous vos sens? Domptez-vous vos foiblesses?
Dieu dans le Pauvre est-il l'objet de vos largesses?
Enfin dans tous ses points pratiquez-vous sa Loi?
Oüi, dites-vous. Allez, vous l'aimez, croïez-moi.
Qui fait éxactement ce que ma Loi commande,
100 *A pour moi,* dit ce Dieu, *l'Amour que je demande.*
Faites-le donc; & sûr, qu'il nous veut sauver tous,
Ne vous allarmez point pour quelques vains dégoûts,
Qu'en sa ferveur souvent la plus sainte ame éprouve:
Marchez, courez à lui. Qui le cherche le trouve;
105 Et plus de vôtre cœur il paroît s'écarter,
Plus par vos actions songez à l'arrêter.
Mais ne soûtenez point cet horrible blasphême,
Qu'un Sacrement reçû, qu'un Prêtre, que Dieu même,
Quoique vos faux Docteurs osent vous avancer,
110 De l'Amour qu'on lui doit puissent vous dispenser.
 Mais s'il faut, qu'avant tout, dans une ame Chrétienne,
Diront ces grans Docteurs, l'Amour de Dieu survienne;

REMARQUES.

Vers 87. —— *Un indolent Mistique.*] Les Quiétistes, dont les erreurs ont été condamnées par les Papes Innocent XI. & Innocent XIII. Voïez la Remarque sur le vers 612. de la Satire X.

Vers 99. *Qui fait éxactement &c.*] *Si diligitis me, mandata mea servate:* dit Jesus-Christ.

Qui habet mandata mea, & servat ea, ille est qui diligit me. Joan. 14. 15. & 21.

Vers 104. *Marchez, courez à lui. Qui le cherche, le trouve.*] *Petite & dabitur vobis: quærite, & invenietis: pulsate, & aperietur vobis. Omnis enim qui petit, accipit; & qui quærit, invenit: & pulsanti aperitur.* Matth. 7. 7. Luc. 11. 9.

Puifque ce feul Amour fuffit pour nous fauver,
De quoi le Sacrement viendra-t-il nous laver?
115 Sa vertu n'eft donc plus qu'une vertu frivole?
O le bel argument digne de leur Ecole!
Quoi, dans l'amour divin, en nos cœurs allumé,
Le vœu du Sacrement n'eft-il pas renfermé?
Un Païen converti, qui croit un Dieu fuprême,
120 Peut-il être Chrétien qu'il n'afpire au Baptême;
Ni le Chrétien en pleurs être vraiment touché,
Qu'il ne veüille à l'Eglife avoüer fon péché?
Du funefte efclavage, où le Démon nous traîne,
C'eft le Sacrement feul, qui peut rompre la chaîne.
125 Auffi l'Amour d'abord y court avidement:
Mais lui-même il en eft l'ame, & le fondement.
Lors qu'un Pécheur ému d'une humble repentance,
Par les degrez prefcrits court à la Pénitence,
S'il n'y peut parvenir, Dieu fait les fuppofer.
130 Le feul Amour manquant ne peut point s'excufer.
C'eft par lui que dans nous la Grace fructifie.
C'eft lui qui nous ranime, & qui nous vivifie.
Pour nous rejoindre à Dieu, lui feul eft le lien;
Et fans lui, Foi, Vertus, Sacremens, tout n'eft rien.
135 A ces Difcours preffans que fauroit-on répondre?
Mais approchez; Je veux encor mieux vous confondre,
Docteurs. Dites-moi donc. Quand nous fommes abfous,
Le Saint Efprit eft-il, ou n'eft-il pas en Nous?
S'il eft en Nous; peut-il, n'étant qu'Amour lui-même,
140 Ne Nous échauffer point de fon amour fuprême?

REMARQUES.

Vers 118. *Le vœu du Sacrement n'eft-il pas renfermé?*] Le Concile de Trente, Seff. 14 c. 4. *Docet præterea, etfi Contritionem hanc aliquando charitate perfectam effe contingat, Hominemque Deo reconciliare, priufquam hoc Sacramentum actu fufcipiatur; ipfam nihilominus reconciliationem ipfi Contritioni, fine Sacramenti voto, quod in illa includitur, non effe adfcribendam.*

Et s'il n'eſt pas en Nous, Satan toûjours vainqueur
Ne demeure-t-il pas maître de nôtre cœur?
Avoüez donc qu'il faut qu'en Nous l'Amour renaiſſe,
Et n'allez point, pour fuïr la Raiſon qui vous preſſe,
145 Donner le nom d'Amour au trouble inanimé,
Qu'au cœur d'un Criminel la Peur ſeule a formé.
L'ardeur qui juſtifie, & que Dieu nous envoie,
Quoi qu'ici bas ſouvent inquiète, & ſans joie,
Eſt pourtant cette ardeur, ce même feu d'amour,
150 Dont brûle un Bienheureux en l'éternel Séjour.
Dans le fatal inſtant qui borne nôtre vie,
Il faut que de ce feu nôtre ame ſoit remplie;
Et Dieu ſourd à nos cris, s'il ne l'y trouve pas,
Ne l'y rallume plus après nôtre trépas.
155 Rendez-vous donc enfin à ces clairs ſyllogiſmes;
Et ne prétendez plus par vos confus ſophiſmes,
Pouvoir encore aux yeux du Fidèle éclairé
Cacher l'Amour de Dieu dans l'Ecole égaré.
Apprenez que la Gloire, où le Ciel nous appèle,
160 Un jour des vrais Enfans doit couroner le zèle,
Et non les froids remords d'un Eſclave craintif,
Où crut voir Abelli quelque Amour négatif.
Mais quoi? J'entens déja plus d'un fier Scolaſtique,
Qui me voïant ici ſur ce ton dogmatique,

REMARQUES.

Vers 162. *Où crut voir Abelli quelque Amour négatif.*] Loüis Abelli, Auteur de la *Moëlle Théologique*, qui ſoûtient la fauſſe Attrition par les raiſons réfutées dans cette Epître *. *L'Attrition*, dit-il, *qui n'a pour motif qu'une Crainte ſervile, eſt bonne & honnête. Il convient qu'elle naît de l'amour propre, mais d'un amour propre bien règlé : Oritur quidem ex amore ſui; ſed bene ordinato. Et quoi-qu'elle n'enferme pas en ſoi un parfait Amour de Dieu, néanmoins elle ne l'exclud pas, & ne lui eſt pas contraire. Medulla Theol. de Sacram. pœnit. c. 5. Sect. 10. n. 5.* Mr. l'Abbé Boileau, Docteur de Sorbonne, Frere de nôtre Auteur, a réfuté Abelli, dans un Livre intitulé ; *De la Contrition néceſſaire pour obtenir la remiſſion des péchez, dans le Sacrement de Pénitence.*

* Ce commencement de Remarque eſt de Mr. Deſpréaux.

165 En vers audacieux traiter ces points facrez,
　　Curieux me demande, où j'ai pris mes degrez :
　　Et fi, pour m'éclairer fur ces fombres matières,
　　Deux cens Auteurs extraits m'ont prêté leurs lumières.
　　Non. Mais pour décider, que l'Homme, qu'un Chrétien,
170 Eft obligé d'aimer l'unique Auteur du bien,
　　Le Dieu qui le nourrit, le Dieu qui le fit naître,
　　Qui nous vint par fa mort donner un fecond être,
　　Faut-il avoir reçû le bonnet Doctoral ;
　　Avoir extrait Gamache, Ifambert, & Du Val?
175 Dieu dans fon livre faint, fans chercher d'autre Ouvrage,
　　Ne l'a-t-il pas écrit lui-même à châque page?
　　De vains Docteurs encore, ô prodige honteux!
　　Oferont nous en faire un Problême douteux!
　　Viendront traiter d'erreur, digne de l'anathême,
180 L'indifpenfable Loi d'aimer Dieu pour lui-même ;
　　Et par un Dogme faux dans nos jours enfanté,
　　Des devoirs du Chrétien raïer la Charité !
　　　Si j'allois confulter chez Eux le moins févère,
　　Et lui difois : Un fils doit-il aimer fon Pere ?
185 Ah ! peut-on en douter, diroit-il brufquement ?
　　Et quand je leur demande en ce même moment :
　　L'Homme ouvrage d'un Dieu feul bon, & feul aimable,
　　Doit aimer ce Dieu fon Pere véritable ?
　　Leur plus rigide Auteur n'ofe le décider,
190 Et craint en l'affirmant de fe trop hazarder.

REMARQUES.

Vers 174. ———— *Gamache, Ifambert, & Du Val.*] Philippe Gamache, Nicolas Ifambert, & André Du Val, trois célèbres Docteurs de Sorbonne, & Profeffeurs en Théologie, dont les Ouvrages font imprimez. Ils vivoient dans le XVII. Siècle.

Vers 189. *Leur plus rigide Auteur &c.*] Mr. Burluguay, Docteur de Sorbonne, & Curé des Troux près de Port-Roïal des Champs, n'ofa un jour répondre précifément à Mr. Defpréaux qui lui demandoit, fi l'on étoit obligé d'aimer Dieu ; & n'héfita point quand on lui demanda enfuite, fi un fils devoit aimer fon Pere. La peine que ce Docteur eut à répondre ne venoit point de fon ignorance ; mais de crainte de s'embarraffer. Il a fait le Bréviaire de Sens, qui paffe pour le plus beau du Roïaume.

EPITRE XII.

<blockquote>

Je ne m'en puis deffendre; il faut que je t'écrive
La Figure bizarre, & pourtant assez vive,
Que je fûs l'autre jour emploïer dans son lieu,
Et qui déconcerta ces Ennemis de Dieu.
195 Au sujet d'un Ecrit, qu'on nous venoit de lire,
Un d'entr'eux m'insulta, sur ce que j'osai dire,
Qu'il faut, pour être absous d'un crime confessé,
Avoir pour Dieu du moins un Amour commencé.
Ce Dogme, me dit-il, est un pur Calvinisme.
200 O Ciel! me voilà donc dans l'erreur, dans le schisme,
Et partant réprouvé. Mais, poursuivis-je alors,
Quand Dieu viendra juger les Vivans, & les Morts,
Et des humbles Agneaux, objet de sa tendresse,
Séparera des Boucs la troupe pécheresse,
205 A tous il nous dira sévère, ou gracieux,
Ce qui nous fit impurs ou justes à ses yeux.
Selon Vous donc, à Moi réprouvé, bouc infame,
Va brûler, dira-t-il, en l'éternelle flamme,
Malheureux, qui soûtins, que l'Homme dût m'aimer;
210 Et qui sur ce sujet, trop prompt à déclamer,
Prétendis, qu'il falloit, pour fléchir ma justice,
Que le Pécheur, touché de l'horreur de son vice,
De quelque ardeur pour moi sentît les mouvemens,
Et gardât le premier de mes Commandemens.
215 Dieu, si je vous en croi, me tiendra ce langage.
Mais à Vous, tendre Agneau, son plus cher héritage,
Orthodoxe Ennemi d'un Dogme si blâmé,
Venez, Vous dira-t-il, Venez mon Bien-aimé :

</blockquote>

REMARQUES.

Vers 191. *Je ne puis m'en deffendre; &c.*] Nôtre Auteur avoit eu effectivement avec un Théologien, la conversation qui est décrite dans les vers suivans.

Vous, qui dans les détours de vos raisons subtiles
220 Embarrassant les mots d'un des plus saints Conciles,
Avez délivré l'homme, O l'utile Docteur !
De l'importun fardeau d'aimer son Créateur.
Entrez au Ciel, Venez, comblé de mes loüanges,
Du besoin d'aimer Dieu desabuser les Anges.
225 A de tels mots, si Dieu pouvoit les prononcer,
Pour moi je répondrois, je croi, sans l'offenser :
O ! que, pour vous mon cœur moins dur, & moins farouche,
Seigneur, n'a-t-il, helas ! parlé comme ma bouche ?
Ce seroit ma réponse à ce Dieu fulminant.
230 Mais Vous, de ses douceurs objet fort surprenant,
Je ne sai pas comment, ferme en vôtre Doctrine,
Des ironiques mots de sa bouche divine
Vous pourriez sans rougeur, & sans confusion,
Soûtenir l'amertume, & la dérision.
235 L'audace du Docteur, par ce discours frapée,
Demeura sans replique à ma Prosopopée.
Il sortit tout à coup, & murmurant tout bas
Quelques termes d'aigreur que je n'entendis pas,
S'en alla chez Binsfeld, ou chez Basile Ponce,
240 Sur l'heure à mes raisons chercher une réponse.

REMARQUES.

Vers 220. ——— *D'un des plus saints Conciles.*] Le Concile de Trente.
Vers 227. *O ! que, pour vous mon cœur &c.*] Pourquoi ne vous ai-je pas aimé de cœur, ô mon Dieu, comme j'ai dit de bouche qu'il falloit vous aimer !

Vers 239. *S'en alla chez Binsfeld, ou chez Basile Ponce.*] Deux Défenseurs de la fausse Attrition. *Pierre Binsfeld* étoit Suffragant de Trèves, & Docteur en Théologie. *Basile Ponce* étoit de l'Ordre de Saint Augustin.

FIN DES EPITRES.

L'ART
POËTIQUE
EN VERS.

L'ART POËTIQUE.

REMARQUES.

C'Est à Mr. Despréaux principalement que la France est redevable de cette justesse ; & de cette solidité qui se font remarquer dans les Ouvrages de nos bons Ecrivains. Ce sont ses premières productions qui ont le plus contribué à bannir l'affectation & le mauvais goût. Mais c'étoit peu pour lui d'avoir corrigé les Poëtes par sa critique, s'il ne les avoit encore instruits par ses préceptes. Dans cette vûë il forma le dessein de composer un Art Poëtique.

Le célèbre Mr. Patru, à qui il communiqua son dessein, ne crut pas qu'il fût possible de l'éxécuter avec succès. Il convenoit qu'on pouvoit bien expliquer les règles générales de la Poësie, à l'éxemple d'Horace; mais pour les règles particulières, ce détail ne lui paroissoit pas propre à être mis en vers François, & il eut assez mauvaise opinion de nôtre Poësie, pour la croire incapable de se soûtenir dans des matières aussi sèches que le sont de simples préceptes.

Néanmoins, les difficultez que ce judicieux Critique prévoïoit, bien loin d'effraïer nôtre jeune Poëte * ne servirent qu'à l'animer, & à lui donner une plus grande idée de son entreprise. Il commença dès lors à travailler à son Art poëtique, & quelque tems après il en alla réciter le commencement à son Ami, qui voïant la noble audace avec laquelle nôtre Auteur entroit en matière, changea de sentiment, & l'éxhorta bien sérieusement à continuër.

Ce fut en ce même tems qu'il mit la dernière main à son Poëme du Lutrin qui étoit déja bien avancé : de sorte que ces deux Ouvrages furent en état de paroître en 1674. †

avec les quatre premières Epîtres.

L'Art Poëtique passe communément pour le chef d'œuvre de nôtre Auteur. Trois choses principalement le rendent considérable : la difficulté de l'entreprise, la beauté des vers, & l'utilité de l'Ouvrage.

On peut même lui donner une autre loüange, que sa modestie lui faisoit rejetter : c'est qu'il y a plus d'ordre dans sa Poëtique que dans celle d'Horace *, & qu'il est entré bien plus avant que cet Ancien, dans le détail des règles de la Poësie.

Ses Ennemis l'accusèrent pourtant de n'avoir fait que traduire la Poëtique d'Horace; mais il se contenta de leur répondre, ‡ qu'il les remercioit de cette accusation : „Car puisque „dans mon Ouvrage, dit-il, qui est d'onze „cens Vers, il n'y en a pas plus de cinquan„te ou de soixante imités d'Horace, ils ne „peuvent pas faire un plus bel éloge du reste „qu'en le supposant traduit de ce Grand Poë„te ; & je m'étonne après cela qu'ils osent „combattre les règles que j'y débite.

Dans le premier Chant de ce Poëme, l'Auteur donne des règles générales pour la Poësie : mais ces règles n'apartiennent point si proprement à cet Art, qu'elles ne puissent aussi être pratiquées utilement dans les autres genres d'écrire. Une courte digression renferme l'histoire de la Poësie Françoise, depuis Villon jusqu'à Malherbe.

Dans le second Chant, & dans le troisiéme, il donne le caractère des divers genres de Poësies en particulier. Enfin le quatriéme Chant contient la suite des instructions nécessaires à tous les Poëtes.

* Il n'avoit que 33. ans c'étoit en 1669.

† Il ne publia alors que les quatre premiers Chants du Lutrin.

* Voïez Scaliger dans sa Poëtique L. 6. Le P. Rapin, Réfl. sur la Poëtique, part. 1. ch. 17. Et M. Dacier, Remarq. l. Sur l'Art Poët. d'Horace, & dans la Note sur le vers 281. &c.

‡ Dans la Préface de l'édition de 1675.

CHANT

L'ART POETIQUE
CHANT PREMIER.

C'EST en vain qu'au Parnaſſe un téméraire Auteur
Penſe de l'Art des Vers atteindre la hauteur.
S'il ne ſent point du Ciel l'influence ſecrète,
Si ſon Aſtre en naiſſant ne l'a formé Poëte,
5 Dans ſon génie étroit il eſt toûjours captif.
Pour lui Phébus eſt ſourd, & Pégaſe eſt rétif.
O vous donc, qui brûlant d'une ardeur périlleuſe,
Courez du bel Eſprit la carrière épineuſe,
N'allez pas ſur des Vers ſans fruit vous conſumer,
10 Ni prendre pour Génie un amour de rimer.
Craignez d'un vain plaiſir les trompeuſes amorces,
Et conſultez long-tems vôtre eſprit & vos forces.
La Nature fertile en Eſprits excellens,
Sait entre les Auteurs partager les talens.

REMARQUES.

Vers 1. *C'eſt en vain qu'au Parnaſſe* &c.] On ne peut être Poëte ſans génie. La Ménardière avoit fait une Tragédie, intitulée *Alinde*, qu'il cite ſouvent dans ſa Poëtique. Cette Tragédie, compoſée ſuivant toute la rigueur des règles, eut pourtant le malheur de n'être point goûtée du Public. Quelqu'un ſe ſervit un jour de cet éxemple pour prouver à Mr. Deſpréaux que les règles étoient inutiles pour bien compoſer; puiſque Mr. de la Ménardière, qui les avoit ſuivies fort exactement, n'avoit pourtant pas réuſſi dans ſa Tragédie. Mais Mr. Deſpréaux répondit qu'il ne s'étonnoit pas du peu de ſuccès de cette Pièce, parceque l'Auteur avoit manqué à la première & la plus eſſentielle des règles, qui eſt d'avoir le génie de la Poëſie : Mr. Deſpréaux plein de cette maxime, en fit dans ſon Art Poëtique le Fondement de toutes ſes règles.

L'Abbé d'Aubignac, Auteur de *la Pratique du Théatre*, compoſa auſſi une Tragédie * ſelon toutes les loix qu'il avoit données. Elle eut le même ſort que celle de la Ménardière; & comme il ſe vantoit par tout d'être le ſeul de nos Auteurs qui eût bien ſuivi les préceptes d'Ariſtote : *Je ſai bon gré à Mr. d'Aubignac*, dit Mr. le Prince, *d'avoir ſi bien ſuivi les règles d'Ariſtote ; mais je ne pardonne point aux règles d'Ariſtote d'avoir fait faire une ſi méchante Tragédie à Mr. d'Aubignac.*

* *Zénobie, Tragédie en Proſe.*

IMITATIONS.

Vers 6. *Pour lui Phébus eſt ſourd*, &c.] Hor. de Arte poët. v. 385.
 Tu nihil invitâ dices, faciesve Minervâ.
Vers 12. *Et conſultez long-tems vôtre eſprit & vos forces.*] Horace, Art poëtique v. 38.
 Sumite materiam veſtris, qui ſcribitis, æquam
 Viribus, & verſate diu quid ferre recuſent,
 Quid valeant humeri.

CHANT PREMIER.

15 L'un peut tracer en vers une amoureuse flamme:
L'autre, d'un trait plaisant aiguiser l'Epigramme.
Malherbe d'un Heros peut vanter les Exploits;
Racan chanter Philis, les Bergers, & les Bois.
Mais souvent un Esprit qui se flatte, & qui s'aime,
20 Méconnoit son Génie, & s'ignore soi-même,
Ainsi Tel autrefois, qu'on vit avec Faret
Charboner de ses vers les murs d'un cabaret,
S'en va mal à propos, d'une voix insolente,
Chanter du peuple Hébreu la fuite triomphante;
25 Et poursuivant Moïse au travers des deserts,
Court avec Pharaon se noïer dans les mers.

Quelque sujet qu'on traite, ou plaisant, ou sublime,
Que toûjours le bon sens s'accorde avec la Rime.
L'un l'autre vainement ils semblent se haïr;
30 La Rime est une esclave, & ne doit qu'obéïr.
Lors qu'à la bien chercher d'abord on s'évertuë;
L'esprit à la trouver aisément s'habituë.
Au joug de la Raison sans peine elle fléchit;
Et loin de la gêner, la sert & l'enrichit.
35 Mais lors qu'on la néglige, elle devient rebelle;
Et pour la ratraper, le sens court après elle.

REMARQUES.

Vers 17. *Malherbe d'un Heros peut vanter les exploits.*] Les Odes de Malherbe.
Vers 18. *Racan chanter Philis, les Bergers, & les bois.*] Les Bergeries de Racan.
Vers 21. *Ainsi, Tel autrefois.*] Saint Amant, Auteur du *Moïse sauvé.* Voïez le vers 97. de la Sat. I. le 93. de la Satire IX. & le 261. du troisième chant de l'Art poëtique.
Même vers —— *Qu'on vit avec Faret.*] Nicolas Faret, de l'Académie Françoise étoit ami particulier de Saint Amant, qui l'a célébré dans ses vers comme un illustre débauché, quoi qu'il fût assez réglé dans ses mœurs. Mais la commodité de son nom qui rimoit à *Cabaret*, étoit en partie cause de ce *bruit* que Saint Amant lui avoit donné. Ce sont les termes de Mr. Pélisson, dans son Histoire de l'Académie Françoise part. 5.

IMITATIONS.

Vers 22. *Charboner de ses vers les murs d'un Cabaret.*] Martial, 12. Epigr. 62.
Nigri fornicis ebrium Poëtam,
Qui carbone rudi, putrique creta
Scribit carmina.

Aimez donc la Raiſon. Que toûjours vos Ecrits
Empruntent d'elle ſeule & leur luſtre & leur prix.
　　La plûpart emportez d'une fougue inſenſée,
40 Toûjours loin du droit ſens vont chercher leur penſée.
Ils croiroient s'abaiſſer dans leurs Vers monſtrueux,
S'ils penſoient ce qu'un autre a pu penſer comme eux.
Evitons ces excès. Laiſſons à l'Italie
De tous ces faux brillans l'éclatante folie.
45 Tout doit tendre au Bon ſens: mais pour y parvenir,
Le chemin eſt gliſſant & pénible à tenir.
Pour peu qu'on s'en écarte, auſſi-tôt on ſe noie.
La Raiſon, pour marcher, n'a ſouvent qu'une voie.
　　Un Auteur, quelquefois trop plein de ſon objet,
50 Jamais ſans l'épuiſer n'abandonne un ſujet.
S'il rencontre un Palais, il m'en dépeint la face.
Il me promène après de terraſſe en terraſſe.
Ici s'offre un perron ; là règne un corridor.
Là ce balcon s'enferme en un baluſtre d'or.
55 Il compte des plafonds les ronds & les ovales.
Ce ne ſont que Feſtons, ce ne ſont qu'Aſtragales.
Je ſaute vingt feüillets pour en trouver la fin ;
Et je me ſauve à peine au travers du jardin.
Fuïez de ces Auteurs l'abondance ſtérile ;
60 Et ne vous chargez point d'un détail inutile.

REMARQUES.

Vers 51. *S'il rencontre un Palais* &c.] Scudéri, L. 3. de ſon *Alaric*, emploie ſeize grandes pages de trente vers chacune, à la déſcription d'un Palais : commençant par la façade, & finiſſant par le jardin.

Vers 56. *Ce ne ſont que Feſtons, ce ne ſont qu'Aſtragales.*] Ce vers, à côté duquel on a mis dans toutes les éditions *Vers de Scudéri*, ſe lit ainſi dans l'*Alaric* :

　Ce ne ſont que Feſtons, ce ne ſont que Couronnes.

Nôtre Auteur a changé ce dernier mot, pour faire mieux ſentir l'abondance ſtérile de ces faiſeurs de longues déſcriptions, qui s'amuſent à décrire juſqu'aux plus petites circonſtances : car l'*Aſtragale* eſt une petite moulure ronde qui entoure le haut du fuſt d'une Colonne.

CHANT PREMIER.

Tout ce qu'on dit de trop est fade & rebutant:
L'esprit rassasié le rejette à l'instant.
Qui ne sait se borner, ne sut jamais écrire.
Souvent la peur d'un mal nous conduit dans un pire.
65 Un Vers étoit trop foible, & vous le rendez dur.
J'évite d'être long, & je deviens obscur.
L'un n'est point trop fardé; mais sa Muse est trop nuë.
L'autre a peur de ramper, il se perd dans la nuë.
Voulez-vous du public mériter les amours?
70 Sans cesse en écrivant variez vos discours.
Un stile trop égal & toûjours uniforme,
En vain brille à nos yeux; il faut qu'il nous endorme.
On lit peu ces Auteurs nez pour nous ennuïer,
Qui toûjours sur un ton semblent psalmodier.
75 Heureux, qui dans ses Vers sait d'une voix légère,
Passer du grave au doux, du plaisant au sévère!

REMARQUES.

Vers 74. *Qui toûjours sur un ton semblent psalmodier.*] Quelques-uns ont crû que ce vers exprimoit le sens de celui-ci d'Horace : ——— *Et Citharædus ridetur, chordâ qui semper oberrat eâdem.* Poët. v. 354. Mais Mr. Despréaux croioit, avec la plûpart des Interprêtes, qu'Horace a voulu dire, qu'un joüeur d'instrumens qui se trompe toûjours sur la même corde, en la touchant mal, se fait moquer de lui. Cependant le sentiment contraire a aussi d'Illustres Partisans qui l'entendent d'un Joüeur de Luth, lequel toucheroit toûjours la même corde. Bond, dans ses Commentaires. Le P. Rapin, Réfl. sur la Poëtiq. part. 1. ch. 40. Le P. Lucas dans son Poëme, *Actio Oratoris*, L. 2. & quelques autres.

IMITATIONS.

Vers 62. *L'esprit rassasit le rejette à l'instant.*] Horace, Art poëtique, v. 335.
 Quidquid præcipies, esto brevis, ut citò dicta
 Percipiant animi dociles, teneantque fideles.
 Omne supervacuum pleno de pectore manat.
Vers 64. *Souvent la peur d'un mal nous jette dans un pire.*] Horace, Art poëtique, v. 31.
 In vitium ducit culpæ fuga, si caret arte.
Vers 66. *J'évite d'être long & je deviens obscur.*] Horace, Art poëtique, v. 25.
 ——— *Brevis esse laboro,*
 Obscurus fio: sectantem lævia, nervi
 Deficiunt animique; professus grandia, turget.
 Serpit humi tutus nimium, timidusque procellæ.
Le même, vers 230.
 Aut dum vitat humum, nubes & inania captat.
Vers 75. *Heureux: qui, dans ses vers &c.*] Horace, Art poëtique, v. 342.
 Omne tulit punctum qui miscuit utile dulci.
 Lectorem delectando, pariterque movendo,
 Hic meret æra liber Sosiis: hic & mare transit, &c.

Son livre aimé du Ciel & chéri des Lecteurs,
Est souvent chez Barbin entouré d'acheteurs.
 Quoique vous écriviez, évitez la bassesse.
80 Le stile le moins noble a pourtant sa noblesse.
Au mépris du Bon sens, le Burlesque effronté
Trompa les yeux d'abord, plut par sa nouveauté.
On ne vit plus en Vers que pointes triviales.
Le Parnasse parla le langage des Hales.
85 La licence à rimer, alors n'eut plus de frein.
Apollon travesti devint un Tabarin.
Cette contagion infecta les Provinces,
Du Clerc & du Bourgeois passa jusques aux Princes.
Le plus mauvais plaisant eut ses approbateurs,
90 Et jusqu'à Dassouci, tout trouva des Lecteurs.

CHANGEMENS.

Vers 81. *Au mépris du bon sens.*] Il y avoit: *Sous l'appui de Scarron.*

REMARQUES.

Vers 81. *Au mépris du bon sens, Le Burlesque* &c.] Le stile Burlesque fut extrêmement en vogue depuis le commencement du dernier siècle jusques vers l'an 1660. qu'il tomba.

Vers 85. *La licence à rimer alors n'eut plus de frein.*] Elle alla si loin, que l'on s'avisa de mettre la Passion de JESUS-CHRIST en vers Burlesques *. C'étoit un Ouvrage fort différent des anciennes Comédies de la Passion.

* *Pélisson, Hist. de l'Académie.*

Vers 86. *Apollon travesti.*] Allusion au *Virgile travesti* de Scarron. Avant lui, *Battista Lalli*, Poëte Italien, avoit fait une *Enéide travestie.*

Ibid. ――― *Devint un Tabarin.*] Bouffon très grossier, valet de Mondor. Ce Mondor étoit un Charlatan, ou Vendeur de baume, qui établissoit son théatre dans la Place Dauphine, vers le commencement du 17. siècle. Il rouloit aussi dans les autres villes du Roïaume, avec *Tabarin*, le Bouffon de sa Troupe. Les plaisanteries de *Tabarin* ont été imprimées plusieurs fois à Paris & à Lion, avec privilège, sous le titre de *Recueil des Questions & Fantaisies Tabariniques.* Elles ne roulent que sur des matières d'une grossièreté insupportable, & qui ne peuvent plaire qu'à la canaille.

Vers 90. *Et, jusqu'à Dassouci, tout trouva des Lecteurs.*] Charles Coypeau, Sieur d'Assouci, Poëte fort méprisable, a mis en vers Burlesques le *Ravissement de Proserpine,* de Claudien, & une partie des Metamorphoses d'Ovide, sous le titre d'*Ovide en belle humeur.* Dassouci fut très-sensible à l'injure contenuë dans ce vers: *Et jusqu'à Dassouci, tout trouva* &c. Voici de quelle manière il s'en plaignit dans un Ouvrage où il a décrit ses Avantures *. „Ah! „cher Lecteur, si tu savois comme ce, *tout „trouva,* me tient au cœur, tu plaindrois ma „destinée; J'en suis inconsolable, & je ne puis „revenir de ma pâmoison, principalement „quand j'y pense, qu'au préjudice de mes titres, „dans ce vers qui me tient lieu d'un Arrêt de „la Cour de Parlement, je me voy deschû de „tous mes honneurs; & que ce Charles Dassouci, d'Empereur du Burlesque qu'il étoit, „premier de ce nom, n'est aujourdhuy, si on „le veut croire, que le dernier reptile du Parnasse, & le marmiton des Muses. Que faire Lecteur en cette extrémité, après l'excommunication qu'il a jettée sur ce pauvre Burlesque si disgracié? Qui daignera le lire, ni seulement le regarder dans le monde sur peine

* *Dassouci, avantures de sa vie, p. 141.*

CHANT PREMIER. 295

Mais de ce ſtile enfin la Cour défabuſée,
Dédaigna de ces Vers l'extravagance aiſée;
Diſtingua le naïf, du plat & du bouffon;
Et laiſſa la Province admirer le Typhon.
95 Que ce ſtile jamais ne ſoüille vôtre Ouvrage.
Imitons de Marot l'élégant badinage;
Et laiſſons le Burleſque aux Plaiſans du Pont-neuf.
Mais n'allez point auſſi, ſur les pas de Brébeuf,

REMARQUES.

„de ſa malediction? Daſſouci trouve néanmoins ſa conſolation dans la réflexion ſuivante. *Voilà cher Lecteur, ce que l'on gagne à faire de bons vers burleſques.....Mais quoi, il n'eſt pas nouveau de voir des eſprits jaloux peſter contre les choſes excellentes, & blâmer ce qui ſurpaſſe leur capacité.*
Daſſouci étoit fils d'un Avocat au Parlement, il naquit à Paris, en 1604. & mourut âgé d'environ 75. ans, après avoir eu des avantures très-bizarres, qu'il a publiées lui-même d'un ſtile preſque bouffon. Mr. Bayle a pris ſoin de les recueillir dans un article de ſon Dictionaire Critique.

* *Dans l'Ouvrage cité, p. 252.*

Vers 91. *Mais de ce ſtile enfin la Cour défabuſée &c.*] Daſſouci * a refuté plaiſamment cet endroit, en diſant que *le fin Burleſque eſt le dernier effort de l'imagination & la pierre-de-touche du bel eſprit.* A quoi il ajoûte: „ſi l'on me „demande, pourquoi ce Burleſque qui a tant „de parties excellentes & de diſcours agréables, „après avoir ſi long-tems diverti la France, a „ceſſé de divertir nôtre Cour: C'eſt que Scar- „ron a ceſſé de vivre, & que j'ai ceſſé d'écrire. „Et ſi je voulois continuer mon *Ovide en belle* „*humeur,* cette même Cour qui ſe divertit en- „cor aujourd'huy des vers que je lui préſente, „s'en divertiroit comme auparavant; & mes „Libraires qui ont imprimé tant de fois cet „ouvrage, en feroient encore autant d'édi- „tions.

Vers 94. ———— *Admirer le Typhon.*] Typhon, ou la Gigantomachie, Poëme burleſque de Scarron, dans lequel il décrit la guerre des Géans contre les Dieux. Il parut en 1644. Mr. Deſpréaux convenoit que les premiers Vers de ce Poëme ſont d'une plaiſanterie aſſez fine.

Vers 96. *Imitons de Marot l'élégant badinage.*] En voici une imitation, dans l'Epigramme ſuivante, que Mr. Deſpréaux, étant jeune, fit ſur une perſonne fQt connuë, qu'on ne nommera point ici.

De ſix Amans contens & non jaloux,
Qui tour à tour ſervoient Madame Claude,
Le moins volage étoit Jean ſon époux.
Un jour pourtant, d'humeur un peu trop chaude,
Servoit de près ſa Servante aux yeux doux;
Lors qu'un des ſix lui dit: Que faites-vous?
Le jeu n'eſt ſûr avec cette Ribaude.
Ah! voulez-vous, Jean-Jean, nous gâter tous?

Mr. Naudé, dans ſon Maſcurat, p. 166. a crû faire honneur à Marot, en le faiſant paſſer pour un Poëte burleſque. Mr. Balzac (*Diſſert.* 29.) & le P. Vavaſſeur (*De ludicra dictione*) qui ont écrit contre le ſtile Burleſque, ſemblent avoir fait conſiſter le principal caractère de ce genre d'écrire, dans l'imitation de l'ancien langage, & particulièrement dans celle du ſtile de Clément Marot: juſques-là que Balzac a dit, que *s'il falloit irrémiſſiblement que le ſtile de Marot, & que le genre Burleſque périſſent,* il demanderoit grace pour les *Avantures de la Souris* *, pour la *Requête de Scarron au Cardinal,* & pour celle *des Dictionaires à L'Académie* †. Mais le véritable caractère du Burleſque n'a pas été ſuffiſamment connu de ces Ecrivains, ſi judicieux d'ailleurs, & ſi célèbres: car, placer Marot parmi les Poëtes Burleſques, & donner aux trois Pièces réſervées par Balzac, le nom de Poëſies Burleſques; c'eſt confondre le naïf avec le bouffon, & l'agréable avec le ridicule, entre leſquels il y a une diſtance que l'on ne ſauroit meſurer.

* *Par Mr. Sarraſin.*

† *Par Mr. Ménage.*

Vers 97. ———— *Aux Plaiſans du Pont-neuf.*] Les Vendeurs de Mitridate, & les joüeurs de Marionnettes ſe placent depuis long-tems ſur le Pont neuf. Voiez les cinq derniers Vers du troiſième Chant.

L'ART POETIQUE

Même en une Pharsale, entasser sur les rives,
100 *De morts & de mourans cent montagnes plaintives.*
Prenez mieux vôtre ton. Soïez simple avec art,
Sublime sans orgueil, agréable sans fard.
N'offrez rien au Lecteur que ce qui peut lui plaire.
Aïez pour la cadence une oreille sévère.
105 Que toûjours dans vos vers, le sens coupant les mots,
Suspende l'hémistiche, en marque le repos.
Gardez qu'une voïelle, à courir trop hâtée,
Ne soit d'une voïelle en son chemin heurtée.
Il est un heureux choix de mots harmonieux.
110 Fuïez des mauvais sons le concours odieux.
Le Vers le mieux rempli, la plus noble pensée
Ne peut plaire à l'esprit, quand l'oreille est blessée.
Durant les premiers ans du Parnasse François,
Le caprice tout seul faisoit toutes les loix.
115 La Rime, au bout des mots assemblez sans mesure,
Tenoit lieu d'ornemens, de nombre & de césure.

REMARQUES.

Vers 100. *De morts & de mourans cent montagnes plaintives.*] Vers de Brebeuf, dans sa traduction de la Pharsale de Lucain, livre V. II.

De mourans & de morts cent montagnes plaintives,

D'un sang impetueux cent vagues fugitives, &c.

Ces violentes hiperboles ne sont point dans son Original, tout outré qu'il est d'ailleurs; & Brebeuf semble plutôt les avoir empruntées d'un Historien du bas Empire * qui dit. *Siabant acervi montium similes, fluebat cruor fluminum modo.* Ce qui rend l'expression outrée dans Brebeuf, c'est l'épithète de *plaintives* donnée à *Montagnes*; car il est d'ailleurs assez ordinaire,

* Sext. Aurel. victor. in Epitome Hist. Augustæ. De Julian. Imper.

sur tout en Poësie, de dire, *Des Montagnes de morts, des rivieres de sang*; Vers que Menage aïant trouvé dans le Nicomède de Corneille, Act. 3. Sc. 1. a ainsi retourné dans son Eglogue, intitulée *Christine. Des rivieres de sang, des montagnes de morts.* Les termes d'Aurelius Victor cité à la marge, ne sont pas si empoulez.

Vers 106. *Suspende l'hémistiche.*] L'Auteur donne ici l'exemple avec le précepte : en parlant de la Césure, il l'a extrêmement marquée dans ce vers.

Vers 107. *Gardez qu'une voïelle*, &c.] Le concours vicieux de voïelles, appelé *Hiatus*, ou Bâillement.

IMITATIONS.

Vers 112. *Ne peut plaire à l'esprit quand l'oreille est blessée.*] Ciceron, dans son Orateur, à Brutus : *Quamvis enim suaves gravesque sententiæ, tamen si inconditis verbis efferantur, offendent aures, quarum est judicium superbissimum.* Et plus bas : *voluptati autem aurium morigerari debet oratio.*

CHANT PREMIER.

Villon fût le premier, dans ces siècles grossiers,
Débroüiller l'Art confus de nos vieux Romanciers.
Marot bien-tôt après fit fleurir les Ballades,
120 Tourna des Triolets, rima des Mascarades;
A des refrains règlez asservit les Rondeaux,
Et montra pour rimer des chemins tout nouveaux.
Ronsard qui le suivit, par une autre méthode,
Règlant tout, broüilla tout, fit un Art à sa mode:
125 Et toutefois long-tems eut un heureux destin.
Mais sa Muse, en François parlant Grec & Latin,
Vid dans l'âge suivant, par un retour grotesque:
Tomber de ses grans mots le faste pédantesque.
Ce Poëte orgueilleux trébuché de si haut,
130 Rendit plus retenus Desportes & Bertaut.

REMARQUES.

Vers 117. *Villon fût le premier.*] François Corbeüil, surnommé *Villon*, vivoit dans le quinzième Siècle, environ soixante ans avant Clément Marot. Il étoit moins connu par son nom propre que par celui de *Villon*, qui, de son tems, signifioit *Fripon*. Ce titre lui fut confirmé par une Sentence du Châtelet, qui le condamna à être pendu. Le Parlement fut plus indulgent, & se contenta, en faveur de son génie pour les vers, de le condamner à un bannissement perpétuel.

Vers 118. *Débroüiller l'art confus de nos vieux Romanciers.*] Les Ouvrages de nos vieux Poëtes François, sont confus, & sans ordre. On en peut juger par le Roman de la Roze, le plus estimé de tous. Voïez le Traité du Président Fauchet, *de l'origine de la Langue & Poësie Françoise, Rime & Romans.*

Vers 124. *Règlant tout, broüilla tout.*] Ronsard conseilloit d'emploïer indifféremment *tous les Dialectes*; Préface sur la Franciade. *Et ne se faut soucier,* dit-il ailleurs, *si les vocables sont Gascons, Poitevins, Normans, Manceaux, Lionnois, ou d'autres pays.* Abrégé de l'Art poëtique.

Vers 126. ———— *En François parlant Grec & Latin.*] Ronsard a tellement chargé ses Poësies d'exemples, d'allusions, & de mots tirez du Grec & du Latin, qu'il les a renduës presque inintelligibles, & même ridicules. *Je puis bien dire,* dit un de ses commentateurs, * *qu'il y avoit quelques Sonnets dans ces livres, qui d'homme n'eussent jamais esté bien entendus, si l'Auteur ne les eust, ou à moy, ou à quelque autre, familièrement déclarez.* Mr. Despréaux citoit ce vers de Ronsard, qui est à la fin du Sonnet 68. L. 1. comme un exemple de son affectation ridicule à parler Grec en François. Il dit à sa Maîtresse:

Estes-vous pas ma seule Entélechie?
Et ceux-ci qui sont au commencement du *Tombeau*, ou de l'Epitaphe de Marguerite de France, & de François I. page 1098. de l'édition in folio.

Ah! que je suis marry que la Muse Françoise
Ne peut dire ces mots, comme fait la Grégeoise:
Ocymore, dyspotme, oligochronien;
Certes, je les dirois du sang Valésien.

Vers 130. ———— *Desportes & Bertaut.*] Philippe Desportes, Abbé de Tiron, & Jean Bertaut, Evêque de Seez, Poëtes assez estimez. Ils vivoient sous les règnes d'Henri III. & d'Henri IV.

* *Muret, dans sa Préface sur Ronsard.*

Enfin Malherbe vint, & le premier en France,
Fit sentir dans les Vers une juste cadence :
D'un mot mis en sa place enseigna le pouvoir,
Et réduisit la Muse aux règles du devoir.
135 Par ce sage Ecrivain, la Langue réparée
N'offrit plus rien de rude à l'oreille épurée.
Les Stances avec grace apprirent à tomber ;
Et le Vers sur le Vers n'osa plus enjamber.
Tout reconnut ses loix, & ce Guide fidèle
140 Aux Auteurs de ce tems sert encor de modèle.
Marchez donc sur ses pas ; aimez sa pureté,
Et de son tour heureux imitez la clarté.
Si le sens de vos Vers tarde à se faire entendre,
Mon esprit aussi-tôt commence à se détendre ;
145 Et de vos vains discours prompt à se détacher,
Ne suit point un Auteur, qu'il faut toûjours chercher.
Il est certains Esprits, dont les sombres pensées
Sont d'un nuage épais toûjours embarrassées.
Le jour de la Raison ne le sauroit percer.
150 Avant donc que d'écrire, apprenez à penser.
Selon que nôtre Idée est plus ou moins obscure,
L'Expression la suit ou moins nette, ou plus pure.

REMARQUES.

Vers 131. *Enfin Malherbe vint* &c.] Balzac avoit fait un semblable jugement de nôtre Poësie & de nos Poëtes dans une de ses lettres Latines à Mr. de Silhon *. Il dit que la plûpart des vers François qui ont été faits avant Malherbe, étoient plûtôt Gothiques que François. Il fait le caractère de Ronsard & reproche à ce Poëte ses licences outrées, ses négligences, son affectation à confondre les idiomes, & à charger son François de Grec & de Latin. *Malherbe,* dit-il ensuite, *fut le premier qui fit sentir la cadence dans les vers, qui nous apprit le choix & l'arrangement des mots,* &c. Voici le passage de Balzac : *Primus Franciscus Malherba, aut in primis, viam vidit quâ iretur ad Carmen ; atque hanc inter erroris & inscitiæ caliginem ad veram lucem respexit primus, superbissimoque aurium judicio satisfecit. . . . . . . Docuit in vocibus & sententiis delectum, eloquentiæ esse originem ; atque adeò rerum verborumque collationem aptam, ipsis rebus & verbis potiorem plerumque esse.* Voïez le reste du passage, & la Dissertation XXIV. de Balzac.

* Tome 2. p. 64. col 2. des Oeuvres Latines.

CHANT PREMIER.

Ce que l'on conçoit bien, s'énonce clairement,
Et les mots pour le dire arrivent aisément.
155 Sur tout, qu'en vos Ecrits la Langue révérée,
Dans vos plus grans excès vous soit toûjours sacrée.
En vain vous me frappez d'un son mélodieux,
Si le terme est impropre, ou le tour vicieux,
Mon esprit n'admet point un pompeux Barbarisme,
160 Ni d'un Vers empoulé l'orgueilleux Solécisme,
Sans la Langue en un mot, l'Auteur le plus divin
Est toûjours, quoiqu'il fasse, un méchant Ecrivain.
Travaillez à loisir, quelque ordre qui vous presse,
Et ne vous piquez point d'une folle vitesse.
165 Un stile si rapide, & qui court en rimant,
Marque moins trop d'esprit, que peu de jugement.
J'aime mieux un ruisseau, qui sur la molle arène,
Dans un pré plein de fleurs lentement se promène,
Qu'un torrent débordé, qui d'un cours orageux
170 Roule, plein de gravier, sur un terrain fangeux.

REMARQUES.

Vers 163. *Travaillez à loisir.*] Nôtre Poëte observoit éxactement ce précepte. Non seulement il composoit suivant la disposition d'esprit où il se trouvoit, sans forcer jamais son génie ; mais quand il avoit achevé un Ouvrage il ne le publioit que long-tems après, afin d'avoir le loisir de le perfectionner, suivant le conseil d'Horace, *Nonumque prematur in annum.* Poët. v. 388. Un Ami voulant l'exhorter à produire son Art poëtique, lui disoit que le Public l'attendoit avec impatience. *Le Public*, répondit-il, *ne s'informera pas du tems que j'y aurai emploié.* D'autres fois il disoit la même chose de la Postérité.

Scudéri, au contraire, disoit toûjours pour s'excuser de ce qu'il travailloit si vite, qu'*il avoit ordre de finir*.

IMITATIONS.

Vers 153. *Ce que l'on conçoit bien* &c.] Horace a donné ce précepte en plus d'un endroit de son Art poëtique.
vers 40. ————— *Cui lecta potenter erit res,*
Nec facundia deseret hunc, nec lucidus ordo.
Et vers 311. *Verbaque provisam rem non invita sequentur.*

Hâtez-vous lentement, & sans perdre courage;
Vingt fois sur le métier remettez vôtre ouvrage.
Polissez-le sans cesse, & le repolissez.
Ajoûtez quelquefois, & souvent effacez.

175 C'est peu qu'en un Ouvrage, où les fautes fourmillent,
Des traits d'esprit semez de tems en tems petillent.
Il faut que chaque chose y soit mise en son lieu;
Que le début, la fin, répondent au milieu;
Que d'un art délicat les pièces assorties
180 N'y forment qu'un seul tout de diverses parties:
Que jamais du sujet, le discours s'écartant,
N'aille chercher trop loin quelque mot éclatant.
Craignez-vous pour vos Vers la censure publique?
Soïez-vous à vous-même un sévère Critique.

REMARQUES

Vers 171. *Hâtez-vous lentement.*] Ce Mot, renferme un grand sens. Il étoit familier à l'Empereur Auguste, à l'Empereur Titus, & à plusieurs autres grans Hommes. Σπεῦδε βραδέως: *Festina lente*. Voïez les Adages d'Erasme.

IMITATIONS.

Vers 172. *Vingt fois sur le métier remettez vôtre ouvrage.*] Horace, Art poët. v. 292
——————— *Carmen reprehendite, quod non*
Multa dies, & multa litura coercuit, atque
Perfectum decies non castigavit ad unguem.

Vers 174. *Ajoûtez quelquefois, & souvent effacez.*] Horace,
Sæpe stilum vertas, iterum quæ digna legi sint
Scripturus.
Et St. Jérome, Epist. ad Domn. *Major stili pars quæ delet quam quæ scribit.* Le côté du stile qui sert à effacer, est plus grand que celui qui sert à écrire.

Vers 175. *C'est peu qu'en un Ouvrage, où les fautes fourmillent.*] Horace, Livre 2. Epître I.
Inter quæ verbum emicuit si forte decorum, &
Si versus paullò concinnior unus & alter;
Injustè totum ducit, venditque poëma.
Il dit ailleurs, dans un sens contraire, qu'il n'est point choqué de ces fautes légères qui échapent aux meilleurs Esprits; quand d'ailleurs l'Ouvrage est rempli de grandes beautés.
Verùm, ubi plura nitent in carmine, non ego paucis
Offendar maculis, quas aut incuria fudit,
Aut humana parum cavit natura. De Arte poët. v. 351.

Vers 178. *Que le début, la fin, répondent au milieu.*] Horace, Art poëtique, vers 152.
Primo ne medium, medio ne discrepet imum.
Vers 180. *N'y forment qu'un seul tout.*] Horace au même endroit, v. 23.
Denique, sit quodvis simplex dumtaxat, & unum.

CHANT PREMIER.

185 L'Ignorance toûjours est prête à s'admirer.
Faites-vous des amis prompts à vous censurer.
Qu'ils soient de vos écrits les Confidens sincères,
Et de tous vos défauts les zèlez adversaires.
Dépoüillez devant eux l'arrogance d'Auteur :
190 Mais sachez de l'Ami discerner le Flatteur.
Tel vous semble applaudir qui vous raille & vous joüe
Aimez qu'on vous conseille, & non pas qu'on vous loüe.
Un Flatteur aussi-tôt cherche à se récrier.
Chaque Vers qu'il entend le fait extasier.
195 Tout est charmant, divin ; aucun mot ne le blesse.
Il trépigne de joie, il pleure de tendresse :
Il vous comble par tout d'éloges fastueux.
La Vérité n'a point cet air impétueux.
Un sage Ami, toûjours rigoureux, infléxible,
200 Sur vos fautes jamais ne vous laisse paisible.

IMITATIONS.

Vers 185. *L'ignorance toûjours est prête à s'admirer.*] Horace, Liv. 2. Epist. 2. v. 106.
   Ridentur mala qui componunt carmina: verùm
   Gaudent scribentes, & se venerantur, & ultro,
   Si taceas, laudant; quid quid scripsere, beati:
   At qui legitimum cupiet fecisse poëma,
   Cum tabulis animum censoris sumet honesti.
Vers 190. *Mais sachez de l'Ami discerner le Flatteur.*] Le même, dans son Art poët. v. 424.
   ——————— *Mirabor, si sciet inter*
   Noscere mendacem, verumque beatus amicum.
Et un peu après : vers 436.
   ——————— *Si carmina condes,*
   Nunquam te fallant animi sub vulpe latentes.
Vers 193. *Un Flatteur aussi-tôt &c.*] Horace au même endroit.
   ——————— *Clamabit enim: Pulchrè, benè, rectè:*
   Pallescet super his: etiam stillabit amicis
   Ex oculis rorem: saliet, tundet pede terram.
   Ut qui conducti plorans in funere, dicunt
   Et faciunt prope plura dolentibus ex animo: sic
   Derisor vero plus laudatore movetur.
Vers 199. *Un sage Ami &c.*] Le même, au même endroit, v. 445.
   Vir bonus & prudens versus reprehendet inertes:
   Culpabit duros: incomptis allinet atrum
   Transverso calamo signum: ambitiosa recidet
   Ornamenta: parum claris lucem dare coget:

Il ne pardonne point les endroits négligez.
Il renvoie en leur lieu les Vers mal arrangez.
Il réprime des mots l'ambitieuse Emphase.
Ici le Sens le choque; & plus loin c'est la Phrase.
205 Vôtre construction semble un peu s'obscurcir:
Ce terme est équivoque, il le faut éclaircir.
C'est ainsi que vous parle un Ami véritable.
Mais souvent sur ses Vers, un Auteur intraitable
A les protéger tous se croit intéressé,
210 Et d'abord prend en main le droit de l'offense.
De ce Vers, direz-vous, l'expression est basse.
Ah! Monsieur, pour ce Vers je vous demande grace,
Répondra-t-il d'abord. Ce mot me semble froid;
Je le retrancherois. C'est le plus bel endroit.
215 Ce tour ne me plaît pas. Tout le monde l'admire.
Ainsi toûjours constant à ne se point dédire;
Qu'un mot dans son Ouvrage ait paru vous blesser;
C'est un titre chez lui pour ne point l'effacer.
Cependant, à l'entendre, il chérit la Critique.
220 Vous avez sur ses Vers un pouvoir despotique.
Mais tout ce beau discours, dont il vient vous flatter,
N'est rien qu'un piège adroit pour vous les réciter.

REMARQUES.

Vers 222. *N'est rien qu'un piège adroit pour nous les réciter.*] Ceci regarde Mr. Quinaut. | Les railleries que nôtre Auteur avoit faites de lui dans ses Satires, n'empêchèrent pas qu'il

IMITATIONS.

Arguet ambiguè dictum: mutanda notabit:
Fiet Aristarchus, &c.
Et ailleurs, Epître 2. Livre 2. v. 112.
Audebit, quæcumque parum splendoris habebunt,
Et sine pondere crunt, & honore indigna ferentur,
Verba movere loco; quamvis invita recedant.
Dans la même Epître, vers 123.
Luxuriantia compescet: nimis aspera sano
Levabit cultu: virtute carentia tollet.
Vers 219. *Cependant, à l'entendre, il chérit la critique.*] Perse, Satire I. vers 55.
Et verum, inquis, amo: verum mihi dicite de me.

Auſſi-tôt il vous quitte & content de ſa Muſe,
S'en va chercher ailleurs quelque Fat qu'il abuſe.
225 Car ſouvent il en trouve. Ainſi qu'en ſots Auteurs,
Nôtre ſiècle eſt fertile en ſots Admirateurs.
Et ſans ceux que fournit la Ville & la Province,
Il en eſt chez le Duc, il en eſt chez le Prince.
L'Ouvrage le plus plat, a chez les Courtiſans,
230 De tout tems rencontré de zèlés Partiſans;
Et, pour finir enfin par un trait de Satire,
Un Sot trouve toûjours un plus Sot qui l'admire.

REMARQUES.

ne recherchât l'amitié de Mr. Deſpréaux. Mr. De Mérille Premier Valet de Chambre de Monſieur, Frere du Roi, fut le Médiateur. Mr. Quinaut l'alloit voir ſouvent, mais ce n'étoit que pour avoir occaſion de lui faire voir ſes Ouvrages: *Il n'a voulu ſe raccommoder avec moi, diſoit Mr. Deſpréaux, que pour me parler de ſes Vers: & il ne me parle jamais des miens.*

CHANT II.

TElle qu'une Bergère, au plus beau jour de Fête,
De superbes Rubis ne charge point sa tête,
Et sans mêler à l'or l'éclat des Diamans,
Cueille en un champ voisin ses plus beaux ornemens :
5 Telle, aimable en son air, mais humble dans son stile,
Doit éclater sans pompe une élegante Idylle.
Son tour simple & naïf n'a rien de fastueux,
Et n'aime point l'orgueil d'un Vers présomptueux.
Il faut que sa douceur flatte, chatoüille, éveille ;
10 Et jamais de grans mots n'épouvante l'oreille.
Mais souvent dans ce stile un Rimeur aux abois
Jette là, de dépit, la Flûte & le Hautbois ;

REMARQUES.

Dans ce second Chant, & dans le troisième, nôtre Auteur explique le détail de la Poësie Françoise, & donne le Caractère & les règles particulières de chaque Poëme. Le second Chant est emploié à décrire l'Idylle ou l'Eglogue, l'Elégie, l'Ode, le Sonnet, l'Epigramme, le Rondeau, la Ballade, le Madrigal, la Satire, & le Vaudeville.

Les Poësies de Mr. Despréaux ont cela d'avantageux, que les Préceptes mêmes y servent d'éxemples ; & que quelque règle qu'il nous propose, on ne manque jamais d'y en trouver un modèle. Cela paroît en plusieurs endroits, mais sur tout dans ce deuxième Chant, où l'Auteur a sû varier son stile avec tant d'art & tant d'habileté, qu'en parcourant toutes les différentes espèces de Poësies, il emploia précisément le stile qui convient à chaque espèce en particulier.

Vers 1. *Telle qu'une Bergère.*] Cette comparaison est d'autant plus juste, que l'Idylle est un Poëme dans lequel on ne fait ordinairement parler que des Bergers & des Bergères. Un Ecrivain de l'Académie * qui a fait des Dissertations sur la Poësie Pastorale, observe que les Eglogues, les Idylles, & les Bergeries, sont fort déchuës parmi nous ; & il soupçonne nôtre Poëte d'avoir contribué à leur décadence. Si Mr. Despréaux, dit il, page 104. *a loüé cette Poësie en Mr. Racan & en Mr. Segrais, il l'a aussi attaquée en beaucoup d'autres. La beauté de ses vers jointe au goust piquant que la Satire a d'elle-même, ont fait apprendre ses vers par cœur à tout le monde, & l'ont rendu à Paris & dans les Provinces, le modèle des nouveaux Poëtes.* Il a tourné l'Eglogue en ridicule dans une de ses Satires, trouvant que *le Public y étoit peut-être déja porté, soit par la faute des Auteurs, soit par celle des Lecteurs.*

Viendrai-je en une Eglogue entouré de troupeaux,
Au milieu de Paris enfler mes chalumeaux ;
Et dans mon cabinet, assis au pied des Hêtres,
Faire dire aux Echos des sottises champêtres ?

Nôtre Poëte n'y pas eu dessein de blâmer le genre Pastoral, ni de tourner l'Eglogue en ridicule, comme on le suppose ici : Il a seulement voulu railler en passant, les mauvais faiseurs d'Eglogues, & il a dit, que son génie ne le portoit pas à faire des Eglogues.

* Mr.
L'Abbé
Genêt.

CHANT SECOND.

Et follement pompeux, dans fa verve indiscrette,
Au milieu d'une Eglogue entonne la Trompette.
15 De peur de l'écouter, Pan fuit dans les Roseaux ;
Et les Nymphes, d'effroi, se cachent sous les Eaux.
Au contraire, cet Autre abjet en son langage,
Fait parler ses Bergers comme on parle au Village.
Ses Vers plats & grossiers, dépoüillez d'agrément,
20 Toûjours baisent la terre, & rampent tristement.
On diroit que Ronsard, sur ses *Pipeaux rustiques*,
Vient encor fredonner ses Idylles Gothiques ;
Et changer sans respect de l'oreille & du son,
Lycidas en Pierrot, & Phyllis en Toinon.
25 Entre ces deux excès la route est difficile.
Suivez, pour la trouver, Théocrite & Virgile.
Que leurs tendres Ecrits, par les Graces dictez,
Ne quittent point vos mains, jour & nuit feüilletez.
Seuls, dans leurs doctes Vers ils pourront vous apprendre,
30 Par quel art sans bassesse un Auteur peut descendre ;
Chanter Flore, les Champs, Pomone, les Vergers ;
Au combat de la flûte animer deux Bergers ;
Des plaisirs de l'Amour vanter la douce amorce ;
Changer Narcisse en fleur, couvrir Daphné d'écorce ;
35 Et par quel art encor l'Eglogue quelquefois
Rend dignes d'un Consul la campagne & les bois.

REMARQUES.

Vers 24. *Lycidas en Pierrot, & Phyllis en Toinon.*] Ronsard dans ses Eglogues appèle Henri II. Henriot; Charles IX. Carlin ; Caterine de Médicis, Catin : &c. Il emploie aussi les noms de *Margot*, *Perrot*, *Michau*, & autres semblables.

IMITATIONS.

Vers 36. *Rend dignes d'un Consul la campagne & les bois.*] Virgile, Eglogue 4.
Si canimus sylvas, Sylvæ sint Consule dignæ.

Telle est de ce Poëme & la force & la grace.
　D'un ton un peu plus haut, mais pourtant sans audace,
　La plaintive Elégie, en longs habits de deüil,
40 Sait les cheveux épars gémir sous un cercueil.
　Elle peint des Amans la joie, & la tristesse ;
　Flatte, menace, irrite, appaise une Maîtresse.
　Mais pour bien exprimer ces caprices heureux,
　C'est peu d'être Poëte, il faut être amoureux.
45 Je hais ces vains Auteurs, dont la Muse forcée,
　M'entretient de ses feux, toûjours froide & glacée ;
　Qui s'affligent par art, & fous de sens rassis,
　S'érigent, pour rimer, en Amoureux transis.
　Leurs transports les plus doux ne sont que phrases vaines.
50 Ils ne savent jamais, que se charger de chaînes ;
　Que benir leur martyre, adorer leur prison,
　Et faire quereller les Sens & la Raison.
　Ce n'étoit pas jadis sur ce ton ridicule,
　Qu'Amour dictoit les Vers que soûpiroit Tibulle ;
55 Ou que du tendre Ovide animant les doux sons,
　Il donnoit de son Art les charmantes leçons.

REMARQUES.

Vers 50. *Ils ne savent jamais que se charger de chaînes ; Que benir leur martyre,* &c.] Cette Critique regarde particulièrement Voiture, qui, dans le fameux Sonnet d'Uranie, a dit : *Je bénis mon martire & content de mourir,* &c. Ensuite de quoi il ne manque pas de mettre en querelle ses sens & sa raison. Scuderi, Liv. 3. de son Alaric, rassemble plusieurs Amans dans un séjour enchanté ;

Et l'un de ces Amans qui paroissent heureux,
Eclate avec sa Lyre en ces vers amoureux.
Amour, on ne voit rien si doux que ton empire :

Ton Esclave est content, même quand il soupire.
Il benit en son cœur les maux qu'il a soufferts ;
Et les sceptres des Rois valent moins que ses fers.
Ce n'est que par toi seul que subsiste la terre,
Sans toi les Elemens auroient fini leur guerre ;
Et l'horrible Cahos mettant tout à l'envers, &c.

Vers 54. *Qu'Amour dictoit les vers que soûpiroit Tibulle.*] Poëte fort tendre qui vivoit sous Auguste. Tibulle, Livre 1. Elegie 7. — *Absentes alios suspirat amores.* Et Liv. 4. Elegie 5. *Quod si forte alios jam nunc suspirat amores.*

IMITATIONS.

Vers 39. *La plaintive Elégie.*] Horace la décrit ainsi dans son Art poëtique, vers 75.

Versibus impariter junctis quærimonia primùm :
Post etiam inclusa est voti sententia compos.
Quis tamen exiguos Elegos emiserit auctor,
Grammatici certant, & adhuc sub judice lis est.

CHANT SECOND.

Il faut que le cœur seul parle dans l'Elégie.
L'Ode avec plus d'éclat, & non moins d'énergie,
Elevant jusqu'au Ciel son vol ambitieux,
60 Entretient dans ses Vers commerce avec les Dieux.
Aux Athlètes dans Pise elle ouvre la barrière,
Chante un Vainqueur poudreux au bout de la carrière;
Mène Achille sanglant aux bords du Simoïs;
Ou fait fléchir l'Escaut sous le joug de Loüis.
65 Tantôt, comme une abeille ardente à son ouvrage,
Elle s'en va de fleurs dépoüiller le rivage:
Elle peint les festins, les danses, & les Ris;
Vante un baiser cueïlli sur les lévres d'Iris,
Qui mollement résiste, & par un doux caprice,
70 *Quelquefois le refuse, afin qu'on le ravisse.*
Son stile impétueux souvent marche au hazard.
Chez elle un beau désordre est un effet de l'Art.
Loin ces Rimeurs craintifs, dont l'esprit phlegmatique,
Garde dans ses fureurs un ordre didactique:
75 Qui chantant d'un Heros les progrès éclatans,
Maigres Historiens, suivront l'ordre des Tems.
Ils n'osent un moment perdre un sujet de vuë.
Pour prendre Dole, il faut que Lille soit renduë;

REMARQUES.

Vers 61. *Aux Athlètes dans Pise.*] Ville de la Grèce dans l'Elide, où l'on célébroit les Jeux Olimpiques.

Vers 78. *Pour prendre Dole, il faut que Lille soit renduë.*] Lille & Courtray furent pris en 1667. Et Dole en 1668.

IMITATIONS.

Vers 58. *L'Ode avec plus d'éclat.*] Description de l'Ode dans Horace Art poëtique, v. 83.
 Musa dedit fidibus Divos, puerosque Deorum,
 Et pugilem victorem, & equum certamine primum,
 Et Juvenum curas, & libera vina referre.
Vers 69. *Qui mollement résiste* &c.] C'est la traduction de ces vers d'Horace, Ode 12. du liv. 2.
 Dum fragrantia detorquet ad oscula
 Cervicem: aut facili sævitiâ negat,
 Quæ poscente magis gaudeat eripi.
Vers 72. *Chez elle un beau désordre est un effet de l'art.*] Cicéron dans son Orateur, n. 78.
 Quædam etiam negligentia est diligens.

Et que leur Vers exact, ainsi que Mezeray,
80 Ait fait déja tomber les remparts de Courtray.
Apollon de son feu leur fut toûjours avare.
   On dit à ce propos, qu'un jour de Dieu bizarre,
   Voulant pousser à bout tous les Rimeurs François,
   Inventa du Sonnet les rigoureuses loix;
85 Voulut, qu'en deux Quatrains, de mesure pareille,
La Rime avec deux sons frappât huit fois l'oreille;
Et qu'ensuite, six Vers artistement rangez,
Fussent en deux Tercets par le sens partagez.
Sur tout de ce Poëme il bannit la licence:
90 Lui-même en mesura le nombre & la cadence:
Deffendit qu'un Vers foible y pût jamais entrer,
Ni qu'un mot déja mis osât s'y remontrer.
Du reste il l'enrichit d'une beauté suprême.
Un Sonnet sans défauts vaut seul un long Poëme.

REMARQUES.

Vers 79. —— *Ainsi que Mezeray,*] Célèbre Historien, qui a écri l'Histoire de France. Il étoit de l'Académie Françoise, & mourut en 1683.

Vers 83. *Voulant pousser à bout tous les rimeurs François,*
Inventa du Sonnet &c.]
C'est à dire, que les Poëtes François ont inventé le Sonnet, ou du moins l'ont assujetti à de certaines règles. Bien des gens croient néanmoins que l'invention du Sonnet nous est venuë des Italiens, & sur tout de Petrarque qui vivoit dans le quatorzième Siècle; parce que les premiers Sonnets qui aient paru en nôtre Langue, ne furent faits que sous le Règne de François I. par les Poëtes qui fleurissoient en ce tems-là. Mais il est certain que Pétrarque, & les autres Italiens, qui avoient fait des Sonnets avant nos Poëtes François, en avoient emprunté l'usage & le nom des anciens Poëtes Provençaux, connus jadis sous les noms de Trouverres, Chanterres, Jongleurs, & autres semblables, qui alloient par les Cours des Princes, pour les réjouïr, chantant leurs Fabliaux, Lais, Virelais, Ballades, & *Sonnets* : comme le Président Fauchet l'a remarqué dans son Recueil de l'origine de la Poësie Françoise. L. 1. c. 8. Pétrarque, qui est regardé comme le Pere du *Sonnet*, a composé presque toutes ses Poësies à Vaucluse près d'Avignon, dans un tems auquel les Poëtes François ou Provençaux étoient en grande réputation, à cause de certaines Assemblées galantes, qu'on appeloit les Cours de Parlement d'Amour, & qui se tenoient dans quelques Villes de Provence. *Voiez la Fresnaye Vauquelin, dans son Art poët. L. 1. Le Traité du Sonnet, par Culletet. Les Notes de Ménage sur Malherbe.*

IMITATIONS.

Vers 86. *La Rime avec deux sons frappât huit fois l'oreille.*] Horace dit que le vers Iambe frappe six fois l'oreille: *quum senos redderet ictus*; parce qu'il est composé de six pieds. De Art. poët. v. 253.

CHANT SECOND.

95 Mais en vain mille Auteurs y pensent arriver :
Et cet heureux Phénix est encore à trouver.
A peine dans Gombaut, Mainard, & Malleville,
En peut-on admirer deux ou trois entre mille.
Le reste, aussi peu lû, que ceux de Pelletier,
100 N'a fait de chez Sercy qu'un saut chez l'Epicier.
Pour enfermer son sens dans la borne prescrite,
La mesure est toûjours trop longue ou trop petite.
L'Epigramme plus libre, en son tour plus borné,
N'est souvent qu'un bon mot de deux rimes orné.
105 Jadis de nos Auteurs les Pointes ignorées,
Furent de l'Italie en nos Vers attirées.
Le Vulgaire ébloüi de leur faux agrément,
A ce nouvel appas courut avidement.
La faveur du Public, excitant leur audace,
110 Leur nombre impétueux inonda le Parnasse.
Le Madrigal d'abord en fut enveloppé.
Le Sonnet orgueilleux lui-même en fut frappé.
La Tragédie en fit ses plus cheres délices.
L'Elégie en orna ses douloureux caprices.

REMARQUES.

Vers 97. A peine dans Gombaut, Mainard, & Malleville.] Trois Académiciens célèbres. Parmi le grand nombre de Sonnets qu'ils ont composez, Mr. Despréaux nommoit celui-ci de Gombaud : *Le Grand Montmorenci n'est plus qu'un peu de cendre* &c. Et cet autre : *Cette race de Mars* &c. Mais il donnoit le prix au Sonnet que Malleville fit pour la *Belle-Matineuse*, & qui est le vingt septiéme selon l'ordre de l'édition.

*Le silence regnoit sur la terre & sur l'onde.
L'air devenoit serein, & l'Olimpe vermeil,* &c.

La plûpart des Poëtes de ce tems-là composérent des Sonnets sur le même sujet ; mais Malleville eut l'avantage sur les autres, au jugement des plus habiles Connoisseurs. *Voiez la Dissertation de Ménage sur les Sonnets pour la belle Matineuse.*

Vers 99. Le reste aussi peu lû que ceux de Pelletier.] Voicz la Note sur le vers 54. du Discours au Roi.

Vers 100. N'a fait de chez Sercy.] Charles de Sercy, Libraire, dont la boutique étoit dans la Grand' Salle du Palais.

Vers 104. N'est souvent qu'un bon mot de deux rimes orné.] Telle est cette Epigramme de nôtre Poëte :

J'ai vû l'Agésilas :
Hélas !

Vers 113. La Tragédie en fit &c.] Principalement la Sylvie de Mairet.

115 Un Héros fur la Scene eut foin de s'en parer ;
Et fans Pointe un Amant n'ofa plus foupirer.
On vit tous les Bergers, dans leurs plaintes nouvelles,
Fidèles à la Pointe, encor plus qu'à leurs Belles.
Chaque mot eût toujours deux vifages divers.
120 La Profe la reçût, auffi-bien que les Vers.
L'Avocat au Palais en hériffa fon ftile,
Et le Docteur en chaire en fema l'Evangile.

La Raifon outragée enfin ouvrit les yeux ;
La chaffa pour jamais des difcours férieux,
125 Et dans tous ces Ecrits, la déclarant infame,
Par grace, lui laiffa l'entrée en l'Epigramme :
Pourvu que fa fineffe, éclatant à propos,
Roulât fur la penfée, & non pas fur les mots.
Ainfi de toutes parts les défordres ceffèrent.
130 Toutefois à la Cour les Turlupins reftérent ;
Infipides Plaifans, Bouffons infortunez,
D'un jeu de mots groffier partifans furannez.
Ce n'eft pas quelquefois qu'une Mufe un peu fine,
Sur un mot en paffant ne joue & ne badine,
135 Et d'un fens détourné n'abufe avec fuccès.
Mais fuiez fur ce point un ridicule excès ;

REMARQUES.

Vers 122. *Et le Docteur en chaire en fema l'E-vangile.*] Au commencement du Siécle dans lequel nôtre Auteur a écrit, l'Eloquence Françoife étoit dans une étrange corruption. Un difcours public n'étoit alors qu'un tiffu bizarre de citations Grecques & Latines. A cet abus il en fucceda un autre plus contraire à la véritable Eloquence. Les Orateurs épuifoient leur efprit en pointes frivoles, en ornemens fuperflus, en faux brillans. C'eft ainfi que préchoit Mr. Mafcaron Evêque de Tulles : il fe plaifoit à ces jeux de mots & à ces pointes ; & les Rieurs difoient de fes Sermons, que c'étoit un Recueil d'Epigrammes. Le petit Pere André Boulanger, Auguflin, préchoit de la même manière.

Vers 130. *Toutefois à la Cour les Turlupins reftérent.*] *Turlupin*, eft le nom d'un Comédien de Paris, qui divertiffoit le peuple par de méchantes pointes, & par des jeux de mots qu'on a appelez *Turlupinades*. Ses imitateurs ont été nommez *Turlupins*. Il étoit le Plaifant de la Farce dans la Troupe des Comédiens de l'Hôtel de Bourgogne, du tems que Bellerofe en étoit le Chef. Pendant quelque tems on a vû regner en France le goût des *Turlupinades*, & la Cour même fembloit être la fource de cette corruption ; mais Moliere vengea le bon goût & la raifon par les fanglantes railleries qu'il fit des *Turlupins* & des *Turlupinades*. Le Marquis de *la Critique de l'Ecole des Femmes*, eft un de ces Turlupins.

Et n'allez pas toûjours d'une pointe frivole,
Aiguiser par la queuë une Epigramme folle.
　Tout Poëme est brillant de sa propre beauté.
140　Le Rondeau, né Gaulois, a la naïveté.
　La Ballade asservie à ses vieilles maximes,
Souvent doit tout son lustre au caprice des rimes.
　Le Madrigal plus simple, & plus noble en son tour,
Respire la douceur, la tendresse & l'amour.
145　L'ardeur de se montrer, & non pas de médire,
Arma la Verité du Vers de la Satire.
　Lucile le premier osa la faire voir :
Aux vices des Romains présenta le miroir :
Vengea l'humble Vertu, de la Richesse altiére,
150　Et l'honnête Homme à pié, du Faquin en litiére.
　Horace à cette aigreur mêla son enjoûment.
　On ne fut plus ni fat ni sot impunément :
　Et, malheur à tout nom, qui propre à la censure,
Pût entrer dans un Vers, sans rompre la mesure.

REMARQUES.

Vers 147. *Lucile le premier.*] Caïus Lucilius, Chevalier Romain, fut l'inventeur de la Satire, en tant qu'elle est un Poëme dont la fin est de reprendre les vices des hommes ; Car, bien que les Grecs aient composé des vers & des Ouvrages Satiriques, c'est à dire, mordans, il est certain qu'ils ne leur ont donné ni le caractère ni le tour de la Satire Latine. C'est pourquoi Quintilien a dit : *Satira tota nostra est* ; & Diomède le Grammairien : *Satira est carmen, apud Romanos, non quidem apud Græcos, maledicum.*

IMITATIONS.

Vers 147. *Lucile le premier.*] Horace, Satire I. Livre 2.
　　　　　　———— *Est Lucilius ausus*
　　Primus in hunc operis componere Carmina morem ;
　　Detrahere & pellem, nitidus qua quisque per ora
　　Cederet, introrsum turpis.
Perse, Satire I. v. 114.　　———— *Secuit Lucilius Urbem.*
Et Juvénal nous dépeint ce Poëte comme un Censeur formidable qui poursuit par tout le crime à main armée.
　　Ense velut stricto, quoties Lucilius ardens
　　Infremuit, rubet auditor, cui frigida mens est
　　Criminibus, tacita sudant præcordia culpâ. Sat. I. fin.
Vers 151. *Horace à cette aigreur mêla son enjoûment.*] Perse, Sat. I. v. 116.
　　Omne vafer vitium ridenti Flaccus amico
　　Tangit, & admissus circum præcordia ludit,
　　Callidus excusso populum suspendere naso.

155   Perse en ses Vers obscurs, mais serrez & pressans,
   Affecta d'enfermer moins de mots que de sens.
   Juvénal, élevé dans les cris de l'Ecole,
   Poussa jusqu'à l'excès sa mordante hyperbole.
   Ses ouvrages, tout pleins d'affreuses véritez,
160 Etincelent pourtant de sublimes beautez :
   Soit que sur un Ecrit arrivé de Caprée,
   Il brise de Séjan la statuë adorée :
   Soit qu'il fasse au Conseil courir les Sénateurs;
   D'un Tiran soupçoneux, pâles adulateurs :
165 Ou que, poussant à bout la luxure Latine,
   Aux Portefaix de Rome il vende Messaline.
   Ses Ecrits pleins de feu par tout brillent aux yeux.
   De ces Maîtres savans, disciple ingénieux,
   Regnier seul parmi nous formé sur leurs modelles,
170 Dans son vieux stile encore a des graces nouvelles.
   Heureux! si ses Discours, craints du chaste Lecteur,
   Ne se sentoient des lieux où fréquentoit l'Auteur;
   Et si du son hardi de ses rimes Ciniques,
   Il n'allarmoit souvent les oreilles pudiques.
175   Le Latin, dans les mots, brave l'Honnêteté.
   Mais le Lecteur François veut être respecté.

REMARQUES.

Vers 162. *Il brise de Séjan la statuë adorée.*] Juvénal, Satire 10. v. 60. & suivans. *Ardet adoratum populo caput.*

Vers 163. *Soit qu'il fasse au Conseil courir les Sénateurs.*] Satire 4. vers 37. jusqu'à la fin.

Vers 164. *D'un Tiran soupçoneux pâles adulateurs.*] Là-même, vers 74.
In quorum facie misera magnæque Sedebat Pallor amicitiæ.

Vers 166. ―――― *Il vende Messaline.*] Satire 6. depuis le vers 115. jusqu'au 132. Voïez Tacite, Ann. 11.

Vers 171. *Heureux! si ses discours craints du chaste Lecteur,*
Ne se sentoient des lieux où fréquentoit l'Auteur.] Ceci dénote plusieurs endroits des Satires de Regnier, & particulièrement la Satire XI. où ce Poëte décrit un Lieu de débauche. Mr. Despréaux avoit mis ici.

Heureux! si, moins hardi, dans ses vers
pleins de sel,
Il n'avoit point traîné les Muses au B**

Mais Mr. Arnauld lui fit changer ces deux vers, parce qu'il y faisoit la même faute qu'il reproche à Regnier. Quintilien fait le même jugement d'un Poëte comique de son tems : *Togatis excellit Afranius : utinamque non inquinasset argumenta puerorum fœdis amoribus, mores suos fassus.* Lib. 10. c. 1.

CHANT SECOND.

Du moindre sens impur la liberté l'outrage,
Si la pudeur des mots n'en adoucit l'image.
Je veux dans la Satire un esprit de candeur;
180 Et fuis un effronté qui prêche la pudeur.
   D'un trait de ce Poëme, en bons mots si fertile,
Le François né malin forma le Vaudeville ;
Agréable Indiscret, qui, conduit par le chant,
Passe de bouche en bouche & s'accroît en marchant.
185 La liberté Françoise en ses Vers se déploïe.
Cet enfant de plaisir veut naître dans la joïe.
Toutefois n'allez pas, goguenard dangereux,
Faire Dieu le sujet d'un badinage affreux.
   A la fin tous ces jeux, que l'Athéïsme élève,
190 Conduisent tristement le Plaisant à la Grève.
Il faut même, en chansons, du bon sens & de l'art.
Mais pourtant on a vû le vin & le hazard
Inspirer quelquefois une Muse grossière,
Et fournir, sans génie, un couplet à Liniére.

REMARQUES.

Vers 190. *Conduisent tristement le Plaisant à la Grève.*] Quelques années avant la publication de ce Poëme, un jeune Homme fort bien fait, nommé *Petit*, fut surpris faisant imprimer des Chansons impies & libertines de sa façon. On lui fit son procès, & il fut condamné à être pendu & brûlé, nonobstant de puissantes sollicitations qu'on fit agir en sa faveur.

Vers 194. *Et fournir sans génie un Couplet à Liniére.*] Nous avons parlé de Liniére, sur le vers 89. de l'Epître VII. où il est traité d'*Idiot*, parce qu'effectivement il avoit l'air niais, & le visage d'un Idiot. Il ne réussissoit pas mal à faire des couplets satiriques, & il exerça son talent contre Mr. Despreaux lui même, qui lui répondit par ce couplet.

   Liniére apporte de Senlis
   Tous les mois trois couplets impies :
   A quiconque en veut dans Paris
   Il en présente des copies;
   Mais ses couplets tout pleins d'ennui,
   Seront brûlez même avant lui.

Voici comme il s'explique sur les sentimens qu'il avoit de la Réligion : C'est dans le Portrait de Liniéres, fait par lui-même.

   La lecture a rendu mon esprit assez fort
   Contre toutes les peurs que l'on a de la Mort ;
   Et ma Réligion n'a rien qui m'embarasse.
   Je me ris du Scrupule, & je hais la grimasse.
   &c.

Madame Des Houliéres, dans le portrait qu'elle a fait de Liniéres, le justifie autant qu'elle peut sur cette accusation de libertinage.

   On le croit indévot, mais quoi que l'on en die,
   Je crois que dans le fond, Tircis n'est pas impie,
   Quoi qu'il raille souvent des articles de foi.
   Je crois qu'il est autant Catholique que moi.
   Pour suivre aveuglément les conseils d'Epicure,
   Pour croire quelque fois un peu trop la nature,
   Pour vouloir se mêler de porter jugement
   Sur tout ce que contient le *Nouveau Testament* *.
   On s'égare aisément du chemin de la Grace.
   Tircis y reviendra : ce n'est que par grimace
   Qu'il dit qu'on ne peut pas aller contre le sort :
   Il changera d'humeur à l'heure de la mort.
   La prophétie s'est trouvée fausse.

* Liniére avoit entrepris une Critique abominable du Nouveau Testament.

L'ART POETIQUE.

195 Mais pour un vain bonheur qui vous a fait rimer,
Gardez qu'un sot orgueil ne vous vienne enfumer.
Souvent l'Auteur altier de quelque chansonnette,
Au même instant prend droit de se croire Poëte.
Il ne dormira plus qu'il n'ait fait un Sonnet.
200 Il met tous les matins six Impromptus au net.
Encore est-ce un miracle, en ses vagues furies,
Si bien-tôt imprimant ses sottes rêveries,
Il ne se fait graver au devant du Recüeil,
Couronné de lauriers par la main de Nanteüil.

REMARQUES.

Vers 204. ——— *Par la main de Nanteüil.*] Fameux Graveur de portraits, mort à Paris en l'Année 1678.

Nôtre Poëte avoit dessein de finir ce Chant par ces deux vers:

*Et dans l'Académie, orné d'un nouveau lustre,
Il fournira bien tôt un quarantième Illustre.*

Mais il les supprima pour ne pas déplaire à Messieurs de l'Académie Françoise.

CHANT III.

IL n'est point de Serpent, ni de Monstre odieux,
 Qui par l'Art imité ne puisse plaire aux yeux.
D'un pinceau délicat, l'artifice agréable,
Du plus affreux objet, fait un objet aimable.
5 Ainsi pour nous charmer, la Tragédie en pleurs,
D'Oedipe tout sanglant fit parler les douleurs;
D'Oreste parricide exprima les alarmes;
Et pour nous divertir, nous arracha des larmes.
 Vous donc, qui d'un beau feu pour le Théatre épris,
10 Venez en Vers pompeux y disputer le prix,
Voulez-vous sur la Scène étaler des ouvrages,
Où tout Paris en foule apporte ses suffrages;
Et qui toujours plus beaux, plus ils sont regardez,
Soient au bout de vingt ans encor redemandez?

REMARQUES.

Les règles de la Tragédie, de la Comédie, & du Poëme Epique, font la matière du troisième Chant. Il est le plus beau de tous, soit par la grandeur du sujet, soit par la manière dont l'Auteur l'a traité.

Vers 1. *Il n'est point de Serpent, &c.*] Cette comparaison est empruntée d'Aristote. Rien ne fait plus de plaisir à l'homme que l'imitation, dit-il. C'est ce qui fait que nous aimons tant la Peinture, quand même elle représente des objets hideux, dont les originaux nous feroient horreur: comme des bêtes venimeuses, des hommes morts, ou mourans, & d'autres images semblables. Plus l'imitation en est parfaite, ajoûte-t'il, plus nous les regardons avec plaisir. Mais ce plaisir ne vient pas de la beauté de l'original qu'on a imité: il vient de ce que l'Esprit trouve par là moïen de raisonner & de s'instruire. *Arist. ch. 4. de la Poëtique; & ch. 11. Propos. 28. du Liv. I. de sa Rhétorique.* Mr. Depréaux disoit pourtant, qu'il ne faut pas que l'imitation soit entière; parce qu'une ressemblance trop parfaite inspireroit autant d'horreur que l'original même. Ainsi, l'imitation parfaite d'un Cadavre répréfenté en cire, avec toutes les couleurs, sans aucune différence, ne seroit pas supportable. C'est pour la même raison que les portraits en cire, n'ont pas réussi, parce qu'ils étoient trop ressemblans. Mais que l'on fasse la même chose en marbre, ou en platte peinture: ces imitations plairont d'autant plus, qu'elles approcheront de la vérité; parce que, quelque ressemblance qu'on y trouve, les yeux & l'esprit ne laissent pas d'y apercevoir d'abord une différence, telle qu'elle doit être nécessairement entre l'Art & la Nature.

Vers 6. *D'Oedipe tout sanglant.*] Tragédie de Sophocle.

Vers 7. *D'Oreste parricide.*] Tragédie d'Euripide.

IMITATIONS.

Vers 14. *Soient au bout de vingt ans encor redemandez.*] Horace, Art poëtique v. 190.
 Fabula quæ posci vult, & spectata reponi.

15 Que dans tous vos discours la Passion émuë,
Aille chercher le cœur, l'échauffe, & le remuë.
Si d'un beau mouvement l'agréable fureur,
Souvent ne nous remplit d'une douce *Terreur* ;
Ou n'excite en nôtre ame une *Pitié* charmante,
20 En vain vous étalez une Scène savante.
Vos froids raisonnemens ne feront qu'attiédir
Un Spectateur, toûjours paresseux d'applaudir,
Et qui des vains efforts de vôtre Rhétorique,
Justement fatigué, s'endort, ou vous critique.
25 Le secret est d'abord de plaire & de toucher.
Inventez des ressorts qui puissent m'attacher.
Que dès les premiers Vers l'Action préparée,
Sans peine, du Sujet applanisse l'entrée.
Je me ris d'un Auteur, qui lent à s'exprimer,
30 De ce qu'il veut, d'abord ne sait pas m'informer ;
Et qui, débroüillant mal une pénible intrigue,
D'un divertissement me fait une fatigue.
J'aimerois mieux encor qu'il déclinât son nom,
Et dît, je suis Oreste, ou bien Agamemnon :
35 Que d'aller par un tas de confuses merveilles,
Sans rien dire à l'esprit, étourdir les oreilles.

REMARQUES.

Vers 29. *Je me ris d'un Auteur.*] Mr. Corneille a commencé sa Tragédie de Cinna par ces Vers hors de propos qui sentent la Déclamation.

Impatiens désirs d'une illustre vengeance,
Dont la mort de mon Pere a formé la naissance,
Enfans impétueux de mon ressentiment,
Que ma douleur séduite embrasse aveuglément:

Vous prenez sur mon ame un trop puissant empire, &c.;

C'est ce que nôtre Poëte appelle, *un tas de confuses merveilles,* dans le vers 35. *Nugæque canoræ,* selon Horace, Poët. v. 322.

Vers 33. *J'aimerois mieux encor qu'il déclinât son nom.*] Il y a de pareils exemples dans Euripide.

IMITATIONS.

Vers 16. *Aille chercher le cœur, l'échauffe, & le remuë.*] Horace, L. 2. Epît. I. v. 211.
── *Meum qui pectus inaniter angit,*
Irritat, mulcet, falsis terroribus implet.

CHANT TROISIEME.

Le sujet n'est jamais assez tôt expliqué.
Que le Lieu de la scène y soit fixe & marqué.
Un Rimeur, sans peril, de là les Pirénées,
40 Sur la scène en un jour renferme des années.
Là souvent le Héros d'un spectacle grossier,
Enfant au premier acte, est Barbon au dernier.
Mais nous, que la Raison à ses règles engage,
Nous voulons qu'avec art l'Action se ménage :
45 Qu'en un Lieu, qu'en un Jour, un seul fait accompli
Tienne jusqu'à la fin le Théatre rempli.
Jamais au Spectateur n'offrez rien d'incroïable.
Le vrai peut quelquefois n'être pas vraisemblable.
Une merveille absurde est pour moi sans appas.
50 L'esprit n'est point ému de ce qu'il ne croit pas.
Ce qu'on ne doit point voir, qu'un récit nous l'expose.
Les yeux en le voïant saisiroient mieux la chose:
Mais il est des objets, que l'Art judicieux
Doit offrir à l'oreille, & reculer des yeux.

REMARQUES.

Vers 39. *Un Rimeur ...... de là les Pirenées.*] Lope de Véga, Poëte Espagnol, qui a composé un très-grand nombre de Comédies; mais il avoit plus de fécondité que d'exactitude. Dans une de ses Pièces il réprésente l'histoire de *Valentin* & *Orson*, qui naissent au premier Acte, & sont fort âgez au dernier.

Vers 45. *Qu'en un Lieu, qu'en un Jour, un seul Fait accompli.*] Ce vers est très remarquable : il comprend les trois Unitez, du Lieu, du Tems, & de l'Action, & le complement de l'Action. Dans l'édition de 1713. on a mal mis : *Un fait seul.*

IMITATIONS.

Vers 47. *Jamais au Spectateur n'offrez rien d'incroïable.*] Horace, v. 338. de l'Art poëtique.
Ficta voluptatis causâ, sint proxima veris :
Nec quodcunque volet, poscat sibi fabula credi.
Vers 51. *Ce qu'on ne doit point voir*, &c.] Horace au même endroit, v. 180.
Segnius irritant animos demissa per aurem,
Quàm quæ sunt oculis subjecta fidelibus, & quæ
Ipse sibi tradit Spectator. Non tamen intus
Digna geri, promes in scenam, multaque tolles
Ex oculis, quæ mox narret facundia præsens.
Nec pueros coram populo Medea trucidet, &c.

318 L'ART POETIQUE.

55 Que le trouble, toûjours croiſſant de ſcène en ſcène,
 A ſon comble arrivé, ſe débroüille ſans peine.
 L'eſprit ne ſe ſent point plus vivement frappé,
 Que lorſqu'en un ſujet d'intrigue enveloppé,
 D'un ſecret tout à coup la vérité connuë,
60 Change tout, donne à tout une face imprévuë.
 La Tragédie, informe, & groſſière en naiſſant,
 N'étoit qu'un ſimple Chœur, où chacun en danſant,
 Et du Dieu des raiſins entonnant les loüanges,
 S'efforçoit d'attirer de fertiles vendanges.
65 Là le vin & la joie éveillant les eſprits,
 Du plus habile Chantre un Bouc étoit le prix.
 Theſpis fut le premier, qui barboüillé de lie,
 Promena par les Bourgs cette heureuſe folie ;
 Et d'Acteurs mal ornez chargeant un tombereau,
70 Amuſa les Paſſans d'un ſpectacle nouveau.
 Eſchyle dans le Chœur jetta les perſonnages ;
 D'un maſque plus honnête habilla les viſages ;

REMARQUES.

Vers 61. *La Tragédie informe &c.*] Ce qui eſt dit ici de la naiſſance & du progrez de la Tragédie, eſt tiré d'Ariſtote & d'Horace, dans leurs Poëtiques ; & de Diogène Laërce dans la Vie de Solon.

Vers 68. *Promena par les Bourgs.*] De l'Attique.

IMITATIONS.

Vers 66. *Du plus habile chantre un bouc étoit le prix.*] Horace, Art poët. vers 220.
 Carmine qui tragico vilem certavit ob hircum.
Vers 67. *Theſpis fut le premier &c.*] Horace, vers 275.
 Ignotum tragicæ genus inveniſſe Camenæ
 Dicitur, & plauſtris vexiſſe poemata Theſpis :
 Quæ canerent agerentque peruncti fæcibus ora.
Vers 71. *Eſchyle dans le Chœur &c.*] Horace au même endroit.
 Poſt hunc perſonæ pallæque repertor honeſtæ
 Æſchylus, & modicis inſtravit pulpita tignis ;
 Et docuit magnumque loqui, nitique cothurno.
Horace dit qu'*Eſchyle éleva un théâtre ſur de petits tréteaux.* Mr. Deſpréaux rioit de l'erreur dans laquelle étoit tombé l'Auteur des *Jugemens des Savans* *, en faiſant dire à Horace, qu'*Eſchyle fit mettre ſur l'échafaut du théâtre une eſpèce de pulpitre.* *Pulpitum*, ſignifie le *Théâtre*, le lieu où joüent les Acteurs.

* Baillet Tome 5. p. 146.

CHANT TROISIEME.

Sur les ais d'un théatre en public exhauſſé,
Fit paroître l'Acteur d'un brodequin chauſſé.
75 Sophocle enfin donnant l'eſſor à ſon génie,
Accrut encor la pompe, augmenta l'harmonie,
Intereſſa le Chœur dans toute l'Action,
Des Vers trop rabotteux polit l'expreſſion ;
Lui donna chez les Grecs cette hauteur divine,
80 Où jamais n'atteignit la foibleſſe Latine.
   Chez nos dévots Aïeux, le Théâtre abhorré
Fut long-tems dans la France un plaiſir ignoré.
De Pelerins, dit-on, une Troupe groſſière
En public à Paris y monta la première ;
85 Et ſottement zelée en ſa ſimplicité,
Joüa les Saints, la Vierge, & Dieu par piété.

REMARQUES.

Vers 79. *Lui donna chez les Grecs cette hauteur Divine.*] Vôïez Quintilien, Livre 10. chap. 1.

Vers 86. *Joüa les Saints, la Vierge, & Dieu par piété.*] Avant que la Comédie fut introduite en France, on répréſentoit les Hiſtoires de l'Ancien & du Nouveau Teſtament, les Martires des Saints, & autres ſujets de piété. On nommoit ces ſortes d'Actions, *les Miſtères* comme le Miſtère ou le jeu de la Paſſion, le Miſtère des Actes des Apôtres, le Miſtère de l'Apocalipſe ; &c. & il y avoit des Maitres ou Entrepreneurs, par les ſoins deſquels ces Miſtères étoient répréſentez. Au commencement, les répréſentations s'en donnoient dans les Egliſes, & faiſoient partie des cérémonies Eccléſiaſtiques. Dans la ſuite, les Miſtères furent joüez en divers endroits ſur les théatres publics. Alain Chartier, dans ſon Hiſtoire de Charles VII. parlant de l'entrée de ce Roi à Paris en l'année 1437. page 109. dit, que „Tout au long de la grand Ruë Saint Denys, „auprès d'un jeft de pierre l'un de l'autre, „eſtoient faits eſchaffaultx bien & richement „tenduz, où eſtoient faits par perſonnages, „l'Annonciation nôſtre Dame, la Nativité nôſtre „Seigneur, ſa Paſſion, ſa Réſurrection, la „Pentecoſte, & le Jugement ; qui ſéoit très-„bien. Car il ſe joüoit devant le Chaſtelet où „eſt la juſtice du Roy. Et emmy la ville avoit „pluſieurs autres jeux de divers myſteres qui „ſetoient trop longs à racompter. Et là ve„noient Gens de toutes parts cïans Noel, & „les autres plenroient de joye.

On faiſoit de ſemblables répréſentations dans pluſieurs autres villes du Roiaume. En l'année 1486. le Chapitre de l'Egliſe de Lion ordonna ſoiſſante livres à ceux qui avoient joüé le Miſtère de la Paſſion de JESUS-CHRIST. Liv. 28. *des Actes capitul. fol.* 153. De Rubis dans ſon Hiſtoire de la même Ville, *Liv.* 3. *ch.* 53. fait mention d'un théatre public dreſſé à Lion en 1540. *Et là*, dit-il, *par l'eſpace de trois ou quatre ans, les jours de Dimanches & les Feſtes après le diſner, furent répréſentées la plûpart des hiſtoires du vieil & nouveau Teſtament, avec la Farce au bout, pour récréer les aſſiſtans.* Le Peuple nommoit ce Théatre *le Paradis.*

Enfin comme ces ſortes de répréſentations ſe faiſoient d'une manière indigne de la Réligion, & de nos Auguſtes Miſtères, il fut déſendu dans tout le Roiaume de joüer la Paſſion de Nôtre Seigneur, & d'autres ſujets ſemblables. Nous avons encor pluſieurs de ces Pièces imprimées avec privilège.

Le Savoir, à la fin diffipant l'Ignorance,
Fit voir de ce projet la dévote imprudence.
On chaffa ces Docteurs prêchans fans miffion.
90 On vit renaître Hector, Andromaque, Ilion.
Seulement, les Acteurs laiffant le mafque antique,
Le violon tint lieu de Chœur & de Mufique.
 Bien-tôt l'Amour, fertile en tendres fentimens,
S'empara du Théatre, ainfi que des Romans.
95 De cette Paffion la fenfible peinture
Eft pour aller au cœur la route la plus fûre.
Peignez donc, j'y confens, les Heros amoureux.
Mais ne m'en formez pas des Bergers doucereux.
Qu'Achille aime autrement que Thyrfis & Philène.
100 N'allez pas d'un Cyrus nous faire un Artamène :
Et que l'amour, fouvent de remords combattu,
Paroiffe une foibleffe & non une vertu.
 Des Heros de Roman fuïez les petiteffes :
Toutefois aux grands cœurs donnez quelques foibleffes.
105 Achille déplairoit moins boüillant & moins prompt.
J'aime à lui voir verfer des pleurs pour un affront.

REMARQUES.

Vers 90. *On vit renaître Hector, &c.*] Ce ne fut que fous le règne de Loüis XIII. que la Tragédie commença à prendre une bonne forme en France. Voiez L'Hift. de l'Académie Françoife.

Vers 91. ———*Les Acteurs laiffant le mafque antique.*] Ce mafque répréfentoit le perfonnage que l'on introduifoit fur la Scène. Voi. la Remarque fur le vers 352. de ce Chant.

Vers 92. *Le Violon tint lieu de Chœur & de Mufique.*] Efther, & Athalie, Tragédies de l'illuftre Mr. Racine, font connoître combien on a perdu en fupprimant les Chœurs & la Mufique.

Vers 100. *N'allez pas d'un Cyrus nous faire un Artamène.*] Artamène, ou le grand Cyrus, Roman de Madlle. de Scudéri. Artamène eft un nom fuppofé que le Roman donne à Cyrus dans les voiages qu'on lui fait entreprendre. Mais le caractère de ce Prince n'eft pas mieux confervé que fon nom. *Voiez ci-après le Dialogue contre les Héros de Roman.*

IMITATIONS.

Vers 105. *Achille déplairoit moins boüillant & moins prompt.*] Horace Art poët. v. 129.
——————— *Si forte reponis Achillem ;*
Impiger, iracundus, inexorabilis, acer.
Jura neget fibi nata, nihil non arroget armis.

Vers 106. *J'aime à lui voir verfer des pleurs pour un affront.*] Iliade, L. I.

CHANT TROISIEME.

A ces petits défauts marquez dans sa peinture,
L'esprit avec plaisir reconnoît la Nature.
Qu'il soit sur ce modèle en vos Ecrits tracé.
110 Qu'Agamemnon soit fier, superbe, interessé.
Que pour ses Dieux Enée ait un respect austère.
Conservez à chacun son propre caractère.
Des Siècles, des Païs, étudiez les mœurs.
Les climats font souvent les diverses humeurs.
115 Gardez donc de donner, ainsi que dans Clélie,
L'air, ni l'esprit François à l'antique Italie ;
Et sous des noms Romains faisant nôtre portrait,
Peindre Caton galant, & Brutus dameret.
Dans un Roman frivole aisément tout s'excuse.
120 C'est assez qu'en courant la fiction amuse.
Trop de rigueur alors seroit hors de saison :
Mais la Scène demande une éxacte raison.

REMARQUES.

Vers 115. ——— *Ainsi que dans Clélie.*] Autre Roman de Mlle. de Scuderi. Mr. Despréaux en parle ainsi dans une Lettre qu'il m'écrivit le 7. de Janvier 1703. „C'est effectivement une „très grande absurdité à la Demoiselle Auteur „de cet Ouvrage, d'avoir choisi le plus grave „Siècle de la Republique Romaine, pour y peindre „les caractères de nos François. Car on „prétend qu'il n'y a pas dans ce Livre un seul „Romain ni une seule Romaine, qui ne soient „copiés sur le modèle de quelque Bourgeois „ou de quelque Bourgeoise de son quartier. „On en donnoit autrefois une clef qui a couru ; * mais je ne me suis jamais soucié de la „voir. Tout ce que je sai, c'est que le généreux „Herminius, c'étoit Mr. Pélisson ; l'agréable „Scaurus, c'étoit Scarron ; le galant Amilcar, „Sartazin, &c. .... Le plaisant de l'affaire „est que nos Poëtes de Théatre, dans plusieurs „Pièces, ont imité cette folie, comme „on le peut voir dans *la mort de Cyrus* du Célèbre „Mr. Quinaut, où Thomyris entre sur le „Théatre en cherchant de tous côtés, & dit „ces deux beaux vers :

Que l'on cherche partout mes tablettes perduës,
Tom. I.

Et que sans les ouvrir elles me soient rendues.

„Voilà un étrange meuble pour une Reine des „Massagètes, &c.

Vers 118. *Peindre Caton galant.*] *Caton,* surnommé *le Censeur.* Il ne faut que lire le discours qu'il fit pour maintenir la Loi *Oppia,* contre la parure des Dames ; pour voir qu'il n'étoit rien moins que galant. *Tite-Live,* L. 34. c. 2.

Ibid. ——— *Et Brutus Dameret.*] C'est Junius Brutus, qui chassa les Tarquins de Rome. Tous les Historiens le dépeignent comme un homme qui avoit *les mœurs austères de nature, & non adoucies par la raison,* suivant le langage d'Amiot : * Jusques-là qu'il fit mourir ses propres enfans. Cependant le Roman de Clélie, qui rapporte tout à une certaine galanterie, suppose que Brutus étoit *doux, civil, complaisant, agréable* ; † qu'il avoit l'esprit *galant, adroit, delicat, & admirablement bien tourné* ‡. .. *Deplus,* dit-on, *il connoît si parfaitement toutes les délicatesses de l'amour ..... qu'il n'y a pas un Galant en Grèce ni en Afrique, qui sache mieux que lui l'art de conquerir un illustre cœur.*

* Elle est imprimée dans le Dictionaire des Précieuses, du nommé Somaize.

*Plutarq. Marc. Brut. ch. 1.

† Clélie, seconde partie, p. 197.

‡ p. 161.

S s

L'étroite bienséance y veut être gardée.
D'un nouveau Personnage inventez-vous l'idée?
125 Qu'en tout avec soi-même il se montre d'accord,
Et qu'il soit jusqu'au bout tel qu'on l'a vû d'abord.
Souvent, sans y penser, un Ecrivain qui s'aime,
Forme tous ses Heros semblables à soi-même.
Tout a l'humeur Gasconne, en un Autheur Gascon:
130 Calprenède & Juba parlent du même ton.
La Nature est en nous plus diverse & plus sage.
Chaque Passion parle un different langage.
La Colère est superbe, & veut des mots altiers.
L'Abattement s'explique en des termes moins fiers.
135 Que devant Troie en flamme Hécube désolée
Ne vienne pas pousser une plainte empoulée,
Ni sans raison décrire, en quels affreux païs,
Par sept bouches l'Euxin reçoit le Tanaïs.

REMARQUES.

* *Cassandre, & Pharamond.*

† *La mort de Mithridate; Le Comte d'Essex: La mort des Enfans d'Herode, ou la suite de Marianne, & sept ou huit autres.*

Vers 130. *Calprenède & Juba parlent du même ton.*] Juba, Héros du Roman de Cléopatre, composé par le Sieur de la Calprenède, Gentilhomme du Perigord. Il avoit fait d'autres Romans, * & plusieurs Tragédies †. Le Cardinal de Richelieu s'en étant fait lire une, dit que la Pièce étoit bonne, mais que les vers en étoient lâches. Cette réponse fut raportée à l'Auteur, qui repliqua par cette saillie digne d'un Gascon: *Comment lâche!* dit-il, *Cadedis, il n'y a rien de lâche dans la Maison de la Calprenède.* En 1636. la Tragédie de *La mort de Mithridate*, fut représentée pour la première fois le jour des Rois. A la fin de la Pièce, Mithridate prend une coupe empoisonnée; & après avoir deliberé quelque temps, il dit en avalant le poison: *Mais c'est trop differer* .... Un Plaisant du Parterre acheva le vers, en criant de toutes ses forces: *Le Roi boit, le Roi boit.*

Vers 138. *Par sept bouches l'Euxin reçoit le Tanaïs.*] Sénèque le Tragique, Troade, Scène I. v. 9. *Septena Tanain ora pandentem bibi.*

IMITATIONS.

Vers 124. *D'un nouveau Personnage &c.*] Horace, Art poëtique, v. 125.
Si quid inexpertum scenæ committis, & audes
Personam formare novam; servetur ad imum,
Qualis ab incæpto processerit, & sibi constet.

Vers 131. *La Nature est en nous plus diverse &c.*] Horace au même endroit, v. 105.
—————— *Tristia mœstum*
Vultum verba decent, iratum plena minarum:
Ludentem lasciva: severum seria dictu.
Format enim natura prius nos intus ad omnem
Fortunarum habitum.

CHANT TROISIEME.

Tous ces pompeux amas d'expressions frivoles
140 Sont d'un Déclamateur, amoureux des paroles.
Il faut dans la douleur que vous vous abaissiez.
Pour me tirer des pleurs, il faut que vous pleuriez.
Ces grands mots, dont alors l'Acteur emplit sa bouche,
Ne partent point d'un cœur que sa misère touche.
145 Le Théatre, fertile en Censeurs pointilleux,
Chez nous pour se produire est un champ périlleux.
Un Auteur n'y fait pas de faciles conquêtes.
Il trouve à le siffler des bouches toûjours prêtes.
Chacun le peut traiter de Fat & d'Ignorant.
150 C'est un droit qu'à la porte on achète en entrant.
Il faut qu'en cent façons, pour plaire, il se replie :
Que tantôt il s'élève, & tantôt s'humilie :
Qu'en nobles sentimens il soit par tout fécond :
Qu'il soit aisé, solide, agréable, profond :
155 Que de traits surprenans sans cesse il nous réveille :
Qu'il coure dans ses Vers de merveille en merveille :
Et que tout ce qu'il dit, facile à retenir,
De son Ouvrage en nous laisse un long souvenir.

REMARQUES.

Vers 140. *Sont d'un Déclamateur &c.*] Nôtre Auteur note Sénèque le Tragique, mais il avoit aussi en vûë le grand Corneille, dans les Tragédies duquel il y a quelques endroits qui sentent un peu la déclamation ; particulièrement la première Scène de la mort de Pompée, où d'abord après les quatre premiers vers, il met *de grands mots dans la bouche de Ptolomée pour exagerer les vaines circonstances d'une déroute qu'il n'a point vûë*. Préf. du Subl. à la fin.

IMITATIONS.

Vers 141. *Il faut dans la douleur que vous vous abaissiez.*] Horace, vers 95. de l'Art poëtique.
    Et Tragicus plerumque dolet sermone pedestri, &c.
Vers 142. *Pour me tirer des pleurs, il faut que vous pleuriez.*] Le même, vers 102.
    ——— *Si vis me flere, dolendum est*
Primùm ipsi tibi.
Et Ciceron, Livre 2. de l'Orateur. *Ut omnes motus, quos Orator adhibere volet &c. . . . . Neque ad misericordiam adducitur, nisi ei tu signa doloris tui, verbis, sententiis, voce, vultu, collachrymatione denique ostenderis.*
Vers 148. *Il trouve à le siffler &c.*] Horace, vers 105.
    Aut dormitabo, aut ridebo.

Ainſi la Tragédie agit, marche, & s'explique.
160 D'un air plus grand encor la Poëſie Epique,
Dans le vaſte récit d'une longue action,
Se ſoûtient par la Fable, & vit de fiction.
Là pour nous enchanter tout eſt mis en uſage.
Tout prend un corps, une ame, un eſprit, un viſage.
165 Chaque Vertu devient une Divinité.
Minerve eſt la Prudence, & Vénus la Beauté.
Ce n'eſt plus la vapeur qui produit le Tonnerre;
C'eſt Jupiter armé pour effraïer la Terre.
Un Orage terrible aux yeux des Matelots,
170 C'eſt Neptune en courroux, qui gourmande les flots.
Echo n'eſt plus un ſon qui dans l'air retentiſſe:
C'eſt une Nimphe en pleurs, qui ſe plaint de Narciſſe.
Ainſi dans cet amas de nobles fictions,
Le Poëte s'égaïe en mille inventions,
175 Orne, éleve, embellit, agrandit toutes choſes,
Et trouve ſous ſa main des fleurs toûjours écloſes.
Qu'Enée & ſes vaiſſeaux, par le vent écartez,
Soient aux bords Africains d'un orage emportez;
Ce n'eſt qu'une avanture ordinaire & commune;
180 Qu'un coup peu ſurprenant des traits de la Fortune.
Mais que Junon, conſtante en ſon averſion,
Pourſuive ſur les flots les reſtes d'Ilion:
Qu'Eole, en ſa faveur les chaſſant d'Italie,
Ouvre aux Vents mutinez les priſons d'Eolie:
185 Que Neptune en courroux s'élevant ſur la mer,
D'un mot calme les flots, mette la paix dans l'air,
Délivre les vaiſſeaux, des Syrtes les arrache;
C'eſt-là ce qui ſurprend, frape, ſaiſit, attache.

Sans tous ces ornemens le Vers tombe en langueur.
190 La Poësie est morte, ou rampe sans vigueur :
Le Poëte n'est plus qu'un Orateur timide ;
Qu'un froid Historien d'une Fable insipide.
C'est donc bien vainement, que nos Auteurs déçus,
Bannissant de leurs Vers ces ornemens reçus,
195 Pensent faire agir Dieu, ses Saints & ses Prophetes,
Comme ces Dieux éclos du cerveau des Poëtes :
Mettent à chaque pas le Lecteur en Enfer :
N'offrent rien qu'Astaroth, Belzébuth, Lucifer.
De la foi d'un Chrétien les mistères terribles
200 D'ornemens égaïés ne sont point susceptibles.
L'Evangile à l'Esprit n'offre de tous côtez,
Que pénitence à faire, & tourmens méritez :
Et de vos fictions le mélange coupable,
Même à ses veritez donne l'air de la Fable.
205 Et quel objet enfin à présenter aux yeux,
Que le Diable toûjours heurlant contre les Cieux,
Qui de vôtre Heros veut rabaisser la gloire,
Et souvent avec Dieu balance la victoire ?
Le Tasse, dira-t-on, l'a fait avec succès.
210 Je ne veux point ici lui faire son procès :
Mais, quoique nôtre Siècle à sa gloire publie,
Il n'eût point de son Livre illustré l'Italie,

REMARQUES.

* Per Deorum ministeria, & fabulosum sententiarum tormentum. Petron.

Vers 193. *C'est donc bien vainement que nos Auteurs déçus*, &c.] Ce qui suit regarde Mr. Desmaretz de Saint Sorlin, Auteur du Poëme de Clovis, dans lequel il fait produire tout le merveilleux, par l'intervention des Démons, des Anges, & de Dieu même : au lieu d'y emploïer le ministère * des Divinités fabuleuses, ou allégoriques, suivant l'exemple des Anciens. Ce Poëte agissant conséquemment à ses principes, avoit blâmé Mr. Despréaux d'avoir introduit dans son Epître IV. le Dieu du Rhin s'opposant au passage du Roi. Ainsi nôtre Auteur avoit tout ensemble à défendre l'ancien usage, la raison, & ses propres Ouvrages. Le Poeme de Clovis parut pour la première fois en 1657, mais l'Auteur y ayant fait des changemens très-considerables, le publia de nouveau en 1673, tandis que nôtre Poete travailloit à son Art poëtique.

Vers 209. *Le Tasse......l'a fait avec succcez.*] Dans son Poëme de la Jérusalem délivrée.

Si fon fage Heros, toûjours en oraifon,
N'eût fait que mettre enfin Sathan à la raifon;
215 Et fi Renaud, Argant, Tancrède, & fa Maîtreffe,
N'euffent de fon fujet égaié la trifteffe.
 Ce n'eft pas que j'approuve, en un fujet Chrétien,
Un Auteur follement idolatre & Païen.
Mais dans une profane & riante peinture,
220 De n'ôfer de la Fable emploïer la figure;
De chaffer les Tritons de l'empire des eaux,
D'ôter à Pan fa flûte, aux Parques leurs cifeaux;
D'empêcher que Caron dans la fatale barque,
Ainfi que le Berger, ne paffe le Monarque;
225 C'eft d'un fcrupule vain s'alarmer fottement,
Et vouloir aux Lecteurs plaire fans agrément.
Bien-tôt ils deffendront de peindre la Prudence:
De donner à Thémis ni bandeau, ni balance:
De figurer aux yeux la Guerre au front d'airain:
230 Ou le Tems qui s'enfuit une horloge à la main:
Et par tout des difcours, comme une idolatrie,
Dans leur faux zèle, iront chaffer l'Allégorie.
Laiffons-les s'applaudir de leur pieufe erreur.
Mais pour nous, banniffons une vaine terreur;
235 Et fabuleux Chrétiens, n'allons point dans nos fonges,
Du Dieu de verité, faire un Dieu de menfonges.
 La Fable offre à l'Efprit mille agrémens divers.
Là tous les noms heureux femblent nez pour les Vers,
Uliffe, Agamemnon, Orefte, Idoménée,
240 Hélene, Ménelas, Pâris, Hector, Enée.

REMARQUES.

Vers 218. *Un Auteur follement* &c.] L'Ariofte.
Vers 219. *Mais dans une profane & riante peinture.*] Telle que la defcription du paffage du Rhin, dans l'Epitre IV.

O le plaisant projet d'un Poëte ignorant,
Qui de tant de Heros va choisir Childebrand!
D'un seul nom quelquefois le son dur, ou bizarre,
Rend un Poëme entier, ou burlesque ou barbare.
245　Voulez-vous long-tems plaire, & jamais ne lasser?
Faites choix d'un Heros propre à m'intéresser,
En valeur éclatant, en vertus magnifique.
Qu'en lui, jusqu'aux défauts, tout se montre heroïque:
Que ses faits surprenans soient dignes d'être ouïs.
250　Qu'il soit tel que César, Alexandre, ou Loüis;
Non, tel que Polynice, & son perfide frere.
On s'ennuïe aux exploits d'un Conquerant vulgaire.
N'offrez point un Sujet d'incidens trop chargé.
Le seul courroux d'Achille, avec art ménagé,
255　Remplit abondamment une Iliade entière.
Souvent trop d'abondance apauvrit la matière.
Soïez vif & pressé dans vos Narrations.
Soïez riche & pompeux dans vos Descriptions.
C'est-là qu'il faut des Vers étaler l'élegance.
260　N'y présentez jamais de basse circonstance.
N'imitez pas ce Fou, qui décrivant les mers,
Et peignant, au milieu de leurs Flots entr'ouverts,

REMARQUES.

Vers 242. *Qui de tant de Heros va choisir Childebrand.*] C'est le Heros d'un Poëme heroïque, intitulé *Les Sarrasins chassez de France*, composé par le Sr. de Sainte Garde, Conseiller & Aumônier du Roi *. Ce Poëte se voïant raillé sur le choix & sur le nom de son Héros, publia *la défense des beaux esprits*, petit Ouvrage rempli d'injures grossieres contre Mr. Despréaux, & dans lequel il s'y efforçoit de justifier son choix par la conformité qu'il trouvoit entre le nom de *Childebrand*, & celui d'*Achille*.

Vers 251. *Non tel que Polynice, & son perfide Frere.*] Il indique la Thébaïde de Stace, dont le sujet est la haine funeste d'Etéocle & de Polinice, Freres ennemis, Auteurs de la Guerre de Thébes. Il faut que l'Action du Poëme soit heureuse, pour laisser l'esprit du Lecteur satisfait; & qu'elle soit loüable pour être un exemple public de vertu. C'est la Règle que nôtre Auteur propose.

Vers 261. *N'imitez pas ce fou.*] Saint Amant décrivant le passage de la Mer-rouge, dans la cinquième Partie de son *Moïse sauvé*; met, pour ainsi dire, les Poissons aux fenêtres, pour voir passer le Peuple Hébreu.

Et là, près des remparts que l'art peut trancer,
Les poissons ébahis le regardent passer.
Un autre Poëte avoit dit * la même chose.
Hinc inde attoniti liquido stant marmore pisces.

* Il a cette qualité dans le Privilege, daté du mois d'Octobre 1656.

* Le P. Ant. Millieu, Jesuite, dans son Poëme *Moses Viator*, imprimé à Lion 1636. Lib. 5. N. 18.

L'Hebreu sauvé du joug de ses injustes Maîtres,
Met, pour le voir passer les poissons aux fenêtres :
265 Peint le petit Enfant qui *va, saute, revient,*
Et joïeux à sa Mere offre un caillou qu'il tient.
Sur de trop vains objets, c'est arrêter la vuë.
Donnez à vôtre ouvrage une juste étenduë.
Que le Début soit simple & n'ait rien d'affecté.
270 N'allez pas dès l'abord, sur Pégaze monté,
Crier à vos Lecteurs d'une voix de tonnerre,
Je chante le Vainqueur des Vainqueurs de la Terre.
Que produira l'Auteur après tous ces grands cris ?
La Montagne en travail enfante une souris.
275 O! que j'aime bien mieux cet Auteur plein d'adresse,
Qui sans faire d'abord de si haute promesse,
Me dit d'un ton aisé, doux, simple, harmonieux,
Je chante les combats, & cet homme pieux,
Qui des bords Phrigiens conduit dans l'Ausonie,
280 *Le premier aborda les champs de Lavinie,*

REMARQUES.

Vers 265. *Peint le petit enfant* &c.] Voici les vers de St. Amant, au même endroit.

Là l'enfant eveillé courant sous la licence
Que permet à son âge une libre innocence,
Va, reviens, tourne, saute, & par maint cri joïeux
Témoignant le plaisir que reçoivent ses yeux,
D'un étrange caillou qu'à ses pieds il rencontre,
Fait au premier venu la précieuse montre :
Ramasse une coquille & d'aise transporté
La présente à sa mere avec naïveté.

Voïez ci-après les Réfléxions Critiques sur Longin : Réfl. VI.

Vers 272. *Je chante le Vainqueur* &c.] Premier vers du Poëme d'Alaric, par M. de Scuderi. Saint Jérôme avoit dit de même : *Capitur Urbs, quæ totum cepit Orbem.* Ep. 11.

IMITATIONS.

Vers 269. *Que le début soit simple* &c.] Ce précepte est tiré d'Horace, Art poët. v. 136.
Nec sic incipies, ut scriptor cyclicus olim;
Fortunam Priami cantabo, & nobile bellum.
Quid dignum tanto feret hic promissor hiatu?
Parturient montes: nascetur ridiculus mus.
Quantò rectius hic, qui nil moliur ineptè:
Dic mihi, Musa, virum, captæ post tempora Trojæ,
Qui mores hominum multorum vidit & urbes.
Non fumum ex fulgore, sed ex fumo dare lucem
Cogitat; ut speciosa dehinc miracula promat. &c.

CHANT TROISIEME.

Sa Muse en arrivant ne met pas tout en feu:
Et pour donner beaucoup, ne nous promet que peu.
Bien-tôt vous la verrez, prodiguant les miracles,
Du destin des Latins prononcer les oracles;
285 De Stix & d'Achéron peindre les noirs torrens;
Et déja les Césars dans l'Elisée errans.
De Figures sans nombre égaïez vôtre ouvrage.
Que tout y fasse aux yeux une riante image.

REMARQUES.

Vers 282. ——— *Ne nous promet que peu.*] Il y a dans quelques éditions : *Ne nous promet pas peu*; qui est une faute remarquable d'impression.

Vers 285. *De Stix & d'Achéron peindre les noirs torrens.*] Dans une Lettre que j'écrivis à Mr. Despréaux le 31. Décembre 1708. je lui demandai si ce vers ne seroit pas plus regulier, en mettant , *Du Styx, de l'Achéron*, &c. Il me répondit ainsi, le 7. de Janvier suivant. ,,Vous ,,croiez que , *Du Stix , de l'Achéron peindre les* ,,*noirs torrens* , seroit mieux Permettez-moi ,,de vous dire , que vous avez en cela l'oreille ,,un peu prosaïque , & qu'un homme vrayment ,,Poëte ne me fera jamais cette difficulté ; par-,,ce que *De Styx & d'Achéron*, est beaucoup ,,plus soutenu , que *du Styx & de l'Achéron*. ,,Sur les bords fameux de Seine & de Loire , se-,,roit bien plus noble dans un vers , que *sur les* ,,*bords fameux de la Seine & de la Loire*. Mais ,,ces agrémens sont des Mistères qu'Apollon ,,n'enseigne qu'à ceux qui sont véritablement ,,initiés dans son Art.,, Quelques jours après je lui mandai , que ce qui m'avoit fait croire qu'il faloit dire , *Du Styx, de l'Achéron*, étoit que j'avois remarqué qu'on se mettoit jamais que l'Article défini , devant les noms de Fleuves qui sont du genre masculin , quoi-que l'on se dispense souvent de cette Règle à l'égard de ceux qui sont féminins. Ainsi , Malherbe a dit : * *Voyez des bords de Loire, & des bords de Garonne* : ce qui est conforme , disois-je , à l'exemple que vous me citez dans vôtre Lettre. Mais je ne crois pas que l'on puisse dire de même , *sur les rives de Nil*, non plus que , *De Danube & de Rhin peindre les bords fameux*. A Lion où il y a deux Rivières, dont l'une a un nom masculin, & l'autre un nom féminin, on observe toûjours cette différence en parlant : car quoi que l'on dise indifferemment , *les rivages de Saône , & les rivages de la Saône* ; néanmoins

* *Récit d'un Berger, dans le Ballet de Madame, Princesse d'Espagne.*

on dit toûjours , *les rivages du Rhône , & jamais, les rivages de Rhône.* Nous avons , ajoûtois-je, un autre exemple de cette distinction dans l'Eglogue de Mr. Ménage, intitulée *Christine*.

Aux rivages fleuris & de Seine & de Marne:
Aux rivages fameux & du Tibre & de l'Arne.

Je confirmai tout cela par un vers même de Mr. Despréaux , qui a dit dans l'Epître IV. *Quel plaisir de se suivre aux rives du Scamandre!* ,,Et ,,vous vous souviendrez, disois-je, ,,quand je lus cet endroit avec vous , dans la ,,dernière édition de vos Œuvres, faite *in douze* ,,en 1701. où il y a *de Scamandre*, vous me di-,,tes que c'étoit une faute d'impression, & qu'il ,,faloit lire , *du Scamandre*, comme il y a dans ,,toutes les autres éditions , particulièrement ,,dans l'*in quarto* de la même année.

Mr. de la Monnoye, dont la Critique est si judicieuse & si sûre, croit que *de Styx & d'Achéron*, est mieux que *du Styx & de l'Achéron*. Ces fleuves fabuleux , dit-il , sont regardez comme des Dieux , & on les personifie toûjours. *Styx*, qui est femelle en Grec & en Latin, étoit Fille de l'Océan, ou de l'Erèbe & de la Nuit, & a eu plusieurs enfans. *Achéron* fils de *Cérès* ou de la Terre, a eu un fils nommé Ascalaphe. Sur ce pié-là , *Stix & Achéron* peuvent fort bien se passer de l'Article. On en peut dire autant de *Pénée* , de *Méandre* , de *Xanthe* ou *Scamandre*. Rives de *Scamandre*, ayant même quelque chose de plus poëtique , & de plus noble que *du Scamandre*. Pour *Achelois* que nos Poëtes anciens & modernes nomment *Achelois*, il n'y en a pas un qui ait dit *l'Achelois*. L'oreille d'ailleurs, comme Mr. Despréaux là très-judicieusement remarqué , est d'une grande autorité en ces matiéres ; & qui la bonne, peut & doit la consulter.

Tom. I.   T t

On peut être à la fois & pompeux & plaisant;
290 Et je hais un sublime ennuïeux & pesant.
J'aime mieux Arioste, & ses fables comiques,
Que ces Auteurs toûjours froids & mélancoliques,
Qui dans leur sombre humeur se croiroient faire affront,
Si les Graces jamais leur déridoient le front.
295 On diroit que pour plaire, instruit par la Nature,
Homere ait à Vénus dérobé sa ceinture.
Son livre est d'agrémens un fertile thrésor.
Tout ce qu'il a touché se convertit en or.
Tout reçoit dans ses mains une nouvelle grace.
300 Par tout il divertit, & jamais il ne lasse.
Une heureuse chaleur anime ses discours.
Il ne s'égare point en de trop longs détours.
Sans garder dans ses Vers un ordre méthodique,
Son sujet de soi-même & s'arrange & s'explique:
305 Tout, sans faire d'apprêts, s'y prépare aisément.
Chaque Vers, chaque mot court à l'Evenement.

REMARQUES.

Vers 291. *J'aime mieux Arioste.*] Poëte Italien, auteur du Poëme de Roland le furieux, qui est rempli de fictions ingénieuses, mais éloignées de toute vraisemblance: comme l'Hippogriffe, ou le Cheval ailé de Roger; L'anneau merveilleux d'Angélique, qui la rend invisible; des Géans, des Monstres, des enchantemens, & mille autres évenemens prodigieux.

Vers 296. *Homère ait à Vénus dérobé sa ceinture.*] Homère, liv. 14. de l'Iliade, feint que Junon craignant que Jupiter ne favorise les Troyens, fait dessein de l'en empêcher. Pour y réussir elle se pare extraordinairement, & prie Vénus de lui prêter son Ceste, c'est à dire, cette merveilleuse Ceinture * où se trouvoient tous les charmes les plus séducteurs, les attraits, l'amour, les desirs, les amusemens, les entretiens secrets, les innocentes tromperies, & le charmant badinage, qui insensiblement surprend l'esprit & le cœur des plus sensez. Cette fiction est une des plus belles d'Homère; & l'application heureuse qui lui en est ici faite, est une des plus fines loüanges qu'on puisse jamais lui donner.

*Traduction de l'Illustre Madame Dacier.

IMITATIONS.

Vers 298. *Tout ce qu'il a touché se convertit en or.*] Ovide fait dire à Midas Métamorph. 10. vers 104. *Quidquid corrigero fulvum vertatur in aurum.*
Et Perse, Satire I. *Quidquid calcaverit hic rosa fiet.*

Vers 306. ———— *Court à l'évenement.*] Horace, Art poët. *Semper ad eventum festinat.*

CHANT TROISIEME.

Aimez donc ſes Ecrits, mais d'une amour ſincère.
C'eſt avoir profité que de ſavoir s'y plaire.
Un Poëme excellent, où tout marche, & ſe ſuit,
310 N'eſt pas de ces travaux qu'un caprice produit.
Il veut du tems, des ſoins; & ce pénible ouvrage
Jamais d'un Ecolier ne fut l'apprentiſſage.
Mais ſouvent parmi nous un Poëte ſans art,
Qu'un beau feu quelquefois échauffa par hazard,
315 Enflant d'un vain orgueil ſon eſprit chimerique,
Fierement prend en main la Trompette héroïque.
Sa Muſe déreglée, en ſes Vers vagabonds,
Ne s'éleve jamais que par ſauts & par bonds;

REMARQUES.

Vers 313. ——— *Un Poëte ſans art, Qu'un beau feu quelquefois échauffa par hazard.*] Et les vingt vers ſuivans Il revient ici à Mr. *Deſmareſts*. Ce Poëte avoit fait quelques Ouvrages, dans leſquels il y avoit du feu & de l'imagination: *Les amours du Compas & de la Règle, & ceux du Soleil & de l'Ombre; la Comédie des viſionnaires,* &c. Dans un Ouvrage que Des-Marêts publia en 1670. * il avoit entrepris de mettre les Poëtes François, ou plutôt de ſe mettre lui-même, au deſſus de tous les Poëtes Grecs & Latins. Il crût follement faire honneur aux Modernes, en deshonorant les Anciens. Il en vouloit ſur tout à Homère & à Virgile, qu'il regardoit comme ſes Rivaux, & les ſeuls qui pouvoient lui diſputer le Sceptre Poëtique. Il diſoit † que *l'Action de l'Iliade n'eſt point Noble ni Héroïque, qu'Homère eſt entierement défectueux en ſon ſujet; qu'il eſt abondant en fictions entaſſées les unes ſur les autres, & mal règlées; en Epiſodes ennuïeux, en narrations d'une longueur inſupportable, & en diſcours ſouvent déraiſonnables, & hors de propos.* A l'égard de Virgile il oſoit ſoutenir ‡ que ce Poëte *a peu d'invention; qu'il a fait de grandes fautes dans la narration, dans les caractères, dans les ſentimens, dans les comparaiſons: qu'il a pêché contre la vraiſemblance, contre les bienſéances, & contre le jugement.* Il eſt étonnant que des perſonnes qui ont de la réputation d'ailleurs, renouvellent aujourd'hui des accuſations ſi injuſtes, & donnent dans de pareils travers.

Pour Des-Marêts, graces à la ſublimité de ſon génie, & à la ſupériorité de ſes lumières, il ſe croioit bien éloigné de tous ces égaremens. Et pour rendre ſa victoire plus éclatante, il oppoſoit aux plus beaux endroits de Virgile, quelques Lambeaux de ſon Poëme de Clovis: donnant à juger par ce parallèle, qu'il l'emportoit de beaucoup ſur le Prince des Poëtes Latins, & par conſéquent ſur Homère, qu'il plaçoit bien au deſſous de Virgile. Cependant, comme tous ces avantages n'étoient pas ſuffiſans pour le raſſurer contre les jugemens de ſon ſiècle, & d'un ſiécle perdu d'injuſtice & d'envie, il prit dès lors ſes précautions en homme bien aviſé, & en appela à la Poſtérité: *

*Car le ſiécle envieux juge ſans équité;
Mais j'en appelle à toy, juſte Poſtérité.*

* *La comparaiſon de la Langue & de la Poëſie Françoiſe, avec la Grecque & la Latine.*

† *Ch. 10. des principaux défauts d'Homère.*

‡ *Ch. 11. des principaux défauts de Virgile.*

* *Page 246. du même ouvrage, & dans une Ode qu'il a miſe à la tête du Poëme de Clovis.*

IMITATIONS.

Vers 308. *C'eſt avoir profité que de ſavoir s'y plaire.*] Ce que nôtre Auteur dit ici du premier des Poëtes, Quintilien l'avoit dit du premier des Orateurs. *Hunc* (Ciceronem) *igitur ſpectemus: hoc propoſitum nobis ſit exemplum. Ille ſe proſeciſſe ſciat, cui Cicero valde placebit.* Inſtit. Orat. L. 10. c. 1.

Et son feu, dépourveu de sens & de lecture,
320 S'éteint à chaque pas, faute de nourriture.
Mais en vain le Public, prompt à le méprifer,
De son merite faux le veut desabuser.
Lui-même applaudissant à son maigre génie,
Se donne par ses mains l'encens qu'on lui dénie.
325 Virgile, au prix de lui, n'a point d'invention.
Homere n'entend point la noble fiction.
Si contre cet arrêt le Siècle se rebelle,
A la Postérité d'abord il en appelle.
Mais attendant, qu'ici le bon sens de retour,
330 Ramène triomphans ses ouvrages au jour,
Leurs tas au magasin, cachez à la lumière,
Combattent tristement les vers & la poussière.
Laissons-les donc entre eux s'escrimer en repos;
Et sans nous égarer suivons nôtre propos.
335 Des succès fortunez du Spectacle Tragique,
Dans Athènes nâquit la Comédie antique.
Là, le Grec né mocqueur, par mille jeux plaisans,
Distilla le venin de ses traits médisans.
Aux accès insolens d'une bouffonne joïe,
340 La Sagesse, l'Esprit, l'Honneur furent en proïe.
On vit, par le Public un Poëte avoüé
S'enrichir aux dépens du mérite joüé;

IMITATIONS.

Vers 335. *Des succez fortunés du spectacle tragique* &c.] Poëtique d'Horace, v. 281.
Successit vetus his Comœdia, non sine multa
Laude: sed in vitium libertas excidit, & vim
Dignam lege regi. Lex est accepta; chorusque
Turpiter obticuit, sublato jure nocendi.

CHANT TROISIEME.

Et Socrate par lui, dans *un Chœur de Nuées*,
D'un vil amas de peuple attirer les huées.
345 Enfin de la licence on arrêta le cours.
Le Magistrat, des loix emprunta le secours,
Et rendant par Edit les Poëtes plus sages,
Deffendit de marquer les noms & les visages.
Le Théatre perdit son antique fureur.
350 La Comédie apprit à rire sans aigreur;
Sans fiel & sans venin sçut instruire & reprendre;
Et plût innocemment dans les Vers de Ménandre.
Chacun peint avec art dans ce nouveau miroir,
S'y vit avec plaisir, ou crût ne s'y point voir.
355 L'Avare des premiers rit du tableau fidèle
D'un Avare, souvent tracé sur son modèle;
Et mille fois un Fat finement exprimé,
Méconnut le portrait sur lui-même formé.
Que la Nature donc soit vôtre étude unique,
360 Auteurs, qui pretendez aux honneurs du Comique.
Quiconque voit bien l'Homme; & d'un esprit profond,
De tant de cœurs cachez a pénétré le fond:
Qui sait bien ce que c'est qu'un Prodigue, un Avare,
Un honnête Homme, un Fat, un Jaloux, un Bizarre,
365 Sur une scène heureuse il peut les étaler;

REMARQUES.

Vers 343. *Et Socrate par lui dans un Chant de Nuées.*] Les Nuées, Comédie d'Aristophane : *Act.* 1. *Sc.* 2. & 3.

Vers 352. *Et plût innocemment dans les vers de Ménandre.*] La Comédie a eu trois âges, ou trois états differents chez les Grecs. Dans l'ancienne Comédie on se donnoit la liberté non seulement de répréfenter des avantures véritables & connuës, mais de nommer publiquement les gens. Socrate lui même s'est entendu nommer, & s'est vû jouër sur le Théatre d'Athènes. Cette licence fut reprimée par l'autorité des Magistrats; & les Comédiens n'osant plus désigner les gens par leur nom, firent paroitre des masques ressemblans aux personnes qu'ils jouoïent, où les désignérent de quelque autre manière semblable. Ce fut la Comédie moïenne. Ce nouvel abus presque aussi grand que le premier, fut encor défendu : on ne marqua plus *les noms ni les visages*; & la Comedie se réduisit aux règles de la bienséance. C'est la Comédie nouvelle, dont Ménandre fut l'Auteur, du tems d'Aléxandre le Grand.

Et les faire à nos yeux vivre, agir, & parler.
Présentez-en par tout les images naïves.
Que chacun y soit peint des couleurs les plus vives.
La Nature, féconde en bizarres portraits,
370 Dans chaque ame est marquée à de differens traits.
Un geste la découvre, un rien la fait paroître :
Mais tout esprit n'a pas des yeux pour la connoître.
Le Tems qui change tout, change aussi nos humeurs.
Chaque Age a ses plaisirs, son esprit, & ses mœurs.
375 Un jeune Homme, toûjours boüillant dans ses caprices,
Est prompt à recevoir l'impression des vices;
Est vain dans ses discours, volage en ses désirs,
Rétif à la censure, & fou dans les plaisirs.
L'Age viril plus mûr, inspire un air plus sage,
380 Se pousse auprès des Grands, s'intrigue, se ménage;
Contre les coups du Sort songe à se maintenir;
Et loin dans le présent regarde l'avenir.

REMARQUES.

Vers 375. *Un jeune Homme &c.*] Nôtre Auteur, après Horace, décrit les mœurs & les caractères des trois âges de l'Homme : l'Adolescence, l'Age viril, & la Vieillesse. Horace a fait aussi la peinture de l'Enfance; Mais Mr. Despréaux l'a omise à dessein, parce qu'il arrive rarement que l'on fasse parler un Enfant sur la Scène. C'est pourquoi Aristote l'a aussi négligée dans sa Poëtique, en donnant le caractère des autres Ages. Regnier dans sa Satire cinquiéme, a décrit les quatre Ages de l'Homme, d'après Horace. Le Roi vouloit que Mr. Despréaux lui récitât tous ses Ouvrages, à mesure qu'il les composoit. Il lui fit réciter deux fois cette description des âges de l'Homme :

IMITATIONS.

Vers 375. *Un Jeune Homme &c.*] Horace décrit ainsi les mœurs de la Jeunesse : Poët. v. 161.
Imberbis Juvenis, tandem custode remoto,
Gaudet equis, canibusque, & aprici gramine campi :
Cereus in vitium flecti, monitoribus asper,
Utilium tardus provisor, prodigus æris,
Sublimis, cupidusque, & amata relinquere pernix.

Vers 379. *L'Age viril plus meur &c.*] Horace au même endroit:
Conversis studiis ætas animusque Virilis
Quærit opes, & amicitias; inservit honori;
Commisisse cavet, quod mox mutare laboret.

CHANT TROISIEME.

La Vieilleſſe chagrine inceſſamment amaſſe ;
Garde, non pas pour ſoi, les thréſors qu'elle entaſſe,
385 Marche en tous ſes deſſeins d'un pas lent & glacé :
Toûjours plaint le préſent, & vante le paſſé ;
Inhabile aux plaiſirs, dont la Jeuneſſe abuſe,
Blâme en eux les douceurs, que l'âge lui refuſe.
Ne faites point parler vos Acteurs au hazard,
390 Un Vieillard en Jeune Homme, un Jeune Homme en Vieillard.
Etudiez la Cour, & connoiſſez la Ville.
L'une & l'autre eſt toûjours en modèles fertile.
C'eſt par là que Moliere, illuſtrant ſes Ecrits,
Peut-être de ſon Art eût remporté le prix ;
395 Si moins ami du peuple, en ſes doctes peintures,
Il n'eût point fait ſouvent grimacer ſes figures ;
Quitté, pour le bouffon, l'agréable & le fin,
Et ſans honte à Terence allié Tabarin.
Dans ce ſac ridicule où Scapin s'envelope,
400 Je ne reconnois plus l'Auteur du Miſanthrope.

REMARQUES.

Vers 394. *Peut-être de ſon art eût remporté le prix.*] De tous les auteurs modernes, Moliere étoit celui que Mr. Deſpréaux eſtimoit & admiroit le plus : il le trouvoit plus parfait en ſon genre, que Corneille & Racine dans le leur.

Vers 395. *Si moins ami du peuple.*] C'eſt-à-dire, du *Parterre*.

Vers 398. ———— *A Terence allié Tabarin.*] *Tabarin*, voïez la note ſur le vers 86. du premier Chant.

Vers 399. *Dans ce ſac ridicule où Scapin s'envelope.*] Les fourberies de Scapin, Comédie de Moliere. Ce n'eſt pas Scapin qui s'envelope dans un ſac : c'eſt le vieux Géronte à qui Scapin perſuade de s'y envelopper. Mais cela eſt dit figuré-

IMITATIONS.

Vers 383. *La Vieilleſſe chagrine &c.*] Suite du même endroit d'Horace.
  Multa ſenem circumveniunt incommoda, vel quòd
  Quærit, & inventis miſer abſtinet, ac timet uti :
  Vel quòd res omnes timidè gelidèque miniſtrat :
  Dilator, ſpe longus, iners, avidúſque futuri,
  Difficilis, querulus, laudator temporis acti
  Se puero, cenſor caſtigatorque minorum.

Vers 390. *Un Vieillard en Jeune Homme &c.*] Horace au même endroit.
  ———— Ne forte ſeniles
  Mandentur juveni partes, pueroque viriles.
  Semper in adjunctis, ævoque morabimur aptis.

L'ART POETIQUE

Le Comique, ennemi des soupirs & des pleurs,
N'admet point en ses Vers de tragiques douleurs :
Mais son emploi n'est pas d'aller dans une place,
De mots sales & bas charmer la populace.
405 Il faut que ses Acteurs badinent noblement :
Que son nœud bien formé se dénoue aisément :
Que l'Action, marchant où la Raison la guide,
Ne se perde jamais dans une Scène vuide ;
Que son stile humble & doux se relève à propos ;
410 Que ses discours par tout fertiles en bons mots,
Soient pleins de passions finement maniées ;
Et les scènes toûjours l'une à l'autre liées,
Aux dépens du bon sens gardez de plaisanter.
Jamais de la Nature il ne faut s'écarter.
415 Contemplez de quel air un Pere dans Terence
Vient d'un fils amoureux gourmander l'imprudence :
De quel air cet amant écoute ses leçons,
Et court chez sa Maîtresse oublier ces chansons.
Ce n'est pas un portrait, une image semblable ;
420 C'est un Amant, un Fils, un Pere veritable.

REMARQUES.

figurément dans ce vers, parce que Scapin est le Héros de la Piéce.

Quelques Censeurs ont trouvé à redire que nôtre Auteur eût ici critiqué Moliere ; après lui avoir donné de grands éloges en d'autres endroits de ses Poësies *. Mais en cela il n'a rien fait que de judicieux & de très reguliers. Dans les endroits où il a loüé Moliere, il n'étoit pas obligé de faire le jugement ni la critique de ses Comédies : ainsi il l'a loüé en general comme un excellent Poëte Comique. Mais dans son Art poëtique, où il donne des préceptes, fondés sur la raison, & autorisez par des éxemples, il n'a pû se dispenser de faire une critique sincère & éxacte des Auteurs, en marquant précisément leurs défauts, aussibien que leurs bonnes qualités. C'est pour-quoi, après avoir dit : *Dans ce sac ridicule où Scapin s'envelope* ; il loüé Moliere, en ajoûtant : *Je ne reconnois plus l'auteur du Misanthrope.*

Vers 415. ────── *Un Pere dans Terence.*] En plusieurs endroits de ses Comédies : particulierement dans l'*Heautontimorumenos*, Acte 1. Scène 1. & Acte 5. Scène 4. Voïez Simon dans l'*Andrienne*, & Demée dans les *Adelphes*.

Vers 418. *Et court chez sa Maîtresse oublier ces chansons.*] C'est ainsi que Clitiphon appèle les leçons que Chrêmès son pere vient de lui faire :

*Astutus! næ ille haud scit, quam mihi nunc surdo narret fabulam.
Magis nunc me amicæ dicta stimulant.* Terent. Heautont. Acte 1. Sç. 2.

* Satire 2. Epitre 7.

CHANT TROISIEME.

J'aime sur le Théatre un agréable Auteur,
Qui, sans se diffamer aux yeux du Spectateur,
Plaît par la Raison seule, & jamais ne la choque.
Mais pour un faux plaisant, à grossière équivoque,
425 Qui, pour me divertir, n'a que la saleté ;
Qu'il s'en aille, s'il veut, sur deux treteaux monté,
Amusant le Pont-neuf de ses sornettes fades,
Aux Laquais assemblez joüer ses Mascarades.

REMARQUES.

Vers 424. *Mais pour un faux Plaisant, à grossière équivoque*, &c.] Mont-Fleuri le jeune, Auteur de *la Femme juge & partie*, & de quelques autres Comédies semblables. Quand nôtre Auteur récita cet endroit à Mr. C......, ce Ministre s'écria: *Voila Poisson, voila Poisson*. Il ne pouvoit souffrir ce Comédien *, depuis qu'un jour, Poisson faisant le rolle d'un Bourgeois, parut sur le Théatre en pourpoint & en manteau noir, avec un collet de point, & un chapeau uni ; enfin avec un habillement conforme en tout à celui de Mr. C......, qui, par malheur, étoit présent, & qui crût que Poisson vouloit le joüer, quoi que cela fût arrivé sans dessein. Poisson qui s'en aperçût, changea quelque chose à son habillement dans le reste de la Pièce ; mais cela ne satisfit point Mr. C......

Vers 426. ——— *Sur deux treteaux monté.*] A la manière des Charlatans, qui joüoient leurs farces à découvert, & en plein air, au milieu du Pont-neuf. Autrefois c'étoit près de la Porte de Nesle, dans une Place où est bâti a présent le Collége Mazarin. Mr. Despréaux disoit, dès mauvaises Pièces de Théatre, qu'elles n'étoient bonnes qu'à joüer en plein air.

* *Poisson le Pere connu sous le nom de Crispin.*

Tom. I.   V u

CHANT IV.

DANS Florence jadis vivoit un Medecin,
   Savant hableur, dit-on, & célèbre affaffin.
Lui feul y fit long-tems la publique mifere.
Là le Fils orphelin lui redemande un Pere.
5 Ici le Frere pleure un Frere empoifonné.
L'un meurt vuide de fang, l'autre plein de féné.
Le rhume à fon afpect fe change en pleuréfie;
Et par lui la migraine eft bien-tôt phrénefie.
Il quitte enfin la Ville, en tous lieux détefté.
10 De tous fes Amis morts un feul Ami refté,
Le mène en fa maifon de fuperbe ftructure.
C'étoit un riche Abbé, fou de l'Architecture.
Le Medecin d'abord femble né dans cet Art.
Déja de bâtimens parle comme Manfard.

REMARQUES.

DAns le quatrième Chant, l'Auteur revient aux Préceptes généraux. Il s'attache à former les Poëtes, & leur donne d'utiles inftructions fur la connoiffance & l'ufage des divers talens, fur le choix qu'ils doivent faire d'un Cenfeur éclairé, fur leurs mœurs, fur leur conduite particulière Il explique enfuite, par forme de digreffion, l'Hiftoire de la Poëfie: fon origine, fon progrès, fa perfection & fa décadence. Enfin, il termine fon ouvrage par l'éloge du Roi : Exhortant tous les Poëtes à chanter un Heros fi grand par fes vertus & par fes victoires.

*Voïez ci-après une Lettre de nôtre Auteur à Mr. de Vivonne.

Vers 1. *Dans Florence jadis vivoit un Médecin,* &c.] Cette Métamorphofe d'un Médecin en Architecte, défigne Claude Perrault, Médecin de la Faculté de Paris *. Il étoit un de ceux qui condamnoient le plus hautement les Satires de Mr. Defpréaux. Ce Médecin avoit un frere, † à qui nôtre Auteur s'en plaignit;

†Charles Perrault, de l'Académie Franç.

mais celui-ci, bien loin d'en faire la moindre fatisfaction à Mr. Defpréaux, ne daigna pas même lui répondre. Cette nouvelle injure l'irrita contre les deux Freres, & bien-tôt après il fe vangea des mauvais difcours de l'un, & du filence injurieux de l'autre, par cette métamorphofe Satirique. Le Médecin en fit beaucoup de bruit : & comme il étoit emploïé dans les Bâtimens du Roi, il en porta fes plaintes à Mr. Colbert *. Nôtre Poëte ne fe défendit que par une plaifanterie, qui fit rire ce grand Miniftre: *Il a tort de fe plaindre,* dit Mr. Defpréaux: *Je l'ai fait précepte.* En effet, il tire dans la fuite un excellent précepte de cet exemple : *Soïez plûtôt Maçon,* dit-il, *fi c'eft vôtre talent,* &c. vers 26.

* Miniftre & Secretaire d'Etat, Sur-Intendant des Bâtimens, &c.

Vers 14. ——— *De bâtimens parle comme Manfard.*] François Manfard, célèbre Architecte, qui mourut en 1666. âgé de 69. ans.

CHANT QUATRIEME.

15 D'un salon, qu'on éleve, il condamne la face.
   Au vestibule obscur il marque une autre place :
   Approuve l'escalier tourné d'autre façon.
   Son Ami le conçoit, & mande son Mâçon.
   Le Mâçon vient, écoute, approuve, & se corrige.
20 Enfin, pour abbréger un si plaisant prodige,
   Nôtre Assassin renonce à son Art inhumain,
   Et desormais la règle & l'équierre à la main,
   Laissant de Galien la sience suspecte,
   De méchant Medecin devient bon Architecte.
25   Son exemple est pour nous un précepte excellent.
   Soiez plûtôt Maçon, si c'est vôtre talent,
   Ouvrier estimé dans un Art nécessaire,
   Qu'Ecrivain du commun, & Poëte vulgaire.
   Il est dans tout autre Art des degrez differens.
30 On peut avec honneur remplir les seconds rangs.

REMARQUES.

Vers 17. *Approuve l'escalier tourné d'autre façon.*] Un petit doute que j'avois marqué à l'Auteur sur la netteté de ce vers, l'engagea à m'écrire ce qui suit. * ,, Comment pouvez-vous trouver une équivoque dans cette façon de parler ? Et qui est-ce qui n'entend pas d'a-bord, que le Medecin Architecte approuve *l'escalier*, moïennant qu'il soit *tourné d'une au-tre manière* ? Cela n'est-il pas préparé par le vers précédent. *Au vestibule obscur, il marque une autre place*. Il est vrai que, dans la ri-gueur, & dans les étroites règles de la con-struction, il faudroit dire : *Au vestibule obs-cur, il marque une autre place, que celle qu'on veut donner ; Et approuve l'escalier tourné d'une autre manière qu'il n'est*. Mais cela se sous-entend sans peine : & où en seroit un Poëte, si on ne lui passoit, je ne dis pas

,, une fois, mais vingt fois dans un Ouvrage, ,, ces *Subaudi* ? Où en seroit Mr. Racine, si ,, on lui alloit chicaner ce beau vers que dit ,, Hermione à Pyrrhus dans l'Andromaque : *Je ,, t'aimois inconstant ; qu'euſſé-je fait fidelle ?* qui ,, dit si bien, & avec une vitesse si heureuse : ,, *Je t'aimois lorsque tu étois inconstant ; qu'eus-,, sé-je donc fait si tu avois été fidelle ?* Ces sor-,, tes de petites licences de construction non ,, seulement ne sont pas des fautes, mais sont ,, mesme assez souvent un des plus grands char-,, mes de la Poëfie, principalement dans la nar-,, ration, où il n'y a point de tems à perdre. ,, Ce sont des espèces de Latinismes dans la ,, Poëfie Françoise, qui n'ont pas moins d'a-,, grément que les Hellénismes dans la Poëfie ,, Latine. &c.

* Lettre du 2. d'Aoust, 1703.

IMITATIONS.

Vers 29. *Il est dans tout autre art des degrez differens:* &c.] Horace, poët. v. 368.

Certis medium, & tolerabile rebus
Rectè, concedi. Consultus juris, & actor
Causarum mediocris, abest virtute diserti
Messalæ, nec scit quantum Cassellius Aulus ;
Sed tamen in pretio est.

V u 2

Mais dans l'Art dangereux de rimer & d'écrire,
Il n'est point de degrez du médiocre au pire.
Qui dit froid Ecrivain, dit détestable Auteur:
Boyer est à Pinchêne égal pour le Lecteur.
35 On ne lit guères plus Rampale & Ménardiere,
Que Magnon, Du Souhait, Corbin & La Morliere.

REMARQUES.

Vers 32. *Il n'est point de degrez du médiocre au pire.*] Les quatre vers qui viennent après celui-ci, ont été mis par l'Auteur dans sa dernière édition de 1701. à la place de ces quatre autres, qui étoient dans les éditions précedentes.

> Les vers ne souffrent point de médiocre Auteur:
> Ses écrits en tous lieux font l'effroy du Lecteur.
> Contre eux dans le Palais les boutiques murmurent,
> Et les ais chez Billaine * à regrets les endurent.

*Fameux Libraire.

Voici les raisons de ce changement. I. Le mot de *médiocre* étoit repeté dans les vers 32. & 33. II. La construction du vers 34. étoit irrégulierement liée avec le vers précedent; car, ces mots: *De médiocre Auteur*, sont absolus, & ne souffrent après eux, ni relatif, ni régime †. Ainsi, selon l'éxactitude grammaticale, *Ses écrits*, ne pouvoit se rapporter à *Médiocre Auteur*. III. Dans ces vers nôtre Auteur avoit eu en vûë cet endroit fameux de la Poëtique d'Horace: *Mediocribus esse Poëtis, Non homines, Non dii, non concessere columnæ.* Mais cette expression, qui a tant de force & de grandeur dans l'Original, ne paroissoit pas avec le même avantage dans la traduction. IV. Enfin, il avoit dit dans les vers precedens, que la mediocrité est insupportable dans la Poësie, & tout le reste n'étoit qu'une amplification de cette même pensée. Les vers qu'il a substituez à ceux-ci, confirment la Règle par des Exemples.

† *Voiez les Rem. de l'Auzelas, & du P. Bouhours.*

Vers 34. *Boyer est à Pinchêne égal pour le Lecteur.*] Claude Boyer, de l'Académie Françoise, Auteur médiocre.

Pinchêne: le Sr. Pinchêne, Poëte fort méprisable. Voïez la Remarque sur le vers 163. du quatrième Chant du Lutrin.

Vers 35. *On ne lit guère plus Rampalle & Ménardiere.*] Rampalle, Poëte qui vivoit sous le règne de Louis XIII. Il a fait des Idilles qui sont médiocrement belles.

Jules de la Ménardiere, autre Poëte médiocre, étoit Lecteur de la Chambre du Roi. Voïez la Remarque sur le vers I. du premier Chant.

Vers 36. *Que Magnon, Du Souhait, Corbin & la Morliere.*] *Magnon*: étoit né dans la Province de Bresse, & fut quelque tems Avocat au Présidial de Lion; ensuite il s'établit à Paris. Il composa dans ces deux Villes quelques Pièces de Théatre † fort impertinentes: puis renonçant à des Ouvrages si bornez, il entreprit un Poëme, intitulé *l'Encyclopédie*, qui devoit être d'environ trois cent mille vers. On lui demanda un jour, quand son Poëme seroit achevé; *Ce sera bien-tôt fait*, dit-il, *je n'ai plus que cent mille vers à faire*; & il le disoit fort sérieusement. Scarron a, dit-on, dépeint admirablement ce *Magnon*, sans le nommer, en certaine Epître chagrine, où il le fait parler de ses Ouvrages, & entre autres des Conciles qu'il avoit dessein de mettre en vers.

† *Josaphat, Tragicomédie Sé. Oronte, &c.*

Du Souhait: Toutes ses Poësies consistoient en pointes, & en jeux-de-mots, & c'est pour en faire voir le ridicule, que Sarrazin fit des Stances, fort connuës, qui finissent par ce vers:

La Lune & le Soleil, la Rose & le Rosier. * Du Souhait avoit traduit en prose l'Iliade d'Homère, en 1617.

* *Voïez les œuvres de Sarrazin To. 2. p. 204. & 205.*

Corbin: étoit ami de *Du Souhait*, & ils rimoient tous deux à peu près dans le même goût. Il avoit traduit la Bible mot à mot. Voici des vers de sa façon, que Mr. Despreaux avoit retenus:

> A Mr. Du Souhait, Odelette.
> Qui l'as, mon Du Souhait,
> Dicté tant à souhait
> Le vers qui te renomme?
> Ces vers ne sont pas tiens;
> Un homme je te tiens;
> Ces vers ne sont pas d'homme, &c.

Corbin étoit Pere de celui dont on a parlé sur le vers 36. de l'Epitre II.

La Morliere: celui-ci est si obscur, que nôtre Auteur n'en connoissoit que le nom.

CHANT QUATRIEME.

Un Fou du moins fait rire, & peut nous égaïer :
Mais un froid Ecrivain ne fait rien qu'ennuïer.
J'aime mieux Bergerac & sa burlesque audace,
40 Que ces Vers où Motin se morfond & nous glace.
   Ne vous enyvrez point des éloges flateurs,
Qu'un amas quelquefois de vains Admirateurs
Vous donne en ces Réduits, promts à crier, Merveille !
Tel Ecrit récité se soutint à l'oreille,
45 Qui dans l'impression, au grand jour se montrant,
Ne soutient pas des yeux le regard pénétrant.
On sait de cent Auteurs l'aventure tragique :
Et Gombaut tant loüé garde encor la boutique.

REMARQUES.

Vers 39. *J'aime mieux Bergerac.*] Cyrano Bergerac, Auteur du Voïage de la Lune, & de quelques autres Ouvrages, auxquels l'imagination paroît avoir eu plus de part que le jugement.

Vers 40. *Que ces vers où Motin* se morfond *& nous glace.*] Pierre Motin, natif de Bourges †, a laissé quelques Poësies qui sont imprimées dans des Recueils, avec celles de Malherbe, de Racan, & de quelques autres Poëtes de son tems. Il étoit ami de Regnier, qui lui a adressé sa quatrième Satire ; & Motin a fait une Ode qui est au devant des Satires de Regnier. L'Auteur des Jugemens des Savans ‡ a crû que dans ce vers Mr. Despréaux avoit voulu déguiser l'Abbé *Cotin*, sous le nom de Motin. ,, Ce passage (de Mr. Despréaux) me fait songer, dit-,,il , à ce que Mr. Bayle a dit, * que le sel de la ,,Satire demande qu'on ne s'explique pas tou-,,jours clairement ; & que les allusions un peu ,,cachées, y ont une grace merveilleuse pour les ,,gens d'esprit. En effet, ajoûte Mr. Baillet, ,,qui auroit crû que Mr. Despréaux, en vou-,,lant désigner un Poëte vivant de son tems , ait ,,rencontré si fort à propos, par le changement ,,d'un C, en une M., un autre Poëte dans la ,,même Langue, dans le même Siècle, & peut-,,être dans le besoin de subir un jugement sem-,,blable. Cependant, le mistère sera cause un ,,jour que le véritable *Motin* pourra passer pour ,,un autre, si on ne le revèle, aussi-bien que ,,les autres de la même nature, dont Mr. Des-,,préaux a voulu remplir une partie de ses Sa-

† *Cela paroit dans des vers de Motin, qui sont au commencement du Recueil des Arrêts de Chenu.*

‡ *Mr. Baillet, Tome 8. pag. 44.*

* *Nouv. de la République des Lettres Octobre 1684. Artic. 5.*

,,tires. C'est ce qui a fait souhaiter à quelques-,,uns † d'y voir des Commentaires, du vivant ,,de l'Auteur, & de sa main même pour plus ,,grande sûreté.

† *Bayle, ibidem.*

Cette conjecture est fort ingénieuse, mais elle n'est pas véritable. Mr. Despréaux m'a assuré qu'il n'avoit point pensé ici à l'Abbé *Cotin*, dont le principal défaut n'étoit pas d'être un Poëte froid. Cette critique tombe donc uniquement sur Motin, dont les vers ne paroissent point animez de ce beau feu qui fait les Poëtes.

Vers 43. *Vous donne en ces Réduits.*] *Réduit* : Lieu particulier où s'assemblent des personnes choisies, & où quelquefois les Auteurs vont réciter leurs Ouvrages, avant que de les publier. Nôtre Poëte a encore emploié ce mot dans une petite Préface qu'il fit en 1670. pour mettre au devant des Oeuvres posthumes de Gilles Boileau son Frere, de l'Académie Françoise, *La traduction du quatrième Livre de l'Enéide*, dit-il, *a déjà charmé une bonne partie de la Cour, par la lecture que l'Auteur, de son vivant, a été comme forcé d'en faire en plusieurs Réduits célèbres.*

Ibid. ———— *Promts à crier merveille :*] Cela se raporte à *Admirateurs*, qui est dans le vers précédent.

Vers 44. *Tel écrit récité &c.*] Le Poëme de la Pucelle, de Chapelain ; & tant d'autres.

Vers 48. *Et Gombaud tant loüé.*] Jean Ogier de Gombaud, de l'Académie Françoise, a fait plusieurs Ouvrages qui sont peu lûs à présent. Il mourut en 1666.

Vu 3

L'ART POETIQUE

Ecoutez tout le monde, assidu consultant.
50 Un Fat quelquefois ouvre un avis important.
Quelques Vers toutefois qu'Apollon vous inspire,
En tous lieux aussi-tôt ne courez pas les lire.
Gardez-vous d'imiter ce Rimeur furieux,
Qui de ses vains Ecrits lecteur harmonieux,
55 Aborde en récitant quiconque le saluë;
Et poursuit de ses Vers les passans dans la ruë.
Il n'est Temple si saint, des Anges respecté,
Qui soit contre sa Muse un lieu de sûreté.
Je vous l'ai déja dit, aimez qu'on vous censure;
60 Et souple à la Raison, corrigez sans murmure.

REMARQUES

Vers 49. *Ecoutez tout le monde assidu consultant.*] Le grand Cardinal de Richelieu n'ignoroit pas une maxime si utile: *Le plus habile homme du monde*, dit-il, dans son Testament politique, *doit souvent écouter les avis de ceux qu'il pense même être moins habiles que lui. Comme il est de la prudence*, continuë-t-il, *de parler peu, il en est aussi d'écouter beaucoup. On tire profit de toutes sortes d'avis: les bons sont utiles par eux-mêmes, & les mauvais confirment les bons.* Testam. Polit. part. I. ch. 8. sect. 2.

Vers 53. ——— *Ce Rimeur furieux.*] Charles Du Périer, d'Aix en Provence. Il s'étoit d'abord attaché à la Poësie Latine, où il réüssissoit assez bien, & il se vantoit d'y avoir formé le célebre Santeul; mais ils se brouillérent ensuite par une jalousie poëtique. Du Périer renonça à la Poësie Latine, pour faire des Vers François, dans lesquels il ne soûtint pas sa premiére réputation, quoi qu'il se fût proposé Malherbe pour modéle. La fureur qu'avoit Du Périer de réciter ses Vers à tous-venans, le rendoit insuportable. Un jour il accompagna Mr. Despréaux à l'Eglise, & pendant toute la Messe il ne fit que lui parler d'une Ode qu'il avoit présentée à Messieurs de l'Académie Françoise, pour le prix de l'année 1671. Il se plaignoit de l'injustice qu'il prétendoit qu'on lui avoit faite en ajugeant le prix à un autre. A peine pût-il se contenir un moment pendant l'élevation: Il rompit le silence; & s'approchant de l'oreille de Mr. Despréaux: *Ils ont dit*, s'écria-t-il assez haut, *que mes Vers étoient trop Malherbiens*. Cette saillie inspira les deux vers suivans à nôtre Auteur:

Il n'est Temple si saint &c.

Vers 59. *Je vous l'ai déja dit.*] Dans le premier chant, vers 192. *Aimez qu'on vous conseille, & non pas qu'on vous loûe.*

IMITATIONS

Vers 50. *Un Fat quelquefois ouvre un avis important.*] C'est un proverbe, qui est exprimé dans cet ancien vers Grec: † Πολλάκι γάρ καὶ μωρὸς ἀνὴρ μάλα καίριον εἶπεν. *Sæpe etiam est Stultus valde opportuna locutus.* Ce que Perse a imité: *Discere ab insano multum laudanda magistro.* Sat. 3. Nos Péres disoient encore au même sens qu'un *Fol enseigne bien un Sage.* Rab. 36.

Vers 55. *Aborde en récitans &c.*] Horace, poët. v. 474.

*Indoctum, doctumque fugat Recitator acerbus,
Quem verò arripuit, tenet, occiditque legendo
Non missura cutem nisi plena cruoris Hirudo.*

Voiez Martial L. 3. Ep. 44. contre un Poëte semblable. Et Muret dans ses *Juvenilia*.

† Macrob. Lib. Saturnal. c.7.

A Gell. noct. Attic. Lib. c. 6.

CHANT QUATRIEME.

Mais ne vous rendez pas dès qu'un Sot vous reprend.
Souvent dans son orgueil un subtil Ignorant,
Par d'injustes dégoûts combat toute une Pièce ;
Blâme des plus beaux Vers la noble hardiesse.
65 On a beau réfuter ses vains raisonnemens :
Son esprit se complaît dans ses faux jugemens ;
Et sa foible raison, de clarté dépourvûë,
Pense que rien n'échappe à sa débile vûë.
Ses conseils sont à craindre ; & si vous les croiez,
70 Pensant fuir un écueil, souvent vous vous noiez.
Faites choix d'un Censeur solide & salutaire,
Que la raison conduise, & le Savoir éclaire ;
Et dont le craïon sûr, d'abord aille chercher
L'endroit, que l'on sent foible, & qu'on se veut cacher.
75 Lui seul éclaircira vos doutes ridicules :
De vôtre esprit tremblant levera les scrupules.
C'est lui qui vous dira, par quel transport heureux,
Quelquefois dans sa course un Esprit vigoureux
Trop resserré par l'Art, sort des règles prescrites,
80 Et de l'Art même apprend à franchir leurs limites.

CHANGEMENS.

Vers 80. *Et de l'Art même apprend à franchir leurs limites.*] Dans les premières éditions de ce Poëme il y avoit : *Afranchir les limites.* Cette expression étoit équivoque : car selon la construction grammaticale, *les limites*, se raportoient à l'*Art* ; au lieu que cela se doit raporter à *Règles*, qui est dans le vers précédent. C'est pourquoi l'Auteur a mis *leurs limites.*

REMARQUES.

Vers 71. *Faites choix d'un Censeur solide & salutaire* &c.] Caractère de Mr. Patru, le plus habile, & le plus sévère Critique de son siècle. Il étoit en réputation de si grande rigidité, que quand Mr. Racine faisoit à Mr. Despréaux quelque observation un peu trop subtile sur des endroits de ses Ouvrages ; Mr. Despréaux, au lieu de lui dire le proverbe Latin, *Ne sis Patruus mihi,* N'aiez point pour moi la sévérité d'un Oncle ; lui disoit : *Ne sis Patru mihi,* N'aiez point pour moi la sévérité de *Patru.*

Mais ce parfait censeur se trouve rarement.
Tel excelle à rimer qui juge sottement.
Tel s'est fait par ses Vers distinguer dans la Ville,
Qui jamais de Lucain n'a distingué Virgile.
85 Auteurs, prêtez l'oreille à mes instructions.
Voulez-vous faire aimer vos riches fictions?
Qu'en savantes leçons vôtre Muse fertile
Par tout joigne au plaisant le solide & l'utile.
Un Lecteur sage fuit un vain amusement,
90 Et veut mettre à profit son divertissement.
Que vôtre Ame & vos Mœurs, peintes dans vos ouvrages,
N'offrent jamais de vous que de nobles images.

REMARQUES

Vers 84. *Qui jamais de Lucain n'a distingué Virgile.*] C'est Mr. Corneille l'Aîné : la Tragédie de la *mort de Pompée*, est une preuve de l'estime qu'il avoit pour Lucain. Son goût étoit si peu sûr, si nous en croions l'Auteur des caractères, * *qu'il ne jugeoit de la bonté de ses pièces, que par l'argent qui lui en revenoit.*

Vers 91. *Que vôtre ame & vos mœurs peintes dans vos ouvrages.*] Dans toutes les éditions l'Auteur avoit mis, *Peints dans tous vos ouvrages*; quoique ce mot, *peints*, qui est un Participe masculin, se raportât à *Ame* & à *Mœurs*, qui sont deux mots féminins. Je lui marquai dans une lettre la peine que cela me faisoit. Il me répondit en ces termes, le 3. de Juillet 1703. „Je n'ai garde de conserver „le solécisme qui est dans ce vers : *Que vôtre* „*ame & vos mœurs peints dans tous vos Ouvra*-„*ges*. Mr. Gibert du Collège des quatre Na-„tions, est † le premier qui m'a fait aperce-„voir de cette faute depuis ma dernière édition. „Dès qu'il me la montra j'en convins sur le „champ, avec d'autant plus de facilité, qu'il „n'y a pour la réformer qu'à mettre, comme „vous dites fort bien, *Que vôtre ame & vos* „*mœurs peintes dans vos ouvrages*; ou, *Que vô*-„*tre esprit, vos mœurs peints dans tous &c.* „Mais pourrez-vous bien concevoir ce que je „vais vous dire, qui est pourtant très vérita-„ble? Que cette faute si aisée à remarquer, „n'a pourtant été aperçûë ni de moi, ni de „personne, avant Mr. Gibert, depuis près de „trente ans que mon Art poëtique a été im-„primé pour la première fois; Que Mr. Pa-„tru, c'est à dire, le *Quintilien* * de nôtre „siècle, qui revit exactement ma poëtique, „ne s'en avisa point; Que dans tout ce flot „d'Ennemis qui a écrit contre moi, & qui m'a „chicané jusqu'aux points & aux virgules, il „ne s'est pas rencontré un seul qui l'ait re-„marquée? cela vient, je crois, de ce que le „mot de *Mœurs* aiant une terminaison mascu-„line, on ne fait point réfléxion qu'il est fé-„minin. Cela fait bien voir, continue-t-il, „qu'il faut non seulement montrer ses ouvra-„ges à beaucoup de gens, avant que de les „imprimer; mais que mesme, après qu'ils „sont imprimez, il faut s'enquérir curieuse-„ment des critiques qu'on en fait. &c.

* *Mr. de la Bruyere, Chap. des Jugemens.*

* *Célèbre Profess. sour de Rhétorique.*

* *V. Hor. Ars poët. v. 438.*

IMITATIONS

Vers 88. *Par tout joigne au plaisant le solide & l'utile.*] Art Poëtique d'Horace, v. 343.
Omne tulit punctum, qui miscuit utile dulci,
Lectorem delectando, pariterque movendo.

Vers 91. *Que vôtre ame & vos mœurs &c.*] Ciceron, *De Orat.* 2. *Mores oratoris effingit oratio.* Et Sénèque : *Oratio, vultus animi est.* Un fameux Peintre Italien* disoit la même chose en d'autres termes : *Ogni Pittore si dipinge se stesso.*

* *Leonard de Vinci.*

CHANT QUATRIEME.

Je ne puis eftimer ces dangereux Auteurs,
Qui de l'honneur en Vers infames deferteurs,
95 Trahiffant la Vertu fur un papier coupable,
Aux yeux de leurs Lecteurs rendent le Vice aimable.
Je ne fuis pas pourtant de ces triftes Efprits,
Qui banniffant l'Amour de tous chaftes Ecrits,
D'un fi riche ornement veulent priver la Scène :
100 Traitent d'empoifonneurs & Rodrigue & Chimène.
L'Amour le moins honnête, exprimé chaftement,
N'excite point en nous de honteux mouvement.
Didon a beau gémir, & m'étaler fes charmes ;
Je condamne fa faute, en partageant fes larmes.
105 Un Auteur vertueux dans fes Vers innocens,
Ne corrompt point le cœur, en chatoüillant les Sens :
Son feu n'allume point de criminele flame.
Aimez donc la Vertu, nourriffez-en vôtre Ame.
En vain l'Efprit eft plein d'une noble vigueur ;
110 Le Vers fe fent toûjours des baffeffes du Cœur.
Fuïez fur tout, fuïez ces baffes jaloufies,
Des vulgaires Efprits malignes phrénefies.

REMARQUES.

Vers 93. ——— Ces dangereux Auteurs.] Les Contes de la Fontaine.

Vers 97. ——— De ces triftes Efprits.] Mr. Nicole, pour fatisfaire, comme il le dit, au défir d'une perfonne de très-grande condition, & d'une éminente pieté, avoit fait un petit traité *de la Comédie*, dans lequel il fe fervoit de quelques exemples tirés des Tragédies de Mr. Corneille, pour prouver que, quoi que ce grand Poëte eût taché de purger le Théatre des vices que l'on lui a le plus reprochez, fes piéces ne laiffoient pas d'être contraires à l'Evangile : & qu'elles corrompent l'efprit & le cœur par les fentimens Payens & Profanes qu'elles infpirent. C'eft à quoi fait allufion le vers 100. *Traitent d'Empoifonneurs & Rodrigue & Chimène* ; où nôtre Auteur défigne la Tragicomédie du Cid, condamnée dans l'écrit de Mr. Nicole.

Vers 110. Le vers fe fent toûjours des baffeffes du cœur.] Brécourt, Comédien de la Troupe de Moliére, fe mêloit de compofer pour le Théatre. En lifant une de fes Piéces à Mr. Defpréaux, il lui difoit, que *les Ouvrages expriment toûjours le caractère de l'Auteur*, & *qu'il falloit être effentiellement honnête homme, pour paroître tel en écrivant* : là-deffus, il cita par diftinction ces deux vers :

En vain l'efprit eft plein d'une noble vigueur :
Le vers fe fent toûjours des baffeffes du cœur.

Nôtre Auteur, qui connoiffoit peut être trop l'efprit & les mœurs de ce Comédien, lui dit malicieufement : *Je conviens que vôtre éxemple peut fervir à confirmer cette règle*.

Un fublime Ecrivain n'en peut être infecté.
C'eſt un vice qui fuit la Médiocrité.
115 Du merite éclatant cette fombre Rivale
Contre lui chez les Grands inceſſamment cabale,
Et ſur les piés en vain tâchant de ſe hauſſer,
Pour s'égaler à lui, cherche à le rabaiſſer.
Ne defcendons jamais dans ces lâches intrigues.
120 N'allons point à l'Honneur par de honteuſes brigues.
Que les Vers ne ſoient pas vôtre éternel emploi.
Cultivez vos amis, ſoïez homme de foi.
C'eſt peu d'être agréable & charmant dans un livre ;
Il faut ſavoir encore & converſer & vivre.
125 Travaillez pour la Gloire, & qu'un ſordide gain
Ne ſoit jamais l'objet d'un illuſtre Ecrivain.
Je ſai qu'un noble Eſprit peut, ſans honte & ſans crime,
Tirer de ſon travail un tribut légitime :
Mais je ne puis ſouffrir ces Auteurs renommez,
130 Qui dégoutez de gloire, & d'argent affamez,
Mettent leur Apollon aux gages d'un Libraire ;
Et font d'un Art divin, un métier mercenaire.
Avant que la Raiſon, s'expliquant par la voix,
Eût inſtruit les Humains, eût enſeigné des Loix :
135 Tous les Hommes ſuivoient la groſſière Nature ;
Diſperſés dans les bois couroient à la pâture.

REMARQUES.

Vers 121. *Que les vers ne ſoient pas vôtre éternel emploi.*] Mr. de la Fontaine n'avoit pour tout mérite que le talent de faire des vers : & ce talent ſi rare, n'eſt pas celui qui fournit le plus de qualités pour la ſociété civile. Mr. Despréaux condamnoit vivement la foibleſſe que la Fontaine avoit euë de donner ſa voix pour exclure de l'Académie Françoiſe l'Abbé Furetiére, ſon Confrère & ſon ancien ami. On dit pourtant pour la juſtification de la Fontaine, qu'il avoit bien réſolu d'être favorable à Furetiére ; mais que par diſtraction il lui avoit donné une boule noire, qui avoit été cauſe de ſon excluſion.

Vers 130. *Qui dégoutez de gloire, & d'argent affamez.*] Nôtre Auteur félicitoit le grand Corneille du ſuccez de ſes tragédies, & de la gloire qui lui en revenoit : *Ouy*, répondit Corneille : *Je ſuis ſoû de gloire, & affamé d'argent*. Le ſavant Eſtienne Paſquier a dit au contraire dans ſon Epitaphe *. *Vixi non auri cupidus, ſed honoris avarus.*

* Dans l'Egliſe de St. Severin, à Paris.

CHANT QUATRIEME.

La Force tenoit lieu de droit & d'équité:
Le meurtre s'exerçoit avec impunité.
Mais du Discours enfin l'harmonieuse adresse
140 De ces sauvages mœurs adoucit la rudesse;
Rassembla les Humains dans les forêts épars;
Enferma les Citez de murs & de remparts;
De l'aspect du supplice effraïa l'insolence,
Et sous l'appui des Loix mit la foible Innocence.
145 Cet ordre fut, dit-on, le fruit des premiers Vers.
De là sont nés ces bruits reçûs dans l'Univers,
Qu'aux accens, dont Orphée emplit les monts de Thrace,
Les Tigres amollis dépoüilloient leur audace:
Qu'aux accords d'Amphion les pierres se mouvoient,
150 Et sur les murs Thébains en ordre s'élevoient.
L'Harmonie, en naissant, produisit ces miracles.
Depuis, le Ciel en Vers fit parler les Oracles;
Du sein d'un Prêtre, emû d'une divine horreur,
Apollon par des Vers exhala sa fureur.
155 Bien-tôt, ressuscitant les Heros des vieux âges,
Homere aux grands exploits anima les courages.
Hésiode à son tour, par d'utiles leçons,
Des champs trop paresseux vint hâter les moissons.
En mille Ecrits fameux la Sagesse tracée,
160 Fut, à l'aide des Vers, aux Mortels annoncée;
Et par tout des esprits ses préceptes vainqueurs,
Introduits par l'oreille, entrerent dans les cœurs,

IMITATIONS.

Vers 147. *Qu'aux accens, dont Orphée &c.*] Poëtique d'Horace, Vers 391.
Silvestres homines sacer, interpresque Deorum,
Cædibus & victu fœdo deterruit Orpheus:
Dictus ob hoc lenire tigres, rabidosque leones;
Dictus & Amphion Thebanæ conditor arcis,
Saxa movere sono testudinis &c.
Et les douze Vers suivans, dans lesquels Horace fait aussi l'éloge de la Poësie.

Pour tant d'heureux bienfaits, les Muses révérées
Furent d'un juste encens dans la Grèce honorées ;
165 Et leur Art, attirant le culte des Mortels,
A sa gloire en cent lieux vit dresser des Autels.
Mais enfin l'Indigence amenant la Bassesse,
Le Parnasse oublia sa première noblesse.
Un vil amour du gain, infectant les esprits,
170 De mensonges grossiers souilla tous les Ecrits ;
Et par tout enfantant mille ouvrages frivoles,
Trafiqua du discours, & vendit les paroles.
Ne vous flétrissez point par un vice si bas.
Si l'or seul a pour vous d'invincibles appas,
175 Fuiez ces lieux charmans qu'arrose le Permesse.
Ce n'est point sur ses bords qu'habite la Richesse.
Aux plus savans Auteurs, comme aux plus grands Guerriers,
Apollon ne promet qu'un nom & des lauriers.
Mais, quoi ? dans la disette une Muse affamée,
180 Ne peut pas, dira-t-on, subsister de fumée.
Un Auteur, qui pressé d'un besoin importun,
Le soir entend crier ses entrailles à jeun,
Goute peu d'Hélicon les douces promenades.
Horace a bû son saoul, quand il voit les Ménades ;
185 Et libre du souci qui trouble Colletet,
N'attend pas, pour dîner, le succès d'un Sonnet.

REMARQUES.

Vers 185. ———— *Qui trouble Colletet.*]. Voiez la note sur le vers 77. de la Satire I.

IMITATIONS.

Vers 184. *Horace a bû son saoul* &c.] Juvénal Satire 7. vers 59.
———— *Neque enim cantare sub antro*
Pierio, Thyrsumve potest contingere mæsta :
Paupertas, atque æris inops, quo noéte diéque.
Corpus eget : Satur est cùm dicit Horatius, ohe !

CHANT QUATRIEME.

Il est vrai : mais enfin cette affreuse disgrace
Rarement parmi nous afflige le Parnasse.
Et que craindre en ce siècle, où toûjours les beaux Arts
190 D'un Astre favorable éprouvent les regards :
Où d'un Prince éclairé la sage prévoïance
Fait par tout au Merite ignorer l'indigence ?
Muses, dictez sa Gloire à tous vos Nourrissons.
Son nom vaut mieux pour eux, que toutes vos leçons.
195 Que Corneille, pour lui rallumant son audace,
Soit encor le Corneille & du Cid & d'Horace.
Que Racine, enfantant des miracles nouveaux,
De ses Heros sur lui forme tous les tableaux.
Que de son nom, chanté par la bouche des Belles,
200 Benserade en tous lieux amuse les ruelles.
Que Segrais dans l'Eglogue en charme les forêts.
Que pour lui l'Epigramme aiguise tous ses traits.
Mais quel heureux Auteur, dans une autre Eneïde,
Aux bords du Rhin tremblant conduira cet Alcide ?
205 Quelle savante Lyre au bruit de ses exploits,
Fera marcher encor les rochers & les bois :

REMARQUES.

Vers 200. *Benserade...... amuse les ruelles.*] Mr. De Benserade s'étoit acquis à la Cour une réputation fort brillante par ses vers galans & par ses chansons ; mais sur tout par les vers qu'il faisoit pour les personnes de la Cour, qui dansoient dans les Ballets du Roi : car dans ces vers il confondoit, d'une manière fort ingénieuse, le caractère des Personnes, avec celui des Personnages qu'elles représentoient. Mais il étoit tellement borné à ce talent, que sitôt qu'il a voulu l'abandonner il n'a plus été le même. En effet, les Métamorphoses d'Ovide qu'il mit en Rondeaux, furent l'écueil de sa réputation. Elles n'avoient pas encore paru quand nôtre Auteur publia son Art poëtique ; Car, après les Rondeaux, il n'auroit plus osé citer Benserade comme un Poëte galant, *chanté par la bouche des Belles.* Presque toutes les belles paroles, sur lesquelles le fameux Lambert a fait des Airs tendres, ont été composées par Benserade. Il fut reçû à l'Académie Françoise en 1674. & mourut en 1691.

Vers 201. *Que Segrais dans l'Eglogue.*] Segrais s'est particulièrement distingué par des Eglogues, & par un Poëme Pastoral sous le titre d'Athis ; dans lesquels il a parfaitement exprimé cette douce & ingénieuse simplicité qui fait le principal caractère de l'Eglogue. Jean Renaud de Segrais de l'Académie Françoise, mourut dans la ville de Caën, sa patrie, le 25. de Mars, 1701.

X x 3

Chantera le Batave éperdu dans l'orage,
Soi-même se noiant pour sortir du naufrage :
Dira les bataillons sous Maftricht enterrez,
210 Dans ces affreux assauts du Soleil éclairez ?
　　Mais tandis que je parle, une Gloire nouvelle
Vers ce Vainqueur rapide aux Alpes vous appelle.
Déja Dôle & Salins sous le joug ont ploïé.
Besançon fume encor sur son Roc foudroïé.
215 Où sont ces grands Guerriers, dont les fatales ligues
Devoient à ce torrent opposer tant de digues ?
Est-ce encore, en fuïant, qu'ils pensent l'arrêter,
Fiers du honteux honneur d'avoir sû l'éviter ?
Que de remparts détruits ! que de Villes forcées !
220 Que de moissons de gloire en courant amassées !

REMARQUES.

Vers 208. *Soi-même se noiant pour sortir du naufrage.*] Après le passage du Rhin, le Roi s'étoit rendu maître de presque toute la Hollande ; & Amsterdam même se disposoit à lui envoier ses clés. Les Hollandois, pour sauver le reste de leur païs, n'eurent d'autre ressource que de le submerger entiérement, en lâchant leurs écluses.

Vers 209. *Dira les bataillons sous Maftricht enterrez &c.*] Maëstrick étoit une des Places les plus considerables qui restoient aux Hollandois, après les pertes qu'ils avoient faites en 1672. Le Roi en fit le siège en personne ; & après plusieurs assauts donnez en plein jour, & dans lesquels on avoit emporté tous les dehors l'épée à la main, cette forte Place se rendit le 29. de Juin, 1673. après treize jours de tranchée ouverte.

Vers 213. *Déja Dole & Salins.....Besançon fume encor.*] Ce sont les trois principales Villes de la Franche-Comté, dont le Roi se rendit le maître en l'année 1674. Besançon fut assiégé & pris au mois de May : Dole & Salins se rendirent le mois suivant. Le Roi avoit déja conquis une autre fois cette Province, en 1668.

Vers 215. *Où sont ces grands Guerriers, dont les fatales ligues.*] La Ligue étoit composée de l'Empereur, des Rois d'Espagne & de Danemarck, de la Hollande & de toute l'Allemagne, excepté les Ducs de Baviere & d'Hanover.

Vers 218. *Fiers du honteux honneur de l'avoir évité*] Montécuculli, Général de l'Armée d'Allemagne pour les Alliez, évita le combat, & s'applaudit de la retraite avantageuse qu'il avoit faite.

―――――― *Quos optimus ,
Fallere & effugere, est triumphus ;*
dit Annibal, dans Horace, parlant des Romains. L. 4. Ode 4. v. 51.

IMITATIONS.

Vers 211. *Mais tandis que je parle &c.*] Virgile a aussi daté ses Géorgiques, par les victoires d'Auguste :
　*Hæc super arvorum cultu, memorumque canebam,
　Et super arboribus : Cæsar dum magnus ad altum
　Fulminat Euphratem bello, victorque &c.*

Auteurs pour les chanter, redoublez vos transports.
Le sujet ne veut pas de vulgaires efforts.
Pour moi, qui jusqu'ici nourri dans la Satire,
N'ose encor manier la Trompette & la Lyre:
225 Vous me verrez pourtant, dans ce champ glorieux,
Vous animer du moins de la voix & des yeux:
Vous offrir ces leçons, que ma Muse au Parnasse,
Rapporta, jeune encor, du commerce d'Horace;
Seconder vôtre ardeur, échauffer vos Esprits,
230 Et vous montrer de loin la couronne & le prix.
Mais aussi pardonnez si, plein de ce beau zèle,
De tous vos pas fameux observateur fidèle,
Quelquefois du bon or je sépare le faux;
Et des Auteurs grossiers j'attaque les défauts:
235 Censeur un peu fâcheux, mais souvent nécessaire;
Plus enclin à blâmer, que savant à bien faire.

LE
LUTRIN.
POËME HEROÏ-COMIQUE.

AVIS AU LECTEUR (1).

IL seroit inutile maintenant de nier que le Poëme suivant a été composé à l'occasion d'un differend assez léger, qui s'émût dans une des plus célebres Eglises de Paris, entre le Trésorier & le Chantre. Mais c'est tout ce qu'il y a de vrai. Le reste, depuis le commencement jusqu'à la fin, est une pure fiction : & tous les Personnages y sont non seulement inventez ; mais j'ai eu soin même de les faire d'un caractère directement opposé au caractère de ceux qui desservent cette Eglise ; dont la plûpart, & principalement les Chanoines, sont tous gens non seulement d'une fort grande probité, mais de beaucoup d'esprit, & entre lesquels il y en a tel à qui je demanderois aussi volontiers son sentiment sur mes Ouvrages, qu'à beaucoup de Messieurs de l'Académie. Il ne faut donc pas s'étonner si personne n'a été offensé de l'impression de ce Poëme, puis qu'il n'y a en effet personne qui y soit véritablement attaqué. Un Prodigue ne s'avise guéres de s'offenser de voir rire d'un Avare, ni un Dévot de voir tourner en ridicule un Libertin. Je ne dirai point comment je fus engagé à travailler à cette bagatelle sur une espèce de défi (2) qui me fut fait en riant par feu Monsieur le Premier Président de Lamoignon, qui est celui que j'y peins sous le nom d'Ariste. Ce détail, à mon avis, n'est pas fort nécessaire. Mais je croirois me faire un trop grand tort, si je laissois échaper cette occasion d'apprendre à ceux qui l'ignorent, que ce grand Personnage, durant sa vie, m'a honoré de son amitié. Je commençai à le connoître dans le tems que mes Satires faisoient le plus de bruit ; & l'accès obligeant, qu'il me donna dans son illustre Maison, fit avantageusement mon apologie contre ceux qui vou-

REMARQUES.

(1) L'Auteur publia en 1674. les quatre premiers Chants du Lutrin, avec une Préface, dans laquelle il expliquoit assez au long, mais avec quelques déguisemens, à quelle occasion il avoit composé ce Poëme. Dans l'édition de 1683. il supprima cette Préface, & en donna une autre, dont celle que l'on voit ici, faisoit partie.

(2) *Sur une espèce de défi.*] Le démêlé du Trésorier & du Chantre parut si plaisant à Mr. le Premier Président de Lamoignon, qu'il proposa un jour à Mr. Despréaux d'en faire le sujet d'un Poëme, que l'on pourroit intituler, *La Conquête du Lutrin*, ou *Le Lutrin en-*

levé; à l'exemple du Tassoni, qui avoit fait son Poëme de *La Secchia rapita*, sur un sujet presque semblable. Mr. Despréaux répondit qu'il ne faloit jamais défier un Fou, & qu'il l'étoit assez, non seulement pour entreprendre ce Poëme, mais encore pour le dédier à Mr. le Premier Président lui-même. Ce Magistrat n'en fit que rire ; & l'Auteur aiant pris cette plaisanterie pour une espèce de défi, forma dès le même jour, l'idée & le plan de ce Poëme, dont il fit même les premiers vers. Le plaisir que cet essai fit à Mr. le Premier Président, encouragea Mr. Despréaux à continuer.

loient m'accuſer alors de libertinage & de mauvaiſes mœurs. C'étoit un Homme d'un ſavoir étonnant, & paſſionné admirateur de tous les bons Livres de l'Antiquité; & c'eſt ce qui lui fit plus aiſément ſouffrir mes Ouvrages, où il crut entrevoir quelque goût des Anciens. Comme ſa pieté étoit ſincère, elle étoit auſſi fort gaie, & n'avoit rien d'embarraſſant. Il ne s'effraïa point du nom de Satires que portoient ces Ouvrages, où il ne vit en effet que des Vers & des Auteurs attaquez. Il me loüa même pluſieurs fois d'avoir purgé, pour ainſi dire, ce genre de Poëſie de la ſaleté, qui lui avoit été juſqu'alors comme affectée. J'eus donc le bonheur de ne lui être pas déſagréable. Il m'appela à tous ſes plaiſirs & à tous ſes divertiſſemens; c'eſt-à-dire, à ſes lectures & à ſes promenades. Il me favoriſa même quelquefois de ſa plus étroite confidence, & me fit voir à fond ſon ame entière. Et que n'y vis-je point! Quel tréſor ſurprenant de probité & de juſtice! quel fonds inépuiſable de pieté & de zèle! Bien que ſa vertu jettât un fort grand éclat au dehors, c'étoit toute autre choſe au dedans; & on voïoit bien qu'il avoit ſoin d'en temperer les raïons, pour ne pas bleſſer les yeux d'un ſiècle auſſi corrompu que le nôtre. Je fus ſincèrement épris de tant de qualitez admirables; & s'il eut beaucoup de bonne volonté pour moi, j'eus auſſi pour lui une très-forte attache. Les ſoins, que je lui rendis, ne furent mêlez d'aucune raiſon d'intérêt mercènaire; & je ſongeai bien plus à profiter de ſa converſation que de ſon crédit. Il mourut dans le tems que cette amitié étoit en ſon plus haut point, & le ſouvenir de ſa perte m'afflige encore tous les jours. Pourquoi faut-il que des Hommes ſi dignes de vivre ſoient ſi-tôt enlevez du monde, tandis que des miſérables & des gens de rien arrivent à une extrême vieilleſſe? Je ne m'étendrai pas davantage ſur un ſujet ſi triſte: car je ſens bien que ſi je continuois à en parler, je ne pourrois m'empêcher de moüiller peut-être de larmes la Préface d'un Ouvrage de pure plaiſanterie.

ARGUMENT.

LE Tréforier remplit la première Dignité du Chapitre, dont il est ici parlé, & il officie avec toutes les marques de l'Episcopat. Le Chantre remplit la seconde Dignité. Il y avoit autrefois dans le Chœur, devant la place du Chantre, un énorme Pupitre ou Lutrin, qui le couvroit presque tout entier. Il le fit ôter. Le Tréforier voulut le faire remettre. De là, arriva une dispute, qui fait le sujet de ce Poëme.

LE LUTRIN.
POËME HEROÏ-COMIQUE.

CHANT PREMIER.

JE chante les combats, & ce Prélat terrible,
  Qui par ses longs travaux, & sa force invincible,
  Dans une illustre Eglise éxerçant son grand cœur,
Fit placer à la fin un Lutrin dans le Chœur.
5 C'est en vain que le Chantre abusant d'un faux titre,
Deux fois l'en fit ôter par les mains du Chapitre.

CHANGEMENS.

Vers 3. *Dans une illustre Eglise.*] Première édition de 1674. *Dans Pourges autrefois.* Voïez les Notes sur ce même vers.

Vers 5. *C'est en vain que le Chantre &c.*] Dans les premières éditions on lisoit :
  En vain deux fois le Chantre, appuïé d'un vain titre,
  Contre ses hauts projets arma tout le Chapitre.
  Ce Prélat généreux aidé d'un Horloger,
  Soûtint jusques au bout l'honneur de son Clocher.

REMARQUES.

Vers 1. *Je chante les combats, & ce Prélat terrible.*] Claude Auvry, ancien Evêque de Coûtance, étoit alors Trésorier de la Sainte Chapelle. Il avoit été Camérier du Cardinal Mazarin : & comme il entendoit assez bien l'usage de la Cour de Rome sur les matieres bénéficiales, il se rendit nécessaire à ce Cardinal qui possedoit un grand nombre de bénéfices. Le Cardinal lui fit donner l'Evêché de Coûtance en Normandie, qu'il quitta ensuite pour la Trésorerie de la Sainte Chapelle.

Vers 3. *Dans une illustre Eglise.*] L'Auteur ne voulant pas nommer la Sainte Chapelle de Paris, avoit mis, *Dans Bourges autrefois &c.* parce qu'il y a aussi une Sainte Chapelle dans la ville de Bourges. Mais après l'impression, il fit effacer avec la pointe du canif une partie du B qui est dans le mot *Bourges*, & de cette lettre on fit un P. Ainsi *Bourges* fut changé en *Pourges* : comme on le peut voir dans les exemplaires de l'édition *in quarto* de l'année 1674. Dans celle de 1675. on ne mit qu'un P .... suivi de quatre points.

Vers 4. *Fit placer à la fin un Lutrin dans le Chœur.*] Le Lutrin, ou Pupitre, qui fait le sujet de ce Poëme, fut mis devant la place du Chantre, le 31. de Juillet, 1667.

Vers 5. *C'est en vain que le Chantre.*] Jaques Barrin, fils de Mr. de la Galissonière, Maître des Requêtes. Il étoit distingué par son mérite, autant que par sa naissance.

CHANT PREMIER.

Ce Prélat fur le banc de fon Rival altier,
Deux fois, le reportant, l'en couvrit tout entier.
 Mufe, redi-moi donc, quelle ardeur de vengeance,
10 De ces Hommes facrez rompit l'intelligence,
Et troubla fi long-tems deux célèbres Rivaux.
Tant de fiel entre-t-il dans l'ame des Dévots?
 Et toi, fameux Heros, dont la fage entremife
De ce fchifme naiffant débarraffa l'Eglife;
15 Vien d'un regard heureux animer mon projet,
Et garde-toi de rire en ce grave fujet.
 Parmi les doux plaifirs d'une paix fraternelle,
Paris voïoit fleurir fon antique Chapelle.
Ses Chanoines vermeils, & brillans de fanté,
20 S'engraiffoient d'une longue & fainte oifiveté.
Sans fortir de leurs lits plus doux que leurs hermines,
Ces pieux fainéans faifoient chanter Matines;
Veilloient à bien dîner, & laiffoient en leur lieu
A des Chantres gagez le foin de loüer Dieu.

CHANGEMENS.

Vers 13. *Et Toi, fameux Heros.*] Première manière avant l'impreffion: *Et Toi, grand Lamoignon.*
Vers 18. *Paris voïoit fleurir fon antique Chapelle.*] Première manière: *Le calme fleuriffoit dans la Sainte-Chapelle.* Mais ce dernier mot ne défignoit pas affez précifément la Sainte-Chapelle de Paris. Dans la première édition faite en 1674. on lifoit *Pourges*, au lieu de *Paris*.

REMARQUES.

Vers 13. *Et Toi, fameux Heros.*] Mr. le Premier Préfident de Lamoignon.

IMITATIONS.

Vers 9. *Mufe, redi-moi donc,*] Virgile, Enéide I.
  Mufa mihi caufas memora, &c.
Vers 12. *Tant de fiel entre-t-il,* &c.] Virgile au même endroit:
 ———— *Tantæ ne animis cæleftibus iræ?*

25   Quand la Discorde, encore toute noire de crimes,
Sortant des Cordeliers pour aller aux Minimes,
Avec cet air hideux qui fait frémir la Paix,
S'arrêta près d'un arbre au pié de son Palais.
Là, d'un œil attentif, contemplant son Empire,
30 A l'aspect du Tumulte, Elle-même s'admire.
Elle y voit par le coche & d'Evreux & du Mans,
Accourir à grans flots ses fidèles Normans.
Elle y voit aborder le Marquis, la Comtesse,
Le Bourgeois, le Manant, le Clergé, la Noblesse;
35 Et par tout des Plaideurs les escadrons épars,
Faire autour de Thémis flotter ses étendars.
Mais une Eglise seule à ses yeux immobile,
Garde au sein du Tumulte une assiette tranquile.
Elle seule la brave; elle seule aux procès
40 De ses paisibles murs veut deffendre l'accès.
La Discorde, à l'aspect d'un Calme qui l'offense,
Fait siffler ses serpens, s'excite à la vengeance.
Sa bouche se remplit d'un poison odieux,
Et de longs traits de feu lui sortent par les yeux.
45   Quoi, dit-Elle, d'un ton qui fit trembler les vitres,
J'aurai pû jusqu'ici broüiller tous les Chapitres;

CHANGEMENS.

Vers 28. *S'arrêta près d'un arbre au pié de son Palais.*] Première manière: *S'arrêta près du Mai dans la Cour du Palais.* Voïez les Notes.

REMARQUES.

Vers 26. *Sortant des Cordeliers pour aller aux Minimes.*] Il y eut de grandes brouilleries dans ces deux Couvens, au sujet de l'élection des Superieurs. Pour aller de l'un à l'autre de ces Couvens, on passe près du Palais, où est la Sainte-Chapelle: & c'est la route que l'Auteur fait tenir à la Discorde. l'Arioste, dans son Roland le furieux, feint que St. Michel allant chercher la Discorde, la trouva dans un Chapitre de Moines, assemblez pour l'élection de leurs Supérieurs:

*Al Monister, dove altre volte havea
La Discordia veduta, drizzò l'ali.*

*Trovolla, che in Capitolo sedea
A nova eletion de gli Officiali.* Cant. 17. st. 37.

Vers 28. *S'arrêta près d'un arbre.*] C'est le Mai, que la Communauté des Clercs du Palais, nommée la Bazoche, fait planter tous les ans dans la vieille Cour du Palais, près de la Sainte-Chapelle.

Vers 34. *Le Bourgeois, le Manant,* &c.] Ce vers est fort serré; Il comprend tous les états du Roïaume.

Vers 45. ——— *D'un ton qui fit trembler les vitres.*] De la Sainte-Chapelle.

CHANT PREMIER.

Diviser Cordeliers, Carmes & Célestins?
J'aurai fait soûtenir un Siege aux Augustins!
Et cette Eglise seule, à mes ordres rebelle,
50 Nourrira dans son sein une paix éternelle!
Suis-je donc la Discorde? & parmi les Mortels,
Qui voudra desormais encenser mes Autels?

A ces mots, d'un bonnet couvrant sa tête énorme,
Elle prend d'un vieux Chantre & la taille & la forme:

REMARQUES.

Vers 47. *Diviser Cordeliers, Carmes, & Célestins.*] Dans ces Couvens il y avoit en des brouilleries, des déreglemens, & des divisions, qui donnèrent lieu à un Arrêt que le Parlement rendit au mois d'Avril, 1662. sur le Réquisitoire de Mr. l'Avocat Général Talon. Ce Grand Magistrat parla dans cette occasion, avec beaucoup de force & de véhémence. On peut voir cet Arrêt dans les Journaux du Palais, & des Audiances.

Vers 48. *J'aurai fait soûtenir un siège aux Augustins.*] De deux en deux ans, les Augustins du grand Couvent de Paris nomment en Chapitre, trois de leurs Religieux Bacheliers, pour faire leur Licence en Sorbone. Il y a trois places fondées pour cela. En 1658. Le P. Célestin Villiers, Prieur de ce Couvent, voulant favoriser quelques Bacheliers, en fit nommer neuf pour les trois Licences suivantes. Ceux qui s'en virent exclus par cette élection prématurée, eurent recours au Parlement, qui ordona que l'on feroit une autre nomination, en présence de Mrs. de Catinat & de Saveuse, Conseillers de la Cour; & de Me. Janart, Substitut du Procureur Général. Les Religieux aiant refusé d'obéir, la Cour fut obligée d'emploïer la force pour faire exécuter son Arrêt. On manda tous les Archers, qui, après avoir investi le Couvent, essaïèrent d'enfoncer les portes. Mais ils n'en pûrent venir à bout, parce que les Religieux, prévoïant ce qui devoit arriver, les avoient fait murer par derrière, & avoient fait provision de cailloux, & de toutes sortes d'Armes. Les Archers tentèrent d'autres voies: les uns montèrent sur les toits des maisons voisines pour entrer dans le Couvent, tandis que les autres travailloient à faire une ouverture dans la muraille du jardin, du côté de la Rue Christine. Les Augustins s'étant mis en défense, sonnèrent le toçin, & commencèrent à tirer d'en bas sur les Assiégeans. Ceux-ci postez plus avantageusement qu'eux, & couverts par les cheminées, tirèrent à leur tour sur les Moines, dont il y en eut deux de tuez, & autant de blessez.

Cependant, la brèche étant faite, les Religieux eurent la témérité d'y porter le Saint Sacrement, espèrant d'arrêter par là les Assiégeans. Mais, comme ils virent que cette ressource étoit inutile, & que l'on ne laissoit pas de tirer sur eux, ils demandèrent à capituler, & l'on donna des ôtages de part & d'autre. Le principal article de la capitulation fut, que les Assiégez auroient la vie sauve, moïennant quoi ils abandonnèrent la brèche, & livrèrent leurs portes. Les Commissaires du Parlement étant entrez, firent arrêter onze de ces Religieux, qui furent menez en prison à la Conciergerie. Ce fut le 28. d'Août 1658. veille de St. Bartelemi. Le Cardinal Mazarin, qui n'aimoit pas le Parlement, fit mettre les Religieux en liberté, par ordre du Roi, après 27. jours de prison. Ils furent mis dans les Carrosses du Roi, & menez en triomphe dans leur Couvent, au milieu des Gardes Françoises rangées en haie depuis la Conciergerie jusques aux Augustins. Leurs Confrères allèrent les recevoir en procession, aiant des palmes à la main. Ils sonnèrent toutes leurs cloches, & chantèrent le *Te Deum* en action de graces.

La Fontaine fit à ce sujet une Ballade, dont Mr. Despréaux n'avoit retenu que le commencement & la fin.

Aux Augustins, sans allarmer la Ville,
On fut hier* soir; mais le cas n'alla bien.
L'Huissier voïant de cailloux une pile,
Crût qu'ils n'étoient mis là pour aucun bien.
&c.

* Hier au soir.

Et dedans peu me semble que je voi,
Que sur la mer, ainsi que sur la terre,
Les Augustins sont serviteurs du Roi.

Vers 54. *Elle prend d'un vieux Chantre & la taille & la forme.*] Dans la Poësie Epique, où tout se fait par le ministère des Dieux, ils ne se manifestent jamais aux Hommes que sous la figure humaine. Homère ne manque point à cet-

55 Elle peint de bourgeois son visage guerrier,
Et s'en va de ce pas trouver le Tréforier.
Dans le réduit obscur d'une alcove enfoncée,
S'élève un lit de plume à grans frais amassée.
Quatre rideaux pompeux, par un double contour,
60 En deffendent l'entrée à la clarté du jour.
Là, parmi les douceurs d'un tranquille silence,
Régne sur le duvet une heureuse Indolence.
C'est là que le Prélat muni d'un déjeuner,
Dormant d'un léger somme, attendoit le dîner.
65 La Jeunesse en sa fleur brille sur son visage :
Son menton sur son sein descend à double étage :
Et son corps ramassé dans sa courte grosseur,
Fait gémir les coussins sous sa molle épaisseur.
La Déesse en entrant, qui voit la nappe mise,
70 Admire un si bel ordre & reconnoît l'Eglise ;
Et marchant à grans pas vers le lieu du repos,
Au Prélat sommeillant, Elle adresse ces mots.
Tu dors ? Prélat, tu dors ? & là-haut à ta place,
Le Chantre aux yeux du Chœur étale son audace,

REMARQUES.

le bien-séance ; & c'est ainsi que le Merveilleux se concilie avec le Vraisemblable.

Vers 57. *Dans le réduit obscur d'une alcove enfoncée*, &c.] Cette description avoit été faite de génie : l'Auteur n'aiant jamais vû ni l'alcove, ni le lit du Tréforier. Cependant elle se trouva conforme à la vérité.

Vers 65. *La Jeunesse en sa fleur* &c.] L'Auteur ajoûta ces quatre Vers pour faire une contre-verité : car le Tréforier étoit maigre, vieux, & de grande taille. Mais nôtre Poëte voulant faire un portrait de son Heros, a dû le faire con-

forme au caractére qu'il lui donne dans ce Poëme.

Vers 70. ———— *Et reconnoît l'Eglise.*] Ce dernier mot n'a été imprimé que dans l'édition posthume de 1713. L'Auteur ne l'avoit indiqué que par des étoiles dans les précedentes éditions.

Vers 73. ———— *Et là haut à ta place.*] La Sainte-Chapelle haute, où les Chanoines font l'office, est beaucoup plus élevée que la Maison du Tréforier, qui est dans la Cour du Palais.

IMITATIONS.

Vers 73. *Tu dors Prélat ? tu dors ?*] Dans le second Livre de l'Iliade, un songe envoïé par Jupiter, dit à Agamemnon : Εὕδεις, Ἀτρέως υἱέ ; *Tu dors, Fils d'Atrée !* &c.

CHANT PREMIER.

75 Chante les *Oremus*, fait des Processions,
   Et répand à grans flots les bénédictions.
   Tu dors ? attens-tu donc, que sans bulle & sans titre
   Il te ravisse encor le Rochet & la Mitre ?
   Sors de ce lit oiseux, qui te tient attaché,
80 Et renonce au repos, ou bien à l'Evêché.
   Elle dit : & du vent de sa bouche profane,
   Lui souffle avec ces mots l'ardeur de la chicane.
   Le Prélat se réveille, & plein d'émotion
   Lui donne toutefois la bénédiction.
85 Tel qu'on voit un Taureau, qu'une Guêpe en furie,
   A piqué dans les flancs, aux dépens de sa vie :

REMARQUES.

Vers 76. *Et répand à grands flots les bénédictions.*] C'étoit le principal motif de la jalousie du Trésorier contre le Chantre.

Vers 80. *Et renonce au repos, ou bien à l'Evêché.*] Mr. Auvry avoit été Evêque de Coûtance. D'ailleurs comme Trésorier de la Sainte-Chapelle, il avoit le droit de faire l'Office pontificalement aux grandes Fêtes de l'année, suivant un privilège accordé par Benoit XIII Pierre de Luna, Antipape, à Hugues Boileau, Confesseur du Roi Charles V. & Trésorier de la Sainte-Chapelle. Il étoit de la famille dont Mr. Boileau-Despréaux est descendu. „Long-tems après „que S. Louïs eut bâti cette Chapelle, *dit Pasquier dans ses Recherches, L. 3. ch. 39.* „Elle fut „depuis grandement annoblie par le Roi Char„les V. C'est lui qui obtint du Saint Siége per„mission au Trésorier d'icelle, d'user de Mitre, „Anneaux, & autres Ornemens Pontificaux (ex„cepté la Crosse) & donner bénédiction, tout „ainsi qu'un Evêque, célébrant le service divin „dedans le pourprix de cette Sainte-Chapelle.

Vers 85. *Tel qu'un furgneux Taureau, qu'une Guêpe en furie &c.*] Quelques objections que j'avois faites contre la justesse de cette comparaison, & que je renouvellai dans une lettre que j'écrivis à l'Auteur, m'attirèrent cette reponse du 15. Mai, 1703. ------ „Vous attaquez „fortement ce que je dis dans mon Lutrin, de „la Guêpe, qui meurt du coup dont elle pique „son Ennemi. Vous prétendez que je lui don„ne ce qui n'appartient qu'aux Abeilles, *que „ritam in vulnere ponunt.* Mais je ne vois pas „pourquoi vous voulez qu'il n'en soit pas de „même de la Guêpe, qui est une espèce d'A„beille bâtarde, que de la véritable Abeille ; „puis que personne n'a jamais dit le contraire: „& que jamais on n'a fait à mon Vers l'objec„tion que vous lui faites. Je ne vous cache„rai point pourtant, que je ne crois cette pré„tenduë mort, vraie ni de l'Abeille, ni de la „Guêpe ; & que tout cela n'est, à mon avis, „qu'un discours populaire dont il n'y a aucu„ne certitude. Mais il ne faut pas d'autre au„torité à un Poëte, pour embellir son expres„sion. Il en faut croire le bruit public sur les „Abeilles & sur les Guêpes, comme sur le „chant des Cignes en mourant, & sur l'unité & „la renaissance du Phénix. ----- Quelque „tems après je lui mandai qu'un savant Physicien * m'avoit fait remarquer, par le moien du Mi„croscope, que l'aiguillon des Guêpes est garni „à sa pointe, de plusieurs petits redens qui s'op„posent à la sortie de l'aiguillon, quand il a fait „sa piquûre : ce qui peut faire croire que la Guê„pe meurt aussi bien que l'Abeille, après avoir „piqué. Mr. Despréaux me répondit ainsi. ---- „J'admire le soin que vous prenez de me four„nir

* *Mr. De Puget.*

IMITATIONS.

Vers 86. *A piqué dans les flancs, aux dépens de sa vie.*] Virgile parlant des Abeilles, Liv. 4. des Géorg.
――――― *Laesaque venenum*
Morsibus inspirant, & spicula caeca relinquunt,
Aflixae venis, vitamque in vulnere ponunt.

Le superbe Animal, agité de tourmens,
Exhale sa douleur en longs mugissemens.
Tel le fougueux Prélat, que ce songe épouvante,
90 Querelle en se levant & Laquais & Servante :
Et d'un juste courroux rallumant sa vigueur,
Même avant le dîner, parle d'aller au Chœur.
Le prudent Gilotin, son Aumônier fidèle,
En vain par ses conseils sagement le rappèle :
95 Lui montre le péril. Que midi va sonner,
Qu'il va faire, s'il sort, refroidir le dîner.
Quelle fureur, dit-il, quel aveugle caprice
Quand le dîner est prêt, vous appèle à l'Office ?
De vôtre dignité soutenez mieux l'éclat.
100 Est-ce pour travailler que vous êtes Prélat ?
A quoi bon ce dégoût, & ce zèle inutile ?
Est-il donc pour jeûner Quatre-tems, ou Vigile ?
Reprenez vos esprits, & souvenez-vous bien,
Qu'un dîner réchauffé ne valut jamais rien.
105 Ainsi dit Gilotin, & ce Ministre sage
Sur table, au même instant, fait servir le potage.
Le Prélat voit la soupe, & plein d'un saint respect
Demeure quelque tems muet à cet aspect.
Il cède, il dîne enfin : mais toujours plus farouche,
110 Les morceaux trop hâtez se pressent dans sa bouche.
Gilotin en gémit, & sortant de fureur,
Chez tous ses Partisans va semer la terreur.

REMARQUES.

„nir des armes contre vous-même, au sujet de
„la critique que vous m'avez faite sur la piqûu-
„re de la Guépe. Je n'avois garde de me servir
„de ces armes, puis que franchement, avant
„vôtre lettre, je ne savois rien du fait que vous
„m'y raportez. Je suis ravi de vous devoir ma
„justification, & je vous prie de le bien marquer
„dans vôtre Commentaire sur le Lutrin, &c.

Vers 93. *Le prudent Gilotin.*] Son véritable nom étoit *Guéronet*. Le Trésorier lui donna ensuite la Cure de la Sainte-Chapelle.
Vers 111. *Chez tous ses Partisans.*] Les Chantres subalternes étoient dans le parti du Trésorier contre le Chantre & les autres Chanoines; parce que ceux-ci leur refusoient de certains droits.

CHANT PREMIER.

On voit courir chez lui leurs troupes, &c.
Comme l'on voit marcher les bataillons de Grues
115 Quand le Pygmée altier, redoublant ses efforts,
De l'Hebre ou du Strymon vient d'occuper les bords.
A l'aspect imprévu de leur foule agréable,
Le Prélat radouci veut se lever de table.
La couleur lui renaît, sa voix change de ton.
120 Il fait par Gilotin rapporter un jambon.
Lui-même le premier, pour honorer la troupe,
D'un vin pur & vermeil il fait remplir sa coupe.
Il l'avale d'un trait : & chacun l'imitant,
La cruche au large ventre est vuide en un instant.
125 Si-tôt que du nectar la troupe est abreuvée,
On dessert : & soudain la nappe étant levée,
Le Prélat, d'une voix conforme à son malheur,
Leur confie en ces mots sa trop juste douleur.

Illustres compagnons de mes longues fatigues,
130 Qui m'avez soûtenu par vos pieuses ligues,
Et par qui, maître enfin d'un Chapitre insensé,
Seul à *Magnificat* je me vois encensé.
Souffrirez-vous toûjours qu'un Orgueilleux m'outrage,
Que le Chantre à vos yeux détruise vôtre ouvrage,
135 Usurpe tous mes droits, & s'égalant à moi,
Donne à vôtre Lutrin & le ton & la loi?
Ce matin même encor, ce n'est point un mensonge,
Une Divinité me l'a fait voir en songe.

REMARQUES.

Vers 115. *Quand le Pygmée altier &c.*] Peuple fabuleux qui habitoit aux environs de l'Hebre & du Strymon, fleuves de Thrace. Les Pygmées n'avoient, dit-on, qu'une coudée de hauteur, & étoient en guerre continuelle avec les Grues, qui chasserent ces petits hommes de la ville de Géranie, selon Pline, L. 4. c. 11.

Vers 114. *Comme l'on voit marcher les bataillons de Grues, &c.*] Homere, Iliade L. 3. v. 6.

L'infolent s'emparant du fruit de mes travaux,
140 A prononcé pour moi le *Benedicat vos.*
Oüi, pour mieux m'égorger, il prend mes propres armes.
Le Prélat à ces mots verfe un torrent de larmes.
Il veut, mais vainement, pourfuivre fon difcours.
Ses fanglots redoublez en arrêtent le cours.
145 Le zélé Gilotin, qui prend part à fa gloire,
Pour lui rendre la voix fait rapporter à boire.
Quand Sidrac, à qui l'âge allonge le chemin,
Arrive dans la chambre, un bâton à la main.
Ce Vieillard dans le Chœur a déja vû quatre âges:
150 Il fçait de tous les tems les differens ufages:
Et fon rare favoir, de fimple Marguillier,
L'éleva par degrez au rang de Chevecier.
A l'afpect du Prélat qui tombe en défaillance,
Il devine fon mal, il fe ride, il s'avance,
155 Et d'un ton paternel réprimant fes douleurs:
Laiffe au Chantre, dit-il, la trifteffe & les pleurs,
Prélat, & pour fauver tes droits & ton empire,
Ecoute feulement ce que le Ciel m'infpire.

CHANGEMENS.

Vers 152. ——————— *Au rang de Chevecier.*] On lifoit *Cheffecier*, dans les premières éditions.

REMARQUES.

Vers 147. *Quand Sidrac.*] C'eft le nom d'un vieux Chapelain-Clerc, ou d'un Chantre Muficien, dont la voix étoit une fort belle Taille. On lui donne ici le caractère d'un vieux Plaideur; & c'eft lui qui eft le Confeil du Tréforier. Le caractère de Sidrac eft formé fur celui de Neftor, fi renommé par fa prudence confommée, & par la fageffe de fes confeils.

Vers 149. *Ce Vieillard dans le Chœur a déja vû quatre âges.*] A vû renouveller le Chapitre quatre fois. Soixante ou foixante-dix ans pourroient fuffire pour cela; mais on ne doit pas prendre ces expreffions poëtiques dans une exacte rigueur.

Homère dans l'Iliade, L. 1, & dans l'Odiffée L. 3 dit, que Neftor avoit déja regné trois âges. Le long & glorieux Regne de Loüis le Grand peut fervir de confirmation à cet exemple.

Vers 151. ——————— *De fimple Marguillier.*] C'eft celui qui a foin des Reliques, & qui revêt les Chanoines de leurs Chapes.

Vers 152. ——————— *Au rang de Chevecier.*] C'eft celui qui a foin des Chapes, & de la cire; & qui diftribuë aux Chanoines les bougies à Matines. Il a deux cens livres de gages, outre fes rétributions du Chœur. C'eft un Sacriftain, qui ordinairement eft Prêtre.

CHANT PREMIER.

Vers cet endroit du Chœur, où le Chantre orgueilleux
160 Montre, assis à ta gauche, un front si sourcilleux,
Sur ce rang d'ais serrez, qui forment sa clôture,
Fut jadis un Lutrin d'inégale structure,
Dont les flancs élargis, de leur vaste contour
Ombrageoient pleinement tous les lieux d'alentour.
165 Derriere ce Lutrin, ainsi qu'au fond d'un antre,
A peine sur son banc on discernoit le Chantre :
Tandis qu'à l'autre banc, le Prélat radieux,
Découvert au grand jour attiroit tous les yeux.
Mais un Démon, fatal à cette ample machine,
170 Soit qu'une main la nuit eût hâté sa ruïne,
Soit qu'ainsi de tout tems l'ordonnât le Destin,
Fit tomber à nos yeux le Pûpitre un matin.
J'eus beau prendre le Ciel & le Chantre à partie :
Il fallut l'emporter dans nôtre Sacristie,
175 Où depuis trente hivers sans gloire enseveli,
Il languit tout poudreux dans un honteux oubli.
Enten-moi donc, Prélat. Dès que l'ombre tranquille
Viendra d'un crêpe noir envelopper la Ville,
Il faut que trois de nous sans tumulte, & sans bruit,
180 Partent à la faveur de la naissante nuit ;
Et du Lutrin rompu réünissant la masse,
Aillent d'un zèle adroit le remettre en sa place.
Si le Chantre demain ose le renverser,
Alors de cent Arrêts tu le peux terrasser.
185 Pour soûtenir tes droits, que le Ciel authorise,
Abîme tout plûtôt ; c'est l'esprit de l'Eglise.

REMARQUES.

Vers 159. *Vers cet endroit du Chœur*, &c.] C'est ici que commence l'Action du Poëme. L'Auteur disoit que ce Vers & les cinq suivans lui avoient coûté beaucoup de tems & de peine.

Vers 162. *Fut jadis un Lutrin.*] On voit encore le trou dans lequel étoit autrefois planté le pivot du Lutrin, devant le Siége du Chantre : *& Campos ubi Troja fuit.*

C'est par là qu'un Prélat signale sa vigueur.
Ne borne pas ta gloire à prier dans un Chœur.
Ces vertus dans Aleth peuvent être en usage :
190 Mais dans Paris, plaidons : c'est là nôtre partage.
Tes bénédictions dans le trouble croissant,
Tu pourras les répandre & par vingt & par cent :
Et pour braver le Chantre en son orgueil extrême,
Les répandre à ses yeux, & le benir lui-même.
195 Ce discours aussi-tôt frappe tous les esprits ;
Et le Prélat charmé l'approuve par des cris.
Il veut que sur le champ, dans la troupe on choisisse
Les trois que Dieu destine à ce pieux office.
Mais chacun prétend part à cet illustre emploi.
200 Le sort, dit le Prélat, vous servira de Loi.
Que l'on tire au billet ceux que l'on doit élire.
Il dit, on obéit, on se presse d'écrire.
Aussi-tôt trente noms, sur le papier tracez,
Sont au fond d'un bonnet par billets entassez.
205 Pour tirer ces billets avec moins d'artifice,
Guillaume, Enfant de chœur, prête sa main novice,
Son front nouveau tondu, simbole de candeur,
Rougit en approchant d'une honnête pudeur.
Cependant le Prélat, l'œil au Ciel, la main nuë,
210 Benit trois fois les noms, & trois fois les remuë.

REMARQUES.

Vers 189. *Ces Vertus dans Aleth*, &c.] Eloge très délicat de Mr. Pavillon alors Evêque d'Aleth, dans le Bas-Languedoc.

Vers 206. *Guillaume, Enfant de Chœur*] Il y avoit eu autrefois un Enfant de Chœur de ce nom-là, qui avoit la voix fort belle ; mais il avoit quitté cette Eglise long-tems avant l'évenement qui a donné occasion à ce Poëme.

IMITATIONS.

Vers 200. *Le sort..... vous servira de Loi*. &c.] Homère, Iliade VII. v. 167. Hector aïant défié en combat singulier le plus vaillant des Grecs, neuf de leurs Chefs se présentent pour combattre. Nestor les oblige de s'en remettre au sort. Chacun d'eux fait sa marque, & la jette dans le Casque d'Agamemnon. Nestor remuë le Casque, & le sort tombe sur Ajax, suivant les vœux de toute l'Armée. Virgile, Enéide 5, v. 490. a emploïé la même image :
Convenere viri, dejectamque ærea sortem
Accepit galea.

CHANT PREMIER.

Il tourne le bonnet. L'Enfant tire : & Brontin
Eſt le premier des noms qu'apporte le Deſtin.
Le Prélat en conçoit un favorable augure,
Et ce nom dans la troupe excite un doux murmure.
215 On ſe taît ; & bien-tôt on voit paroître au jour
Le nom, le fameux nom du Perruquier l'Amour.
Ce nouvel Adonis, à la blonde crinière,
Eſt l'unique ſouci d'Anne ſa Perruquière.
Ils s'adorent l'un l'autre : & ce couple charmant
220 S'unit long-tems, dit-on, avant le Sacrement.
Mais depuis trois moiſſons, à leur ſaint aſſemblage
L'Official a joint le nom de mariage.
Ce Perruquier ſuperbe eſt l'effroi du quartier,
Et ſon courage eſt peint ſur ſon viſage altier.

CHANGEMENS.

Vers 216. ——— *Le fameux nom du Perruquier l'Amour.*] On liſoit : *De l'Horloger la Tour*, dans toutes les éditions qui ont paru avant celle de 1701.

Vers 217. *Ce nouvel Adonis, à la blonde crinière.*] Il y avoit : *A la taille légère*, dans toutes les éditions faites avant 1701.

Vers 218. *Eſt l'unique ſouci d'Anne ſa Perruquière.*] *D'Anne ſon Horlogère*, dans les éditions précedentes. Voïez les Notes.

Vers 223. *Ce Perruquier ſuperbe.*] *Cet Horloger*, dans les éditions qui ont précedé celle de 1701.

REMARQUES.

Vers 211. ——— *L'Enfant tire, & Brontin.*] Son vrai nom étoit *Fromin*. Il étoit Prêtre du Diocèſe de Chartres, & Sous-Marguillier de la Sainte-Chapelle.

Vers 216. ——— *Le fameux nom du Perruquier l'Amour.*] Didier l'Amour, Perruquier, qui demeuroit dans la Cour du Palais, & dont la Boutique étoit ſous l'eſcalier de la Sainte-Chapelle. C'étoit un gros & grand homme d'aſſez bon air, vigoureux, & bien fait. Il avoit été marié deux fois. Sa première femme étoit extrêmement emportée, & d'une humeur très-fâcheuſe. Moliere a peint le caractère de l'un & de l'autre, dans ſon *Medecin malgré lui*, à la fin de la première Scène, ſur ce que Mr. Deſpréaux lui en avoit dit.

Vers 218. *Eſt l'unique ſouci d'Anne ſa Perruquière.*] Anne du Buiſſon, ſeconde femme du Sr. l'Amour. Ils vêcurent toûjours en bonne intelligence, avant & après leur mariage. Le mari mourut le 1. de Mai, 1697. & la femme mourut l'année ſuivante.

Vers 223. *Ce Perruquier ſuperbe eſt l'effroi du quartier.*] Quand il arrivoit quelque tumulte dans la Cour du Palais, il y mettoit ordre ſur le champ. Il avoit un grand fouët avec lequel il chaſſoit les enfans & les chiens du quartier, qui faiſoient du bruit ou qui ſe battoient. Il ſe ſervoit même d'un bâton à deux bouts, pour écarter les Filoux & les Bretteurs qui faiſoient du deſordre, & que le grand abord du monde attiroit au Palais. Pendant les troubles de Paris, le Peuple aïant mis le feu aux portes de l'Hôtel de Ville, le Sr. l'Amour ſe fit faire place à travers cette populace mutinée, & tira de l'Hôtel de Ville deux ou trois de ſes Amis qui y étoient en danger.

Tom. I.   A a a

225 Un des noms reste encore, & le Prélat par grace
　　Une derniere fois les broüille & les resasse.
　　Chacun croit que son nom est le dernier des trois.
　　Mais que ne dis-tu point, ô puissant Porte-croix,
　　Boirude Sacristain, cher appui de ton Maître,
230 Lors qu'aux yeux du Prélat tu vis ton nom paroître?
　　On dit que ton front jaune, & ton teint sans couleur,
　　Perdit en ce moment son antique pâleur;
　　Et que ton corps gouteux, plein d'une ardeur guerrière,
　　Pour sauter au plancher, fit deux pas en arrière.
235 Chacun bénit tout haut l'Arbitre des Humains,
　　Qui remet leur bon droit en de si bonnes mains.
　　Aussi-tôt on se lève; & l'Assemblée en foule,
　　Avec un bruit confus, par les portes s'écoule.
　　Le Prélat resté seul calme un peu son dépit,
240 Et jusques au souper se couche & s'assoupit.

REMARQUES.

Vers 229. *Boirude Sacristain.*] François *Sirude*, Sous-Marguillier ou Sacristain de la Sainte-Chapelle. Il portoit ordinairement la Croix ou la Banniere aux processions. Il fut ensuite Vicaire de la Sainte-Chapelle.

CHANT II.

Cependant cet Oiseau qui prône les merveilles,
Ce Monstre composé de bouches & d'oreilles,
Qui sans cesse volant de climats en climats ;
Dit par tout ce qu'il sait, & ce qu'il ne sait pas.
5 La Renommée enfin, cette promte Courrière,
Va d'un mortel effroi glacer la Perruquière ;
Lui dit que son Epoux, d'un faux zèle conduit,
Pour placer un Lutrin doit veiller cette nuit.
A ce triste récit tremblante, desolée,
10 Elle accourt l'œil en feu, la tête échevelée,
Et trop sûre d'un mal qu'on pense lui celer :
Oses-tu bien encor, Traître, dissimuler,
Dit-elle ? & ni la foi que ta main m'a donnée,
Ni nos embrassemens qu'a suivi l'Hymenée,

CHANGEMENS.

Vers 5. *La Renommée enfin, cette promte Courrière*, &c.] Dans toutes les éditions qui ont précédé celle de 1701. il y avoit :
> La Renommée enfin, d'une course légère,
> Va porter la terreur au sein de l'Horlogère.

Vers 8. *Pour placer un Lutrin doit veiller cette nuit.*] Après ces vers il y en avoit quatre autres qui n'ont paru que dans les deux premières Editions :
> Que sous ce piége adroit, cet amant infidèle
> Trame le noir complot d'une flame nouvèle :
> Las des baisers permis qu'en ses bras il reçoit,
> Et porte en d'autres lieux le tribut qu'il lui doit.

IMITATIONS.

Vers 1. *Cependant cet Oiseau* &c.] Cette description de la Renommée est imitée de Virgile, Enéide, L. 4. vers 174.
> *Fama, malum quo non aliud velocius ullum,*
> *Mobilitate viget,* &c.

Vers 12. *Oses-tu bien encor, Traître, dissimuler,* &c.] Enéide, L. 4. v. 305.
> *Dissimulare etiam sperasti, Perfide, tantum*
> *Posse nefas?* &c.

15 Ni ton Epouſe enfin toute prête à périr,
Ne ſauroient donc t'ôter cette ardeur de courir?
Perfide, ſi du moins, à ton devoir fidèle,
Tu veillois pour orner quelque tête nouvèle;
L'eſpoir d'un juſte gain, conſolant ma langueur,
20 Pourroit de ton abſence adoucir la longueur.
Mais quel zèle indiſcret, quelle aveugle entrepriſe
Arme aujourd'hui ton bras en faveur d'une Egliſe?
Où vas-tu, cher Epoux? Eſt-ce que tu me fuis?
As-tu donc oublié tant de ſi douces nuits?
25 Quoi? d'un œil ſans pitié vois-tu couler mes larmes?
Au nom de nos baiſers jadis ſi pleins de charmes,
Si mon cœur, de tout tems facile à tes déſirs,
N'a jamais d'un moment différé tes plaiſirs;
Si, pour te prodiguer mes plus tendres careſſes,
30 Je n'ai point exigé ni ſermens ni promeſſes;
Si toi ſeul à mon lit enfin eus toûjours part,
Différe au moins d'un jour ce funeſte départ.

En achevant ces mots, cette Amante enflamée
Sur un placet voiſin tombe demi-pâmée.
35 Son Epoux s'en émeut, & ſon cœur éperdu
Entre deux paſſions demeure ſuſpendu;
Mais enfin rappelant ſon audace première,
Ma femme, lui dit-il, d'une voix douce & fière,
Je ne veux point nier les ſolides bienfaits,
40 Dont ton amour prodigue a comblé mes ſouhaits:
Et le Rhin de ſes flots ira groſſir la Loire,
Avant que tes faveurs ſortent de ma mémoire.

CHANGEMENS.

Vers 18. *Tu veillois pour orner quelque tête nouvèle.*] Editions avant celle de
1701.   *Tu veillois pour règler quelque horloge nouvelle.*

CHANT SECOND.

Mais ne préfume pas, qu'en te donnant ma foi,
L'Hymen m'ait pour jamais afservi fous ta loi.
45 Si le Ciel en mes mains eût mis ma deftinée,
Nous aurions fui tous deux le joug de l'Hymenée:
Et fans nous oppofer ces devoirs prétendus,
Nous goûterions encor des plaifirs deffendus.
Cefse donc à mes yeux d'étaler un vain titre.
50 Ne m'ôte pas l'honneur d'élever un Pupitre:
Et toi-même, donnant un frein à tes defirs,
Raffermi ma vertu qu'ébranlent tes foûpirs.
Que te dirai-je enfin? c'eft le Ciel qui m'appèle.
Une Eglife, un Prélat m'engage en fa querèle.
55 Il faut partir: j'y cours. Diffipe tes douleurs,
Et ne me trouble plus par ces indignes pleurs.
Il la quitte à ces mots. Son Amante effarée
Demeure le teint pâle, & la vûë égarée:

CHANGEMENS.

Vers 57. *Il la quitte à ces mots*, &c.] Dans les deux premières éditions il y avoit :
  Pendant tout ce difcours l'Horlogère éplorée
  A le vifage pâle, & la vûë égarée.
Après ces vers il y en avoit trente-deux que l'Auteur retrancha dans l'édition de 1683. C'étoit une fuite de l'imitation de Virgile, qui commence au vers 12. de ce Chant :

  Elle tremble, & fur lui roulant des yeux hagards,
  Quelque tems fans parler, laiffe errer fes regards.
  Mais enfin fa douleur fe faifant un paffage,
  Elle éclate en ces mots que lui dicte la rage.
   Non, ton Pere à Paris ne fut point Boulanger;
  Et tu n'ès point du fang de Gervais l'Horloger :
  Ta Mere ne fut point la maîtrefse d'un Coche,
  Caucafe dans fes flancs te forma d'une roche.
  Une Tigrefse affreufe, en quelque antre écarté,
  Te fit avec fon lait fuccer fa cruauté.
  Car, pourquoi déformais flater un Infidèle ?
  En attendrai-je encor quelque injure nouvelle ?
  L'Ingrat, a-t-il du moins, en violant fa foi;

La force l'abandonne, & sa bouche trois fois
60 Voulant le rappeler ne trouve plus de voix.
Elle fuit, & de pleurs inondant son visage,
Seule pour s'enfermer vole au cinquiéme étage.
Mais d'un bouge prochain, accourant à ce bruit,
Sa servante Alizon la ratrape, & la suit.
65   Les ombres cependant, sur la Ville épanduës,
Du faîte des maisons descendent dans les ruës :
Le souper hors du Chœur chasse les Chapelains,
Et de Chantres beuvans les cabarets sont pleins.

CHANGEMENS.

Balancé quelque tems entre un Lutrin & moi?
A-t-il, pour me quitter, témoigné quelque alarme?
A-t-il pû de ses yeux arracher une larme?
Mais que servent ici ces discours superflus?
Va, cours à ton Lutrin : je ne te retiens plus.
Ri des justes douleurs d'une Amante jalouse ;
Mais ne croi plus en moi retrouver une Epouse.
Tu me verras toûjours constante à me vanger,
De reproches hargneux sans cesse t'afliger.
Et quand la Mort bien-tôt dans le fond d'une bière,
D'une éternelle nuit couvrira ma paupière,
Mon ombre châque jour reviendra dans ces lieux,
Un Pupitre à la main se montrer à tes yeux :
Roder autour de toi dans l'horreur des ténèbres ;
Et remplir ta maison de hurlemens funèbres.
C'est alors, mais trop tard, qu'en proie à tes chagrins,
Ton cœur froid & glacé maudira les Lutrins :
Et mes manes contens aux bords de l'onde noire,
Se feront de ta peur une agréable Histoire.

Vers 59. *La force l'abandonne,* &c.] Editions de 1674. & 1675.
   En achevant ces mots cette Amante aux abois
   Succombe à la douleur qui lui coupe la voix.

IMITATIONS.

Vers 66. *Du faîte des maisons descendent* &c.] Virgile, Eclog. I. v. 83.
   Majoresque cadunt altis de montibus umbræ.

CHANT SECOND.

Le redouté Brontin, que son devoir éveille,
70 Sort à l'instant chargé d'une triple bouteille,
D'un vin dont Gilotin, qui savoit tout prévoir,
Au sortir du Conseil eut soin de le pourvoir.
L'odeur d'un jus si doux lui rend le faix moins rude.
Il est bien-tôt suivi du Sacristain Boirude,
75 Et tous deux, de ce pas s'en vont avec chaleur
Du trop lent Perruquier réveiller la valeur.
Partons, lui dit Brontin. Déja le Jour plus sombre,
Dans les eaux s'éteignant, va faire place à l'ombre.
D'où viens ce noir chagrin, que je lis dans tes yeux?
80 Quoi? le Pardon sonnant te retrouve en ces lieux?
Où donc est ce grand cœur, dont tantôt l'allègresse
Sembloit du jour trop long accuser la paresse?
Marche, & sui-nous du moins où l'honneur nous attend.
Le Perruquier honteux rougit en l'écoutant.
85 Aussi-tôt de longs clous il prend une poignée :
Sur son épaule il charge une lourde coignée :
Et derriere son dos, qui tremble sous le poids,
Il attache une scie en forme de carquois.
Il sort au même instant, il se met à leur tête.
90 A suivre ce grand Chef l'un & l'autre s'apprête.
Leur cœur semble allumé d'un zèle tout nouveau.
Brontin tient un maillet, & Boirude un marteau.

CHANGEMENS.

Vers 84. *Le Perruquier honteux.*] Editions avant celle de 1701. : *L'horloger indigné*.

REMARQUES.

Vers 80. *Quoi? le Pardon sonnant.*] Ce sont les trois coups de cloche par lesquels on avertit le Peuple de réciter l'*Angelus*. Cet avertissement se fait le Matin, à Midi, & le Soir. On l'appèle indifféremment *Angelus*, à cause de la Prière qu'on dit ; ou *Pardon*, à cause des Indulgences qui y sont attachées.

La Lune, qui du Ciel voit leur démarche altière,
Retire en leur faveur sa paisible lumière.
95 La Discorde en soûrit, & les suivant des yeux,
De joie, en les voiant, pousse un cri dans les Cieux.
L'air, qui gémit du cri de l'horrible Déesse,
Va jusques dans Cîteaux réveiller la Mollesse.
C'est là qu'en un dortoir elle fait son séjour.
100 Les Plaisirs nonchalans folâtrent à l'entour.
L'un paîtrit dans un coin l'embonpoint des Chanoines ;
L'autre broie en riant le vermillon des Moines :
La Volupté la sert avec des yeux devots,
Et toûjours le Sommeil lui verse des pavots.
105 Ce soir plus que jamais, en vain il les redouble.
La Mollesse à ce bruit se réveille, se trouble.
Quand la Nuit, qui déja va tout enveloper,
D'un funeste récit vient encor la fraper :
Lui conte du Prélat l'entreprise nouvelle.
110 Aux piez des murs sacrez d'une Sainte Chapelle
Elle a vû trois Guerriers ennemis de la paix,
Marcher à la faveur de ses voiles épais.
La Discorde en ces lieux menace de s'accroître.
Demain avec l'Aurore un Lutrin va paroître,
115 Qui doit y soûlever un peuple de mutins.
Ainsi le Ciel l'écrit au Livre des Destins.
A ce triste Discours, qu'un long soûpir achève,
La Mollesse, en pleurant, sur un bras se relève,

REMARQUES.

Vers 98. *Va jusques dans Cîteaux réveiller la Mollesse.*] Cîteaux est une Abbaïe de l'Ordre de St. Bernard, située en Bourgogne. Les Religieux de Cîteaux n'ont pas embrassé la réforme, établie dans quelques Maisons de leur Ordre ; C'est pourquoi l'Auteur feint que la Mollesse fait son séjour dans un Dortoir de leur Couvent.

CHANT SECOND.

Ouvre un œil languissant, & d'une foible voix,
120 Laisse tomber ces mots, qu'elle interrompt vingt fois.
O Nuit, que m'as-tu dit? Quel Démon sur la Terre
Souffle dans tous les cœurs la fatigue & la guerre?
Helas! qu'est devenu ce tems, cet heureux tems,
Où les Rois s'honoroient du nom de Fainéans,
125 S'endormoient sur le Trône, & me servant sans honte,
Laissoient leur Sceptre aux mains ou d'un Maire ou d'un Comte?
Aucun soin n'approchoit de leur paisible Cour.
On reposoit la nuit, on dormoit tout le jour.
Seulement au Printems, quand Flore dans les plaines
130 Faisoit taire des Vents les bruiantes haleines,
Quatre bœufs attelez, d'un pas tranquille & lent,
Promenoient dans Paris le Monarque indolent.

REMARQUES.

Vers 121. *O nuit, que m'as-tu dit?* &c.] Ce Récit épisodique de la Mollesse est un morceau remarquable. Quand l'Auteur l'eut achevé, Madame de Thiange lui en demanda une copie pour la montrer au Roi. Le Roi fut extrêmement touché de la manière fine & délicate avec laquelle ses loüanges étoient exprimées dans ces vers. Il en voulut voir l'Auteur, qu'il ne connoissoit encore que par ses Satires; & Sa Majesté ordonna qu'on le fit venir à la Cour, comme on l'a dit ailleurs. Voïez la Remarque sur le dernier Vers de l'Epître I.

Il y a trois choses qui marquent l'adresse du Poëte dans ce Récit : le choix des mots, la versification, & le détour ingénieux qu'il a pris pour loüer le Roi. En effet, le Poëte s'est attaché à ne mettre dans la bouche de la Mollesse que des termes qui lui conviennent particulièrement : Elle ne parle que de *Rois fainéans*, de *Sommeil*, de *Repos*, de *Douceurs*, &c. Quant à la versification, elle est extrêmement douce ; les Vers sont presque tous détachez les uns des autres; le Discours est tout uni : il n'y a ni transitions, ni liaisons, ni figures; en un mot, tout y représente naïvement le caractère de la Mollesse. Mais rien n'est plus heureux que la manière dont l'Eloge du Roi est amené : les plaintes & les murmures que la Mollesse fait contre la Valeur active de ce jeune Heros, sont les plus fines loüanges qu'on puisse donner.

Vers 124. *Où les Rois s'honoroient du nom de Fainéans.*] Sous les derniers Rois de la première Race, toute l'Autorité Roïale étoit exercée par un Maire du Palais ; tandis que ces Rois, que nos Historiens ont surnommez *Fainéans*, demeuroient enfermez dans quelque Maison de plaisance, d'où ils ne sortoient qu'une fois l'année, dans un Chariot traîné par des bœufs : Cette Autorité absoluë des Maires du Palais commença sous la minorité de Clovis II. en l'année 638. & dura jusqu'à Charles-Martel, dernier Maire du Palais, qui s'empara enfin de la Souveraineté.

Vers 126. ——— *Ou d'un Maire ou d'un Comte.*] Quelques Historiens ont confondu les *Maires* avec les *Comtes* du Palais, ou Comtes Palatius. Mais, à proprement parler, le Comte du Palais étoit le second Officier de la Couronne, qui rendoit la Justice dans le Palais du Roi. Voïez Du Cange, Diss. 14. sur Joinville.

IMITATIONS.

Vers 120. *Laisse tomber ces mots.*] Virgile, Enéide, 6. v. 686.
    Effusæque genis lachrymæ, & vox excidit ore.
Vers 128. *On reposoit la nuit, on dormoit tout le jour.*] Tacit. Annal. l. 6. *Dies per somnum, nox officiis & oblectamentis vitæ transigebatur.*

Ce doux siècle n'est plus. Le Ciel impitoïable
A placé sur leur Trône un Prince infatigable.
135 Il brave mes douceurs, il est sourd à ma voix :
Tous les jours il m'éveille au bruit de ses Exploits.
Rien ne peut arrêter sa vigilante audace.
L'Eté n'a point de feux, l'Hiver n'a point de glace.
J'entens à son seul nom tous mes Sujets frémir.
140 En vain deux fois la Paix a voulu l'endormir ;
Loin de moi son courage entraîné par la gloire,
Ne se plaît qu'à courir de victoire en victoire.
Je me fatiguerois, à te tracer le cours
Des outrages cruels qu'il me fait tous les jours.
145 Je croïois, loin des lieux d'où ce Prince m'exile,
Que l'Eglise du moins m'assuroit un azile.
Mais en vain j'esperois y regner sans effroi :
Moines, Abbez, Prieurs, tout s'arme contre moi.
Par mon exil honteux la Trape est anoblie.
150 J'ai vû dans saint Denis la réforme établie.
Le Carme, le Feüillant s'endurcit aux travaux :
Et la Règle déja se remet dans Clairvaux.

CHANGEMENS.

Vers 134. *A placé sur leur Trône.*] Première & seconde édition de 1674. & 1675. : *sur le Trône.*

Vers 139. *J'entens à son seul nom.*] On lit, *en son seul nom*, dans l'édition posthume de 1713.

REMARQUES.

Vers 138. ——— *L'Hiver n'a point de glace.*] Allusion à la première conquête de la Franche-Comté, dont le Roi se rendit Maître pendant l'hiver, en dix jours, au commencement de Février 1668.

Vers 149. *Par mon exil honteux, la Trape.*] Abbaïe de l'Ordre de St. Bernard, dépendante de Citeaux, située dans le Perche. En 1663. L'Abbé Armand-Jean Bouthillier de Rancé, y rétablit la première & véritable pratique de la Règle de St. Benoît.

Vers 150. *J'ai vû dans Saint Denis la réforme établie.*] Le Cardinal de la Rochefoucaut, Commissaire Général pour la réforme des Ordres Religieux en France, établit la réforme dans l'Abbaïe de St. Denis, en 1633.

Vers 152. *Et la Règle déja se remet dans Clairvaux.*] Abbaïe fondée par St. Bernard, dans la Province de Champagne. Le Cardinal de la Rochefoucaut avoit aussi travaillé à la réforme de cette Abbaïe, en 1624. & 1625.

CHANT SECOND

Cîteaux dormoit encore, & la Sainte Chapelle
Conservoit du vieux tems l'oisiveté fidelle.
155 Et voici qu'un Lutrin prêt à tout renverser,
D'un séjour si cheri vient encor me chasser.
O Toi, de mon repos compagne aimable & sombre,
A de si noirs forfaits prêteras-tu ton ombre?
Ah! Nuit, si tant de fois, dans les bras de l'Amour,
160 Je t'admis aux plaisirs que je cachois au jour.
Du moins ne permets pas..... La Mollesse oppressée
Dans sa bouche à ce mot sent sa langue glacée,
Et lasse de parler, succombant sous l'effort,
Soûpire, étend les bras, ferme l'œil, & s'endort.

REMARQUES

Vers 164. *Soûpire, étend les bras*, &c.] Ce vers exprime bien l'état d'une personne accablée de tristesse & de lassitude, qui succombe au sommeil. Madame la Duchesse d'Orléans, Henriette Anne d'Angleterre, première Femme de Monsieur, Frere du Roi, avoit été si touchée de la beauté de ce vers, qu'aiant un jour aperçû de loin Mr. Despréaux dans la Chapelle de Versailles, où elle étoit assise sur son carreau, en attendant que le Roi vînt à la Messe; elle lui fit signe d'approcher, & lui dit à l'oreille: *Soûpire, étend les bras, ferme l'œil, & s'endort*.

CHANT III.

 Mais la Nuit auſſi-tôt, de ſes aîles affreuſes,
Couvre des Bourguignons les campagnes vineuſes,
Revôle vers Paris, & hâtant ſon retour,
Déja de Montlhéri voit la fameuſe tour.
5 Ses murs dont le ſommet ſe dérobe à la vuë,
Sur la cime d'un roc s'allongent dans la nuë,
Et préſentant de loin leur objet ennuïeux,
Du Paſſant qui le fuit, ſemblent ſuivre les yeux.
Mille oiſeaux effraïans, mille corbeaux funèbres
10 De ces murs deſertez habitent les ténèbres.
Là depuis trente hivers un Hibou retiré
Trouvoit contre le jour un réfuge aſſuré.
Des deſaſtres fameux ce Meſſager fidelle
Sait toûjours des malheurs la premiére nouvelle;
15 Et tout prêt d'en ſemer le préſage odieux,
Il attendoit la Nuit dans ces ſauvages lieux.
Aux cris, qu'à ſon abord, vers le Ciel il envoie,
Il rend tous ſes Voiſins attriſtez de ſa joie.
La plaintive Progné de douleur en frémit:
20 Et dans les bois prochains Philomèle en gémit.
Sui-moi, lui dit la Nuit. L'Oiſeau plein d'allègreſſe
Reconnoît à ce ton la voix de ſa Maîtreſſe.

REMARQUES.

Vers 4. *Déja de Montlhéri voit la fameuſe tour.*] Tour très-haute, à cinq lieuës de Paris, ſur le chemin d'Orléans. On la voit de dix lieuës à la ronde.
Vers 6. *Sur la cime d'un Roc s'allongent dans la nuë.*] Voiture avoit dit dans une Chanſon :

Nous vîmes dedans la nuë
La Tour de Mont-le-héris,
Qui pour regarder Paris,
Allongeoit ſon col de Gruë;
Et pour y voir vos beaux yeux,
S'élevoit juſques aux Cieux.

CHANT TROISIEME.

Il la suit : & tous deux, d'un cours précipité,
De Paris à l'inſtant abordent la Cité.
25 Là s'élançant d'un vol, que le vent favoriſe,
Ils montent au ſommet de la fatale Egliſe.
La Nuit baiſſe la vûë, & du haut du clocher
Obſerve les Guerriers, les regarde marcher.
Elle voit le Barbier, qui d'une main légère,
30 Tient un verre de vin, qui rit dans la fougère;
Et chacun tour à tour s'inondant de ce jus,
Célebrer, en beuvant, Gilotin & Bacchus.
Ils triomphent, dit-elle, & leur ame abuſée
Se promet dans mon ombre une victoire aiſée.
35 Mais allons, il eſt tems qu'ils connoiſſent la Nuit.
A ces mots regardant le Hibou qui la ſuit,
Elle perce les murs de la voute ſacrée;
Juſqu'en la Sacriſtie elle s'ouvre une entrée,
Et dans le ventre creux du Pupitre fatal
40 Va placer de ce pas le ſiniſtre Animal.
Mais les trois Champions pleins de vin & d'audace,
Du Palais cependant paſſent la grande place :
Et ſuivant de Bacchus les auſpices ſacrez,
De l'auguſte Chapelle ils montent les degrez.
45 Ils atteignoient déja le ſuperbe Portique,
Où Ribou le Libraire, au fond de ſa boutique,

CHANGEMENS.

Vers 29. *Elle voit le Barbier.*] Editions avant celle de 1701. : *Elle voit l'Horloger.*

REMARQUES.

Vers 30. *Tient un Verre de vin qui rit dans la fougère.*] On appèle *Verres de fougère*, ceux dans la compoſition deſquels il entre du ſel tiré de la cendre de Fougère. On ſe ſert ordinairement de cette cendre, parce que la Fougère eſt une plante fort commune, & que ſes cendres contiennent beaucoup de ſel alkali. Ce ſel mêlé avec du ſable qu'on fait fondre par un feu violent, fournit la matière du verre.

Vers 46. *Où Ribou le Libraire.*] La boutique de Jean Ribou étoit ſur le troiſième Perron de la Sainte-Chapelle, vis-à-vis la porte de cette Egliſe.

LE LUTRIN

Sous vingt fidèles clés, garde & tient en dépôt,
L'amas toûjours entier des Ecrits de Haynaut.
Quand Boirude, qui voit que le péril approche,
50 Les arrête, & tirant un fufil de fa poche,
Des veines d'un caillou, qu'il frappe au même inftant,
Il fait jaillir un feu qui petille en fortant :
Et bien-tôt au brazier d'une mêche enflamée,
Montre, à l'aide du foufre, une cire allumée.
55 Cet Aftre tremblotant, dont le jour les conduit,
Eft pour eux un Soleil au milieu de la nuit.
Le Temple à fa faveur eft ouvert par Boirude.
Ils paffent de la Nef la vafte folitude,
Et dans la Sacriftie entrant, non fans terreur,
60 En percent jufqu'au fond la ténébreufe horreur.
C'eft là que du Lutrin gît la machine énorme.
La troupe quelque tems en admire la forme.
Mais le Barbier, qui tient les momens précieux :
Ce fpectacle n'eft pas pour amufer nos yeux,
65 Dit-il, le tems eft cher, portons-le dans le Temple.
C'eft-là qu'il faut demain qu'un Prélat le contemple.
Et d'un bras, à ces mots, qui peut tout ébranler,
Lui-même, fe courbant, s'apprête à le rouler.

CHANGEMENS.

Vers 63. *Mais le Barbier*] Editions avant celle de 1701. : *Mais l'Horloger.*

REMARQUES.

Vers 48. *L'amas toûjours entier des Ecrits de Haynaut.*] Ribou le Libraire avoit imprimé en 1669. une Comèdie de Bourfaut contre nôtre Auteur, intitulée : *La Satire des Satires.* C'eft pourquoi dans les premiéres éditions du Lutrin on avoit mis ici : *Des écrits de Burfoft.* Mais Bourfaut s'étant reconcilié avec l'Auteur, on effaça fon nom, & on mit celui de *Perraut,* dans l'édition de 1694. parce qu'alors Mr. Perraut étoit brouillé avec Mr. Defpréaux, au fujet des Anciens & des Modernes. Cette brouillerie étant finie, l'Auteur mit *Haynaut* dans l'édition de 1701. C'eft un Poëte dont il a été parlé fur le vers 97. de la Satire IX.

IMITATIONS.

Vers 51. *Des veines d'un caillou.*] Virgile, Georg. 1. v. 135. *Et filicis venis abftrufum excuderet ignem.* Enéide, Lib. I. v. 178. *Ac primùm filicis fcintillam excudit Achates.*

CHANT TROISIEME.

Mais à peine il y touche, ô prodige incroïable :
70 Que du Pupitre sort une voix effroïable.
Brontin en est ému, le Sacristain pâlit,
Le Perruquier commence à regretter son lit.
Dans son hardi projet toutefois il s'obstine :
Lorsque des flancs poudreux de la vaste machine
75 L'Oiseau sort en courroux, & d'un cri menaçant
Achève d'étonner le Barbier frémissant.
De ses aîles dans l'air secoüant la poussière,
Dans la main de Boirude il éteint la lumière ;
Les Guerriers à ce coup demeurent confondus :
80 Ils regagnent la Nef de fraieur éperdus.
Sous leurs corps tremblotans leurs genoux s'affoiblissent ;
D'une subite horreur leurs cheveux se hérissent ;
Et bien-tôt, au travers des ombres de la nuit,
Le timide Escadron se dissipe & s'enfuit.
85 Ainsi lorsqu'en un coin, qui leur tient lieu d'azile,
D'Ecoliers libertins une troupe indocile,
Loin des yeux d'un Préfet au travail assidu,
Va tenir quelquefois un Brelan deffendu :
Si du veillant Argus la figure effraïante,
90 Dans l'ardeur du plaisir à leurs yeux se présente,
Le jeu cesse à l'instant, l'azile est deserté,
Et tout fuit à grans pas le Tiran redouté.
La Discorde qui voit leur honteuse disgrace,
Dans les airs cependant tonne, éclate, menace,

CHANGEMENS.

Vers 72. *Le Perruquier.*] Editions avant celle de 1701. : *Et l'Horloger.*
Vers 76. ———— *Le Barbier frémissant.*] *L'Horloger pâlissant.*

IMITATIONS.

Vers 70 *Que du Pupitre sort une voix effroïable.*] Virgile, Enéide 3. v. 78.
———————— *Gemitus lachrymabilis imo*
Auditur tumulo, & vox reddita fertur ad aures.

95 Et malgré la fraieur dont leurs cœurs sont glacez,
S'apprête à réünir les Soldats dispersez.
Aussi-tôt de Sidrac elle emprunte l'image :
Elle ride son front, allonge son visage,
Sur un bâton noüeux laisse courber son corps,
100 Dont la Chicane semble animer les ressorts ;
Prend un cierge en sa main, & d'une voix cassée,
Vient ainsi gourmander la Troupe terrassée.
    Lâches, où fuïez-vous ? Quelle peur vous abbat ?
Aux cris d'un vil Oiseau vous cedez sans combat.
105 Où sont ces beaux discours jadis si pleins d'audace ?
Craignez-vous d'un Hibou l'impuissante grimace ?
Que feriez-vous, helas ! si quelque exploit nouveau
Chaque jour, comme moi, vous traînoit au Barreau ?
S'il falloit sans amis, briguant une audience,
110 D'un Magistrat glacé soûtenir la présence :
Ou d'un nouveau procès hardi Solliciteur,
Aborder sans argent un Clerc de Rapporteur ?
Croiez-moi, mes Enfans : je vous parle à bon titre.
J'ai moi seul autrefois plaidé tout un Chapitre :
115 Et le Barreau n'a point de monstres si hagards,
Dont mon œil n'ait cent fois soûtenu les regards.
Tous les jours sans trembler j'assiégeois leurs passages.
L'Eglise étoit alors fertile en grans courages.
Le moindre d'entre nous, sans argent, sans appui,
120 Eût plaidé le Prélat, & le Chantre avec lui.
Le Monde, de qui l'âge avance les ruines,
Ne peut plus enfanter de ces ames divines.

IMITATIONS.

Vers 103. *Lâches, où fuïez-vous ?*] Dans l'Iliade, L. 7. v. 124. Nestor reproche aux Grecs leur lâcheté, parce qu'aucun d'eux n'osoit se présenter pour combattre Hector, qui les défioit en combat singulier.

Vers 121. *Le Monde de qui l'âge* &c.] Imitation du Discours de Nestor, dans l'Iliade, L. 1.

Mais que vos cœurs du moins, imitant leurs vertus,
De l'aspect d'un Hibou ne soient pas abbatus.
125 Songez, quel deshonneur va foüiller vôtre gloire;
Quand le Chantre demain entendra sa victoire.
Vous verrez tous les jours, le Chanoine insolent,
Au seul mot de Hibou, vous soûrire en parlant.
Vôtre ame, à ce penser, de colère murmure:
130 Allez donc de ce pas en prévenir l'injure.
Méritez les lauriers qui vous sont réservez,
Et ressouvenez-vous quel Prélat vous servez.
Mais déja la fureur dans vos yeux étincèle.
Marchez, courez, volez où l'honneur vous appèle.
135 Que le Prélat, surpris d'un changement si prompt
Apprenne la vengeance aussi-tôt que l'affront.
  En achevant ces mots, la Déesse guerrière
De son pié trace en l'air un sillon de lumière;
Rend aux trois Champions leur intrépidité,
140 Et les laisse tous pleins de sa divinité.
C'est ainsi, grand Condé, qu'en ce Combat célèbre,
Où ton bras fit trembler le Rhin, l'Escaut, & l'Ebre,
Lors qu'aux plaines de Lens nos bataillons poussez
Furent presque à tes yeux ouverts & renversez:
145 Ta valeur, arrêtant les Troupes fugitives,
Rallia d'un regard leurs cohortes craintives:
Répandit dans leurs rangs ton esprit belliqueux,
Et força la Victoire à te suivre avec eux.
  La colère à l'instant succedant à la crainte,
150 Ils rallument le feu de leur bougie éteinte.

REMARQUES.

Vers 141. *C'est ainsi, grand Condé, qu'en ce Combat célèbre.*] La Bataille de Lens, gagnée par Mr. le Prince de Condé, contre les Espagnols, & les Allemans, le 10. d'Août, 1648.

Ils rentrent. L'Oiseau fort. L'Escadron raffermi
Rit du honteux départ d'un si foible Ennemi.
Aussi-tôt dans le Chœur la Machine emportée,
Est sur le banc du Chantre à grand bruit remontée.
155 Ses ais demi-pourris, que l'âge a relâchez,
Sont à coups de maillet unis & rapprochez.
Sous les coups redoublez tous les bancs retentissent,
Les murs en sont émûs, les voutes en mugissent,
Et l'Orgue même en pousse un long gémissement.
160 Que fais-tu Chantre, helas! dans ce triste moment?
Tu dors d'un profond somme, & ton cœur sans alarmes
Ne sait pas qu'on bâtit l'instrument de tes larmes.
O! que si quelque bruit, par un heureux réveil,
T'annonçoit du Lutrin le funeste appareil,
165 Avant que de souffrir qu'on en posât la masse,
Tu viendrois en Apôtre expirer dans ta place;
Et Martir glorieux d'un point-d'honneur nouveau,
Offrir ton corps aux clous & ta tête au marteau.
    Mais déja sur ton banc la machine enclavée
170 Est durant ton sommeil à ta honte élevée.
Le Sacristain achève en deux coups de rabot:
Et le Pupitre enfin tourne sur son pivot.

CHANT IV.

Es Cloches dans les airs de leurs voix argentines,
Appeloient à grand bruit les Chantres à Matines :
Quand leur Chef agité d'un sommeil effraïant,
Encor tout en sueur se réveille en criant.
5 Aux élans redoublez de sa voix douloureuse,
Tous ses valets tremblans quittent la plume oiseuse,
Le vigilant Girot court à lui le premier.
C'est d'un Maître si saint le plus digne Officier.
La porte dans le Chœur à sa garde est commise :
10 Valet souple au logis, fier Huissier à l'Eglise.
Quel chagrin, lui dit-il, trouble vôtre sommeil ?
Quoi ? voulez-vous au Chœur prévenir le Soleil ?
Ah ! dormez, & laissez à des Chantres vulgaires,
Le soin d'aller si-tôt mériter leurs salaires.
15 Ami, lui dit le Chantre encor pâle d'horreur,
N'insulte point, de grace, à ma juste terreur.
Mêle plûtôt ici tes soupirs à mes plaintes,
Et tremble en écoutant le sujet de mes craintes.
Pour la seconde fois un sommeil gracieux
20 Avoit sous ses pavots appesanti mes yeux :

REMARQUES.

Vers 3. *Quand leur Chef.*] Le Chantre.

Vers 7. *Le vigilant Girot.*] Brunot. Il étoit faché que l'Auteur ne l'eût pas designé par son veritable nom.

Vers 10. *Valet souple au logis, fier Huissier à l'Eglise.*] Brunot étoit Valet-de-Chambre du Chantre, & Huissier de la Sainte-Chapelle. Cet Huissier est un Bedeau, ou Porte-verge, dont la principale fonction est de garder la porte du Chœur. Il étoit fort soumis auprès de son Maître, mais dans l'Eglise il faisoit son emploi avec beaucoup de fierté. Mr le Premier Président de Lamoignon, voisin de la Sainte-Chapelle, où il alloit ordinairement à l'Office, connoissoit cet Huissier qui se faisoit assez remarquer. Toutes les fois qu'il le voioit en fonction, ce vers lui revenoit dans la mémoire, & il ne pouvoit s'empêcher de dire tout bas: *Valet souple au logis, fier Huissier à l'Eglise.*

Quand, l'esprit enivré d'une douce fumée,
J'ai crû remplir au Chœur ma place accoûtumée.
Là, triomphant aux yeux des Chantres impuissans,
Je benissois le peuple, & j'avalois l'encens.
25 Lorsque du fond caché de nôtre Sacristie,
Une épaisse nuée à longs flots est sortie,
Qui s'ouvrant à mes yeux, dans son bluâtre éclat,
M'a fait voir un Serpent conduit par le Prélat.
Du corps de ce Dragon plein de souffre & de nitre,
30 Une tête sortoit en forme de Pupitre,
Dont le triangle affreux, tout hérissé de crins,
Surpassoit en grosseur nos plus épais Lutrins.
Animé par son guide, en sistant il s'avance :
Contre moi sur mon banc je le voi qui s'élance.
35 J'ai crié, mais en vain ; & fuïant sa fureur,
Je me suis réveillé plein de trouble & d'horreur.
Le Chantre, s'arrêtant à cet endroit funeste,
A ses yeux effraïez laisse dire le reste.
Girot en vain l'assure, & riant de sa peur,
40 Nomme sa vision, l'effet d'une vapeur.
Le desolé Vieillard, qui hait la raillerie,
Lui deffend de parler, sort du lit en furie.
On apporte à l'instant ses somptueux habits,
Où sur l'oüate molle éclate le tabis.
45 D'une longue soutane il endosse la moire,
Prend ses gants violets, les marques de sa gloire,

REMARQUES.

Vers 24. *Je benissois le peuple, & j'avalois l'encens.*] Voiez la Remarque ci-dessous sur le vers 46.

Vers 44. *Où sur l'oüate molle.*] Nos Anciens disoient *Ove*, pour *Oie*, & *Oüate*, pour *Oison*. Le mot d'*Oüate*, qu'on prononce *Ouette* en Province, vient de là, par raport à ce mol duvet, que Rabelais, L. I. c. 13. exalte si fort dans les Oisons. Cette étimologie est de Mr. de la Monnoye.

Vers 46. *Prend ses gants violets*, &c.] En l'absence du Tréforier, le Chantre étoit en possession de faire l'Office avec les ornemens Pontificaux, de se faire encenser, & de donner la bénédiction au Peuple. Le Tréforier ne put souffrir que l'on partageât ainsi ses honneurs.

CHANT QUATRIEME.

Et saisit, en pleurant, ce rochet, qu'autrefois
Le Prélat trop jaloux lui rogna de trois doigts.
Aussi-tôt d'un bonnet, ornant sa tête grise,
50 Déja l'aumusse en main il marche vers l'Eglise ;
Et hâtant de ses ans l'importune langueur,
Court, vole, & le premier arrive dans le Chœur.
    O toi, qui sur ces bords qu'une eau dormante moüille,
Vis combattre autrefois le Rat & la Grenoüille :
55 Qui, par les traits hardis d'un bizarre pinceau,
Mis l'Italie en feu pour la perte d'un Seau :
Muse, prête à ma bouche une voix plus sauvage,
Pour chanter le dépit, la colère, la rage,
Que le Chantre sentit allumer dans son sang,
60 A l'aspect du Pupitre élevé sur son banc.

REMARQUES.

Il obtint un Arrêt du Parlement qui le maintint dans la prérogative d'être encensé tout seul, & qui condamna le Chantre à porter un Rochet plus court que le sien ; mais il ne put lui faire defendre de donner les bénédictions en son absence. C'étoit le sujet de la jalousie du Trésorier.

Vers 49. *Aussi tôt d'un bonnet ornant &c.*] Ce Vers est remarquable par la Critique dont le Roi l'a honoré. Avant l'impression de ce Poëme l'Auteur le lut à Sa Majesté. Il y avoit ici :
   Alors d'un Domino couvrant sa tête grise ,
   Déja l'Aumusse en main , &c.
Après la lecture de ce Chant, le Roi fit remarquer à Mr D: spréaux , que le *Domino*, & l'*Aumusse* sont deux choses qui ne vont pas ensemble : car le *Domino* est un habillement d'hiver, & l'*Aumusse* est pour l'Eté. D'ailleurs, conti- nua le Roi, *vous venez de dire* : Déjeunons, Messieurs, & beuvons frais* ; *Cela marque que l'Action de votre Poëme se passe en Eté.* Sur le champ Mr. Despréaux changea le vers dont il s'agit. Le Roi ajouta en souriant : *Ne soyez pas étonné de me voir instruit de ces sortes d'usages : Je suis Chanoine en plusieurs Eglises.* En effet , le Roi de France est Chanoine de Saint Jean de Latran, de Saint Jean de Lion, des Eglises d'Angers , du Mans , de St. Martin de Tours , & de quelques autres.

*Vers 204.

Vers 54. *Vis combattre autrefois le Rat & la Grenoüille.*] Homère, suivant l'opinion commune, a fait le Poëme de la guerre des Rats & des Grenoüilles.

Vers 56. *Mis l'Italie en feu pour la perte d'un Seau.*] La *Secchia rapita*, Poëme Italien du Tassoni.

IMITATIONS.

Vers 53. *O toi, qui sur ces bords &c.*] Le Tassoni dans son Poëme de la *Secchia rapita*, Canto 5. St. 23.
   Musa, tu che cantasti i fatti egregi
   Del Rè de Topi, e de le Rane antiche........
   Tu dimmi i nomi &c.
Vers 56. *Mis l'Italie en feu pour la perte d'un Seau.*] Le Querengo, Poëte de Pavie, contemporain & ami du Tassoni, lui parle ainsi de la *Secchia rapita*.
   ——————— *Pugnataque sævit*
Prælia dissidiis , Rhenumque Padumque tumentes
Cædibus , ob raptam lymphis puteabilus Urnam......
Concinis, immissis socco ridente cothurnis. Hexam. Carm. L. 5.

Ccc 3

D'abord pâle & muet, de colère immobile,
A force de douleur, il demeura tranquille :
Mais sa voix s'échapant au travers des sanglots,
Dans sa bouche à la fin fit passage à ces mots.
65　La voilà donc, Girot, cette hydre épouvantable,
Que m'a fait voir un songe, helas ! trop véritable.
Je le vois ce Dragon tout prêt à m'égorger,
Ce Pupitre fatal qui me doit ombrager.
Prélat, que t'ai-je fait ? quelle rage envieuse
70　Rend pour me tourmenter ton ame ingénieuse ?
Quoi ? même dans ton lit, Cruël, entre deux draps,
Ta profane fureur ne se repose pas ?
O Ciel ! quoi ? sur mon banc une honteuse masse
Desormais me va faire un cachot de ma place ?
75　Inconnu dans l'Eglise, ignoré dans ce lieu,
Je ne pourrai donc plus être vû que de Dieu ?
Ah ! plûtôt qu'un moment cet affront m'obscurcisse,
Renonçons à l'Autel, abandonnons l'Office ;
Et sans lasser le Ciel par des chants superflus,
80　Ne voions plus un Chœur où l'on ne nous voit plus.
Sortons. Mais cependant mon Ennemi tranquille
Joüira sur son banc de ma rage inutile ;
Et verra dans le Chœur le Pupitre exhaussé
Tourner sur le pivot, où sa main l'a placé.
85　Non, s'il n'est abbatu, je ne saurois plus vivre.
A moi, Girot, je veux que mon bras m'en délivre.
Périssons, s'il le faut : mais de ses ais brisez
Entraînons, en mourant, les restes divisez.

IMITATIONS.

Vers 62. *A force de douleur*, &c.] Sénèque le Tragique, *in Hippol. Act.* 2. v. 607.
Curæ leves loquuntur, ingentes stupent.

CHANT QUATRIEME.

A ces mots, d'une main par la rage affermie,
90 Il faisissoit déja la Machine ennemie,
Lors qu'en ce sacré lieu, par un heureux hazard,
Entrent Jean le Choriste, & le Sonneur Girard,
Deux Manceaux renommez, en qui l'expérience
Pour les procès est jointe à la vaste sçience.
95 L'un & l'autre aussi-tôt prend part à son affront.
Toutefois condamnant un mouvement trop prompt,
Du Lutrin, disent-ils, abbattons la Machine:
Mais ne nous chargeons pas tous seuls de sa ruïne;
Et que tantôt, aux yeux du Chapitre assemblé,
100 Il soit sous trente mains en plein jour accablé.
Ces mots des mains du Chantre arrachent le Pupitre.
J'y consens, leur dit-il, assemblons le Chapitre.
Allez donc de ce pas, par de saints hurlemens,
Vous-mêmes appeler les Chanoines dormans.
105 Partez. Mais ce discours les surprend & les glace.
Nous ? qu'en ce vain projet, pleins d'une folle audace,

CHANGEMENS.

Vers 90. *Il saisissoit déja la Machine &c.*] Première édition: *Il alloit terrasser &c.*
Vers 93. *Deux Manceaux renommez &c.*] Avant l'édition de 1701, ce Vers & les quatre suivans étoient ainsi:
Qui de tout tems pour lui brûlant d'un même zèle,
Gardent pour le Prélat une haine fidèle.
A l'aspect du Lutrin tous deux tremblent d'horreur:
Du Vieillard toutefois ils blâment la fureur.
Abbatons, disent-ils, sa superbe Machine.

REMARQUES.

Vers 92. *Entrent Jean le Choriste, & le Sonneur Girard.*] Jean le Choriste: Personnage supposé. Girard Sonneur de la Sainte-Chapelle, étoit mort long-tems avant la composition de ce Poëme. Il se noïa dans la Seine, aïant gagé qu'il la passeroit neuf fois à la nage. Il eut un jour la témerité de monter sur les rebords du toit de la Sainte Chapelle, aïant une bouteille à la main; & là en présence d'une infinité de gens qui le regardoient d'en-bas avec fraïeur, il vuida d'un trait cette bouteille, & s'en retourna. Mr. Despréaux, qui étoit alors Ecolier, fut un des spectateurs.

Vers 105. *Partez. Mais ce discours &c.*] Ce vers & les onze suivans n'étoient pas dans les éditions qui ont précédé celle de 1701. Il y avoit seize autres vers que voici:

Partez. Mais à ce mot les Champions pâlissent.
De l'horreur du péril leurs courages frémissent.
Ah!

Nous allions, dit Girard, la nuit nous engager?
De nôtre complaisance osez-vous l'exiger?
Hé, Seigneur! Quand nos cris pourroient, du fond des ruës,
110 De leurs appartemens percer les avenuës,
Réveiller ces Valets autour d'eux étendus,
De leur sacré repos ministres assidus,
Et pénetrer des lits au bruit inaccessibles;
Pensez-vous, au moment que les ombres paisibles
115 A ces lits enchanteurs ont sû les attacher,
Que la voix d'un Mortel les en puisse arracher?
Deux Chantres feront-ils, dans l'ardeur de vous plaire,
Ce que depuis trente ans six cloches n'ont pû faire?
Ah! je vois bien où tend tout ce discours trompeur,
120 Reprend le chaud Vieillard: le Prélat vous fait peur.
Je vous ai vû cent fois sous sa main bénissante
Courber servilement une épaule tremblante.
Hé bien, allez, sous lui fléchissez les genoux.
Je saurai réveiller les Chanoines sans vous.
125 Vien, Girot, seul ami qui me reste fidelle:
Prenons du saint Jeudi la bruïante Cresselle.
Sui-moi. Qu'à son lever le Soleil aujourd'hui
Trouve tout le Chapitre éveillé devant lui.
Il dit. Du fond poudreux d'une armoire sacrée
130 Par les mains de Girot la Cresselle est tirée.

REMARQUES.

Ah! Seigneur, dit Girard, que nous demandez-vous?
De grace moderez un aveugle courroux.
Nous pourrions réveiller des Chantres & des Moines;
Mais même avant l'Aurore éveiller des Chanoines!
Qui jamais l'entreprit? qui l'oseroit tenter?
Est-ce un projet, ô Ciel! qu'on puisse exécuter?
Hé! Seigneur: quand nos cris pourroient du fond des ruës
De leurs apartemens percer les avenuës:
Appeler ces Valets autour d'eux étendus;
De leur sacré repos ministres assidus;
Et pénetrer ces lits au bruit inaccessibles:
Pensez-vous, au moment que ces Dormeurs paisibles
De la tête une fois pressent un oreiller,
Que la voix d'un mortel puisse les réveiller?

Vers 126. *Prenons du Saint Jeudi la bruïante Cresselle.*] Instrument de bois, en forme de moulinet, qui fait beaucoup de bruit en le tournant. On s'en sert le Jeudi & le Vendredi Saint au lieu des cloches. On dit aussi *Crecerelle*.

CHANT QUATRIEME.

Ils sortent à l'instant, & par d'heureux efforts
Du lugubre instrument font crier les ressorts.
Pour augmenter l'effroi, la Discorde infernale
Monte dans le Palais, entre dans la grand' Salle,
135 Et du fond de cet antre, au travers de la nuit,
Fait sortir le Démon du tumulte & du bruit.
Le quartier alarmé n'a plus d'yeux qui sommeillent.
Déja de toutes parts les Chanoines s'éveillent.
L'un croit que le tonnerre est tombé sur les toits,
140 Et que l'Eglise brûle une seconde fois.
L'autre encore agité de vapeurs plus funèbres,
Pense être au Jeudi-Saint, croit que l'on dit Ténèbres,
Et déja tout confus tenant midi sonné,
En soi-même fremit de n'avoir point dîné.
145 Ainsi, lors que tout prêt à briser cent murailles,
LOUIS, la foudre en main, abandonnant Versailles,
Au retour du Soleil & des Zéphirs nouveaux,
Fait dans les champs de Mars déploier ses drapeaux :
Au seul bruit répandu de sa marche étonnante,
150 Le Danube s'émeut, le Tage s'épouvante,
Bruxelle attend le coup qui la doit foudroïer,
Et le Batave encore est prêt à se noïer.
 Mais en vain dans leurs lits un juste effroi les presse :
Aucun ne laisse encor la plume enchanteresse.
155 Pour les en arracher Girot s'inquietant,
Va crier qu'au Chapitre un repas les attend.

REMARQUES.

Vers 140. *Et que l'Eglise brûle une seconde fois.*] Le toit de la Sainte-Chapelle fut brûlé en 1630. au raport de le Maire, dans son *Paris ancien & nouveau*, tome 1. p. 449. Mr. Despréaux avoit marqué dans une Note marginale que cet incendie arriva en 1618. mais il le confondoit avec celui de la grande Sale du Palais.

Vers 152. *Et le Batave encor est prêt à se noïer.*] Voïez la Remarque sur le vers 208. du quatrième Chant de l'Art Poëtique.

Ce mot dans tous les cœurs répand la vigilance.
Tout s'ébranle, tout fort, tout marche en diligence.
Ils courent au Chapitre, & chacun se pressant
160 Flatte d'un doux espoir son appétit naissant.
Mais, ô d'un déjeuner vaine & frivole attente !
A peine ils sont assis, que d'une voix dolente,
Le Chantre désolé, lamentant son malheur,
Fait mourir l'appétit, & naître la douleur.
165 Le seul Chanoine Evrard, d'abstinence incapable,
Ose encor proposer qu'on apporte la table.
Mais il a beau presser; aucun ne lui répond.
Quand le premier rompant ce silence profond,
Alain tousse, & se lève, Alain ce savant homme,
170 Qui de Bauni vingt fois a lû toute la Somme,
Qui possède Abéli, qui sait tout Raconis,
Et même entend, dit-on, le Latin d'A-Kempis.

N'en doutez point, leur dit ce savant Canoniste,
Ce coup part, j'en suis sûr, d'une main Janséniste.
175 Mes yeux en sont témoins : j'ai vû moi-même hier
Entrer chez le Prélat le Chapelain Garnier.

REMARQUES.

Vers 165. *Le seul Chanoine Evrard.*] L'Abbé Danse. Ce Chanoine aimoit également la bonne chère & la propreté. Louis Roger Danse mourut à Ivri, au mois d'Octobre, 1699.

Vers 169. *Alain tousse & se lève.*] Son nom étoit Aubery, que l'on prononce Aubry. Il ne parloit jamais sans tousser une ou deux fois auparavant. Mr. le Premier Président de Lamoignon l'avoit choisi depuis long-tems pour son Confesseur, & lui avoit procuré un Canonicat à la Sainte-Chapelle. Ce Chanoine étoit d'un esprit médiocre, mais fort opposé aux sentimens des Jansénistes. Cela est bien marqué par le discours qu'on lui fait tenir ici, & par la qualité des livres sur lesquels on fait rouler sa science & ses lectures. Quoi qu'il fût si bien désigné, on dit qu'il lut plusieurs fois le Lutrin, sans s'y reconnoître.

Vers 170. *Qui de Bauni vingt fois a lû toute la Somme.*] La Somme des péchés, qui se commettent en tous états, par le P. Bauny Jésuite. Ce Livre parut en 1634. & a été réimprimé plusieurs fois.

Vers 171. *Qui possède Abéli.*] Voïez la Remarque sur le vers 188.

Même vers. *Qui sait tout Raconis.*] Charles François d'Abra, de Raconis, a été Professeur de Philosophie, Docteur de Sorbone, Prédicateur & Aumônier de Louis XIII. & enfin Evêque de Lavour. Il étoit aussi Anti-Janséniste. Il fit imprimer une Philosophie en 1617.

Vers 172. ———— *Le Latin d'A-Kempis.*] Auteur de l'Imitation de Jésus Christ.

Vers 176. *Le Chapelain Garnier.*] Louis le Fournier, Chapelain perpétuel de la Sainte-Chapelle, natif de Villeneuve au Perche. Il étoit
ennemi

CHANT QUATRIEME.

Arnauld, cet Héretique ardent à nous détruire,
Par ce Miniftre adroit tente de le féduire.
Sans doute il aura lû dans fon Saint Auguftin,
180 Qu'autrefois Saint Loüis érigea ce Lutrin.
Il va nous inonder des torrens de fa plume.
Il faut, pour lui répondre, ouvrir plus d'un volume.
Confultons fur ce point quelque Auteur fignalé.
Voïons fi des Lutrins Bauni n'a point parlé.
185 Etudions enfin, il en eft tems encore;
Et pour ce grand projet, tantôt dès que l'Aurore
Rallumera le jour dans l'onde enféveli,
Que chacun prenne en main le moëleux Abéli.
Ce confeil imprévû de nouveau les étonne:
190 Sur tout le gras Evrard d'épouvante en friffonne.
Moi? dit-il, qu'à mon âge, Ecolier tout nouveau,
J'aille pour un Lutrin me troubler le cerveau?
O le plaifant confeil! Non, non, fongeons à vivre.
Va maîgrir, fi tu veux, & fécher fur un livre.
195 Pour moi, je lis la Bible autant que l'Alcoran.
Je fai ce qu'un Fermier nous doit rendre par an:

REMARQUES.

ennemi des brigues & des Cabales qui font fi communes dans les Chapitres : ainfi, il n'avoit jamais pris de parti dans les démêlez du Tréforier & du Chantre. Mr. Arnauld l'alloit voir fouvent; & le Chanoine Aubery regardoit ce Chapelain comme un Janféniste.

Vers 179. *Sans doute il aura lû dans fon Saint Auguftin.*] Mr. Arnauld, Docteur de Sorbone, avoit fait une étude particulière des écrits de Saint Auguftin, dont il a traduit en François plufieurs Traitez, comme celui *des Mœurs de l'Eglife Catholique*, celui *de la Correction & de la Grace*, celui *de la véritable Religion*, *le Manuel de la Foi*, &c.

Vers 180. *Qu'autrefois Saint Louis érigea ce Lutrin.*] Le Chanoine ignorant qui parle, fait ici un terrible anachronifme: car il y a un intervale d'environ 800. ans entre St. Auguftin, & St. Louis, fondateur de la Sainte-Chapelle.

Vers 188. —— *Le moëleux Abéli.*] Fameux Auteur de la Moële Théologique: *Medulla Theologica.* Comme on parloit un jour de cet Ouvrage, L'Abbé le Camus, enfuite Evêque de Grenoble, & Cardinal, dit : *La Lune étoit en décours quand il fit cela.* Avant la compofition du Lutrin, le Livre de Mr. Abéli étoit en réputation parmi les Théologiens, & il n'y avoit point d'Ouvrage de cette efpèce qui eût plus de cours que celui-là. Mais dès que le *Lutrin* parut, ce Poëme fit tomber la *Moële Théologique*, & depuis long-tems on ne la lit plus.

Sur quelle vigne à Rheims nous avons hypothèque.
Vingt muids rangez chez moi font ma Bibliothèque.
En plaçant un Pupitre on croit nous rabaisser.
200 Mon bras seul sans Latin saura le renverser.
Que m'importe qu'Arnauld me condamne ou m'approuve ?
J'abbats ce qui me nuit par tout où je le trouve.
C'est là mon sentiment. A quoi bon tant d'apprêts ?
Du reste déjeûnons, Messieurs, & beuvons frais.
205 Ce discours, que soutient l'embonpoint du visage,
Rétablit l'appétit, réchauffe le courage :
Mais le Chantre sur tout en paroît rassûré.
Oui, dit-il, le Pupitre a déja trop duré.
Allons sur sa ruïne assûrer ma vengeance.
210 Donnons à ce grand œuvre une heure d'abstinence ;
Et qu'au retour tantôt un ample déjeûner
Long-tems nous tienne à table, & s'unisse au dîner.
Aussi-tôt il se lève, & la Troupe fidèle
Par ces mots attirans sent redoubler son zèle.
215 Ils marchent droit au Chœur d'un pas audacieux :
Et bien-tôt le Lutrin se fait voir à leurs yeux.
A ce terrible objet aucun d'eux ne consulte.
Sur l'Ennemi commun ils fondent en tumulte.
Ils sappent le pivot, qui se deffend en vain.
220 Chacun sur lui d'un coup veut honorer sa main.
Enfin sous tant d'efforts la Machine succombe,
Et son corps entr'ouvert chancèle, éclate, & tombe.
Tel sur les monts glacez des farouches Gelons
Tombe un chêne battu des voisins Aquilons ;

REMARQUES.

Vers 197. *Sur quelle vigne à Rheims nous avons hipothèque.*] L'Abbaïe de Saint Nicaise de Rheims en Champagne, est unie au Chapitre de la Sainte-Chapelle. Comme le vin fait le principal revenu de cette Abbaïe, chaque Chanoine doit avoir tous les ans un muid de vin de Rheims, mais cela s'apprétie, & l'on emploie cet argent aux dépenses nécessaires de la Sainte-Chapelle.

Vers 223. *Tel sur les monts glacez des farouches Gelons.*] Peuples de la Scythie, entre les Thraces & les Gètes, vers l'embouchure du Danube ; aujourd'hui le Budziac & la Bessarabie.

CHANT QUATRIEME.

225 Ou tel, abandonné de ses poutres usées,
Fond enfin un vieux toit sous ses tuiles brisées.
La Masse est emportée, & ses ais arrachez
Sont aux yeux des Mortels chez le Chantre cachez.

CHANT V.

L'Aurore cependant, d'un juste effroi troublée,
Des Chanoines levez voit la troupe assemblée,
Et contemple long-tems, avec des yeux confus,
Ces visages fleuris qu'elle n'a jamais vûs.
5 Chez Sidrac aussi-tôt Brontin d'un pié fidèle
Du Pupitre abbatu va porter la nouvèle.
Le Vieillard de ses soins bénit l'heureux succès,
Et sur un bois détruit, bâtit mille procès.
L'espoir d'un doux tumulte échauffant son courage,
10 Il ne sent plus le poids ni les glaces de l'âge ;
Et chez le Trésorier, de ce pas, à grand bruit,
Vient étaler au jour les crimes de la nuit.
Au récit imprévû de l'horrible insolence,
Le Prélat hors du lit impétueux s'élance.
15 Vainement d'un breuvage, à deux mains apporté,
Gilotin avant tout le veut voir humecté.
Il veut partir à jeun, il se peigne, il s'apprête.
L'yvoire trop hâté deux fois rompt sur sa tête,
Et deux fois de sa main le bouis tombe en morceaux.
20 Tel Hercule filant rompoit tous les fuseaux.

REMARQUES.

Les deux derniers Chants de ce Poëme n'ont été faits que long-tems après les quatre premiers ; & l'Auteur les donna au public en 1683. avec les Epîtres VI. VII. VIII. & IX. La veille du jour que Mr. Colbert mourut, Mr. l'Abbé Gallois lui lut les deux derniers Chants du Lutrin ; & ce Ministre, tout malade qu'il étoit, ne laissa pas de rire, au récit du combat imaginaire des Chantres & des Chanoines. Ce combat est une fiction du Poëte.

Vers 15. *Vainement d'un breuvage, à deux mains apporté.*] Un bouillon.

Vers 20. *Tel Hercule filant rompoit tous les fuseaux.*] "Pour revenir à Hercule, dit Costar à "Voiture, je pense que ce que disent vos Scho-"liastes est une pure médisance, qu'il rompoit "toutes les rames quand il ramoit. Car vous sa-"vez, Monsieur, qu'il filoit fort adroitement "chez Omphale, & même qu'il y filoit doux; "& on ne lit point qu'il ait jamais rompu ni de "roüets, ni de fuseaux, ni de quenoüilles. *Entret. de Voiture & de Costar. Lett.* 3.

CHANT CINQUIEME.

Il sort demi-paré. Mais déja sur sa porte
Il voit des saints Guerriers une ardente cohorte,
Qui tous remplis pour lui d'une égale vigueur
Sont prêts, pour le servir, à deserter le Chœur.
25 Mais le Vieillard condamne un projet inutile.
Nos destins sont, dit-il, écrits chez la Sibylle :
Son Antre n'est pas loin. Allons la consulter,
Et subissons la loi qu'Elle nous va dicter.
Il dit : à ce conseil, où la raison domine,
30 Sur ses pas au Barreau la Troupe s'achemine,
Et bien-tôt dans le Temple, entend, non sans frémir,
De l'Antre redouté les soûpiraux gémir.

Entre ces vieux appuis, dont l'affreuse Grand'Salle
Soûtient l'énorme poids de sa voute infernale,
35 Est un Pilier fameux, des Plaideurs respecté,
Et toûjours de Normans à midi fréquenté.
Là sur des tas poudreux de sacs & de pratique
Heurle tous les matins une Sibylle étique :
On l'appèle Chicane, & ce Monstre odieux
40 Jamais pour l'Equité n'eut d'oreilles ni d'yeux.
La Disette au teint blême, & la triste Famine,
Les Chagrins devorans, & l'infame Ruïne,
Enfans infortunez de ses raffinemens,
Troublent l'air d'alentour de longs gémissemens.
45 Sans cesse feüilletant les Loix & la Coûtume,
Pour consumer autrui, le Monstre se consume,

REMARQUES.

Vers 35. *Est un pilier fameux.*] Le Pilier des Consultations. C'est le premier de la Grand'-Sale du côté de la Chapelle du Palais. Les anciens Avocats s'assemblent près de ce Pilier, où l'on vient les consulter. Il y a aussi une Chambre des Consultations vis-à-vis ce Pilier, à côté de la même Chapelle.

Et dévorant Maisons, Palais, Châteaux entiers,
Rend pour des monceaux d'or de vains tas de papiers.
Sous le coupable effort de sa noire insolence
50 Thémis a vû cent fois chanceler sa balance.
Incessamment il va de détour en détour.
Comme un Hibou, souvent il se dérobe au jour.
Tantôt les yeux en feu c'est un Lion superbe ;
Tantôt, humble Serpent, il se glisse sous l'herbe.
55 En vain, pour le domter, le plus juste des Rois
Fit régler le cahos des ténebreuses Loix.
Ses griffes vainement par Pussort accourcies,
Se rallongent déja, toûjours d'encre noircies ;
Et ses ruses perçant & digues & remparts,
60 Par cent brêches déja rentrent de toutes parts.
Le Vieillard humblement l'aborde & le saluë ;
Et faisant, avant tout, briller l'or à sa vûë :
Reine des longs procès, dit-il, dont le savoir
Rend la force inutile, & les loix sans pouvoir,
65 Toi pour qui dans le Mans le Laboureur moissonne ;
Pour qui naissent à Caën tous les fruits de l'Automne :
Si dès mes premiers ans, heurtant tous les Mortels,
L'encre a toûjours pour moi coulé sur tes Autels,
Daigne encor me connoître en ma saison derniere ;
70 D'un Prélat, qui t'implore, exauce la priere.
Un Rival orgueilleux, de sa gloire offensé,
A détruit le Lutrin par nos mains redressé.

REMARQUES.

Vers 57. *Ses griffes vainement par Pussort accourcies.*] Henri Pussort, Conseiller d'Etat, est celui qui a le plus contribué à rédiger les Ordonnances que le Roi fit publier en 1667. & en 1670. pour la réformation de la Justice, & pour l'abbréviation des procès.
Vers 65. *Toi pour qui dans le Mans &c.*] Les Manceaux & les Normans sont accusez d'aimer les procès & la chicane.

CHANT CINQUIEME.

Epuife en fa faveur ta fcience fatale:
Du Digefte & du Code ouvre nous le Dédale,
75 Et montre nous cet art, connu de tes Amis,
Qui dans fes propres loix embarraffe Thémis.
    La Sibylle, à ces mots déja hors d'elle-même,
Fait lire fa fureur fur fon vifage blême :
Et pleine du Démon qui la vient oppreffer,
80 Par ces mots étonnans tâche à le repouffer :
Chantres, ne craignez plus une audace infenfée.
Je vois, je vois au Chœur la maffe replacée.
Mais il faut des combats. Tel eft l'arrêt du Sort :
Et fur tout évitez un dangereux accord.
85 Là bornant fon Difcours, encor toute écumante,
Elle fouffle aux Guerriers l'efprit qui la tourmente ;
Et dans leurs cœurs, brûlans de la foif de plaider,
Verfe l'amour de nuire, & la peur de ceder.
Pour tracer à loifir une longue requête,
90 A retourner chez foi leur brigade s'apprête.
Sous leurs pas diligens le chemin difparoît,
Et le Pilier loin d'eux déja baiffe & décroît.
    Loin du bruit cependant les Chanoines à table,
Immolent trente mets à leur faim indomtable.
95 Leur appétit fougueux, par l'objet excité,
Parcourt tous les recoins d'un monftrueux pâté.

CHANGEMENS.

Vers 89. *Pour tracer à loifir une longue requête.*] Voïez la Remarque fuivante.

IMITATIONS.

Vers 77. *La Sibylle à ces mots* &c.] Virgile, Eneïde 6.
At Phœbi nondum patiens immanis in antro
Bacchatur Vates, magnum fi pectore poffit
Excuffiffe Deum. Tanto magis ille fatigat
Os rabidum, fera corda domans fingitque premendo.

LE LUTRIN

Par le sel irritant la soif est allumée;
Lorsque d'un pié léger la promte Renommée
Semant par tout l'effroi, vient au Chantre éperdu
100 Conter l'affreux détail de l'Oracle rendu.
Il se lève, enflamé de muscat & de bile,
Et prétend à son tour consulter la Sibylle.
Evrard a beau gémir du repas deserté.
Lui-même est au Barreau par le nombre emporté.
105 Par les détours étroits d'une barriere oblique,
Ils gagnent les degrez, & le Perron antique,
Où sans cesse étalant bons & méchans Ecrits,
Barbin vend aux passans des Auteurs à tout prix.
Là le Chantre à grand bruit arrive & se fait place,
110 Dans le fatal instant que d'une égale audace
Le Prélat & sa troupe, à pas tumultueux,
Décendoient du Palais l'escalier tortueux.
L'un & l'autre Rival, s'arrêtant au passage,
Se mesure des yeux, s'observe, s'envisage.
115 Une égale fureur anime leurs esprits.
Tels deux fougueux Taureaux, de jalousie épris,

REMARQUES.

Vers 102. *Et prétend à son tour consulter la Sibylle.*] Le Chantre aiant fait enlever le Pupitre qu'on avoit mis devant son siège, se pourvût aux Requêtes du Palais, où il fit assigner le Trésorier, & les deux Sous-Marguilliers Frontin & Sirude. Le Trésorier de son côté, s'adressa à l'Official de la Sainte-Chapelle, devant qui le Chantre fut assigné à la requête du Promoteur. Sur ce conflict de Jurisdiction, l'Instance fut évoquée aux Requêtes du Palais, par Sentence renduë à la Barre de la Cour, le 5. d'Août 1667.

Vers 105. *Par les détours étroits &c.*] La Maison du Chantre a son entrée au bas de l'Escalier de la Chambre des Comptes, vis-à-vis la porte de la Sainte-Chapelle basse : Ainsi pour aller de là au Palais, il faut passer *par les détours étroits d'une barrière oblique*, qui est plantée le long des murs de la Sainte-Chapelle, & qui sert à ménager un passage libre derrière les Carrosses dont la Cour du Palais est ordinairement remplie. L'espace vuide qui est entre la barriere & le mur, conduit aux degrez par où l'on monte à la Sainte-Chapelle.

Vers 108. *Barbin vend aux passans des Auteurs à tout prix.*] Barbin se piquoit de sçavoir vendre des livres, quoi que méchans. Sa boutique étoit sur le second Perron de l'escalier de la Sainte-Chapelle.

IMITATIONS.

Vers 116. *Tels deux fougueux Taureaux, &c.*] Virgile, Georg. 3. v. 215.
Carpit enim vires paulatim, uritque videndo
Fœmina : nec nemorum patitur meminisse, nec herbæ &c.

CHANT CINQUIEME.

  Auprès d'une Genisse au front large & superbe,
  Oubliant tous les jours le pâturage & l'herbe,
  A l'aspect l'un de l'autre embrasez, furieux,
120 Déja, le front baissé, se menacent des yeux.
  Mais Evrard, en passant, coudoié par Boirude,
  Ne sait point contenir son aigre inquiétude.
  Il entre chez Barbin, & d'un bras irrité,
  Saisissant du Cyrus un volume écarté,
125 Il lance au Sacristain le tome épouvantable.
  Boirude fuit le coup : Le volume effroiable
  Lui raze le visage, & droit dans l'estomac
  Va frapper en sifflant l'infortuné Sidrac.
  Le Vieillard, accablé de l'horrible Artamène,
130 Tombe aux piés du Prélat, sans pouls & sans haleine.
  Sa Troupe le croit mort, & chacun empressé,
  Se croit frappé du coup, dont il le voit blessé.
  Aussi-tôt contre Evrard vingt Champions s'élancent;
  Pour soûtenir leur choc, les Chanoines s'avancent.
135 La Discorde triomphe, & du combat fatal
  Par un cri donne en l'air l'effroiable signal.
  Chez le Libraire absent tout entre, tout se mêle.
  Les Livres sur Evrard fondent comme la grêle,
  Qui dans un grand jardin, à coups impétueux,
140 Abbat l'honneur naissant des rameaux fructueux.
  Chacun s'arme au hazard, du livre qu'il rencontre.
  L'un tient l'Edit d'Amour, l'autre en saisit la Montre;

CHANGEMENS.

Vers 142. *L'un tient l'Edit d'Amour.*] C'est ainsi qu'il faut lire, suivant la première édition. Dans toutes les autres l'Auteur avoit mis : *L'un tient le Nœud d'Amour.* Voiez les Remarques.

REMARQUES.

Vers 124. *Saisissant du Cyrus — le tome épouvantable* &c.] Roman de Mademoiselle de Scuderi, intitulé, *Artamène, ou le Grand Cyrus.* Nôtre Auteur a affecté de donner à ce Roman les épithetes d'*épouvantable*, d'*effroiable*, d'*horrible*, non seulement pour se moquer de la grosseur des volumes, mais encore parce que ces mêmes termes y sont emploïez à tout propos.

Vers 135. *La Discorde triomphe*, &c.] Iliade, L. 11. La Discorde se réjouit de voir le combat opiniâtré des Grecs & des Troïens.

Vers 142. *L'un tient l'Edit d'Amour.*] Petit

L'un prend le seul Jonas qu'on ait vû relié,
L'autre un Taſſe François, en naiſſant oublié.
145 L'Eleve de Barbin, commis à la boutique,
Veut en vain s'oppoſer à leur fureur Gothique.
Les volumes, ſans choix à la tête jettez,
Sur le perron poudreux volent de tous côtez.
Là, près d'un Guarini, Terence tombe à terre.
150 Là, Xénophon dans l'air heurte contre un La Serre.
O que d'Ecrits obſcurs, de Livres ignorez,
Furent en ce grand jour de la poudre tirez!
Vous en fûtes tirez, Almerinde & Simandre :
Et toi, rebut du peuple, inconnu Caloandre.
155 Dans ton repos, dit-on, ſaiſi par Gaillerbois,
Tu vis le jour alors pour la première fois.
Chaque coup ſur la chair laiſſe une meurtriſſure.
Déja plus d'un Guerrier ſe plaint d'une bleſſure.

REMARQUES.

Poëme de l'Abbé Regnier Deſmarais, Secretaire de l'Académie Françoiſe.

Même vers. ——— *L'autre en ſaiſit la Montre.*] Ouvrage de Bonnecorſe. Voïez la Remarque ſur le vers 64. de l'Epître IX.

Vers 143. *L'un prend le ſeul Jonas.*] Jonas, ou Ninive pénitente, Poëme du Sr. de Coras. Voïez le vers 91. de la Sat. IX. & les Remarques.

Vers 144. *L'autre un Taſſe François.*] La Jeruſalem délivrée, Poëme du Taſſe, traduit en vers François par Michel le Clerc, de l'Académie Françoiſe.

Vers 146. *A leur fureur Gothique.*] En ſe battant à coups de Livres, ils ſembloient vouloir imiter les Goths, Peuples Barbares, qui avoient détruit les Sciences & les beaux Arts dans toute l'Europe.

Vers 148. *Sur le Perron poudreux.*] On l'a appelé *la Plaine de Barbin*, depuis la publication de ce Poëme ; à cauſe de la bataille qui eſt ici décrite.

Vers 149. *Là près d'un Guarini.*] Auteur du *Paſtor Fido*, Paſtorale Italienne, remplie d'affectation & de ſentimens peu naturels. Terence eſt la nature même.

Vers 150. *Là Xénophon dans l'air heurte contre un La Serre.*] Miſérable Ecrivain, vil faiſeur de galimatias, mis en oppoſition avec Xénophon.

Vers 153. ——— *Almerinde & Simandre.*] Petit Roman qu'on dit avoir été compoſé par le D. S.

Vers 154. ——— *Inconnu Caloandre.*] Le Caloandre fidèle, Roman traduit de l'Italien par Scuderi, & imprimé en 1668. chez Barbin, en quatre volumes.

Vers 155. ——— *Saiſi par Gaillerbois.*] Pierre Tardieu, Sr. de Gaillerbois, avoit été Chanoine de la Sainte-Chapelle ; mais il étoit mort dès l'année 1656. & l'Auteur a emploïé ſon nom, parce qu'il étoit fort connu. Ce Chanoine étoit frere du Lieutenant Criminel Tardieu, fameux par ſon extrême avarice, & par ſa mort funeſte. Ils étoient neveux de Jaques Gillot, Conſeiller-Clerc au Parlement, qui avoit été de principal Auteur de l'ingénieuſe Satire du Catholicon, à laquelle il travailla avec Rapin, le Roi, & Paſſerat.

CHANT CINQUIEME.

D'un Le Vayer épais Giraut est renversé,
160 Marineau, d'un Brébeuf à l'épaule blessé,
En sent par tout le bras une douleur amère,
Et maudit la Pharsale aux Provinces si chère.
D'un Pinchêne *in quarto* Dodillon étourdi
A long-tems le teint pâle, & le cœur affadi.
165 Au plus fort du combat le Chapelain Garagne,
Vers le sommet du front atteint d'un Charlemagne,
(Des vers de ce Poëme effet prodigieux!)
Tout prêt à s'endormir, bâille & ferme les yeux.
A plus d'un Combattant la Clélie est fatale.
170 Girou dix fois par elle éclate & se signale.
Mais tout cède aux efforts du Chanoine Fabri.
Ce Guerrier, dans l'Eglise aux querelles nourri,
Est robuste de corps, terrible de visage,
Et de l'eau dans son vin n'a jamais sû l'usage.
175 Il terrasse lui seul & Guibert & Grasset,
Et Gorillon la basse, & Grandin le fausset,

REMARQUES.

Vers 159. *D'un Le Vayer épais Giraut est renversé.*] Toutes les Oeuvres de la Motte Le Vayer ont été recueillies en deux volumes *in folio*. L'Epithète d'*épais* désigne & la grosseur du volume, & le stile de l'Auteur. *Giraut* est un Personnage imaginaire.

Vers 160. *Marineau d'un Brébeuf.*] La Pharsale de Lucain traduite par Brébeuf. *Marineau* est le vrai nom d'un Chantre qui étoit déja mort.

Vers 163. *D'un Pinchêne in quarto.*] Etienne Martin, Sr de Pinchêne, Neveu de Voiture. Le Caractère de ses Poësies est exprimé dans le vers suivant, par ces mots, *Le cœur affadi.* Car ces mots dénotent l'insipidité des vers de Pinchêne, qui affadissent le cœur.

Vers 163. ——— *Dodillon étourdi.*] Il avoit été un des Chantres de la Sainte-Chapelle, mais il étoit mort avant l'évenement du Lutrin. Dans les dernières années de sa vie il tomba en enfance, & l'on fut obligé de lui interdire la célébration de la Messe. Nôtre Auteur se souvenoit de l'avoir vû en cet état.

Vers 165. ——— *Le Chapelain Garagne.*] Personnage supposé.

Vers 166. ——— *Atteint d'un Charlemagne.*] Poëme Héroïque. Voïez la Remarque sur le vers 181. de l'Epître IX.

Vers 169. *A plus d'un Combattant la Clélie.*] Roman de Mademoiselle de Scuderi, en dix volumes. *Girou*, est un nom inventé.

Vers 171. *Mais tout cède aux efforts du Chanoine Fabri.*] Il se nommoit Le Fèvre, & étoit Conseiller-Clerc au Parlement. Il étoit extrèmement violent & emporté.

Vers 175. ——— *Et Guibert, & Grasset, &c.*]

IMITATIONS.

Vers 174. *Et de l'eau dans son vin.*] Le Tassoni, Secchia rapita, Cant. VI. 60.
   E non bevea giammai vino inacquato.

LE LUTRIN

Et Gerbais l'agréable, & Guerin l'insipide.
Des Chantres desormais la brigade timide
S'écarte, & du Palais regagne les chemins.
180 Telle à l'aspect d'un Loup, terreur des champs voisins,
Fuit d'Agneaux effraïez une troupe bêlante:
Ou tels devant Achille, aux campagnes du Xante,
Les Troïens se sauvoient à l'abri de leurs tours.
Quand Brontin à Boirude adresse ce discours.
185 Illustre Porte-croix, par qui nôtre bannière,
N'a jamais en marchant fait un pas en arrière,
Un Chanoine lui seul triomphant du Prélat,
Du Rochet à nos yeux ternira-t-il l'éclat?
Non, non: pour te couvrir de sa main redoutable,
190 Accepte de mon corps l'épaisseur favorable.
Vien, & sous ce rempart à ce Guerrier hautain
Fais voler ce Quinaut, qui me reste à la main.
A ces mots il lui tend le doux & tendre ouvrage.
Le Sacristain, boüillant de zèle & de courage,

REMARQUES.

Tous ces noms de Chantres, dans ce vers & les deux suivans, sont des noms inventez. Cependant après la publication du Lutrin, l'Auteur reçut des plaintes de quelques personnes qui portoient les mêmes noms.

Vers 185. *Illustre Porte-croix, par qui nôtre bannière &c.*] Quelques années avant ce Poëme, la Procession de Nôtre-Dame, & celle de la Sainte-Chapelle s'étoient rencontrées au Marché-neuf, le jour de la Fête-Dieu; & aucune des deux n'avoit voulu ceder le pas. La raison vouloit que Nôtre-Dame eût l'avantage; mais comme la Procession de la Sainte-Chapelle étoit soûtenuë par les Huissiers du Parlement qui accompagnoient Mr. le Premier Président, celle de Nôtre-Dame fut contrainte de ceder à la force. Ce démêlé étoit arrivé d'autres fois, & le Porte-banniere de la Sainte-Chapelle avoit toûjours soûtenu vigoureusement son honneur & celui de son Eglise. Pour prévenir de plus fâcheuses suites, on résolut que le Jour de la Fête-Dieu, la Sainte-Chapelle feroit sa Procession à sept heures du matin, avant celle de Nôtre-Dame.

Vers 192. *Fais voler ce Quinaut &c.*] Ses Oeuvres consistent en diverses piéces de Théatre, dont le caractère est marqué par ces mots du vers suivant: *Le doux & tendre Ouvrage:* On lisoit dans les premières éditions: *Le douceureux Ouvrage.* Les Opera du même Auteur, qui ont paru depuis, n'ont pas démenti ces épithètes; mais la tendresse, & la douceur semblent être essentiellement du caractère de ces sortes d'Ouvrages.

IMITATIONS.

Vers 189. *Non, non, pour te couvrir &c.*] Dans l'Iliade, L. 8. v. 267. Ajax couvre de son bouclier Teucer son frere, afin qu'il puisse en sûreté lancer des traits contre Hector, & contre les Troïens.

CHANT CINQUIEME.

195 Le prend, se cache, approche, & droit entre les yeux
Frappe du noble écrit l'Athlete audacieux.
Mais c'est pour l'ébranler une foible tempête.
Le livre sans vigueur mollit contre sa tête.
Le Chanoine les voit, de colère embrasé.
200 Attendez, leur dit-il, Couple lâche & ruzé,
Et jugez si ma main, aux grands exploits novice,
Lance à mes ennemis un livre qui mollisse.
A ces mots, il saisit un vieil *Infortiat*,
Grossi des visions d'Accurse & d'Alciat,
205 Inutile ramas de Gothique écriture,
Dont quatre ais mal unis formoient la couverture,
Entourée à demi d'un vieux parchemin noir,
Où pendoit à trois clous un reste de fermoir.
Sur l'ais, qui le soûtient auprès d'un Avicenne,
210 Deux des plus forts Mortels l'ébranleroient à peine.
Le Chanoine pourtant l'enleve sans effort,
Et sur le Couple pâle, & déja demi-mort,
Fait tomber à deux mains l'effroïable tonnerre.
Les Guerriers de ce coup vont mesurer la terre,
215 Et du bois & des clous meurtris & déchirez,
Long-tems, loin du Perron, roulent sur les degrez.
Au spectacle étonnant de leur chute imprévuë,
Le Prélat pousse un cri qui pénétre la nuë.
Il maudit dans son cœur le Démon des combats,
220 Et de l'horreur du coup il recule six pas.

REMARQUES.

Vers 203. ——— *Il saisit un vieil Infortiat.*] Livre de Droit, d'une grosseur énorme.

Vers 209. ——— *Auprès d'un Avicenne.*] Medecin Arabe.

IMITATIONS.

Vers 203. ——— *Il saisit un vieil Infortiat* &c.] Corneille, Scene 6. du Menteur Acte I.
Le Digeste nouveau, le vieux, l'Infortiat,
Ce qu'en a dit Jason, Balde, Accurse, Alciat.

Mais bien-tôt, rapèlant son antique prouesse,
Il tire du manteau sa dextre vengeresse;
Il part, & de ses doigts, saintement allongez,
Bénit tous les Passans, en deux files rangez.
225 Il fait que l'Ennemi, que ce coup va surprendre,
Désormais sur ses piés ne l'oseroit attendre,
Et déja voit pour lui tout le peuple en courroux,
Crier aux Combattans : Profanes, à genoux.
Le Chantre, qui de loin voit approcher l'orage,
230 Dans son cœur éperdu cherche en vain du courage :
Sa fierté l'abandonne, il tremble, il cède, il fuit.
Le long des sacrez murs sa brigade le suit.
Tout s'écarte à l'instant : mais aucun n'en réchappe.
Par tout le doigt vainqueur les suit & les ratrappe.
235 Evrard seul, en un coin prudemment retiré,
Se croioit à couvert de l'insulte sacré :
Mais le Prélat vers lui fait une marche adroite;
Il l'observe de l'œil, & tirant vers la droite,
Tout d'un coup tourne à gauche, & d'un bras fortuné,
240 Bénit subitement le Guerrier consterné.
Le Chanoine, surpris de la foudre mortelle,
Se dresse, & leve en vain une tête rebelle :

IMITATIONS.

Vers 224. *Bénit tous les passans &c.*] Dans le Poëme de la *Secchia rapita*, le Nonce du Pape étant monté sur les murailles de la ville de Bologne, pour voir défiler les Troupes, tranchoit avec la main de grandes bénédictions, longues d'une demi-lieuë.

Trinciava all' hor certe benedittioni
Che pigliavano un miglio di paese.

Les Troupes baissoient devant lui les lances & les drapeaux, & mettoient promptement le genou en terre. *Canto V. st. 30.*

Vers 240. *Bénit subitement le Guerrier consterné.*] Dans le même Poëme, *Canto V. st. 39.* On raconte qu'un des Chefs de cette Armée, nommé Salinguerre, qui avoit été contraire aux interêts du Pape, venant à défiler avec les autres; le Nonce, qui savoit fort bien l'affaire, tint sa main en suspens sur lui, le laissa passer, puis fit le Signe de la Croix. Salinguerre s'en apperçut bien, mais il n'en fit que rire. Dans ce Poëme Italien, le Nonce refuse de donner sa bénédiction à Salinguerre : Dans le Poëme du Lutrin, le Prélat donne sa bénédiction au Chantre malgré lui.

CHANT CINQUIEME.

Sur ses genoux tremblans il tombe à cet aspect,
Et donne à la fraïeur ce qu'il doit au respect.
245   Dans le Temple aussi-tôt le Prélat plein de gloire
Va goûter les doux fruits de sa sainte victoire:
Et de leur vain projet les Chanoines punis,
S'en retournent chez eux éperdus, & bénis.

LE LUTRIN

CHANT VI.

Tandis que tout conspire à la guerre sacrée,
La Piété sincère, aux Alpes retirée,
Du fond de son désert entend les tristes cris
De ses Sujets cachez dans les murs de Paris.
5 Elle quitte à l'instant sa retraite divine.
La Foi d'un pas certain devant elle chemine.
L'Espérance au front gai l'appuie & la conduit;
Et, la bourse à la main, la Charité la suit.
Vers Paris elle vole, & d'une audace sainte,
10 Vient aux piés de Thémis proferer cette plainte.

Vierge, effroi des méchans, appui de mes Autels,
Qui, la balance en main, règles tous les Mortels,
Ne viendrai-je jamais en tes bras salutaires,
Que pousser des soûpirs, & pleurer mes misères?
15 Ce n'est donc pas assez, qu'au mépris de tes loix,
L'Hypocrisie ait pris & mon nom & ma voix;
Que sous ce nom sacré par tout ses mains avares
Cherchent à me ravir Crosses, Mitres, Tiares?
Faudra-t-il voir encor cent Monstres furieux
20 Ravager mes Etats usurpez à tes yeux?
Dans les tems orageux de mon naissant Empire,
Au sortir du Baptême on couroit au martyre.

CHANGEMENS.

Vers 11. *Vierge, effroi des méchans.*] Première manière avant l'impression: *Déesse aux yeux couverts.* L'Auteur faisoit allusion au bandeau avec lequel on peint la Justice. Mais on lui fit remarquer que le terme de *Déesse*, qui est tiré de la Fable, ne convenoit pas à une Vertu Chrétienne.

REMARQUES.

Vers 2. ——— *Aux Alpes retirée.*] La grande Chartreuse est dans les Alpes.

CHANT SIXIEME.

Chacun plein de mon nom ne respiroit que moi.
Le Fidèle, attentif aux règles de sa Loi,
25 Fuïant des vanitez la dangereuse amorce,
Aux honneurs appèlé, n'y montoit que par force.
Ces cœurs, que les Bourreaux ne faisoient point frémir,
A l'offre d'une mitre étoient prêts à gémir :
Et sans peur des travaux, sur mes traces divines
30 Couroient chercher le Ciel au travers des épines.
Mais depuis que l'Eglise eut aux yeux des mortels
De son sang en tous lieux cimenté ses Autels,
Le calme dangereux succedant aux orages,
Une lâche tiedeur s'empara des courages :
35 De leur zèle brûlant l'ardeur se ralentit :
Sous le joug des péchez leur foi s'appesantit ;
Le Moine secoüa le cilice & la haire :
Le Chanoine indolent apprit à ne rien faire :
Le Prélat, par la brigue aux honneurs parvenu,
40 Ne fût plus qu'abuser d'un ample revenu ;
Et pour toutes vertus fit au dos d'un carrosse
A côté d'une mitre armorier sa crosse.
L'Ambition par tout chassa l'Humilité ;
Dans la crasse du froc logea la Vanité.
45 Alors de tous les cœurs l'union fut détruite.
Dans mes Cloîtres sacrez la Discorde introduite,
Y bâtit de mon bien ses plus sûrs Arsenaux ;
Traîna tous mes Sujets au pié des Tribunaux.
En vain à ses fureurs j'opposai mes prières,
50 L'Insolente à mes yeux marcha sous mes Bannières,

REMARQUES.

Vers 44. *Dans la crasse du froc logea la Vanité.*] Socrate voiant un Philosophe, qui affectoit de porter un habit tout déchiré : *Je vois*, dit-il, *ta vanité à travers les trous de ton manteau. Apophs. des Anc.*

Pour comble de misères, un tas de faux Docteurs
Vint flatter les péchez de discours imposteurs ;
Infectant les Esprits d'exécrables maximes,
Voulut faire à Dieu même approuver tous les crimes.
55 Une servile Peur tint lieu de Charité.
Le besoin d'aimer Dieu passa pour nouveauté ;
Et chacun à mes piés conservant sa malice,
N'apporta de vertu que l'aveu de son vice.
Pour éviter l'affront de ces noirs attentats,
60 J'allai chercher le calme au séjour des frimats,
Sur ces monts entourez d'une éternèle glace ;
Où jamais au Printems les Hyvers n'ont fait place.
Mais jusques dans la nuit de mes sacrez Déserts
Le bruit de mes malheurs fait retentir les airs.
65 Aujourd'hui même encore, une voix trop fidèle
M'a d'un triste desastre apporté la nouvèle.
J'aprens que dans ce Temple, où le plus saint des Rois
Consacra tout le fruit de ses pieux exploits,
Et signala pour moi sa pompeuse largesse,
70 L'implacable Discorde, & l'infame Mollesse,
Foulant aux piés les loix, l'honneur & le devoir,
Usurpent en mon nom le souverain pouvoir.
Souffriras-tu, ma Sœur, une action si noire ?
Quoi ? ce Temple, à ta porte élevé pour ma gloire,
75 Où jadis des Humains j'attirois tous les vœux,
Sera de leurs combats le théatre honteux ?

CHANGEMENS.

Vers 60. *J'allai chercher le calme.*] Dans toutes les éditions on lit : *Je vins chercher.* Mais on a crû devoir mettre, *J'allai* ; parce que la Pieté, qui est à Paris, parle de la grande Chartreuse, où elle *alla chercher le calme.*

REMARQUES.

Vers 67. *J'aprens que dans ce Temple, où le plus saint des Rois.*] Saint Loüis, Fondateur de la Sainte-Chapelle. Elle fut consacrée en 1248.

CHANT SIXIEME.

Non, non, il faut enfin que ma vengeance éclate.
Assez & trop long-tems l'impunité les flatte.
Pren ton glaive, & fondant sur ces Audacieux,
80 Vien aux yeux des Mortels justifier les Cieux.
 Ainsi parle à sa Sœur cette Vierge enflamée.
La Grace est dans ses yeux d'un feu pur allumée.
Thémis sans differer lui promet son secours,
La flatte, la rassure, & lui tient ce discours.
85 Chere & divine Sœur, dont les mains secourables
Ont tant de fois seché les pleurs des Miserables,
Pourquoi toi-même, en proie à tes vives douleurs,
Cherches-tu sans raison à grossir tes malheurs?
En vain de tes Sujets l'ardeur est ralentie:
90 D'un ciment éternel ton Eglise est bâtie;
Et jamais de l'Enfer les noirs frémissemens
N'en sauroient ébranler les fermes fondemens.
Au milieu des combats, des troubles, des querelles,
Ton nom encor cheri vit au sein des Fidèles.
95 Croi-moi, dans ce Lieu-même, où l'on veut t'opprimer,
Le trouble, qui t'étonne, est facile à calmer:
Et pour y rappèler la Paix tant desirée,
Je vais t'ouvrir, ma Sœur, une route assûrée.
Prête-moi donc l'oreille, & retien tes soûpirs.
100 Vers ce Temple fameux, si cher à tes désirs,
Où le Ciel fut pour toi si prodigue en miracles,
Non loin de ce Palais où je rends mes oracles,
Est un vaste séjour des Mortels reveré,
Et de Cliens soûmis à toute heure entouré.

REMARQUES.

Vers 100. *Vers ce Temple fameux.*] La Sainte-Chapelle.

IMITATIONS.

Vers 91. *Et jamais de l'Enfer* &c.] Math. 16. 18. *Tu es Petrus, & super hanc Petram ædificabo Ecclesiam meam; & portæ Inferi non prævalebunt adversus eam.*

105 Là, sous le faix pompeux de ma pourpre honorable,
Veille au soin de ma gloire un Homme incomparable,
Ariste, dont le Ciel & Louis ont fait choix
Pour règler ma balance, & dispenser mes loix.
Par lui dans le Barreau sur mon Trône affermie
110 Je vois heurler en vain la Chicane ennemie.
Par lui la Verité ne craint plus l'Imposteur,
Et l'Orphelin n'est plus dévoré du Tuteur.
Mais pourquoi vainement t'en retracer l'image?
Tu le connois assez, Ariste est ton ouvrage.
115 C'est Toi qui le formas dès ses plus jeunes ans :
Son merite sans tache est un de tes présens.
Tes divines leçons, avec le lait succées,
Allumèrent l'ardeur de ses nobles pensées.
Aussi son cœur pour Toi, brûlant d'un si beau feu,
120 N'en fit point dans le monde un lâche desaveu;
Et son zèle hardi, toûjours prêt à paroître,
N'alla point se cacher dans les ombres d'un Cloître.
Va le trouver, ma Sœur : à ton auguste nom,
Tout s'ouvrira d'abord en sa sainte Maison.
125 Ton visage est connu de sa noble famille.
Tout y garde tes loix, Enfans, Sœur, Femme, Fille.
Tes yeux d'un seul regard sauront le pénetrer;
Et pour obtenir tout, tu n'as qu'à te montrer.
Là s'arrête Thémis. La Piété charmée
130 Sent renaître la joie en son ame calmée.
Elle court chez Ariste, & s'offrant à ses yeux :
Que me sert, lui dit-elle, Ariste, qu'en tous lieux

REMARQUES.

Vers 106. ——— *Un Homme incomparable.*] Mr. de Lamoignon, Premier Président.

CHANT SIXIEME. 415

Tu signales pour moi ton zèle & ton courage,
Si la Discorde impie, à ta porte m'outrage ?
135 Deux puissans Ennemis, par elle envenimez,
Dans ces murs, autrefois si saints, si renommez,
A mes sacrez Autels font un profane insulte,
Remplissent tout d'effroi, de trouble & de tumulte.
De leur crime à leurs yeux va-t-en peindre l'horreur :
140 Sauve-moi ; sauve-les de leur propre fureur.
 Elle sort à ces mots. Le Héros en prière
Demeure tout couvert de feux & de lumière.
De la céleste Fille il reconnoît l'éclat,
Et mande au même instant le Chantre & le Prélat.
145 Muse, c'est à ce coup, que mon Esprit timide
Dans sa course élevée a besoin qu'on le guide,
Pour chanter par quels soins, par quels nobles travaux
Un Mortel sçût fléchir ces superbes Rivaux.
 Mais plûtôt, Toi qui fis ce merveilleux ouvrage,
150 Ariste, c'est à toi d'en instruire nôtre âge.
Seul tu peux révéler, par quel art tout-puissant
Tu rendis tout-à-coup le Chantre obéïssant.
Tu sais par quel conseil rassemblant le Chapitre,
Lui-même, de sa main, reporta le Pupitre ;
155 Et comment le Prélat, de ses respects content,
Le fit du banc fatal enlever à l'instant.
Parle donc : c'est à Toi d'éclaircir ces merveilles.
Il me suffit pour moi d'avoir sçû par mes veilles,

REMARQUES.

Vers 156. *Le fit du banc fatal enlever à l'instant.*] Mr. le P. Président fit comprendre au Trésorier, que ce Pupitre n'aiant été anciennement érigé devant la place du Chantre, que pour la commodité de ses Prédécesseurs, il n'étoit pas juste que l'on obligeât Mr. Barrin à le souffrir s'il lui étoit incommode. Néanmoins, pour accorder quelque chose à la satisfaction du Trésorier, Mr. le P. Président fit consentir le Chantre à remettre le Pupitre devant son siège, où il demeureroit un jour ; & le Trésorier, à le faire enlever le lendemain : ce qui fut exécuté de part & d'autre.

Jufqu'au fixiéme Chant pouffer ma fiction,
160 Et fait d'un vain Pupitre un fecond Ilion.
 Finiffons. Auffi-bien, quelque ardeur qui m'infpire,
Quand je fonge au Héros qui me refte à décrire,
Qu'il faut parler de Toi, mon Efprit éperdu
Demeure fans parole, interdit, confondu.
165 Arifte, c'eft ainfi qu'en ce Sénat illuftre,
Où Thémis, par tes foins, reprend fon premier luftre,
Quand la première fois un Athlète nouveau
Vient combattre en champ clos aux joûtes du Barreau,
Souvent, fans y penfer, ton augufte préfence,
170 Troublant par trop d'éclat fa timide éloquence;
Le nouveau Ciceron tremblant, décoloré,
Cherche en vain fon difcours fur fa langue égaré :
En vain, pour gagner tems, dans fes tranfes affreufes,
Traîne d'un dernier mot les fillabes honteufes;
175 Il héfite, il begaie, & le trifte Orateur
Demeure enfin muët aux yeux du Spectateur.

REMARQUES.

Vers 176. *Demeure enfin muët aux yeux du Spectateur.*] L'Orateur demeurant muët, les Auditeurs ne font plus que Spectateurs. Nôtre Poëte a eu en vûë B...D. à qui ce malheur arriva, & qui depuis ne plaida plus.

IMITATIONS.

Vers 176. *Demeure enfin muët* &c.] Terence, Phorm. Act. 2. Sc. 1. v. 52.
—————— *Poftquam ad Judices*
Ventum eft, non potuit cogitata proloqui :
Ita eum tum timidum ibi obftupefecit pudor.

ODES,

ODES,
EPIGRAMMES.
ET
AUTRES POËSIES.

DISCOURS
SUR L'ODE.

L'ODE suivante a été composée à l'occasion (1) de ces étranges Dialogues, qui ont paru depuis quelque tems, où tous les plus grands Ecrivains de l'Antiquité sont traités d'Esprits médiocres, de gens à être mis en parallèle avec les Chapelains & avec les Cotins ; & où voulant faire honneur à nôtre siècle, on l'a en quelque sorte diffamé, en faisant voir qu'il s'y trouve des Hommes capables d'écrire des choses si peu sensées. (2) Pindare est des plus maltraités. Comme les beautés de ce Poëte sont extrèmement renfermées dans sa Langue, l'Auteur de ces Dialogues, qui vrai-semblablement ne sait point de Grec, & qui n'a lû Pindare que dans des Traductions Latines assez défectueuses, a pris pour galimathias tout ce que la foiblesse de ses lumières ne lui permettoit pas de comprendre. Il a sur tout traité de ridicules ces endroits merveilleux, où le Poëte, pour marquer un esprit entièrement hors de soi, rompt quelquefois de dessein formé la suite de son discours ; & afin de mieux entrer dans la Raison, sort, s'il faut ainsi parler, de la Raison même ; évitant avec grand soin cet ordre méthodique & ces éxactes liaisons de sens, qui ôteroient l'ame à la Poësie Lyrique. Le Censeur, dont je parle, n'a pas pris garde qu'en attaquant ces nobles hardiesses de Pindare, il donnoit lieu de croire qu'il n'a jamais conçu le sublime des Pseaumes de David, où, s'il est permis de parler de ces saints Cantiques à propos de choses si profanes, il y a beaucoup de ces sens rompus, qui servent même quelquefois à en faire sentir la Divinité. Ce Critique, selon toutes les apparences, n'est pas fort convaincu du précepte que j'ai avancé dans mon Art Poëtique, à propos de l'Ode.

>Son stile impétueux souvent marche au hazard :
>Chez elle un beau desordre est un effet de l'Art.

REMARQUES.

(1) *De ces étranges Dialogues.*] Parallèle des Anciens & des Modernes, en forme de Dialogues ; par Mr. Perrault de l'Académie Françoise. Il y en avoit trois volumes quand Mr. Despréaux composa cette Ode en 1693. le quatrième ne parut qu'en 1696.

(2) *Pindare est des plus maltraités.*] Parallèles, Tome I. page 28. & Tome III. pag. 160.

DISCOURS

Ce précepte effectivement, qui donne pour règle de ne point garder quelquefois de règles, est un myſtère de l'Art, qu'il n'eſt pas aiſé de faire entendre à un Homme ſans aucun goût, qui croit que la Clélie & nos Opéra ſont les modèles du Genre ſublime ; qui trouve Térence fade, Virgile froid, Homère de mauvais ſens ; & qu'une eſpèce de bizarrerie d'eſprit rend inſenſible à tout ce qui frappe ordinairement les Hommes. Mais ce n'eſt pas ici le lieu de lui montrer ſes erreurs. On le fera peut-être plus à propos un de ces jours (3) dans quelque autre Ouvrage.

Pour revenir à Pindare, il ne ſeroit pas difficile d'en faire ſentir les beautez à des gens, qui ſe ſeroient un peu familiariſé le Grec. Mais comme cette Langue eſt aujourd'hui aſſez ignorée de la plûpart des Hommes, & qu'il n'eſt pas poſſible de leur faire voir Pindare dans Pindare même, j'ai crû que je ne pouvois mieux juſtifier ce grand Poëte, qu'en tâchant de faire une Ode en François à ſa manière, c'eſt-à-dire, pleine de mouvemens & de tranſports, où l'eſprit parût plûtôt entraîné du Démon de la Poëſie, que guidé par la Raiſon. C'eſt le but que je me ſuis propoſé dans l'Ode qu'on va voir. J'ai pris pour ſujet la priſe de Namur, comme la plus grande action de guerre qui ſe ſoit faite de nos jours, & comme la matière la plus propre à échauffer l'imagination d'un Poëte. J'y ai jetté, autant que j'ai pû, la magnificence des mots ; & à l'éxemple des anciens Poëtes Dithyrambiques, j'y ai emploié les figures les plus audacieuſes, juſqu'à y faire un Aſtre de la plume blanche que le Roi porte ordinairement à ſon chapeau : & qui eſt en effet comme une eſpèce de Comète fatale à nos Ennemis, qui ſe jugent perdus dès qu'ils l'appercoivent. Voilà le deſſein de cet Ouvrage. Je ne répons pas d'y avoir réüſſi ; & je ne ſai ſi le Public, accoûtumé aux ſages emportemens de Malherbe, s'accommodera de ces ſaillies & de ces excès Pindariques. Mais, ſuppoſé que j'y aie échoüé, je m'en conſolerai du moins par le commencement de cette fameuſe Ode (4) Latine d'Horace, Pindarum quiſquis ſtudet æmulari, &c. où Horace donne aſſez à entendre que s'il eût voulu lui-même s'élever à la hauteur de Pindare, il ſe ſeroit crû en grand hazard de tomber.

Au reſte, comme parmi les Epigrammes, qui ſont imprimées à la ſuite de cette Ode, on trouvera encore une autre petite Ode de ma façon, que je n'avois point juſqu'ici inſérée dans mes Ecrits ; je ſuis bien

aiſe

REMARQUES.

(3) *Dans quelque autre Ouvrage.*] Dans les Réfléxions Critiques ſur Longin.
(4) Livre 4. Ode 2.

aise, pour ne me point broüiller avec les Anglois d'aujourd'hui; de faire ici ressouvenir le Lecteur, que les Anglois que j'attaque dans ce petit Poëme, qui est un Ouvrage de ma première jeunesse, ce sont les Anglois du tems de Cromvvel.

J'ai joint aussi à ces Epigrammes un Arrêt Burlesque donné au Parnasse, que j'ai composé autrefois, afin de prévenir un Arrêt très-sérieux, que l'Université songeoit à obtenir du Parlement, contre ceux qui enseigneroient dans les Ecoles de Philosophie, d'autres principes que ceux d'Aristote. La plaisanterie y descend un peu bas, & est toute dans les termes de la Pratique. Mais il falloit qu'elle fût ainsi pour faire son effet, qui fut très-heureux, & obligea, pour ainsi dire, l'Université à supprimer la Requête qu'Elle alloit présenter.

Ridiculum acri
Fortiùs ac meliùs magnas plerumque secat res.

ODE
SUR LA PRISE
DE NAMUR (*)

Q UELLE docte & fainte yvreſſe
Aujourd'hui me fait la loi?
Chaſtes Nymphes du Permeſſe,
N'eſt-ce pas vous que je voi?
5 Accourez, Troupe ſavante,
Des ſons que ma Lyre enfante
Ces arbres ſont réjoüis.
Marquez-en bien la cadence;
Et vous, Vents, faites ſilence:
10 Je vais parler de LOUIS.

REMARQUES.

* *Ode ſur la priſe de Namur.*] Le Roi aſſiégea Namur, le 26. de Mai, 1692. La Ville fut priſe le 5. de Juin, & le Chateau ſe rendit le dernier jour du même Mois. Cette Ode fut compoſée l'année ſuivante. On a une Lettre de Mr. Deſpréaux à Mr. Racine, datée du 4. Juin, 1693. qui contient cette même Ode dans l'état auquel l'Auteur l'avoit miſe alors; mais il y fit de grands changemens avant que de la publier. Elle étoit de dix huit Stances. L'Auteur en retrancha une, qui étoit la ſeconde. La voici :

Un torrent dans les prairies
Roule à flots précipitez :
Malherbe dans ſes furies
Marche à pas trop concertez.
J'aime mieux, nouvel Icare,
Dans les airs cherchant Pindare,
Tomber du Ciel le plus haut,
Que, loüé de Fontenelle,

Razer, timide hirondelle,
La terre, comme Perrant.

Monſieur de Fontenelle avoit publié depuis peu un Ouvrage (*Digreſſion ſur les Anciens & ſur les Modernes.*) dans lequel il fortifioit le parti de Mr. Perraut contre les Anciens. Il fit enſuite cette Epigramme.

Quand Deſpréaux fut ſiflé ſur ſon Ode,
Ses partiſans crioient dans tout Paris :
Pardon, Meſſieurs; le Pauvret s'eſt mépris:
Plus ne loüra, ce n'eſt par ſa méthode.
Il va draper le Sèxe féminin ;
A ſon grand nom vous verrez s'il déroge.
Il a pris cet ouvrage malin :
Pis ne vaudroit quand ce ſeroit éloge.

Monſieur De Fontenelle, à qui l'on a communiqué cette Note, n'a pas trouvé mauvais qu'on la publiât.

Dans ſes chanſons immortèles,
Comme un aigle audacieux,
Pindare étendant ſes aîles,
Fuit loin des vulgaires yeux.
15 Mais, ô ma fidelle Lyre,
Si, dans l'ardeur qui m'inſpire,
Tu peux ſuivre mes tranſports;
Les chênes des monts de Thrace
N'ont rien oüi que n'efface
20 La douceur de tes accords.

Eſt-ce Apollon, & Neptune,
Qui ſur ces Rocs ſourcilleux,
Ont, compagnons de fortune,
Bâti ces murs orgueilleux?
25 De leur enceinte fameuſe
La Sambre, unie à la Meuſe,
Deffend le fatal abord:
Et par cent bouches horribles,
L'airain ſur ces monts terribles
30 Vômit le fer & la mort.

Dix mille vaillans Alcides,
Les bordant de toutes parts,

REMARQUES.

Vers 18. *Les chênes des monts de Thrace.*] Les Animaux les plus feroces, & les Arbres mêmes des Forêts de Thrace, étoient ſenſibles aux accens de la Lyre d'Orphée: ſi l'on en croit les Poëtes.

Vers 24. *Bâti ces murs orgueilleux.*] Apollon & Neptune s'étoient loüez à Laomedon Roi de Troie, pour bâtir les murs de cette Ville.

D'éclairs, au loin homicides,
Font petiller leurs remparts :
35 Et dans son sein infidèle
Par tout la terre y récèle
Un feu prêt à s'élancer,
Qui soudain perçant son gouffre,
Ouvre un sépulchre de soufre
40 A quiconque ose avancer.

Namur, devant tes murailles,
Jadis la Grèce eût vingt ans
Sans fruit vû les funerailles
De ses plus fiers Combatans.
45 Quelle effroïable Puissance
Aujourd'hui pourtant s'avance,
Prête à foudroïer tes monts !
Quel bruit, quel feu l'environne ?
C'est Jupiter en personne,
50 Ou c'est le Vainqueur de Mons.

N'en doute point, c'est Lui-même.
Tout brille en Lui, Tout est Roi.
Dans Bruxelles Nassau blême
Commence à trembler pour toi.
55 En vain il voit le Batâve,
Désormais docile esclâve,

REMARQUES.

Vers 50. *Ou c'est le Vainqueur de Mons.*] Le Roi avoit pris la ville de Mons, l'année précédente 1691.
Vers. 53. *Dans Bruxelles Nassau blême.*] Le Prince d'Orange, Guillaume de Nassau, Roi d'Angleterre, commandoit l'Armée des Alliez.

Rangé sous ses étendars:
En vain au Lion Belgique
Il voit l'Aigle Germanique
60 Uni sous les Léopards.

Plein de la fraïeur nouvelle
Dont ses sens sont agitez,
A son secours il appelle
Les Peuples les plus vantez.
65 Ceux-là viennent du rivage,
Où s'enorgueillit le Tage
De l'or qui roule en ses eaux;
Ceux-ci des champs où la neige,
Des marais de la Norvège
70 Neuf mois couvre les roseaux.

Mais qui fait enfler la Sambre?
Sous les Jumeaux effraïez,
Des froids torrens de Décembre
Les champs par tout sont noïés.
75 Cerès s'enfuit éplorée
De voir en proïe à Borée
Ses guérets d'épics chargez,
Et sous les urnes fangeuses
Des Hyades orageuses
80 Tous ses trésors submergez.

REMARQUES.

Vers 61. *Plein de la fraïeur nouvelle &c.*] L'Auteur préferoit cette septième Stance à toutes les autres.

Vers 72. *Sous les Jumeaux effraïez.*] Le siège se fit au Mois de Juin, & pendant ce tems-là il tomba des pluïes excessives.

Déploïez toutes vos rages,
Princes, Vents, Peuples, Frimats,
Ramaffez tous vos nuages,
Raffemblez tous vos Soldats.
85 Malgré vous Namur en poudre
S'en va tomber fous la foudre
Qui domta Lille, Courtray,
Gand la fuperbe Efpagnole,
Saint Omer, Bezançon, Dole,
90 Ypres, Maftricht, & Cambray.

Mes préfages s'accompliffent:
Il commence à chanceler.
Sous les coups qui retentiffent
Ses murs s'en vont s'écrouler.
95 Mars en feu, qui les domine,
Souffle à grand bruit leur ruine;
Et les Bombes, dans les airs
Allant chercher le tonnerre,
Semblent, tombant fur la Terre,
100 Vouloir s'ouvrir les Enfers.

REMARQUES.

Vers 100. *Vouloir s'ouvrir les Enfers.*] Virgile voulant donner l'idée d'un Arbre fort haut, a dit que fes branches s'élevoient autant vers le Ciel, que fes racines s'approchoient des Enfers.

———— *Et quantùm vertice ad auras*
Æthereas, tantùm radice in Tartara tendit.

Cette peinture lui a même paru fi belle & fi magnifique, qu'après l'avoir emploïée dans fes Géorgiques, L. 2. v. 291. il l'a repetée en mêmes termes au quatrième Livre de l'Enéide, v. 445.

En 1678. le Roi voulut que Mrs. Defpréaux & Racine, auxquels il avoit depuis peu confié le foin d'écrire fon Hiftoire, le fuiviffent en Flandre, où Sa Majefté alloit faire la campagne. Après la prife d'Ypres, qui fut une des Conquêtes

Accourez, Nassau, Baviere,
De ces murs l'unique espoir :
A couvert d'une riviere
Venez, vous pouvez tout voir.
105 Considerez ces approches :
Voïez grimper sur ces roches
Ces Athlètes belliqueux ;
Et dans les eaux, dans la flâme,
LOUIS à tout donnant l'ame,
110 Marcher, courir avec eux.

Contemplez dans la tempête
Qui sort de ces Boulevarts,
La plume qui sur sa tête
Attire tous les regards,
115 A cet Astre redoutable,
Toûjours un sort favorable
S'attache dans les combats :
Et toûjours avec la Gloire

REMARQUES.

Conquêtes du Roi, Mr. Despréaux alla voir la Citadelle & remarqua que les Bombes qu'il avoit vû jetter pendant le siège, avoient fait des creux extrèmement profonds dans le terrein. Il se souvint alors du passage de Virgile, & en fit l'application à l'effet prodigieux des Bombes. Cette observation, qu'il n'auroit pas faite s'il n'étoit jamais sorti de Paris, lui fit sentir depuis, combien il étoit utile à un Poëte de voïager ; & il disoit qu'Homère, dans les divers voïages qu'il avoit faits, s'étoit rempli d'une infinité de connoissances, & avoit appris à former les images si vraies, si nobles, & si variées, que nous admirons dans sa Poësie.

Vers 113. *La plume qui sur sa tête.*] Le Roi porte toûjours à l'Armée une plume blanche autour de son chapeau.

Vers 115. *A cet Astre redoutable.*] Homère dit, que l'Aigrette d'Achille étinceloit comme un Astre. Iliad. 19. v. 299. Nôtre Auteur avoir aussi en vûë cet endroit de *la Secchia rapita* du Tassoni, Canto VI. 18.

E qual Cometa minacciosa splende
D'oro, e di piume altramente adorna.

Mars amenant la Victoire,
120 Vole, & le suit à grands pas.

* * *

Grands Deffenseurs de l'Espagne,
Montrez-vous, il en est tems.
Courage, vers la Méhagne
Voilà vos drapeaux flottans.
125 Jamais ses ondes craintives
N'ont vû sur leurs foibles rives
Tant de guerriers s'amasser.
Courez donc. Qui vous retarde ?
Tout l'Univers vous regarde.
130 N'osez-vous la traverser ?

* * *

Loin de fermer le passage
A vos nombreux bataillons,
Luxembourg a du rivage
Reculé ses pavillons.
135 Quoi ? leur seul aspect vous glace ?
Où sont ces Chefs pleins d'audace
Jadis si promts à marcher,
Qui devoient de la Tamise,
Et de la Drâve soûmise,
140 Jusqu'à Paris nous chercher ?

REMARQUES.

Vers 123. —— *Vers la Méhagne.*] Rivière près de Namur.
Vers 138. *Qui devoient de la Tamise, Et de la Drâve.*] La *Tamise*, Rivière qui passe à Londres. La *Drâve*, Rivière qui passe à Belgrade en Hongrie, où le Duc de Baviere, l'un des Chefs ennemis, s'étoit signalé contre les Turcs.

DE NAMUR.

Cependant l'effroi redouble
Sur les remparts de Namur.
Son Gouverneur, qui se trouble,
S'enfuit sous son dernier mur.
145 Déja jusques à ses portes
Je voi monter nos cohortes,
La flâme & le fer en main :
Et sur les monceaux de piques,
De corps morts, de rocs, de briques,
150 S'ouvrir un large chemin.

C'en est fait. Je viens d'entendre
Sur ces rochers éperdus
Battre un signal pour se rendre :
Le feu cesse. Ils sont rendus.
155 Dépouillez vôtre arrogance,
Fiers Ennemis de la France ;
Et désormais gracieux,
Allez à Liége, à Bruxelles,
Porter les humbles nouvelles
160 De Namur pris à vos yeux.

Pour moi, que Phébus anime
De ses transports les plus doux,
Rempli de ce Dieu sublime,
Je vais, plus hardi que vous,

REMARQUES.

Vers 148. *Et sur les monceaux de piques, De corps morts*, &c.] Le son de ces mots répond à ce qu'ils expriment.

165 Montrer que sur le Parnasse,
    Des bois fréquentez d'Horace,
    Ma Muse dans son déclin,
    Sait encor les avenuës,
    Et des sources inconnuës.
170 A l'Auteur du Saint Paulin.

REMARQUES.

Vers 170. *A l'Auteur du Saint Paulin.*] Poëme Héroïque de Mr. Perrant, imprimé en 1686.

ODE

Contre les Anglois (*).

Quoi? ce Peuple aveugle en son crime,
Qui prenant son Roi pour victime
3 Fit du Thrône un Théatre affreux,
Pense-t-il que le Ciel, complice
D'un si funeste sacrifice,
6 N'a pour lui ni foudre ni feux?

Déja sa Flotte à pleines voiles,
Malgré les vents & les étoiles,
9 Veut maîtriser tout l'Univers;
Et croit que l'Europe étonée,
A son audace forcenée
12 Va ceder l'Empire des Mers.

Arme-toi, France; prend la foudre.
C'est à toi de réduire en poudre
15 Ces sanglans Ennemis des Loix.
Sui la Victoire qui t'appelle,
Et va sur ce Peuple rebelle
18 Venger la querelle des Rois.

REMARQUES.

(*) *Ode contre les Anglois.*] Elle fut faite sur un bruit qui courut en 1656. que Cromwel & les Anglois alloient faire la guerre à la France. L'Auteur n'étoit que dans sa vintiéme année quand il fit cette Ode, mais il l'a raccommodée.

Vers 2. *Qui prenant son Roi pour victime.*] Charles I. en 1649.

Vers 7. *Déja sa Flotte à pleines voiles.*] En *pleines voiles*, Edition de 1713.

Vers 18. *Venger la querelle des Rois.*] Après la troisième Stance, il y avoit celle-ci que l'Auteur a retranchée.

O que la mer, dans les deux Mondes,
Va voir de morts parmi ses ondes
Flotter à la merci du sort!
Déja Neptune plein de joie
Regarde en foule à cette proie
Courir les Baleines du Nort.

Jadis on vit ces Parricides,
Aidez de nos Soldats perfides,
21 Chez nous au comble de l'orgueil,
Briser tes plus fortes murailles;
Et par le gain de vingt batailles
24 Mettre tous tes Peuples en Deuil.

Mais bien-tôt le Ciel en colère,
Par la main d'une humble Bergère,
27 Renversant tous les Bataillons,
Borna leurs succez & nos peines:
Et leurs corps pourris dans nos plaines
30 N'ont fait qu'engraisser nos sillons.

REMARQUES.

Vers 21. *Chez nous au comble de l'orgueil &c.*]
Ces quatre derniers Vers étoient ainsi:

De sang inonder nos guérets,
Faire des déserts de nos Villes;
Et dans nos campagnes fertiles
Brûler jusqu'au jonc des marêts.

Vers 25. *Mais bien-tôt &c.*] Première manière:

Mais bien tôt, malgré leurs furies,
Dans ces campagnes refleuries,
Leur sang coulant à gros bouillons,
Paya l'injure de nos peines;
Et leurs corps &c.

Vers 26. *Par la main d'une humble Bergere.*]
Jeanne d'Arc, ou la Pucelle d'Orleans.

STANCES.
A Mr. Molière [*].

EN vain mille jaloux Esprits,
 Molière, osent avec mépris
3 Censurer ton plus bel Ouvrage :
 Sa charmante naïveté
 S'en va pour jamais d'âge en âge
6 Divertir la Posterité.

 Que tu ris agréablement.
 Que tu badines savamment !
9 Celui qui sût vaincre Numance,
 Qui mit Carthage sous sa loi,
 Jadis sous le nom de Terence
12 Sût-il mieux badiner que toi ?

 Ta Muse avec utilité
 Dit plaisamment la verité.
15 Châcun profite à ton Ecole :
 Tout en est beau, tout en est bon ;
 Et ta plus burlesque parole
18 Est souvent un docte sermon.

 Laisse gronder tes Envieux :
 Ils ont beau crier en tous lieux,
21 Qu'en vain tu charmes le Vulgaire ;
 Que tes Vers n'ont rien de plaisant.
 Si tu savois un peu moins plaire,
24 Tu ne leur déplairois pas tant.

REMARQUES.

(*) *Stances à Mr. Molière.*] Sur la Comédie de l'Ecole des Femmes, que plusieurs gens frondoient. Mr. Despréaux lui envoia ces vers le premier jour de l'année 1663.

Vers 9. *Celui qui fut vaincre Numance* &c.] Scipion l'Africain.

Vers 15. *Châcun profite à ton Ecole.*] Allusion à l'*Ecole des Femmes*.

SONNET

Sur la mort d'une Parente.

Parmi les doux transports d'une amitié fidelle,
Je voïois près d'Iris couler mes heureux jours.
Iris que j'aime encor, & que j'aimai toûjours,
Brûloit des mêmes feux dont je brûlois pour elle.

Quand par l'ordre du Ciel une fièvre crüelle
M'enleva cet objet de mes tendres amours;
Et de tous mes plaisirs interrompant le cours,
Me laissa de regrets une suite éternelle.

Ah! qu'un si rude coup étonna mes esprits!
Que je versai de pleurs! que je poussai de cris!
De combien de douleurs ma douleur fut suivie!

Iris, tu fus alors moins à plaindre que moi.
Et, bien qu'un triste sort t'ait fait perdre la vie,
Hélas! en te perdant, j'ai plus perdu que toi.

REMARQUES.

L'Auteur avoit oublié ce Sonnet; mais j'en trouvai par hazard une copie que je lui envoiai, & il me fit cette réponse le 24. de Novembre, 1707. „Pour ce qui est du Sonnet, la verité est que „je le fis presque à la sortie du Collège, pour „une de mes Nièces, qui mourut âgée de dix-„huit ans. . . . . . . Je ne le donnai alors „à personne, & je ne sai pas par quelle fatalité „il vous est tombé entre les mains, après plus „de cinquante ans qu'il y a que je le compo-„sai. Les vers en sont assez bien tournez, & „je ne le désavoüerois pas même encor au- „jourd'hui, n'étoit une certaine tendresse tirant „à l'amour, qui y est marquée, qui ne con- „vient point à un Oncle pour sa Nièce, & qui „y convient d'autant moins, que jamais amitié „ne fut plus pure ni plus innocente que la nô- „tre. Mais quoi? je croiois alors que la Poë- „sie ne pouvoit parler que d'amour. C'est pour „réparer cette faute, & pour montrer qu'on „peut parler en vers, même de l'amitié enfan- „tine, que j'ai composé il y a quinze ou seize „ans, le seul Sonnet qui est dans mes Ouvrages, „& qui commence par *Nourri dès le berceau* „&c.

AUTRE SONNET

Sur le même sujet.

NOurri dès le berceau près de la jeune Orante,
Et non moins par le cœur que par le sang lié,
A ses jeux innocens Enfant associé,
Je goûtois les douceurs d'une amitié charmante.

Quand un faux Esculape, à cervelle ignorante,
A la fin d'un long mal vainement pallié,
Rompant de ses beaux jours le fil trop délié,
Pour jamais me ravit mon aimable Parente.

O! qu'un si rude coup me fit verser de pleurs!
Bien-tôt, la plume en main, signalant mes douleurs,
Je demandai raison d'un acte si perfide.

Oui, j'en fis dès quinze ans ma plainte à l'Univers;
Et l'ardeur de venger ce barbare homicide
Fut le premier Démon qui m'inspira des Vers.

REMARQUES.

Extrait d'une Lettre de l'Auteur: 15. de Juillet, 1702.

„Ce Sonnet a été fait sur une de mes Nièces, sœur de Mr. Dongois. Elle étoit à peu près de même âge que moi, & avoit beaucoup d'esprit. Elle mourut entre les mains d'un Charlatan, & ce Charlatan étoit un fameux Médecin de la Faculté. J'ai composé ce Sonnet dans le temps de ma plus grande force poëtique, en partie pour montrer qu'on peut parler d'amitié en vers, aussi bien que d'amour; & que les choses innocentes s'y peuvent aussi bien exprimer que toutes les maximes odieuses de la Morale lubrique des Opera . . . . On ne m'a pas fort accablé d'éloges sur ce Sonnet. Cependant, Monsieur, oserois-je vous dire que c'est une des choses de ma façon dont je m'applaudis le plus; & que je ne crois pas avoir rien dit de plus gracieux que, *A ses jeux innocens Enfant associé*; & *Rompit de ses beaux jours le fil trop délié*; & *Fut le premier Démon qui m'inspira des vers*. C'est à vous à en juger, &c.

EPIGRAMMES.

I.

A un Médecin.

OUI, j'ai dit dans mes Vers, qu'un célèbre Assassin,
    Laissant de Galien la science infertile,
D'ignorant Médecin devint Maçon habile :
Mais de parler de vous je n'eus jamais dessein ;
    P * *, ma Muse est trop correcte.
Vous êtes, je l'avoüe, ignorant Médecin,
    Mais non pas habile Architecte.

REMARQUES.

CEtte Epigramme fut composée en 1674. après la publication de l'Art poëtique, où l'Auteur avoit fait, au commencement du quatriéme Chant, la Métamorphose d'un Médecin en Architecte. Les motifs qui l'y engagèrent, sont expliquez dans une Lettre adressée à Mr. de Vivonne. Voïez ci-après la Lettre II.

Au sentiment de nôtre Auteur, c'étoit ici la meilleure de ses Epigrammes. Mr. Racine préferoit cette autre qui est la XXII. *D'où vient que Ciceron* &c. Et Mr. le Prince de Conti étoit pour celle qui commence : *Clio vint l'autre jour* &c. C'est la XVIII.

II.

A Mr. Racine.

RACINE, plain ma destinée.
C'est demain la triste journée,
Où le Prophète Des-Marais,
Armé de cette même foudre
5 Qui mit le Port-Roial en poudre,
Va me percer de mille traits.
C'en est fait, mon heure est venuë.
Non que ma Muse, soûtenuë
De tes judicieux avis,
10 N'ait assez de quoi le confondre :
Mais, cher Ami, pour lui répondre,
Hélas ! il faut lire Clovis.

REMARQUES.

EN 1674. Mr. Des-Maréts de St. Sorlin entreprit une Critique générale des Oeuvres de Mr. Despréaux, & la fit imprimer en 1675. Nôtre Poëte qui en fut averti, prévint la critique par cette Epigramme. Mr. le Duc de..... l'Abbé Testu, & Des-Maréts, avoient travaillé de concert à cette critique.

Vers 3. *Où le Prophète Des-Marais.*] Son nom est ici écrit *Des-Marais*, afin que la rime soit plus visible. Il s'étoit érigé en homme inspiré, & en Prophète. Dans un de ses ouvrages il disoit fort sérieusement, que *Dieu par sa bonté infinie, lui avoit envoié la clé du trésor de l'Apocalypse. Délices de l'Esprit. part. 3. p. 2.* Dans un autre il publioit que *Dieu l'avoit destiné à faire une réformation générale du Genre humain; & que pour cet effet il levroit une armée de cent quarante quatre mille Victimes, dévoüées à tout faire, & à tout souffrir, selon ses ordres. Avis au St. Esprit.* Il annonçoit quantité d'autres merveilles, dont on fit voir la vanité & le ridicule, dans huit Lettres, qui parurent au commencement de 1666. & qu'on intitula *les Visionaires*, tant à cause d'une Comédie de Des-Maréts, qui porte le même titre ; que parce qu'on découvroit dans ces Lettres la source des illusions des Fanatiques, dont on lui faisoit l'application, & l'on y prouvoit géométriquement qu'il étoit un Visionaire. Mr. Nicole en étoit l'Auteur. Voiez la Remarque suivante.

Vers 5. *Qui mit le Port-Roial en poudre.*] Des Maréts avoit fait en 1665. une Réponse à l'Apologie pour les Réligieuses de Port-Roial. Mais ce qu'il y a ici de singulier, c'est que Mr. Despréaux, en plaisantant sur cet Ouvrage, adresse la parole à Mr. Racine, qui avoit lui-même pris la défense de Des-Maréts contre Port-Roial dans une Lettre qu'il fit imprimer en 1666. J'éclaircirai ce fait, & je raporterai cette Lettre entière à la fin du dernier Volume.

Vers 12. *Hélas ! il faut lire Clovis.*] Poëme de

de Des-Marêts, ennuïeux à la mort. Cette petite Note est de nôtre Auteur. Dans quelques éditions on lit, *envieux à la mort*; & cette faute d'impression fait une équivoque assez plaisante. Des-Marêts avoit publié son Poëme en 1657. mais en 1673. il en donna une autre édition beaucoup plus ample.

Ce même Vers fait allusion à une autre chose qui n'étoit pas ignorée de Mr. Racine, & dont la connoissance rend l'Epigramme beaucoup plus piquante. Dans la Place du Cimetière St Jean, à Paris, il y avoit alors un Traiteur fameux, chez qui s'assembloient tous les jours ce qu'il y avoit de jeunes Seigneurs des plus spirituels de la Cour, avec Mrs. Despréaux, Racine, La Fontaine, Chapelle, Furetiere, & quelques autres Personnes d'élite; & cette Troupe choisie avoit une chambre particulière du logis, qui leur étoit affectée. En ce tems-là les Caffez n'étoient pas encore établis. Dans ce célèbre Reduit ils inventoient mille ingénieuses folies. Là fut composée la Parodie de quelques Scènes du Cid, sur une prétenduë querelle de La Serre & de Chapelain, avec l'enlevement de sa Perruque à calotte; là fut imaginée la Métamorphose de cette fameuse Perruque en Comète; là fut faite en très-peu de jours la Comédie des Plaideurs de Racine. Enfin, il ne seroit pas possible de raconter toutes les plaisanteries fines & délicates que ce Rendez-vous a vû naître. Il y avoit sur la table de cette chambre un exemplaire de la Pucelle de Chapelain, qu'on y laissoit toûjours: & quand quelqu'un d'entre eux avoit commis une faute, soit contre la pureté du langage, soit contre la justesse du raisonnement, ou quelque autre semblable, il étoit jugé à la pluralité des voix; & la peine ordinaire qu'on lui imposoit, étoit de lire un certain nombre de Vers de ce Poëme. Quand la faute étoit considerable, on condamnoit le délinquant à en lire jusqu'à vingt, & il falloit qu'elle fût énorme pour être condamné à lire la page entière: tant la lecture de ce Poëme leur paroissoit ennuieuse & assommante.

III.

Contre S. Sorlain.

Dans le Palais hier Bilain
Vouloit gager contre Mènage,
Qu'il étoit faux que Saint Sorlain
Contre Arnauld eût fait un Ouvrage.
5 Il en a fait, j'en sçai le temps,
Dit un des plus fameux Libraires.
Attendez..... C'est depuis vingt-ans.
On en tira cent Exemplaires.
C'est beaucoup, dis-je, en m'approchant,
10 La pièce n'est pas si publique.
Il faut compter, dit le Marchand,
Tout est encor dans ma Boutique.

REMARQUES.

Le commencement de cette Epigramme étoit ainsi:

*Hier un certain Personnage
Au Palais me voulut nier,
Qu'autrefois Boileau le Rentier
Sur Costar eût fait un ouvrage.
Il en a fait, &c.*

Gilles Boileau, de l'Académie Françoise, & Payeur des Rentes de l'Hôtel de Ville, ne cessoit, par jalousie, de décrier les Poësies de Mr. Despréaux son frere cadet. C'est pourquoi celui-ci fit cette Epigramme, dans laquelle il indiquoit un petit Ouvrage que Gilles Boileau avoit publié en 1656. contre Costar, intitulé *Remerciment à Mr. Costar.* Mais, après la mort de cet Aîné, arrivée en 1669. Mr. Despréaux supprima ces quatre Vers, & tourna son Epigramme contre Mr. Des-Marêts de S. Sorlin, qui avoit publié en 1665. une *Réponse à l'Apologie* que Mr. Arnauld avoit faite *pour les Religieuses de Port-Roïal*, comme on l'a dit dans la Remarque sur le Vers 5. de l'Epigramme précédente. *Bilain*, qui est nommé dans le premier Vers de celle-ci, étoit un Avocat célèbre. L'action de cette Epigramme se passa dans la grand' Salle du Palais, où il y a beaucoup de Libraires, & où s'assembloient tous les soirs plusieurs beaux Esprits, comme Mr Patru, l'Abbé Ménage, ce même *Bilain*, Boileau le Rentier, & quelques autres.

IV.

A Messieurs Pradon & Bonecorse.

Venez, Pradon, & Bonecorse,
　Grands Ecrivains de même force,
De vos Vers recevoir le prix :
Venez prendre dans mes Ecrits
La place que vos Noms demandent.
Linière & Perrin vous attendent.

REMARQUES.

Cette Epigramme fut faite en 1685. Pradon & Bonecorse avoient publié chacun un volume d'injures contre nôtre Auteur. Le premier avoit fait une mauvaise Critique des Oeuvres de Mr. Despréaux, sous ce titre : *Le Triomphe de Pradon* ; & le second avoit composé le *Lutrigot*, qui est une sotte imitation du *Lutrin*, contre l'Auteur du *Lutrin* même. Il mourut en 1706. à Marseille, lieu de sa naissance. Voiez la Remarque sur le Vers 64. de l'Epître I X.

V.

Contre l'Abbé Cotin.

En vain par mille & mille outrages
　Mes Ennemis, dans leurs Ouvrages,
Ont crû me rendre affreux aux yeux de l'Univers.
　Cotin, pour décrier mon stile,
　A pris un chemin plus facile :
　C'est de m'attribuer ses Vers.

REMARQUES.

On avoit fait courir une Satire non-seulement mauvaise, mais très-dangereuse. L'Abbé Cotin n'en étoit pas véritablement l'Auteur ; mais il l'attribuoit malicieusement à Mr. Despréaux, qui, pour se deffendre, la lui rendoit. Un jour Monsieur le Premier Président de Lamoignon refusa de lire un Libelle que cet Abbé avoit publié contre Mr. Despréaux ; parce que Mr. le Premier Président accusoit en riant Mr. Despréaux de l'avoir composé lui-même, pour rendre ridicule l'Abbé Cotin.

VI.

Contre le même.

A Quoi bon tant d'efforts, de larmes, & de cris,
Cotin, pour faire ôter ton nom de mes Ouvrages,
Si tu veux du Public éviter les outrages,
Fais effacer ton nom de tes propres Ecrits.

REMARQUES.

Originairement cette Epigramme avoit été faite contre Mr Quinaut, parce qu'il avoit imploré l'autorité du Roi pour obtenir que son nom fût ôté des Satires de l'Auteur. Mais ce moïen là n'aiant pas réüffi, il rechercha l'amitié de Monfieur Defpréaux, qui mit *Cotin*, à la place de *Quinaut*, dans cette Epigramme.

VII.

Contre un Athée.

ALidor assis dans sa chaise,
Médisant du Ciel à son aise,
Peut bien médire aussi de moi.
Je ris de ses discours frivoles:
On sait fort bien que ses paroles
Ne sont pas articles de Foi.

REMARQUES.

NOtre Auteur avoit mis la conversion de Mr de St. Pavin au rang des impossibilités morales, dans ces mots de la Satire I. vers 128 *Et St. Pavin bigot*. Saint-Pavin repoussa cette injure par le Sonnet suivant.

Despréaux grimpé sur Parnasse,
Avant que personne en sçût rien,
Trouva Regnier avec Horace,
Et recherche leur entretien.

Sans choix, & de mauvaise grace,
Il pilla presque tout leur bien:
Il s'en servit avec audace,
Et s'en para comme du sien.

Jaloux des plus fameux Poëtes,
Dans ses Satires indiscretes
Il choque leur gloire aujourdhui.

En verité, je lui pardonne.
S'il n'eût mal parlé de personne,
On n'eût jamais parlé de lui.

A quoi Mr Despréaux répondit par cette Epigramme, dans le premier Vers de laquelle il y avoit: Saint Pavin grimpé sur sa chaise. Il étoit tellement goutteux, qu'il ne pouvoit marcher, & il étoit toujours assis dans un fauteuil fort-élevé.

VIII.

Vers en stile de Chapelain.

Maudit soit l'Auteur dur, dont l'âpre & rude verve,
 Son cerveau tenaillant, rima malgré Minerve ;
Et, de son lourd marteau martelant le Bon-Sens,
A fait de méchans Vers douze fois douze cens.

REMARQUES.

Le Poëme de la Pucelle a douze Livres, chacun de douze cents Vers, ou environ. Mr. Despréaux aiant dit ce Quatrain à Monsieur le Premier Président de Lamoignon, ce Magistrat envoïa querir un Exemplaire de la Pucelle chez Billaine, Libraire qui la débitoit: il écrivit ces quatre Vers sur le premier feuillet du Livre, & le renvoïa.

IX.

Epitaphe.

Ci gît justement regretté
 Un savant Homme sans science,
Un Gentilhomme sans naissance,
Un très-bon Homme sans bonté.

REMARQUES.

Cette Pièce n'est bonne que pour ceux qui ont connu particulièrement celui dont elle parle.

X.

A Climène.

Tout me fait peine,
Et depuis un jour
Je crois, Climène,
Que j'ai de l'amour.
Cette nouvelle
Vous met en courroux.
Tout beau, Cruelle ;
Ce n'est pas pour vous.

REMARQUES.

L'Auteur fit ces Vers dans sa première jeunesse, sur l'Air d'une Sarabande que l'on chantoit alors. La Fontaine a rimé la même pensée dans la Fable intitulée, *Thirsis & Amarantes*, Part. 2. Liv. 2. Fab. 13.

XI.

Imitation de Martial.

Paul ce grand Médecin, l'effroi de son quartier,
Qui causa plus de maux que la Peste & la Guerre,
Est Curé maintenant, & met les gens en terre.
Il n'a point changé de métier.

REMARQUES.

Voici l'Epigramme de Martial, Liv. I. 48.

Nuper erat Medicus, nunc est Pispillo Diaulus ;

Quod Pispillo facit, fecerat & Medicus.

Il y a une autre Epigramme semblable dans le même Auteur, L. VIII. 74.

Hoplomachus nunc es, &c.

EPIGRAMMES.

XII.

Sur une Harangue d'un Magistrat, dans laquelle les Procureurs étoient fort maltraitez.

Lorsque dans ce Sénat, à qui tout rend hommage,
　Vous haranguez en vieux langage,
　Paul, j'aime à vous voir en fureur
　Gronder maint & maint Procureur :
　Car leurs chicanes sans pareilles
　Méritent bien ce traitement.
　Mais, que vous ont fait nos oreilles,
　Pour les traiter si rudement ?

XIII.

Sur l'Agésilas de Mr. de Corneille.

J'Ai vû l'Agésilas.
　Hélas !

REMARQUES.

Notre Auteur étant à la première représentation de la Tragédie d'Agésilas, en 1666. dit le bon mot qui est renfermé dans cette Epigramme.

XIV.

Sur l'Attila du même Auteur.

Après l'Agésilas,
　Hélas !
Mais après l'Attila,
　Hola !

REMARQUES.

LA Tragédie d'Attila fut représentée en 1667. Voiez la Remarque sur le Vers 177. de la Satire IX.

XV.

Sur la manière de réciter du Poëte Santeul.

Quand j'aperçois sous ce Portique
Ce Moine au regard fanatique,
Lisant ses Vers audacieux
Faits pour les habitans des Cieux,
Ouvrir une bouche effroïable,
S'agiter, se tordre les mains ;
Il me semble en lui voir le Diable,
Que Dieu force à loüer les Saints.

REMARQUES.

Jean-Baptiste Santeul, Chanoine Régulier de S. Victor, a été un des plus fameux Poëtes Latins du dix-septième Siécle. Il a fait sur tout de très belles Himnes à la loüange des Saints. Quand il eut fait celles de S. Loüis, il alla les présenter au Roi, & les récita, de la manière qu'il récitoit tous les Vers ; c'est à dire, en s'agitant comme un Possedé, & faisant des contorsions & des grimaces, qui firent beaucoup rire les Courtisans. Mr. Despréaux, qui se trouva là, fit cette Epigramme sur le champ ; & étant sorti pour l'écrire, il la remit au Duc de.... qui l'alla porter au Roi, comme si c'eût été un papier de conséquence. Le Roi la lut, & la rendit en soûriant, à ce même Seigneur, qui eut la malice de l'aller lire à d'autres Courtisans en présence de Santeul même. Elle étoit ainsi.

A voir de quel air effroïable,
Roulant les yeux, tordant les mains,
Santeul nous lit ses Himnes vains,
Diroit-on pas que c'est le Diable
Que Dieu force à loüer les Saints ?

XVI.

À la Fontaine de Bourbon.

Oui, vous pouvez chasser l'humeur apoplectique,
   Rendre le mouvement au Corps paralytique,
Et guérir tous les maux les plus invéterez.
Mais quand je lis ces vers par vôtre onde inspirez,
   Il me paroît, admirable Fontaine,
Que vous n'eutes jamais la vertu d'Hippocrène.

REMARQUES.

EN 1685. l'Auteur étoit allé prendre les eaux à Bourbon, où il trouva l'A.... Poëte médiocre qui lui montra des Vers de sa façon.

EPIGRAMMES.

XVII.

L'Amateur d'Horloges.

Sans cesse autour de six Pendules,
De deux Montres, de trois Cadrans,
Lubin, depuis trente & quatre ans,
Occupe ses soins ridicules.
Mais à ce métier, s'il vous plaît,
A-t-il acquis quelque Science ?
Sans doute; & c'est l'Homme de France
Qui sait le mieux l'heure qu'il est.

REMARQUES.

Lettre de l'Auteur, du 6. Mars, 1707.

„Lubin est un de mes Parens, qui est mort „il y a plus de vingt ans, & qui avoit „la folie que j'attaque dans mon Epigramme. „Il étoit Secretaire du Roi, & s'appeloit Mr. „Targas. J'avois dit, lui vivant, le mot dont „j'ai composé le sel de cette Epigramme, qui „n'a été faite qu'environ depuis deux mois, „chez moi à Auteuil où couchoit l'Abbé de „Châteauneuf. Le soir en m'entretenant avec „lui, je m'étois ressouvenu du mot dont il est „question. Il l'avoit trouvé fort plaisant : & „sur cela nous étions convenus l'un & l'autre, „qu'avant tout, pour faire une bonne Epi- „gramme, il faloit dire en conversation, le „mot qu'on y vouloit mettre à la fin, & voir „s'il frapperoit. Celui-ci donc l'aiant frappé, „je le lui rapportai le lendemain au matin, „construit en Epigramme, telle que je vous „l'ai envoiée, &c.

EPIGRAMMES.

XVIII.

Sur ce qu'on avoit lû à l'Académie des Vers contre Homère & contre Virgile.

CLIO vint l'autre jour se plaindre au Dieu des Vers,
  Qu'en certain lieu de l'Univers,
On traitoit d'Auteurs froids, de Poëtes steriles,
 Les Homères & les Virgiles.
5 Cela ne sauroit être ; on s'est moqué de vous,
 Reprit Apollon en courroux :
 Où peut-on avoir dit une telle infamie ?
 Est-ce chez les Hurons, chez les Topinamboux ?
 C'est à Paris. C'est donc dans l'Hôpital des Foux ?
10 Non, c'est au Louvre, en pleine Académie.

REMARQUES.

EN l'année 1687. on lût à l'Académie Françoise, un Poëme de Mr. Perraut, intitulé *Le Siècle de Louis le Grand*, dans lequel, Homère, Virgile, & la plûpart des meilleurs Ecrivains de l'Antiquité, étoient fort maltraitez. Ce Poëme excita d'abord de grandes rumeurs parmi les Savans, & chacun prit parti pour ou contre dans cette nouvelle dispute. Nôtre Auteur se déclara hautement en faveur des Anciens, & commença à essaier ses traits contre Mr. Perraut & ses Adhérans, par cette Epigramme, qui fut bien-tôt suivie de plusieurs autres. Au sentiment de bien des gens, c'est la meilleure Epigramme de Mr. Despréaux. Voïez la Remarque sur la première Epigramme.

Vers 1. *Clio vint l'autre jour.*] *Clio*, Muse qui préside à l'Histoire.

Vers 8. *Est-ce chez les Hurons, chez les Topinamboux?*] Peuples Sauvages de l'Amerique.

XIX.

Sur le même sujet.

J'Ai traité de Topinamboux
Tous ces beaux Censeurs, je l'avoüe:
Qui de l'Antiquité si follement jaloux,
Aiment tout ce qu'on hait, blâment tout ce qu'on loüe:
Et l'Académie entre nous
Souffrant chez soi de si grands Foux,
Me semble un peu Topinamboüe.

REMARQUES.

CE dernier mot a été fait par nôtre Poëte; & la singularité du mot, fait une partie du sel de cette Epigramme. Longtems avant qu'elle eût été composée, Mr Chapelle, ami de Mr. Despréaux, avoit trouvé un vieux Almanac, à la fin duquel il y avoit une méchante Piéce en Vers Burlesques, sur le Mariage de *Lustucru*, laquelle finissoit ainsi:

Et le pauvre Lustucru
Trouve enfin sa Lustucrue.

Cette folie est l'original de *Topinamboue*.

XX.

Sur le même sujet.

NE blâmez pas Perraut de condamner Homere,
Virgile, Aristote, Platon.
Il a pour lui Monsieur son Frere,
G.. N.. Lavau, Caligula, Neron,
Et le gros Charpentier, dit-on.

XXI.

A Mr. P..... sur le même sujet.

Pour quelque vain discours, sottement avancé
Contre Homère, Platon, Cicéron, ou Virgile,
Caligula par tout fut traité d'insensé,
Neron de furieux, Hadrien d'imbécille.
5   Vous donc, qui dans la même erreur,
Avec plus d'ignorance, & non moins de fureur,
Attaquez ces Heros de la Grèce & de Rome ;
P.. fussiez - vous Empereur,
Comment voulez-vous qu'on vous nomme ?

REMARQUES.

Vers 3. *Caligula par tout &c.*] Cet Empereur avoit dessein d'abolir les Ouvrages d'Homère, de Virgile, de Tite-Live, &c. Suétone Vie de Caligula, c. 34.

Vers 4. ——— *Hadrien d'imbécille.*] Il avoit aussi formé le dessein d'abolir la mémoire & les Ouvrages d'Homère, pour établir sur ses ruines un certain Antimachus, Poëte, dont le nom n'étoit presque pas connu alors. Dion, L. 69.

XXII.

Sur le même sujet.

D'Où vient que Cicéron, Platon, Virgile, Homère,
Et tous ces grands Auteurs que l'Univers révère,
Traduits dans vos Ecrits nous paroissent si sots ?
P.. c'est qu'en prêtant à ces Esprits sublimes
Vos façons de parler, vos bassesses, vos rimes,
Vous les faites tous des P..

XXIII.

Au même.

Ton Oncle, dis-tu, l'Assassin
M'a gueri d'une maladie.
La preuve qu'il ne fut jamais mon Médecin,
C'est que je suis encore en vie.

REMARQUES.

Vers 1. *Ton Oncle.*] Il n'a pas voulu dire, *Ton Frere*. Mr. P..... disoit effectivement que son Frere le Médecin avoit rendu de grands services à nôtre Auteur, en le guerissant de deux maladies. Voiez ci-après la première Réflexion Critique sur Longin.

Les deux premiers Vers de cette Epigramme étoient ainsi :

 Tu te vantes, P..... que ton Frere
  assassin
 M'a gueri d'une affreuse & longue maladie.
 La preuve &c.

Le P. Commire l'a ainsi traduite :

Mene tuus, Clades quondam Urbis publicæ,
 Frater
Eripuit morbo difficili atque gravi ?
Mentiris: Medico non sum usus Fratre, Peralii.
 Vis testem ? vitâ perfruor incolumis.

On trouve un mot semblable de Pausanias, dans les *Dits notables des Lacedémoniens*, de Plutarque.

XXIV.

Au même.

LE bruit court que Bacchus, Junon, Jupiter, Mars,
  Apollon le Dieu des beaux Arts,
Les Ris mêmes, les Jeux, les Graces & leur Mere,
  Et tous les Dieux enfans d'Homère,
5 Réfolus de vanger leur Pere,
Jettent déja fur vous de dangereux regards.
P.. craignez enfin quelque trifte avanture.
Comment foûtiendrez-vous un choc fi violent ?
  Il eft vrai, Vifé vous affûre
10 Que vous avez pour vous Mercure ;
  Mais c'eft le Mercure Galant.

REMARQUES.

Vers 3. 4. & 5.] Il y a trois Rimes fé-minines de fuite dans ces trois Vers. C'eft une faute qu'il eft étonnant que l'Auteur n'ait pas corrigée.

Vers 7. *P.. craignez, enfin.*] Première manière : *P.. Je crains pour vous.* Ce dernier mot fe rencontroit en trois vers de fuite, precifément dans la Céfure, ou dans le Repos du Vers : ce qui étoit une autre faute.

XXV.

Parodie burlesque de la première Ode de Pindare, à la loüange de Mr. P...

Malgré son fatras obscur,
Souvent Brébeuf étincelle.
Un Vers noble, quoique dur,
Peut s'offrir dans la Pucelle.
5 Mais, ô ma Lyre fidelle,
Si du parfait Ennuieux
Tu veux trouver le modelle,
Ne cherche point dans les Cieux
D'Astre au Soleil préferable ;
10 Ni dans la foule innombrable
De tant d'Ecrivains divers,
Chez Coignard rongez des vers,
Un Poëte comparable
A l'Auteur inimitable
15 De Peau-d'Ane mis en Vers.

REMARQUES.

L'Auteur avoit résolu de parodier toute l'Ode ; mais Mr. P.... & lui, se raccommodèrent, & il n'y eut que ce Couplet de fait.

Vers 2. *Souvent Brébeuf.*] Poëte qui a traduit en Vers François la Pharsale de Lucain.

Vers 4. *Peut s'offrir dans la Pucelle.*] Poëme de Chapelain.

Vers 12. *Chez Coignard.*] Libraire de Mr. Perrault.

Vers 15. *De Peau-d'Ane mise en Vers.*] En ce tems-là Mr. P... avoit rimé le Conte de Peau-d'Ane.

XXVI.

Sur la réconciliation de l'Auteur & de Mr. Perrault.

Tout le trouble Poëtique
A Paris s'en va cesser.
Perrault l'anti-Pindarique,
Et Despréaux l'Homérique,
Consentent de s'embrasser.
Quelque aigreur qui les anime,
Quand, malgré l'emportement,
Comme eux l'un l'autre on s'estime,
L'accord se fait aisément.
Mon embarras est comment
On pourra finir la guerre
De Pradon & du Parterre.

REMARQUES.

Cette Epigramme fut faite en 1699. Elle est insérée dans une Lettre que l'Auteur écrivit à Mr. Perrault, après leur réconciliation, & qui est imprimée ci-après: Lettre IV.

XXVII.

Aux RR. PP. Jésuites, Auteurs du Journal de Trévoux.

Mes Révérends Peres en Dieu,
   Et mes Confrères en Satire,
Dans vos Ecrits, en plus d'un lieu,
Je vois qu'à mes dépens vous affectez de rire.
Mais ne craignez-vous point que, pour rire de vous,
Relisant Juvénal, refeuilletant Horace,
Je ne ranime encor ma satirique audace ?
   Grands Aristarques de Trévoux,
N'allez point de nouveau faire courir aux armes
Un Athlète tout prêt à prendre son congé ;
Qui par vos traits malins au combat rengagé,
Peut encore aux Rieurs faire verser des larmes.
   Apprenez un mot de Regnier
   Notre célèbre Devancier :
   Corsaires attaquant Corsaires
   Ne font pas, dit-il, *leurs affaires.*

Satire de Regnier, à la fin.

REMARQUES.

EN 1701. l'on publia en Hollande une édition des Oeuvres de Mr. Despréaux, dans laquelle on avoit mis, au bas des pages, quelques endroits qu'il avoit imitez des Poëtes Latins. Les Auteurs du Journal qui s'imprime tous les Mois à Tréyoux en donnèrent un Extrait au Mois de Septembre, 1703. dans lequel ils disoient entr'autres choses, qu'en parcourant ce Volume, on trouve que les pages sont plus ou moins chargées de *Vers Latins imitez*, selon que certaines pièces de *Mr. Despréaux* ont été communément plus ou moins estimées. Après quoi ils remarquoient, *qu'on n'en trouvoit point dans la dixième Satire contre les Femmes, ni dans l'Epitre sur l'Amour de Dieu.* Mr. Despréaux crût voir un air de raillerie dans ces paroles, dont il se tint offensé ; puis qu'on le représentoit comme un grand Imitateur, qui devoit toute sa réputation aux *plus beaux endroits des Anciens, qu'il avoit fait passer dans ses Ouvrages.* C'est ce qui lui fit faire cette Epigramme, qu'il appelloit aussi une petite Epitre. Le P. Du Rus, Jésuite, y répondit par l'Epigramme suivante.

XXVIII.

Réponse, à Mr. Despréaux.

Les Journalistes de Trévoux,
    Illustre Héros du Parnasse,
N'ont point crû vous mettre en courroux,
Ni ranimer en vous la satirique audace.
Dont par le grand Arnaud vous vous croïez absous.
Ils vous blâment si peu d'avoir suivi la trace
    De ces grands Hommes, qu'avec grace
    Vous traduisez en plus d'un lieu ;
Que, pour l'amour de vous, ils voudroient bien qu'Horace
    Eût traité de l'Amour de Dieu.

XXIX.

Replique de Mr. Despréaux aux mêmes.

Non, pour montrer que Dieu veut être aimé de nous
    Je n'ai rien emprunté de Perse, ni d'Horace,
Et je n'ai point suivi Juvénal à la trace.
Car, bien qu'en leurs Ecrits, ces Auteurs, mieux que vous,
Attaquent les erreurs dont nos ames sont yvres ;
    La nécessité d'aimer Dieu
Ne s'y trouve jamais prêchée en aucun lieu,
    Mes Peres, non plus qu'en vos Livres.

XXX.

Sur le Livre des Flagellans.
Aux mêmes.

Non, le Livre des Flagellans
N'a jamais condamné, lisez-le bien, mes Peres,
 Ces rigiditez salutaires,
Que, pour ravir le Ciel, saintement violens,
Exercent sur leurs corps tant de Chrétiens austères.
Il blâme seulement cet abus odieux,
 D'étaler & d'offrir aux yeux
Ce que leur doit toûjours cacher la bienséance ;
 Et combat vivement la fausse Piété,
Qui, sous couleur d'éteindre en nous la volupté,
Par l'austerité même & par la pénitence
Sait allumer le feu de la lubricité.

REMARQUES.

Monsieur l'Abbé Boileau, Docteur de Sorbone, & Chanoine de la Sainte Chapelle, Frere de l'Auteur, publia en 1700. le Livre intitulé, *Historia Flagellantium* ; & les Auteurs du Journal de Trévoux en firent la critique dans leurs Mémoires du Mois de Juin, 1703. Le P. Du Cerceau, Jésuite, en avoit fait aussi une critique particulière.

EPIGRAMMES. 459

XXXI.

FABLE D'ESOPE.

Le Bucheron & la Mort.

LE dos chargé de bois, & le corps tout en eau,
Un pauvre Bucheron, dans l'extrême vieillesse
Marchoit en haletant de peine & de détresse.
Enfin las de souffrir, jettant là son fardeau,
5 Plûtôt que de s'en voir accablé de nouveau,
Il souhaite la Mort, & cent fois il l'appelle.
La Mort vint à la fin. Que veux-tu, cria-t-elle ?
Qui, moi ? dit il alors prompt à se corriger :
Que tu m'aides à me charger.

REMARQUES.

Monsieur De la Fontaine avoit mis en Vers cette Fable ; mais comme il s'étoit un peu écarté du sens d'Esope, Mr. Despréaux lui fit remarquer, qu'en abandonnant son Original, il laissoit passer un des plus beaux traits qui fût dans Esope. La Fontaine refit la Fable ; (L. 1. Fab. 15. & 16.) Et Mr. Despréaux fit celle-ci en même tems.

EPIGRAMMES.

XXXII.

Le Débiteur reconnoissant.

JE l'assistai dans l'indigence ;
Il ne me rendit jamais rien.
Mais quoi qu'il me dût tout son bien,
Sans peine il souffroit ma présence.
5   O la rare reconnoissance !

LE célèbre Mr. Patru, pressé par un Créancier impitoiable, (c'étoit un Fermier General) étoit sur le point de voir vendre ses Livres, la plus agréable & presque la seule chose qui lui restoit. Mr. Despréaux le tira de cette fâcheuse extrémité, en lui portant une somme beaucoup plus considerable que celle pour laquelle il étoit résolu de les donner ; il voulut même que Mr. Patru gardât sa Bibliotèque comme auparavant, & qu'elle ne vint à lui qu'en survivance. Il déboursa environ quatre mille livres, & il n'avoit pas encore les successions qu'il a recueillies dans la suite. Cette Epigramme n'a été faite qu'après la mort de Mr. Patru, arrivée en Janvier 1681.

XXXIII.

Enigme.

DU repos des Humains implacable ennemie,
J'ai rendu mille Amans envieux de mon sort.
Je me repais de sang, & je trouve ma vie
Dans les bras de celui qui recherche ma mort.

REMARQUES.

UNe Puce. L'Auteur fit cette Enigme à l'âge de dix sept ans, dans une Maison que son Pere avoit à Clignancourt, au pié de Montmartre.

XXXIV.

Vers pour mettre au devant d'un Roman allégorique, où l'on expliquoit toute la Morale des Stoïciens.

<blockquote>
Laches Partisans d'Epicure,
Qui brûlans d'une flame impure,
Du Portique fameux fuïez l'aufterité:
Souffrez qu'enfin la Raison vous éclaire.
5   Ce Roman plein de verité,
Dans la Vertu la plus severe
Vous peut faire aujourdhui trouver la Volupté.
</blockquote>

REMARQUES.

Extrait d'une Lettre de l'Auteur: 19. d'Avril, 1702.

"L'Epigramme à la loüange du Roman allégorique, regarde Mr. l'Abbé d'Aubignac, qui a composé *la Pratique du Théatre*, & qui avoit alors beaucoup de réputation. Ce Roman allégorique, qui étoit de son invention, s'appeloit *Macarise, ou la Reine des Isles fortunées*; & il prétendoit que toute la Philosophie Stoïcienne y étoit renfermée. La verité est qu'il n'eut aucun succez, & qu'il ne fut de chez Serey qu'un saut chez l'Epicier. Je fis l'Epigramme pour être mise au devant de son Livre, avec quantité d'autres Ouvrages que l'Auteur avoit exigés de ses amis pour le faire valoir; mais heureusement je lui portai l'Epigramme trop tard, & elle n'y fut point mise. Dieu en soit loüé. &c...
Cet Ouvrage fut imprimé en 1663. & publié en 1664."

Vers 3. *Du Portique fameux.*] L'Ecole de Zénon.

XXXV.

Sur un Portrait de Rocinante, Cheval de Don Quichotte.

TEl fut ce Roi des bons chevaux,
Rocinante, la fleur des Coursiers d'Ibérie,
Qui trottant jour & nuit, & par monts, & par vaux,
Galoppa, dit l'Histoire, une fois en sa vie.

REMARQUES.

C'Est la peinture d'un très-méchant Cheval, dont l'Auteur, étant fort jeune, avoit été obligé de se servir, allant voir sa Maîtresse, au Village de St. Prit, près de St. Denis. *Voïez l'article suivant.* Il fit une Rélation de son voïage, en Vers & en Prose, & Mr. De la Fontaine, à qui il la montra, s'arrêta principalement à ces quatre Vers. Le reste a été supprimé. L'Auteur avoit pourtant retenu une autre Epigramme, qui entroit dans la même Rélation; mais il ne la récitoit que pour s'en moquer lui-même, & pour en faire voir le ridicule. *Quand je mourrai,* disoit-il en riant, *je veux la laisser à Mr. de Benserade: elle lui* apartient de droit: j'entens pour le stile. La voici.

J'ai beau m'en aller à Saint Prit,
Ce Saint, qui de tout maux guerit,
Ne sauroit me guerir de mon amour extrême,
Phillis! si tu ne t'veux dévoiler,
Si vous ne prenez soin de me guerir vous même,
Je ne sai plus du tout à quel Saint me voüer.

Vers 2. *Des Coursiers d'Iberie.*] D'Espagne.
Vers 4. *Galoppa, dit l'Histoire.*] Don Quichotte, Tome 3. ch. 14.

EPIGRAMMES.

XXXVI.

Vers à mettre en Chant.

Voici les lieux charmans, où mon ame ravie
    Passoit, à contempler Silvie,
Ces tranquilles momens si doucement perdus.
Que je l'aimois alors ! Que je la trouvois belle !
Mon cœur, vous soûpirez au nom de l'Infidelle :
6 Avez-vous oublié que vous ne l'aimez plus ?

C'est ici que souvent errant dans les prairies,
    Ma main, des fleurs les plus cheries,
Lui faisoit des présens si tendrement reçûs.
Que je l'aimois alors ! Que je la trouvois belle !
Mon cœur, vous soûpirez au nom de l'Infidelle :
12 Avez-vous oublié que vous ne l'aimez plus ?

REMARQUES.

L'Auteur, dans sa jeunesse, avoit aimé une Fille fort spirituelle, nommée Marie Poncher, qu'on appèloit dans le monde, Mademoiselle de Bretouville. Cette aimable & vertueuse fille se fit Religieuse. Quelque tems après, Mr. Despréaux se promenoit tout seul dans le Jardin Roïal des Plantes ; & se rappellant les doux momens qu'il avoit passez autre-fois avec elle à la campagne, il fit les Vers, qui furent mis en musique par le fameux Lambert, en 1671. Le Roi prenoit plaisir à le les faire chanter par l'Illustre Mademoiselle de Leufroy.

Madlle. de Bretouville étoit Niéce d'un Chanoine de la Sainte Chapelle, qui possédoit un Benéfice simple de 800. livres de revenu : c'étoit le Prieuré de S. Paterne, au Dioceze de Beauvais. Ce Benéfice aiant vaqué par la mort du Chanoine, sa Niéce conseilla à Mr. Despréaux de s'en faire pourvoir en Cour de Rome, présumant que l'Evêque de Beauvais, de qui le Prieuré dépendoit, ne songeroit pas si-tôt à le lui conferer. Mr. Despréaux l'obtint, & en jouit pendant huit années, sans prendre néanmoins l'habit écléfiaftique, & sans se mettre trop en peine de faire un bon usage des revenus. Mr. le Premier Président de Lamoignon, qui avoit beaucoup de religion & de vertu, s'entretenant un jour avec Mr. Despréaux, lui fit comprendre qu'en se conduisant de la sorte, il ne pouvoit garder ce benéfice en sureté de conscience. Mr. Despréaux le reconnut, & en fit sa démission à l'Evêque de Beauvais. Il fit plus. Il supputa ce qu'il en avoit retiré depuis le tems qu'il en jouissoit, & cette somme qui se montoit à environ six mille livres, fut emploïée à faire la Dot de Madlle. de Bretouville qui se fit Religieuse dans un Couvent du Fauxbourg St. Germain.

XXXVII.

Chanson à boire.

PHilosophes rêveurs, qui pensez tout savoir,
Ennemis de Bacchus, rentrez dans le devoir:
Vos esprits s'en font trop accroire.
Allez, vieux Fous, allez apprendre à boire.
On est savant quand on boit bien.
Qui ne sait boire ne sait rien.

REMARQUES.

L'Auteur fit cette Chanson au sortir de son cours de Philosophie, à l'âge de dix-sept ans. La Musique en fut faite par Mr. De la Guerre, pere de Mlle. De la Guerre, qui jouë du Clavecin. A peu près dans le même tems nôtre Poëte fit une autre Chanson, qui est moins considerable par elle-même, que par l'occasion qui la produisit. Il étoit malade de la fièvre, & toutes les fois que l'accès le prenoit, il s'imaginoit être condamné à faire des Couplets sur une Chanson qu'il avoit ouï chanter au célèbre Savoïard. L'accès étant passé, il étoit délivré de cette idée, & ne songeoit plus à la Chanson. Voici celle de ce fameux Chantre du Pont-neuf: elle est à la page 68. du *Recueil des Airs du Savoïard.*

*Imbécilles Amans, dont les brûlantes ames
Sont autant de tisons;
Allez porter vos fers, vos chaines, & vos flames
Aux Petites-maisons.
Cependant nous vivons avecque la bouteille,
Et dessous la treille
Nous la cheviron̂s.*

Mr. Despréaux, pendant les accès de sa fièvre, fit les deux Couplets suivans, sur le même sujet.

*Soûpirés jour & nuit, sans manger & sans boire,
Ne songez qu'à souffrir.
Aimez, aimez vos maux, & mettez vôtre gloire
A n'en jamais guerir.
Cependant nous vivons &c.*

*Si, sans vous soulager, une aimable Cruelle
Vous retient en prison,
Allez aux durs rochers, aussi sensibles qu'elle,
En demander raison.
Cependant &c.*

Quand il fut gueri de sa fièvre, il oublia entièrement sa Chanson, & ne fut que deux ou trois années après, qu'il se ressouvint de l'avoir faite. Il disoit à ce propos, qu'il avoit été le *Continuateur du Savoïard*; & ce fut cela même qui, dans la suite, lui fit naître la pensée de ce Vers dans la Satire neuvième: *Servir de second tôme aux Airs du Savoïard.*

[a] *Au mois d'Avril 1672.*

XXXVIII.
Chanson faite à Bâville.

Que Bâville me semble aimable !
   Quand des Magistrats le plus grand
Permet que Bacchus à sa table
4 Soit nôtre Premier Président.

Trois Muses, en habit de ville,
   Y président à ses côtez ;
Et ses Arrêts par Arbouville
8 Sont à plein verre exécutez.

Si Bourdalouë un peu sévère
   Nous dit craignez la Volupté :
Escobar, lui dit-on, mon Pere,
12 Nous la permet pour la santé.

Contre ce Docteur authentique,
   Si du jeûne il prend l'interêt :
Bacchus le déclare héretique,
16 Et Janséniste, qui pis est.

REMARQUES.

Lettre de Mr. Despréaux, du 15. de Juillet, 1702.

"Cette Chanson a été effectivement faite à Bâville, dans le tems * des nôces de Monsieur de Bâville, aujourdhui Intendant du Languedoc. Les trois Muses étoient Madame de Chalucet, mere de Madame de Bâville, une Madame *Helyot*, qui avoit une Terre assez proche de Bâville, & une Madame de la Ville, femme d'un fameux Traitant. Celle-ci aiant chanté à table une Chanson à boire, dont l'air étoit fort joli, mais les paroles très-méchantes; tous les Conviez, & le P. Bourdaloue entre autres, qui étoit de la nôce, aussi bien que le Pere Rapin, m'exhortèrent à y faire de nouvelles paroles, & je leur raportai le lendemain "les quatre Couplets que vous voiez. Ils réussirent fort, à la reserve des deux derniers qui firent un peu refrogner le Pere Bourdaloue. Pour le Pere Rapin, il entendit raillerie, & obligea même le P. Bourdaloue à l'entendre aussi. Au lieu de *Trois Muses en habit de ville*, il y avoit, *Chalucet, Helyot, La Ville*. Mr. d'Arbouville qui vient après, étoit un Gentilhomme Parent de Mr. le Premier Président : il bûvoit volontiers à plein verre. Effectivement le P. Bourdaloue avoit pris d'abord très-sérieusement cette plaisanterie, & dans sa colère il dit au P. Rapin : *Si Mr. Despréaux me chante, je le prêcherai.*

Vers 11. *Escobar.*] Théologien & Casuiste fameux.

XXXIX.

Sur Homère.

Ἤειδον μὲν ἐγών : ἐχάρασσε ⁊ Θεῖος Ὅμηρος.

Cantabam quidem ego : scribebat autem Dius Homerus.

Quand la derniére fois, dans le sacré Vallon,
  La Troupe des neuf Sœurs, par l'ordre d'Apollon,
Lût l'Iliade & l'Odissée ;
Chacune à les loüer se montrant empressée :
5 Apprenez un secret qu'ignore l'Univers,
  Leur dit alors le Dieu des Vers :
Jadis avec Homère, aux rives du Permesse,
Dans ce bois de Lauriers, où seul il me suivoit,
Je les fis toutes deux, plein d'une douce yvresse.
10   Je chantois ; Homère écrivoit.

REMARQUES.

LE Vers Grec rapporté au commencement, est tout seul dans l'Anthologie; & nôtre Auteur y a joint une petite Narration qui prépare & amène le sens du Vers. Cette Epigramme fut faite le 12. de Décembre, 1701. Mr. Charpentier en avoit fait une sur le même sujet.

Quand Apollon vit le Volume,
Qui, sous le nom d'Homère, enchantoit l'Univers:
Je me souviens, dit - il, que j'ai dicté ces Vers,
Et qu'Homère tenoit la plume.

„Cela est assez concis, & assez bien tourné, disoit Mr. Despréaux dans deux Lettres, du 4. Mars, & du 3. Juillet, 1703. „Mais le Volu-„me est un mot fort bas en cet endroit; & je „n'aime point ce mot de Palais, Tenoit la plu-„me. D'ailleurs, ajoûtoit-il : quel air l'Auteur „de cette dernière Epigramme donne-t-il à „Apollon, qu'il suppose lisant ces deux Ouvra-„ges dans son Cabinet, & se disant à lui-mê-„me : c'est moi qui les ai dictez ? Au lieu que „dans la mienne, Apollon, c'est à dire, le Gé-„nie seul, est au milieu des Muses, à qui il „déclare qu'elles ne se trompent pas dans l'ad-„miration qu'elles ont de ces deux grands Chefs-„d'œuvre, puisque c'est lui qui les a composez „dans une espèce d'enthousiasme & d'yvresse, „qui ne lui permettoit pas d'écrire ; & qu'Ho-„mère les avoit recueillis. C'est donc le mot „d'*yvresse* qui sauve tout, & qui fait voir pour-„quoi Apollon avoit tant tardé à dire aux „neuf Sœurs, qu'il étoit l'Auteur de ces deux „Ouvrages: se souvenant à peine de les avoir „faits.

Vers 5. & 6. *Apprenez un secret*, &c. *Leur dit alors*, &c.] Au lieu de ces deux Vers, il n'y avoit que celui-ci dans la premiére composition : *De leur Auteur, dit - il, apprenez le vrai nom*.

XL.

Vers pour mettre sous le Buste du Roi.

C'Est ce Roi si fameux dans la paix, dans la guerre,
Qui fait seul à son gré le destin de la Terre.
Tout reconnoit ses loix, ou brigue son appui.
De ses nombreux combats le Rhin frémit encore;
Et l'Europe en cent lieux a vû fuir devant lui
Tous ces Héros si fiers, que l'on voit aujourd'hui
Faire fuir l'Othoman au delà du Bosphore.

REMARQUES.

MOnsieur de Louvois aiant fait graver le portrait du Roi, chargea Mr. Racine & Mr. Despréaux de faire des Vers pour être mis sous le portrait. Mr. Racine eut plûtôt fait les siens, & ils furent gravez. Ceux de Mr. Despréaux furent destinez à servir d'Inscription au buste du Roi, fait par le fameux Girardon, l'année que les Allemans prirent Belgrade; 1687.

XLI.

Vers faits pour mettre au bas d'un Portrait de Monseigneur le Duc du Maine.

Quel est cet Apollon nouveau,
    Qui presque au sortir du berceau
Vient regner sur nôtre Parnasse ?
Qu'il est brillant ! qu'il a de grace !
5 Du plus grand des Heros je reconnois le fils.
Il est déja tout plein de l'esprit de son Pere ;
    Et le feu des yeux de sa Mere
    A passé jusqu'en ses Ecrits.

REMARQUES.

Monseigneur le Duc du Maine étant encore enfant, avoit écrit quelques Lettres fort spirituelles, que l'on fit imprimer par galanterie. Au devant du Volume, le jeune Prince étoit représenté en Apollon, avec une courone de laurier sur la tête. Mr. Racine composa l'Epitre dédicatoire au Roi, & Mr. Despréaux fit les Vers du Portrait. Les derniers Vers étoient de cette manière :

Du plus grand des Mortels je reconnois le fils.
Il a déja la fierté de son Pere.
Et le feu des yeux de sa Mere
A passé jusqu'en ses Ecrits.

XLII.

Vers pour mettre au bas du Portrait de Mademoiselle de Lamoignon.

Aux sublimes vertus nourrie en sa Famille,
   Cette admirable & sainte Fille
En tous lieux signala son humble piété;
Jusqu'aux climats où naît & finit la clarté,
5 Fit ressentir l'effet de ses soins secourables;
  Et, jour & nuit, pour Dieu pleine d'activité,
  Consuma son repos, ses biens & sa santé,
A soulager les maux de tous les Miserables.

REMARQUES.

Magdelaine De Lamoignon, Sœur de Mr. le Premier Président, a vécu dans une pratique continuelle des vertus Chrétiennes. Elle étoit douée sur tout d'une grande douceur, & d'une ardente charité pour les Pauvres. Le Roi lui avoit confié la distribution de ses aumônes, & cette sainte Fille faisoit tenir de l'argent à beaucoup de Missionaires, jusques dans les Indes Orientales & Occidentales, comme l'indique le quatrième Vers. Elle appeloit ordinairement Mr. Despréaux son Directeur; mais elle vouloit quelquefois le diriger à son tour. Ainsi elle ne trouvoit pas bon qu'il fit des Satires, parce qu'elles blessent la Charité. *Mais ne me permettriez-vous pas,* lui dit-il un jour; *d'en faire contre le Grand Turc, ce Prince infidèle, l'Ennemi de notre Religion? Contre le Grand Turc!* reprit Mademoiselle de Lamoignon. *Ho, non: c'est un Souverain; & il ne faut jamais manquer de respect aux personnes de ce rang. Mais contre le Diable,* repliqua Mr. Despréaux, *vous me le permettriez-bien? Non,* dit-elle encore, après un moment de réflexion, *Il ne faut jamais dire du mal de personne.*

XLIII.

A Madame la Préſidente de Lamoignon, ſur le Portrait du Pere Bourdaloüe, qu'elle m'avoit envoié.

DU plus grand Orateur dont la Chaire ſe vante,
M'envoier le portrait, illuſtre Préſidente,
C'eſt me faire un préſent qui vaut mille préſens.
J'ai connu Bourdaloüe; & dès mes jeunes ans,
Je fis de ſes Sermons mes plus chères délices.
Mais, lui de ſon côté, liſant mes vains caprices,
Des Cenſeurs de Trevoux n'eut point pour moi les yeux.
Ma franchiſe ſur tout gagna ſa bienveillance.
Enfin, après Arnauld, ce fut l'Illuſtre en France,
Que j'admirai le plus, & qui m'aima le mieux.

REMARQUES.

LE Pere Bourdaloüe mourut le 13. de Mai, 1704. Quelque tems auparavant, les Auteurs du Journal de Trevoux avoient écrit contre Mr. Deſpréaux.

XLIV.

Vers pour mettre au bas du Portrait de Tavernier, le célèbre Voiageur.

DE Paris à Delli, du Couchant à l'Aurore,
Ce fameux Voiageur courut plus d'une fois:
De l'Inde & de l'Hydaspe il fréquenta les Rois:
Et sur les bords du Gange on le révère encore.
5 En tous lieux sa vertu fut son plus sûr appui;
Et, bien qu'en nos climats de retour aujourd'hui,
   En foule à nos yeux il présente
Les plus rares trésors que le Soleil enfante;
Il n'a rien rapporté de si rare que lui.

REMARQUES.

Jean-Baptiste Tavernier, Baron d'Aubonne, étoit Calviniste. Il mourut à Moscou, en 1689. étant âgé de 89. ans; & retournant aux Indes pour la septième fois.

Vers 1. *De Paris à Delli.*] Ville Capitale de l'Empire du Grand Mogol, dans les Indes Orientales.

Vers 3. *De l'Inde & de l'Hydaspe.*] Fleuves du même Païs.

Vers 4. *Et sur les bords du Gange.*] Autre Fleuve considérable des Indes.

Vers 8. *Les plus rares trésors.*] Il étoit revenu des Indes, avec près de trois millions en pierreries.

Vers 9. *Il n'a rien rapporté de si rare que lui.*] Rare : ce mot a deux sens. Tavernier, quoi que homme de merite, étoit grossier, & même un peu original.

XLV.

Vers pour mettre au bas du Portrait de mon Pere.

CE Greffier doux & pacifique,
De ses Enfans au sang critique,
N'eut point le talent redouté:
Mais fameux par sa probité,
5 Reste de l'or du Siècle antique,
Sa conduite dans le Palais
Par tout pour exemple citée,
Mieux que leur plume si vantée,
Fit la Satire des Rolets.

REMARQUES.

Gilles Boileau, Greffier de la Grand'Chambre du Parlement, mourut en 1657. âgé de 73. ans, mais ces Vers ne furent faits qu'en 1690. Mr. l'Abbé Boileau Docteur de Sorbone, & Chanoine de la Sainte - Chapelle, frere de l'Auteur, a fait ces Vers Latins, qui ont été mis sous le même Portrait, gravé par le célèbre Nanteuil.

Desine flere tuum, Proles numerosa, Parentem,
Quem rapuit votis sors inimica tuis.
Ecce tibi audaci scalpro magis ære perennem,
Æmula naturæ reddit amica manus.

Vers 9. *Fit la Satire des Rolets.*] Voïez le Vers 52. de la Satire I. & les Remarques.

EPIGRAMMES. 473

XLVI.

Epitaphe de la Mere de l'Auteur.

Epouſe d'un Mari doux, ſimple, officieux,
 Par la même douceur je ſçus plaire à ſes yeux:
Nous ne ſçûmes jamais ni railler, ni médire.
4 Paſſant, ne t'enquiers point, ſi de cette bonté
  Tous mes Enfans ont hérité:
Li ſeulement ces Vers, & garde-toi d'écrire.

C'eſt Elle qui par-le.

REMARQUES.

ANne De Nielle, ſeconde Femme de Mr. Boileau le Greffier, mourut en 1637. agée de 23. ans. De ce mariage ſont nez Gilles, Jaques, & Nicolas Boileau, qui ſe ſont extrêmement diſtinguez dans la République des Lettres. Les Ecrits de ces trois illuſtres Freres marquent aſſez le penchant qu'ils ont eu pour la Satire. Cette Epitaphe fut faite en 1670.

Vers 4. *Paſſant, ne t'enquiers point, ſi de cette bonté* &c.] Le Pere de nôtre Auteur faiſant un jour le caractère de ſes Enfans, dit en parlant de celui-ci: *Pour Colin, c'eſt un bon garçon, qui ne dira jamais du mal de perſonne.*

Tom. I.   O o o

XLVII.

Sur un Frere aîné que j'avois, & avec qui j'étois brouillé.

DE mon Frere, il est vrai, les Ecrits sont vantés:
  Il a cent belles qualités;
Mais il n'a point pour moi d'affection sincère.
 En lui je trouve un excellent Auteur,
Un Poëte agréable, un très-bon Orateur:
  Mais je n'y trouve point de Frere.

REMARQUES.

IL s'appelloit Gilles Boileau, & étoit de l'Académie Françoise. Il mourut en 1669. Nous avons parlé de la jalousie qu'il avoit conçuë contre Mr. Despréaux son frere cadet. Voïez les Remarques sur le Vers 94. de la Satire I.

XLVIII.

Vers pour mettre sous le Portrait de Mr. de la Bruyere, au devant de son Livre, des Caractères de ce siècle.

C'est lui qui parle.

TOut esprit orgueilleux, qui s'aime,
 Par mes leçons se voit gueri;
Et dans mon Livre si cheri
Apprend à se haïr soi-même.

REMARQUES.

JEan de la Bruyere Gentilhomme de Mr. le Prince, mourut à Paris le 10. de Mai, 1696. il étoit de l'Académie Françoise.

XLIX.

Epitaphe de Mr. Arnauld, Docteur de Sorbone.

AU pié de cet Autel de structure grossière,
Gît sans pompe enfermé dans une vile bière,
Le plus savant mortel qui jamais ait écrit,
ARNAULD, qui sur la Grace instruit par JÉSUS-CHRIT,
5 Combattant pour l'Eglise, a dans l'Eglise même,
Souffert plus d'un outrage & plus d'un anathême.
Plein du feu qu'en son cœur souffla l'Esprit divin,
Il terrassa Pélage, il foudroïa Calvin,
De tous les faux Docteurs confondit la Morale.
10 Mais, pour fruit de son zèle, on l'a vû rebuté,
En cent lieux opprimé par leur noire Cabale,
Errant, pauvre, banni, proscrit, persécuté.
Et même par sa mort leur fureur mal éteinte
N'auroit jamais laissé ses cendres en repos,
15 Si Dieu lui-même ici, de son Oüaille sainte,
A ces Loups devorans n'avoit caché les os.

REMARQUES.

MOnsieur Arnauld, mourut en Flandres, le 8. d'Août, 1694. âgé de 82. ans & demi.

Vers 10. *Mais, pour fruit &c.*] Ce Vers & les deux suivans étoient ainsi dans la première composition.

*Cependant, pour tout fruit de tant d'habileté,
En cent lieux opprimé par leur noire Cabale,
Il fut errant, banni, trahi, persécuté.*

L.

Vers pour mettre au bas du Portrait de Mr. Hamon.

Tout brillant de favoir, d'esprit, & d'éloquence,
Il courut au Défert chercher l'obfcurité,
Aux Pauvres confacra ſes biens & ſa science;
Et trente ans dans le jeûne, & dans l'auſterité,
Fit ſon unique volupté
Des travaux de la Penitence.

REMARQUES.

Jean Hamon, célèbre Médecin de la Faculté de Paris, s'étoit retiré à Port-Roial des Champs : s'emploiant au ſervice des Pauvres malades de la Campagne, qu'il viſitoit toûjours à pié. Il a vécu 69. ans, & eſt mort le 22. de Février, 1687. Il avoit pris ſoin particulièrement des études de Mr. Racine à Port-Roial, avec Mr. le Maître; & par reconnoiſſance, Mr. Racine voulut être enterré à Port-Roial, aux piés de Mr. Hamon. Les Médecins de Paris ont voulu avoir ſon Portrait dans leur Salle, comme une marque éternelle de la véneration qu'ils conſervent pour ſa mémoire.

L I.

Vers pour mettre au bas du Portrait de Mr. Racine.

DU Théatre François l'honneur & la merveille,
Il sçut ressusciter Sophocle en ses Ecrits;
Et dans l'art d'enchanter les cœurs & les esprits,
Surpasser Euripide, & balancer Corneille.

REMARQUES.

VErs 4. ———— *Et balancer Corneille.*] C'est à dire, *Balancer la réputation que Corneille s'étoit acquise en France.* Nôtre Auteur avoit d'abord disposé son Vers ainsi : *Balancer Euripide, & surpasser Corneille* ; & il ne le changea que pour ne point irriter les Partisans outrez de Corneille. *Je ne serai point fâché*, disoit-il, *que dans la suite des tems quelque Critique se donne la licence de rétablir mon Vers de la manière que je l'avois fait.* Son sentiment est expliqué dans la septième Reflexion critique sur Longin, où il dit, en parlant du grand Corneille, *que non seulement on ne trouve point mauvais qu'on lui compare aujourdhui Mr. Racine, mais qu'il se trouve même quantité de gens qui le lui préferent. La Posterité jugera qui vaut le mieux des deux.* Car, ajoûte-t-il, *je suis persuadé que les Ecrits de l'un & de l'autre passeront aux siècles suivans. Mais jusques-là, ni l'un ni l'autre ne doit être mis en parallele avec Euripide, & avec Sophocle, puisque leurs Ouvrages n'ont point encore le sceau qu'ont les Ouvrages d'Euripide & de Sophocle, je veux dire, l'approbation de plusieurs siècles.*

Quoi qu'il en soit, Mr. Despréaux faisoit un très-grand cas du mérite de Mr. Corneille. En voici une preuve qui fait honneur à l'un & à l'autre. Après la mort de Mr. Colbert, la pension que le Roi donnoit à Mr. Corneille fut supprimée. Mr. Despréaux, qui étoit avec la Cour à Fontainebleau, courut chez Madame de Montespan pour la prier d'engager le Roi à rétablir cette pension. Il en parla lui-même au Roi, & lui dit qu'il ne pouvoit, sans honte & sans une espèce d'injustice, recevoir une pension de Sa Majesté, tandis qu'un homme comme Mr. Corneille en étoit privé. Mr. Despréaux en parla avec tant de chaleur, & son procédé parut si grand & si generoux ; que sur le champ le Roi ordonna que l'on portât deux cens Louis d'or à Mr. Corneille ; & ce fut Mr. de la Chapelle, * parent de Mr. Despréaux, qui les lui porta de la part du Roi. Outre le témoignage d'une infinité de personnes aujourdhui vivantes, qui ont connoissance de ce fait, il a été rendu public par l'impression dans les Lettres de Bonrsault ; & c'est à quoi fit allusion Mr. Racine dans le Discours qu'il prononça en pleine Académie, à la réception de Mr. Corneille le Jeune à la place de son frere. *Deux jours avant sa mort*, dit Mr. Racine, *& lors qu'il ne lui restoit plus qu'un rayon de connoissance, le Roi lui envoia encore des marques de sa liberalité ; & enfin les derniéres paroles de Corneille ont été des remercîmens pour Louis le Grand.* Des témoignages si authentiques seront sans doute suffisans pour faire connoître l'erreur dans laquelle sont tombez des Ecrivains, d'ailleurs très-judicieux & très-estimez, en publiant que Mr. Despréaux n'avoit point contribué au rétablissement de la pension de Mr. Corneille. Ils ont confondu celle que Mr. Colbert lui procura après la disgrace de Mr. Fouquet, avec la pension que Mr. Despréaux fit rétablir après la mort de Mr. Colbert.

* *Ce n'étoit pas le fameux Chapelle batard de Mr. l'Huillier.*

L I I.

Vers pour mettre au bas de mon Portrait.

AU joug de la Raison asservissant la Rime ;
Et, même en imitant, toûjours Original,
J'ai sçu dans mes Ecrits, docte, enjoüé, sublime,
Rassembler en moi Perse, Horace, & Juvénal.

REMARQUES.

MOnsieur Le Verrier aiant fait graver en 1704. le Portrait de Mr. Despréaux, par Drevet, célèbre Graveur, fit mettre ces quatre Vers au bas du Portrait. Ils sont de Mr. Despréaux lui-même, qui les fit, piqué de ce qu'un de ses Amis en avoit fait de fort mauvais ; mais il ne voulut pas que l'on sçût qu'il en étoit l'Auteur. On lisoit dans toutes les copies: *Sans peine à la Raison asservissant* &c. mais les deux premiers mots ont été changez dans la dernière édition de 1713. On avoit proposé à l'Auteur de changer ainsi les deux derniers Vers :

Boileau dans ses Ecrits, docte, enjoüé, sublime,
A sçu rassembler Perse, Horace, & Juvénal.

Afin d'éviter de faire parler Mr. Despréaux lui-même dans son Portrait. On sçavoit encore cette répétition, *Dans mes Ecrits*, & *En moi*, qui est dans les autres Vers. Mais il répondit ce qui suit, par sa Lettre du 6. Mars, 1707. „Supposé que ce qui est dit dans les deux derniers Vers, fut vrai à mon égard, *Docte* répond admirablement à Perse, *Enjoüé* à Horace, & *Sublime* à Juvénal. Ils avoient été „faits d'abord indirects, & de la manière „dont vous me faites voir que vous avez prétendu les rajuster ; mais cela les rendoit „froids, & c'est par le conseil de gens très-„habiles qu'ils furent mis en stile direct : la „Prosopopée aiant une grace qui les anime, „& une fanfaronade même, pour ainsi dire, „qui a son agrément.

LIII.

Réponse aux Vers du Portrait.

OUi, le Verrier, c'est là mon fidelle Portrait;
    Et le Graveur, en châque trait,
A sçu très-finement tracer sur mon visage,
De tout faux Bel-Esprit l'ennemi redouté.
5 Mais dans les Vers pompeux, qu'au bas de cet Ouvrage
Tu me fais prononcer avec tant de fierté,
    D'un Ami de la Verité
    Qui peut reconnoître l'image ?

REMARQUES.

L'Auteur avoit d'abord fait ces Vers de cette manière.

Oui, le Verrier, c'est là mon fidelle Portrait;
  Et l'on y voit à châque trait
L'Ennemi des Cotins tracé sur mon visage.

Mais dans les Vers altiers qu'au bas de cet Ouvrage,
  Trop enclin à me rehausser,
Sur un ton si pompeux tu me fais prononcer,
Qui de l'Ami du Vrai reconnoitra l'image ?

LIV.

Pour un autre Portrait du même.

NE cherchez point comment s'appelle
L'Ecrivain peint dans ce Tableau:
A l'air dont il regarde & montre la Pucelle,
Qui ne reconnoîtroit Boileau?

REMARQUES.

EN 1699. Mr. Despréaux donna son Portrait, peint en grand par Santerre, à l'Auteur de ces Remarques. Dans ce Tableau il est représenté soûriant finement, & montrant au doit le Poëme de *la Pucelle*, qui paroît ouvert sur une table. Il accompagna son présent de ces quatre Vers, qui servent d'Inscription au Tableau.

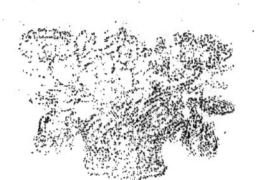

ÉPIGRAMMES. 481

LV.

Vers pour mettre au bas d'une méchante gravûre qu'on a faite de moi.

DU célèbre Boileau tu vois ici l'image.
Quoi, c'est là, diras-tu, ce Critique achevé?
D'où vient ce noir chagrin qu'on lit sur son visage?
C'est de se voir si mal gravé.

REMARQUES.

Cette gravûre étoit faite sur un autre Portrait de l'Auteur, peint par Bouïs. Le Graveur aiant achevé son ouvrage, vint trouver Mr. Despréaux, & le pria de lui donner des Vers pour mettre au bas de sa gravûre. Mr. Despréaux lui répondit, qu'il n'étoit ni assez fat pour dire du bien de lui-même, ni assez sot pour en dire du mal. Cependant, quand le Graveur fut sorti, aiant fait réflexion sur l'air *refrogné* du Portrait, la pensée de cette Epigramme lui vint à l'esprit & il la rima sur le champ.

Au reste, le meilleur de tous les Portraits de Mr. Despréaux, est, sans contredit, celui que Mr. Coustard, Conseiller au Parlement de Paris, fit peindre en 1704. par le fameux Rigaud, & ensuite graver par Drevet, pour en faire des présens. Il a fait mettre sous le Portrait de son Illustre Ami, une Inscription Latine, également belle, & par sa noble simplicité, & par la justesse de l'éloge qu'elle contient. Elle caractérise les mœurs & les Ouvrages de ce grand homme. La voici. NICOLAUS BOILEAU DESPREAUX, MORUM LENITATE, ET VERSUUM DICACITATE ÆQUE INSIGNIS. A la fin de cette Inscription, l'on avoit marqué la naissance de Mr. Despréaux au premier jour de Novembre 1637. Voïez la cause de cette erreur dans la Remarque 1. sur la Préface de l'Auteur. C'est sur ce même Portrait qu'on a gravé celui qui est au commencement de ce Livre.

Vers 1. *Du célèbre Boileau.*] Dans l'édition de 1713. on a mis: *Du Poëte Boileau.*

Tom. I.   P p p

EPIGRAMMES.

LVI.

Sur mon Buste de Marbre, fait par Mr. Girardon, Premier Sculpteur du Roi.

Grace au Phidias de nôtre âge,
Me voilà sûr de vivre autant que l'Univers :
Et ne connut-on plus ni mon Nom, ni mes Vers ;
Dans ce Marbre fameux, taillé sur mon Visage,
5 De Girardon toûjours on vantera l'Ouvrage.

REMARQUES.

CE Buste est dans le Cabinet de Mr. Girardon, & l'on en a tiré plusieurs Copies, en Marbre & en plâtre.
Vers 5. *De Girardon toûjours on vantera l'Ouvrage.*] Charles Quint disoit, qu'il avoit reçû trois fois l'immortalité des mains du Titien, parce que le Titien avoit fait autant de fois le Portrait de cet Empereur.

AVERTISSEMENT
AU LECTEUR.

MADAME de Montespan & Madame de Thianges sa Sœur, lasses des Opera de Monsieur Quinaut, proposerent au Roi d'en faire faire un par Monsieur Racine, qui s'engagea assez legerement à leur donner cette satisfaction, ne songeant pas dans ce moment-là à une chose, dont il étoit plusieurs fois convenu avec moi, qu'on ne peut jamais faire un bon Opera : parce que la Musique ne sauroit narrer : que les passions n'y pouvoient être peintes dans toute l'étenduë qu'elles demandent : que d'ailleurs (1) elle ne sauroit souvent mettre en chant les expressions vraiment sublimes & courageuses. C'est ce que je lui representai, quand il me déclara son engagement ; & il m'avoüa que j'avois raison : mais il étoit trop avancé pour reculer. Il commença dès-lors en effet un Opera, dont le sujet étoit la Chûte de Phaëton. Il en fit même quelques Vers qu'il récita au Roi, qui en parut content. Mais comme Monsieur Racine n'entreprenoit cet Ouvrage qu'à regret, il me témoigna resolument qu'il ne l'acheveroit point que je n'y travaillasse avec lui, & me déclara avant tout, qu'il falloit que j'en composasse le Prologue. J'eus beau lui représenter mon peu de talent pour ces sortes d'Ouvrages, & que je n'avois jamais fait de Vers d'amourette. Il persista dans sa résolution, & me dit qu'il me le feroit ordonner par le Roi. Je songeai donc en moi-même, à voir de quoi je serois capable, en cas que je fusse absolument obligé de travailler à un Ouvrage, si opposé à mon genie & à mon inclination. Ainsi, pour m'essayer, je traçai sans en rien dire à personne, non pas même à Monsieur Racine, le canevas d'un Prologue ; & j'en composai une premiere Scène. Le sujet de cette Scène étoit une dispute de la Poësie & de la Musique, qui se querelloient sur l'excellence de leur Art, & étoient enfin toutes prêtes à se séparer, lorsque

REMARQUES.

(1) *Elle ne sauroit souvent mettre en chant &c.*] Mr. de Lulli a donné entre autres un exemple du contraire dans la belle Idille sur la Paix, de Mr. Racine lui-même ; & quoi qu'elle soit remplie d'expressions extrèmement fortes & sublimes, le Musicien n'est pas demeuré au dessous du Poëte.

AVERTISSEMENT.

que tout à coup la Déesse des Accords, je veux dire l'Harmonie, descendoit du Ciel avec tous les charmes & tous ses agrémens, & les reconcilioit. Elle devoit dire ensuite la raison qui la faisoit venir sur la Terre, qui n'étoit autre que de divertir le Prince de l'Univers le plus digne d'être servi, & à qui elle devoit le plus, puisque c'étoit lui qui la maintenoit dans la France, où elle regnoit en toutes choses. Elle ajoûtoit ensuite, que pour empêcher que quelque audacieux ne vint troubler, en s'élevant contre un si grand Prince, la gloire dont elle jouïssoit avec lui; elle vouloit que dès aujourd'hui même, sans perdre de tems, on représentât sur la Scène la Chûte de l'ambitieux Phaëthon. Aussitôt tous les Poëtes & tous les Musiciens par son ordre, se retiroient, & s'alloient habiller. Voilà le sujet de mon Prologue, auquel je travaillai trois ou quatre jours avec un assez grand dégoût, tandis que Monsieur Racine de son côté, avec non moins de dégoût, continuoit à disposer le plan de son Opera, sur lequel je lui prodiguois mes conseils. Nous étions occupez à ce misérable travail, dont je ne sai si nous nous serions bien tirez, lorsque tout à coup un heureux incident nous tira d'affaire. L'incident fut que Monsieur Quinaut s'étant présenté au Roi les larmes aux yeux, & lui aiant remontré l'affront qu'il alloit recevoir s'il ne travailloit plus au divertissement de Sa Majesté: le Roi touché de compassion, déclara franchement aux Dames dont j'ai parlé, qu'il ne pouvoit se résoudre à lui donner ce déplaisir. *Sic nos servavit Apollo*. Nous retournames donc, Monsieur Racine & moi, à nôtre premier emploi, & il ne fut plus mention de nôtre Opera, dont il ne resta que quelques Vers de Monsieur Racine, qu'on n'a point trouvez dans ses papiers après sa mort, & que vraisemblablement il avoit suprimez par délicatesse de conscience, à cause qu'il y étoit parlé d'amour. Pour moi, comme il n'étoit point question d'amourettes dans la Scène que j'avois composée; non seulement je n'ai pas jugé à propos de la suprimer; mais je la donne ici au Public; persuadé qu'elle fera plaisir aux Lecteurs, qui seront peut-être pas fâchez de voir de quelle manière je m'y étois pris, pour adoucir l'amertume & la force de ma Poësie Satirique, & pour me jetter dans le stile doucereux. C'est de quoi ils pourront juger par le fragment que je leur presente ici; & que je leur presente avec d'autant plus de confiance, qu'étant fort court, s'il ne les divertit, il ne leur laissera pas du moins le tems de s'ennuier.

PROLOGUE.
LA POÉSIE, LA MUSIQUE.

LA POÉSIE.

Quoi ! par de vains accords & des sons impuissans
Vous croïez exprimer tout ce que je sai dire ?

LA MUSIQUE.

Aux doux transports, qu'Apollon vous inspire,
Je crois pouvoir mêler la douceur de mes chants.

LA POÉSIE.

Oüi, vous pouvez aux bords d'une Fontaine
Avec moi soupirer une amoureuse peine,
Faire gemir Thyrsis, faire plaindre Climène.
Mais, quand je fais parler les Heros & les Dieux,
Vos chants audacieux
Ne me sauroient prêter qu'une cadence vaine.
Quittez ce soin ambitieux.

LA MUSIQUE.

Je sai l'art d'embellir vos plus rares merveilles.

LA POÉSIE.

On ne veut plus alors entendre vôtre voix.

LA MUSIQUE.

Pour entendre mes sons, les Rochers & les Bois
Ont jadis trouvé des Oreilles.

LA POÉSIE.

Ah ! c'en est trop, ma Sœur, il faut nous separer.
Je vais me retirer.
Nous allons voir sans moi ce que vous saurez faire.

Ppp 3

PROLOGUE.
LA MUSIQUE.
Je saurai divertir & plaire ;
Et mes chants moins forcez, n'en seront que plus doux.
LA POESIE.
Hé bien, ma Sœur, separons-nous.
LA MUSIQUE.
Separons-nous.
LA POESIE.
Separons-nous.
CHOEUR DE POETES ET DE MUSICIENS.
Separons-nous, separons-nous.
LA POESIE.
Mais quelle puissance inconnuë
Malgré moi m'arrête en ces lieux?
LA MUSIQUE.
Quelle Divinité sort du sein de la nuë?
LA POESIE.
Quels chants melodieux,
Font retentir ici leur douceur infinie?
LA MUSIQUE.
Ah! c'est la divine Harmonie,
Qui descend des Cieux!
LA POESIE.
Qu'elle étale à nos yeux
De graces naturelles!
LA MUSIQUE.
Quel bonheur imprevû la fait ici revoir!
LA POESIE ET LA MUSIQUE.
Oublions nos querelles,
Il faut nous accorder pour la bien recevoir.
CHOEUR DE POETES ET DE MUSICIENS.
Oublions nos querelles,
Il faut nous accorder pour la bien recevoir.

POESIES LATINES.

EPIGRAMMA.
In novum Causidicum, rustici Lictoris Filium.

Dum Puer iste fero natus Lictore perorat,
    Et clamat medio, stante Parente, foro.
Quæris, cur sileat circumfusa undique Turba?
    Non stupet ob Natum, sed timet illa Patrem.

REMARQUES

Cette Epigramme, & celle qui suit, furent faites peu de tems après que l'Auteur eût été reçu Avocat, en 1656. Celui qu'il attaquè dans celle-ci, étoit un jeune Avocat, fils d'un Huissier, nommé ***. Cet Avocat est mort Conseiller de la Cour des Aides. Son Pere étoit fort riche, & le Fils passoit pour grand ménager. *Extrait d'une Lettre de l'Auteur, du 9. d'Avril, 1702.*

SATYRA.

In Marullum, Versibus Phaleucis antea male laudatum.

NOSTRI quid placeant minùs Phaleuci,
Jamdudum tacitus, Marulle, quæro :
Quum nec sint stolidi, nec inficeti,
Nec pingui nimium fluant Minervâ.
Tuas sed celebrant, Marulle, laudes.
O versus stolidos, & inficetos !

REMARQUES.

Extrait de la même Lettre.

Cette Epigramme regarde Monsieur de ***. Il étoit alors dans la folie de faire des Vers Latins, & sur tout des Vers Phaléuces : & comme sa dignité en ce tems-là le rendoit considerable, je ne pus resister à la prière de mon Frere, aujourd'hui Chanoine de la Sainte Chapelle, qui étoit souvent visité de lui, & qui m'engagea à faire des Vers Phaléuces à la loüange de ce Fou qualifié, car il étoit déja fou. J'en fis donc, & il les lui montra. Mais comme c'étoit la première fois que je m'étois exercé dans ce genre de Vers, ils ne furent pas trouvez fort-bons, & ils ne l'étoient point en effet. Si bien que dans le dépit où j'étois d'avoir si mal réussi, je composai cette Epigramme. &c.

Le célèbre La Fontaine la montra à Mr. Racine, qui ne connoissoit pas encore Mr. Despréaux. Elle fut cause de leur connoissance. Mr. Racine le pria de lui donner ses avis sur la Tragédie des *Freres Ennemis*, à laquelle il travailloit alors.

SATIRA.

QUID numeris iterum me balbutire Latinis,
Longe Alpes citra natum de patre Sicambro,
Musa jubes? Istuc puero mihi profuit olim,
Verba mihi sævo nuper dictata Magistro
Cùm pedibus certis conclusa referre docebas.
Utile tunc Smetium manibus sordescere nostris;
Et mihi sæpe udo volvendus pollice Textor
Præbuit adsutis contexere carmina pannis.
Sic Maro, sic Flaccus, sic nostro sæpe Tibullus,
Carmine disjecti, vano pueriliter ore,
Bullatas nugas sese stupuere loquentes . . . .

REMARQUES.

C'Est le commencement d'une Satire que l'Auteur, étant fort jeune, avoit eu dessein de composer contre les Poëtes François qui s'appliquent à faire des Vers Latins. On voit qu'il a affecté d'y emploier des expressions singulières, tirées d'Horace, de Perse, & de Juvénal. Il avoit aussi composé un Dialogue en François, à la manière de Lucien, pour faire voir, que l'on ne peut ni bien parler, ni bien écrire une Langue morte; mais il n'a jamais écrit ce Dialogue, & il se contentoit de le réciter de mémoire. Voiez ce que j'en ai raporté à la fin du second Volume, page 361.

CHAPELAIN DECOIFFÉ,
OU
PARODIE⁽¹⁾
De quelques Scènes du CID, (2)
SUR
CHAPELAIN, CASSAIGNE, ET LA SERRE.

SCENE PREMIERE.
LA SERRE, CHAPELAIN.

LA SERRE.

ENfin vous l'emportez, & la faveur du Roi
Vous accable de dons qui n'étoient dûs qu'à moi.
On voit rouler chez vous tout l'or de la Caſtille.

REMARQUES.

(1) CEtte Parodie fut faite en 1664. tems auquel le Roi avoit commencé à donner des penſions aux Gens-de-Lettres. Chapelain en eut une de trois mille livres, & Caſſaigne une moins conſidérable. La Serre n'en pût point obtenir. Il eſt parlé de ces trois Auteurs en pluſieurs endroits de ce Livre. La Scène eſt au Carrefour de la Ruë Plâtriere, au retour de l'Academie Françoiſe, dont les Aſſemblées ſe tenoient alors chez Mr. le Chancelier Seguier ſon Protecteur.

Mr. Deſpréaux n'étoit pas l'Auteur de cette Parodie. Voici ce qu'il m'en écrivit le 10. de Decembre 1701. „A l'égard du *Chapelain* „*décoiffé*, c'eſt une Pièce où je vous confeſſe „que Mr. Racine & moi avons eu quelque „part, mais nous n'y avons jamais travaillé „qu'à table, le verre à la main. Il n'a pas „été proprement fait *currente calamo*, mais „*currente lagend*; & nous n'en avons ja- „mais écrit un ſeul mot. Il n'étoit point „comme celui que vous m'avez envoié, qui, a „été vrai-ſemblablement compoſé après coup, „par des gens qui avoient retenu quelques- „unes de nos penſées, mais qui y ont mêlé „des baſſeſſes inſupportables. Je n'y ai recon- „nu de moi que ce trait:

Mille & mille papiers dont ta table eſt couverte,
Semblent porter écrit le deſtin de ma perte.

„Et celui-ci:
En cet affront La Serre eſt le tondeur,
Et le tondu Pere de la Pucelle.

„Celui qui avoit le plus de part à cette Piéce, „c'étoit Furetiere, & c'eſt de lui qu'eſt,

O perruque m'amie!
N'as-tu donc tant vécu que pour cette infamie?

„Voilà

CHAPELAIN.

Les trois fois mille francs qu'il met dans ma famille
5 Témoignent mon mérite & font connoître assez
Qu'on ne hait pas mes vers pour être un peu forcez.

LA SERRE.

Pour grands que soient les Rois, ils sont ce que nous sommes,
Ils se trompent en vers comme les autres hommes,
Et ce choix sert de preuve à tous les Courtisans,
10 Qu'à de méchans Auteurs, ils font de beaux préfens.

CHAPELAIN.

Ne parlons point du choix, dont vôtre esprit s'irrite,
La cabale l'a fait plûtôt que le mérite.
Vous choisissant, peut-être, on eût pu mieux choisir,
Mais le Roi m'a trouvé plus propre à son désir,
15 A l'honneur qu'il m'a fait ajoûtéz-en un autre,
Unissons désormais ma cabale à la vôtre.
J'ai mes prôneurs aussi, quoi qu'un peu moins fréquens,
Depuis que mes Sonnets ont détrompé les gens,
Si vous me célebrez, je dirai que La Serre
20 Volume sur volume incessamment desserre,

REMARQUES.

„Voilà, Monsieur, toutes les lumieres que je
„vous puis donner sur cet Ouvrage, qui n'est ni
„de moi, ni digne de moi . . . . . .
Il ajoute encore dans un Écrit trouvé après sa
mort, & duquel il est fait mention au commencement de l'édition qui parut à Paris en 1713.
„J'avouë pourtant que dans la Parodie des Vers
„du Cid, faite sur la perruque de Chapelain,
„qu'on m'attribuë encore, il y a quelques traits,
„qui nous échapèrent à Mr. Racine & à moi,
„dans un repas que nous fîmes chez Furetiere,
„Auteur du Dictionaire; mais nous n'écrivîmes
„jamais rien ni l'un ni l'autre. De sorte que
„c'est Furetiere qui est proprement le vrai & l'u-
„nique Auteur de cette Parodie, comme il ne
„s'en cachoit pas lui-même.

La plûpart des copies, tant manuscriptes
qu'imprimées, qui sont parues, sont differentes
entr'elles. Ici l'on a suivi celle qui a été infe-
rée dans le Menagiana, Tome I. page 146. de
l'edition de 1715. en quatre volumes, par Mr.
De la Monnoie.

(2) *De quelques Scènes du Cid.*] Des quatre
dernieres Scènes du premier Acte, & de la Scène deuxième de l'Acte second.

Vers 18. *Depuis que mes Sonnets.*] Voiez la
Remarque sur le Vers 15. du Discours au Roi.

Vers 20. *Volume sur volume incessamment desserre.*] Le Tite de St. Amant, qui dans son Reçue-
croié, a dit
*Et, même, depuis peu, La Serre,
Qui livre sur livre desserre.*

Je parlerai de vous avec Monsieur Colbert;
Et vous éprouverez si mon amitié sort,
Ma Niéce même en vous peut rencontrer un Gendre.

LA SERRE.

A de plus hauts partis Phlipote peut prétendre.
25 Et le nouvel éclat de cette pension
Lui doit bien mettre au cœur une autre ambition.
Exerce nos rimeurs, & vante nôtre Prince,
Va te faire admirer chez les gens de Province,
Fai marcher en tous lieux les rimeurs sous ta loi,
30 Sois des flatteurs l'amour, & des railleurs l'effroi :
Joins à ces qualitez celle d'une ame vaine,
Montre-leur comme il faut endurcir une veine,
Au métier de Phébus bander tous les ressorts,
Endosser nuit & jour un rouge just'au-corps,
35 Pour avoir de l'encens donner une bataille :
Ne laisser de sa bourse échaper une maille,
Sur tout sers-leur d'exemple, & ressouviens-toi bien
De leur former un stile aussi dur que le tien.

CHAPELAIN.

Pour s'instruire d'exemple en dépit de Liniere
40 Ils liront seulement ma Jeanne toute entiere,
Là dans un long tissu d'amples narrations
Ils verront comme il faut berner les nations,
Duper d'un grave ton Gens de robbe & d'armée,
Et sur l'erreur des sots bâtir sa renommée.

REMARQUES.

Vers 21. *Je parlerai de vous avec Monsieur Colbert.*] Ce grand Ministre avoit inspiré au Roi de donner des pensions aux Gens de Lettres, & Chapelain fut chargé d'en faire la liste.

Vers 34. *Endosser nuit & jour un rouge just'au-corps.*] Quand Chapelain étoit chez lui, il portoit toujours un just'au-corps rouge, en guise de robe de chambre.

Vers 39. ―――― *En dépit de Liniere.*] Il avoit écrit contre le Poëme de *la Pucelle* de Chapelain.

Q q q 3

LA SERRE.

45 L'exemple de La Serre a bien plus de pouvoir,
Un Auteur dans ton Livre apprend mal son devoir.
Et qu'a fait après tout ce grand nombre de pages,
Que ne puisse égaler un de mes cent Ouvrages ?
Si tu fus grand flatteur, je le suis aujourd'hui,
50 Et ce bras de la Presse est le plus ferme appui.
Bilaine & de Sercy sans moi seroient des drilles,
Mon nom seul au Palais nourrit trente familles ;
Les Marchands fermeroient leurs boutiques sans moi.
Et s'ils ne m'avoient plus, ils n'auroient plus d'emploi.
55 Chaque heure, chaque instant fait sortir de ma plume
Caïers dessus caïers, volume sur volume.
Mon valet écrivant ce que j'avois dicté
Feroit un Livre entier marchant à mon côté,
Et loin de ces durs vers qu'à mon stile on préfère,
60 Il deviendroit Auteur en me regardant faire.

CHAPELAIN.

Tu me parles en vain de ce que je connois;
Je t'ai vû rimailler & traduire sous moi,
Si j'ai traduit Gusman, si j'ai fait sa Preface,
Ton galimathias a bien rempli ma place.
65 Enfin pour épargner ces discours superflus,
Si je suis grand flateur, tu l'ès & tu le fus;
Tu vois bien cependant qu'en cette concurrence
Un Monarque entre nous met de la difference.

LA SERRE.

Ce que je méritois tu me l'as emporté.

REMARQUES.

Vers 63. *Si j'ai traduit Gusman.*] Chapelain avoit traduit de l'Espagnol le Roman de Gusman d'Alfarache, imprimé à Paris, en 1638.

PARODIE.

CHAPELAIN.
70 Qui l'a gagné sur toi l'avoit mieux mérité.
LA SERRE.
Qui sait mieux composer en est bien le plus digne.
CHAPELAIN.
En être refusé n'en est pas un bon signe.
LA SERRE.
Tu l'as gagné par brigue étant vieux courtisan.
CHAPELAIN.
L'éclat de mes grands vers fut mon seul partisan.
LA SEERRE.
75 Parlons-en mieux : le Roi fait honneur à ton âge.
CHAPELAIN.
Le Roi, quand il en fait, le mesure à l'Ouvrage.
LA SERRE.
Et par là je devois emporter ces ducats.
CHAPELAIN.
Qui ne les obtient point ne les mérite pas.
LA SERRE.
Ne les merite pas, moi ?
CHAPELAIN.
Toi.
LA SERRE.
Ton insolence,
80 Téméraire vieillard, aura sa récompense.
Il lui arrache sa perruque.
CHAPELAIN.
Acheve & prend ma tête après un tel affront,
Le premier dont ma Muse a vû rougir son front.
LA SERRE.
Et que penses-tu faire avec tant de foiblesse ?

PARODIE.

CHAPELAIN.

O Dieux ! mon Apollon en ce besoin me laisse.

LA SERRE.

85 Ta perruque est à moi, mais tu serois trop vain,
Si ce sale trophée avoit souillé ma main.
Adieu ; fais lire au peuple en dépit de Liniere,
De tes fameux travaux l'histoire toute entiere :
D'un insolent discours ce juste châtiment
90 Ne lui servira pas d'un petit ornement.

CHAPELAIN.

Ren-moi donc ma perruque.

LA SERRE.

Elle est trop mal-honnête.
De tes lauriers sacrez va te couvrir la tête.

CHAPELAIN.

Ren la calotte au moins.

LA SERRE.

Va, va, tes cheveux d'ours
Ne pourroient sur ta tête encor durer trois jours.

SCENE II.

CHAPELAIN seul.

95 O Rage ! ô desespoir ! ô Perruque m'amie !
N'as-tu donc tant vêcu que pour cette infamie ?
N'as-tu trompé l'espoir de tant de Perruquiers,
Que pour voir en un jour flétrir tant de lauriers ?
Nouvelle pension fatale à ma calotte !
100 Précipice élevé qui te jette en la crotte,
Cruël ressouvenir de tes honneurs passez,
Services de vingt ans en un jour effacez !

PARODIE.

Faut-il de ton vieux poil voir triompher La Serre ?
Et te mettre crottée ou te laisser à terre ?
105 La Serre, sois d'un Roi maintenant regalé,
Ce haut rang n'admet pas un Poëte pelé,
Et ton jaloux orgueil par cet affront insigne,
Malgré le choix du Roi, m'en a sû rendre indigne.
Et toi de mes travaux glorieux instrument,
110 Mais d'un esprit de glace inutile ornement,
Plume jadis vantée, & qui dans cette offense
M'as servi de parade & non pas de défense,
Va, quitte deformais le dernier des humains,
Passe pour me vanger en de meilleures mains.
115 Si Cassaigne a du cœur, & s'il est mon ouvrage,
Voici l'occasion de montrer son courage ;
Son esprit est le mien, & le mortel affront
Qui tombe sur mon chef réjaillit sur son front.

SCENE III.

CHAPELAIN, CASSAIGNE.

CHAPELAIN.

CAssaigne, as-tu du cœur ?

CASSAIGNE.

Tout autre que mon Maître
120 L'éprouveroit sur l'heure.

CHAPELAIN.

Ah ! c'est comme il faut être.
Digne ressentiment à ma douleur bien doux !
Je reconnois ma verve à ce noble courroux.
Ma jeunesse revit en cette ardeur si prompte.
Mon disciple, mon fils, viens reparer ma honte.

PARODIE.

125 Viens me vanger.

CASSAIGNE.

De quoi?

CHAPELAIN.

D'un affront si cruel
Qu'à l'honneur de tous deux il porte un coup mortel,
D'une insulte.... Le traître eût payé la perruque
Un quart d'écu du moins sans mon âge caduque.
Ma plume que mes doigts ne peuvent soûtenir
130 Je la remets aux tiens pour écrire & punir.
Va contre un insolent faire un bon gros Ouvrage,
C'est dedans l'encre seul qu'on lave un tel outrage :
Rime, ou creve. Au surplus, pour ne te point flatter,
Je te donne à combattre un homme à redouter ;
135 Je l'ai vû fort poudreux au milieu des Libraires
Se faire un beau rempart de deux mille exemplaires.

CASSAIGNE.

Son nom ? C'est perdre tems en discours superflus.

CHAPELAIN.

Donc pour te dire encore quelque chose de plus :
Plus enflé que Boyer, plus bruïant qu'un tonnerre.
140 C'est.....

CASSAIGNE.

De grace achevez.

CHAPELAIN.

Le terrible La Serre.

REMARQUES.

Vers 128. ——— *Sans mon âge caduque.*] On disoit autrefois *caduqué* tant au masculin qu'au féminin. Le masculin est *caduc*. *Age caduc*. Mais le Poëte faisant ici parler Chapelain, Auteur suranné, a fort bien pû, conformément à l'ancien usage, lui faire dire *âge caduque*. Richelet dans son Dictionaire a fait *caduque* des deux genres, en quoi il s'est trompé.

Vers 132. *C'est dedans l'encre seul.*] *Encre seul*, pour *seule*, faute exprès affectée en la personne de Chapelain.

Vers 139. *Plus enflé que Boyer.*] Le caractère des Vers de Boyer est marqué pages 35. & 36. de la petite Comédie de Bourſaut, intitulée *la Satire des Satires*, imprimée en 1669. Claude Boyer, d'Alby, avoit été reçu à l'Académie Françoise, en 1667.

PARODIE.

CASSAIGNE.

Le.....

CHAPELAIN.

Ne replique point, je connois ton fatras.
Combats fur ma parole, & tu l'emporteras,
Donnant pour des cheveux ma Pucelle en échange,
J'en vais chercher, barbouille, écri, rime, & nous vange.

SCENE IV.

CASSAIGNE *seul*.

145 PErcé jufques au fond du cœur
D'une infulte imprévûë auffi bien que mortelle,
Miferable vangeur d'une fotte querelle,
D'un avare Ecrivain chetif imitateur,
Je demeure fterile, & ma veine abbatuë
150   Inutilement fuë.
Si près de voir couronner mon ardeur,
     O la peine cruelle!
En cet affront La Serre eft le tondeur,
Et le tondu, pere de la Pucelle.

155   Que je fens de rudes combats!
Comme ma penfion, mon honneur me tourmente.
Il faut faire un Poëme, ou bien perdre une rente;
L'un échauffe mon cœur, l'autre retient mon bras,

REMARQUES.

Vers 141. ――― *Je 'connois ton fatras.*] *Le fatras dont tu es capable.* Pierre le Févre, Curé de Merai, dans fon Art de pleine Rhétorique, fait mention d'une Poëfie de fon tems nommée *Fatras*, où un même Vers étoit fouvent repeté.

500   PARODIE.
         Reduit au triste choix ou de trahir mon Maître,
160   Ou d'aller à Bissêtre,
         Des deux côtez mon mal est infini.
              O la peine cruelle!
         Faut-il laisser un La Serre impuni?
         Faut-il vanger l'Auteur de la Pucelle?

165   Auteur, Perruque, honneur, argent,
         Impitoyable loi, cruelle tyrannie,
         Je vois gloire perduë, ou pension finie.
         D'un côté je suis lâche, & de l'autre indigent.
         Cher & chétif espoir d'une veine flatteuse,
170   Et tout ensemble gueuse,
              Noir instrument, unique gagne-pain,
                Et ma seule ressource,
         M'ès-tu donné pour vanger Chapelain?
         M'ès-tu donné pour me couper la bourse?

175   Il vaut mieux courir chez Conrard,
         Il peut me conserver ma gloire & ma finance,
         Mettant ces deux Rivaux en bonne intelligence.
         On sait comme en Traitez excelle ce Vieillard,
         S'il n'en vient pas à bout, que Sapho la Pucelle
180   Vuide nôtre querelle.
              Si pas un d'eux ne me veut secourir,
                Et si l'on me balotte,

                    REMARQUES.

Vers 160. *Ou d'aller à Bicêtre.*] Aller à Bicêtre, c'est aller à l'Hôpital; parce que le Château de Bicêtre, au dessus de Gentilli, sert d'Hôpital à renfermer les pauvres. Surquoi il est à observer que Mr. Ménage, qui dans ses Origines Françoises au mot *Bicêtre*, dit qu'au raport d'André Du Chêne, ce Château étoit anciennement nommé *la grange aux Gueux*, a mal lû *la grange aux Gueux*, pour *la grange au Queux*, ce qui est bien different.

Vers 175. *Il vaut mieux courir chez Conrart.*] Valentin Conrart, Secretaire de l'Academie Françoise.

Vers 179. *Que Sapho la Pucelle.*] Mademoiselle de Scuderi, surnommée Sapho.

PARODIE.

Cherchons La Serre, & sans tant discourir
Traitons du moins, & païons la Calotte.

185 Traiter sans tirer ma raison?
Rechercher un marché si funeste à ma gloire?
Souffrir que Chapelain impute à ma memoire
D'avoir mal soûtenu l'honneur de sa toison?
Respecter un vieux poil, dont mon ame égarée
190 Voit la perte assûrée!
N'écoutons plus ce dessein négligent,
Qui passeroit pour crime.
Allons ma main, du moins sauvons l'argent:
Puis qu'aussi bien il faut perdre l'estime.

195 Oui mon esprit s'étoit déçû.
Autant que mon honneur, mon interêt me presse,
Que je meure en rimant, ou meure de détresse,
J'aurai mon stile dur comme je l'ai reçû.
Je m'accuse déja de trop de négligence.
200 Courons à la vangeance.
Et tout honteux d'avoir tant de froideur,
Rimons à tire d'aîle,
Puis qu'aujourd'hui La Serre est le tondeur,
Et le tondu Pere de la Pucelle.

SCENE V.

CASSAIGNE, LA SERRE.

CASSAIGNE.

205 A Moi, La Serre, un mot.

LA SERRE.

Parle,

PARODIE.

CASSAIGNE.

Ote-moi d'un doute.
Connois-tu Chapelain?

LA SERRE.

Oui.

CASSAIGNE.

Parlons bas, écoute.
Sais-tu que ce Vieillard fut la même vertu,
Et l'effroi des Lecteurs de son tems? le sais-tu?

LA SERRE.

Peut-être.

CASSAIGNE.

La froideur qu'en mon stile je porte,
210 Sais-tu que je la tiens de lui seul?

LA SERRE.

Que m'importe?

CASSAIGNE.

A quatre vers d'ici je te le fais savoir.

LA SERRE.

Jeune présomptueux.

CASSAIGNE.

Parle sans t'émouvoir :
Je suis jeune, il est vrai : mais aux ames bien nées
La rime n'attend pas le nombre des années.

LA SERRE.

215 Mais t'attaquer à moi! qui t'a rendu si vain?
Toi qu'on ne vit jamais une plume à la main.

CASSAIGNE.

Mes pareils avec toi sont dignes de combattre,

PARODIE.

Et pour des coups d'essai veulent des Henris Quatre.

LA SERRE.
Sai-tu bien qui je suis ?

CASSAIGNE.
     Oui, tout autre que moi
220 En comptant tes Ecrits pourroit trembler d'effroi.
Mille & mille papiers dont ta table est couverte,
Semblent porter écrit le destin de ma perte.
J'attaque en témeraire un gigantesque Auteur ;
Mais j'aurai trop de force aiant assez de cœur.
225 Je veux vanger mon Maître, & ta plume indomtable
Pour ne se point lasser n'est point infatigable.

LA SERRE.

Ce Phèbus qui paroît aux discours que tu tiens
Souvent par tes Ecrits se découvrit aux miens,
Et te voiant encor tout frais sorti de Classe
230 Je disois, Chapelain lui laissera sa place.
Je sai ta pension, & suis ravi de voir
Que ces bons mouvemens excitent ton devoir,
Qu'ils te font sans raison mettre rime sur rime,
Etaïer d'un Pèdant l'agonisante estime,
235 Et que voulant pour Singe un Ecolier parfait,
Il ne se trompoit point au choix qu'il avoit fait.
Mais je sens que pour toi ma pitié s'interesse,
J'admire ton audace & je plains ta jeunesse :

REMARQUES.

Vers 218. *Et pour des coups d'essai veulent des Henris Quatre.*] Allusion au Poëme que Cassaigne a fait, intitulé *Henri IV.* où ce Roi est introduit donnant des instructions à Louis XIV. pour bien regner. Touchant ce Poëme & d'autres Ouvrages du même Auteur, voiez, *pag.* 259. & 260. le 3. volume du Parallèle des Anciens & des Modernes, où il est parlé de Cassaigne en des termes qui en donnent une autre idée que ne fait ici la Parodie.

PARODIE.

Ne cherche point à faire un coup d'essai fatal ;
240 Dispense un vieux routier d'un combat inégal.
Trop peu de gain pour moi suivroit cette victoire ;
A moins d'un gros volume, on compose sans gloire.
Et j'aurois le regret de voir que tout Paris
Te croiroit accablé du poids de mes Ecrits.

CASSAIGNE.

245 D'une indigne pitié ton orgueuil s'accompagne :
Qui pèle Chapelain craint de tondre Cassaigne.

LA SERRE.

Retire-toi d'ici.

CASSAIGNE

Hâtons-nous de rimer.

LA SERRE.

Et-tu si près d'écrire ?

CASSAIGNE.

Es-tu las d'imprimer ?

LA SERRE.

Vien, tu fais ton devoir. L'Ecolier est un traître,
250 Qui souffre sans cheveux la tête de son Maître.

LA MÉTAMORPHOSE
De la Perruque de Chapelain
en Comète.

LA plaisanterie que l'on va voir, est une suite de la Parodie précedente. Elle fut imaginée par les mêmes Auteurs, à l'occasion de la Comète qui parut à la fin de l'année 1664. Ils étoient à table chez Mr. Hessein, frere de l'illustre Madame de la Sabliere.

On feignoit que Chapelain aïant été décoiffé par La Serre, avoit laissé sa Perruque à calotte dans le Ruisseau où La Serre l'avoit jettée.

Dans un Ruisseau bourbeux la Calotte enfoncée,
Parmi de vieux chiffons alloit être entassée,
Quand Phébus l'aperçût, & du plus haut des airs,
Jettant sur les Railleurs un regard de travers :
Quoi, dit-il, je verrai cette antique Calotte,
D'un sale Chifonier remplir l'indigne hotte !

Ici devoit être la description de cette fameuse Perruque,

Qui de tous ses travaux la compagne fidelle,
A vû naître Gusman, & mourir la Pucelle ;
Et qui de front en front passant à ses neveux,
Devoit avoir plus d'ans qu'elle n'eut de cheveux.

Enfin Apollon changeoit cette Perruque en Comète. *Je veux,* disoit ce Dieu, *que tous ceux qui naitront sous ce nouvel Astre, soient Poëtes,*

Et qu'ils fassent des Vers, même en dépit de moi.

Furetiere, l'un des Auteurs de la Pièce, remarqua pourtant, que cette Métamorphose manquoit de justesse en un point : *C'est*, dit-il, *que les Comètes ont des cheveux, & que la Perruque de Chapelain est si usée qu'elle n'en a plus.* Cette badinerie n'a jamais été achevée.

Chapelain souffrit, dit-on, avec beaucoup de patience, les Satires que l'on fit contre sa Perruque. On lui a attribué l'Epigramme suivante, qui n'est pas de lui.

> *Railleurs, en vain vous m'insultez,*
> *Et la pièce vous emportez;*
> *En vain vous découvrez ma nuque.*
> *J'aime mieux la condition*
> *D'être défroqué de Perruque,*
> *Que défroqué de Pension.*

Fin du Tome Premier.

FAUTES D'IMPRESSION.

AVertissement page ix. ligne 14. *l'efface*, lisez : *s'efface*. Pag. 10. Imitations, l. 3. *quando ortibus*, lis. *Quando artibus*. Pag. 12. Remarque sur le vers 52. l. 3. *& de sens*, lis. *& du sens*. P. 13. Imitations, l. 3. *Manens*, lis. *Mancus*. P. 27. Rem. col. 1. l. 13. *de richesses*, lis. *de ses richesses*. Pag. 32. Rem. col. 1. l. 15. *Pomme du pin*, lis. *Pomme de pin*. l. 20. *Pompe de pin*, lis. *Pomme*. l. 23. *Cariel*, lis. *Castel*. col. 2. l. 7. *pas moine*, lis. *pas de moins*. P. 33. Rem. col. 2. l. 9. 1699. lis. 1669. P. 34. Rem. col. 1. l. 31. *mais pour un mal entendu*, lis. *mais par un* . . . . P. 39. Rem. sur le vers 176. l. 2. *Paget*, lis. *Puget*. p. 78. Rem. sur le vers 53. l. 3. *ces vers*, lis. *ce vers*. P. 110. à la marge : *Folingio*, lis. *Folengio*. P. 119. Rem. col. 2. l. 2. *de mes Amis*, lis. *de mes tendres Amis*. P. 123. col. 2. l. 9. *sur les fonds*, lis. *sur les fonts*. P. 128. Rem. sur le vers 358. l. 6. *une Pimbesche*, ajoûtez : *une grande orbesche*; &c. P. 145. l. antépen. *imprudence*, lis. *impudence*. P. 163. vers 27. *le set réjouissant*, lis. *divertissant*. P. 176. Remarque sur le vers 328. l. 5. *se prendre dans un mauvais sens*, lis. *se prendre dans un bon, ou dans un mauvais sens*. P. 182. Changemens, l. 4. *ne pût citer*, lis. *ne pût tier*. P. 187. Remarque sur le vers 114. l. 9. *il en fut frapé*, lis. *il fut frapé*. P. 193. Rem. l. 4. *qu'il avoit retranchez*, lis. *retranchée*. P. 194. Rem. col. 2. l. 5. *Je suis de devers*, lis. *Je suis de vers*. P. 198. Rem. sur le vers 16. *Ce Vers exprime*, lis. *Ce demi-vers*. P. 206. Rem. sur le vers 57. l. 2. *étoit ici comparé*, lis. *est ici comparé*. P. 216. Rem. col. 2. l. 3. *Condé*, lis. *Conti*. P. 218. vers 32. *Comme tout étant plein*, lis. *Comment*. P. 239. vers. 57. *Mais qu'un humeur*, lis. *Mais qu'une*. P. 241. Imit. l. 1. *Pourvû qu'ils sachent*, lis. *Pourvû qu'ils puissent*. P. 247. Rem. col. 2. l. 12. *m'a fait*. lis. *me fait*. P. 253. Rem. sur le vers 64. l. 6. *le fis imprimer à Paris*, ajoûtez : *en 1666*. P. 265. Rem. sur le vers 55. l. 4. *De la Satire*, ajoûtez : *dixieme*. La même, l. 13. *L'Epithè d'effronté*, lis. *l'Epithète*. P. 270. Rem. col. 1. l. 7. *ne sçavoit pas à quoi*, lis. *ne sçavoit à quoi*. P. 281. Rem. sur le vers 87. l. 4. *Innocent XIII*. lis. *Innocent XII*. P. 284. Rem. col. 2. l. 6. *de crainte*, lis. *de la crainte*. P. 298. Rem. col. 2. l. 8. *collationem*, lis. *collocationem*. P. 304. Rem. col. 1. l. 17. *il emploia*, lis. *il emploie*. P. 306. Rem. col. 1. l. 7. *ses sens & sa raison*, lis. *les sens & la raison*. P. 329. Rem. col. 1. l. 3. *qui est une*, lis. *ce qui est une*. P. 340. Rem. sur le vers 36. l. 11. *Ce sera bientôt*, lis. *Il sera bientôt*. P. 361. Rem. col. 2. l. 14. 28. *d'Août*, lis. 23. P. 388. Rem. sur le vers 24. l. 2. *Voiez la Remarque ci-dessous*, lis. *Voiez ci-dessous la Remarque*. Même col. l. 5. *Ove*, lis. *Otto*. P. 456. à la marge intérieure : *Satire de Regnier*, lis. *Satire XII. de Regnier*. P. 463. Rem. col. 2. l. 3. *à lui conserver*, lis. *à le conserver*. P. 219. l. 24. *avec la*, lisez *avec le*.

www.ingramcontent.com/pod-product-compliance
Lightning Source LLC
Chambersburg PA
CBHW070830230426
43667CB00011B/1748